新法科·核心课程系列教材

本书受上海市高水平地方高校（学科）建设项目资助

Financial Law（5th Edition）

新编金融法学

第五版

唐　波　主　编
贾希凌　副主编

法律出版社
LAW PRESS·CHINA
北 京

图书在版编目（CIP）数据

新编金融法学／唐波主编. --5版. --北京：法律出版社，2024（2025.9重印）. --ISBN 978-7-5197-9582-5

Ⅰ. D922.280.1

中国国家版本馆CIP数据核字第2024BG6472号

新编金融法学（第五版）
XINBIAN JINRONG FAXUE(DI-WU BAN)

唐　波　主编

责任编辑　陆帅文
装帧设计　臧晓飞

出版发行　法律出版社
编辑统筹　法律教育出版分社
责任校对　王语童
责任印制　刘晓伟
经　　销　新华书店

开本　710毫米×1000毫米　1/16
印张　40.25　　**字数**　811千
版本　2024年11月第5版
印次　2025年9月第2次印刷
印刷　河北虎彩印刷有限公司

地址：北京市丰台区莲花池西里7号（100073）
网址：www.lawpress.com.cn
投稿邮箱：info@lawpress.com.cn
举报盗版邮箱：jbwq@lawpress.com.cn

销售电话：010-83938349
客服电话：010-83938350
咨询电话：010-63939796

书号：ISBN 978-7-5197-9582-5　　**定价**：98.00元

凡购买本社图书，如有印装错误，我社负责退换。电话：010-83938349

明德崇法　华章正铸

——华东政法大学“十四五”规划教材系列总序

教材不同于一般的书籍，它是传播知识的主要载体，体现着一个国家、一个民族的价值体系，是教师教学、学生专业学习的重要工具，更是教师立德树人的重要途径。一本优秀的教材，不仅是教师教学实践经验和学科研究成果的完美结合，更是教师展开思想教育和价值引领的重要平台。一本优秀的教材，也不只是给学生打下专业知识的厚实基础，更是通过自身的思想和语言的表达，引导学生全方位地成长。

习近平总书记深刻指出：“当代中国的伟大社会变革，不是简单延续我国历史文化的母版，不是简单套用马克思主义经典作家设想的模板，不是其他国家社会主义实践的再版，也不是国外现代化发展的翻版，不可能找到现成的教科书。”新时代教材建设应当把体现党和国家的意志放在首位，要立足中华民族的价值观念，时刻把培养能够承担民族发展使命的时代新人作为高校教师编写教材的根本使命。为此，编写出一批能够体现中国立场、中国理论、中国实践、中国话语的有中国特色的高质量原创性教材，为培养德智体美劳全面发展的社会主义接班人和建设者提供保障，是高校教师的责任。

华东政法大学建校 70 年以来，一直十分注重教材的建设。特别是 1979 年第二次复校以来，与北京大学出版社、法律出版社、上海人民出版社等合作，先后推出了“高等学校法学系列教材（北大版）”“法学通用系列教材（上海人民版）”“法学案例与图表系列教材（法律版）”“英语报刊选读系列教材（北大版）”“研究生教学系列用书（北大版）”“海商法系列教材（北大版）”“新世纪法学教材（北大版、上海人民版）”等。其中曹建明教授主编的《国际经济法学概论》、苏惠渔教授主编的《刑法学》等教材荣获了司法部普通高校法学优秀教材一等奖；史焕章研究员主编的《犯罪学概论》、丁伟教授主编的《冲突法论》、何勤华教授与魏琼教授编著的《西方商法史》及我本人主编的《诉讼证据法学》等教材荣获了司法部全国法学教材与科研成果二等奖;苏惠渔教授主编的《刑法学》、何勤华教授主编的《外国法制史》获得了上海市高校优秀教材一等奖;孙潮教授主编的《立法学》获得“九五”普通高等教育国家级重点教材立项;杜志淳教授主编的《司法鉴定实验教程》、何勤华教授主编的《西方法律思想史(第二版)》和《外国法制史(第五版)》、高富平教授与黄武双教授主编的《房地产法学(第二版)》、高富平教授主编的《物权法讲义》、余素青教授主编的《大学英语教程:读写译1、2、3、4(政法类院校版)学生用书》、苗伟明副教授主编的《警察技能实训教程》等先后入选第一批、第二批“十二五”普通高等教育本科国家级规划教材;王立民教授主编的《中国法制史(第二版)》荣获首届全国优秀教材二等奖。1996年以来,我校教师主编的教材先后获得上海市级优秀教材一等奖、二等奖、三等奖共计72项。2021年,由何勤华教授主编的《外国法制史(第六版)》、王迁教授主编的《知识产权法教程(第六版)》、顾功耘教授主编的《经济法教程(第三版)》、王莲峰教授主编的《商标法学(第三版)》以及我本人主编的《刑事诉讼法学(第四版)》等5部教材获评首批上海高等教育精品教材,受到了广大师生的好评,取得了较好的社会效果和育人效果。

进入新时代,我校以习近平新时代中国特色社会主义思想铸魂育人为主线,在党中央“新工科、新医科、新农科、新文科”建设精神指引下,配合新时代背景下新法科、新文科建设的需求,根据学校“十四五”人才培养规划,制定了学校“十四五”教材建设规划。这次的教材规划一方面力求巩固学校优势学科专业,做好经典课程和核心课程教材建设的传承工作,另一方面适应新时代的人才培养需求和教育教学新形态的发展,推动教材建设的特色探索和创新发展,促进教学理念和内容的推陈出新,探索教学方式和方法的改革。

基于以上理念,围绕新文科建设,配合新法科人才培养体系改革和一流学科专业建设,在原有教材建设的基础上,我校展开系统化设计和规划,针对法学专业打造“新法科”教材共3个套系,针对非法学专业打造“新文科”教材共2个套系。

“新法科”教材的3个套系分别是:“新法科·核心课程系列教材”“新法科·法律实务和案例教学系列教材”“新法科·涉外法治人才培养系列教材”。“新文科”教材的2个套系分别是:“新文科·经典传承系列教材”和“新文科·特色创新课程系列教材”。

“新法科”建设的目标,就是要解决传统法学教育存在的“顽疾”,培养与时代相适应的“人工智能+法律”的复合型人才。这些也正是“新法科”3套系列教材的设计初心和规划依据。

“新法科·核心课程系列教材”,以推进传统的基础课程和核心课程的更新换代为目标，促进法学传统的基础和核心课程体系的改革。“新法科”理念下的核心课程系列教材，体现了新时代对法学传统的基础和核心课程建设的新要求，通过对我国司法实践中发生的大量新类型的法律案件的梳理、总结，开阔学生的法律思维，提升学生适用法律的能力。

“新法科 · 法律实务和案例教学系列教材”，响应国家对于应用型、实践型人才的培养需要，以法律实务和案例教学的课程建设为基础，推进法学实践教学体系创新。此系列教材注重理论与实践的融合，培养真正能够解决社会需求的应用型人才；以“新现象”“新类型”“新问题”为挑选案例的标准和基本原则，以培养学生学习兴趣、提升学生实践能力为导向。通过概念与案例的结合、法条与案例的结合，从具体案情到抽象理论，让更多的学生明白如何在实践中解决疑难复杂问题，体会情、理与法的统一。

“新法科 · 涉外法治人才培养系列教材”，针对培养具有国际视野和家国情怀、通晓国际规则、能够参与国际法律事务、善于维护国家利益、勇于推动全球治理体系变革的高素质涉外法治人才的培养目标，以涉外法治人才培养相关课程为基础，打造具有华政特色的涉外法治人才培养系列教材。

“新文科 · 经典传承系列教材”，以政治学与行政学、公共事业管理、经济学、金融学、新闻学、汉语言文学、文化产业管理等专业的基础知识和主干课程为基础。在教材建设上，一方面体现学科专业特色，另一方面力求推动传统学科专业知识体系的现代创新和转型，注重把学科理论与新的社会文化问题、新的时代变局相联结，引导学生学习经典知识体系，以用于分析和思考新问题、解决新问题。

“新文科 · 特色创新课程系列教材”，以各类创新、实践、融合等课程为基础，体现了“新文科”建设提出的融合创新、打破学科壁垒，实现跨学科、多学科交叉融合发展的理念，在教材建设上突破“小文科”思维，构建“大文科”格局，打造具有华政特色的各类特色课程系列教材。

华东政法大学 2022 年推出的这 5 个教材系列，在我看来，都有如下鲜明的特点：

第一，理论创新。系列教材改变了陈旧的理论范式，建构具有创新价值的知识体系，反映了学科专业理论研究最新成果，体现了经济社会和科技发展对人才培养提出的新要求。

第二，实践应用。系列教材的编写紧密围绕社会和文化建设中亟需解决的新问题，紧扣法治国家、法治政府、法治社会建设新需求，探索理论与实践的结合点，让教学实践服务于国家和社会的建设。

第三,中国特色。系列教材编写的案例和素材均来自中国的法治建设和改革开放实践,传承并诠释了中国优秀传统文化,较好地体现了中国立场、中国理论、中国实践、中国话语。

第四,精品意识。为保证本系列教材的高质量出版,我校遴选了各学科专业领域教学经验丰富、理论造诣深厚的学科带头人担任教材主编,选派优秀的中青年科研骨干参与教材的编写,组成教材编写团队,形成合力,为打造出高质量的精品教材提供保障。

当然,由于我校"新文科""新法科"的建设实践积累还不够丰厚,加之编写时间和编写水平有限,系列教材难免存在诸多不足之处。希望各位方家不吝赐教,我们将虚心听取,日后逐步完善。我希望,本系列教材的出版,可以为我国"新文科""新法科"建设贡献华政人的智慧。

是为序。

华东政法大学校长、教授 叶青

2022 年 8 月 22 日于华政园

第五版修订说明

近年来,我国在金融领域的立法不断加快推进。2022 年 4 月 20 日,第十三届全国人民代表大会常务委员会第三十四次会议通过了《中华人民共和国期货和衍生品法》(自 2022 年 8 月 1 日起施行)。2023 年 9 月,第十四届全国人大常委会发布立法规划,《中华人民共和国金融稳定法》《中华人民共和国企业破产法》《中华人民共和国中国人民银行法》《中华人民共和国商业银行法》《中华人民共和国保险法》等法律列入其中,金融市场法制不断完善。

党的二十大报告提出,要深化金融体制改革,建设现代中央银行制度,加强和完善现代金融监管,强化金融稳定保障体系,依法将各类金融活动全部纳入监管,守住不发生系统性风险底线。2022 年 12 月,中央经济工作会议强调要“有效防范化解重大经济金融风险”。

与此同时,金融体制改革也在同步进行。2023 年 3 月,中共中央、国务院印发了《党和国家机构改革方案》。根据方案,组建了国家金融监督管理总局,统一负责除证券业之外的金融业监管,强化机构监管、行为监管、功能监管、穿透式监管、持续监管,统筹负责金融消费者权益保护,加强风险管理和防范处置。方案决定不再保留中国银行保险监督管理委员会。

2023 年 10 月,中央金融工作会议强调,金融是国民经济的血脉,是国家核心竞争力的重要组成部分,会议首次提出要加快建设“金融强国”。要全面加强金融监管,有效防范化解金融风险。切实提高金融监管的有效性,依法将所有金融活动全部纳入监管,消除监管空白和盲区,严格执法、敢于亮剑,严厉打击非法金融活动。中央金融工作会议同时强调,要做好科技金融、绿色金融、普惠金融、养老金融、数字金融五篇大文章。会议同时明确,必须坚持在市场化法治化轨道上推进金融创新发展。会议提出,要加强金融法治建设,及时推进金融重点领域和新兴领域立法,为金融业发展保驾护航。

中央金融工作会议还提出要增强上海国际金融中心的竞争力和影响力。2023 年 11 月,习近平总书记在考察上海期货交易所时强调,上海建设国际金融中心目标正确、步伐稳健、前景光明,上海期货交易所要加快建成世界一流交易所,为探索中国特色期货监管制度和业务模式、建设国际金融中心做出更大贡献。

在此背景下,金融法教材亟需及时吸收上述精神并更新相关内容。作为上海市级教学团队的华东政法大学金融法教学团队对此予以高度关注和积极回应。我们充分发挥四十余年金融法教学科研与课程建设的丰厚传承优势和地处上海国际金融中心的独特地缘优势，积极探索金融法教学理念更新与教学改革，将金融法课程建成上海市优质在线课程与上海市高校线上线下混合式一流本科课程，为本次教材修订打下扎实基础。

本版教材修订，旨在培养适应新时代要求的高端涉外金融法治人才，积极引导学生加强对中国特色金融法治建设历程与建设成就的认同，引导学生深化对金融法治系统化、动态性、国际化的理解，引导学生系统掌握金融法律体系的基础理论，增强学生分析和解决金融法律实际问题的能力。

本版教材修订，采取了总论和分论的体例，总论为新增内容，包括六编，分别为金融法基本理论编、货币市场法制编、资本市场法制编、数字金融法制编、绿色金融法制编以及金融纠纷与争端解决编。各编融入涉外法内容。分论以部门法的维度展开，在前版教材基础上进行了更新，包括银行组织法律制度、银行业务法律制度、票据法律制度、证券法律制度、金融衍生品法律制度、信托法律制度、投资基金法律制度、保险法律制度。修订后的新版教材结构更为合理，内容更为详实，资料更为新颖。本次修订，资料收录时间截至2023年12月。本书亦可为金融法实务工作者和自学者提供裨益。

新增的总论分工如下：

第一编，唐波、贾希凌，其中第四章作者为何颖；

第二编，何颖；

第三编，张敏；

第四编，唐波、李翔宇；

第五编，窦鹏娟；

第六编，唐波、李航。

分论编以第四版教材为基础，修订分工如下：

第一章到第七章：唐波、李翔宇；

第八章：孙宏涛。

全书由唐波、贾希凌审定。贾希凌负责本教材修订与出版的联络工作，金融法博士研究生李翔宇为本书做了大量资料更新和文字工作，博士生胡汉璇和硕士生王炜炫、聂心宇参与全书资料整理及文字校对。在此诚挚感谢团队师生的倾力协作与辛勤付出，也由衷感谢法律出版社的大力支持和编辑老师的专业指导。

金融法学浩瀚复杂，编写者水平有限，不足之处在所难免，敬请读者对本次修订后的教材多提宝贵意见。

唐　波

2024年2月1日

目　　录

总　　论

第一编　金融法基本理论

第二编 货币市场法制

第三编 资本市场法制

第五编 绿色金融法制

第六编 金融纠纷与争端解决

分　论

总 论

第一章　金融与金融法概述
第二章　金融体制与金融立法
第三章　中国金融体制与金融立法
第四章　金融调控法律制度
第五章　金融监管法律制度
第六章　货币市场法制概述
第七章　货币市场主体法律制度
第八章　货币市场业务法律制度
第九章　外汇与外债管理法律制度
第十章　资本市场法制概述
第十一章　资本市场主体法律制度
第十二章　资本市场业务法律制度
第十三章　资本市场跨境交易与监管合作
第十四章　信托和资产管理法律制度
第十五章　数字金融法律概述
第十六章　数字金融主体法律制度
第十七章　数字金融业务法律制度
第十八章　绿色金融法制概述
第十九章　绿色金融主体法律制度
第二十章　绿色金融业务法律制度
第二十一章　金融纠纷解决概述
第二十二章　金融调解机制
第二十三章　金融仲裁机制
第二十四章　金融诉讼机制
第二十五章　金融纠纷解决的跨区域合作

第一编　金融法基本理论

第一章　金融与金融法概述

第一节　金融概述

一、金融概念的产生和发展

金融，即货币资金的融通，1915 年出版的《辞源》中有“今谓金钱之融通曰金融，旧称银根”的解释。[1] 作为一个经济范畴，金融是社会经济生活中货币流通和信用活动以及与此相关的一切经济活动的总称。它包括金融机构、金融市场、金融工具等一切与货币流通和信用相关的经济关系和活动。

马克思认为货币是充当一般等价物的商品，是商品交换发展和价值形态发展的必然产物。货币在产生初期仅仅是商品交换的媒介，与信用并不直接联系。随着经济的发展，商品交换日益频繁，信用即贷与借的需要也越来越多。在货币成为具有较为固定形态的金属货币后，货币与信用逐渐结合起来，形成以货币为对象的信用形式，即货币信用。货币信用最早的形式是货币兑换，即不同金属货币之间的交换，这是以货币为直接对象的交换。后来，随着货币兑换的发展，又产生了货币贷放、货币保管、代理支付以及汇兑等业务，并由此产生了专营或者兼营的货币经营业。由此可见，货币信用出现时即已包含金融关系的某些特征。但是，早期的金融关系比较薄弱，内容单一，范围狭小，在整个社会经济中的影响和作用不大。在资本主义之前的时期，也没有“金融”这样的概念。

在资本主义经济条件下，货币信用关系突飞猛进，出现了专门经营货币信用业务的现代金融机构——银行。银行通过货币信贷业务，对全社会的货币流通以及货币资本的分配和再分配起到了组织和枢纽的作用，由此产生了各种信用货币，如票据、股票、债券等，越来越多的社会经济活动和商品交易通过信用货币进行。货币与信用在近代商品经济条件下紧密地结合起来。第一次世界大战后，在发达资本主义国家中，贵金属铸币全部退出流通。20 世纪 30 年代，一些国家先后实行彻底不兑现的银行券流通制度。此时，货币流通和信用活动变成同一过程。货币与信用的结合，构成了新的经济范畴和概念，这就是金融。一般来讲，金融包括与金

[1] 参见许树信、周战地主编：《金融学教程》，中国金融出版社 1998 年版，第 1 页。

融机构有关的信用活动以及在信用基础上组织起来的货币流通。[1] 资本市场与保险市场也是金融市场的组成部分。市场经济条件下,金融对社会经济生活的影响日益增大;金融是现代经济的核心,也是世界经济的主宰力量之一。

二、金融的相关概念

(一)金融与货币

金融,是货币形式的运动。货币作为商品交换的媒介,伴随商品运动而运动,从而形成货币流通的特殊运动形式。随着商品经济的发展,货币逐渐具有了价值尺度、流通手段、贮藏手段、支付手段和世界货币等五大职能。[2] 不仅货币与商品交换之间存在媒介关系,而且货币与货币之间也存在相互交换、积累、分配等关系,这一切都构成金融的基础,各种金融关系都表现为货币关系。可以说,金融是以货币或者货币索取权[3]形式存在的资产的流通,没有货币关系和货币形式的运动,也就没有金融关系和金融活动。

货币有不同的分类方法,按照价值关系可以分为商品货币(实物货币或实质货币)、代用货币和信用货币。现代市场经济中,通常把纸币和存款货币称为"信用货币"。随着电子商务与移动支付的普及,各国开始研究法定货币数字化,并进行发行与立法。2020 年 7 月,欧盟成员国立陶宛成为全球首个发行中央银行数字货币(Central Bank Digital Currency)的国家。中央银行数字货币是中央银行货币的电子形式,与传统的银行储备和清算账户余额不同,家庭和企业都可以用它来付款和储值。[4] 我国一直在积极稳妥推进法定数字货币的研发并已开始试点。[5] 我国的数字货币是由中国人民银行发行,由指定运营机构参与运营并向公众兑换,以广义账户体系为基础,支持银行账户松耦合功能,与纸钞和硬币等价,并具有价值特征和法偿性、可控匿名的支付工具。

与货币不同,基于区块链技术的虚拟货币是一种基于社区共识的虚拟加密数

---

[1] 参见朱崇实、刘志云主编:《金融法教程》(第 4 版),法律出版社 2017 年版,第 2 页。

[2] 参见[德]罗曼·罗斯多尔斯基:《马克思〈资本论〉的形成》,魏埙等译,山东人民出版社 1992 年版,第八章。

[3] 货币索取权,是指能够取得特定金额的货币的请求权,主要以各种有价证券为载体。

[4] 该定义见于英格兰银行 2020 年 3 月发布的关于中央银行数字货币的研究报告"Central Bank Digital Currency:Opportunities,Challenges and Design",以及国际清算银行 2018 年3 月发布的相关报告。

[5] 2020 年 8 月 12 日,商务部印发《全面深化服务贸易创新发展试点总体方案》,附表明确规定:"在京津冀、长三角、粤港澳大湾区及中西部具备条件的试点地区开展数字人民币试点。"2020 年 10 月 11 日,中共中央办公厅、国务院办公厅印发《深圳建设中国特色社会主义先行示范区综合改革试点实施方案(2020—2025 年)》,提出"在中国人民银行数字货币研究所深圳下属机构的基础上成立金融科技创新平台。支持开展数字人民币内部封闭试点测试,推动数字人民币的研发应用和国际合作"。

字货币,以比特币(Bitcoin)为典型,利用点对点传输,意味着一种去中心化的支付系统。比特币采用区块链的密码技术来控制货币的生产与转移,保障资产与交易的安全。作为记账系统,比特币不依靠一国法定货币发行机构发行与维护交易,不必经过金融机构,无法任意增发,不当然具有与货币等同的法律地位。各国对比特币等虚拟货币的态度不一:美国、加拿大、英国等国家允许比特币在本国境内合法使用与交易;我国与沙特阿拉伯等国家宣布比特币在本国境内使用与交易为非法行为;截至2023年12月,只有萨尔瓦多与中非两个国家以立法认可比特币的法定货币地位。

（二）金融与信用

信用是以偿还付息为条件的价值运动的特殊形式。信用通常被解释一种借贷行为,即一方(授信方)信任另一方(受信方)作出的在特定时间内还款的承诺。[1]在原始社会末期,交换活动产生后,具有信用意义的借贷活动就已存在,当时的借贷都是实物借贷。在商品经济不发达的漫长时期里,信用多采取实物借贷形式。货币作为交换的媒介产生后,才出现了货币信用形式,这就是早期金融关系的诞生。随着商品经济的发展,货币信用逐渐代替了大部分实物信用形式。特别是在现代市场经济条件下,人们几乎把金融和信用等同看待。就其本质特征而言,金融活动也就是信用活动,只不过信用关系的范围要比金融关系更为广泛。金融关系涉及以货币或者价值为对象的贷和借的运动,而信用关系还包括各种以非货币形式为对象的借贷活动,如实物借贷。

按照不同的标准,可以将信用划分为不同的形式:以信用的主体为标准,可以分为公共信用和私人信用;以信用的对象为标准,可以分为对物信用和对人信用;以信用的用途为标准,可以分为生产信用和消费信用;以时间长短为标准,可以分为长期信用、中期信用和短期信用。在现代市场经济条件下,这些不同的信用已经形成了统一的信用体系,主要的信用形式有商业信用、银行信用、国家信用、消费信用、证券信用、租赁信用、信托信用、民间信用和国际信用等。

（三）金融工具

资金的融通是资金自供应者向需求者的转移,要实现这个转移,就需借助一定的载体,这个载体就是金融工具。金融工具(financial instruments),是指在信用活动中产生的,能够证明金融交易金额、期限和价格的合法标准化书面文件,在金融市场上以股票、债券、存单等不同形式存在。金融工具作为资金的载体,是金融市场交易的客体,即买卖的对象。金融工具一般都具有期限性、流动性或可转让性、收益性和风险性等特征。金融工具与金融资产(financial assets)、金融产品(financial products)联系密切。金融资产建立在一方提供资金的基础上,一方享有要求另一方在将来提供报偿的请求权或所有权。金融产品是由金融机构设计与开

[1] 参见颜军梅主编:《金融学》,武汉大学出版社2018年版,第23页。

发的金融资产。[1] 金融产品中可交易的是金融工具。[2] 从广义上讲,它们所指的内容是一致的。[3]

随着金融创新的推进,更多的金融工具出现在经济生活中。按照不同的标准,可以将金融工具划分为不同的类别。

1. 以期限为标准,可以分为货币市场的金融工具和资本市场的金融工具。前者一般指期限在一年期及以下的金融工具,如商业票据、短期公债、大额可转让定期存单和回购协议等。这种金融工具具有偿还期限短、变现能力强、风险小的特点,其流动性仅次于现金货币,都代表着短期的货币形式的资金,各种工具之间往往具有替代性。后者通常指期限在一年期以上的中长期金融工具,主要有股票、公司债券、投资基金和中长期公债等。这类金融工具是在资本市场上发行与流通转让的,所以被称作资本市场工具,其特点是期限长、流动性弱、风险较大。金融市场的各种工具各有其特点,具有独立性,代表了不同类型的、不同法律关系的产品,不像货币市场工具那样可以相互替代。

2. 以发行者是否为金融机构为标准,可以分为直接金融工具和间接金融工具。政府债券、非金融公司股票、公司债券等是由非金融机构的融资者发行的,其目的主要是取得资金,属于直接金融工具,其特点是由投资方直接承担融资方的风险;银行存单、银行债券等是由金融机构发行的,其目的是集聚可用于放贷的资金,属于间接金融工具,主要在信贷市场上发行,其特点是资金使用权转移给了金融机构,金融机构承担融资方的风险,存款人承担金融机构倒闭的风险。保险单也是一种间接金融工具,由保险机构集聚可用于经济补偿的资金,投保人承担保险机构的偿付风险。

3. 以投资者投入资金所获权利为标准,可以分为所有权凭证、债权凭证和信托凭证等。所有权凭证以股票为典型,其他金融工具大多是债权凭证。债权凭证表明资金投入者对投入的资金取得了债权,有权据以请求到期偿付本金。所有权凭证表明资金投入者并非取得债权而取得所有权,因而无权据以索要本金,只能在必要时通过转让所有权即出售股票的方式收回本金。信托凭证上的信托受益权则是信托关系中的受益人基于其信托收益人身份而取得的权利,受托人有义务根据信托文件的要求将委托人委托给其管理与运用的信托财产分配给受益人。典型的信托凭证包括信托型投资基金份额、集合资金信托计划的信托单位、资产管理产品和资产证券化产品中的受益权凭证等。

---

[1] 参见朱宝宪:《金融市场》,辽宁教育出版社2001年版,第2-3页。

[2] 参见朱宝宪:《金融市场》,辽宁教育出版社2001年版,第4页。

[3] 参见朱宝宪:《金融市场》,辽宁教育出版社2001年版。朱宝宪指出,我们之所以把金融机构设计与开发的金融资产称作金融产品,是因为它具有较高信用、较大规模、标准面值与期限、统一的发行与偿还等条件,适合面向社会大规模地发行。

（四）金融市场

市场是买卖双方相互作用并共同决定商品或劳务价格和交易数量的机制。金融市场是金融工具进行交易的场所或机制，也是确定金融工具价格的场所或机制。[1] 在金融市场上，金融主体包括政府机构、金融机构、企业、个人等，金融交易对象主要是各种金融工具。现代金融市场是一种有形市场和无形市场并存的市场。金融市场在形成初期一般有固定的场所，是有形市场。随着商品经济、信用和科学技术的发展，金融市场突破了场所的限制，人们可以借助电话、传真、计算机网络等现代通信设施进行投融资，从而形成一种无形市场。随着技术发展与现代化传递工具的开发，无形市场将有更广阔的发展前景。

金融市场由许多既相互独立又相互关联的子市场组成。根据不同的标准，金融市场可以分为若干类市场。

1. 根据金融交易的期限，可以分为货币市场和资本市场。

货币市场，是指融资期限在一年以内（含一年）的短期资金交易市场，主要是为了满足交易者的短期资金需求。货币市场的融资关系具有同质性，主要体现为融资双方的借贷关系。货币市场金融产品多采用电子交易方式，不需要发生在一个特定的场所，所以，货币市场上通常存在活跃的二级市场。这也使货币市场产品成为非常灵活的金融工具，既受到具有短期资金需求的融资方的欢迎，也为资金拥有者提供了安全性高且流动性好的投资工具。

资本市场，是指融资期限在一年以上的长期资金交易市场，主要是为了满足政府筹集资金以弥补财政收入不足的需要，以及为了满足企业筹集中长期资金的需要。资本市场包括股票市场、债券市场、银行中长期信贷市场等。作为融资方的政府或企业可以长期持有使用在资本市场上所筹得的资金；投资方包括机构与个人，可以定期得到一定利息或股息，一般更注重安全性和获利性。由于投资期限较长，投资者的预期收益风险较大，在二级市场上的价格不稳定，流动性弱。基于资本市场工具异质的特点与法律属性，资本市场是多元的，是由各种分割的小市场组成的市场体系。

2. 根据金融交易中资金的交割时间，可以分为现货市场和期货市场。

现货市场是即时交割清算的交易市场，我国现货市场上达成的金融交易一般要求交易双方在成交后的第二个营业日内进行资金的交割清算（T+1制）。期货市场是合约交易市场，在期货市场上达成的金融交易要求交易双方按照期货合约规定的交割日期进行资金的交割清算。

3. 根据金融工具的流通状态，可以分为一级市场和二级市场。

一级市场是新证券发行的市场，又称“发行市场”。二级市场是已发行证券进行交易转让的市场，又称“交易市场”。

---

〔1〕 参见朱宝宪：《金融市场》，辽宁教育出版社2001年版，第1页。

4. 根据金融交易的标的物,可以分为货币市场、债券市场、股票市场、外汇市场和金融衍生品市场。[1]

5. 根据金融交易的地域范围,可以分为国内金融市场和国际金融市场。

随着金融创新的发展,从各种金融原生产品中派生出各种衍生产品,具体表现为一些金融合约,如远期合约、期货合约、期权合约、互换协议等。金融衍生品市场就是以金融衍生品为交易对象的市场,主要由远期协议市场、金融期货市场、金融期权市场、互换市场组成。

第二节　金融法概述

一、金融法的概念及其调整对象

(一)金融法的概念

金融法是调整金融关系的法律规范的总称。具体来说,金融法是确立金融机构的性质与地位,并调整在货币与流通信用活动中形成的金融调控与监管关系以及金融业务关系的法律规范的总称。

(二)金融法的调整对象

金融法的调整对象是金融关系。金融关系是各金融主体在金融活动中发生的社会关系,包括金融调控关系、金融监管关系和金融业务关系。

1. 金融调控关系

金融调控关系,是指国家为实现特定的宏观经济目标,通过国家金融调控部门对金融进行宏观调节与控制过程中发生的各种社会关系的总称。一般来说,由中央银行制定与实施货币政策,对货币供应量、货币资金流向与结构等金融变量进行调节与控制,以实现币值稳定,并以此促进经济的可持续发展。金融调控关系包括因货币发行和流通、制定和实施货币政策而形成的货币发行、现金和转账结算、利率管理、外汇管理等调节和控制关系。

2. 金融监管关系

金融监管关系,是指国家中央与地方金融监管部门在组织、管理金融事业和监管过程中,与各类金融机构和非金融机构之间形成的金融管理关系,具体如下。

(1)金融监管部门因各类金融机构的设立、变更、接管和终止而产生的主体资格监管关系。

(2)金融监管部门对各类金融机构的业务活动的监管关系,包括在存贷款管理、结算管理、融资管理、信托管理、保险管理、证券发行交易管理、期货期权交易管

---

[1] 参见陈善昂主编:《金融市场学》(第3版),东北财经大学出版社2016年版,第7-9页。

理等金融业务管理中发生的监管关系。

(3)金融监管部门对货币市场、资本市场、保险市场、黄金市场和外汇市场的设立、变更、终止及交易品种的监管关系。

(4)金融监管部门对金融机构、非金融机构和个人非法从事金融活动进行查处而产生的金融行政处罚关系,主要是对金融机构违法违规经营、非法设立金融机构、非法吸收公众存款、非法发行和交易有价证券等行为进行查处所形成的法律关系。

3. 金融业务关系

金融业务关系,是指银行等金融机构依法在许可的范围内从事相应的业务活动而与其他平等地位主体之间发生的经济关系,表现为直接融资关系、间接融资关系、金融中介服务关系和特殊融资关系,具体如下。(1)因直接融资业务的开展而发生在证券、信托等非银行金融机构和投资、融资主体之间的发行、交易关系,如证券发行买卖关系、承销关系,证券交易买卖关系、行纪关系,证券发行服务与交易服务关系、产权交易关系等。(2)因间接融资业务的开展而发生在银行等金融机构与存贷款主体之间的资金融通关系,如存款关系、贷款关系等。(3)因金融中介服务业务的开展而发生在银行等金融机构和非金融机构的法人、非法人组织和自然人之间的金融中介服务关系,如结算、汇兑、咨询、信托、租赁、代理等关系。(4)因开展特殊融资业务而产生的特殊融资关系,如因外汇买卖、期货期权交易、利率互换交易而产生的关系。(5)银行和非银行金融机构之间的同业拆借、再贷款、转贴现、再贴现等金融业务关系。(6)保险人与被保险人、受益人之间的金融关系。

现代市场经济下,金融业务关系一方面基于其发生在平等主体间的特性,具有平等性、协调性、自愿性;另一方面基于其作为金融活动衍生的经济关系特性,是受到金融调控与金融监管的行为,需要考虑维护金融稳定与保护投资者与消费者权益的需要,具有一定的国家干预性。

二、金融法律关系

(一)金融法律关系的概念和特点

金融法律关系,是指由金融法调整的、在金融调控与监管活动以及金融业务活动过程中形成的权利义务关系。

与一般民事法律关系相比,金融法律关系的特点如下。

1. 金融法律关系是一种经济法律关系,既有管理性质的金融调控与监管关系,又有平等性的金融业务关系,二者互相融合,互为支持。

2. 金融法律关系的主体中一般应有一方是金融机构。金融机构既是受到宏观调控与金融监管的相对方,又是金融业务关系中的当事方。

3. 金融法律关系具有广泛性、多样性、多变性和复杂性的特点,这是由金融活动在现代化、国际性的市场经济中所起的重要作用决定的。

(二)金融法律关系的构成要素

与一般法律关系的构成一样,金融法律关系由主体、客体和内容三大要素构成。

1. 金融法律关系的主体

金融法律关系的主体,是指金融法律关系的参与者,即金融法律关系中权利的享有者和义务的承担者。根据我国法律的规定,金融机构是金融法律关系最主要的主体,国家机关、企事业单位、社会组织和个人依法可以成为金融法律关系的主体。

金融法律关系的主体主要如下。

(1)宏观调控主体。我国的国家金融调控主体是中国人民银行,其作为中央银行,是代表国家制定并执行货币政策、金融运行规则,管理国家储备,从事货币发行与管理,与国际货币基金组织(IMF)交易及向其他存款性公司提供信贷,以及承担其他相关职能的金融机构或政府部门。

(2)金融监管主体。党和国家机构改革以金融监管机构改革为重点内容,明确了金融在当代国家发展中的重要战略地位;进一步区分宏观调控与金融监管的不同职责;区分不同监管内容与职能,实现金融监管全覆盖;强化金融监管的中央事权,压实地方责任等。我国金融监管主体包括以下机构:中国人民银行既负责金融宏观调控,是宏观调控主体,也承担着宏观审慎监管的职能,是我国重要的金融监管主体。根据2023年3月《党和国家机构改革方案》,我国新组建中央金融委员会,负责金融稳定和发展的顶层设计、统筹协调、整体推进、督促落实,研究审议金融领域重大政策和问题等,以强化金融稳定和发展的统一领导和协调;新组建国家金融监督管理总局,统一负责除证券业之外的金融业监管,承担金融消费者与投资者保护职责。中国证券监督管理委员会(以下简称中国证监会)负责证券业监管,统一监管资本市场。建立以中央金融管理部门派出机构为主的地方金融监管体制,地方政府设立金融监管机构专司监管职责,以更好地发挥政府金融监管的职责、维护金融稳定。我国还有各类自律监管机构,包括银行业协会、证券业协会、信托业协会、保险业协会、期货业协会,以及中国存款保险基金管理有限责任公司、中国证券投资者保护基金有限责任公司、中国保险保障基金有限责任公司等投资者保护机构。此外,国家外汇管理局专司外汇管理与外汇市场监管。

(3)金融机构。金融机构是指从事金融服务业的金融中介机构,是一国金融体系的一部分。从广义上来说,金融调控机构与金融监管机构也属于金融机构;从狭义上来说,按照金融机构的地位和功能划分,我国境内的金融机构大致可以分为如下六类:第一类是金融控股公司;第二类是银行业金融机构,可分为存款类与非存款类两类,前者包括各类银行、信用合作社、财务公司等,后者包括信托公司、金融资产管理公司、金融租赁公司、企业集团财务公司、汽车金融公司、消费金融公司以及其他非银行金融机构;第三类是证券业金融机构,包括证券公司、基金管理公司、期货公司、投资咨询机构等；第四类是交易及结算类金融机构，包括各类金融交易所、登记结算机构等；第五类是保险业金融机构，包括各类保险公司、保险资产管理公司、保险经纪公司、保险代理公司、企业年金等；第六类是各种地方金融组织，包括小额贷款公司、融资担保公司、区域性股权市场、典当行、融资租赁公司、商业保理公司和地方资产管理公司，以及法律、行政法规和国务院授权地方人民政府监督管理的具有金融属性的其他组织。

(4)接受金融服务的对象，包括各类经济组织、事业单位、社会团体与自然人。

(5)国家。在特定的情况下，国家成为金融法律关系的主体。例如，发行货币、国家公债中，国家就是以金融法律关系主体的身份出现的。国家相关部门也可以成为财政存款、贷款关系的主体。在国际金融活动中，中国人民银行代表国家从事相关的业务活动。

2. 金融法律关系的客体

金融法律关系的客体，是指金融法律关系主体享有的权利和承担的义务共同指向的对象，主要包括如下内容：(1)货币。作为金融法律关系的主要客体，货币既包括流通中的现金，也包括部分存款货币；既包括实物货币，也包括数字货币。(2)金银。在我国统一的货币制度下，金银不准计价流通，黄金仅限于在国家规定的黄金交易所内按规定进行交易。当国家的黄金储备充当国际结算支付工具时，黄金就成了金融法律关系的客体。(3)股票、公司债券、存托凭证(DR)、证券投资基金份额、资产支持证券、资产管理产品以及国务院依法认定的其他有价证券。(4)国库券等各种形式的政府债券。国库券作为债权凭证不得充当货币流通，但是允许转让。(5)其他金融资产，如外汇储备等。(6)金融服务行为。在有些金融法律关系中，权利和义务共同指向的对象是金融服务行为本身。例如，证券投资咨询机构为证券投资者、交易者和发行者的投资交易和融资活动提供投资分析、预测、建议的行为，证券资信评估机构对证券投资进行研究、统计、咨询、评估的行为。

3. 金融法律关系的内容

金融法律关系的内容，是指金融法律关系主体享有的权利和承担的义务。在不同的金融法律关系中，金融法律关系主体享有的权利和承担的义务也不同。

三、金融法体系

(一)金融法体系的概念

金融法体系，是指相互有机联系的、多层次的各种金融法律规范的总体。金融法体系的有机性表现为，在金融法的基本原则指导下，调整金融关系不同侧面的金融法律、法规、规章等金融法律规范分类组合为不同的金融法律制度，共同实现金融法的任务。金融法体系的多层次性表现为，按照制定机关和法律效力的不同，金融法律规范的表现形式有金融法律、金融法规、金融规章、地方性金融法规和自律性规章等多个层次。

（二）金融法体系的构成

金融法包括金融调控法、金融监管法、金融交易法。各国金融立法因经济发展阶段不同和管理重点各异，内容不尽相同，体系也各有特点。

为适应社会主义市场经济发展的要求，我国金融法体系主要由以下几个法律部门组成。

1. 金融机构法

金融机构法调整银行和非银行金融机构的业务经营，对其进行调控与监督，是金融法的基本法。根据规范的主体类型，金融机构法可以分为中央银行法、商业银行法、政策性银行法、非银行金融机构法和涉外金融机构法。根据规范的内容，金融机构法可以分为金融机构组织法和金融机构行为法。

2. 货币管理法

货币管理法调整有关货币的发行、流通及其管理关系。货币管理法的主要内容是一国货币的种类、地位、发行制度、流通制度和保护制度。货币发行制度包括货币发行原则、发行权限、发行机关、发行程序、发行规律和发行责任。货币流通制度规定现金货币和转账货币的使用、管理。货币保护制度规定违反货币发行制度和流通制度所应承担的法律责任。

3. 票据法

票据法规定票据的种类、形式、内容，调整票据关系和与票据关系有关的其他社会关系，内容包括汇票、本票和支票的各种基本制度等。

4. 证券法

证券法调整证券的发行、交易、管理、监督以及其他与证券相关的活动所产生的社会关系。证券法有狭义和广义之分。狭义上的证券法专指国家立法机关依照法定程序制定的，专门调整证券关系及证券行为，并以“证券法”或“证券交易法”命名的证券法典或证券单行法，如我国现行《证券法》。广义上的证券法包括调整证券关系或证券行为的一切法律规范，即除了包括专门的证券法规范之外，还包括其他法律规范中有关证券的规定，如公司法中关于证券发行的规定、刑法中关于证券犯罪行为的规定等。

5. 金融衍生品法

金融衍生品法调整金融衍生品交易关系和监管关系，由金融衍生品交易法以及金融衍生品交易监管法等构成。

6. 信托与资产管理法

信托法调整信托关系，有广义和狭义之分。狭义的信托法，是指调整信托基本关系的法律，内容主要包括信托当事人，信托财产，以及信托的设立、变更、终止等。广义的信托法，除包括狭义的信托法外，还包括信托业法。信托业法是规范信托机构的法律，内容主要包括信托机构的设立、变更、终止、业务范围、经营规则及监督管理等。当前，我国资产管理产品的基础关系为信托关系，也受信托法调整。

7. 投资基金法

投资基金法调整投资基金发行、交易和监管关系，主要包括投资基金的设立、募集、交易、运作和监管等方面的规定。

8. 保险法

保险法调整保险关系，内容主要包括保险业法、保险合同法和保险特别法等。

我们也可以从对不同金融机构与金融市场的规范的角度对金融法进行分类，主要是货币市场法律制度与资本市场法律制度。

(1)货币市场法律制度。如前文所述，货币市场[1]是短期融资市场。要注意的是，在货币市场上交易的并非现金货币。根据货币市场上的融资活动及其流通的金融工具特点，正是因为货币市场上交易的金融产品具有短期、低风险、流动性较大的特点，与具有高安全性与高流动性特点的货币非常相似，因此被称作货币市场。

“货币市场”是一个统称，它涵盖了多种市场类型，包括同业拆借市场、票据贴现市场、可转让存单(CD[2])市场和国库券市场等。这些市场类型之间的差异基于贷款人和借款人的具体需求，具有同质性。伴随金融创新活动，货币市场也包括一些具有独到特点的金融产品，包括资产支持商业票据(ABCP)和某些三方回购交易。资产支持证券的特点是发起人将其流动性较弱且具有稳定现金流的金融资产打包，以此为支持发行资产支持证券，从市场上筹集资金，改善资产负债表结构。资产证券化基于资产信用而非主体信用融资，是连接货币市场、信贷市场、资本市场的工具。

从传统上来看，银行是参与货币市场的主要金融机构，但随着共同基金的开发，共同基金以货币市场基金的形式在货币市场上逐渐活跃起来。我们把调整货币市场上发生的经济关系的法律规范总称为货币市场法律制度。货币市场法律制度以银行法为核心，包括中央银行法、银行监管法、信贷市场法、票据市场法、支付结算法等多项内容，注重安全性与流动性，目标是维护金融市场稳定与公众信心。

(2)资本市场法律制度。与货币市场相对应，资本市场也是现代金融市场的重要组成部分。它是指交易期限在1年以上的长期金融交易市场，主要目的在于满足工商企业的中长期投资需求和政府弥补财政赤字的需要。在资本市场上，政府或企业可以长期持有使用在资本市场上所筹得的资金；投资者包括机构与个人，可以定期得到一定利息或股息。这类金融资产的投资期限越长，投资者的预期收益风险就越大，对方接受这样的交易工具的意愿相对就越弱，这样的金融资产就越不

[1] 关于货币市场与资本市场的论述，参见李心丹主编：《金融市场与金融机构》，中国人民大学出版社2015年版，第十一章。

[2] CD为“certificate of deposit”的缩写，是指银行对存款人将资金存放于银行一定期间所发给的证明文件。

像货币,这将其与货币市场上的金融资产区分开来。资本市场主要包括股票市场,还包括债券市场、银行中长期信贷市场等。基于资本市场工具异质的特点与法律属性,资本市场是多元的,是由各种分割的小市场组成的市场体系。

资本市场是伴随公司融资方式的革新而产生的,法治是资本市场的基石。资本市场的核心任务是保护投资者的合法权益。我国的资本市场法律制度以证券法、公司法、证券投资基金法、期货和衍生品法等法律为核心,以刑法、企业破产法等法律为支撑,以行政法规、司法解释、部门规章、规范性文件为主干,以证券期货交易场所、登记结算公司、行业协会自律规则为配套——目前,我国资本市场法律体系的"四梁八柱"已建成。[1]资本市场法律制度在金融法领域主要体现为证券法、基金管理法、期货和衍生品法,目标是维护金融市场秩序,保护投资者。

四、金融法的基本原则

金融法的基本原则是调整整个金融关系、从事金融监督管理活动和金融业务活动必须遵循的行为准则,集中体现金融法的本质和基本精神,为金融立法、金融守法、金融执法和金融司法提供具有指导意义和适用价值的根本思想或准则。在不同国家或同一国家的不同历史阶段,由于经济发展水平、社会文化背景、金融政策目标、国际经济环境的不同,金融法的基本原则的内容和侧重点也是不同或不完全相同的。当前,我国金融法的基本原则主要如下。

(一)稳定币值与促进经济增长相结合的原则

服务实体经济是金融的天职。2023 年中央金融工作会议强调,金融是国民经济的血脉,是国家核心竞争力的重要组成部分,应始终保持货币政策的稳健性,更加注重做好跨周期和逆周期调节,充实货币政策工具箱。《中国人民银行法》将"保持货币币值的稳定,并以此促进经济增长"作为我国的货币政策目标。

币值稳定包括对内物价稳定,对外人民币的汇率稳定。要稳定币值,就必须贯彻货币制度的独立和统一原则。货币制度的独立,是指货币政策的制定和实施要与其他政策相对独立,货币的发行必须与财政发行、政府信用相分离,即中国人民银行不得对政府财政透支,不得直接认购、包销国债和其他政府债券,不得向地方政府、各级政府部门提供贷款。货币制度的统一,是指货币的发行与管理要统一由中国人民银行负责,其他银行非依法律规定或特别批准不得发行任何形式的银行债券。

稳定币值与经济增长是相互促进的,对经济有着重要的调节作用。一方面,通过调节货币供应量和信贷规模,调节社会总需求而使之与社会总供给相适应,实现总量控制;另一方面,通过运用利率杠杆和信贷资金投向,调节产业结构乃至整个

---

[1] 参见徐明:《完善资本市场法律体系须处理好四种关系》,载《上海证券报》2022 年 11 月 8 日,第 8 版。

经济结构,实现国民经济结构的合理和优化。例如,2023年中央金融工作会议强调了绿色金融的重要作用。中央银行通过稳健的货币政策,保持流动性合理充裕,引导金融机构以金融手段和金融工具引导资金流向低碳、环保和可持续发展方向。在加快发展金融市场的进程中,既要遏制信用经济的负效应,防范金融风险,又要大力发展信用经济,促进金融业的繁荣,并遵循金融服务于实体经济的要求,促进经济增长。

稳定币值并以此促进经济增长是我国货币政策的目标,是金融法制的重要任务,也是我国金融法的基本原则。

（二）防范和化解金融风险,维护金融安全的原则

金融风险是一定量金融资产因一系列不确定因素而在未来价值或收益受到损失的可能性,包括信用风险、市场风险、操作风险、流动性风险、法律风险、系统性风险等类型。[1] 从客观上来看,金融风险具有隐蔽性、扩散性与广泛性等特点,金融风险的存在严重影响着金融业的安全运营。由于金融机构业务性质的特点,金融活动具有极强的外部性,无论上述哪种风险都可能导致系统性风险的发生,对整个经济秩序甚至社会秩序造成破坏。

金融风险在新形势下会有不同的内容。例如,气候变化所带来的转型风险和实体风险会通过多种途径影响金融业,包括侵蚀抵押品和资产价值,或带来向低碳经济转型的不确定性等。从2019年开始,"央行与监管机构绿色金融网络"[2]呼吁各国央行考虑将与气候相关的风险引入金融稳定监控和宏观监管之中。又如,科技发展给人们提供了便利的同时也带来了新的风险,基于金融科技的风险监管政策趋严。我们也应该看到,越来越多的跨机构交叉性金融业务突破分业经营的界限,由此引发的金融风险传染范围更广,传染机制也更为复杂;全球经济的不确定性增加,也加剧了金融市场的不稳定性。

金融是经济发展的基础和血脉,维护金融安全是关系我国经济社会发展全局的战略要求。维护金融安全,应该正确把握金融本质,平衡好稳增长和防风险的关系,精准有效处置重点领域风险,守住不发生系统性金融风险的底线,重点防范化解重大金融风险,推动金融业健康发展。防范和化解金融风险,要求金融监管机构加强审慎监管。除了对金融机构的监管外,在2008年国际金融危机后,各主要经济体形成了对宏观审慎监管的广泛共识与普遍实践,提出对系统重要性金融机构(SIFIs)的监管准则。在我国,中国人民银行负责宏观审慎监管,中国国家金融监督管理总局与中国证监会、地方金融监管机构等金融业监管机构则针对个体机构

---

[1] 对各种具体风险的定义,参见中国人民银行:《宏观审慎政策指引(试行)》,2021年12月31日发布。

[2] 该网络的英文全称为"The Network of Central Banks and Supervisors for Greening the Financial System",简称NGFS,是一个由多国中央银行和监管机构组成的国际合作网络,中国人民银行是其创始成员之一。

的稳健、合规运行加强微观审慎监管。

(三)有序竞争、保护投资者和金融消费者合法权益的原则

有序竞争与保护投资者和金融消费者合法权益的原则是市场秩序法在金融法领域的体现。有序竞争原则,是指在金融领域,应当鼓励竞争与限制垄断,同时竞争应当是有秩序、有限度的。我国自金融监管改革以来,中国人民银行不再兼有管理金融和从事一般金融业务的双重职能,将金融管理和金融业务分离开来,并实现了政策性金融业务与商业性金融业务分离。这些举措为社会主义市场经济中的金融业开展公平竞争创造了条件。但是,金融业是高风险行业,并在国民经济中占据核心地位。因此,既应当调整金融产业结构,规范准入、退出制度,鼓励竞争,限制垄断,又应当规范竞争行为,防范过度竞争与无序竞争带来的金融风险,构建金融安全防御体系。

在有序竞争的市场上,更应当规范金融机构提供金融产品和服务的行为,通过行为监管,加强对投资者和金融消费者的保护,促进普惠金融在良性环境中健康发展。购买金融商品或接受金融服务的消费者与一般消费者一样,面临信息不对称与居于弱势谈判地位的劣势,更有甚者,他们面对的是具有天然垄断性与高度行业利益认同的金融业,其实质地位极不平等。之前各国监管主要集中于防范金融风险导致市场失败上[1],但2008年的国际金融危机使监管者认识到,对消费者与投资者的保护值得重视,他们对金融市场的信心也是维护金融稳定的关键要素之一。由此,美国、英国、欧盟成员等国家与地区将传统的消费者概念引入金融服务领域,通过规范金融机构的行为,确定金融市场参与者在哪些交易中、何种条件下构成金融消费者,从而能够享受《消费者权益保护法》规定的一般权利以及金融领域相关立法所规定的特殊权利。为此,在金融立法上,必须科学合理地建立健全各种金融法律与行政规范,为投资者和金融消费者保护创造良好的法律环境与制度依据。在执法上,必须强化各金融监管部门的地位和职权,加强行为监管,改进监管方式,建立健全投资者和金融消费者合法权益保护工作机制。在守法上,各金融机构必须加强内部控制,完善法人治理结构,合法经营。

在国际层面,维护金融市场竞争、保护金融服务领域消费者合法权益的制度准则已成为国际金融制度变革的重点。金融竞争制度因能有效抑制金融机构过度关联,从根源上遏制金融机构"大而不倒"事件的发生而成为宏观审慎管理制度的重点之一。此外,实施金融竞争制度也是对抗金融保护主义的手段之一。

---

〔1〕 See Harry McVea, *Financial Services Regulation under the Financial Services Authority*: *A Reassertion of the Market Failure*: *Thesis?*, Cambridge Law Journal, Vol. 64, p. 413(2005).

（四）创新监管与科技监管相结合的原则

金融科技[1]正在深刻影响着金融生态，它既是金融创新的热点，也是决定金融业未来竞争的重要因素。巴塞尔银行监管委员会（BCBS，以下简称巴塞尔委员会）将金融科技分为支付结算、存贷款与资本筹集、投资管理、市场设施四类。金融科技顺应了小额投融资的双向需求，提高了金融效率。2023 年中央金融工作会议提出要做好科技金融、数字金融的大文章，数字金融为科技金融提供支撑，两者互相促进，有利于更好地为投资者和消费者提供个性化、定制化和智能化的金融服务。但是，金融科技也带来了金融风险泛化，其风险具有隐蔽性、广泛性、传染性和突发性，给金融监管带来了挑战。

创新监管原则要求兼顾效率与安全，在以防范风险为底线的前提下应对金融创新，处理好规范与鼓励、发展与风险防范的关系，做到适度监管。创新监管同时意味着监管机构应当注意运用科技手段和科技规范，监测和实施日益繁重的监管要求。科技金融的发展也为金融监管提供了更加契合有效的监管工具和方法，例如人工智能、区块链技术和机器学习应用于中国人民银行积极构建金融科技监管的基本规则体系，探索信息公开、产品公示、社会监督等柔性管理方式，努力打造包容审慎、富有弹性的金融科技创新监管工具，着力提升金融监管的专业性、统一性和穿透性。

（五）与国际接轨原则

金融全球化是当今国际金融发展最典型的时代特征。我国正在形成以国内大循环为主体、国内国际双循环互相促进的新发展格局。金融开放既包括金融业开放，即金融机构与金融市场对外开放，也包括货币国际化、资本跨境自由流动等。在加入世界贸易组织后，我国金融业按照承诺逐步开放，大量外资金融机构涌入，国内金融业也越来越多地参与国际金融活动中去。现阶段我国坚持“引进来”和“走出去”并重，稳步扩大金融领域制度型开放，提升跨境投融资便利化，吸引更多外资金融机构和长期资本来华展业兴业。

作为高质量发展的一项重要任务，我国要实现高水平对外开放，就要遵循与国际接轨原则这一我国金融法的基本原则。这要求我们在善意履行我国缔结或参加的条约和协定的同时，统筹推进国内法治和涉外法治，尤其注意加强涉外领域金融立法，加强涉外法治体系建设。基于此，我国应参照国际金融行业标准和一些具有广泛国际影响的法律文件，积极稳妥推动金融业对外开放，合理安排开放顺序，加

[1] 根据金融稳定委员会（Financial Stability Board）所下的定义，金融科技是金融服务中的科技创新，能够为金融服务提供新的业务模式、技术应用、步骤流程或产品。See *FinTech and Market Structure in Financial Services: Market Developments and Potential Financial Stability Implications*, Financial Stability Board（Feb. 14, 2019）, https://www.fsb.org/wp-content/uploads/P140219.pdf?fbclid=IwAR0K4q2DcjrbqUEqR-rNZqD8DghhWD-NWOE_MeLX_WmHJfKRQFxjJ72Inbg.

快建立完善有利于保护金融消费者权益、增强金融有序竞争、防范金融风险的机制。在推进人民币国际化和资本跨境流动的过程中,金融立法应该着眼于提高金融基础设施国际化水平,协调创新监管模式与健全金融治理机制,提高重大风险管理能力,提升金融安全。

与国际接轨原则还要求我们坚持共商共建共享,加强金融领域中国法域外适用的法律体系建设;积极主动地参与国际规则制定,推动经济全球化朝着开放、包容、普惠、平衡、共赢方向发展。金融立法既应该提高制度的前瞻性与包容性,创造必要的制度空间,也应该适应纷繁复杂的国际形势,符合国际规则,为中国法的域外适用提供依据、创造条件。

思考题

1. 简述金融法的调整对象。
2. 简述金融法的基本原则。

第二章　金融体制与金融立法

第一节　主要发达国家和地区的金融体制与金融立法

一、金融体制的概念

金融体制,是指一国或地区依法划分金融管理机构和金融业务机构的法律地位、职责权限、业务范围,协调彼此之间的活动及其相互关系而形成的制度系统。金融体制包括金融机构组织体系、金融市场体系、金融调控与监管体系、金融制度体系四方面的内容。

目前,发达工业化国家或地区经过长时间的发展演变,基本上形成了在法治基础上,以国家金融主管部门为监管中心,以商业银行和证券机构为主体,与信托、保险等其他金融机构并存,以货币、证券和保险等市场为枢纽的金融体制。

二、美国的金融体制与金融立法

美国的金融体制由美国联邦储备系统(FRS,即中央银行体系)、美国证券交易委员会(SEC)、商业银行、非银行金融机构、政府专业信贷机构和各专门金融监管机构构成。联邦储备系统由美国联邦储备委员会(以下简称美联储)、联邦公开市场委员会、联邦储备银行三级机构组成。商业银行包括国民银行、州立银行和外国银行。非银行金融机构包括商业银行以外为私人服务的金融机构、为企业服务的金融机构以及养老基金和货币市场互助基金等。此外,政府专业信贷机构在金融活动中也发挥着重要作用,主要包括进出口银行、联邦中期信贷银行、联邦土地银行、合作社银行、住宅信贷银行、环境保护金融管理局、小企业管理局、联邦融资银行等。

(一)在市场准入上,实行双轨注册制

作为联邦制国家,美国在联邦层面与州层面都有立法机构、行政机构与司法机构。在金融体制上,美国实行双轨注册制,是指美国联邦政府和州政府有权分别接受金融机构的注册登记,并对登记的金融机构实施监管。如银行既可根据 1863 年《国民银行法》(National Banking Act),由联邦政府财政部货币监理署审批,发放银行执照,注册为国民银行接受监管;也可根据各州银行法,在各州的金融管理机构注册,领取执照,成为州立银行,仅在州法许可的地域范围内从事相关业务活动。就储蓄机构而言,既可在联邦住房贷款银行委员会注册,也可在州管理机构注册。但存款保险统一由美国联邦存款保险公司提供,加入存款保险体系的银行无论是国民银行还是州银行,都需要满足联邦存款保险公司的标准。

(二)以单一商业银行制为主,银行持股公司发展迅猛,实现了由分业经营向混业经营的转变

根据1933年《银行法》,商业银行只能从事中短期贷款、存款和买卖政府债券等银行业务,不能从事发行、买卖有价证券等投资银行业务,也不能从事长期贷款等储蓄信贷机构业务;而投资银行、储蓄贷款协会、互助储蓄银行、信用联合社、人寿保险公司等金融机构则不能从事活期存款和工商信贷等商业银行业务。因此,许多商业银行只能设立信托部,从事证券业务,并实行独立核算。根据1863年《国民银行法》及其后的银行法,国民银行不得跨州开设分支行;各州银行法也禁止或限制州银行设立分支行,从而形成单一银行制度,使得美国银行具有数量多、规模一般比较小的特点。但是,银行业仍然可以通过控股公司进行收购和合并。到20世纪80年代,受国际与国内金融不景气的影响,美国逐渐放宽对金融机构跨州设置分行与跨州经营的限制;从20世纪90年代开始,又放宽了银行通过控股公司兼营其他金融业务的限制,1999年《金融服务现代化法》进一步允许以金融控股公司的形式实现商业银行、证券公司、保险公司的混业经营。1998年,花旗公司与旅行者集团合并为花旗集团,成为当时世界上资产规模最大、利润最多、全球连锁性最高、业务门类最齐全的超级金融服务集团。每位客户到花旗集团的任一营业点,都可得到储蓄、信贷、证券、保险、信托、基金、财务咨询、资产管理等全能式的金融服务。

(三)证券直接融资所占比重较大,银行之外的金融机构实力雄厚

除了银行从事的间接融资活动之外,美国的投资银行、保险公司、养老基金、投资基金、金融公司等非银行金融机构为数众多,其资产总额大大超过了商业银行。美国的证券市场发达,直接融资所占比重与间接融资相近。

(四)侧重功能性监管,重视金融消费者保护

1933年《银行法》规定了美国银行业分业经营、分业监管的格局,金融业采取多头监管制,有关证券业务主要由美国证券交易委员会监管,保险业务则受州保险厅和全国性保险同业协会的监管。1999年《金融服务现代化法》允许以金融控股公司的形式从事银行、证券和保险业务。这一金融格局的变化引发了监管框架的相应调整。具体分工为:美联储作为综合一级的监管机构,全面负责监管金融控股公司,必要时可对银行、证券和保险子公司进行有限制的监管,行使裁决权;财政部货币监理署等其他银行监管机构、美国证券交易委员会和保险监管机构分别对银行、证券公司和保险公司进行分业监管,一旦各监管机构认为美联储的限制监管不

适当,可优先行使裁决权。此外,各监管机构之间互通信息,加强联系,为监管的健全性提供保障。美国的这种金融监管被形象地称为"功能性监管"。废止《格拉斯—斯蒂格尔法》[1],实施《金融服务现代化法》,是美国金融制度多年来变革的结果,反映了从20世纪30年代初到90年代末美国整个金融业的历史更替,不仅是一场金融监管制度的变革,更是一个金融机构竞争与整合、金融服务手段创新、金融服务理念革命的过程。

对金融业从严格管制到放松管制、寄希望于"市场纪律"约束的这一变革,确实在一段时间内促进了美国金融创新和金融市场的繁荣。然而,随着现代化金融体系的演进不断加速,市场参与者日益多元化,金融创新日益发展,金融工具日趋复杂,各类金融中介及交易平台不断涌现。美国对于金融创新过于放任的监管理念使金融市场整体上处于约束松懈的状态,与此同时,纵向割据的监管机构对不断创新的金融商品缺乏横向统一规制,存在监管缺位和监管重叠的弊端,金融监管滞后于金融创新的步伐,金融立法失去了适应性和前瞻性。为了应对次贷危机,美国政府对部分面临困境的金融机构进行了国有化,于2009年6月公布了《金融监管改革——新基础:重建金融监管》。该方案几乎涉及美国金融领域的各个方面,从消费者保护到金融机构和金融产品的监管都更为严格,从而确立了对金融市场的全方位监管,确保美国金融市场在全球的核心地位。[2] 2010年7月,奥巴马政府颁布《多德—弗兰克华尔街改革与消费者保护法》(以下简称《多德—弗兰克法》),主要内容包括:成立金融稳定监管委员会(FSOC),扩大监管机构权限,实施系统性风险监管;创立消费者金融保护署,将金融消费者保护置于与安全、可靠的审慎监管同等重要的地位;确立"沃尔克规则"[3],将商业银行传统存贷业务与高风险投机活动分离,禁止银行的自营交易,限制受保银行及其关联机构参与投资风险基金和私募股权基金。特朗普总统上任后,基于金融创新与放松管制的需要,迅速发布了一系列金融监管改革的行政令,力图重构联邦金融监管机构,放松、弱化金融监管规则与标准,并对金融监管机构的权力进行限制,建立新的金融监管秩序。2018年5月,特朗普签署《经济增长、放松监管与消费者保护法》(Economic Growth, Regulatory Relief and Consumer Protection Act),对《多德—弗兰克法》的部分条款进行了修改,意味着美国进入金融监管的放松监管阶段。2019年10月,美联储签

---

[1] 《格拉斯—斯蒂格尔法》是美国1933年《银行法》中第16、20、21、32条的专称,即"格拉斯—斯蒂格尔墙",把投资银行的证券投资活动与商业银行业务隔离开来,区别对待。

[2] 参见吴弘、杨红芹、刘春彦:《对金融风暴的法治思考》,载《东方法学》2009年第3期;罗培新:《美国金融监管的法律与政策困局之反思——兼及对我国金融监管之启示》,载《中国法学》2009年第3期。

[3] 《多德—弗兰克法》第619条赋予《银行控股公司法》第13条以新的内容。2013年12月10日,包括美联储在内的美国5家金融监管机构表决通过了禁止金融机构进行自营交易的"沃尔克规则"最终版本,其执行细则自2014年4月1日起生效。

署“沃尔克规则”修订案,规定于2021年1月生效,在原有基础上对银行交易活动增加了灵活性,适当放松了限制。

新冠疫情发生以来,为了对抗疫情引起的经济困难,美国政府连续采取了多项增加流动性、放松监管、增强市场活力的措施,但这些反过来又加剧了金融市场的不确定性。在硅谷银行破产案中,监管机构依法采取救助措施,避免金融机构失败的扩大、保障其业务的平稳运营、保护储户与其他客户的利益,达到了提升市场信心、维护金融稳定的良好效果。

三、英国的金融体制与金融立法

英国拥有悠久的金融发展史,也是目前世界上金融服务最完善、最健全的国家之一,其金融体制经历了漫长的演进过程。早在1694年与1695年,英国就先后成立了英格兰银行与苏格兰银行,标志着英国现代金融业的形成。根据英格兰银行1992年的分类,英国的金融机构分为一级零售银行、二级银行、其他接受存款的机构以及其他金融机构。一级零售银行主要包括巴克莱银行、国民西敏寺银行、劳埃德银行等清算银行及贴现行;二级银行主要包括商人银行、海外银行等;其他接受存款的机构主要是住房贷款协会、国民储蓄银行等;其他金融机构主要指保险公司、养老基金、投资信托公司、伦敦票据交换所以及证券交易所等机构。历史上,英国长期实行金融分业经营,以及金融机构自律监管为主,道义劝说为辅的监管方式,这是基于其商业传统、反竞争机制和机构间的自律形成的。随着国际国内经济金融形势的变化,英国以1986年《金融服务法》(Financial Services Act)的立法模式确立了金融自由化,对内放松管制、实行证券市场自由化,对外开放金融服务业,被称为第一次金融“大爆炸”(Big Bang),全面摧垮了英联邦国家金融分业经营的体制。在此期间,英国形成了英格兰银行的审慎监管司(SSBE)、证券与投资管理局(SIB)、私人投资监管局(PIA)、投资监管局(IMRO)、证券与期货管理局(SFA)、房屋协会委员会(BSC)、财政部保险业董事会(IDT)、互助会委员会(FSC)和友好协会注册局(RFS)9家分治的金融监管模式。[1] 随着金融业混业经营程度的加深,传统的金融监管框架已经不适应新的形势,为鼓励金融创新以支持经济发展,英国分离出英格兰银行的金融监管职能,成立英国金融服务管理局(FSA),逐步将原有分散于9类金融监管机构的职能集中到该局;英格兰银行作为中央银行,专注、独立行使制定货币政策的权力。2000年《金融服务和市场法》(Financial Services and Markets Act)确立了金融服务管理局的单一监管机构地位,取代了以前一系列金融法律、法规,统一了监管标准,大大提高了金融监管效率,推动了英国金融市场的竞争力提升。

---

〔1〕 参见《英国金融监管体系大起底:师夷长技以自强》,载 https://www.thepaper.cn/newsDetail_forward_1471631,最后访问日期:2023年10月20日。

2008 年国际金融危机促使英国大力推行更加彻底、系统的金融监管改革计划。2009 年《银行法》设立了针对银行危机的"特别解决机制"(SRR)和金融服务赔偿计划,扩大英格兰银行的权力。2012 年《金融服务法》对 2009 年《银行法》与 2000 年《金融服务和市场法》进行修改,对金融监管体系再次改革,赋予英格兰银行全面金融监管职责,正式建立了新的金融监管框架。根据该框架,取消金融服务管理局,设立金融行为监管局(FCA),作为独立机构,履行促进有效竞争,确保相关市场良好运行,促进消费者获得公平待遇的职责;英格兰银行下设审慎监管局(PRA),对金融机构与金融体系进行审慎监管,确保金融系统稳健发展;英格兰银行下设金融政策委员会(FPC),负责实施宏观审慎监管,重点防范系统性金融风险,并且对审慎监管局和金融行为监管局给予工作指导,增强金融监管部门之间的沟通和协调。2014 年 10 月,英格兰银行公布《英格兰银行处置方法》,主要从确定职责分工、明确处置过程两方面完善对银行、特定投资公司等的处置机制。面对金融科技推动的金融创新,英国监管当局为探索更完善的监管措施,于 2015 年推出"监管沙盒"机制:允许先向金融科技企业发放有限牌照,并在限定条件下和限定场景中测试开展相关创新业务,金融行为监管局根据测试结果确定是否进一步授予全牌照。

英国的金融争议解决制度也颇有特色,金融申诉服务机构(FOS)由英国议会根据 2000 年《金融服务和市场法》创立,覆盖全部金融业,为金融机构与客户之间的服务争议提供了一种替代性解决途径。2012 年《金融服务法》允许金融申诉服务机构在其网站上公布申诉专员的决定,与金融行为监管局签订谅解备忘录,在众多消费者投诉同一机构或者某类问题涉及多个消费者时提出"超级申诉",要求监管机构采取相应措施。

四、德国的金融体制与金融立法

德国的金融体制包括德意志联邦银行(中央银行)、商业银行(包括大型商业银行、地方银行和私人银行等)、储蓄机构(由基层储蓄银行、州汇划中心、德意志汇划中心[1] 3 层机构构成)、信用合作银行(由信用合作银行、地区信用合作银行中心和德意志合作银行 3 个层级构成)和专业银行(主要有抵押银行、消费信贷银行、复兴信贷银行)等。德国采取全能型银行模式,银行可以直接开展法律规定范围内的信贷、证券、保险、信托保管、投资、金融咨询等综合性业务,而无须通过设立子公司或分支机构的形式进行,是一种典型的内部混业经营。

德国银行体系的市场构成有其自身的特点,即信贷银行占主导地位,并与产业资本关系密切;其他金融机构的种类较为有限;市场集中率较高;等等。相应地,德

---

[1] 德国各州的汇划中心负责保管和管理本州内的储蓄银行流动资金储备以及各银行之间的非现金清算等。德意志汇划中心是德国地方储蓄银行的州划拨中心。

国金融监管侧重于对银行开业、最低资本额、资本与资产负债比率、银行报告制度、外汇经营等方面进行严格的监督与管理,特别注重对银行信贷规模及结构进行调控,并保持联邦银行与信贷机构、企业界的经常联系,从而对整个宏观经济运行以及通货膨胀控制产生更明显的效果。

尽管德国采取的是全能型银行模式,但是在 2002 年 5 月之前,金融监管职能是由联邦信贷监管局、联邦保险监管局和联邦证券交易监管局一起承担的。1957 年《联邦银行法》要求德国中央银行必须与联邦信贷监管局和联邦证券交易监管局之间进行密切合作,而且监管行动必须达成一致,这对第二次世界大战后德国银行较为平稳地运行起到了重要的作用。随着金融市场的发展,各种金融机构之间交叉持股,银行、保险公司、金融服务机构组建成金融集团,系统性业务风险大大增加,竞争恶化,金融市场发生了重大变化。2002 年 5 月,根据《金融监管局设立法案》,德国联邦金融监管局(BaFin)成立,负责监管所有的金融机构,其首要目标就是保证德国有一个功能正常、稳定和日趋融合的统一金融市场。[1] 按照授权,金融监管局不在各州设立下属机构。这样,各州银行日常经营活动的具体监管就由德意志联邦银行在全国 9 个地区设立的办事机构以及这些办事机构下属的 118 家分行代为承担,监管情况要向金融监管局报告,由其作出最终决定。

根据《联邦银行法》,德意志联邦银行是德国的中央银行,作为欧洲中央银行(ECB)体系的一部分,其主要职能是实现欧洲中央银行体系的货币政策目标、提供和维护支付清算系统以及管理外汇储备等,并未直接涉及金融监管。但是,作为全国唯一能对金融机构行使统计权的机构,金融监管局实施监管所需的必要信息可从德意志联邦银行获得。此外,德意志联邦银行对涉及金融机构资本金与流动性方面的信息所作的报告,也要向金融监管局提供。[2]

因为金融机构持有大量美国抵押证券并受其影响,德国金融业在 2008 年国际金融危机中也受到了冲击。为应对处理危机的改革吁请,欧盟建立了欧洲金融监管体系(ESFS),加强宏观审慎监管,成立欧洲系统性风险委员会(ESRB),负责行使其中的宏观审慎职能。在欧盟和欧洲中央银行的框架下,德国结合自身实际开展了一系列的监管改革与合作。德国将危机应对措施的目标确定为稳定银行和金融系统、维持并重新刺激银行间贷款往来,由此形成的金融监管体系既符合欧盟的一体化原则,又有鲜明的本国特色。主要措施包括:为落实欧洲系统性风险委员会的要求,于 2008 年 10 月颁布《金融市场稳定基金法》(FMStFG),设立金融稳定委员会[3](FMSA),承担宏观审慎监管职能;设立金融市场稳定基金,由联邦财政部

---

[1] 参见德国联邦金融监管局官方网站,https://www.bafin.de/EN/DieBaFin/AufgabenGeschichte/aufgabengeschichte_node_en.html,最后访问日期:2023 年 12 月 31 日

[2] 参见洪艳蓉:《银行监管的海外经验概述与借鉴》,载《证券市场导报》2003 年第 10 期。

[3] The Bundesanstalt fuer Finanzmarktstabilisierung, 英文名 The Federal Agency for Financial Stabilisation,简称 FMSA,参见德国稳定委员会官网德文版与英文版介绍:https://www.fmsa.de。

提供债务和应付款项担保;通过国家注资参股企业,防止对整个金融系统重要的金融机构破产。此外,加强宏观审慎管理的内外部监管合作。德意志联邦银行于2009年5月专门设立金融稳定部,并于2012年和2016年进一步完善宏观审慎管理组织构架,下设银行体系宏观审慎监测部、非银行体系宏观审慎监测部和国际金融体系系统性风险监测部3个部门。此外,欧洲中央银行用扩张性的货币政策配合德国等欧元区国家用财政手段维持流动性,同时采用购买政府债券、对银行进行无限量现金拍卖等非常规措施向市场注入流动性,降低了金融市场的不确定性。[1]

欧洲议会和欧洲理事会2012年9月就设立欧洲单一监管机制(SSM)达成一致意见,欧洲中央银行直接监管系统重要性银行,并从2014年11月开始对欧元区成员国的6000余家银行行使监管权;其他成员国有加入选择权。

五、日本的金融体制与金融立法

日本的金融体制由日本银行(中央银行)、金融厅、存款保险机构、金融控股集团、商业银行(包括城市银行和地方银行)、专业银行等民间金融机构(包括外汇专业银行、长期信用银行、信托银行、相互银行、信用金库、信用合作社、信用协同组合、各种人寿和财产保险公司、证券公司等)、日本输出入银行、日本开发银行、金融公库等政府金融机构以及其他机构(包括海外经济合作基金、邮局、贷款特别会计等)组成。

在1996年11月开始进行金融改革以前,日本的金融市场融资模式以银行间接融资为主导,金融业经营模式以严格分业为原则,以大藏省为主体进行货币调控与金融监管。随着日本经济高速增长时代的结束和国内外经济环境的变化,这一金融运行机制越来越难以有效运转,并产生种种日益严重的弊端。“泡沫经济”破灭以后,日本金融业陷入空前的危机之中:巨额不良债权严重影响着日本金融业的稳定,金融机构的经营危机频频发生;日本金融机构和东京国际金融中心在国际金融市场上的地位不断下降,甚至出现了一定程度的“金融空洞化”;金融监管体系问题丛生,人们对日本金融行政当局的信任度减弱。为此,日本政府对金融体制进行了一系列的改革。1997年6月,日本通过了《金融制度改革计划》,其主要内容是确定了银行、证券、信托三种业态的金融机构可以通过设立子公司的形式实现业务的兼营化;同时,生命保险公司和财产保险公司也可以通过设立子公司的形式涉入对方的经营领域。日本《反垄断法》的修改和自1998年起实施的《银行控股公司法》使日本终于实现了金融控股公司的合法化,也标志着其金融业进入混业经营时

[1] 参见德国联邦金融监管局网站,https://www.bafin.de;史世伟:《德国应对国际金融危机政策评析——特点、成效与退出战略》,载《经济社会体制比较》2010年第6期;文善恩、陈小五:《危机后德国金融监管改革及其对实体经济的影响》,载《上海金融》2019年第4期。

代。近年来,日本金融业出现了大型重组的高潮,超大规模银行合并事件不断出现,形成了五大金融集团。保险业、证券业的同业重组也呈现快速发展趋势,不同类型的金融机构之间的联合与合作不断加深。[1]

为适应金融混业经营的要求,日本加快金融监管体制改革的步伐,致力于构筑对各种金融商品进行横向整合的金融法制。一方面,日本通过1997年《日本银行法》,加强日本银行作为中央银行的独立性,并强调其应履行金融监管的职责。另一方面,日本通过1998年《金融监督厅设置法》,设立金融监督厅,剥离大藏省对金融机构的监督职权而归该厅行使,并原封不动地吸纳原属大藏省的证券交易监督委员会。2000年,日本再次剥离大藏省的金融行政计划和立案权限,金融监督厅也更名为"金融厅"。各职能监管部门有工作协调机构,经常联合稽核监察,以减轻被监管对象的负担并提高信息资源的共享性。[2] 到2001年年底,一个以金融厅为核心、独立的中央银行和存款保险机构共同参与、地方财务局(接受金融厅委托)监管的新金融监管体制初步形成。为了适应金融商品和投资服务不断创新发展的现实环境,日本于2006年将《证券交易法》修改为《金融商品交易法》,对证券、信托、金融期货、金融衍生品等金融商品进行一揽子、统合性的规范,构建了一个横向化、整体覆盖金融服务的法律体系。日本这种以保护投资者为目的的横向金融法制的制度设计,较好地平衡和协调了金融创新和金融监管的关系。[3]

为提升本国金融和资本市场的国际竞争力,日本在2007年7月开始实施"改善金融监管制度行动"[4],以改良的方式对现有金融监管制度进行市场化和国际化调整,在行政流程和金融监管体制转型上取得了实质性进展,将原本依赖于政府、行政性指导和指令的封闭型金融监管体系,成功地转变为一个更加开放、主要依赖市场和法制以及透明的信息披露制度的体系。

2008年国际金融危机虽然对日本金融体系的冲击较小,但是由于跨境风险传递日益严重,日本仍借鉴他国经验,对金融监管体系予以进一步完善:一是加强中央银行和金融厅在宏观审慎监管中的配合;二是加强系统性风险监管;三是完善金融监管制度,提高监管行为的透明度。

六、我国香港特别行政区的金融体制

作为国际金融中心之一,我国香港特别行政区的金融体制有以下独特之处。

---

〔1〕 参见吴昊:《日本金融体制改革与金融秩序重建》,载余昺鵰主编:《世纪之交的东北亚区域经济——东北亚区域经济发展变化趋势及对策研究》,吉林文史出版社2002年版。

〔2〕 参见洪艳蓉:《银行监管的海外经验概述与借鉴》,载《证券市场导报》2003年第10期。

〔3〕 参见杨东:《论金融法制的横向规制趋势》,载《法学家》2009年第2期。

〔4〕 参见张承惠、王刚:《日本金融监管架构的变迁与启示》,载《金融监管研究》2016年第10期;朱小川:《完善金融监管制度的几个启示——以日本"改善金融监管制度行动"为例》,载《金融理论与实践》2011年第2期。

第一,实行独特的货币制度和联系汇率制度。香港自 1983 年 10 月 17 日起实施被称为“联系汇率”的货币发行局制度。港币的发行权属于当时的香港政府,可授权指定银行即香港上海汇丰银行有限公司、渣打银行(香港)有限公司和中国银行(香港)有限公司发行或继续发行港币。发行货币的银行以固定汇率向外汇基金交付外汇作为货币发行的准备金,以此换回外汇基金颁发的无息负债证明书,然后凭此证书发行等值的港币。联系汇率制度自实施以来有效地维持了港币的稳定。[1]

第二,虽没有中央银行制度,但金融监管审慎严密。审慎严密的金融法律监管是金融业有序运作和稳健发展的基本保证。目前,我国香港特别行政区已架构起一个比较公正、合理、严格、缜密的金融法律监管体制,建立了两个专司其职的金融监管机构:一是金融管理局,二是证券及期货事务监察委员会。在注重政府监管的同时,我国香港特别行政区强调行业自律,依靠金融业的同业组织实行自我约束和自我管理,使其成为对金融实施有效监管的得力助手。为促进保险业的稳健发展,为投保人提供更佳保障,并契合金融监管机构在财政和运作上独立于政府的国际经验,我国香港特别行政区于 2015 年 7 月通过了《2015 年保险公司(修订)条例》,为设立独立的保险业监管局和实施保险中介人法定发牌制度提供了法律框架。自 2017 年 6 月 26 日起,临时保险业监管局正名为保险业监管局并接管保险业监管处的工作。自 2019 年 9 月 23 日起,保险业监管局从 3 个自律规管机构接手监管保险中介人的工作,实施法定的发牌制度。[2]

第三,实行独特的金融三级制。该制度把我国香港特别行政区从事存款及有关活动的金融机构划分为 3 个级别:持牌银行、有限制牌照银行和接受存款公司。三级银行经营存款业务时,接受存款的类别不同:持牌银行可以接受任何数额和任何期限的公众存款,而且只有这类银行方可经营往来账户、储蓄账户业务;有限制牌照银行可以接受任何期限的公众存款,但存款额不得少于 50 万港币,不能接受储蓄存款;接受存款公司只能接受 10 万港币以上的存款,存款期限最少为 3 个月。三级银行各自的业务范围也不同:持牌银行经营的业务主要包括各类存款、抵押放款、建筑放款、信用透支、进出口押汇、楼宇信贷、海外汇兑、外汇买卖、证券投资、信托和保险代理等;有限制牌照银行的业务属“批发性”,主要有包销、财务服务和咨询、集团贷款和可转让存款证买卖等;接受存款公司的业务属“零售性”,主要有各类抵押贷款、股票、债券、外汇、黄金、可转让存款证买卖、保险代理、信贷财务和租赁财务、消费者信贷等。

我国香港特别行政区的金融业以法律为核心,在逐步完善的过程中形成了一

---

[1] 在 1997 年至 1998 年的亚洲金融危机中,联系汇率制度成功应对,同时也暴露出一些问题。此次金融危机后,我国香港特别行政区政府对联系汇率制度予以修正和巩固。

[2] 关于我国香港特别行政区金融制度的介绍,参见香港亚洲国际都会:《香港便览:香港的金融制度》,载香港政府一站通 2020 年 7 月,https://www.gov.hk/tc/about/abouthk/factsheets/docs/financial_services.pdf。

整套独具特色的制度:一方面,重视金融立法,构筑起良好的金融活动的外在制度约束环境;另一方面,不断调整与修改现行法律,逐步完善金融法律制度。我国香港特别行政区《金融机构(处置机制)条例》于2017年7月生效,为跨界别处置机制提供了法律依据。处置机制由金融管理专员负责,金融管理局的处置机制办公室负责实施认可机构与处置机制相关的工作。处置机制缓解了具有系统重要性的香港金融机构一旦不可持续经营对香港金融体系的稳定及有效运作构成的风险。

第二节　金融国际化与金融监管的国际协调

随着金融全球化的发展,国际上制定或者签订了一系列的国际金融条约、协定,如《联合国货币金融会议最后决议书》《国际货币基金协定》《国际复兴开发银行协定》等,并成立了国际复兴开发银行(IBRD)、国际货币基金组织、国际清算银行(BIS)等一系列国际金融组织,促进了国际金融的发展。

一、国际复兴开发银行

国际复兴开发银行通常被称作"世界银行",于1945年12月27日根据《国际复兴开发银行协定》成立,其资金来源包括各成员缴纳的股金、向国际金融市场借款和发行债券以及收取贷款利息。只有参加国际货币基金组织的国家才被允许申请成为国际复兴开发银行的成员,只有成为其成员才能申请贷款。私人生产性企业申请贷款要由政府担保。成员申请贷款需要有工程项目计划,而且贷款专款专用。1980年5月,中国恢复了在国际复兴开发银行的合法席位。从1981年起,中国开始借用该行资金。国际货币基金组织是政府间国际金融组织,根据1944年7月在美国新罕布什尔州布雷顿森林召开的联合国和联盟国家的国际货币金融会议上通过的《国际货币基金协定》而成立。其主要业务活动有:向成员提供贷款,在货币问题上促进国际合作,研究国际货币制度改革的有关问题,研究扩大基金组织的作用,提供技术援助,加强与其他国际机构的联系,等等。然而,面对日趋复杂的国际经济形势,国际货币基金组织原有的功能正在逐渐演变,它希望在帮助其成员应对金融和经济危机以及改革全球金融体系中发挥积极的作用。例如,国际货币基金组织于2020年10月15日发布公报表示,随时准备与世界银行一道帮助其成员应对新冠疫情带来的经济挑战。[1] 国际清算银行成立于1930年,其宗旨为促进各国中央银行间的合作,维持国际金融体系的秩序及稳定;主要功能在于提供国际

〔1〕 See *Communiqué of the Forty Second Meeting of the IMFC*, International Monetary Fund, https://www.imf.org/en/News/Articles/2020/10/15/communique-of-the-forty-second-meeting-of-the-imfc.

金融支付清算的服务，进行国际金融和经济的调查研究，针对银行管理制定相关规范，作为主要国家中央银行定期集会交换意见和讨论问题的论坛。

第二次世界大战后，尤其是进入20世纪六七十年代，随着生产和资本的国际化，金融国际化有了飞速发展。同时，一些国家相继放松金融管制，形成金融自由化浪潮，在一定程度上催生了金融资本的垄断发展。金融国际化使金融风险不可能局限于一国区域内，给金融监管带来了挑战，金融监管迫切需要各国的协调和合作。现有的金融监管国际协调组织分为两类：一类是对成员无法律约束力的国际组织，如巴塞尔委员会、国际证监会组织、国际保险监管官联合会等；另一类是以国际法或区域法为基础的监管组织，通过有法律约束力的监管规则对成员的金融监管产生影响，如欧盟、北美自由贸易区等。

二、巴塞尔委员会

在国际监管组织中，作为一个中央银行监督国际银行活动的联系机构和协调机构，巴塞尔委员会的影响突出。它成立于1975年，主要职责是：交流金融监管信息，制定银行监管条例，加强各成员监管当局间的合作和协调，维护国际银行体系稳健运行。自成立以来，巴塞尔委员会开展了一系列卓有成效的工作，取得了不少成果。这些成果不仅在其成员境内得到遵行，而且逐渐被越来越多的非成员国家和地区的监管当局和银行自动认可或接受。巴塞尔委员会与国际清算银行是独立的两个机构，但存在极密切的联系。国际清算银行不参加巴塞尔委员会的各项会议，对巴塞尔委员会的决策过程及监管标准的制定也不施加影响，但长期为巴塞尔委员会提供秘书处服务，并因其提供的全面支持扩大了巴塞尔委员会的影响，巩固了巴塞尔委员会作为银行监管国际标准制定者的地位。

（一）《巴塞尔协定》

巴塞尔委员会成立时的最初目标是加强国际监管合作，确保在境外设立的跨国银行分支机构得到有效监管。1975年9月，巴塞尔委员会发布了其首份文件《对银行境外机构监管的报告》，后被称为《巴塞尔协定》(Basel Concordat)，该协定历经多次改动[1]，形成了以下主要内容：(1)本国和东道国当局共同负有对本国银行设在东道国的分支机构的监督责任；(2)所有的金融机构不得逃避任何一方的监督；(3)对外国分支行清偿力的监督实际上是本国当局的职责，而对外国附属机

---

[1] 巴塞尔委员会根据国际形势与监管要求针对《巴塞尔协定》发布了一系列后续更新，都被纳入协定的内容。主要包括，1978年10月，巴塞尔委员会发布《银行的并表》，要求各国监管机构将跨国银行的母行、境内外分支机构、附属机构作为一个整体，从并表角度综合监管其资本充足性、流动性、清偿力、外汇头寸、信贷集中度和面临的风险。1983年5月制定的《对银行国外机构的监管原则》则对原《巴塞尔协定》进行细化，尤其对分权原则作了重大改动，特别强调本国监管的重要性；1990年4月又在1983年《巴塞尔协定》的基础上进行了补充规定；1992年将《巴塞尔协定》的某些原则重新整理为“最低标准”(minimum standards)予以公布。

构清偿力的监督则主要是东道国当局的责任;(4)本国当局与东道国当局通过交换信息进行银行监督的国际合作,也可由本国授权机构代表本国当局在东道国进行监督。

(二)1988 年《巴塞尔协议》

1988 年 7 月,巴塞尔委员会颁布《关于统一国际银行资本衡量和资本标准的协议》(International Convergence of Capital Measurement and Capital Standards,以下简称《巴塞尔协议Ⅰ》[1])。与《巴塞尔协议》不同,《巴塞尔协议Ⅰ》系以资本监管为核心,就资本构成、风险权数、目标标准比率、过渡期和实施的安排等取得共识,这是金融监管标准国际统一化极其重要的一步。《巴塞尔协议Ⅰ》的核心规定是:资本对风险加权资产的最低目标标准比率(通常所说的"资本充足率")为 8%,其中核心资本成分至少为 4%。《巴塞尔协议Ⅰ》对资本组成、风险加权的计算和资本充足率的目标进行了明确的规范,并就过渡期和实施作了安排。《巴塞尔协议Ⅰ》是一个具有划时代意义的重要成果,是具有广泛影响力的国际金融监管制度,对商业银行的经营和监管有着巨大的影响力。

(三)《有效银行监管的核心原则》

20 世纪 90 年代以来,许多国家银行体系逐渐暴露出一些弱点,严重威胁到各国和世界的金融稳定,主要表现为银行系统的巨额坏账、造成银行损失的违规操作、导致银行倒闭乃至连锁的破坏性反应等。1997 年 9 月,巴塞尔委员会通过了《有效银行监管的核心原则》(Core Principles for Effective Banking Supervision),为规范银行监管提出国际统一的准则,确定了有效银行监管体系所必须具备的 25 项基本原则,共分为 7 大类,即有效银行监管的先决条件、发债和结构、审慎法规和要求、持续性银行监管手段、信息要求、正式监管权力、跨国银行业。《巴塞尔协议》的制定和逐步推广,为进行有效的银行监管提供了依据,对防范和化解银行业的风险、维护银行体系的稳定发挥了积极作用。但是,《巴塞尔协议》对市场风险和操作风险的考虑不足,而这两者对银行业的破坏日趋显现。1997 年亚洲金融危机的爆发和危机蔓延所引起的金融动荡,使金融监管当局和国际银行业迫切感到需要重新修订国际金融监管标准。

(四)《巴塞尔协议Ⅱ》

2002 年定稿、2005 年实施的《新巴塞尔资本协议》(也称《巴塞尔协议Ⅱ》)全面取代 1988 年《巴塞尔协议》,成为新的国际金融环境下各国银行进行风险管理的新法则。该协议体现了以资本防范风险的理念,把对资本充足率的评估和银行面临的风险进一步紧密结合在一起,使其能够更好地反映银行的真实风险状况。该

---

[1] Basel Accord of 1988,通常被称为 1988 年《巴塞尔协议》,为了与后面的两份更新协议相区分,也被称作 Basel Ⅰ,即《巴塞尔协议Ⅰ》;第二份与第三份协议分别被称作 Basel Ⅱ(《巴塞尔协议Ⅱ》)与 Basel Ⅲ(《巴塞尔协议Ⅲ》),三份协议的关系见正文。

协议不仅强调资本充足率标准的重要性,还通过互为补充的"三大支柱",即最低资本要求、对机构的资本充足率和内部评估程序进行检讨以及有效利用市场规律,以期有效地提高金融体系的安全性和稳定性。

但是,《巴塞尔协议Ⅱ》未予以足够重视的某些风险是2008年国际金融危机的成因。作为全球金融监管改革的重要组成部分,国际银行资本监管也在进一步完善。2009年7月,巴塞尔委员会通过了对1996年交易账户资本计提规则和《巴塞尔协议Ⅱ》"三大支柱"的修订稿,以期达到以下目标:第一,提高压力时期可提取的缓冲资本储备;第二,提高银行资本的质量;第三,引入杠杆率作为《巴塞尔协议Ⅱ》的最低保障机制。2009年9月,全球中央银行行长和监管当局负责人会议就资本充足率监管标准和过渡期安排达成了共识。2009年12月,巴塞尔委员会发布正式文件,对7月宣布的市场风险框架和9月所达成共识中的银行压力测试指引予以确认,并准备就市场风险框架和流动性进行修订。[1]

(五)《巴塞尔协议Ⅲ》

2008年国际金融危机爆发后,以《巴塞尔协议Ⅱ》为监管架构所构建的商业银行风险监管体系暴露出诸多脆弱性。继2010年12月发布《巴塞尔协议Ⅲ:更具稳健性的银行和银行体系的全球监管框架》后,巴塞尔委员会在杠杆率、交易对手、信息披露等方面对监管架构进行了补充与完善,以解决在金融危机中暴露出而尚未被有效纳入监管的一些问题,并于2017年12月发布了《巴塞尔协议Ⅲ:后危机改革的最终方案》[2],标志着后危机时代国际银行监管构架改革已基本完成。2019年1月,巴塞尔委员会又发布了《市场风险最低资本要求》。

从整体来看,《巴塞尔协议Ⅲ》确立了宏观与微观结合的审慎监管体系,在延续"三大支柱"的基础上,从资本质量、资本要求等方面进行了改革,还提出了杠杆率、流动性监管框架和系统重要性银行监管等补充和加强措施安排;其系统性风险管理和系统重要性银行监管是对传统监管理念的突破,对银行全面风险管理体系建设提出了更高的要求。

此外,针对2008年全球金融危机中暴露出的银行在公司治理方面的缺陷,巴塞尔委员会于2010年10月4日发布了《强化公司治理指导原则》。该文件提出了银行实现稳健公司治理的14条原则,明确了银行监管机构对银行公司治理的监管责任,并阐释了其他利益相关者和市场参与者、法律框架对于强化银行公司治理的

---

[1] See Basel Commitee on Banking Supervision, *Group of Governors and Heads of Supervision announces higher global minimum capital standards*, BIS(Sept. 12, 2010), http://www.bis.org/press/p100912.htm; Basel Commitee on Banking Supervision, *Revisions to the Basel Ⅱ market risk framework – updated as of* 31 *December* 2010, BIS(Feb. 11, 2011), http://www.bis.org/publ/bcbs193.htm.

[2] See Basel Commitee on Banking Supervision, *Basel Ⅲ: Finalising post – crisis reforms*, BIS(Dec. 7, 2017), https://www.bis.org/bcbs/publ/d424.htm.

作用。[1] 在其他金融领域,也存在大量的国际条约和国际惯例。

思考题

简述全球化背景下主要发达国家和地区的金融体制与立法的变革趋势。

---

[1] See Basel Commitee on Banking Supervision, *Principles for Enhancing Corporate Governance*, BIS (Oct. 4, 2010), https://www.bis.org/publ/bcbs176.htm.

第三章　中国金融体制与金融立法

第一节　我国金融体制的发展历史

我国金融体制是在革命根据地和解放区金融体制的基础上，根据建立社会主义国家所处不同阶段的需要逐步建立和发展起来的，经历了艰难曲折的发展过程，大体可分为以下几个时期。

一、计划经济下的金融体制

1949—1977 年是我国单一制的银行体制时期（或称“一级银行体制时期”“大一统银行体制时期”），即由中国人民银行统一领导、垄断金融的时期。其特点是，中国人民银行既是行使货币发行和金融管理职能的国家机关，又是从事信贷、储蓄、结算、外汇等业务经营活动的经济组织，其机构遍及全国城乡。另外，有少数几家专业银行存在，不受中央银行的领导，而是直接受命于政府。这种金融体制适应了当时高度集权的计划经济体制的需要。

这种金融体制尽管在一定时期适应了计划经济的发展，但是随着我国经济体制由计划经济转向市场经济，表现出以下几个方面的弊端。

1. 金融信用领域狭小，资金运用效率低下。在高度集中的计划经济体制下，全社会的固定资产投资均通过财政资金分配的方式进行，企业生产和流通中的流动资金也通过财政分配，只有临时性、季节性的流动资金不足部分才由银行信贷解决。因此，整个社会对金融信用需求不足，不存在金融市场，整个金融业处于高度压抑的状态下。同时，财政分配的方式也使得资金运用效率相当低下。

2. 信用形式单调，金融机构单一。在此期间，只有单一的银行信用；其他各类信用工具和机构，如商业信用、证券信用、消费信用等，一概被禁止；银行信用处于垄断状态。在全国形成“大一统”银行体制后，中国人民银行同时执行商业银行、政策性银行和中央银行的职能，全面垄断了金融业务活动。

3. 金融对整个国民经济的调控作用微弱。在这种高度集中统一的金融体制下，不仅金融活动范围狭小，而且金融的经营管理行政化，金融在资源配置上的作用非常有限。金融的运行主要靠国家编制计划，通过金融机构的严格执行实现，信贷数量和投向、利率等都由国家计划确定。金融只是计划部门的“配角”、财政部门的“出纳”,没有自身利益和主观能动性,难以发挥其宏观调控的作用。

二、改革开放初期的金融体制

1978—1993年是我国中央银行体制的确立和完善时期。在这一时期,我国逐步建立起适应有计划的商品经济发展需要的二级银行体制,又称“中央银行体制”。在恢复、分设专业银行、中国人民保险公司的基础上,中国人民银行开始专门执行中央银行的职能,另设中国工商银行办理工商信贷和城镇储蓄业务。随后,我国重新组建了中国交通银行等全国性综合银行,设立了中信银行等全国性商业银行和招商银行等区域性商业银行。同时,我国还大力发展保险、信托等非银行金融机构,开办了中外合资银行、财务公司等。这样,在我国初步形成了以中央银行为领导,以国有专业银行为主体,多种金融机构并存、分工协作的金融体制。

中央银行体制确立后,中国人民银行逐步运用货币政策,加强宏观调控和监管。具体而言,主要是改革信贷资金管理办法,建立了以再借款和再贷款限额管理为主要手段的信贷规模调控方法,并建立了存款准备金制度,发挥和加强利率的杠杆作用,加强金融法制管理等,从而建立了直接调控和间接调控相结合的宏观调控体系。

金融信用领域也逐步扩大,银行信贷发挥了资金融通的主渠道作用。从1978年起,我国逐步实行资金“全额信贷”制度以及除国家机关和事业单位外固定资产投资的“拨改贷”制度,改革了单一的银行信用,发展了商业信用、国家信用、消费信用和民间信用等多种信用形式,同时银行贷款的对象也不断扩大,使金融信用成为国民经济发展中资金筹集和分配的主要载体。

金融市场尤其是证券市场初具规模,多种金融工具得到发展,资金融通实现多渠道、多形式。1985年后,我国相继形成了资金拆借市场、国债交易市场,成立了上海证券交易所和深圳证券交易所。这些金融市场的形成和建立为我国经济发展和资金融通提供了更广阔、高效、便捷的场所。

三、全面深化金融体制改革时期的金融体制

按照1993年12月发布的国务院《关于金融体制改革的决定》和国务院《关于进一步改革外汇管理体制的通知》(已失效)的规定,我国自1994年起开始进行金融体制的全面改革,以建立适应社会主义市场经济发展需要的金融体制。金融体制改革的目标是:建立在国务院领导下,独立执行货币政策的中央银行宏观调控体系;建立政策性金融与商业性金融分离,以国有商业银行为主体、多种金融机构并存的金融组织体系;建立统一开放、有序竞争、严格管理的金融市场体系;把中国人民银行办成真正的中央银行,把国家专业银行办成真正的国有商业银行。截至2010年,原有的国有专业银行都已改制为股份有限公司且成功上市。

自2006年12月起,针对我国农村地区金融服务不足、竞争不充分的状况,中

国银行业监督管理委员会(以下简称中国银监会,已撤销)调整放宽农村地区银行业金融机构准入政策,包括村镇银行、贷款公司和农村资金互助社等在内的新型农村金融机构的设立使农村地区金融机构覆盖率提高,而且类型更加多元化。

以中国银监会的成立为契机,行政与监管实现分离。中国银监会坚持在审慎监管、严格审批的原则下,支持符合条件的中资银行业金融机构在境外设置机构和投资入股境外金融机构,涵盖商业银行、投资银行、保险等多种金融服务领域,并继续推进其他各类金融机构和金融市场改革发展。

四、后金融危机时代的金融体制:着力建立现代金融体系

2008 年以来,国际金融危机的影响不断加深,对各国金融体制产生了重大影响,更加强调金融服务实体经济的功能。随着金融科技的发展,普惠金融方兴未艾,金融产品日益多样化、复杂化,金融机构的综合经营业态日趋复杂;与此同时,严重侵害金融消费者权益的乱象屡屡发生,机构监管模式下存在的监管竞争、监管空白、监管套利等问题也越来越突出,已经难以较好地防范系统性风险。2012 年,党的十八大报告提出,要全面深化金融体制改革,健全促进宏观经济稳定、支持实体经济发展的现代金融体系;稳步推进利率和汇率市场化改革,逐步实现人民币资本项目可兑换;加快民营金融机构发展。要健全现代金融系统,致力于构建现代化、国际化的现代金融体系,就要适应金融业发展新形势。2013 年 8 月,金融监管协调部际联席会议制度建立,人民银行牵头,与中国银监会、中国证监会、中国保险监督管理委员会(以下简称中国保监会,已撤销)等一起加强政策沟通协调,努力填补监管空白、消除短板,金融监管初步建立了监管协调机制。2016 年后,根据我国“十三五”规划纲要的明确要求,我国进一步改革金融监管体系,以加强宏观审慎管理、统筹监管系统重要性金融机构、建立功能监管和行为监管框架为重点,金融体制进行了进一步的改革。由此,我国建立健全央行“双支柱”调控体系,确立了宏观审慎管理框架;成立了国务院金融稳定发展委员会,以解决金融监管的横向协调问题,弥补分业监管的不足,加强对金融创新和部分跨金融领域经营的监管。2018 年,中国银监会与中国保监会进行了职责整合,组建了中国银行保险监督管理委员会(以下简称中国银保监会)〔1〕。同时,我国还在一定范围内继续进行金融市场双开放,开放银行间债券市场,推出沪港通、深港通、债券通,进行自贸区金融改革等。为了保护金融消费者权益,自 2012 年以来,中国人民银行、中国银保监会、中国证监会内部建立起一整套金融消费者保护机构,并建立了多元化的金融消费纠纷解决机制。

〔1〕 2023 年 3 月,中共中央、国务院印发《党和国家机构改革方案》,决定组建国家金融监督管理总局,不再保留中国银行保险监督管理委员会。因此,下文中的中国银保监会均指改革以前的称呼。

随着诸多非传统的金融形态大量涌现,地方金融在发展过程中也积累了许多风险。2017 年,第五次全国金融工作会议首次明确了地方政府的金融事权,确立了地方金融以中央为主、地方为辅的“7 +4”[1]监管格局。此后,各地纷纷组建地方金融监管机构,并建立了地方金融监管协调机制,金融监管“央地协同”格局加速形成。

随着我国进入新的发展阶段,面对复杂多变的国际金融形势,伴随日新月异的数字金融发展,我国金融体制改革仍在深入推进。根据 2023 年 3 月中共中央、国务院印发的《党和国家机构改革方案》,我国金融监管体制机制进行了调整,组建中央金融委员会和中央金融工作委员会,形成了“两委一行一局一会”,进一步完善了我国金融监管体制,相关内容本书将在本章第三节予以详细介绍。2023 年 10 月 30 日至 31 日,我国中央金融工作会议首次召开,体现了加强党对金融工作的全面领导和集中统一领导。这次会议提出金融工作应以加快建设金融强国为目标,全面加强金融监管,完善金融体制,优化金融服务,防范化解风险,坚定不移走中国特色金融发展之路。

第二节　我国金融立法的沿革与现状

一、计划经济下的金融立法

在计划经济时期,由于实行高度集中的计划经济体制,我国的金融事业发展缓慢,对金融活动的规范和管理以行政手段为主,以计划和政策为主要管理手段,金融立法没有受到足够重视,金融法的表现形式多为行政管理性的法规、规章和政策。

二、改革开放初期的金融立法

实行改革开放政策后,随着金融改革的深化以及法制建设进程的加快,为适应有计划的商品经济的需要,我国加快了金融立法的步伐,制定了大量的金融法规和规章,其中以 1986 年 1 月 7 日发布的《银行管理暂行条例》(已失效)为代表。

三、社会主义市场经济条件下调整时期的金融立法

1993 年,我国确立了建立社会主义市场经济体制的目标,金融体制的总体目标得以确立,金融改革进一步深化,金融立法也步入一个崭新时期。尤其是 1995

---

[1] 此处的“7”指小额贷款公司、融资担保公司、区域性股权市场、典当行、融资租赁公司、商业保理公司、地方资产管理公司;“4”指投资公司、农民专业合作社、社会众筹机构、地方各类交易所。事实上,民间借贷等大量非正规地方金融行为也属于地方事权。

年,可以说是我国的“金融立法年”。在这一年,我国颁布了4部金融基本法律及1个决定:1995年3月18日颁布了《中国人民银行法》,1995年5月10日颁布了《商业银行法》和《票据法》,1995年6月30日颁布了《保险法》和全国人民代表大会常务委员会《关于惩治破坏金融秩序犯罪的决定》。这从根本上改变了我国金融领域欠缺基本法律规范的局面,初步形成了金融法体系的基本框架。此后,我国金融立法进入系统立法阶段,立法的层次有了提高。1997年3月14日修订的《刑法》对金融犯罪作了规定。1998年12月29日发布的《证券法》规范证券市场。2001年4月28日发布的《信托法》调整信托关系。2003年10月28日发布的《证券投资基金法》规范证券投资基金活动。2003年12月27日发布的《银行业监督管理法》加强对银行业的监督管理,规范监督管理行为,防范和化解银行业风险,我国“一行三会”的金融监管格局形成。2006年8月27日发布的《企业破产法》适用于金融机构,是企业退出的重要法律规范。

此后,适应国内外金融发展的现实需要,我国金融立法继续对金融生态法律环境进行优化调整,全国人大常委会对一些重要的金融法律进行了相应的修改,包括《中国人民银行法》《银行业监督管理法》《商业银行法》《证券法》《保险法》等,加强金融监管协调。国务院与各金融监管机构也发布了一系列金融法规与金融规章,金融法律制度逐步完善。

为履行我国加入世界贸易组织关于金融开放的承诺,2001年12月,国务院发布《外资保险公司管理条例》,加强和完善对外资保险公司的监督管理。2006年11月,国务院发布《外资银行管理条例》,确立外资银行当地法人化制度,允许外商独资银行、中外合资银行开展经国务院银行业监督管理机构批准的部分或者全部外汇业务和人民币业务,经营经中国人民银行批准的结汇、售汇业务。2008年8月5日,国务院修订通过《外汇管理条例》。2009年7月1日,中国人民银行等联合公布《跨境贸易人民币结算试点管理办法》,成为人民币对外支付改革的重要制度安排。

四、党的十八大以来的金融立法

在党的十八大报告关于“完善中国特色社会主义法律体系,加强重点领域立法”的理念指引下,以习近平同志为核心的党中央高度重视金融法治发展,我国金融法律体系不断健全,金融立法也取得突破性进展。这主要体现在,重点领域的法律制度逐步修正完善,新兴领域的法律空白得到及时填补,金融立法步入高质量、精细化发展阶段。具体而言,一方面,吸取国际金融危机的教训,借鉴各国应对金融危机和推动监管改革的经验,着力填补金融监管空白,完善相关制度,防范系统性金融风险;另一方面,引导金融服务实体经济,支持普惠金融发展,加强金融消费者权益保护。2021年,中央经济工作会议提出加强金融法制建设,中国人民银行、中国银保监会和中国证监会加大法治监管力度,坚持推动金融风险防范化解。

这一阶段,金融立法工作突出表现为对已有法律和行政法规的修订与完善。例如,《证券法》分别于2013年6月和2014年8月进行了修正,并于2019年12月由十三届全国人大常委会第十五次会议全面修订通过,系统总结了我国资本市场改革发展、监管执法、风险防控的实践经验,作出了全面推行证券发行注册制、显著提高证券违法成本等制度改革,为打造一个规范、透明、开放的资本市场提供了坚实的法治保障。《保险法》分别于2014年8月和2015年4月进行了修正。《证券投资基金法》于2012年12月和2015年4月分别进行了修订和修正。2014年8月和2018年12月,《预算法》进行了两次修正。国务院重要的行政法规修订工作主要有:2013年5月、2016年2月和2019年9月对《外资保险公司管理条例》进行了两次修订;2012年10月、2013年7月、2016年2月和2017年3月对《期货交易管理条例》进行了四次修订;2014年7月、2014年11月和2019年9月对《外资银行管理条例》进行了三次修订。2022年4月20日,十三届全国人大常委会第三十四次会议通过《期货和衍生品法》,该法在总结实践经验的基础上,对期货交易相关制度和期货交易相关方行为作出规范,将衍生品交易纳入调整范围,为期货市场和衍生品市场的健康发展提供了坚实的法治保障。《期货和衍生品法》的制定与实施是完善我国金融法律制度体系的重要举措与维护国家经济安全的现实需要。

这一阶段,国务院公布了一些重要的金融行业行政法规,国务院办公厅等发布了许多指导金融工作的意见。例如,2021年1月26日,国务院颁布了《防范和处置非法集资条例》,防范和处置非法集资工作步入了法治化轨道。2013年3月施行的《征信业管理条例》,标志着酝酿十年的征信行业法规正式出台,我国征信业步入有法可依的轨道。2015年2月公布的《存款保险条例》,确立了我国存款保险制度的实施目标、覆盖范围和存款保险基金筹集和管理机制等基本内容,使我国的金融安全网更加完善。2015年8月,国务院法制办公室公布《非存款类放贷组织条例(征求意见稿)》,向社会公开征求意见,研究建立我国金融机构有序处置机制。2015年11月,国务院办公厅《关于加强金融消费者权益保护工作的指导意见》发布,规范和引导金融消费者权益保护工作。2016年4月,国务院办公厅印发《互联网金融风险专项整治工作实施方案》,着手对点对点(peer to peer,P2P)网络借贷和股权众筹业务、通过互联网开展资产管理和跨界从事金融业务、第三方支付业务、互联网金融领域广告等互联网金融风险累积重点领域进行整治。2017年8月,《融资担保公司监督管理条例》出台,这是我国第一部明确地方金融监管职责的行政法规。2018年4月27日,《关于规范金融机构资产管理业务的指导意见》正式发布,按照资管产品的类型制定统一的监管标准,最大限度地消除监管套利空间,为资管业务健康发展提供良好的制度环境。2020年9月,国务院与中国人民银行分别印发《关于实施金融控股公司准入管理的决定》与《金融控股公司监督管理试行办法》,这是补齐监管短板、防范系统性金融风险、深化金融改革的重要举措,有利于规范市场秩序,增强金融服务实体的经济能力。党中央、国务院高度重视私募投资基金行业发展和风险防控,《私募投资基金监督管理条例》于 2023 年 7 月 3 日公布,自 2023 年 9 月 1 日起施行。该部专门行政法规将私募投资基金业务活动纳入法治化、规范化轨道进行监管,旨在鼓励私募投资基金行业规范健康发展,更好地保护投资者合法权益,进一步发挥私募投资基金服务实体经济、促进科技创新等作用。

此外,地方金融立法有了开创性进展。以 2016 年 3 月《山东省地方金融条例》的发布为始,河北、四川、天津、辽宁、上海、浙江等省市先后出台地方金融立法。地方金融立法对规范地方金融组织及其活动,维护金融消费者和投资者的合法权益,防范和化解金融风险,促进当地金融健康发展和金融建设具有重要作用。在国务院立法层面,"地方金融监督管理条例"已作为重点项目展开立法工作。

第三节　金融监管的中国方案:金融体制大变革与立法展望

党的二十大报告提出,"加强和完善现代金融监管,强化金融稳定保障体系,依法将各类金融活动全部纳入监管,守住不发生系统性风险底线"。这为我国新一轮金融监管体制改革提供了根本遵循与方向指引。根据 2023 年 3 月中共中央、国务院印发的《党和国家机构改革方案》,我国金融监管体制机制进行了最新调整。

在党中央机构改革层面,决定组建中央金融委员会与中央金融工作委员会,不再保留国务院金融稳定发展委员会及其办事机构。中央金融委员会负责金融稳定和发展的顶层设计、统筹协调、整体推进、督促落实,研究审议金融领域重大政策,作为党中央决策议事协调机构。中央金融工作委员会则负责统一领导金融系统党的工作,指导金融系统党的政治建设、思想建设、组织建设、作风建设、纪律建设等,作为党中央派出机关,加强党对金融工作的领导。

在国务院机构改革层面,决定组建国家金融监督管理总局,不再保留中国银保监会,深化地方金融监管体制改革,中国证监会调整为国务院直属机构。其一,组建国家金融监督管理总局。国家金融监督管理总局统一负责除证券业之外的金融业监管,统筹负责金融消费者权益保护。这意味着金融监管更加系统化、专业化,中国银保监会则退出历史舞台。其二,深化地方金融监管体制改革。此次改革统筹优化中央金融管理部门地方派出机构设置和力量配备,地方政府设立的金融监管机构专司监管职责,不再加挂金融工作局、金融办公室等牌子。这意味着地方政府设立的金融监管机构将剥离调配金融资源支持地方经济的职能,有助于更好地防范和化解地方市场的金融风险。其三,强化中国证监会资本市场监管职责。划入国家发展和改革委员会的企业债券发行审核职责,由中国证监会统一负责公司(企业)债券发行审核工作。这意味着过去分散的债券市场监管局面,终于迈向了统一的格局。

此次金融监管体制改革,是自2003年以来最大程度的一次革新,体现了防范系统性金融风险和切实保护金融消费者权益的需要,最终目标则是助力实现中国式现代化。此次改革以组建国家金融监督管理总局为核心内容,意味着我国金融监管从分业监管到"双峰监管"转变的实质性迈进,逐渐向着综合监管的方向发展;顺应了我国金融发展的需要,将推动我国金融监管体制改革进一步循序深化。在当前的全球经济形势下,此次改革对中国优化金融监管具有较深层次的意义。具体来说,有助于加强党对金融工作的领导,有助于防范系统性金融风险,有助于进一步鼓励金融创新,有助于推进和实现金融服务高质量发展,有助于维护我国的金融利益,有助于提升我国的全球金融竞争力,并促进全体人民共同富裕目标的最终实现。

纵览我国金融监管体制改革的历程,不难发现,每一次变革都是立足我国金融发展形势,顺应金融发展客观规律所作出的"突破创新"。我国金融监管体制框架的不断完善,为我国金融法治迈上更高台阶奠定了坚实的基础。值得关注的是,维护金融稳定与安全成为近年来我国金融立法的重头戏。党的二十大报告提出,要强化金融稳定保障体系,守住不发生系统性风险底线。全新的时代背景与发展形势不断呼唤着金融稳定专门立法的出台。2022年4月6日,中国人民银行会同有关部门发布《金融稳定法(草案征求意见稿)》。"金融稳定法"出台在即,该法聚焦金融风险防范、化解和处置,将成为夯实我国金融稳定长效机制的关键里程碑。2022年12月,十三届全国人大常委会第三十八次会议对《金融稳定法(草案)》进行了审议。根据立法规划,重点领域的法律制度,包括《中国人民银行法》《商业银行法》《银行业监督管理法》等,将逐步修正完善。

总之,我国的金融立法是与金融体制的改革同步推进的,如今金融体制改革和发展取得了巨大的成就,金融立法工作也进入全新阶段。金融立法工作在保护金融改革成果、规范金融组织体系和金融业务行为方面起到了不可替代的作用,保证和促进了我国金融业在改革开放进程中的发展。

现阶段,金融法治工作呈现出以下几个趋势:一是不断加强金融立法,完善法律规则体系;二是完善权力运行制约机制,使监管职责、检查权、处罚权适度分离;三是健全行政裁量权基准,规范自由裁量权;四是加大对金融违法行为的处罚力度,切实严肃市场纪律。进一步加强金融立法工作,是促进和推动金融体制改革顺利进行,促进我国金融事业朝现代化、国际化方向健康发展的重要保障。当前,在金融立法的内容方面,应加强宏观层面的金融制度立法,补齐金融监管协调的短板;强化对实体经济市场主体的金融支持,加强普惠金融制度和地方金融监管建设,完善资本市场基础制度;建立跨领域金融业务规则和监管制度,治理金融乱象,防范系统性风险;加快中国法域外适用的体系建设。

思考题

1. 结合我国金融立法现状,思考现行金融立法存在哪些不足之处。
2. 结合金融体制改革的历程与最新调整,思考现行金融立法应当如何作出回应,以保障和巩固改革成果。

第四章　金融调控法律制度

第一节　金融调控主体法律制度

一、中央银行的法律性质与地位

（一）中央银行概述

世界上大部分国家都实行中央银行制度，中央银行是一国金融体系的核心，具有特殊地位。中央银行代表国家进行金融管理，制定和执行金融方针政策，但又不同于一般的国家行政管理机构。[1] 一方面中央银行在其职责范围内，采取行政管理的方式进行金融监管，另一方面中央银行作为市场主体，通过参与金融市场交易，调节和控制金融市场。中央银行不以营利为目的，一般只与政府、商业银行、其他金融机构或者大型企业有业务往来。

目前世界上中央银行的组织形式大致可以分为四类：单一中央银行制、复合中央银行制、跨国型中央银行制、准中央银行制。（1）单一中央银行制，是指国家专门设立中央银行机构，履行中央银行的各项职能，我国以及美国、德国等国家采用的就是这种制度。（2）复合中央银行制，是指没有设立专门履行中央银行职责的机构，而是由一家大银行履行中央银行职责同时开展商业银行业务。复合中央银行制是集中计划经济的产物，体现了国家对信用的高度垄断。苏联、东欧前社会主义国家曾实行该制度。1983 年以前，我国也实行该制度。（3）跨国型中央银行制，是指参与某一货币联盟的各成员国联合组成一家中央银行的制度。1998 年 7 月成立的欧洲中央银行体系，是跨国中央银行制的典型代表。欧洲中央银行总部位于法兰克福，具有法人身份，是欧洲中央银行体系的决策机构；而欧元区各成员国的中央银行不具有法人身份，只负责执行总部制定的货币政策。（4）准中央银行制，是指有些国家和地区只设立类似中央银行的机构，或由政府授权某个或几个商业银行代为行使中央银行的部分职责。新加坡、斐济、马尔代夫等国家和一些地区实行的就是准中央银行制。例如，我国香港特别行政区由香港金融管理局履行金融监管、货币政策等中央银行基本职能，由渣打银行（香港）、香港汇丰银行和中国银行

---

〔1〕 参见黄达、张杰编著：《金融学》（第 5 版），中国人民大学出版社 2020 年版，第 184 页。

(香港)发行钞票,由香港汇丰银行负责管理票据结算所。

(二)中央银行的法律性质

中央银行是特殊的金融机构,也是特殊的行政机关,体现出双重属性。中央银行也与普通商业银行一样有存款、贷款、结算、贴现等业务,能在金融市场上进行交易,但是其又具有特殊性。首先,中央银行开展业务不以营利为目的;其次,中央银行开展业务的对象是政府和金融机构,不是一般的工商企业和个人;最后,国家赋予中央银行一些特殊的业务权限,如垄断货币发行、管理货币流通、管理国库等。[1] 中央银行也是国家行政机关,肩负着宏观调控、金融监管、维持金融稳定的责任。但中央银行除了可以使用行政手段进行管理,还可以通过经济手段达到行政管理的目的,例如调整存款准备金率、进行公开市场操作等。

(三)中央银行的地位

中央银行在国家机构体系中地位如何,最核心的就是要看中央银行在制定和执行货币政策时相对于政府而言有多大的独立性。从中央银行的独立性强弱看,主要有三种模式。第一种是独立性较强的中央银行,直接对议会或者国会负责,独立制定货币政策,不受政府干预,美联储、欧洲央行是这类中央银行的代表。第二种是独立性居中的中央银行,名义上隶属于政府,但是在决策上有较大的自主性,日本银行、英格兰银行就是这类中央银行的代表。第三种是独立性较弱的中央银行,这类中央银行隶属于政府,在决策上也要较多地服从政府的指令,典型代表有意大利银行、法兰西银行等。

二、中央银行的职能与组织机构

(一)中央银行的职能

中央银行在一国金融体系中居于核心地位,负有特殊的职责。按照传统理论,中央银行的职能可以概括为发行的银行、银行的银行和国家的银行。发行的银行是指中央银行行使货币发行的权利,世界上绝大多数国家的货币发行权都由中央银行来行使。《中国人民银行法》第4条第1款第3项规定了中国人民银行发行人民币,管理人民币流通的职责。银行的银行是指商业银行等金融机构与中央银行进行业务往来,并接受中央银行的管理,主要表现在三个方面:首先,商业银行等金融机构需要在中央银行开立账户,并按规定缴纳存款准备金;其次,中央银行充当“最后贷款人”的角色,在金融机构出现流动性危机时为其提供支持;最后,中央银行负责组织和管理银行间的支付、清算系统。国家的银行是指中央银行为国家提供各种金融服务,其职能主要体现为代理国库、代理国家债券的发行、对国家财政给予信贷支持、保管外汇和黄金储备、制定和实施货币政策、制定监督执行有关金

[1] 参见郭英、张文辉主编:《金融法》,清华大学出版社2018年版,第16页。

融法规、从事有关的国际金融活动等。[1]

1995 年,《中国人民银行法》颁布实施,以法律的形式明确了中国人民银行的性质、地位和职能。2003 年《中国人民银行法》进行了修正,修正后的第 4 条规定中国人民银行履行下列职责:(1)发布与履行其职责有关的命令和规章;(2)依法制定和执行货币政策;(3)发行人民币,管理人民币流通;(4)监督管理银行间同业拆借市场和银行间债券市场;(5)实施外汇管理,监督管理银行间外汇市场;(6)监督管理黄金市场;(7)持有、管理、经营国家外汇储备、黄金储备;(8)经理国库;(9)维护支付、清算系统的正常运行;(10)指导、部署金融业反洗钱工作,负责反洗钱的资金监测;(11)负责金融业的统计、调查、分析和预测;(12)作为国家的中央银行,从事有关的国际金融活动;(13)国务院规定的其他职责。与修正前的 1995 年《中国人民银行法》的规定相比,将原来监督管理金融市场的职责缩小为监督管理银行间同业拆借市场、银行间债券市场银行。国家为了强化金融宏观调控,维护金融稳定,提高银行业监管水平,不断调整国家金融监管体制,1992 年 10 月成立国务院证券委员会(已撤销)和中国证监会,1998 年 11 月成立中国保监会,2003 年 3 月成立中国银监会。随着一系列专门监管机构的成立,中国人民银行的监督管理范围逐渐缩小,其监管职能逐渐弱化,主要职能转变为“制定和执行货币政策,不断完善有关金融机构的运行规则,更好地发挥作为中央银行在宏观经济调控和防范与化解系统性金融风险中的作用”[2]。

2008 年国际金融危机发生之后,各国都开始加强宏观审慎管理和系统性风险的防范。2008 年国务院办公厅印发《中国人民银行主要职责、内设机构和人员编制规定》,进行中国人民银行职责调整,要求其完善金融宏观调控体系,负责防范、化解系统性金融风险,维护国家金融稳定与安全;负责会同金融监管部门制定金融控股公司的监管规则和交叉性金融业务的标准、规范,负责金融控股公司和交叉性金融工具的监测;承担全国反洗钱工作的组织协调和监督管理的责任,负责涉嫌洗钱及恐怖活动的资金监测;管理征信业,推动建立社会信用体系等。

中国人民银行的职能随着国际国内形势的变化而变化,2019 年中共中央办公厅、国务院办公厅发布了《中国人民银行职能配置、内设机构和人员编制规定》,对中央银行的职能进行了更加细致的规定,加入了金融消费者保护,推进金融基础设施建设,统筹互联网金融监管等内容,以适应金融业态的发展和创新。综合来说,中国人民银行具有三大职能,即金融宏观调控职能、金融服务职能以及一般金融监管职能。[3]

---

[1] 参见黄达、张杰编著:《金融学》(第 5 版),中国人民大学出版社 2020 年版,第 186 - 187 页。

[2] 参见中国人民银行:《中国人民银行有关负责人就〈中国人民银行法〉修改有关问题答记者问》,载中国人民银行网站 2003 年 12 月 18 日,http://www.pbc.gov.cn/bangongting/135485/135491/135600/2827797/index.html。

[3] 参见唐波主编:《新编金融法学》(第 4 版),北京大学出版社 2021 年版,第 48 页。

（二）中央银行的组织机构

各国中央银行的机构设置和职能分配不同,决策机构设置也各不相同。美国中央银行美国联邦储备体系的决策机构是联邦储备系统理事会,日本银行的决策机构是银行政策委员会。我国实行的是行长负责制。行长根据国务院总理提名,由全国人民代表大会决定,在闭会期间由全国人大常委会决定,由中华人民共和国主席任免。虽然《中国人民银行法》没有明确规定我国中央银行的权力机构,但可以如此理解:中国人民银行行长主持的行务会议享有中国人民银行权限范围内的决策权和决定权。[1]

1998 年,为了减少地方政府对中央银行各分支机构的干预,党中央、国务院作出决定,对中国人民银行管理体制实行改革,撤销了原有的 31 家省级分行,设立了天津、广州、沈阳、成都、上海、南京、济南、武汉、西安 9 大区行和重庆、北京两个营业管理部,作为中国人民银行的派出机构。2005 年 8 月 10 日中国人民银行上海总部设立,其主要职能是:根据中国人民银行提出的操作目标,组织实施中央银行公开市场操作;承办在沪商业银行及票据专营机构再贴现业务;管理银行间市场,跟踪金融市场发展,研究并引导金融产品的创新;分析市场工具对货币政策和金融稳定的影响;负责对区域金融稳定和涉外金融安全的评估;等等。

中国人民银行内部设有办公厅(党委办公室)、金融委办公室秘书局、条法司、研究局、货币政策司、宏观审慎管理局、金融市场司、金融稳定局、调查统计司、支付结算司、科技司、货币金银局(保卫局)、国库局、国际司(港澳台办公室)、征信管理局、反洗钱局、金融消费权益保护局、会计财务司、内审司(党委巡视工作领导小组办公室)、人事司(党委组织部)、党委宣传部(党委群工部)、参事室、机关党委、离退休干部局、工会、团委。其中金融委办公室秘书局负责处理金融委办公室日常事务,中国人民银行的内设机构根据工作需要承担金融委办公室相关工作,接受金融委办公室统筹协调。

三、其他金融调控主体法律制度

（一）中央金融委员会

2017 年 7 月,全国金融工作会议宣布设立国务院金融稳定与发展委员会(已撤销)。2017 年 11 月,经党中央、国务院批准,国务院金融稳定发展委员会成立,作为国务院统筹协调金融稳定和改革发展重大问题的议事协调机构。该委员会的主要职责是:落实党中央、国务院关于金融工作的决策部署;审议金融业改革发展重大规划;统筹金融改革发展与监管,协调货币政策与金融监管相关事项;统筹协调金融监管重大事项,协调金融政策与相关财政政策、产业政策等;分析研判国际国内金融形势,做好国际金融风险应对,研究系统性金融风险防范处置和维护金融稳

[1] 参见郭英、张文辉主编:《金融法》,清华大学出版社 2018 年版,第 43 页。

定重大政策;指导地方金融改革发展与监管,对金融管理部门和地方政府进行业务监督和履职问责等。该委员会定期召开全体会议,不定期召开有针对性的专题会议,统筹研究协调金融领域相关事项。

2023 年 3 月,中共中央、国务院印发了《党和国家机构改革方案》,组建了中央金融委员会并设立中央金融委员会办公室,作为中央金融委员会的办事机构,列入党中央机构序列;不再保留国务院金融稳定发展委员会及其办事机构;将国务院金融稳定发展委员会办公室职责划入中央金融委员会办公室。

中央金融委员会负责金融稳定和发展的顶层设计、统筹协调、整体推进、督促落实,研究审议金融领域重大政策、重大问题等,作为党中央决策议事协调机构。与其同时组建的中央金融工作委员会。统一领导金融系统党的工作,指导金融系统党的政治建设、思想建设、组织建设、作风建设、纪律建设等,作为党中央派出机关,同中央金融委员会办公室合署办公。

(二)政策性银行

政策性银行由政府创立、参股或保证,不以营利为目的,专门贯彻、配合政府经济政策或产业政策,在特定的业务领域内直接或者间接地从事政策性融资活动,充当政府发展经济、促进社会进步、进行宏观经济管理的专门金融机构。政策性银行不能吸收活期存款,资金来源主要是政府提供的资本金、各种借入资金和发行金融债券筹集的资金。[1] 其业务涉及的领域往往是难以得到金融机构融资但对于国家和社会发展具有重要意义的部门或领域,比如住房、农业、中小企业、地区开发等。政策性银行提供的贷款往往是中长期贷款,且贷款利率明显低于同类商业银行贷款利率,当出现偿还困难时则由国家财政予以支持。

1929—1933 年的经济危机暴露了市场机制的缺陷,凯恩斯主义兴起,政策性银行作为国家干预经济的有力手段开始大量出现。20 世纪 50 年代,为了在第二次世界大战后快速恢复经济,发达国家和部分发展中国家纷纷建立政策性银行。20 世纪 60 年代以后,帝国主义殖民体系瓦解,发达国家政策性银行发展逐渐停止;但是新型独立国家为了弥补尚未成熟的金融体系的不足,选择建立政策性银行以满足生产部门资金需求,支持经济发展。21 世纪以来,许多国家政策性银行出现了业务收缩、向商业化或者开发性金融机构转型的趋势。[2]

开发性金融是政策性金融的深化和发展,以服务国家发展战略为宗旨,以国家信用为依托,以市场运作为基本模式,以保本微利为经营原则,以中长期投融资为载体,在实现政府发展目标、弥补市场失灵、提供公共产品、提高社会资源配置效率、熨平经济周期性波动等方面具有独特优势和作用,是经济金融体系中不可替代的重要组成部分。开发性金融的基本内涵包括以下几个方面:以服务国家战略为

---

〔1〕 参见唐波主编:《新编金融法学》(第 4 版),北京大学出版社 2021 年版,第 68 – 69 页。

〔2〕 参见朱崇实、刘志云主编:《金融法》(第 5 版),法律出版社 2022 年版,第 145 – 146 页。

宗旨,始终把国家利益放在首位,致力于缓解经济社会发展的"瓶颈",努力实现服务国家战略与自身发展的有机统一;以国家信用为依托,通过市场化发债把商业银行储蓄资金和社会零散资金转化为集中长期大额资金,支持国家建设;以市场运作为基本模式,发挥政府与市场之间的桥梁纽带作用,规划先行,主动建设市场、信用、制度,促进项目的商业可持续运作;以保本微利为经营原则,不追求机构利益最大化,严格管控风险,兼顾一定的收益目标,实现整体财务平衡;以中长期投融资为载体,发挥专业优势,支持重大项目建设,避免期限错配风险,同时发挥中长期资金的引领带动作用,引导社会资金共同支持项目发展。[1]

1993 年 12 月 25 日国务院发布了《关于金融体制改革的决定》,其中就包含了组建三家政策性银行的改革措施。1994 年中国农业发展银行、中国进出口银行、国家开发银行设立。政策性银行能够在其业务支持领域范围内开展发放贷款、吸收存款,发行金融债券,办理票据贴现,同业拆借,同业存放等金融业务。

中国农业发展银行的主要任务是以国家信用为基础,以市场为依托,筹集支农资金,支持"三农"事业发展,发挥国家战略支撑作用,支持的领域主要包括:办理重要农产品收购、储备、调控和调销贷款,办理农村农业基础设施和水利建设、流通体系建设贷款,办理棚户区改造和农民集中住房建设贷款,办理易地扶贫搬迁、贫困地区基础设施、特色产业发展及专项扶贫贷款,等等。

中国进出口银行的任务是支持中国对外经济贸易投资发展与国际合作,支持的领域主要包括外经贸发展和跨境投资,"一带一路"建设、国际产能和装备制造合作,科技、文化以及中小企业"走出去"和开放型经济建设,等等。中国进出口银行的经营范围如下:经批准办理配合国家对外贸易和"走出去"领域的短期、中期和长期贷款,含出口信贷、进口信贷、对外承包工程贷款、境外投资贷款、中国政府援外优惠贷款和优惠出口买方信贷等;办理国务院指定的特种贷款;办理外国政府和国际金融机构转贷款(转赠款)业务中的三类项目及人民币配套贷款等。

国家开发银行的任务是支持中国经济重点领域和薄弱环节发展,支持的领域主要包括:基础设施、基础产业和支柱产业、公共服务和管理等经济社会发展领域;新型城镇化、城乡一体化及区域协调发展的领域;传统产业转型升级和结构调整,以及节能环保、高端装备制造等提升国家竞争力的领域;等等。2015 年国务院明确将国家开发银行定位为开发性金融机构。目前,国家开发银行是全球最大的开发性金融机构,也是中国最大的对外投融资合作银行、中长期信贷银行和债券银行。

---

[1] 参见国家开发银行网站,http://www.cdb.com.cn/kfxjr/gykfxjr/,最后访问日期:2023 年 12 月 31 日。

第二节 货币政策与宏观调控

一、货币政策概述

货币政策有广义与狭义之分,广义的货币政策包括政府、中央银行和其他相关部门所有货币方面的规定,以及所采取的能够影响货币供应量的措施。狭义的货币政策是指中央银行为实现特定的金融目标,用以影响货币以及其他金融环境的措施。金融政策是比货币政策范围更加广泛的概念,它包含了货币政策、信贷政策、外汇政策、支付清算政策,与证券市场及保险市场等运行和发展相联系的所有政策及法规,以及各种金融子市场的监督政策和协调政策。[1] 下文所说的货币政策是狭义的货币政策。

二、货币政策目标

货币政策的目标是中央银行通过制定和执行货币政策所要达到的最终的经济目标。货币政策目标经历了逐渐发展的过程,最初为稳定币值和汇率,后来发展出了充分就业、促进经济增长等内容。在不同历史时期,各国货币政策的重点都会有所不同。

一般来说,货币政策的最终目标有稳定币值、经济增长、充分就业和国际收支平衡。(1)稳定币值目标,包含稳定外汇汇率和国内物价两层含义。稳定物价并不意味着价格指数不发生变化、完全不发生通货膨胀,而应当理解为将物价水平上涨控制在合理范围内。(2)经济增长目标,是指通过货币政策为经济发展提供货币的助推力。(3)充分就业目标,就是使有就业意愿和就业能力的人都有就业机会。充分就业并不意味着实现所有人就业,而是允许存在因技术进步、劳动年龄等因素导致的失业。(4)国际收支平衡,是指在一定周期内的外汇收支基本持平或者略有顺差或逆差。上述四大目标本身是存在一定矛盾的,例如就业率和通胀率之间存在负相关关系,因而充分就业和稳定物价的目标存在矛盾,需要货币政策制定者根据现实的经济状况来确定相应的货币政策目标。在实践当中存在:单一目标论,即将稳定币值作为唯一的货币政策目标;双重目标论,即将稳定币值和经济发展作为并列的目标;多重目标论,即货币政策的目标应当是多重目标的结合,包括稳定币值、经济发展、充分就业等。《中国人民银行法》第 3 条规定"货币政策目标是保持货币币值的稳定,并以此促进经济增长"。该条文将"保持币值稳定"作为"经济增

---

〔1〕 参见黄达、张杰编著:《金融学》(第 5 版),中国人民大学出版社 2020 年版,第 465 页。

长”的前提,因此其将中国人民银行的货币政策目标界定为单一目标型。[1]

三、货币政策工具

货币政策工具是指中央银行为了实现货币政策目标而采取的措施,可以分为一般性货币政策工具、选择性货币政策工具和补充性货币政策工具。

(一)一般性货币政策工具

一般性货币政策包括法定存款准备金制度、贴现政策以及公开市场业务,也被称为中央银行货币政策的“三大法宝”,都是用于调节货币总量进而影响宏观经济的货币政策工具。

1. 法定存款准备金制度,是指金融机构要按照法定比例,将自己吸收的一部分存款存入在中央银行开立的存款准备金账户。存款准备金制度一开始用于保证银行客户的存款支取和结算,后来逐渐演变为货币政策工具。该制度始于英国,但是以法律形式确认存款准备金制度的是美国 1913 年颁布的《联邦储备法》。1935 年美国银行法授权美联储调节会员银行的存款准备金率,法定存款准备金率成为美联储调节货币供给的工具;中央银行通过调整存款准备金率,影响金融机构的信贷资金供应能力,从而间接调控货币供应量。

按法定比例存入中央银行的这部分存款就是法定存款准备金,其不能被用来进行放贷等业务,限制了商业银行的存款派生能力。法定存款准备金率是中央银行货币政策工具箱中对市场最具有冲击力的工具之一。法定存款准备金率会影响货币乘数,因此其变动会对货币总量产生巨大影响。当中央银行下调法定存款准备金率时,商业银行能够用于放贷的资金增加,存款派生能力增强,货币供应量上升;当中央银行上调法定存款准备金率时,商业银行需要向中央银行缴存更多的法定存款准备金,商业银行能用于放贷的资金减少,存款派生能力减弱,货币供应量下降。

1998 年,我国实行了存款准备金制度,中国人民银行对各金融机构法定存款准备金按旬考核:如果金融机构按法人统一存入该行的准备金存款低于上旬末一般存款余额的法定比例,该行对其不足部分按每日 0.06% 的利率处以罚息。[2]我国最近一次调整法定存款准备金率是在 2022 年 4 月 25 日,中国人民银行下调金融机构存款准备金率 0.25%(不含已执行 5% 存款准备金率的金融机构),此次降准共计释放长期资金约 5300 亿元;截至 2022 年 4 月 25 日,我国金融机构平均法定存款准备金率为 8.1%。[3]

---

〔1〕参见朱崇实、刘志云主编:《金融法》(第 5 版),法律出版社 2022 年版,第 55 页。

〔2〕中国人民银行《关于改革存款准备金制度的通知》(银发〔1998〕118 号)。

〔3〕参见中国人民银行:《中国人民银行有关负责人就下调金融机构存款准备金率答记者问》,载中国人民银行网站 2022 年 4 月 15 日,http://www.pbc.gov.cn/goutongjiaoliu/113456/113469/4531945/index.html。

2. 贴现政策,是指中央银行改变自己对金融机构所持票据再贴现的再贴现率,来影响贷款数量和基础货币量的政策。贴现是指票据持票人在票据到期日前,为了取得资金而贴付一定利息将票据权利转让给金融机构的票据行为,是金融机构向持票人融通资金的一种方式。再贴现是指金融机构为了取得资金,将未到期的已贴现票据再以贴现方式向中央银行转让的票据行为。贴现是普通持票人与金融机构之间的票据行为,再贴现是金融机构和中央银行之间的票据行为,贴现率提高则持票人需要付出的贴现利息更高,融资的成本也就更高。中央银行提高再贴现率,则商业银行从中央银行获得资金的成本也就升高,商业银行就会相应减少贷款数量。反之,中央银行降低再贴现率,商业银行从中央银行获得资金的成本降低,就会增加放贷数量。但是,中央银行通过调节再贴现率进行货币供应量调控也有局限性,需要商业银行主动向中央银行要求再贴现,中央银行处于被动地位。在经济高速发展、资金需求巨大时,采用提高再贴现率的手段也无法抑制商业银行申请再贴现获得资金;而在经济下滑时期,中央银行降低再贴现率也很难调动商业银行再贴现的积极性,进而影响货币政策的传导。

中国人民银行办理再贴现业务始于 1986 年,该年 4 月中国人民银行下发《中国人民银行再贴现试行办法》,决定在北京、上海等十个城市对专业银行试办再贴现业务。1995 年年末,中国人民银行规范再贴现业务操作,开始把再贴现作为货币政策工具体系的组成部分,并注重通过再贴现传递货币政策信号;中国人民银行初步建立了较为完整的再贴现操作体系,并根据金融宏观调控和结构调整的需要,不定期公布再贴现优先支持的行业、企业和产品目录。1997 年中国人民银行发布《商业汇票承兑、贴现与再贴现管理暂行办法》(银发〔1997〕216 号,已失效)规范票据市场;2022 年 1 月中国人民银行发布《商业汇票承兑、贴现与再贴现管理办法(征求意见稿)》,继续完善商业汇票和再贴现管理的政策,该办法已于 2023 年 1 月 1 日起正式施行。〔1〕

3. 公开市场业务,是指中央银行在金融市场上进行有价证券和外汇交易,以调节货币供应量的业务活动。公开市场业务是西方发达国家中央银行最常使用的货币政策工具,自 20 世纪 50 年代以来,美联储货币吞吐量的 90% 都是通过公开市场业务进行的。〔2〕 中央银行不以营利为目标的特点使得其在金融市场上更具有主动性,当中央银行认为市场上货币供应量过多时,就会在金融市场上向商业银行出售证券,以此降低商业银行流动性,减少货币供应量。反之,当中央银行想要增加货币供应量时,就会向商业银行购买证券,商业银行的资金就会增加,进而扩大放贷规模,使货币供应量增加。

---

〔1〕 参见货币政策司:《再贴现概况》,载中国人民银行网站 2010 年 9 月 15 日,http://www.pbc.gov.cn/zhengcehuobisi/125207/125213/125437/125812/2848045/index.html。

〔2〕 参见黄达、张杰编著:《金融学》(第 5 版),中国人民大学出版社 2020 年版,第 60 页。

公开市场业务与前两种货币政策工具相比具有明显的优越性,其能够经常性、连续性操作,对货币供应量进行更加精细化的调整,而不像法定准备金率的调整一样给市场带来巨大震动。公开市场操作还具有贴现政策所不具有的主动性,中央银行可以主动出击,在金融市场上进行交易。但是公开市场业务要有效发挥作用需要全国性的金融市场和足量的可用于操作的证券作为基础,还需要其他货币政策的配合。

中国人民银行从 1998 年开始建立公开市场业务一级交易商制度,选择了一批能够承担大额债券交易的金融机构作为公开市场业务的交易对象。中国人民银行一般于每年的一季度末对公开市场业务一级交易商及其他全国银行间债券市场成员进行考评,根据考评结果新增或者剔除一些金融机构,并公布下一评估年度一级交易商名单。2022 年有 49 家金融机构进入了人民银行一级交易商的名单,其中 47 家是银行,2 家是非银行金融机构。

从交易品种看,中国人民银行公开市场业务债券交易主要包括回购交易、现券交易和发行中央银行票据(central bank bill)。回购交易根据交易方向的不同分为正回购和逆回购。正回购是中国人民银行向交易对手方卖出有价证券,并约定在到期时买回;正回购卖出证券是回收流动性的操作,到期买回是投放流动性的操作。逆回购是中国人民银行先向交易对手方买入有价证券,并约定在到期时向交易对手方卖出;逆回购买入时是投放流动性的操作,到期卖出证券是回收流动性的操作。现券交易分为现券买断和现券卖断两种,前者为中国人民银行直接从二级市场买入债券,一次性地投放基础货币;后者为中国人民银行直接卖出持有债券,一次性地回笼基础货币。中央银行票据即中国人民银行在银行间市场通过中国人民银行债券发行系统发行的债券,其发行的对象是公开市场业务一级交易商。从已发行的中央银行票据来看,期限最短的 3 个月,最长的为 3 年。中国人民银行通过发行中央银行票据可以回笼基础货币,中央银行票据到期则体现为投放基础货币。

2013 年以来中国人民银行陆续推出了一系列货币政策工具。2013 年 1 月推出公开市场短期流动性调节工具(Short-term Liquidity Operations),作为公开市场常规操作的必要补充,在银行体系流动性出现临时性波动时相机使用;公开市场短期流动性调节工具以 7 天期以内短期回购为主,遇节假日可适当延长操作期限,采用市场化利率招标方式开展操作。2013 年 1 月创立了常备借贷便利(Standing Lending Facility),金融机构可以根据自身流动性需求,以高信用评级债券等优质信贷资产为抵押品,主动向中国人民银行申请常备借贷便利,常备借贷便利期限为 1—3 个月。全球大多数中央银行都设有类似的工具,如美联储的贴现窗口、欧洲央行的边际贷款便利、英格兰银行的操作性常备便利、日本银行的补充贷款便利等。2014 年 9 月,创立中期借贷便利(Medium-term Lending Facility),该工具期限为 3 个月,到期可能会重新约定利率并展期或续贷,政策性银行和商业银行可以通过提供合格抵押品向中国人民银行申请中期借贷便利。此外中国人民银行还创设了许多结构性货币政策,将中央银行资金与金融机构对特定领域和行业的信贷投放挂钩,发挥精准滴灌实体经济的功能,多为阶段性工具,如抵押补充贷款、科技创新再贷款、普惠养老专项再贷款、交通物流专项再贷款等。

(二)选择性货币政策工具

选择性货币政策工具,是对某些特殊领域的信用活动加以调节和影响的一系列措施,这些措施一般都会有选择地使用,故称之为"选择性货币政策工具",以便与传统的"一般性政策工具"相区别。选择性货币政策工具主要包括消费者信用控制、证券市场信用控制、不动产信用控制、优惠利率、特种存款、预缴进口保证金等。

消费者信用控制,是指中央银行对不动产以外的耐用消费品的销售融资予以控制,对耐用消费品分期付款的种类、首付金额、最长期限等进行限制,从而影响耐用消费品市场。在通货膨胀时期,中央银行可以通过消费者信用控制抑制消费需求和物价上涨。证券市场信用控制,是指中央银行对有关证券交易设定保证金要求,从而抑制金融市场过度投机。在我国,股票的现货交易、融资融券的保证金比例由中国证监会规定,中国人民银行会在银行间债券市场的远期债券交易中运用保证金比例对该市场进行调节。不动产信用控制,是指中央银行对金融机构不动产贷款业务的限制,以抑制房地产过度投机,常见的限制手段有规定房地产贷款的最长期限、最高限额、首付金额等。中国人民银行在房地产金融市场宏观调控中会用到房地产贷款首付比例、惩罚性利率等措施。优惠利率,是指中央银行对国家重点发展的经济部门或产业制定较低的利率,以鼓励其发展。特种存款是指中央银行为了调整商业银行信贷结构,以特定方式向金融机构集中一定数量的资金,是一种回收流动性的货币政策工具,期限一般为1年。预缴进口保证金,是指中央银行要求进口商按照进口商品总值的一定比例预缴进口商品保证金,并将其存入中央银行,该手段多用于国际收支出现逆差的国家。

(三)补充性货币政策工具

补充性货币政策工具分为直接信用控制和间接信用控制。(1)直接信用控制是利用行政命令或者其他方式,直接对金融机构的信用活动进行控制。其手段主要有规定存贷款最高利率、信用配额、流动性比率限制和直接干预等。其一,规定存贷款最高利率限制是最常用的直接信用管制工具,例如,美国大萧条时期的Q条例[1]禁止会员银行向活期储户支付利息,同时规定定期存款支付利息的最高限额;随着金融市场的不断发展,Q条例在1982年终结,美国利率市场化得以全面实现。我国在2013年取消了银行贷款利率限制,2015年放开存款利率浮动上限,利

〔1〕 Regulation Q即Q条例,由美国联邦储备委员会于1933年制定,后经多次修改和补充,1982年被Garn – St Germain Depository Insitituions Act of 1982废除。

率管制基本放开。其二,信用配额,是指中央银行对金融机构信用规模进行分配,金融机构在分配规模范围内开展业务。其三,商业银行流动性比率是流动资产对存款的比重,中央银行通过规定商业银行的流动性比率,促使商业银行压缩长期信贷的规模,增加易变现资产。(2)间接信用控制是指中央银行通过道义劝告、窗口指导等方法间接影响商业银行的信用创造。道义劝告是指中央银行用口头或者书面的形式,将货币政策的意向与金融市场状况向金融机构提出,使其能自动地根据中央银行的政策意向采取相应措施。[1] 窗口指导是指中央银行根据经济增长情况、物价变动趋势、金融市场的动向和一定时期货币政策的要求等,要求金融机构向中央银行申报贷款增加额计划;中央银行既可以确认,也可以削减所申报的贷款增加额上限,并要求它们遵照执行。[2] 道义劝告和窗口指导不具有强制性,其约束力很大程度上取决于中央银行在金融体系内的地位和威信。

第三节　金融稳定法律制度

一、金融稳定的基本含义

“金融稳定”一词目前尚无严格定义。美联储认为金融稳定是指建立一个金融体系,其可以在顺境和逆境中发挥作用,并可以随时吸收美国经济中发生的所有好事和坏事;金融稳定不是指防止失败或阻止人们或企业赚钱或亏损,而是指帮助创造条件,使金融体系即使在上述情况下也能保持有效运作。[3] 世界银行认为稳定的金融体系能够有效地配置资源,评估和管理金融风险,保持就业水平接近经济的自然率,并消除影响货币稳定或就业水平的实物或金融资产的相对价格变动。当一个金融体系消除了内生的或因重大不利和不可预见的事件而产生的金融失衡时,它就处于一种稳定状态。[4] 综合各组织对金融稳定的定义,金融稳定指的就是金融系统能够有效发挥功能的状态,金融系统由金融机构、金融市场和金融基础设施三个部分组成。

在2008年国际金融危机发生后,各国对金融风险的认识进一步加深,尤其是系统性金融风险。系统性风险是指金融风险从一个机构传递到多家机构、从一个

---

〔1〕参见《道义劝告》,载中国人民银行网站2009年2月27日,http://www.pbc.gov.cn/rmyh/109339/751935/index.html。

〔2〕参见《窗口指导》,载中国人民银行网站2009年2月27日,http://www.pbc.gov.cn/rmyh/109339/751933/index.html。

〔3〕参见美联储网站,https://www.federalreserve.gov/faqs/what-is-financial-stability.htm。

〔4〕参见世界银行网站,https://www.worldbank.org/en/publication/gfdr/gfdr-2016/background/financial-stability。

市场蔓延到多个市场,从而使整个金融体系变得极为脆弱的可能性。系统性风险具有突发性、传染性和外部性,一旦发生,将导致金融机构、金融市场和金融基础设施难以发挥风险管理、资源配置、支付结算等关键功能,严重时会引发金融危机,影响国民经济健康运行。[1]

2010 年美国《多德—弗兰克法》授权组建金融稳定监督委员会,其法定职责如下:一是识别危及美国金融稳定的各类风险;二是促进金融市场的自我约束,降低对政府救助的期待和道德风险;三是有效应对危及美国金融体系稳定的各类新风险。[2] 金融稳定监督委员会是由财政部牵头的跨部门的系统性风险监测和监管协调机构,该委员会由十名不同的联邦金融监管机构官员组成,此外还有五名列席成员。金融稳定监督委员会的职责主要有:协调各金融监管机构工作;促进各监管机构的信息共享和收集;对制定的非银行金融机构进行联合监管;认定具有系统重要性的金融市场基础设施和支付、清算与结算系统;建议对一些关键的金融机构实施更加严格的监管;拆分对金融安全有重大威胁的金融机构。[3]

二、金融稳定法的原则与基本内容

2022 年 4 月 6 日中国人民银行就《金融稳定法(草案征求意见稿)》公开征求意见。2022 年 12 月,十三届全国人大常委会第三十八次会议对《金融稳定法(草案)》进行了审议。《金融稳定法(草案)》共六章 49 条,分为总则、金融风险防范、金融风险化解、金融风险处置、法律责任、附则。以下对该草案作简单介绍。

与其他金融法规相比,《金融稳定法(草案)》侧重于金融风险的防范、化解和处置,为防范化解重大金融风险提供制度保障。总则部分规定:维护金融稳定的目标是保障金融机构、金融市场和金融基础设施持续发挥关键功能,不断提高金融体系抵御风险和服务实体经济的能力,防止单体局部风险演化为系统性全局性风险,守住不发生系统性金融风险的底线。维护金融稳定,应当坚持强化金融风险源头管控,将金融活动全面纳入监管,按照市场化、法治化原则处置金融风险,公平保护市场主体合法权益,防范道德风险。处置金融风险应当首先采用市场化手段,在穷尽市场化手段也难以化解风险的情况下,才能够动用公共资源。

《金融稳定法(草案)》明确金融机构应当持牌经营,规范经营,不得隐瞒真实的财务数据或提供虚假财务会计报告。金融机构发生监管指标异常波动等风险情

---

[1] 参见中国人民银行金融稳定分析小组:《2008 年中国金融稳定报告》,载中国人民银行网站 2008 年 7 月 11 日,http://www.pbc.gov.cn/jinrongwendingju/146766/146772/146776/28190 27/index.html。

[2] 参见王刚、徐暮紫:《美国金融稳定监督委员会组织架构及运作情况介评》,载《金融法苑》2011 年第 1 期。

[3] 参见美国财政部网站,https://home.treasury.gov/policy-issues/financial-markets-financial-institutions-and-fiscal-service/fsoc/about-fsoc,最后访问日期:2023 年 12 月 31 日。

形的应当采取相应的措施化解风险。符合国务院金融管理部门规定条件的金融机构应当按照要求制定恢复与处置计划,明确重大风险发生时恢复持续经营能力和有序处置的方案。金融机构的股东和实控人应当具有相应的资质,有违法行为的应当承担相应的责任。

国家金融稳定发展统筹协调机制负责统筹金融稳定工作。涉及金融稳定和改革发展的重大问题和事项报党中央、国务院决定。国家金融稳定发展统筹协调机制,是指国务院统筹金融稳定和改革发展重大问题,由国务院金融管理部门、发展改革部门、财政部门等作为成员单位的协调工作机制,该机制不替代各部门职责分工和工作程序。

地方政府不得违反规定干预金融机构的正常经营活动和人事任免,应在职责范围内主动化解金融风险。省级人民政府履行本地区的金融风险防范化解处置职责,维护社会稳定,在需要动用地方公共资源应对危机时,省级财政部门对地方财政资金使用情形进行监督。

中国人民银行会同有关部门建立宏观审慎政策框架、治理机制和基本制度,运用宏观审慎政策工具,防范系统性金融风险;推动建设国家金融基础数据库;牵头处置系统性金融风险,履行最后贷款人职责,必要时为金融稳定保障基金提供流动性支持。

国家建立金融稳定保障基金,由国家金融稳定发展统筹协调机制统筹管理,作为应对重大金融风险的后备资金。金融稳定保障基金由向金融机构、金融基础设施等主体筹集的资金以及国务院规定的其他资金组成。必要时,中国人民银行再贷款等公共资金可用于为金融稳定保障基金提供流动性支持,金融稳定保障基金应当以处置所得、收益和行业收费等偿还。金融稳定保障基金筹集、管理和使用的具体办法,由国务院规定。

存款保险基金管理机构应当履行风险监测、风险处置等职责;依法履行早期纠正的职责;对于符合接管、重组、撤销条件的金融机构,可以建议国务院银行业监督管理机构实施处置;对于存在违法行为的金融机构,可以建议国务院金融管理部门实施处罚;金融机构被接管或者被撤销的,国务院金融管理部门可以指定存款保险基金管理机构、行业保障基金管理机构担任接管组织或者实施清算,存款保险基金管理机构、行业保障基金管理机构可以依法采取相关风险处置措施。

第四节　货币法律制度

一、人民币及外汇管理法律制度

(一)人民币管理制度

人民币是信用货币,是以国家信用为保证并强制流通的货币。《中国人民银行法》第16条规定:“中华人民共和国的法定货币是人民币。以人民币支付中华人民共和国境内的一切公共的和私人的债务,任何单位和个人不得拒收。”1948年12月1日,中国人民银行在河北省石家庄市成立,开始发行统一的人民币。人民币从诞生以来就不与金银挂钩,不以任何贵金属为基础。人民币发行后,逐步扩大流通区域,原各解放区的地方货币陆续停止发行和流通,并按规定比价逐步收回。至1951年年底,人民币成为中国唯一合法货币,在除中国台湾地区、西藏地区以外的全国范围流通(西藏地区自1957年7月15日起正式流通使用人民币)。

随着网络技术和数字经济蓬勃发展,移动支付成为主流支付结算的方式,不少国家和地区的中央银行或货币当局都在积极探索法定数字货币。数字人民币是数字形式的法定货币。2014年,中国人民银行成立法定数字货币研究小组,开始对其发行框架、关键技术、发行流通环境及相关国际经验等进行专项研究。2016年,中国人民银行成立数字货币研究所,完成法定数字货币第一代原型系统搭建。2017年年末,经国务院批准,中国人民银行开始组织商业机构共同开展法定数字货币研发试验。目前,数字人民币正在稳步推进,截至2022年10月,试点地区扩展到15个省市的23个地区。数字人民币采取中心化管理、双层运营,定位于现金类支付凭证,将与实物人民币长期并存,是一种零售型央行数字货币,主要用于满足国内零售支付需求。在未来的数字化零售支付体系中,数字人民币和指定运营机构的电子账户资金具有通用性,共同构成现金类支付工具。[1]

人民币的保护对于维护金融稳定,保障国民经济发展具有重要意义,对伪造、变造人民币以及假币的处理有相应的法律法规予以规制。中国人民银行和公安机关有权没收伪造、变造的人民币,伪造、变造的人民币由中国人民银行统一销毁。2015年中国人民银行、公安部印发了《关于建立银警联动假币监测反应工作机制的通知》,以保障人民币的正常流通。2019年发布的《中国人民银行货币鉴别及假币收缴、鉴定管理办法》对金融机构的人民币管理作出更加细致的规定。此外,《刑法》也规定了相应的罪名,1997年《刑法》加强了对于人民币的保护,规定了伪造货币罪,出售、购买、运输假币罪,金融工作人员购买假币、以假币换取货币罪。

为了保护人民币的信誉,保障人民币流通,《中国人民银行残缺污损人民币兑换办法》规定,凡办理人民币存取款业务的金融机构应无偿为公众兑换残缺、污损人民币,不得拒绝兑换;若违反该规定会被中国人民银行给予警告和罚款,对直接负责的主管人员和其他直接责任人员,依法给予纪律处分。

(二)人民币发行制度

人民币的发行有广义和狭义之分,广义的人民币发行是中国人民银行发行、投

---

〔1〕 参见中国人民银行数字人民币研发工作组:《中国数字人民币的研发进展白皮书》,载中国人民银行网站2021年7月16日,http://www.pbc.gov.cn/goutongjiaoliu/113456/113469/4293590/index.html。

放、回笼、调拨、销毁以及调节各地人民币等业务活动的总称,狭义的人民币发行是指向流通领域投放现金的行为。本节所说的人民币发行是狭义的人民币发行。《中国人民银行法》以及《人民币管理条例》规定了人民币的发行制度。

中国人民银行是唯一的人民币发行机关,中国人民银行发行新版人民币,应当报国务院批准。中国人民银行发行新版人民币,应当将发行时间、面额、图案、式样、规格予以公告。基于防伪或者其他原因,需要改变人民币的印制材料、技术或者工艺的,由中国人民银行决定,改版后的人民币的发行时间、面额、主要特征等应予以公告。

人民币的发行是通过发行库和业务库之间的现金调拨来实现的。《人民币管理条例》第20条规定:"中国人民银行设立人民币发行库,在其分支机构设立分支库,负责保管人民币发行基金。各级人民币发行库主任由同级中国人民银行行长担任。人民币发行基金是中国人民银行人民币发行库保存的未进入流通的人民币。人民币发行基金的调拨,应当按照中国人民银行的规定办理。任何单位和个人不得违反规定动用人民币发行基金,不得干扰、阻碍人民币发行基金的调拨。"

业务库是各政策银行和商业银行为满足办理日常现金收付的业务设置的金库,业务库库存的现金是银行办理收付业务的备用金,处于周转状态。通过银行的现金收付业务活动,业务库中的现金就会进入或退出市场。人民银行对业务库设定了库存限额,库存现金超出限额的部分要缴回发行库,不足限额时从发行库调入业务库使其恢复到正常水平。货币从发行库到业务库的过程叫出库,即货币发行;从业务库回到发行库的过程叫入库,即货币回笼。

(三)人民币流通制度

人民币的流通分为现金流通和非现金流通。现金流通是指通过人民币现金进行货币收支活动,非现金流通是通过银行账户划转款项而进行结算的活动。为改善现金管理,促进商品生产和流通,加强对社会经济活动的监督,我国建立了一系列的现金管理制度。1988年9月8日国务院发布《现金管理暂行条例》,2011年进行了修订;中国人民银行也发布了《现金管理暂行条例实施细则》(已失效),对现金管理作出了一系列细致的规定。中国人民银行是现金的主管部门,现金管理的内容主要是单位现金管理和大额现金管理。

《现金管理暂行条例》对在银行和其他金融机构(以下简称开户银行)开立账户的机关、团体、部队、企业、事业单位和其他单位(以下简称开户单位)的现金收付活动作出规定,列明了开户单位的现金使用范围。开户单位可以在下列范围内使用现金:(1)职工工资、津贴;(2)个人劳务报酬;(3)根据国家规定颁发给个人的科学技术、文化艺术、体育等各种奖金;(4)各种劳保,福利费用以及国家规定的对个人的其他支出;(5)向个人收购农副产品和其他物资的价款;(6)出差人员必须随身携带的差旅费;(7)结算起点以下的零星支出;(8)中国人民银行确定需要支付现金的其他支出。此外,该条例还对开户单位超限额现金支付、现金库存限额、特定主体的现金支付活动作出了相应规定。

为了维护支付结算秩序,防范和打击利用现金支取进行经济犯罪活动,1997年中国人民银行颁布了《关于大额现金支付管理的通知》(已失效)、《大额现金支付登记备案规定》(已失效)。2020年,中国人民银行为了完善大额现金管理制度,整合现有的大额现金管理规范,对尚存空白大额用现情形进行规范,决定在河北省、浙江省、深圳市开展大额现金管理试点。此次试点的主要任务如下。(1)全面规范银行业金融机构大额现金业务:明确大额现金存取业务管理范围,规范大额取现预约业务,建立大额存取现登记制度,建立大额现金业务风险防范制度,建立大额现金分析报告制度,建立大额现金业务监督检查制度;(2)探索大额现金综合管理措施:特定行业企业大额现金交易记录及报告,特定行业企业大额取现及用现管理,个人账户大额用现管理,个人现金收入报告,大额现金出入境监测。

(四)外汇管理制度

外汇是指以外币表示的金融资产。我国现行的《外汇管理条例》采用列举的方式界定外汇,外汇是指下列以外币表示的可以用作国际清偿的支付手段和资产:(1)外币现钞,包括纸币、铸币;(2)外币支付凭证或者支付工具,包括票据、银行存款凭证、银行卡等;(3)外币有价证券,包括债券、股票等;(4)特别提款权;(5)其他外汇资产。特别提款权(Special Drawing Rights)是国际货币基金组织创设的一种储备资产和记账单位,国际货币基金组织会给每个成员方分配份额,其成员国可以用特别提款权向其他会员国换取外汇、向国际货币基金组织偿还贷款等。

根据支付方式的不同,外汇可以分为自由外汇、有限自由外汇和记账外汇。自由外汇是不需要经过货币当局批准,可以在国际金融市场上自由兑换的货币,或者可以向第三国或地区支付结算的外汇。目前国际市场上的自由外汇有美元、日元、欧元、英镑、瑞士法郎、港币等。有限自由外汇是指需要经过货币当局批准才能兑换为其他货币或者用于与第三国支付结算的外汇,人民币就是有限自由外汇。记账外汇是指在双方指定外汇账户上支付结算,不能用于兑换其他货币或者用于向第三国支付结算的外汇;从严格意义上说,记账外汇不是外汇。根据来源与用途的不同,外汇可以分为贸易外汇、非贸易外汇和金融外汇。贸易外汇是指源于国际商品贸易中的外汇。非贸易外汇是指非源于进出口贸易的外汇,主要有侨汇、劳务外汇、捐赠外汇等。金融外汇是指以某种金融资产形态表现的外汇,是为了各种货币头寸的管理,如银行业同业间买卖外汇过程中形成的金融资产外汇。根据国际收支项目的不同,外汇可以分为经常项目外汇和资本项目外汇。经常项目反映的是本国与外国交往中经常发生的项目,包括服务贸易、货物贸易、侨汇、捐赠等;资本项目是指国际收支因资本输出和输入而产生的资本与负债的增减项目,包括直接投资、各类贷款、证券投资等。[1]

---

〔1〕 参见朱崇实、刘志云主编:《金融法》(第5版),法律出版社2022年版,第70-71页。

我国的外汇主管机关是国家外汇管理局及其分支机构，国家外汇管理局的基本职责是：提出外汇管理政策建议、参与起草相关法律法规、发布有关规范性文件、负责全国外汇市场的监督管理工作、承担国家外汇资产经营管理责任，等等。我国外汇管理制度主要包括经常项目的外汇管理、资本项目的外汇管理、个人的外汇管理等方面的内容。

新中国成立以来我国长期实行严格的外汇管制，一切机构和个人的外汇都必须卖给中国银行，所需外汇需要经过国家批准才能取得，禁止私自买卖外汇，国家单位和集体经济组织不得私自保存外汇等。随着外贸的发展和经济体制改革，我国逐渐开始放开外汇管制。1996 年我国实现人民币经常项目下可兑换，对经常项目国际支付和转移不予限制。对于经常项目外汇，收入企业可以选择与银行结售汇，也可以自行保留，而过去这类收入只能调回境内按市场汇率卖给银行。我国还取消了经常项目外汇支付限制，凭有效的单证就可以向银行购汇用于贸易支付。资本项目可兑换是指不限制资本项下的跨境资金转移和货币兑换，目前我国资本项目可兑换还未实现，正在有序推进中。我国对个人的外汇管理也进行了经常项目和资本项目的区分，经常项目下的个人外汇业务无须审批，资本项目下个人外汇业务按照规定办理。目前我国个人结汇和境内个人购汇实行年度便利化额度管理，便利化额度分别为每人每年等值 5 万美元。个人凭本人有效身份证件在银行办理年度便利化额度内的结汇和购汇。

二、金银管理法律制度

金银曾在很长一段时间里作为主要的货币形式，承担货币的价值尺度、流通手段、支付手段、储藏手段以及世界货币这五大职能。虽然现在金银已经不再是人们日常生活中用于支付结算的货币，但是其依然具有特殊的地位，需要以特殊的法律制度规范其流通。

我国金银的主管机关为中国人民银行。《金银管理条例》规定："中国人民银行负责管理国家金银储备；负责金银的收购与配售；会同国家物价主管机关制定和管理金银收购与配售价格；会同国家有关主管机关审批经营（包括加工、销售）金银制品、含金银化工产品以及从含金银的废渣、废液、废料中回收金银的单位（以下统称经营单位），管理和检查金银市场；监督本条例的实施。"《金银管理条例》对金银的收购、配售、经营单位和个体银匠的管理以及进出国境等内容进行规定。

1950 年 4 月，中国人民银行出台了《金银管理暂行办法草案》，延续了解放区《金银管理办法》构建的金银统收专营的管理框架，禁止将金银带出境，禁止私自买卖金银。1983 年 6 月，国务院发布了《金银管理条例》，同年 12 月中国人民银行发布《金银管理条例施行细则》，统收专营的金银管理体制在法律上被确立。20 世纪 90 年代，我国金融市场发生重大变化，统收专营的模式已经不能适应市场经济的发展。1999 年 12 月 11 日，取消了白银统购统销、放开交易；2001 年 6 月 11 日，中国人民银行开始实行黄金周报价制度;2001 年 8 月 1 日,国家开放黄金饰品交易;2001 年 11 月 28 日,上海黄金交易所试运行,黄金市场启动,黄金市场与国际市价接轨。2002 年年末和 2003 年年末国务院两次公布取消了多项有关金银管理的行政审批项目。[1]

2000 年 1 月 1 日起,中国人民银行不再办理白银收购、配售业务。2002 年 10 月,经国务院批准,上海黄金交易所成立,我国黄金市场开始运行黄金交易所交易与人民银行收购、配售黄金共同运行的双轨运行机制。对于金银进出境,我国实行"宽进严出"的政策,金银进口不限数量且免征增值税,出口则受到种种限制。

三、金融机构反洗钱法律制度

洗钱是指采用各种手段掩饰、隐瞒犯罪或者其他违法行为所得的来源和性质,使其在形式上合法化的行为。2003 年,中国人民银行成立反洗钱局,开始承担原由公安部承担的组织协调国家反洗钱工作的职责。2004 年,中国人民银行成立中国反洗钱监测分析中心,负责接收、分析大额和可疑资金交易;建立了由中国人民银行牵头,最高人民法院、最高人民检察院、外交部、公安部、司法部等 20 多个部委参加的反洗钱工作部际联席会议,负责指导全国反洗钱工作,制定国家反洗钱的重要方针政策及国际合作措施,协调各部门、动员全社会开展反洗钱工作。2006 年 10 月 31 日,全国人大常委会通过了《反洗钱法》,第一次以国家专门立法形式确立我国反洗钱工作基本制度。

中国人民银行是国务院反洗钱行政主管部门,对从业机构依法履行反洗钱和反恐怖融资的监督管理职责。国务院有关金融监督管理机构在职责范围内配合中国人民银行履行反洗钱和反恐怖融资监督管理职责。中国人民银行反洗钱局的职责是:组织协调反洗钱和反恐怖融资工作;牵头拟订反洗钱和反恐怖融资政策规章;监督检查金融机构及非金融高风险行业履行反洗钱和反恐怖融资义务情况;收集分析监测相关部门提供的大额和可疑交易信息并开展反洗钱和反恐怖融资调查,协助相关部门调查涉嫌洗钱、恐怖融资及相关犯罪案件;承担反洗钱和反恐怖融资国际合作工作。[2]

《反洗钱法》第 3 条规定:"在中华人民共和国境内设立的金融机构和按照规定应当履行反洗钱义务的特定非金融机构,应当依法采取预防、监控措施,建立健全客户身份识别制度、客户身份资料和交易记录保存制度、大额交易和可疑交易报告制度,履行反洗钱义务。"反洗钱的义务机构包括金融机构和特定的非金融机构,其中特定的非金融机构主要是涉及房地产、珠宝、贵金属等大额资金集中行业的机

---

[1] 唐波主编:《新编金融法学》(第 4 版),北京大学出版社 2021 年版,第 159 页。

[2] 参见《反洗钱局简介》,载中国人民银行网站,http://www.pbc.gov.cn/fanxiqianju/135153/135175/index.html,最后访问日期:2023 年 12 月 31 日。

构。对于金融机构的反洗钱义务,《反洗钱法》第三章作出了专门规定,要求金融机构建立健全反洗钱内部控制制度,建立客户身份识别制度,建立客户身份资料和交易记录保存制度,执行大额交易和可疑交易报告制度,开展反洗钱培训和宣传工作。上述制度将于下文具体论述。中国人民银行、中国证监会、中国银保监会都颁布了部门规章,对金融机构的反洗钱工作提出具体要求。

金融机构应当依照《反洗钱法》规定建立健全反洗钱内部控制制度,金融机构的负责人应当对反洗钱内部控制制度的有效实施负责。金融机构应当设立反洗钱专门机构或者指定内设机构负责反洗钱工作。

客户身份识别制度的主要规定包括:金融机构在与客户建立业务关系或者为客户提供规定金额以上的现金汇款、现钞兑换、票据兑付等一次性金融服务时,应当要求客户出示真实有效的身份证件或者其他身份证明文件,进行核对并登记;客户由他人代理办理业务的,金融机构应当同时对代理人和被代理人的身份证件或者其他身份证明文件进行核对并登记;与客户建立人身保险、信托等业务关系,合同的受益人不是客户本人的,金融机构还应当对受益人的身份证件或者其他身份证明文件进行核对并登记。金融机构不得为身份不明的客户提供服务或者与其进行交易,不得为客户开立匿名账户或者假名账户;金融机构对先前获得的客户身份资料的真实性、有效性或者完整性有疑问的,应当重新识别客户身份。任何单位和个人在与金融机构建立业务关系或者要求金融机构为其提供一次性金融服务时,都应当提供真实有效的身份证件或者其他身份证明文件。金融机构通过第三方识别客户身份的,应当确保第三方已经采取符合法律要求的客户身份识别措施;第三方未采取符合法律要求的客户身份识别措施的,由该金融机构承担未履行客户身份识别义务的责任。金融机构进行客户身份识别,认为必要时,可以向公安、工商行政管理等部门核实客户的有关身份信息。

客户身份资料和交易记录保存制度的主要规定包括:在业务关系存续期间,客户身份资料发生变更的,应当及时更新客户身份资料。客户身份资料在业务关系结束后、客户交易信息在交易结束后,应当至少保存五年。金融机构破产和解散时,应当将客户身份资料和客户交易信息移交国务院有关部门指定的机构。2007年6月21日,中国人民银行、中国银监会、中国证监会和中国保监会发布了《金融机构客户身份识别和客户身份资料及交易记录保存管理办法》。2022年1月19日中国人民银行、中国银保监会、中国证监会发布了《金融机构客户尽职调查和客户身份资料及交易记录保存管理办法》,原定自2022年3月1日起施行,但该办法因技术原因暂缓施行,相关业务按原规定办理。

大额交易和可疑交易报告制度是指金融机构办理的单笔交易或者在规定期限内的累计交易超过规定金额或者发现可疑交易的,应当及时向中国反洗钱监测分析中心报告。2006年中国人民银行发布《金融机构大额交易和可疑交易报告管理办法》,2016年又进行了修订,对金融机构的报告义务作出了具体规定。

思考题

1. 试述中国人民银行的法律性质及其地位。
2. 一般性货币政策工具包括哪些？试述各工具的利弊。

第五章　金融监管法律制度

第一节　金融监管与金融监管法

一、金融监管的必要性

金融是国民经济的血脉，是国家核心竞争力的重要组成部分。每个健全的经济体系都需要金融机构与金融市场为其经济发展与人民福祉提供支持。政府、各类经济或社会组织与个人在经济活动中需要融资、投资和支付等金融交易，银行等金融机构与各类金融市场作为金融中介，从社会各方面吸收资金，以贷款、证券等各种形式投入生产或消费活动中。金融作为一种资源配置方式，连接了经济活动中的各类主体，为实体经济服务是金融的天职。

金融活动过程的特性决定了金融机构与金融市场具有高风险的特点。基于金融体系内在的联动性与传染性，单个金融机构的风险极易蔓延到本部门其他机构，而当本部门金融风险积聚到一定程度后，恐慌和挤兑可能导致金融风险进一步跨部门溢出，通过金融机构、金融市场、金融基础设施间的相互关联等途径跨机构、跨部门、跨市场、跨境传染到整个金融系统，危及金融稳定，甚至进一步引发经济危机，危害国民经济的健康运行，给社会财富造成巨大损失。这种可能对正常开展金融服务产生重大影响，进而对实体经济造成巨大负面冲击的金融风险，即系统性风险。[1] 随着经济规模的加大与现代金融体系的日趋复杂化，系统性金融风险越来越成为金融稳定的重要威胁，金融危机的影响程度加深，每一次危机都是一次历史性变革，都会提出一些监管的新要求。2008 年美国次贷危机而引发的全球性金融危机对国际社会产生了严重的冲击和影响，为应对危机与促进之后的经济复苏，各国不断对其金融监管体制和手段进行改革。虽然各国的改革存在这样或那样的差异，每一种监管制度都是一个时期的历史选择，但整体来看，金融监管体现出防范系统性金融风险、加强审慎监管以及充分保护金融消费者权益等核心要素。

金融监管有广义与狭义两个类型。狭义的金融监管仅指国家通过中央银行及其他特定行政机关对金融机构与金融市场进行的一系列监督与管理活动，广义的金融监管还包括由特定的市场自律性组织实施的自我约束、自我管理。纵

〔1〕 关于金融风险的类型，可以参见中国人民银行《宏观审慎政策指引（试行）》，2021 年 12 月发布。

观世界各国,没有一个现代国家不对金融机构与金融活动进行监管。我国中央金融工作会议提出,要全面加强金融监管,有效防范化解金融风险;要切实提高金融监管有效性,依法将所有金融活动全部纳入监管,消除监管空白和盲区,严厉打击非法金融活动。进行金融监管需要金融监管法提供执法依据与法治保障,也需要金融监管法确保监管与发展的平衡,在严格监管的同时保证能够促进金融发展、金融创新,确保效率。

金融监管法是调整金融监管过程中发生的社会关系的法律规范的总称。通过在一定程度与限度内对金融机构与金融市场进行加强管制或放松管制的调整,促进效率与安全的平衡,以实现金融监管的目标。

二、金融监管法的目标

金融监管法为金融监管活动提供执法依据与法治保障,其目标在于维护金融稳定与安全、维持金融市场的有效竞争环境与保护金融投资者与消费者的合法权益。

金融稳定作为金融运行的一种状态,意味着金融机构、金融市场与金融基础设施运行良好,能够抵御各种冲击而不至于发生大的动荡,一国的金融融资功能能够有效发挥。金融稳定是金融安全的基础,而金融安全是国家安全的重要组成部分,事关我国经济社会发展全局。防范和化解金融风险始终是金融工作的根本任务。为此,需要通过依法制定与实施审慎监管要求,减少非系统性风险,防止与消解系统性金融风险,以降低金融危机发生的可能性和破坏性,促进金融体系的整体健康与稳定。

金融监管也应着眼于维护金融市场公平有序运行的竞争环境,提升市场效率,从而带动和支持经济持续创新与发展。为此,金融监管法通过营造公平合理的融资法律环境,完善准入制度,建立健全退出制度,提高金融机构竞争能力与金融市场效率,提升监管有效性和监管效能,并以此服务经济社会高质量发展。

金融监管需要重视金融消费者保护。次贷危机暴露出的一个重要问题是,现代金融产品的复杂性使市场微观主体通常难以正确理解与评估其中蕴含的金融风险,从而无法基于审慎的判断做出交易决策,甚至落入欺诈陷阱。而传统金融监管对消费者保护不力,市场失灵与监管失灵叠加,致使金融消费者更容易遭受更大的经济损失,因此导致的严重的金融信任危机,成为诱发次贷危机的重要原因。为应对危机,各国纷纷通过立法强化对金融机构行为的规范,对金融消费者以专门机构或机制进行保护;金融消费者保护日渐得到认可,成为金融监管法的重要目标之一。

第二节　金融监管法的基本理念

我国中央金融工作会议强调“依法将所有金融活动全部纳入监管,全面强化机构监管、行为监管、功能监管、穿透式监管、持续监管”,体现了我国金融监管领域的战略方向,反映了金融监管的基本理念,需要金融监管法通过法律话语体系诠释、法律制度整合与法律技术加工,张扬其精神、丰富其场景、诠释其环节,细化权利义务、落实法律责任,融入立法、司法、执法、普法、守法的全过程。

一、机构监管与功能监管

20 世纪 30 年代之前,尽管世界各国已经有了不同层面、不同广度上的金融监管的实践,但金融监管总体而言具有自发性、单一性与滞后性的特点,各国对金融监管的客观要求与主观认识不足,政府干预与金融监管处于初级阶段。

对金融机构的主动监管、系统监管可以追溯到 20 世纪 30 年代世界性的经济大危机之后。美国实行的罗斯福新政颁布了《国民银行法》《证券法》等法律,隔离银行业与证券业,设立联邦存款保险公司,加强对银行与其他金融机构实行以许可制为核心的准入监管,对金融机构的具体业务活动进行限制、监督、检查的管理。

机构监管与功能监管这对概念的提出是与金融活动的分业经营与混业经营密切联系的。分业经营是指将金融机构分成银行、证券、保险几个行业,基于其业务不同、风险不同、客户不同,机构分设,功能各异,在行业间设有“防火墙”,使得各行业金融机构集中精力于各自行业的金融活动中,从而避免因业务交叉、目标不清、职责不明发生的风险,提升效率。分业经营促进了金融业监管的专业化分工。政府设立相应的监管机构,对不同行业的金融机构及其主要从事的金融活动分别实施监管的金融监管模式被称作机构监管。例如,美国曾经采取由美联储、联邦存款保险公司、美国证券交易委员会、商品期货交易委员会等众多部门构成的分业监管模式,每一类金融行业分别由相应的监管机构进行监管。我国在 2003 年至 2017 年间采取的“一行三会”监管也是机构监管模式。分业经营是机构监管的基础,各监管机构明确各自的监管职责,有利于提高监管效能,并避免跨行业的超级垄断、维护金融市场的自然竞争。

随着经济与金融市场化的发展,银行与证券业等其他金融机构之间的业务交叉越来越多,金融机构与金融市场之间的界限越来越模糊,交叉性金融产品、跨市场金融创新不断出现,混业经营逐渐成为金融发展的方向。混业经营有利于金融机构的多元化运作,金融机构能够及时地根据金融市场的变化调整自身的经营活动,为客户提供组合式的全面金融服务,从而降低经营成本,提高效率。这种情形下,如果仍然由单一机构按照金融机构的行业及其主要从事的业务实施监管,不但可能产生监管真空或重复,而且,由于各监管机构受到长期以来监管理念、监管目的、监管方式不同的影响,如果彼此之间缺乏有效的沟通与合作机制,甚至会出现对同一种金融产品或服务的风险判断上的不一致,进而采取不同的监管标准,造成监管冲突甚至金融混乱。为此,各国纷纷采取措施进行功能监管。功能监管系基于金融体系基本功能而设计的更具连续性和一致性,并能实施跨产品、跨机构、跨市场协调的监管,由哈佛大学商学院罗伯特·默顿教授提出。[1]功能监管坚持同一业务、同一标准、统一监管,重点是建立跨机构与跨市场协同的标准和机制,有效实现监管贯通,防止监管套利,尤其在交叉金融领域、金融机构资产管理领域、普惠金融考评方面得到应用。

功能监管强调金融监管的一致性与协同性。2008 年国际金融危机爆发后,为适应金融机构综合经营的现实需求,美国在众多监管机构之上成立金融稳定监督委员会负责监管协调工作,设立消费者金融保护署统一负责金融消费者保护。在我国,从国务院于 2013 年建立的金融监管协调部际联席会议制度,到 2018 年国务院金融稳定委员会的设立;从合并中国银监会与中国保监会为中国银保监会,到以此为基础设立国家金融监督管理总局统一负责除证券业之外的金融业监管,统一负责金融消费者与投资者保护,都是现阶段我国强化机构监管与功能监管的集中体现。

二、审慎监管:微观审慎监管与宏观审慎监管

为了维护金融系统的安全稳定,金融监管部门以指标监管、内部控制等为运营条件,以风险高低为筛选标准,对金融机构实施审慎监管。作为一种监管理念与做法,审慎监管包括宏观审慎监管和微观审慎监管两大支柱。一直以来,金融监管部门的视角始终集中在对每家金融机构审慎经营的微观层面上,基于风险是内生的这种认识,主要是通过制定资本充足率、资产质量、贷款损失准备、风险集中度、流动性、证券公司清偿能力、保险公司偿付能力、公司治理等审慎指引,定期组织现场检查,监测、评估其风险状况,及时进行风险预警和处置,以维护金融体系的稳定。[2] 2008 年次贷危机的爆发暴露出微观审慎监管的不足,各国政府逐渐认识到,银行业、证券业、保险业、金融控股公司等机构之间的业务交叉,使得金融机构一致行动时会影响资产价格和市场活动波动,从而产生金融脆弱性,带来系统性风险,这意味着金融机构不仅面临"太大而不能倒"(too big to fall),也出现

---

〔1〕 See Robert C. Merton, *Operation and Regulation in Financial Intermediation: A Functional Perspective*, Operation and Regulation of Financial Markets, 1993, p. 4 – 67.

〔2〕 参见孙天琦:《金融业行为风险、行为监管与金融消费者保护》,载《金融监管研究》2015 年第 3 期。

了"太关联而不能倒"(too connected to fall)的问题。[1] 微观审慎监管不但忽视了"合成谬误"的存在,而且该监管本身会放大经济周期的波动幅度,使部分金融机构或市场参与者的负面行为可能会动摇整个金融系统的稳定。为此,《巴塞尔协议Ⅲ》将宏观审慎监管纳入监管体系,它是通过对风险相关性的分析、系统重要性金融机构的监管,来防范和化解系统性风险,保障整个金融体系良好运作,避免经济危机的一种审慎监管模式。[2] 2011 年,中国银监会实施新的资本监管要求,加强系统重要性银行监管。党的十九大报告提出"健全货币政策和宏观审慎政策双支柱调控框架",中国人民银行负责货币政策与宏观审慎政策,前者专司币值稳定之责,后者则负责金融稳定,两者共同支持经济与金融的稳定。

宏观审慎监管不是孤立运行的,它需要与微观审慎政策和宏观经济政策互相辅助。根据 2023 年的金融改革框架,中国人民银行专门负责货币政策与宏观审慎;国家金融监督管理总局主要负责微观审慎和消费者保护;进一步强化中国证监会的证券市场监管职责,其原投资者保护职能转入国家金融监督管理总局。各部门理清职能,各司其职,初步搭建起中国特色的"双峰"监管框架。

三、"双峰"监管与行为监管

1995 年,迈克尔·泰勒(Michael Taylor)教授正式提出"双峰"理论,强调金融监管应着重于两大目标:确保系统稳定(指审慎监管)和保障消费者权益(指行为监管)。根据"双峰"理论,行为监管的目标在于纠正金融机构的机会主义行为、防止欺诈和不公正交易、保护消费者和投资者利益。监管部门通过制定一系列规则和制度安排,监督并保障金融市场各参与方尤其是处于弱势信息地位方的合法权益不被恶意侵害。同时,监管部门对金融机构经营行为提出的规范性要求和监督管理,也包括在各类各级金融市场上金融机构道德操守和行为规范的要求,[3] 从而有利于促进公平竞争与经济可持续发展。

直到 2008 年美国次贷危机蔓延至各国金融危机爆发,审慎监管还是大部分国家金融监管的传统方式。2008 年国际金融危机爆发后,英国政府接连出台了《2010 年金融服务法》《2012 年金融服务法》《2016 年金融服务法》三部金融监管修正法案,从统一监管转向"双峰"监管,从而实现了宏微观审慎监管的有机结合,将行为监管从微观审慎监管中分离。机构设置强调"分权制衡",属于英格兰银行的审慎监管局负责相关金融机构的微观审慎监管,避免金融机构出现经营风险;直接

---

[1] https://www.bis.org/publ/work128.pdf, Towards a macroprudential framework for financial supervision and regulation? by Claudio Borio.

[2] 参见巴曙松等:《巴塞尔资本协议Ⅲ研究》,中国金融出版社 2011 年版,第 143 页。系统重要性金融机构 2010 年由金融稳定理事会(FBS)提出,是指业务规模庞大、系统关联性较强,一旦倒闭会拖垮整个金融体系甚至实体经济的金融机构。

[3] 参见惠平:《积极适应行为监管的新理念》,载《中国金融》2017 年第 17 期。

对财政部和英国议会负责的金融行为监管局则主要承担对英国整个金融市场及金融机构的行为监管,目标是保护金融消费者权益、确保与促进金融市场的有效竞争,并负责对不在前者职责范围内的金融机构进行审慎监管,即还存在一部分综合监管的特征。这是双峰监管之肇始。之后,各国政府开始把保护金融消费者和投资者权益作为监管改革的重点方向,强调行为监管,双峰监管逐渐成为各国金融改革的主要趋势。在澳大利亚,审慎监管局承担审慎监管职能,负责维护金融体系的稳健,证券和投资委员会承担行为监管职能,负责保护消费者的权益,这被称为“经典双峰”。为了交流金融监管信息和避免监管重叠或真空,澳大利亚建立金融监管协调委员会,定期召开会议,形成监管合作与协调关系。

我国引入“行为监管”这一表述系在2017年第五次全国金融工作会议上,会议要求“加强功能监管,更加重视行为监管”,“坚持问题导向,针对突出问题加强协调,强化综合监管,突出功能监管和行为监管”。从实践意义上说,即使是以审慎监管为核心的监管制度设计,在一定程度上也是通过对提供产品和服务主体的行为施以规范性、禁止性和约束性要求实现的,所以审慎监管与行为监管的差别主要在于目标上的区别,并因此带来监管方式与指标上的差别。不可否认,宏观审慎、微观审慎、行为监管三者之间也存在差异与冲突,如严格的行为监管、对侵害金融消费者权益行为的重罚短期内可能会恶化审慎监管指标。完善金融监管法,需要进一步清晰化审慎监管与行为监管的关系与界限,建立协调机制,实现信息共享并密切合作,防止监管竞次,诱发被监管对象“监管寻租”,从而造成监管目标落空。

四、“穿透式”监管与持续监管

2017年全国金融工作会议提出,要强化金融监管的专业性、统一性、穿透性,所有金融业务都要纳入监管,及时有效识别和化解风险。2023年中央金融工作会议强调“依法将所有金融活动全部纳入监管,全面强化机构监管、行为监管、功能监管、‘穿透式’监管、持续监管”,“穿透式”监管与持续监管成为下一阶段我国金融立法、司法、执法、守法应当落实的重要理念。

在金融法治领域,“穿透”本来是个描述性用语,强调对金融法律关系内部从各个层级与环节上对与形式上不完全相符的问题进行逐层剖析,以实现“实质法治”。作为一种金融监管理念,“穿透式”监管是指在我国的金融监管中运用一定技术手段或在一些规则中使用“穿透”原则表达以上实质法治的效果。2016年4月国务院办公厅颁布的《互联网金融风险专项整治工作实施方案》指出,“立足实践,研究解决互联网金融领域暴露出的金融监管体制不适应等问题,强化功能监管和综合监管,抓紧明确跨界、交叉型互联网金融产品的‘穿透式’监管规则”,首次正式提出“‘穿透式’监管规则”,这一表述体现监管不囿于事物表象的特点,因契合了金融安全的需求而迅速地从互联网金融监管推广到其他金融市场的监管。当前,“穿透式”监管已作为一种金融监管理念进入对金融改革的整体要求中,运用于证券上市主体股权穿透、资产管理产品业务实质穿透与资金流向、投资层级“穿透”等多个方面。例如中国证监会要求中介机构在证券发行过程中,应对特定类型的股东进行穿透核查至最终持有人,以核查是否存在相关股份代持和禁止持股主体持股的情形,这种“穿透”监管是防范“影子股东”违法违规“造富”问题的有效举措。又如在资产管理领域,一些产品层层嵌套,产品外观与行为本质已经相去甚远,使投资者与交易对方难以发现其底层资产和投资结构,从而不能精准有效识别产品风险,不利于交易安全,甚至可能引发进一步风险。为此,2018 年,中国人民银行等四个部门联合发布《关于规范金融机构资产管理业务的指导意见》,既要求对投资者进行身份识别,也要求对交易活动的资金端、资产端以及资金流向进行穿透,成为解决信息不对称问题、避免金融机构规避监管、防范金融欺诈、保护金融投资者权益的重要手段。

在确立“穿透”监管以安全为首要考虑的正当性的同时,金融监管法应合理划定“穿透”的边界,适当约束行政自由裁量权的扩张,平衡好金融监管与金融市场化改革的关系。

“穿透”监管体现的是监管不囿于事物表象的特点而应深入实质进行纵深延伸,持续监管则体现了监管在时间层面的动态性与全过程延伸。金融是信用活动,对金融机构来讲,潜在的风险随时可能转化为现实风险,所以,在考察金融活动的风险时需要覆盖融资全过程。例如,在银行资本管理与资产负债比例管理领域,持续监管要求对资本充足率等各项指标实行动态的、持续的监督管理。又如,在证券监管领域,上市公司在信息披露上必须符合持续性披露的要求,这既是证券市场基础制度的重要组成部分,也是自律规则的一部分。

第三节 金融监管主体及其职责

如本章第一节所述,广义的金融监管包括政府监管与自律监管;狭义的金融监管仅包括政府监管。就纵向而言,金融监管是在中央和地方之间的纵向分割。自律监管将在本书其他部分具体体现,本节仅就政府监管主体及职责进行介绍。

首先需要明确,我国新组建的中央金融委员会尽管不是一级行政机关,但它作为中共中央对金融的统一领导与协调机构,承担着金融监管的重要职能。其具体职能为:负责金融稳定和发展的顶层设计、统筹协调、整体推进、督促落实,研究审议金融领域重大政策和问题等,以强化金融稳定和发展的统一领导和协调。当前我国政府监管主体主要包括中国人民银行、国家金融监督管理总局、中国证监会与地方金融监管机构。

一、中国人民银行

作为承担维护金融稳定职责的监管部门,中国人民银行的金融监管职责包括一般金融监管职能、宏观审慎监管职能与反洗钱监管职能。其金融监管职责主要包括:(1)负责监督管理全国银行间债券市场、同业拆借市场、银行间外汇市场和黄金市场,审批商业银行结售汇业务等监管职责。中国人民银行对银行业金融机构享有建议监督检查权;根据风险性质及严重程度,在特定情况下享有全面监督检查权,以最小成本地防范和化解金融风险,维护金融稳定。(2)负责维护支付、清算系统的正常运行;负责金融业的统计、调查、分析和预测,从而得以与其他金融监管部门共享监管信息,采取各种措施防范系统性金融风险。(3)指导、部署金融业反洗钱工作,负责反洗钱的资金监测,维护金融秩序。中国人民银行设立宏观审慎管理局,牵头建立宏观审慎政策框架和基本制度,以及系统重要性金融机构评估、识别和处置机制,在金融集团和系统重要性金融机构、外汇市场宏观审慎管理、人民币跨境及国际使用、跨境资金逆周期调节等领域的监管过程中居于中心地位;同时承担统筹互联网金融监管职责、拟订并组织实施宏观信贷指导政策中涉及房地产金融领域的相关职责等。

二、国家金融监督管理总局

2023 年 5 月成立的国家金融监督管理总局的主要职责[1]包括:(1)依法对除证券业之外的金融业实行统一监督管理,强化机构监管、行为监管、功能监管、"穿透式"监管、持续监管,维护金融业合法、稳健运行。(2)对金融业改革开放和监管有效性相关问题开展系统性研究,参与拟订金融业改革发展战略规划。拟订银行业、保险业、金融控股公司等有关法律法规草案,提出制定和修改建议。制定银行业机构、保险业机构、金融控股公司等有关监管制度。(3)统筹金融消费者权益保护工作。制定金融消费者权益保护发展规划,建立健全金融消费者权益保护制度,研究金融消费者权益保护重大问题,开展金融消费者教育工作,构建金融消费者投诉处理机制和金融消费纠纷多元化解机制。

2012 年前后,中国人民银行、中国银监会、中国保监会的消保部门以及中国证监会的投保部门相继成立;2018 年,新成立的中国银保监会也内设了消保局,按照分业监管的思路开展工作,机构与标准均不统一。2023 年国务院机构改革方案把以上各部门各自承担的金融消费者/投资者保护职能集中到国家金融监督管理总局,统筹金融消费者与投资者权益保护工作,从而减少监管空白、监管矛盾或冲突,提高监管效率。

---

〔1〕 参见《主要职责》,载国家金融监督管理总局网站,https://www.cbirc.gov.cn/cn/view/pages/jigougaikuang/jigougaikuang.html,最后访问日期:2023 年 10 月 15 日。

三、中国证监会

2023年3月,中国证监会由国务院直属事业单位调整为国务院直属机构,负责监管证券业与证券市场。作为我国国务院证券监督管理机构,中国证监会依法对证券市场实行监督管理,维护证券市场公开、公平、公正,防范系统性风险,维护投资者合法权益,促进证券市场健康发展。[1]

2023年3月前我国将证券监管等若干领域的监管机构确定为国务院直属事业单位,实质上是受到了独立规制理念的影响。但我国不仅使用了特有的事业单位概念,而且它们在体制上未能真正独立于政府,而是作为国务院直属部门,在经费来源、人事管理等方面与其他政府机构无实质差异。其经费开支主要源于国务院财政部门的拨款与市场征费,罚没收入全部上缴国库。其编制方案由国务院编制委员会确定,主席等职位由国务院任命,因而未能形成独立运作机制。从中国证监会与证券交易所之间的关系看,中国证监会还未能独立于证券交易所,证券与期货市场完全处于中国证监会的直接控制之下。因此,就目前而言,中国证监会实质上仍属于政府部门之一,但从长远来看,我国应依独立规制理念,逐渐确立中国证监会的独立规制机构地位,使其行使证券市场监管职能时能够更加独立于政府与证券市场。

当前,中国证监会的主要职责是:(1)依法对证券业实行统一监督管理,强化资本市场监管职责。(2)研究拟订证券期货基金市场的方针政策、发展规划。起草证券期货基金市场有关法律法规草案,提出制定和修改建议。制定证券期货基金市场有关监管规章、规则。(3)监管股票、可转换债券、存托凭证和国务院确定由中国证券监督管理委员会负责的其他权益类证券的发行、上市、交易、托管和结算,监管证券、股权、私募及基础设施领域不动产投资信托等投资基金活动。(4)监管公司(企业)债券、资产支持证券和国务院确定由中国证监会负责的其他固定收益类证券在交易所市场的发行、上市、挂牌、交易、托管和结算等工作,监管政府债券在交易所市场的上市交易活动,负责债券市场统一执法工作。(5)监管上市公司、非上市公众公司、债券发行人及其按法律法规必须履行有关义务的股东、实际控制人、一致行动人等的证券市场行为。(6)按分工监管境内期货合约和标准化期权合约的上市、交易、结算和交割,依法对证券期货基金经营机构开展的衍生品业务实施监督管理。证券期货交易所和国务院确定由中国证券监督管理委员会负责的其他全国性证券交易场所,按规定管理证券期货交易所和有关全国性证券交易场所的高级管理人员。(7)监管证券期货基金经营机构、证券登记结算公司、期货结算机构、证券金融公司、证券期货投资咨询机构、证券资信评级机构、基金托管机构、基

---

[1] 参见郭锋等:《中华人民共和国证券法制度精义与条文评注》,中国法制出版社2020年版,第834页。

金服务机构,制定有关机构董事、监事、高级管理人员及从业人员任职、执业的管理办法并组织实施。(8)监管境内企业到境外发行股票、存托凭证、可转换债券等证券及上市活动,监管在境外上市的公司到境外发行可转换债券和境内证券期货基金经营机构到境外设立分支机构。监管境外机构到境内设立证券期货基金机构及从事相关业务,境外企业到境内交易所市场发行证券上市,合格境外投资者的境内证券期货投资行为。(9)监管证券期货基金市场信息传播活动,负责证券期货基金市场的统计与信息资源管理。(10)与有关部门共同依法对会计师事务所、律师事务所以及从事资产评估、资信评级、财务顾问、信息技术系统服务等机构从事证券服务业务实施备案管理和持续监管。(11)负责证券期货基金业的科技监管,建立科技监管体系,制定科技监管政策,构建监管大数据平台,开展科技应用和安全等风险监测、分析、评价、预警、检查、处置。(12)依法对证券期货基金市场违法违规行为进行调查,采取相关措施或进行处罚。依法打击非法证券期货基金金融活动,组织风险监测分析,依法处置或协调推动处置证券期货基金市场风险。组织协调清理整顿各类交易场所,指导开展风险处置相关工作。(13)按照建立以中央金融管理部门地方派出机构为主的地方金融监管体制要求,指导和监督与证券期货基金相关的地方金融监管工作,指导协调地方政府履行相关金融风险处置属地责任。(14)开展证券期货基金业的对外交流和国际合作。(15)完成党中央、国务院交办的其他任务。

四、地方金融监管机构

地方金融是指由地方人民政府审批或管理,并承担风险处置责任的金融组织及区域性金融市场。2017 年第五次全国金融工作会议后基本确立了地方金融以中央为主、地方为辅的“7 +4”监管格局;党的十九大之后,金融监管“央地协同”格局加速形成,由中央进行统一监管指导,制定统一的金融市场和金融业务监管规则,对地方金融监管有效监督;由地方负责地方金融机构的风险防范处置,维护属地金融稳定;金融监管部门和地方政府要强化金融风险源头管控,落实属地责任。2023 年 3 月的《党和国家机构改革方案》提出,我国建立以中央金融管理部门地方派出机构为主的地方金融监管体制,统筹优化中央金融管理部门地方派出机构设置和力量配备,地方政府设立的金融监管机构专司监管职责。迄今为止,在缺乏统一法律的情况下,我国尚未就地方金融监管出台行政法规或规章,各地之前出台的地方性立法已经不完全符合上述改革方案。接下来,根据“中央统一规则、地方实施监管,谁审批、谁监管、谁担责”的原则,地方各类金融业态纳入统一监管框架,强化地方金融风险防范化解和处置。立法将明确地方金融监管职责,加强央地协调配合;赋予地方金融监督管理部门履职手段,加大对违法违规行为的处罚力度;明确地方金融监管机构对七类持牌地方金融组织及地方各类交易场所、农民专业合作社、投资公司以及社会众筹机构 4 类机构的监管要求、风险防范与处置和处罚;

明确对非法金融活动的监测、认定、处置原则；并设过渡期条款，实现平稳过渡。[1]在央地职责划分上，具体为国务院金融监督管理部门制定地方金融组织监管规则，对地方金融监督管理部门予以业务指导。省级人民政府履行对地方金融组织的监督管理和风险处置职责，承担地方法人金融机构的风险处置属地责任，对辖区内防范和处置非法集资工作负总责，维护属地金融稳定。建立中央与地方金融监管协调双机制，加强统筹协调，强化中央和地方的监督管理协作和信息共享。

地方金融监督管理应坚持审慎监管和行为监管并重，促进地方金融组织合法、稳健经营，避免干预地方金融组织自主经营和金融资源市场化配置，维护属地金融稳定，守住不发生区域性金融风险的底线。

第四节　金融监管的主要环节与内容

金融机构与金融市场在融资活动中承担不同的角色，对其监管的侧重点也有所不同。对金融机构的监管是全过程的，包括准入、退出及存续期间的运营监管。在此过程中，金融监管部门需要严格遵守实施程序规定，依法行政。

一、市场准入监管

金融机构的设立必须符合法定的组织形式与条件。与实行注册制的普通公司不同，金融机构因其从事的金融活动的特殊性，需要经金融监管部门对其资质进行监管。在我国，金融机构设立应经金融监管部门行政许可，未经许可，任何单位或者个人不能取得金融机构的主体资格，不得从事相关金融业务活动。市场准入监管即指金融监管主体依法核准符合条件的拟设立金融机构取得法律上的主体资格，并以自己的名义从事金融活动。

对金融机构的市场准入监管包括对机构准入与业务范围的准入两类。机构准入条件因不同的金融机构及其业务活动的性质不同而有所不同，传统上通常包括充足的实缴注册资本、健全的组织结构与管理制度、符合任职资格的高级管理人员及与业务经营相适应的营业场所、安全设施措施和其他设施。随着金融科技的发展，还需要建立与业务经营相适应的信息科技系统，具备保障信息科技系统有效安全运行的技术与措施的经营场所等。基于审慎监管的要求，设立金融机构还应当符合其他审慎性条件，如设立商业银行需要具备有效的资本约束与资本补充机制。

对市场准入的审查不仅包括拟设立金融机构本身的审查，还包括对股东、实际控制人及其高级管理人员的审查；不仅包括正面要求，还可能包括否定性指标，以

---

[1] 参见《地方金融监督管理条例(草案征求意见稿)》，载中国人民银行网站 2021 年 12 月 31 日，http://www.pbc.gov.cn/rmyh/105208/4436903/index.html。

从一开始就避免金融机构受到有信用不良、经营不稳健甚至有危害金融秩序与金融安全风险的人士或机构的影响。

对业务范围的准入条件因不同金融机构与业务活动而不同,主要取决于一国对金融机构业务范围的限制。通常来说,国家根据其社会与经济发展的需要确定相应的金融体制,在该体制下对不同金融机构的业务范围加以限制。例如,根据分业经营的要求,商业银行在我国境内不得从事证券经营业务。又如,中国证监会支持证券公司差异化发展,以更好服务实体经济和市场客户,因此,证券公司可以根据自身战略规划和风险管控能力,选择不同的发展路径:专业类证券公司在其控股股东、主要股东具备相应资质条件后,可以依法申请各类创新复杂业务,转型为综合类证券公司;综合类证券公司也可以根据自身发展战略考虑,依法变更业务范围,转型为专业类证券公司。

对金融机构的市场准入监管还包括对金融机构变更、对其分支机构的设立及变更,以及对高级管理人员的从业许可等的监管。

二、金融机构与金融市场运行监管

金融监管贯穿金融机构与金融市场运营的全过程。鉴于法律的不完备性与金融特有的动态性、专业性,这些运营监管规则以法律为依据,也可以由行政法规或金融监管部门依照法律、行政法规制定。

运行监管主要是通过改进资本配置与风险承担,减少破产风险;通过强化信息披露,帮助投资者与消费者进行知情选择,增强投资者信心。基于不同金融机构与金融市场的特性,运营监管规则有不同的侧重点。

以银行业金融机构为例,这类机构主要通过期限错配进行负债经营,具有存款的重要性、内在的脆弱性及挤兑的传染性等显著特点,[1]其倒闭会使公众蒙受巨大损失,很容易受到市场信心丧失和挤兑的影响,故以"安全性、流动性、效益性"为经营原则。对其运营监管着重于审慎经营规则与风险管理规则,包括风险管理、内部控制、资本充足率、资产质量、损失准备金、风险集中、关联交易、资产流动性等内容,目的是在促进融资效率的同时,保障金融机构的偿债能力,减少破产风险与系统性风险。

对证券市场的运行监管则侧重于维护"公开、公平、公正"的原则,通过强化信息披露,帮助投资者进行知情选择;通过对经营机构的行为规范,维护市场效率与公平公正的竞争环境;通过对证券经营机构的风险管理与内部控制制度,防范与控制风险。

对保险机构的运行监管着重于维持其偿债能力,保护被保险人的利益,因此,在保险条款、财务规则、资金运用及偿付能力方面强化运行监管。

---

〔1〕 参见魏加宁等:《存款保险制度与金融安全网研究》,中国经济出版社2014年版,第9-11页。

在金融机构从事的资产管理领域,则主要通过加强受托人责任及其业务行为准则进行运行监管。

市场准入监管包括对隐瞒真实的财务数据或提供虚假财务会计报告的监管。如果金融机构的运行不能达到监管规则的要求,或违反监管规则,会触发相应的监管矫正措施。金融机构发生监管指标异常波动等风险情形时应当采取相应的措施化解风险。

三、危机处理与退出监管

金融机构可以因为解散、被撤销或被宣告破产而退出市场,但与一般公司不同,金融机构的退出对社会公众与国民经济可能产生巨大的影响,各国普遍对此进行干预,其退出愿须经金融监管部门行政许可,而非完全取决于投资者或债权人的意志。金融监管法对金融机构退出设立条件,并通过存款保险基金、投资者保护基金等各类金融稳定基金,确保债权人免受或者少受金融机构破产的影响。

不仅如此,由于金融机构稳健经营的重要性和破产倒闭的破坏性,各国都对出现财务困难、濒临破产但有继续经营价值的金融机构提供危机处理或紧急救助措施,以使其恢复正常的经营能力。主要措施包括接管、托管、最后贷款人、重组或重整等。

1. 接管。接管是指金融监管部门依法对已经或可能发生信用危机,但尚具有继续经营价值的金融机构,通过派驻接管人或成立接管组,全面行使经营管理权力,防止其资产质量和业务经营进一步恶化,以保护存款人、投资者、被保险人和其他债权人的利益,恢复金融机构的经营能力及信用。接管既可以防止漫长的重组过程导致银行风险进一步扩散,也能有效避免银行破产清算给各方带来的重大损失,在金融机构破产预防过程中发挥着重要作用。2019 年 5 月,包商银行被中国人民银行和原中国银保监会宣布联合接管,成为我国第一家正式被接管的商业银行,打破了中小银行隐性担保预期。

2. 托管。金融机构有可能影响其持续经营的情形的,金融监管部门可以依法对其相关业务进行托管。国务院于 2008 年发布,2016 年、2023 年修订的《证券公司风险处置条例》明确,证券公司治理混乱,管理失控,风险控制指标不符合规定,发生重大财务危机等情形下,可以由国务院证券监督管理机构即中国证监会对其证券经纪等涉及客户的业务进行托管。监管部门应当按照规定程序选择证券公司等专业机构成立托管组,行使被托管证券公司的证券经纪等涉及客户的业务的经营管理权。

3. 最后贷款人。其指由中央银行在金融机构出现流动性危机时为其提供支持,充当"最后贷款人"。

4. 重组或重整。如确有需要且符合一定条件,金融监管部门可以对问题金融机构依法定程序、方式及期限进行行政重组;金融机关部门对其进行协调和指导。

经金融监管部门同意,金融机构或其债权人可以依法向人民法院申请重整、和解或者破产清算。

在金融机构退出时,存款保险基金管理有限责任公司、中国证券投资者保护基金有限责任公司、中国保险保障基金有限责任公司等投资者保护机构应发挥积极作用。以存款保险基金管理有限责任公司为例,它不但是金融安全网不可或缺的重要组成部分,为符合条件的金融机构及投资人提供救助资金,而且承担着一定的自律性金融监管职能,依法行使风险监测与风险处置职责。

思考题

1. 金融监管法的目标是什么?
2. 试述金融监管的主要环节及内容。

第二编　货币市场法制

第六章　货币市场法制概述

第一节　货币市场概述

一、货币市场的概念与特征

(一)货币市场的概念

金融市场的一个重要功能就是将资金盈余者和资金短缺者联系起来,实现资金融通。市场上存在成千上万有着不同交易需求的资金盈余者和资金短缺者,需要不同的交易工具和交易市场来满足各类市场参与者。当政府、企业需要长期资金,以支持自身的生产和建设时,就会通过发行股票、债券等金融工具在资本市场上募集资金。当政府和企业在日常经营或行政管理过程中,出现短暂的资金缺口时,就会到货币市场寻找短期资金以满足自身流动性需求。

资本市场是解决长期资金配置的市场,其资金往往会用于投资建设长期项目,融通资金的使用期限在1年以上。货币市场是服务于短期资金融通的市场,期限在1年以内,用于满足市场参与者头寸调节、资金周转等需要。对于短期资金盈余者来说,与其将资金闲置,不如将其出借以赚取利息,尽管短期出借的利率通常较低,但是当资金达到一定规模后其收益仍是可观的。对于货币市场上资金需求一方,如果没有便利且低成本的资金借入渠道,那么企业就需要一直保持较高的资金储备,不利于资金使用效率的提高。

货币市场参与者众多,政府、金融机构、企业、中央银行、个人都能参与货币市场中,作为资金出借者、资金借入者或中介机构发挥不同的作用。货币市场内流通的都是1年以内短期信用工具,如国库券、同业存单(Negotiable Certificates of Deposit)、大额可转让定期存单、短期债券等。以流通的金融工具不同可以将货币市场分为若干个子市场,如票据市场、大额存单(Certificates of Deposit)市场、短期债券市场、同业拆借市场、回购市场等。

(二)货币市场的特征

货币市场资金流通规模大且利率较低。通过以下数据,可以直观地感受到货币市场交易规模之大。2022年上半年,我国银行间市场债券回购累计成交630万亿元,日均成交5.2万亿元;同业拆借累计成交67.3万亿元,日均成交5515亿元,[1]其交易规模远超股票、债券等其他资本市场。货币市场由于资金使用期限短,市场参与者信誉高等,其利率也较低,被称为资金的“批发市场”。对于在货币市场上的资金出借者而言,排在首位的不是交易的营利性,而是资金的安全性和流动性,信用不良的借款人很难在货币市场上获得资金。

货币市场是实现短期资金融通的市场。货币市场上最短的期限为1天(隔夜),最长为1年。在我国银行间市场债券回购交易中隔夜回购成交量占回购总量的85.6%,同业拆借市场中隔夜拆借成交量占拆借总量的88.3%。[2]

货币市场是一个以机构为主的市场。货币市场的主要参与者包括商业银行、政策性银行、中央银行、政府部门、保险公司、各类基金机构等。居民个人也可以通过货币市场基金或者交易所市场的债券质押式回购交易参与货币市场,但是交易规模和种类有限。总体而言,货币市场是一个以机构参与者为主的市场。

二、货币市场的组成

货币市场是由交易主体、交易工具、中介机构以及货币市场登记、清算、结算机构组成的。

交易主体是货币市场上的资金需求方和资金供给方,货币市场中交易主体主要有中央银行、政府部门、商业银行等银行类金融机构、非银行类金融机构、企业及居民个人等。

货币市场的交易工具主要包含短期国债、同业拆借资金、大额可转让定期存单、商业票据、同业存单、回购协议等短期信用工具。短期国债是指原始到期日不超过1年的国债,又称“国库券”。短期国债的期限有3个月、6个月、9个月、12个月,以政府税收为保证,信誉极高风险极低,短期国债的利率也被作为其他金融市场工具利率变动的基础。在国外货币市场中,短期国债是货币市场中最重要的交易工具之一。在美国货币市场上,每日交易数量最大的工具就是美国国库券。美国国库券定期以竞争性拍卖的方式发行,在政府资金需求不足时,也会发行非定期国库券。[3] 同业拆借是金融机构之间为了头寸管理而进行短期资金借贷的活动,是以金融机构的信用为保证的资金借贷,期限通常为隔夜、7天、1个月、3个月、9个月等。大额可转让定期存单最早诞生于美国,是为了规避利率管制而诞生的金融工具,是银行业存款类金融机构面向非金融机构投资人发行的一种固定面额、固定期限、可以转让的大额储蓄凭证。商业票据是货币市场工具中历史最悠久的一种,是由金融机构或企业开立的证明借贷双方债权债务关系的契约性凭证。商业

---

[1] 参见中国人民银行货币政策分析小组:《2022年第二季度中国货币政策执行报告》,第25页。

[2] 参见中国人民银行货币政策分析小组:《2022年第二季度中国货币政策执行报告》,第25页。

[3] 参见[美]彼得·S.罗斯:《货币与资本市场》(第8版),陆军主译,中国人民大学出版社2006年版,第293-295页。

票据既可以通过背书的方式进行流转,也可以在票据贴现市场贴现。同业存单是指银行业存款类金融机构法人在全国银行间市场上发行的记账式定期存款凭证,可以是固定利率也是浮动利率,既可以在二级市场流通,也可以作为回购交易的标的。

货币市场有两种交易方式:一是资金供求双方直接进行交易,二是通过货币市场经纪机构撮合进行交易。有交易意向的机构或者个人可以将资金需求传达给经纪机构,经纪机构会利用机构内部庞大的信息网络,为客户寻找合适的交易对手。货币市场经纪机构能够推动货币市场高效运行,提高货币市场的流动性、透明度和有效性。

货币市场登记、清算、结算机构也是货币市场的重要组成部分。1996 年 12 月中央国债登记结算有限责任公司(以下简称中央结算公司)成立,国债、地方政府债券、银行间市场金融债券等金融产品需要在中央结算公司进行登记、结算和兑付。根据《中央国债登记结算有限责任公司业务监督管理规则》规定,中央结算公司的职责包括:(1)设立和管理债券账户;(2)债券登记、托管、结算、代理还本付息、债券等质押物的管理服务;(3)为中国人民银行公开市场业务系统和债券发行提供技术支持;(4)承担银行间债券市场债券交易结算的日常监测职能;(5)监督柜台交易承办银行的二级托管业务;(6)提供业务相关的信息、查询、咨询、培训服务;(7)经中国人民银行批准的其他业务。2001 年中国证监会批准设立中国证券登记结算有限责任公司,由上海证券交易所和深圳证券交易所分别持有 50% 的股份。中国证券登记结算有限责任公司主要是为在上海、深圳、北京证券交易所以及全国中小企业股份转让系统公司全部上市或挂牌的证券,在上海、深圳证券交易所上市的股票期权等金融衍生品,沪港通、深港通等跨境证券交易,内地发行的开放式基金产品、证券公司资产管理产品及陆港基金互认产品等提供服务。2009 年银行间市场清算所股份有限公司(以下简称上海清算所)成立,为企业债券、短期融资券、同业存单等金融工具提供招标发行、登记托管、清算结算服务。上海清算所是中国人民银行认定的合格中央对手方,通过合约替代或其他具有法律约束力的安排,介入交易的对手方之间,成为卖方的买方和买方的卖方,并据此确保合约履行。上海清算所是银行间市场唯一的专业化集中清算机构。

第二节　货币市场发展概况

一、我国货币市场发展概况

我国货币市场在新中国成立之前就已经具有了雏形,但是真正的起步在改革开放之后。20 世纪 80 年代初中国货币市场萌芽,经过 20 余年的曲折发展,到 1998

年后开始走上快速发展的道路。[1]

改革开放之前,我国实行的是“统借统存”的银行信贷制度,基层银行要将存款逐级上缴至总行,信贷额度由总行统一分配之后再逐级下达给各基层银行,各银行之间没有资金流动的需要。1983 年国务院发布《关于中国人民银行专门行使中央银行职能的决定》,中国人民银行成为专职的中央银行,1984 年建立了存款准备金制度,将传统的“统借统存”改为“实贷实存、相互融通”的银行信贷制度。这一重大改变使中央银行与商业银行、商业银行与商业银行之间资金得以流动,需要一个满足调节存款准备金头寸需求的资金融通市场,推动了我国同业拆借市场的形成。在 20 世纪 80 年代同业拆借市场形成初期,由于没有配套规则,市场参与者对拆借市场定位不清晰,出现了许多乱象:金融机构将拆借资金用于固定资产贷款和投资、炒买炒卖房地产和股票、囤积有价证券;超过规定的期限和数量拆入拆出资金;乱收手续费和其他好处;非金融机构和个人参与金融同业拆借;等等。1990 年 3 月中国人民银行颁布了《同业拆借管理试行办法》(已失效);1995 年 9 月开始建立全国统一的同业拆借市场,到 1996 年 1 月正式运行,同业拆借市场逐渐走向统一有序。2007 年 1 月 4 日上海银行间同业拆放利率(Shibor)正式运行,被认为是了解银行资金是否充足的“晴雨表”,是中国金融市场重要的利率指标。2007 年 7 月在总结同业拆借市场管理经验基础上,中国人民银行发布《同业拆借管理办法》,对同业拆借市场的准入的条件和程序、同业拆借活动交易和清算规则、风险管理、市场参与者的信息披露义务、人民银行各级分支机构的市场监管权限等内容作出规定。

票据市场的发展也经历了一些曲折,在严格的计划经济下,商业票据没有生存发展的空间,各单位之间不能有欠款,不允许进行贷款等涉及商业信用的活动。直到 1976 年,政府提出在计划经济的前提下利用市场调节搞活经济的要求,在此之后票据才有了生存土壤。1981 年,中国人民银行上海分行试办了国内第一笔同城商业承兑汇票贴现业务和第一笔异地银行承兑汇票贴现业务。1984—1985 年,中国人民银行联合中国人民(建设)银行颁布了《商业汇票承兑、贴现暂行办法》和《商业汇票承兑、贴现会计核算手续》两个文件,鼓励商业信用票据化。1986 年,《中国人民银行再贴现试行办法》颁布,开始办理再贴现业务。在发展的前几年里票据市场出现了诸多问题,如资金流向不合理、票据造假问题严重等,导致票据市场发展停滞,1988 年基本停止了银行票据承兑和贴现业务。为了规范票据行为,促进社会主义市场经济的发展,1995 年全国人大通过了《票据法》,我国票据市场开始进入规范发展的阶段。2000 年中国工商银行票据营业部成立,是中国首家票据专营机构,标志着我国商业银行票据经营迈入了专业化、规范化的新阶段;在之后的几年

---

[1] 参见中国货币市场的发展与创新课题组:《中国货币市场的发展与创新》,西南财经大学出版社 2015 年版,第 31 页。

里中国农业银行、中国民生银行等也纷纷设立票据营业部，服务票据市场。2004 年《票据法》修正，2009 年中国人民银行电子商业汇票系统（ECDS）正式建成运行，2016 年上海票据交易所成立，票据市场基础设施逐渐完善。我国票据市场交易规模与其他货币市场子市场相比还较小，但是与贷款等融资手段相比，票据融资因其具有门槛低、成本低的优点，是中小企业融资的主要手段。随着互联网金融的发展，票据市场还出现了电票有偿转让交易平台，为企业间电票有偿转让交易提供信息撮合服务。

1981 年，我国恢复国债发行；1988 年，财政部在全国 61 个城市进行国债流通转让试点；1995 年国家正式停止一切场外债券市场，证券交易所成为唯一合法的债券市场；1996 年年末，中央托管机构建立，财政部开始发行贴现国债，中国人民银行利用国债开展公开市场操作。1997 年 6 月，商业银行退出了交易所债券市场，在全国银行间同业拆借中心开展银行间债券交易业务，银行间债券交易市场由此建立，在之后的几年间不断有新的金融机构被批准进入银行间债券市场。目前，银行间债券市场是我国货币市场各个子市场中发展最快和规模最大的，参与者有商业银行、政策性银行、非银行金融机构、外资银行等。长期以来我国债券市场被分割为银行间债券市场和交易所债券市场，导致债券市场的价格发现、投资便利性等方面存在不足，2020 年 4 月党中央、国务院明确提出“推进债券市场互联互通”。中国人民银行和中国证监会于 2020 年 7 月发布联合公告（〔2020〕第 7 号），同意银行间债券市场与交易所债券市场基础设施机构开展互联互通合作、联合推进机制建设各项具体工作。2022 年 1 月上海证券交易所、深圳证券交易所、全国银行间同业拆借中心等发布了《银行间债券市场与交易所债券市场互联互通业务暂行办法》，以推动债券市场统一，更好地发挥债券市场的功能。

1987 年中国人民银行开始试点发行企业短期融资券，允许优质企业发行短期融资券，1989 年下发《关于发行企业短期融资券有关问题的通知》正式放开短期融资券市场。1987 年到 1995 年，短期融资券累计发行 993 亿元，但没有形成二级市场，部分还出现了偿付危机。2005 年 5 月中国人民银行发布了《短期融资券管理办法》（已失效）、《短期融资券承销规程》（已失效）、《短期融资券信息披露规程》，允许符合条件的企业在银行间债券市场发行短期融资券，短期融资券市场重启。2008 年中国人民银行发布《银行间债券市场非金融企业债务融资工具管理办法》，短期融资券适用此办法。

我国货币市场基金诞生于 2003 年 12 月，华安、博时、招商三家基金公司分别发起管理的三只货币市场基金获准设立，丰富了我国货币市场投资工具。2013 年 6 月支付宝推出余额宝，货币市场基金被大众广泛了解并接受，成为普通公众投资货币市场的主要渠道。

从 20 世纪 80 年代开始，中国货币市场经历了曲折发展，在 1998 年之后逐渐发展壮大，交易品种逐渐增加，交易规模逐渐增大。逐步形成了由同业拆借市场、票据市场、银行间债券市场、货币市场基金、短期融资券等各市场构成的中国货币市场体系,为中国金融市场参与者提供了头寸调节、流动性管理、资产配置的重要场所。[1]

二、域外货币市场发展概况

(一)英国的货币市场

英国的货币市场已经有200多年的历史,19世纪出现的英国贴现市场被认为是最早的货币市场。英国货币市场分为贴现市场和平行市场。贴现市场以交易工具不同划分为国库券市场、短期资金拆借市场、商业票据市场和短期金融工具市场。贴现行是贴现市场的核心,是英国特有的金融机构,主要从事国库券、商业票据等金融工具的贴现业务。贴现行使用从商业银行借入的资金买入各种商业票据和政府债券,再卖出给银行或者其他投资者,赚取利差。贴现行也是英格兰银行实现金融调控的重要渠道,作为英格兰银行唯一的最后贷款人对象,是英格兰银行为英国银行体系提供流动性支持的窗口。20世纪50年代中期,英国形成了平行市场。平行市场由地方政府货币市场、银行同业拆借市场、存款证市场和公司间市场组成,英格兰银行不直接参与平行市场。英国地方政府可以从金融机构、大型工商企业和海外机构吸收短期存款或发行短期债券以满足资金需求,从而形成了地方政府货币市场。公司间市场是英国最新的平行市场,是英国公司间资金调剂的场所,由货币经纪人居中撮合。伦敦是一个国际经纪人事务所中心,拥有发达的经纪人网络,在金融市场上发挥了巨大的作用。英国平行市场和贴现市场相互联系,有很多金融机构能够同时参与多个市场的交易活动,使各个货币市场的利率相互联系、相互影响。

(二)美国的货币市场

美国的货币市场十分发达,交易工具多样,参与者众多。从美国独立战争时期到20世纪初,自由资本主义思想盛行,商品交易和贸易关系逐渐确立和发展,票据市场逐渐繁荣,成为最早出现的货币市场。到了独立战争时期,美国为了筹集战争经费发行了大量融资券,形成了活跃的二级市场。20世纪初,美国进入垄断资本主义阶段,社会化、专业化工业生产的时代到来,新型的金融工具不断创新,货币市场继续发展。20世纪30年代的大萧条打击了美国货币市场,但到了第二次世界大战时期,美国的国家债券和国库券市场再一次得益于战争而繁荣。到20世纪七八十年代,一方面金融监管日趋严格,另一方面金融创新不断涌现,使市场变得更加活跃也更加复杂;到了20世纪90年代以后,科技深刻影响着金融市场,推动货币市场不断发展。美国的货币市场主要是国库券市场、商业票据市场、银行承兑汇票市场、联邦基金市场。国库券是由美国财政部发行的1年以下的短期债券,流动性

[1] 参见林力编著:《中国货币市场运作导论》(第2版),经济科学出版社2016年版,第21-23页。

高,其利率被作为其他金融工具的利率基础。商业票据是优质企业发行的,是一种无抵押担保的借款,期限一般不超过270天。银行承兑汇票是经银行承兑的商业汇票,可以在二级市场流通,诞生于20世纪初,1913年《联邦储备法》授权银行签发银行承兑汇票,由此银行承兑汇票市场开始建立和发展。联邦基金市场与同业拆借市场类似,联邦基金就是超出法定额度的准备金。联邦基金市场与美国联邦储备体系传递货币政策紧密相关,联邦市场的利率变化是各市场参与者和美联储决策的重要参考。美国联邦基金市场的参与者有商业银行、储蓄贷款协会、证券交易商等,联邦基金被用于银行头寸管理以及作为证券、贷款的主要支付手段。

(三)日本的货币市场

与欧美相比,日本货币市场起步较晚,日本的货币市场是在第二次世界大战之后随着日本经济腾飞而发展起来的。在20世纪70年代以前,日本的货币市场主要是同业拆借市场,随着日本工商业的迅速发展,票据市场逐渐壮大,到了20世纪80年代末票据市场规模已经与同业拆借市场不相上下。1966年开始日本央行开始在拆借市场上发行短期政府债券,在达到金融调控的同时,为货币市场提供了交易工具。1979年日本商业银行开始发行可转让存单,20世纪80年代银行承兑汇票市场开始发展,短期国债市场也在这一时期建立起来。值得一提的是东京美元短期借贷市场,这不是外汇市场,而是日本金融机构之间拆借短期外汇资金的市场。东京美元短期借贷市场于1972年4月成立,仅对日本的外汇经营行和经纪人开放,1980年日本修订新外汇法后准许所有的外汇经营行进入,该市场开始迅速扩大,极大地便利了日本银行之间美元的余缺调剂。日本货币市场可以分为银行间市场和短期公开市场:同业拆借市场、美元短期借贷市场是银行间市场;债券回购市场、大额可转让存单市场、无担保商业票据市场、政府短期证券市场和短期国债市场是短期公开市场,个人和单位都可以参加。[1]

第三节　货币市场法制

一、我国货币市场法制概况

(一)同业拆借市场

1983年国务院发布《关于中国人民银行专门行使中央银行职能的决定》,规定专业银行在执行总行核定的信贷计划时,若有超出计划的临时需要,可向所在地人民银行分支机构申请贷款,也可向其他专业银行拆借。1986年国务院发布

〔1〕 参见中国货币市场的发展与创新课题组:《中国货币市场的发展与创新》,西南财经大学出版社2015年版,第10-23页。

《银行管理暂行条例》,专业银行之间的资金可以相互拆借,专业银行之间相互拆借的利率,由借贷双方协商议定。此阶段同业拆借相关法律法规还不完善,对于同业拆借资金的使用方式、期限等问题没有作出明确规定,出现了信托公司和商业银行之间通过同业拆借的方式将存款转移给信托投资公司等破坏金融秩序的现象。1990 年中国人民银行发布《同业拆借管理试行办法》,对于同业拆借有了具体规范依据,对拆借市场的主体、资金的使用等作出规定。该办法规定同业拆借是银行、非银行金融机构之间相互融通短期资金的行为,凡经中国人民银行批准并在工商行政管理机关登记注册的银行和非银行金融机构均可参加同业拆借。人民银行、保险公司、非金融机构和个人不能参加同业拆借活动。参加同业拆借的双方必须签订拆借合同,合同内容包括拆借金额、期限、利率、资金用途和双方的权利、义务等。对违反合同的,要严格按照《经济合同法》(已失效)的有关规定予以处理。1995 年《商业银行法》首次对同业拆借的期限作出规定,同业拆借期限不能超过 4 个月。2003 年《中国人民银行法》修正,将监督管理银行间同业拆借市场和银行间债券市场作为中国人民银行的法定职责。2007 年中国人民银行发布《同业拆借管理办法》,全面调整了同业拆借市场的准入管理、期限管理、限额管理、备案管理、透明度管理、监督管理权限等规定,将信托公司、金融资产管理公司、金融租赁公司、汽车金融公司、保险公司、保险资产管理公司等六类非银行金融机构首次纳入同业拆借市场申请人范围。

(二)银行间债券市场

1997 年 6 月全国银行间债券市场建立,银行间债券市场逐渐成为我国最大的货币市场子市场。根据中国人民银行发布的数据,2022 年上半年,银行间市场债券回购累计成交 630 万亿元,日均成交 5.2 万亿元;同业拆借累计成交 67.3 万亿元,日均成交 5515 亿元;交易所债券回购累计成交 192.8 万亿元,相比之下银行间债券市场的规模要远远大于同业拆借市场。2000 年中国人民银行发布《全国银行间债券市场债券交易管理办法》,规定债券交易方式为回购和现券交易两种,可交易的债券品种为政府债券、中央银行债券和金融债券等记账式债券,中国人民银行是全国银行间债券市场的主管部门。该规定明确了参与银行间债券市场的主体范围,包括在中国境内具有法人资格的商业银行及其授权分支机构;在中国境内具有法人资格的非银行金融机构和非金融机构;经中国人民银行批准经营人民币业务的外国银行分行。2005 年中国人民银行发布《全国银行间债券市场金融债券发行管理办法》,规范金融债券发行行为,明确金融债券是指政策性银行、商业银行、企业集团财务公司及其他金融机构在全国银行间债券市场发行的、按约定还本付息的有价证券。2008 年为了规范非金融企业直接债务融资市场的发展,中国人民银行发布了《银行间债券市场非金融企业债务融资工具管理办法》,短期融资券适用该办法。除了对参与市场交易的主体进行规范,中国人民银行在 2009 年发布了《银行间债券市场债券登记托管结算管理办法》,对债券市场的登记、托管、结算行为作出规定。

（三）票据市场

1981 年我国票据市场开始起步，在之后的几年间陆续颁布了《商业汇票承兑、贴现暂行办法》《中国人民银行再贴现试行办法》等规定。1995 年《票据法》的颁布是我国票据发展的里程碑，至此我国票据市场开始快速发展。1997 年中国人民银行发布《商业汇票承兑、贴现与再贴现管理暂行办法》，允许商业银行为持票企业提供贴现融资、商业银行之间转贴现交易，并为商业银行提供再贴现融资，对支持企业融资发挥了重要作用。2004 年《票据法》进行了修正，但是修正的力度不大，只是将原有的第 75 条删去。2016 年中国人民银行发布《票据交易管理办法》，对票据市场参与者、票据市场基础设施、票据电子化等内容作出规定。2022 年 11 月 11 日，中国人民银行会同中国银保监会在《商业汇票承兑、贴现与再贴现管理暂行办法》的基础上，形成《商业汇票承兑、贴现与再贴现管理办法》，该法办自 2023 年 1 月 1 日起施行。

（四）其他市场

2003 年我国货币市场基金业务启动，货币市场基金是指仅投资于货币市场的工具，每个交易日可办理基金份额申购、赎回基金。2004 年中国证监会、中国人民银行发布《货币市场基金管理暂行规定》（已失效）等一系列关于货币基金的规定，对货币市场的交易工具、核算方法等作出规定。2015 年 12 月 17 日中国证监会和中国人民银行发布《货币市场基金监督管理办法》对货币市场基金市场进行规范，该办法对货币市场基金的可投资和不得投资的金融工具种类、比例，基金的推介、信息披露、风险控制等作出详细规定。

我国同业存单业务始于 2013 年，该年中国人民银行制定了《同业存单管理暂行办法》（2017 年已修改）以规范同业存单业务，扩展银行业存款类金融机构的融资渠道，促进货币市场发展。同业存单是指银行业存款类金融机构法人在全国银行间市场上发行的记账式定期存款凭证，是一种货币市场工具。同业存单发行采取电子化的方式，在全国银行间市场上公开发行或定向发行。全国银行间同业拆借中心提供同业存单的发行、交易和信息服务。从成交量看，同业存单交易情况大致可分为三个阶段。一是 2013 年 12 月至 2016 年 5 月，为初始的小规模阶段；二是 2016 年 6 月至 2018 年 8 月，存单成交体量增长迅猛，2017 年、2018 年存单成交规模占比稳定在 36% 左右，超过金融债，成为第一大交易券种；三是 2018 年 9 月至今，存单成交规模占比回落并趋稳在 17%—25% 区间。相较大型商业银行，中小银行更依赖于同业存单缓解负债压力，进行资金流通和流动性管理。[1]

---

〔1〕参见姜超、姜佩珊、孙丽萍：《同业存单市场的发展历程、难点与建议》，载《中国货币市场》2020 年第 11 期。

二、域外货币市场法制概况

(一)美国货币市场法制概况

回购市场是美国短期融资最主要的市场,分为多边回购市场和双边回购市场。多边回购市场有做市商参与,目前纽约梅隆银行是唯一做市商。回购方会将抵押物转到在做市商处开设的抵押物托管账户,由做市商管理抵押物;逆回购方将则将现金转至做市商处开设的现金托管账户中,再由做市商转至回购方的现金托管账户,在交易到期时,进行相反的操作,完成回购。双边回购市场则不需要做市商,需要交易者自行寻找交易对手。

货币市场基金诞生于20世纪70年代的美国,是一次重大的金融创新。美国金融监管部门依据《投资者公司法》对货币市场基金进行监管。2014年美国对货币市场基金进行改革。此次改革旨在防范货币基金出现大规模赎回的风险,提高货币市场基金运行的透明度,主要措施有:要求根据投资组合的市场价值对基金进行估值,并将此作为出售和赎回时的价格;赋予基金董事会在基金流动性资产比值低于标准情况下向投资者征收流动性管理费,以及在特定情形下暂停基金赎回的权利。除此之外还包括促进投资组合的多样化、加强压力测试以及向美国证券交易委员会和投资者报告更多信息等措施。[1] 2022年8月美国证券交易委员会新的货币市场改革法案征求意见,新的改革法案包括:取消现有规则中的流动性收费、提高最低流动资产占比要求、修正部分货币市场基金的信息报告规则等,以提高货币市场基金的弹性和透明度。[2]

美国商业票据市场是世界上最大的商业票据市场之一;商业票据具有融资成本低、发行便利、灵活性较高的优势,深受发行人和投资者的欢迎。美国证券法规定,从发行日至到期日不超过9个月的短期商业票据不需要向美国证券交易委员会注册,美国证券交易委员会指出该项豁免规定只适用于那些资信良好的商业票据,它们一般不会被普通大众购买。[3] 受该规定的影响,美国商业票据期限通常都在270天以内。同时因为美联储允许将90天以内的商业票据作为贴现窗口的抵押品,因此市场上以90天以内的商业票据为主。美国商业票据市场规模逐渐扩大,银行承兑汇票市场则逐渐萎缩。美国银行承兑汇票在20世纪初兴起时主要应用于跨国贸易结算,但是随着跨国贸易使用电讯系统,以电汇、托收、信用证等方式结算,银行承兑汇票的使用率逐渐下降。除此之外,银行承兑汇票的融资功能也可以通过更加方便灵活的商业票据来实现,银行承兑汇票市场规模逐年下降。

---

〔1〕 参见美国联邦公报网,https://www.federalregister.gov/documents/2014/08/14/2014-17747/money-market-fund-reform-amendments-to-form-pf,最后访问日期:2023年12月16日。

〔2〕 参见美国联邦公报网,https://www.federalregister.gov/documents/2022/02/08/2021-27532/money-market-fund-reforms,最后访问日期:2023年12月16日。

〔3〕 参见郭雳:《美国〈证券法〉注册豁免规定研究》,载《金融法苑》2003年第6期。

（二）英国货币市场法制概况

2017年3月英国设立了英国货币市场委员会(Money Markets Committee)，该委员会每年至少举行四次会议，由克里斯·所罗门(Chris Salmon)担任主席并进行管理。会议的成员包括资深的货币市场从业者、货币市场基础设施提供者和监管当局。会议讨论影响英国货币、回购和证券借贷市场的重要国内和全球市场或结构性发展；对发现的任何有关问题提出回应意见；帮助了解和加强对英国货币市场运作的监测；批准和促进整个市场继续采用《英国货币市场守则》；确定和解决有关英国货币市场和支付系统应急计划的任何高级别问题。英国货币市场委员会包括证券借贷、回购及货币市场守则小组委员会(the Securities Lending, Repo and Money Market Code Sub - Committee)及证券借贷小组委员会(the Securities Lending Sub - Committee)两个常设小组委员会，并且会根据市场变化增设其他常设或临时委员会。

《英国货币市场准则》是2017年英格兰银行货币市场委员会颁布的，针对存款、回购和证券借贷市场参与者的自愿性准则。该准则并不具有法律强制力，不能代替监管规则，而是希望市场参与者能够主动将其内容融入日常的市场交易和经营管理中，并以道德和专业的方式行事，以促进英国市场的公平和诚信。英国货币市场委员会每3年会对该准则进行修订，以确保其能够适应市场的变化，2021年发布了新修订的《英国货币市场准则》。

思考题

简述货币市场不同交易工具的差别。

第七章　货币市场主体法律制度

第一节　货币市场主体法律制度概述

一、中央银行

中国人民银行是货币市场的重要参与者,作为发行人参与发行市场,也通过买卖金融工具参与二级市场。其参与货币市场的主要目的是传递货币政策,通过在货币市场上进行公开市场操作来影响货币供应量、利率等中介目标,最终实现货币政策目标。其参与货币市场的法律依据是《中国人民银行法》第 23 条,即中国人民银行为执行货币政策,可以运用下列货币政策工具:(1)要求银行业金融机构按照规定的比例交存存款准备金;(2)确定中央银行基准利率;(3)为在中国人民银行开立账户的银行业金融机构办理再贴现;(4)向商业银行提供贷款;(5)在公开市场上买卖国债、其他政府债券和金融债券及外汇;(6)国务院确定的其他货币政策工具。中国人民银行为执行货币政策,运用上述货币政策工具时,可以规定具体的条件和程序。

从 2002 年开始,中国人民银行开始发行中央银行票据,在全国银行间债券市场上市交易。中央银行票据是中国人民银行发行的短期债券,发行的对象是公开市场业务的一级交易商,发行目的是调节市场上流通的资金量、影响金融机构的信贷规模、调节货币供应量,是货币市场的重要交易工具之一。中央银行票据的交易方式为回购,中国人民银行发行该票据可以回笼基础货币,该票据到期则体现为投放基础货币。目前,中国人民银行还在我国香港特别行政区常态化发行中央银行票据,丰富了香港特别行政区市场人民币投资产品系列和流动性管理工具,对于促进离岸人民币货币市场和债券市场健康发展发挥了积极作用。

《中国人民银行法》规定中国人民银行不得直接认购、包销国债和其他政府债券,但是可以通过公开市场在二级市场上买卖国债、其他政府债券以及金融债券。中国人民银行在二级市场进行回购交易和现券交易。回购交易分为正回购和逆回购:正回购是先卖出有价证券,并约定在到期时买回;逆回购是先买入有价证券,并约定在到期时向交易对手方卖出。现券交易分为现券买断和现券卖断两种:现券买断是从二级市场买入债券,一次性地投放基础货币;现券卖断是直接卖出持有债券,一次性地回笼基础货币。

二、金融机构

商业银行是货币市场的主要交易者，商业银行参与货币市场主要是为了头寸管理。存款准备金制度是货币市场形成的重要推动力，商业银行存款准备金不足会受到处罚，而中国人民银行对于超额准备金只会支付少量利息甚至不支付利息，保有过高的超额准备金显然是不经济的，因此货币市场就成了银行进行头寸管理的重要场所。

《商业银行法》第 3 条规定的是商业银行可以经营的业务，其中包括：办理票据承兑与贴现；发行金融债券；买卖政府债券、金融债券；从事同业拆借；等等。同业拆借业务、证券投资业务等业务都需要依托货币市场。同业拆借业务属于商业银行的负债业务，是商业银行借入短期资金，满足短期流动性需求的手段。根据全国银行间同业拆借中心官网的数据，2023 年 11 月，同业拆借市场合计成交金额为 217,581.75 亿元，大型商业银行、股份制商业银行、股份制商业银行、城市商业银行、农村商业银行和合作银行的成交金额合计为 157,721.91 亿元，占总成交量的 72.4%，可见商业银行是同业拆借市场最主要的参与者。我国商业银行法对商业银行的拆入资金和拆出资金都有严格规定，《商业银行法》第 46 条规定："同业拆借，应当遵守中国人民银行的规定。禁止利用拆入资金发放固定资产贷款或者用于投资。拆出资金限于交足存款准备金、留足备付金和归还中国人民银行到期贷款之后的闲置资金。拆入资金用于弥补票据结算、联行汇差头寸的不足和解决临时性周转资金的需要。"中国人民银行依法对同业拆借市场进行管理。

证券投资业务属于商业银行的资产业务，我国《商业银行法》第 43 条规定："商业银行在中华人民共和国境内不得从事信托投资和证券经营业务，不得向非自用不动产投资或者向非银行金融机构和企业投资，但国家另有规定的除外。"目前我国商业银行主要投资于政府债券、政策性银行金融债券和中央银行票据。商业银行是银行间债券市场的主要市场参与者。根据全国银行间同业拆借中心官网的数据，2023 年 11 月，质押式回购的交易额为 141.57 万亿元，质押式回购交易中商业银行交易额占总成交金额的 54%，证券公司及其他机构占总成交金额的 46%。[1] 我国银行间债券市场主要的交易方式有质押式回购、买断式回购、现券买卖等，但质押式回购是最主要的交易方式，同期买断式回购成交金额为 0.82 万亿元，现券买卖成交金额为 19.63 万亿元。[2] 质押式回购是指资金融入方（正回购方），将手中的债券质押给资金融出方（逆回购方），以获得短期融资；交易期满

---

〔1〕参见全国银行间同业拆借中心官网，https://www.chinamoney.com.cn/chinese/mtmoncjgl/，最后访问日期：2023 年 12 月 31 日。

〔2〕参见全国银行间同业拆借中心官网，https://www.chinamoney.com.cn/chinese/mtmoncjgl/，最后访问日期：2023 年 12 月 31 日。

后资金融出方将本金和按约定的利息返还给资金融出方,资金融出方将出质的债券归还资金融入方,在回购期间双方都不能动用出质的债券,出质期间债券的利息归出质人享有。买断式回购资金融出方取得债券之后可以将债券用于其他活动,享有债券的完整权利,在回购到期后,只需要向资金融出方返还相同种类的债券即可,在回购期间债券产生的利息归债券持有人所有。

承兑业务属于商业银行中间业务,承兑就是商业银行为客户开出的汇票或者票据承诺付款;经过银行承兑的汇票背后的信用是银行信用,付款保证强于普通商业汇票,因此商业银行的承兑业务极大地提高了票据的流动性。根据 2001 年中国人民银行颁布的《商业银行中间业务暂行规定》(已失效),商业银行开办中间业务,应经中国人民银行审查同意,并接受中国人民银行的监督检查。商业银行开展的中间业务依据风险和复杂程度,可分为审批制和备案制中间业务。承兑业务会使商业银行形成或有负债,属于适用审批制的中间业务品种。

除了商业银行外,证券公司、保险公司、财务公司、各类基金等非银行金融机构也是货币市场的活跃参与者。保险公司和各类基金等非银行金融机构手中的资金往往是长期资金,其参与货币市场的目的通常是为投资组合搭配一些低风险、高流动性的资产,以达到合理的收益风险配置。除此之外,非银行金融机构需要持有一定数量的高流动性资产来满足业务上的需要,货币市场就为其提供了快速变现的渠道。1998 年,中国人民银行同意保险公司加入同业拆借市场,凡申请加入全国同业拆借市场的保险公司需向中国人民银行货币政策司提交书面申请。2000 年中国人民银行发布《财务公司进入全国银行间同业拆借市场和债券市场管理规定》(已失效),财务公司以法人为单位申请成为全国银行间同业拆借市场和债券市场成员,其分支机构不得进行交易。2007 年中国人民银行发布的《同业拆借管理办法》中列举的 15 类金融机构以及经中国人民银行批准的其他机构,可以申请进入同业拆借市场。银行类金融机构和非银行金融机构在同业拆借市场的准入和业务活动要求不尽相同,例如,对于银行类金融机构,其拆借资金最长期限为 1 年;金融资产管理公司、金融租赁公司、汽车金融公司、保险公司拆入资金的最长期限为 3 个月;企业集团财务公司、信托公司、证券公司、保险资产管理公司拆入资金的最长期限为 7 天。

三、非金融机构

货币市场上的非金融机构有政府、企业和个人投资者。政府常常作为发行人出现在一级市场上。以中央政府为发行主体发行的政府债券是国债,以地方政府为主体发行的政府债券是地方政府债券。《预算法》第 34 条规定:"中央一般公共预算中必需的部分资金,可以通过举借国内和国外债务等方式筹措,举借债务应当控制适当的规模,保持合理的结构。对中央一般公共预算中举借的债务实行余额管理,余额的规模不得超过全国人民代表大会批准的限额。国务院财政部门具体负责对中央政府债务的统一管理。”从债券的形式上看,我国发行的国债可以分为凭证式国债、无记名国债、记账式国债。凭证式国债又称为储蓄国债,是指国家采取不印刷实物券,而用填制国库券收款凭证的方式发行的国债。发行对象是个人,可以通过商业银行购买,不能上市交易。无记名国债为实物国债,票面上不记载投资者姓名,以实物券形式发行,券面上印有发行年度、券面金额等内容。无记名国债到期之后债权人持票到指定的商业银行进行兑付,该类型的债券已经在2000年全部到期。[1] 记账式国债又名无纸化国债,准确定义是由财政部通过无纸化方式发行、以电脑记账方式记录债权,并可以上市交易的债券。我国记账式国债可以分为关键期限国债和非关键期限国债,关键期限国债是指有具体发行计划的国债,财政部会公布关键期限记账式国债发行日期表;非关键性国债是视具体情况而决定发行的国债。关键期限国债在全国银行间债券市场(含商业银行柜台)、证券交易所债券市场上市交易;非关键期限国债在全国银行间债券市场(不含商业银行柜台)、证券交易所债券市场上市交易。我国期限为28天、63天、91天、182天的短期国债采用贴现式发行的方法,1年及1年以上的国债采用附息债券的方式发行。

1994年《预算法》第28条规定:“地方各级预算按照量入为出、收支平衡的原则编制,不列赤字。除法律和国务院另有规定外,地方政府不得发行地方政府债券。”2011年国务院批准试点地方政府发行债券,2014年修正的《预算法》允许地方政府发行债券,该法第35条第2款规定:“经国务院批准的省、自治区、直辖市的预算中必需的建设投资的部分资金,可以在国务院确定的限额内,通过发行地方政府债券举借债务的方式筹措。举借债务的规模,由国务院报全国人民代表大会或者全国人民代表大会常务委员会批准。省、自治区、直辖市依照国务院下达的限额举借的债务,列入本级预算调整方案,报本级人民代表大会常务委员会批准。举借的债务应当有偿还计划和稳定的偿还资金来源,只能用于公益性资本支出,不得用于经常性支出。”由此开始,地方政府可以发行债券,但我国地方政府债券以1年及1年以上的中长期债券为主,短期政府债券主要是财政部发行的短期国债。

企业也是货币市场的活跃参与者,一方面作为资金需求方利用短期融资券、超短期融资券、票据等工具在货币市场上融资;另一方面将生产经营的盈余资金投入货币市场以获得一定收益。规模较大、信用评级较高的企业可以在银行间债券市场通过发行短期融资券筹集短期资金。短期融资券是具有法人资格、信用评级较高的非金融企业在银行间债券市场发行和交易,期限为1年以内的债务融资工具,超短期融资券的期限在270天以内,两者都由中国银行间市场交易商协会依据《银行间债券市场非金融企业债务融资工具管理办法》及中国人民银行相关规定对其

[1] 参见深圳中心支行:《储蓄国债知识宣传(五):无记名国债和国债收款单兑付知识问答》,载中国人民银行网站2016年9月12日,http://shenzhen.pbc.gov.cn/shenzhen/122941/3139963/index.html。

发行与交易实施自律管理。对于中小微企业来说,票据融资是更为简便高效的融资手段。2022 年 11 月 11 日,中国人民银行、中国银保监会发布了《商业汇票承兑、贴现与再贴现管理办法》,继续完善我国票据市场规范,为我国票据市场良性发展提供法律支撑。

个人参与货币市场的途径有限,目前可以通过投资货币市场基金和参与交易所市场的债券质押式回购参与货币市场。货币市场基金因其流动性高、起投金额低、收益稳定而受到个人投资者的欢迎。货币基金将个人投资者的资金集合起来,投资于货币市场工具。2015 年 12 月 17 日,中国证监会、中国人民银行发布《货币市场基金监督管理办法》,对货币市场基金运行进行规范;相较于其他证券投资基金,货币市场基金在高流动性资产比例、投资者组合期限、大额赎回规则等方面有特殊的规定。交易所债券质押式回购的主要参与者是非银行金融机构和公众投资者;公众投资者目前可以参与逆回购交易,但只能够作为融出资金的一方,获取相应收益。

第二节 货币做市商法律制度

一、做市商制度概述

做市商制度又称为双边报价制度,是指由市场上具有一定实力和信誉的金融机构连续报出特定证券的买入价和卖出价,市场上的其他参与者能够在报价上与该金融机构即时成交。当卖者想要出卖证券而市场上没有买者时,交易就不能够达成,反之亦然,买卖双方将由于时间上的不匹配而错失交易机会。做市商的出现就解决了这个问题,做市商同时报出买入价和卖出价,证券的买者和卖者能够随时与做市商进行交易,证券的流动性就得到了提升。除了提高市场流动性的优点,做市商制度还有增强市场价格发现能力、稳定市场的优势。

做市商制度可以分为竞争型做市商制度和垄断型做市商制度。竞争型做市商制度是指每只证券有多个做市商,做市商之间相互竞争,能够降低交易成本,买卖差价也相对较小,美国全国证券交易商协会自动报价系统(NASDAQ)就是典型的竞争性做市商市场。垄断性做市商制度就是每只证券只有一个做市商,其优点在于便于管理,做市商往往能够获得更高的利润,美国纽约证券交易所是其典型代表。

二、银行间债券市场做市商制度

银行间债券市场是我国最先引入做市商制度的市场。2000 年 4 月 30 日中国人民银行发布的《全国银行间债券市场债券交易管理办法》,明确金融机构经批准可开展债券双边报价业务,以提高银行间债券市场的流动性,促进银行间债券市场发展。2001 年 3 月中国人民银行发布《关于规范和支持银行间债券市场双边报价业务有关问题的通知》(已失效),规定了成为双边报价商的条件、报价业务规范和对双边报价商的政策支持。2007 年 1 月中国人民银行发布《全国银行间债券市场做市商管理规定》(已失效),这是专门针对银行间债券市场做市商的规范,明确了做市商的申请条件和流程、权利义务、业务规范、业务考评等。2014 年 6 月全国银行间同业拆借中心发布了《银行间债券市场尝试做市业务规程》(已失效),规定了满足条件的金融机构可以申请开展尝试做市业务,尝试做市机构连续半年以上持续、稳定开展尝试做市的,可以向人民银行申请成为做市商。尝试做市机构每日进行尝试做市的券种只数不少于 6 只,可对政府债券、政府类开发金融机构债券和非政府信用债券全面报价,也可选择一类或两类进行重点报价;每日开盘后 30 分钟内对做市债券双边报价,且全天持续时间不低于 4 小时;以合理价格及时回复做市债券报价请求。

2020 年,国务院取消银行间债券市场双边报价商行政许可审批制度,全国银行间同业拆借中心颁布了《银行间债券市场现券做市商业务操作指引》。具备开展做市业务能力的金融机构可以向全国银行间同业拆借中心提交申请表,该中心会与合格的金融机构签署《银行间债券市场现券做市商协议》,金融机构试开展 6 个月的现券做市业务,在此期间未出现指引规定的特定情形的,全国银行间同业拆借中心将向市场公告该金融机构正式开展现券做市业务,同时报告中国人民银行,并抄送中国银行间市场交易商协会。全国银行间同业拆借中心对不履行做市义务的做市商有权暂停其做市业务,对于出现特定情形的做市商有权终止与其签订的《银行间债券市场现券做市商协议》,全国银行间同业拆借中心认定现券做市商的做市行为不当的可以进行处理。中国银行间市场交易商协会建立做市商评价指标体系,并定期开展做市商评价工作。

三、做市商的权利义务

做市商制度能否发挥其提高市场流动性、增强市场价格发现能力和维护市场稳定的作用,关键在于能否平衡做市商的权利与义务。纽约证券交易所的做市商被称为专家(specialist),在 2008 年纽约证券交易所做市商制度改革之前,专家履行职能时需要查看做市证券的所有订单,享有“优先看单权”;同时为了防止其带来道德风险,以正面义务清单、负面义务清单等其他规则约束专家行为。纽约证券交易所交易商改革取消了“优先看单权”,与之对应地取消了负面清单业务和一些其他做市商义务,以保证做市商权利与义务相匹配。

中国人民银行发布的《关于完善银行间债券市场现券做市商管理有关事宜的公告》中明确了做市商的权利和义务。做市商能够获得一些参与金融市场活动的便利条件:将做市业务表现作为国债承销团成员、非金融企业债务融资工具主承销商、公开市场业务一级交易商、参与随买随卖业务的重要参考指标;优先开展银行间债券市场现券交易净额清算业务;获得交易平台提供的交易信息便利;优先参与衍生品等市场创新业务。同时做市商应当积极维护市场价格稳定,促进市场价格发现,切实履行以下义务:在约定时间内,持续提供双边报价,积极回复市场机构询价需求;报价应当处于市场合理水平,双边报价价差应处于市场合理范围;提供本机构所能提供的做市最优价格;严格履行交易义务。做市商开展业务时应当遵循公平、公正、诚信原则,交易平台对做市业务履行一线监测职能,发现异常情况应当及时处理,并向中国人民银行报告,同时抄送中国银行间市场交易商协会。

第三节 货币经纪公司法律制度

一、货币经纪公司概述

货币经纪公司起源于19世纪60年代的英国金融市场,交易商会将自己的交易需求告知货币经纪人,包括交易品种、期限、利率等信息;货币经纪人会通过声讯或者电讯系统为客户寻找合适的交易对手,并向客户报出交易价格;如果交易商认可该价格,货币经纪人就会将交易对手的名称告诉交易商,在双方达成交易之前,货币经纪人不会透露客户的信息。为了保证货币经纪公司的中立性,为客户寻找最佳价格,货币经纪公司不允许开展自营业务,其收入源于佣金。相比一对一的询价交易,货币经纪人能够极大地便利交易,降低交易成本;货币经纪人处于信息交汇中心,能够为客户及时提供准确的交易信息,这一点对于中小金融机构尤为重要。保密性也是货币经纪行业的一大特点,在交易达成之前货币经纪人不会透露客户的信息,这样有利于维持金融市场的稳定,避免大客户的报价影响市场。传统的货币经纪服务依靠电话等即时通讯工具,与客户沟通撮合交易;随着信息技术的不断发展,电子经纪业务快速发展,客户能够直接在电子平台上看到报价,不需要通过经纪人传递信息。电子经纪业务适用于流动性高、交易量大的市场,而传统的声讯经纪业务在流动性小、非标准化的市场仍然保留着一席之地。

中国第一家货币经纪公司是上海国利货币经纪有限公司,于2005年12月由上海国际信托有限公司和原德利万邦(欧洲)有限公司共同发起成立,标志着货币经纪行业在中国发芽,之后陆续有4家货币经纪公司成立,主要服务于银行间市场。

二、我国货币经纪公司法律制度

我国货币经纪业务起源于2005年,该年中国银监会颁布了《货币经纪公司试点管理办法》及相关实施细则,主要内容为货币经纪公司的设立、管理人员的任职资格、风险控制等。上述规定允许设立货币经纪公司，从事金融机构间资金融通和外汇交易等经纪服务，并将货币经纪公司定性为非金融机构。货币经纪公司的设立需要经过中国银监会的批准，同时也允许符合条件的境外投资人在中国设立独资或者合资的货币经纪公司。货币经纪公司可以经营的业务有：境内外外汇市场交易、境内外货币市场交易、境内外债券市场交易、境内外衍生产品交易、经中国银监会批准的其他业务。货币经纪业务涉及多个市场，其业务也受到多个部门的监管，《货币经纪公司试点管理办法》第 4 条规定了货币经纪公司经纪业务的监管者，中国银监会对货币经纪公司进行监督管理。货币经纪公司在银行间市场进行同业拆借、债券买卖和外汇交易等经纪业务活动应同时接受中国人民银行和国家外汇管理局的监管和检查；其业务涉及外汇管理事项的，应当执行国家外汇管理部门的有关规定，并接受国家外汇管理部门的监督和检查。2006 年中国人民银行发布《关于货币经纪公司进入银行间市场有关事项的通知》（已失效），要求货币经纪公司向中国人民银行备案，规定了货币经纪公司在经营中应当履行的披露义务等。2007 年中国银监会印发《金融机构间货币经纪和交易行为指引》，对交易程序与要求、风险控制等作出规定。2008 年国家外汇管理局印发《货币经纪公司外汇经纪业务管理暂行办法》，规范银行间外汇市场货币经纪公司业务。2013 年在中国人民银行指导下，中国银行间市场交易商协会公布《银行间市场货币经纪业务自律指引》（已失效），2022 年进行修订，修订后的自律指引于 2023 年 1 月 1 日起生效。

思考题

1. 简述货币市场主体参与货币市场的主要形式。
2. 简述我国货币经纪公司的性质、经营业务范围以及义务范围。

第八章　货币市场业务法律制度

第一节　同业拆借市场法律制度

一、同业拆借

根据《同业拆借管理办法》,同业拆借是指经中国人民银行批准进入全国银行间同业拆借市场的金融机构之间,通过全国统一的同业拆借网络进行的无担保资金融通行为。它是一种金融机构之间常用的信用融资手段,全国银行间同业拆借中心亦称之为“信用拆借”[1]。同业拆借属于银行负债业务。

同业拆借具有期限短、利率低、无担保的特点。具体来看,期限短指的是交易期限短,《同业拆借管理办法》第 23 条规定:(1)政策性银行、中资商业银行、中资商业银行授权的一级分支机构、外商独资银行、中外合资银行、外国银行分行、城市信用合作社、农村信用合作社县级联合社拆入资金的最长期限为 1 年;(2)金融资产管理公司、金融租赁公司、汽车金融公司、保险公司拆入资金的最长期限为 3 个月;(3)企业集团财务公司、信托公司、证券公司、保险资产管理公司拆入资金的最长期限为 7 天;(4)金融机构拆出资金的最长期限不得超过对手方由中国人民银行规定的拆入资金最长期限。目前,我国银行间同业拆借产品期限分为 1 天、7 天、14 天、21 天、1 个月、2 个月、3 个月、4 个月、6 个月、9 个月、1 年共 11 个品种,其中以期限为 1 天的隔夜拆借为主,其余也称定期拆借。交易期限短暂也决定了同业拆借属于货币市场的业务属性。利率低指的是拆借资金的占用利息较低,据统计,2020 年 1 月至 2022 年 10 月间,我国银行间同业拆借加权利率处于 1.2% 至 2.15% 水平区间,明显低于央行对商业银行再贷款利率,对于各金融机构而言,同业拆借不失为一种更便捷、更经济的短期资金融通方式。无担保指代其信用借贷特征,拆借活动在金融机构之间进行,严格的市场准入条件使金融机构能以其信誉参与拆借活动。[2]

通常来讲,同业拆借的发生与金融机构的日常经营活动息息相关,由于每个营

---

[1] 参见全国银行间同业拆借中心官网,www. chinamoney. com. cn/chinese/mgbbcphjy/,最后访问日期:2023 年 12 月 31 日。

[2] 参见范从来等编著:《货币银行学》(第 5 版),南京大学出版社 2021 年版,第 121 页。

业日各金融机构在存放款数额、汇兑收支、现金流量等科目上存在差异,经常会出现一部分金融机构收大于支,而另一部分金融机构支大于收的情况。此时为了保证金融机构资金的正常支付,弥补票据结算、联行汇差头寸不足的需要,支大于收的金融机构(拆入方)便有了拆入短期资金的需求;与之对应,收大于支的金融机构(拆出方)又有着将闲置资金拆借出去获得利息收入,以便减少资金过多积压带来利息负担的需求。二者一拍即合,同业拆借交易应运而生。

二、同业拆借市场

同业拆借市场是货币市场的重要组成部分,按照市场的组织形式,可划分为有形拆借市场和无形拆借市场。前者是有固定的场所、有充当拆借双方中介的专门机构并集中进行交易的市场,如日本的短资公司;后者则不需要固定的地点与场所,拆借双方通过电话、电报、电传等通信方式进行联系和交易,如美国的联邦基金市场。[1]

从域外同业拆借市场运作的历史经验来看,同业拆借市场的形成与中央银行存款准备金制度的实施密切相关。世界上最早的银行同业拆借市场——美国联邦基金市场,诞生初衷就是方便银行间买卖超额准备金,在此之后的 1929—1933 年经济大危机,迫使西方各国纷纷意识到引入银行存款准备金制度的必要性,这一举措最终促进了各国同业拆借市场的迅速发展。

目前来看,全球同业拆借市场以美国和英国两个国家最为典型。历史最为悠久的美国联邦基金市场上,同业拆借业务分为直接交易、通过经纪人交易和通过代理行交易三种,分别适应不同体量或信用水平的金融机构的需求。美国的联邦基金利率主要是指隔夜拆借利率,它的市场化形成机制使其不仅能反映货币市场最即时的资金供求情况,同时也是美联储执行货币政策过程中最重要的操作目标。自 1989 年起,美联储每个季度都会选择并确定一个联邦基金利率目标水平。英国的银行间同业拆借市场也是一个无形市场,该市场广泛运用经纪人制度,极少使用直接交易。目前英国经纪人有两个协会组织:外汇和外币存款经纪人协会(Foreign Exchange and Currency Deposit Broker' Association),经纪人可经营或兼营外汇或外币存款业务;英镑经纪人协会(Sterling Broker' Association),经纪人只经营英镑存款业务。英国的同业拆借基准利率以伦敦银行同业拆借利率(the London Interbank Offered Rate)最为重要,此利率由报价银行在每个营业日上午 11 时对外报出,分为存款利率和贷款利率两种报价,它同时是国际货币市场上的基准利率之一,许多国家和地区的金融市场及海外金融中心均以此利率为基础确定自己的利率。2012 年后,伦敦银行同业拆借利率被操纵的丑闻频发,监管缺失等弊端逐渐显现。此后,各国开始推动构建新的基准利率体系。2023 年 6 月 30 日,所有的伦敦

---

[1] 参见范从来等编著:《货币银行学》(第 5 版),南京大学出版社 2021 年版,第 122 页。

银行同业拆借利率报价不再可用,其自此退出历史舞台,全球基准利率进入多元化的时代。美国采用担保隔夜融资利率(Secured Overnight Financing Rate,SOFR)代替美元伦敦银行同业拆借利率。而英国采用英镑隔夜平均指数(Sterling Overnight Indexed Average,SONIA)来替代伦敦银行同业拆借利率。

我国的全国性同业拆借市场肇始于1996年1月中国银行间同业拆借中心正式运行,该市场由中央的一级网络和由各省、自治区、直辖市的中国人民银行融资中心牵头组织的二级网络构成,同样属于无形市场。根据《同业拆借管理办法》第3条的规定,我国目前全国统一的同业拆借网络包括:(1)全国银行间同业拆借中心的电子交易系统;(2)中国人民银行分支机构的拆借备案系统;(3)中国人民银行认可的其他交易系统。截至2022年11月,我国纳入同业拆借网络的市场主体数量为2428家,[1]远超1996年刚成立时的96家。交易方式上,由于缺乏健全的市场经纪制度,我国现今只有六家货币经纪公司,[2]同业拆借市场以直接交易方式为主,但已填补了金融机构私下进行交易的监管漏洞,改为所有同业拆借活动必须在同业拆借网络中进行。利率方面,《同业拆借管理办法》第16条规定,同业拆借利率由交易双方自行商定。实践中,同业拆借的利率一直是合同利率,但为了适应我国的利率市场化改革,2006年年底中国人民银行推出了报价制基准利率——上海银行间同业拆放利率,这是由信用等级较高的18家银行组成报价团自主报出的人民币同业拆出利率计算确定的算术平均利率,是单利、无担保的批发性利率。该利率推出以来,其报价的合理性、稳定性不断增强,对市场产品定价的指导作用越发明显,中国人民银行在《2009年第四季度中国货币政策执行报告》中提出该利率在我国货币市场的基准利率地位已逐步确立。作为我国货币市场变动的"晴雨表",上海银行间同业拆放利率影响着包括同业拆借在内的整个货币市场产品的利率定价。值得一提的是,银行间同业拆借市场是我国规模最大的货币市场,因此中国人民银行也将该市场作为公开市场操作的场所。

三、同业拆借市场规则

从同业拆借市场的准入资格来看,我国的同业拆借市场主体必须是经中国人民银行批准,具有独立法人资格的金融机构,[3]因此基金、理财产品、资产管理计

[1] 参见全国银行间同业拆借中心官网,www.chinamoney.com.cn/chinese/mgbbcphjy/,最后访问日期:2022年11月17日。

[2] 持有货币经纪公司牌照的有:天津信唐货币经纪有限责任公司、上海国际货币经纪有限责任公司、上海国利货币经纪有限公司、平安利顺国际货币经纪有限责任公司、中诚宝捷思货币经纪有限公司和上田八木货币经纪(中国)有限公司。参见中国银保监会网站,https://xkz.cbirc.gov.cn/jr/,最后访问日期:2023年12月31日。

[3] 参见郭红玉、徐佳、姜婷凤编著:《现代货币银行学》,对外经济贸易大学出版社2021年版,第48页。

划等非法人产品无法进入同业拆借市场交易。与此同时，根据不同类型金融机构的信用特征和业务特点，立法者对不同的金融机构提出了不同的准入要求。

对于政策性银行、中资商业银行、外商独资银行、中外合资银行、城市信用合作社、农村信用合作社县级联合社、企业集团财务公司、信托公司、金融资产管理公司、金融租赁公司、汽车金融公司、证券公司、保险公司、保险资产管理公司、中资商业银行（不包括城市商业银行、农村商业银行和农村合作银行）授权的一级分支机构、外国银行分行，以及经中国人民银行确定的其他机构而言，申请进入同业拆借市场必须具备以下条件：(1)必须在中国境内依法设立；(2)有健全的同业拆借交易组织机构、风险管理制度和内部控制制度；(3)有专门从事同业拆借交易的人员；(4)主要监管指标符合中国人民银行和有关监管部门的规定；(5)最近2年未因违法、违规行为受到中国人民银行和有关监管部门处罚；(6)最近2年未出现资不抵债情况；(7)中国人民银行规定的其他条件。

对于除上述机构外的特殊金融机构，尤其是外资银行业金融机构与金融资产管理公司、证券公司、保险公司等非银行业金融机构，不仅需具备上述条件，还需额外满足获批人民币业务资格、最近2个年度连续盈利、同期未出现净资本低于2亿元、最近4个季度连续偿付能力充足率在120%以上等准入门槛。此举皆是由于同业拆借的无担保信用借贷特征，为了降低交易风险、保障交易安全，立法者需要通过提高市场准入门槛以维护市场稳定运行。

从同业拆借市场的交易清算来看，拆借双方构成借贷法律关系，拆出资金的一方是债权人，拆入资金的一方是债务人，双方居于法律形式上的平等地位，遵循交易自愿、平等互利、恪守信用、短期融资的原则，通过自行协商并通过合同对拆借金额、期限、利率、资金用途和双方权利义务等内容加以约定，但有关条款不允许违反有关强制性规范，否则存在无效风险。有关强制性规范包括《同业拆借管理办法》第23条有关拆借期限的规定、第24条拆借到期后不得展期的规定、第25条有关拆借限额的规定等。金融机构进行同业拆借交易，必须逐笔订立交易合同，交易合同可采用全国银行间同业拆借中心电子交易系统生成的成交单，或者采取合同书、信件和数据电文等书面形式。

同业拆借的资金清算涉及不同银行的，应直接或委托开户银行通过中国人民银行大额实时支付系统办理。同业拆借的资金清算可以在同一银行完成的，应以转账方式进行。任何同业拆借清算均不得使用现金支付。

从同业拆借市场的监管制度来看，根据《商业银行法》《同业拆借管理办法》授权，中国人民银行依法对同业拆借市场进行监督管理，金融机构进入同业拆借市场必须经中国人民银行批准，从事同业拆借交易接受中国人民银行的监督和检查。目前同业拆借市场由全国银行间同业拆借中心负责监管，配套的操作细则和规则主要有《统一同业拆借市场中企业集团财务公司信息披露规范的有关事宜公告》（中国人民银行上海总部公告〔2007〕第4号，已修改）、《信贷市场和银行间债券市场信用评级规范》、《同业拆借交易操作规则》(中汇交发〔2008〕85 号,已修改)、《合格审慎评估实施办法》(2023 年修订版)、《关于规范金融机构同业业务的通知》(银发〔2014〕127 号)等。同业拆借市场的日常监管主要通过强制性信息披露的方式进行,我国现已建立起全国商业银行信息披露系统,所有同业拆借市场成员都需要在该系统内进行信息披露与信息提交,披露内容包括资产负债表、利润表等主要财务信息,也涉及股权变更等历史沿革信息。2014 年,《关于规范金融机构同业业务的通知》的出台,标志着我国同业拆借的审慎监管步入完善阶段。该通知强化了金融机构同业业务内外部管理要求,规范了会计核算和资本计量要求,设置了同业业务期限和风险集中度要求,强调了加强流动性管理的重要性;监管规则逐步形成以《同业拆借管理办法》为主体,《关于规范金融机构同业业务的通知》为监管意识,《同业拆借交易操作规则》和相关信息披露文件为辅助的审慎监管法律体系。

第二节 国库券市场法律制度

一、国库券

国库券(treasury bill)是指一国政府发行的、期限在一年以内的短期债务凭证,一般有 3 个月、6 个月、9 个月和 12 个月四种期限,属于货币市场的一种金融工具。我国曾以“国家公债”指称这一金融工具,“国库券”更多地出现于英美两国对短期国债的指称。从定义上看,国库券属于广义国债的一种,本质上也是代表债权债务关系的凭证,只是狭义国债一般指期限在一年以上的债券,而国库券仅限于期限在一年以内的债券,二者分属资本市场与货币市场。

根据债券是否记载持有人姓名或名称,可以将债券分为记名债券与无记名债券,国库券属于不记名债券;根据债券形态不同,可以将债券分为实物债券、凭证式债券与记账式债券,国库券属于实物债券;根据债券是否有财产担保,可以将债券分为抵押债券与信用债券,国库券以国家信用为担保,因此属于信用债券;根据债券的付息方式不同,可以将债券分为贴现债券与息票债券,国库券属于贴现债券。

国库券由承担国库管理职责的财政部负责发行,由财政部国库司负责日常管理,它以中央政府的信誉为保证,通常不需抵押品,可以当作无风险的投资工具。与税收、政府收费等方式不同的是,国库券不仅具有国债自愿性、有偿性和灵活性等特征,还通常具有以下两个重要特点:(1)发行频率高。在许多国家,国库券是定期发行的,如每季度一次或每月一次。美国 3 个月和 6 个月的国库券是每周发行,1 年期的国库券是每月发行,随时都有到期的、发行的国库券便于投资者选择。(2)流动性高。国库券期限短、流通市场极为发达,其流动性仅次于现金,几乎所有金融机构都参与国库券的交易。不少国家将国库券市场作为进行流动性管理的市场。

与期限在1年以上的长期国债相比,国库券的突出作用体现在两个方面:(1)能够快速有效筹集财政资金,解决特殊时期财政收支的突出矛盾。国库券不仅是财政库款的调节工具,还是稳定可靠的财政筹资保障工具。面对诸如新冠疫情等重大突发社会事件,财政支出需求可能在短时间内激增,明显超出财政预算计划范围,对此,我国《2020年政府工作报告》明确提出,积极的财政政策要更加积极有为。而国库券作为短期国债,其筹资速度高于中长期国债,更易于被市场其他主体所接受,发行机制灵活且效率高;通过增加国库券发行规模、实行滚动发行等方式,能够显著降低财政赤字及筹资压力。(2)实现财政政策与货币政策的有效协调,防范资金空转。国库券期限短、违约风险低、发行机制便捷等特点决定了其具有高流动性特征,是传统中长期债券品种的重要补充。国库券在作为财政政策工具将市场闲置资金转换为财政资金的同时,也为中央银行进行公开市场操作创造了有利条件。概言之,通过对国库券的买卖发行,国家可以加强财政政策与货币政策的配合,提高资金使用效率。

二、国库券市场

国库券市场是短期债券市场中最主要的一个组成部分,该市场由国库券发行市场和国库券流通市场组成:前者又称一级市场,是财政部首次出售新国库券的市场,其作用是将发行人为筹集财政资金向社会发行的债券分散发行到发行对象手中;后者又称二级市场,是已发行国库券买卖转让的市场,国库券一经认购,即确立了一定期限的债权债务关系,但通过该市场投资者可以转让债权,把国库券变现。

从职责上划分,国库券发行市场的参与者主要包括发行人、投资者、中介机构以及管理者。发行人即财政部,作为财政资金的筹集者,是发行与流通市场上所有投资者的债务人;投资者是财政资金的提供者,在发行市场的债权债务关系中处于债权人的地位,我国对国库券发行环节的投资者资格没有作出相应限制;中介机构是为国库券发行而依法或按规定承担有关国债发行事务性工作的机构,如承销商、受托人等,其中承销商由国债承销团成员担任,分为甲类、乙类成员;管理者是指对国库券发行市场进行监督管理以保障其正常运行的机构,通常以政府部门为主。

国库券流通市场的参与者则由三种类型的主体组成,即投资者、中介机构和管理者,与发行市场相比,少了发行者。投资者是国库券流通市场的主要力量,只有它们积极参与,流通市场的流动性才够充足。中介机构是指为国库券流通提供服务的机构,其主要的功能是作为经纪人代理投资者买卖国债和作为自营商促进国债的流动。在操作方式上,前一种情况是经纪人接受投资者委托后在交易场所寻求交易对方,并在买卖成交后向委托人收取佣金;后一种情况是自营商开设柜台,自行买卖国债,并将买卖价差作为利润来源。管理者仍是以政府部门为主,对国库券发行市场进行监督管理以保障其正常运行的机构。2021年,我国国库券发行总额为83,424亿元,占同期国债发行额的34.65%。[1]

目前,我国国库券流通市场由三部分组成,即沪深证券交易所市场、银行间交易市场和证券经营机构柜台交易市场,三者监管、业务及登记托管机构各不相同,但市场与市场之间并非彼此独立;2003年我国实现跨交易所市场和银行间交易市场的国库券上市流通,并能够在两个市场间进行自由转托管与跨市场交易。广义上的跨市场业务不仅是交易所与银行间市场的跨通,也包括不同交易所之间的交易、转托管。曾经,交易所市场与银行间交易市场长期存在的价格差异使国库券跨市场套利成为可能,但转托管制度可能带来价差风险以及市场之间交易活跃度差异带来的流动性风险,让国库券跨市场投资已不存在典型意义上的无风险套利。跨市场投资成本主要由交易费用、托管费用组成,能够参与跨市场交易的机构主要有证券公司、保险公司、基金公司、非法人产品和部分非金融机构等;商业银行由于较少参与交易所市场,故其参与跨市场交易的积极性也并不高涨。

三、国库券市场规则

依据国库券市场的划分,国库券发行市场的市场规则主要涉及发行条件、发行方式,国库券流通市场的市场规则主要涉及流通方式、托管结算。

在发行条件上,根据《国库券条例》第4条之规定,每年国库券的发行数额、利率、偿还期等,经国务院确定后,由财政部予以公告。这意味着我国国库券的发行条件原则上由国务院制定,这些发行条件并非一成不变,而应根据国家财政资金的需要、货币政策的实施灵活变动,与不同时期经济发展的客观要求相适应。通常情况下,国务院在决定国库券的前述发行要素时,需要综合考虑诸多因素,如财政本身对债务资金的需求量、政府未来的还本付息能力、国库券发行对象的购买能力、国库券资金的使用效率等。

在发行方式上,目前我国国库券的一般发行流程为:财政部发布国库券发行工作通知—开展竞争性招标—国库券承销团成员进行承购包销。具体来看,发行方式包括两项内容:一是贴现发行,二是公开招标。贴现发行是指国库券的发行价格按发行时的利率计算,低于面值,国库券到期时按照票面金额直接清偿,两者价差即为发行市场上投资者的潜在收益。公开招标是指国库券发行时的利率采取公开投标方式由投标者直接投标确定,通常财政部会预先公布将要发行的国库券数量和期限,要求国债承销团成员公开投标。根据《2021年记账式国债招标发行规则》,国库券的公开招标以竞争性招标方式通过财政部债券发行系统进行,投标标位变动幅度为0.005元,投标剔除、中标剔除和每一承销团成员投标标位差分别为60个、50个和50个标位。竞争性投标时间为招标日上午10时35分至11时35分。

在流通方式上,国库券招标完成后即可上市交易,因其采用不记名形式,无须

---

[1] 数据来源:东方财富Choice客户端,最后访问日期:2023年12月31日。

经过背书便可转让流通。《国库券条例》第 8 条、第 9 条规定，国库券可以用于抵押，但是不得作为货币流通；国库券可以转让，但应当在国家批准的交易场所办理。换言之，国库券的交易必须进场完成。目前我国国库券转让仍以现券交易方式为主，投资者可以直接委托证券商买卖国库券，现券买卖成交后，债权的增减均记录在其证券账户内。

在托管结算上，各中介机构发挥着不可或缺的作用。国库券托管是指托管人受投资者的委托，对投资者持有的国库券品种和数量在其债券账中进行账务记载，并对其相关权益进行管理和监护的行为。[1] 根据《国债托管管理暂行办法》(已失效)，国债托管实行全国集中、统一管理的体制，财政部授权中央结算公司依该办法、按照不以营利为目的原则主持建立和运营全国国债托管系统，并实行自律性管理。中央结算公司作为专门的中央托管机构，负责国库券的总托管和一级托管业务，二级托管人和分托管人在总托管账务下负责二级托管业务或分托管业务。中央结算公司还为跨交易所市场和银行间债券市场提供转托管服务。国库券结算是国库券流通实现的重要环节，有效的国库券交易统一通过中央结算公司簿记系统办理债券结算，结算制度采用询价成交、逐笔实时全额方式。结算风险自担，中央结算公司不会像中央银行一样充当交易结算的中央对手方。结算业务自结算双方发送结算指令开始，到最后完成国库券与资金的交收结束，大致分为五个步骤，分别为：(1)交易达成日，付券方通过簿记系统客户端录入结算指令并复核；(2)收券方对该结算指令加以确认；(3)经确认后的结算指令生成结算合同；(4)簿记系统在合同指定的结算日根据结算合同的条件检查结算双方的券款情况，若充足，付款方应及时划款；(5)簿记系统在券款充足情况下，为每笔结算金额办理国库券交割，债券交割可以选择采用“T+0”或“T+1”交割制度。

比较特殊的是国库券跨市场转托管，它是指投资者将持有的跨市场交易流通国库券在不同托管机构间进行托管转移的行为。转托管流程依据《国债跨市场转托管业务管理办法》《国债跨市场转托管业务细则》等规则执行。《国债跨市场转托管业务管理办法》规定，财政部是国库券转托管业务的主管部门，负责国库券转托管业务的政策制定和监督管理。中央结算公司应为财政部对各托管机构国库券转托管业务的日常监管提供必要的协助，并定期向财政部报告。而国库券托管机构是指办理国债登记、托管业务的中央结算公司、中国证券登记结算有限公司、记账式国债柜台交易托管机构。托管机构之间实行二级托管体制，中央结算公司承担国库券的总登记职责，其他各托管机构分别承担在特定市场交易国库券的登记、托管职责。申请办理国库券跨市场转托管的投资者，应当具备以下条件：(1)具有所转入交易场所交易国库券的资格；(2)在申请转托管前应在转入交易场所的托管机构开有债券或证券账户，且与其在转出交易场所托管机构的债券或证券账户的

---

[1] 参见杨老金主编：《最新债券投资实用读本》，经济科学出版社 2007 年版。

户名完全一致;(3)投资人申请转托管的国库券应是转入方交易场所上市交易的国库券。

第三节　票据与票据市场法律制度

一、票据

票据是指出票人依法签发的,由本人或委托他人在见票时或者在票载日期无条件支付确定的金额给收款人或持票人的一种有价证券。[1] 按照《票据法》的规定,票据的基本形式有三类:支票、本票和汇票。

从定义上看,可以从三个方面对票据进行把握。

第一,票据是依照《票据法》的规定制作发行的。我国《票据法》对票据种类采取法定主义,包括汇票、支票或本票,若出票人发行票据种类以外的其他票据,不发生票据效力。签发票据是指制作了票据上所记载的事项,记载内容、形式均须依法律规定而为,否则签发的票据便会因欠缺必要记载事项而无效。[2]

第二,票据是以无条件支付或无条件委托支付确定的金额为内容的有价证券。在票据出票后,出票人就为自己设定了无条件支付或担保承兑、担保付款的义务,该义务无对价可言,且不能添加任何条件或限制。票据的这一特征有利于其流通。

第三,票据是有价证券。它具有以下两个基本特征:(1)有价证券的权利内容是一定的财产性民事权利,如物权、债权、股权等;(2)有价证券是权利与证券的结合。有价证券本身即代表权利,证券上权利的发生、转移和行使全部或部分地与证券紧密联系在一起。

支票是出票人签发的,委托开展支票存款业务的银行或者其他金融机构在见票时无条件支付确定的金额给收款人或者持票人的票据。支票最主要的特点是付款人有资格的限制,仅限于办理存款业务的金融机构,这使支票与汇票得以区分;支票有出票人、收款人和付款人三方基本当事人,这使支票与本票相区别。[3]

本票是出票人签发的,承诺自己在见票时无条件支付确定的金额给收款人或者持票人的票据。本票具有以下三个特征:(1)本票的基本当事人只有两个,即出票人和收款人;(2)本票的付款人为出票人本身;(3)本票的出票人自己承担无条件付款的责任,没有承兑制度。在我国,本票专指银行本票,只能由商业银行签发。

汇票是出票人签发的,委托付款人在见票时或者在指定日期无条件支付确定的金额给收款人或者持票人的票据。汇票的付款人没有资格上的限制,其基本当

---

〔1〕 参见唐波主编:《新编金融法学》(第4版),北京大学出版社2021年版,第174页。

〔2〕 参见杨忠孝:《票据法论》(第2版),立信会计出版社2009年版,第7页。

〔3〕 参见魏敬森:《金融法学》,中国政法大学出版社2017年版,第89页。

事人同样有出票人、收款人和付款人三方。在我国,根据出票人的不同,汇票可以分为银行汇票和商业汇票,前者是由银行签发并由银行担任付款人的汇票,后者是由银行以外的其他工商企业、事业单位、机关团体签发的汇票;依据承兑人的不同,商业汇票又分为银行承兑汇票和商业承兑汇票。

本节所称票据是指商业票据。早期典型的商业票据产生于商品交易中的延期支付,有商品交易的背景。随着现代金融经济的发展,发行人与投资者之间不再发生商品买卖或劳务供应关系,取而代之的是单纯的债务债权关系。20世纪60年代以后,商业票据开始真正作为货币工具大量使用。当下的商业票据是指发行人为满足流动资金需求,以贴现方式出售给投资者的一种短期无担保承诺凭证。商业票据的期限都很短暂,一般是2天至270天不等。广义的商业票据包括商业汇票和商业本票,狭义的商业票据仅指商业本票;美国的商业票据属本票性质,英国的商业票据属汇票性质,在我国,商业票据则主要是指商业汇票和银行本票(《票据法》第73条第2款"本法所称本票,是指银行本票",排除了商业本票在我国的发行)。其可靠程度依赖于发行人的信用程度,能否进入金融市场,也以签发人的资信度(credit standing)为准。〔1〕 商业票据是票据概念下的细分种类,因此票据具有的一般特征同样适用于商业票据。除此之外,实务中的商业票据还具有发行金额较大、利率较高的特点。

受"真实交易原则"的限制,我国商业票据类型排除了融资性票据,但为了拓宽企业短期直接融资的渠道,我国还是开辟了短期融资券的货币市场工具;尽管央行将其分类为债务融资工具,但其本质上就是国外的商业票据,是凭发行人自身信誉发行的融资性无担保商业本票。〔2〕 我国短期融资券是由证券公司或非金融企业在银行间债券市场发行和交易,并约定在一年期限内还本付息的有价证券;此外还有超短期融资券供发行人选择,其与短期融资券的主要区别在于发行期限,超短期融资券需在270天以内还本付息。我国目前的短期或超短期融资券主要有4个品种(3个月、6个月、9个月和1年期),其中以1年期品种为主。

二、票据市场

商业票据市场是短期资金融通的重要场所,是货币市场中历史最悠久的子市场。但长期以来我国并没有统一的票据市场,2016年以前主要是以各大中心城市为核心的区域性票据市场。但随着票据的交易与投资功能越发显现,各金融机构均将票据作为重要的流动性管理手段和资产配置类别,与此同时,票据市场出现了一些不协调、不适应的发展问题。面对票据市场的发展"瓶颈",2016年12月8日,全国统一的票据市场基础设施——上海票据交易所正式设立,这标志着全国统一、

---

〔1〕 参见黄达、张杰编著:《金融学》(精编版)(第5版),中国人民大学出版社2020年版,第131页。

〔2〕 参见张自力、林力编著:《中国货币市场运作导论》,经济科学出版社2010年版,第86页。

信息透明、以电子化方式进行业务处理的现代票据市场框架初步建立。[1] 2017 年 10 月,上海票据交易所将电子商业汇票纳入统一管理。2018 年 10 月,上海票据交易所完成纸电票据交易融合。纸质票据和电子票据自此采用相同业务规则和交易平台进行交易,我国统一的票据市场就此形成。

经过 20 多年的建设和发展,我国票据市场在市场规模方面取得了较大的突破,但在交易品种上仍略显单一,以商业汇票为主,银行本票占比很少,商业汇票内部银行承兑汇票占绝大多数。同货币市场的其他子市场一样,票据市场也可以分为一级(发行)和二级(交易)市场,一级市场实现的是因商品交易关系而产生的支付和企业间的结算功能,包括票据签发和承兑;二级市场实现的是票据的流通、货币政策传导等功能,包括背书转让、贴现、转贴现、再贴现。

从市场主体的体量来看,中小微企业是票据市场的绝对主力。2023 年 10 月,签发票据的中小微企业 9.6 万家,占全部签票企业的 92.1%,中小微企业签票发生额 1.8 万亿元,占全部签票发生额的 68.4%。贴现的中小微企业 9.6 万家,占全部贴现企业的 96.2%,贴现发生额 1.7 万亿元,占全部贴现发生额 74.6%。[2] 从市场主体的类别来看,票据市场通常有发行者、投资者和中介机构三大主体。商业票据的发行者包括金融公司、非金融公司及银行控股公司;真正能在市场上通过发行大量商业票据筹集大笔资金的公司主要是实力雄厚,并经过信用评级机构评级、信誉卓著的大企业。[3] 商业票据对于投资者的限制较少,主要投资者有中央银行、商业银行、非金融公司、资产管理公司、证券公司等。由于商业票据的面值一般较大,通常资金量较小的个人投资者很少参与直接购买,一般只能通过货币市场基金进行间接投资。中介机构是指为商业票据发行和交易提供服务的投资银行和专门从事商业票据销售的中小经纪商。

电子商业汇票业务是我国票据市场发展的一大重点方向,加快普及纸质票据电子化已成为票据市场各参与主体的共识。截至 2022 年 10 月 31 日,接入电子商业汇票系统的银行类金融机构(包括分支机构)108,306 家,[4] 已基本覆盖主流银行,但农村金融机构的覆盖率较低。提供电子商业汇票代理服务的代理机构仅有招商银行、中信银行和平安银行。2021 年,在票据业务量总体保持下降趋势的情况下,电子商业汇票系统业务量仍保持稳步增长态势。电子商业汇票系统全年出票 2688.17 万笔,金额 23.52 万亿元,同比分别增长 20.56% 和 10.12%;承兑 2738.25

---

[1] 参见宋汉光:《建设高效安全的票据市场》,载《中国金融》2019 年第 19 期。

[2] 参见中国人民银行金融市场司:《2023 年 10 月金融市场运行情况》,载中国人民银行网站 2023 年 11 月 24 日,http://www.pbc.gov.cn/jinrongshichangsi/147160/147171/147173/5148448/index.html。

[3] 参见刘敏楼主编:《金融市场学》,人民出版社 2020 年版,第 71 页。

[4] 参见上海票据交易所网站,http://www.shcpe.com.cn/content/shcpe/vip/cyzml.html,最后访问日期:2023 年 11 月 20 日。

万笔,金额23.99万亿元,同比分别增长20.58%和9.73%;贴现966.92万笔,金额14.99万亿元,同比分别增长33.47%和12.03%;转贴现1456.28万笔,金额46.93万亿元,同比分别增长40.93%和6.41%。[1]

商业票据再贴现是我国中央银行进行货币政策调控的一大工具,中国人民银行现采用质押式回购方式开展再贴现业务,再贴现市场也是票据市场的重要组成部分。再贴现票据是指中国人民银行分支机构在办理本业务中要求金融机构提交的用于履约保障的质押票据。目前再贴现业务主要通过上海票据交易所进行,具有办理商业汇票贴现业务资格的金融机构,均可以申请办理再贴现业务。再贴现业务的最短期限为一天,并应当小于票据剩余期限,质押式回购的回购金额不得超过质押票据的票面总额。其他再贴现业务条件、利率、期限和方式,按照中国人民银行有关规定执行。

我国短期融资券的工具定位较为特殊,其只在银行间债券市场发行交易,不向公众投资者开放。20世纪80年代末,中国人民银行曾以规范性文件的形式肯定了企业发行短期融资券的做法,但由于1993—1994年我国出现了乱拆借、乱提高利率和乱集资的"三乱"问题,大量的未兑付短期融资券使得商业银行的信贷资金流失,短期融资券最终退市。2004年中国人民银行决定重启短期融资券交易,2004年10月18日,《证券公司短期融资券管理办法》(已失效)的出台,标志着我国短期融资券市场萌芽的出现。2005年5月,中国人民银行正式推出非金融企业可以发行的短期融资券。重启后的短期融资券采用备案制,发行人无须经过中国人民银行、中国银保监会或国家发展和改革委员会的审批即可在中国银行间市场交易商协会注册发行。2021年,共580只短期融资券、268只证券公司短期融资券和4545只超短期融资券得以在银行间债券市场发行。[2] 短期融资券的利率实行市场化定价,投资者主要是商业银行、基金、保险公司等机构。

三、票据与票据市场法律制度

我国票据市场法律体系由法律、行政法规、部门规章和规范性文件组成。《票据法》是我国与票据业务有关效力层级最高的法律,《票据管理实施办法》《支付结算办法》《商业汇票承兑、贴现与再贴现管理办法》《电子商业汇票业务管理办法》等属于仅次于《票据法》的行政法规与部门规章,《上海票据交易所业务指南》《商业汇票信息披露操作细则》属于票据业务监管机构的规范性文件。在众多法律文件中,2022年11月11日颁布、2023年1月1日正式实施的《商业汇票承兑、贴现与

〔1〕 参见中国支付清算协会网站,http://www.pcac.org.cn/eportal/fileDir/pcac/resource/cms/article/,最后访问日期:2022年12月6日。

〔2〕 参见全国银行间同业拆借中心官网,https://www.chinamoney.com.cn/chinese/scsjzqxx/,最后访问日期:2023年12月31日。

再贴现管理办法》是票据市场业务开展的基础,对众多热点票据问题予以了回应,以此促进票据市场的规范发展。该办法要求加强票据承兑和贴现资质管理,建立完善信用约束和风险防控机制,保护中小企业权益。

在票据种类方面,《商业汇票承兑、贴现与再贴现管理办法》一改传统分类,首次将商业汇票划分为银行承兑汇票、财务公司承兑汇票和商业承兑汇票,财票成为一种单独的票据类型。事实上,财票一定程度上既有银票的特点,也有商票的特点。一方面,企业集团财务公司属于银行业金融机构,其功能定位与银行相类似;另一方面,财票的签发、承兑、贴现等交易皆是财务公司信用的体现,其风险与所属集团企业的经营与财务状况高度关联,《企业集团财务公司管理办法(2022)》也对财务公司票据承兑提出了更高的监管要求。

在监管思路方面,《商业汇票承兑、贴现与再贴现管理办法》再次强调真实交易原则在监管过程中的重要性。《票据法》第10条规定,票据的签发、取得和转让,应当遵循诚实信用的原则,具有真实的交易关系和债权债务关系。此系"真实票据理论"在我国票据市场运行中的实践,这一传统的银行经营管理理论是指,为了保持充足的流动性并保证资金的安全性,商业银行只能发放短期的自偿性流动资金贷款。我国《票据法》之所以规定真实交易原则,原因在于《票据法》出台之前社会信用观念淡薄、信用秩序混乱。《商业汇票承兑、贴现与再贴现管理办法》延续了《票据法》的表述,要求票据"具有真实交易关系和债权债务关系,因税收、继承、赠与依法无偿取得票据的除外"。银行、农村信用合作社、财务公司应承担承兑和贴现两个环节审核真实交易关系的责任,开展承兑业务时,应当严格审查出票人的真实交易关系和债权债务关系;当持票人申请贴现时,应审查其与出票人或前手之间的真实交易关系和债权债务关系。诚然,真实交易原则对于保护交易的安全性、防止票据欺诈具有重要意义,但它在一定程度上忽视了票据的融资功能,把融资票据排斥在商业票据之外,限制了票据市场的发展空间。

在监管手段方面,《商业汇票承兑、贴现与再贴现管理办法》继续强化信息披露及信用约束机制。根据该办法第27条的规定,作为承兑人的银行、企业集团财务公司、商业企业等均应按要求披露有关信息,区别在于商票承兑人披露票据主要要素及信用信息,而银票承兑人应当披露承兑人信用信息。该办法第28条规定,贴现人办理商业汇票贴现的,应当按照中国人民银行规定核对票据披露信息,信息不存在或者记载事项与披露信息不一致的,不得为持票人办理贴现。同时,该办法授权票据市场基础设施(上海票据交易所)按人民银行有关要求对承兑人信息披露情况进行监测,承兑人存在票据持续逾期或披露信息存在虚假、遗漏、延迟的,票据市场基础设施应根据业务规则采取相应处置措施,并向中国人民银行报告。上海票据交易所为此制定了《商业汇票信息披露操作细则》作为信息披露操作的业务指引。

在短期融资券方面,中国人民银行按照发行人主体类型,分别颁布了《证券公司短期融资券管理办法》和《银行间债券市场非金融企业债务融资工具管理办法》等予以规范,并对证券公司与非金融企业发行短期融资券的资格、流程、募集资金用途等事项提出了不同的要求。对于证券公司而言,发行短期融资券不仅需要满足流动性管理、风险控制、业务资格、合规运营等条件,同时还要与同业拆借、短期公司债等其他短期融资工具一起实行余额管理。所有短期融资工具待偿还余额之和不得超过净资本的60%。首先,中国人民银行对证券公司发行短期融资券实施宏观管理,可根据货币市场流动性和金融市场运行情况,调整证券公司发行的短期融资券余额与净资本比例上限和最长期限。其次,在短期融资券发行与存续过程中,中国人民银行对证券公司进行持续的事中事后监测管理,证券公司需向投资者及时披露重大信息变更、年度报告、中期报告等事项,中国人民银行还可要求证券公司补充报送特定信息及数据。最后,中国人民银行对证券公司通过短期融资券所募资金的用途提出了禁止性要求。《证券公司短期融资券管理办法》第19条规定,证券公司不得将发行短期融资券募集的资金用于以下用途:(1)固定资产投资和营业网点建设;(2)股票市场投资;(3)为客户证券交易提供融资;(4)长期股权投资;(5)中国人民银行禁止的其他用途。对于非金融企业而言,首先,其短期融资券的发行由中国银行间市场交易商协会负责注册,该协会对企业发行短期融资券实行分层分类注册发行管理。发行可分为公开发行与定向发行两种,前者由注册会议决定是否接受发行注册,后者则采用形式完备性注册程序。中国银行间市场交易商协会出具的接受注册通知书有效期均为2年,有效期内可一次发行或分期发行。其次,中国银行间市场交易商协会对短期融资券的发行与交易实施自律管理,可制定相关自律管理规则,并报中国人民银行备案。最后,全国银行间同业拆借中心负责债务融资工具交易的日常监测,每月汇总债务融资工具交易情况向中国银行间市场交易商协会报送。

第四节　中央银行票据市场法律制度

一、中央银行票据

中央银行票据,又称央行票据或者央票,是中央银行向商业银行(一级交易商)发行的短期债务凭证,期限一般不超过1年,但也有长至3年的品种,其目的是调节商业银行的超额准备金。实际上,将属于债券种类的中央银行“票据”称作中央银行票据,正是为了突出其短期性的特征。考虑到中央银行的特殊地位及其资本损失由政府弥补的情况,本质上以央行信用作背书的中央银行票据一般被认为没有信用风险。中央银行票据与货币市场中其他类型的票据、债券有着本质性区别:其他各类债券的功能在于筹集资金,而中央银行票据则是中国人民银行调节基础货币的一项货币政策工具,作用在于减少商业银行的可贷资金规模。[1] 中央银行票据的货币政策事实效果与法定准备金类似,但是更具灵活性;中央银行票据发行可以连续操作,力度随时变化,甚至可以反向操作,因为基于双方合意,亦具有市场化特征,弹性较强。

中央银行票据与国债的区别主要有以下三点:(1)目的不同,中央银行票据的目的前文已述,下文还将作进一步介绍,而发行国债的目的是弥补财政收支失衡产生的预算赤字,是吸收社会资金的财政筹资活动,因此发行国债是一项财政政策。(2)持有者不同,中央银行票据的持有者是特许金融机构,不包括个人投资者;国债则面向社会发行,任何法人、自然人均可以成为持有者。(3)对经济金融影响不同,中央银行票据的发行及回购只影响流通中基础货币数量,发行所得到的资金不参与直接的经济活动,隐性成本较高;国债发行得到的资金则被用于公共需要,依据公债健全原则要求,资金不得用于政府日常支出。[2]

中央银行票据主要用于承担短期政府债券的功能,对于调控货币供应量、调节商业银行流动性水平、熨平货币市场波动和引导利率走势发挥了重大作用。首先,中央银行票据承担着调控货币供应量的职能。例如,在人民币升值预期等因素的影响下,中国人民银行会使用人民币购买相应的外汇资产,这将导致"货币供给"的增加形成外汇占款(funds outstanding for foreign exchange)。为了减少外汇占款增多对基础货币供给增长的负面影响,适量发行中央银行票据,便能发挥其冲销作用。其次,中央银行票据可以调节商业银行的流动性水平,防止信贷过快增长。目前在公开市场操作中,中央银行票据的认购主力是商业银行,定向中央银行票据更是主要面向资金宽裕尤其是贷款增速过快的银行发行。再次,中央银行票据可以用来熨平货币市场波动。新冠疫情、世界经济的动荡等对我国货币市场的不良影响需要灵活的货币政策工具来调节。作为中央银行吞吐基础货币、调节市场流动性的主要货币政策工具,中央银行票据在其中扮演了重要角色。最后,中央银行票据有助于形成市场基准利率。中央银行票据因其灵活性和主动性而成为货币市场的"风向标",引导银行间市场、交易所市场和相关债券市场形成相应期限的市场利率和收益率曲线,其一级市场收益率有望逐渐成为利率的定价基准。

二、中央银行票据市场

在我国,与国债、地方政府债券等其他债券相比,中央银行票据市场并不发达,这一公开市场业务工具被运用的频率也远不及(逆)回购、现券交易等其他公开市场业务工具。

从中央银行票据市场的历史沿革来看,中央银行票据的前身是1993年发行的

---

〔1〕 参见黄达、张杰:《金融学》(精编版)(第5版),中国人民大学出版社2020年版,第132页。

〔2〕 参见冉富强:《公债的宪法控制》,中国政法大学出版社2012年版,第157－158页。

中国人民银行融资券，彼时中国人民银行尝试以市场手段收紧货币，1995 年开始试办债券公开市场业务操作，但迫于手中没有足够规模的债券可以进行公开市场操作，融资券成为了一种重要的补充性工具。中国人民银行此次发行了两期融资券，总计 200 亿元，随后停止了发行。2002 年，中国人民银行又一次为了增加公开市场业务操作工具，用中央银行票据置换了公开市场业务未到期的正回购，包括 3 个月、6 个月和 1 年期三个品种，中央银行票据就此正式登上历史舞台。2003 年，为支持农村信用社改革，中国人民银行发行了专项中央银行票据向农村信用社定向发行、用以置换其不良贷款和历年挂账亏损。自 2009 年 6 月以来，为了控制银行信贷快速增长，中国人民银行在银行间市场重新启动正回购操作并向部分商业银行发行惩罚性的定向中央银行票据。随后中国人民银行又在伦敦和中国香港特别行政区发行了离岸人民币中央银行票据，并创设了中央银行票据互换工具（central bank bills swap）。自 2014 年起中国人民银行在境内并没有发行中央银行票据，但自 2018 年起通过中国香港特别行政区金融管理局债务工具中央结算系统（CMU）债券投标平台陆续发行了多期中央银行票据，其中 2022 年合计发行了共 12 期，1200 亿元中央银行票据。

中央银行票据的招标方式分为数量招标和价格招标两种，前者亦称固定利率招标，是指中国人民银行宣布规定固定利率，交易商以数量为标的进行投标，若投标量超过招标量，则按比例分配额度；若投标量低于招标量，则按实际投标量确定。这种招标方式的优势在于明确了货币政策的立场，盯住目标利率，不会让缺乏经验的交易商处于不利地位。价格招标亦称利率招标，是指中国人民银行明确招标量，交易商以利率为标的进行投标，利率最终由竞标形成。在利率招标项下，又有美国式招标（US Auction）和荷兰式招标（Dutch Auction），核心区别在于中标利率的形成模式，中标利率分别为全场加权平均中标利率与单一最高中标利率。我国中央银行票据现采用荷兰式招标方式发行，以利率为招标标的。

三、中央银行票据市场规则

中央银行票据作为公开市场业务工具的特殊类型，其本身是否属于《中国人民银行法》第 23 条第 1 款第 5 项所规定的“其他政府债券”尚存疑问。[1] 换言之，中央银行票据的发行是否具有合法性存疑。在包括日韩在内的多数发达国家中，尽管法律上承认中央银行票据这种公开市场业务的操作标的，但在实践中已不再使用；印度尼西亚、菲律宾、泰国、马来西亚等国家则将中央银行票据作为公开市场业务操作的补充标的。

中央银行票据的持有者均是公开市场业务一级交易商（以下简称一级交易

---

〔1〕 参见吴汉铭：《论我国央行票据发行之法理瑕疵及改进》，载《上海金融》2013 年第 5 期；闫海：《论我国公开市场业务机制化的法制建构》，载《征信》2017 年第 5 期。

商),根据《公开市场业务暨一级交易商管理暂行规定》(已失效)第3条之规定,一级交易商是指经中国人民银行审定的、具有直接与中国人民银行进行债券交易资格的商业银行、证券公司和信托投资公司。但中央银行票据仅面向一级交易商中的存款类机构(包括商业银行和农村信用合作联社)发行。中国人民银行每年会根据一级交易商考评调整机制对上一年现有及新申请加入的一级交易商进行综合评估,最终确定新一年度的一级交易商名单。申请成为一级交易商需满足独立法人资格、资产负债比例、注册资本金、业务能力及内控机制等要求,方可向中国人民银行提出申请。根据〔2022〕第1号《公开市场业务公告》,2022年度一级交易商共有49家,包括2家政策性银行、6家农商行、2家证券公司和39家中外商业银行。

第五节　回购市场法律制度

一、回购协议

回购协议(Repurchase Agreement)是指在出售证券的同时,与购买者达成协议,约定在一定期限后按预定的价格购回所卖证券。[1] 按照资金流通的方向,回购协议可以分为正回购与逆回购:正回购意味着卖出证券,融入资金;逆回购意味着买入证券,融出资金。依据回购过程中证券的交易方式,还可以将回购协议分为买断式回购和质押式回购:前者系正回购方直接将证券出卖给逆回购方;后者系正回购方将证券质押给逆回购方,不转移证券所有权的同时获得相应资金。

回购协议的优势在于,对正回购方而言,回购协议提供了一种快速获得短期资金的方式,同时又能避免在价格不合理的情况下,被迫出售所持长期证券可能遭受的损失,大大增强了长期证券的"变现能力";对逆回购方而言,则可在保证安全性的前提下,尽可能提高手中流动资金的收益能力。因此,回购协议的引进对证券市场产品的合理配置具有一定的促进作用。

从协议期限来看,回购协议共有隔夜、定期和连续性合约三种,最常见的是隔夜合约;定期合约则从1天到数月不等,但通常不会超过1年;而连续性合约没有固定期限,在双方都没有表示终止协议意图时,协议每天自动展期,直到协议一方提出终止为止。以国债回购为例,我国在交易所市场挂牌的国债回购可以分为1天、2天、3天、4天、7天、14天、28天、91天以及182天等品种,其作为一种货币市场融资工具,在各国回购市场中最长期限均不超过1年。

二、回购协议市场

回购协议市场是指对回购协议进行交易的短期融资市场。我国的回购市场可

---

〔1〕 参见范从来等编著:《货币银行学》(第5版),南京大学出版社2021年版,第90页。

以分为场内交易和银行间场外交易两个市场。场内交易通过沪深两市交易所交易系统进行,交易规模大。场外交易则在全国银行间同业拆借市场进行,商业银行的债券回购业务必须通过该网络进行,证券公司亦可申请加入,中央结算公司采取集中托管、统一结算的方式办理回购业务中的债券托管与结算。我国回购交易比较活跃,尤其是在我国货币市场业务中回购协议十分常见,买断式回购、质押式回购与同业拆借共同组成了我国银行间市场资金业务的三种主要形式,其本质都是在金融机构之间订立借款合同。2022 年上半年,银行间市场债券回购累计成交 630 万亿元,日均成交 5.2 万亿元;同业拆借累计成交 67.3 万亿元,日均成交 5515 亿元。

回购协议市场往往是中央银行进行公开市场操作的市场。根据《公开市场业务暨一级交易商管理暂行规定》,公开市场业务是指中国人民银行为实现货币政策目标而公开买卖债券的活动。中国人民银行发布的公开市场业务交易公告中,一般会提及"为维护银行体系流动性合理充裕"。换言之,回购交易是中国人民银行调节全社会流动性的手段之一。当中央银行购入商业银行或证券经纪商持有的证券时,全社会的流动性便会增加;反之,当商业银行或证券经纪商再购回该证券时,全社会的流动性将恢复到其原先的水平。中央银行证券回购交易的期限一般较短,回购期限的档次分为 7 天、14 天、21 天、28 天、2 个月、3 个月和 4 个月共 7 种,交易一般采用招标方式进行,包括数量招标和利率招标(或价格招标)。

三、回购协议市场规则

回购协议市场的法律规则主要针对回购协议的效力问题加以规范,而判断回购协议是否有效,需要从协议主体资格、标的物是否特定、协议内容是否合法三个方面综合认定。

首先,协议主体资格问题。《关于重申对进一步规范证券回购业务有关问题的通知》明确,我国能够签订回购协议的主体仅限于具有法人资格的金融机构,即非金融机构、个人以及不具有法人资格的金融机构一律不得直接参与证券回购业务。因此,最高人民法院《关于证券回购纠纷案件座谈会纪要》对没有人民银行颁发的金融许可证,或者虽有金融许可证但没有从事证券交易经营范围的单位或者个人,明确一般应认定不具备订立证券回购合同的主体资格,其订立的证券回购合同应认定为无效。

《股票质押式回购交易及登记结算业务办法》(2018 年修订)对逆回购方(融出方)作出了进一步解释,第 17 条规定:融出方包括证券公司、证券公司管理的集合资产管理计划或定向资产管理客户、证券公司资产管理子公司管理的集合资产管理计划或定向资产管理客户。专项资产管理计划参照适用。证券公司及其资产管理子公司管理的公开募集集合资产管理计划不得作为融出方参与股票质押回购。该办法第 18 条对作为融出方的集合资产管理计划或定向资产管理客户提出了额外的适当性要求。

其次,标的物是否特定。回购协议本质上是一种质押贷款协议,被融资方先售出后购回的金融资产即为融资抵押品或担保品,对此需要从两个角度进行把握:一是尽管回购交易是以签订协议的形式进行交易的,但协议的标的物是有价证券;二是根据《关于重申对进一步规范证券回购业务有关问题的通知》第3条的规定,我国回购协议市场上的标的物只能是国库券和经中国人民银行批准的金融债券。不过在货币市场发达的资本主义国家,几乎所有有价值的商品都可以用来回购。

最后,协议内容是否合法。要从实物券数额、回购期限、资金用途等方面进行审查。《关于重申对进一步规范证券回购业务有关问题的通知》第3条规定,回购期限最长不得超过1年;回购资金不得用于固定资产投资,不得用于期货市场投资和股本投资,不得以贷款、拆借等任何名义用于企业。该通知第4条规定,回购方必须有100%的属于自己所有的国库券和金融债券。因此,应当认定回购期限超过1年、实物券数额不足100%的回购协议无效。

第六节　同业存单和大额存单市场法律制度

一、同业存单和大额存单

同业存单是指银行业存款类金融机构法人在全国银行间市场上发行的记账式定期存款凭证,是一种货币市场工具。同业存单在我国金融市场是一款金融创新产品,它既不属于债券,也不属于银行同业业务范畴。银行同业业务是指境内依法设立的金融机构之间开展的以投融资为核心的各项业务,包括同业拆借、同业存款、同业借款、同业代付、买入返售(卖出回购)等同业融资业务和同业投资业务。作为同业存款(商业银行存放在其他银行和非银行金融机构的存款)的替代品,同业存单具有标准化、流动性较强的特点,是我国存款利率市场化改革的一部分。[1]同业存单的发行利率、发行价格等以市场化方式确定。2017年以前,同业存单的期限按照固定利率与浮动利率而有不同,前者原则上不超过1年,后者原则上在1年以上。但自2017年9月1日起,中国人民银行统一同业存单期限不超过1年,为1个月、3个月、6个月、9个月和1年期,保证了同业存单作为货币市场工具的本质特征。公开发行的同业存单可以进行交易流通,并可以作为回购交易的标的物。

大额存单是指由银行业存款类金融机构面向非金融机构投资人发行的、以人民币计价的记账式大额存款凭证,是银行存款类金融产品,属一般性存款。其起源

---

〔1〕 参见郭红玉、徐佳、姜婷凤编著:《现代货币银行学》,对外经济贸易大学出版社2021年版,第65页。

于20世纪60年代,为抑制经济持续的过度扩张和通货膨胀,美联储采取了严苛的货币监管政策,商业银行在资金往来过程中处于不利地位。对此花旗银行创办了一种固定金额、固定期限、可以在市场上转让的大额定期存款凭证。其特点是:(1)面额较大,由10万美元到100万美元不等;(2)期限固定,以短期为主,集中在1—6个月;(3)面向企业和社会公众,发行时允许转让的大额存单可以自由转让。对投资者而言,大额存单具有流动性强和可获得利息收益的优势,兼具存款凭证和投资工具双重属性。对银行而言,发行转让大额存单不仅可以获取稳定的资金流来源,而且无须缴存准备金。我国大额存单采用标准期限的产品形式,大额存单期限包括1个月、3个月、6个月、9个月、1年、18个月、2年、3年和5年共9个品种。

在我国,同业存单与大额存单的主要区别有:第一,发行对象不同。同业存单仅面向全国银行间同业拆借市场成员、基金管理公司及基金类产品;大额存单则面向非金融机构投资人,包括个人、非金融企业、机关团体和中国人民银行认可的其他单位。第二,发行交易场所不同。同业存单虽未被纳入银行同业业务,不受银行同业业务的监管政策约束,但其本质上仍属于银行间业务,只能在全国银行间市场上发行与交易;大额存单可以面向符合资格的社会公众发行,故可以在发行人的营业网点、电子银行、第三方平台以及经中国人民银行认可的其他渠道发行。第三,发行期限不同。同业存单的发行期限已统一至1年以内,并以3个月、6个月两种为主;大额存单仍有发行期限1年以上的交易品种,且中长期大额存单发行量不亚于短期大额存单,这与域外发达经济体的金融实践不相符。

二、同业存单和大额存单市场

我国同业存单和大额存单市场构成基本一致,主要市场参与者包括发行人、登记托管机构、其他中介机构和投资者。

对于发行人,具备市场利率定价自律机制(以下简称自律机制)成员资格、已制定本机构同业存单或大额存单管理办法、符合中国人民银行要求的其他条件,即可申请发行同业存单或大额存单。起初,同业存单试点发行时仅有10家银行具备发行人资格,随着市场发展和利率市场化改革的进一步推进,发行人名单也在逐步扩大。2015年,同业存单发行主体由自律机制核心成员与基础成员进一步扩大至观察成员。2018年起,同业存单发行主体名单为自律机制核心成员、基础成员及观察成员,机构个数由此前的1712家扩大至2051家。大额存单发行主体名单调整为自律机制核心成员与基础成员,机构个数由此前的543家扩大至1197家。

登记托管机构由于与存单的发行交易息息相关,因此具体由哪家机构承担此项职责也与发行交易场所密不可分。在同业存单市场,由上海清算所负责登记、托管、结算。在大额存单市场,对于在发行人营业网点、电子银行发行的大额存单,发行人为投资人提供登记、结算、兑付等服务;上海清算所对每期大额存单的日终余额进行总量登记。对于通过第三方平台发行的大额存单,上海清算所应当提供登记、托管、结算和兑付服务。

其他中介机构是指除登记托管机构外其他为同业存单或大额存单的发行与交易提供服务的中介机构,主要包括做市商(商业银行、证券公司等)、全国银行间同业拆借中心。做市商制度目前仅在同业存单市场建立运行,做市商由自律机制核心成员担任,它们的职责是通过交易系统连续报出相应同业存单的买、卖双边价格,并按其报价与其他市场参与者达成交易。而全国银行间同业拆借中心受中国人民银行授权,负责对同业存单和大额存单提供发行、交易和信息披露服务,并将披露信息传输至上海清算所,同时在上海清算所网站披露。

对于投资者,除主体资格限制外,公开发行的同业存单可以进行交易流通,定向发行的同业存单只能在该只同业存单初始投资人范围内流通转让。投资者购买大额存单实行实名制,个人投资人认购大额存单起点金额不低于20万元,机构投资人认购大额存单起点金额不低于1000万元。

作为固定收益类利率产品,同业存单和大额存单的利率均采取市场化方式确定。大额固定利率存单采用票面年化收益率的形式计息,同业存单和大额浮动利率存单则以上海银行间同业拆放利率为浮动利率基准计息。同业存单和大额存单的推出,也有效完善了3个月至1年期限的上海银行间同业拆放利率曲线。实践中,同业存单和大额存单的市场收益率高于国库券。

三、同业存单和大额存单市场法律规则

同业存单和大额存单市场的法律法规主要有《同业存单管理暂行办法》、《银行间市场同业存单发行交易流程》、《大额存单管理暂行办法》(2016年修改)、《大额存单管理实施细则》和最高人民法院《关于审理存单纠纷案件的若干规定》(2020年修正)等。

在基础法律关系方面,根据上述规定和办法,同业存单和大额存单的发行人与投资人之间构成存款关系,属于债权债务法律关系范畴,双方应当遵循诚实信用原则,维护存款安全系双方共同义务。故《银行间市场证券公司短期融资发行交易流程》第八章明确了自律管理与违约违规行为处理意见,其中投资人未及时全额付款应"以应缴未缴金额为基数,按照千分之一的比例支付违约金。未缴金额不足1000万元的按照1000万元计"。全国银行间同业拆借中心可以在以下情形中对发行人或投资人采取约谈、书面警告、通报、暂停发行或申购权限等措施,并视情节轻重向中国人民银行报告:(1)发行人无故不及时确认发行结果或缴款情况,或未按时足额还本付息;(2)投资人多次不及时足额缴款;(3)发生以任何形式透露投标情况,操纵、引导发行价格,扰乱发行秩序的情形;等等。值得一提的是,尽管有关法规将同业存单定性为存款,但根据《存款保险条例》第4条的规定,金融机构同业存款、投保机构高级管理人员在本机构的存款不适用存款保险制度。

在发行管理方面,中国人民银行对同业存单和大额存单的发行均采取余额管

理模式,以同业存单为例,即发行人应当于每年首只同业存单发行前,向中国人民银行备案年度发行计划。发行人在当年发行备案额度内,自行确定每期同业存单的发行金额、期限,但单期发行金额不得低于5000万元人民币。发行人年度内任何时点的同业存单余额均不得超过当年备案额度。《大额存单管理实施细则》同时规定,大额存单的当年可用额度=当年备案额度-已发行未到期的大额存单总额。此外,为了更全面地反映各银行对同业融资的依赖程度,同业存单现已被纳入商业银行宏观审慎评估体系下同业负债余额口径,这意味着同业存单的发行管理实际上采取了双余额管理模式。

在信息披露方面,同业存单和大额存单市场均建立了信息披露制度,为大额存单投资人提供事先保护的机制,披露平台为全国银行间同业拆借中心和上海清算所,大额存单发行人还需在本机构官方网站披露相关信息。发行人应指定信息披露联系人。披露信息包括发行条款、发行基本情况、重大事项变更、影响履行债务的重大事件等,信息披露应当遵循诚实信用原则,不得有虚假记载、误导性陈述或重大遗漏。

思考题

1. 思考同业拆借的特点以及同业拆借市场主体的准入规则。
2. 思考票据的特征,支票、本票、汇票的区别以及怎样理解真实交易原则。
3. 思考中央银行票据与货币市场中其他类型的票据、债权的区别以及中央银行票据的作用。
4. 思考同业存单和大额存单的特点和区别。

第九章　外汇与外债管理法律制度

第一节　外汇管理法律制度

一、外汇收支法律制度概述

外汇是以外币表示的金融资产，可用作国际结算的支付手段，并能兑换成其他形式的外币资产和支付手段。[1]《外汇管理条例》第3条规定，该条例所称外汇，是指下列以外币表示的可以用作国际清偿的支付手段和资产：(1)外币现钞，包括纸币、铸币；(2)外币支付凭证或者支付工具，包括票据、银行存款凭证、银行卡等；(3)外币有价证券，包括债券、股票等；(4)特别提款权；(5)其他外汇资产。《中国人民银行法》明确中国人民银行具有外汇管理的职责，由中国人民银行管理的国家外汇管理局是我国的外汇管理机关。

在1949年到1979年之间，我国由政府统一管理外汇，外汇收入必须出售给国家，各个单位和个人用汇都需要经过审批，由国家进行分配。在这一时期中国银行专门进行外汇的经营管理工作，中国银行是新中国成立初期人民银行大一统银行体系中的外汇业务的工作部门，是在中国人民银行领导下的经过中央人民政府政务院特许的外汇专业银行。[2] 1979年3月，国务院批准了中国人民银行提出的中国银行体制改革方案，将中国银行从中国人民银行的框架中独立出来，同时组建了国家外汇管理局。1979年，国家开始允许其他金融机构开展外汇业务，由中国银行独家经营外汇的局面被打破；开始实行外汇留成制，企业将外汇收入卖给国家，国家按一定比例分配外汇额度以供使用。1981年国家外汇管理局颁布的《对个人的外汇管理施行细则》(已失效)中对个人外汇收入的留存比例进行了规定；1983年中国银行试点放宽国内居民外汇存款范围，1985年开始开办外汇存款业务。1994年我国开始外汇制度改革，国务院《关于进一步改革外汇管理体制的通知》中明确实行外汇收入结汇制，取消外汇分成，实行银行售汇制，实现经常项目下人民币有条件可兑换。

---

[1] 参见黄达、张杰编著：《金融学》(第5版)，中国人民大学出版社2020年版，第44页。

[2] 参见中国银行网站，https://www.boc.cn/aboutboc/ab7/200809/t20080926_6907.html，最后访问日期：2023年12月31日。

二、经常项目外汇管理制度

经常项目是指国际收支中涉及货物和服务贸易、劳务收入、投资收益、单方转移等国际交往中经常发生的项目。1996 年我国已经实现了经常项目下人民币可兑换,《外汇管理条例》第 5 条规定"国家对经常性国际支付和转移不予限制"。不予限制并不等于不管理,为了区分经常项目和资本项目交易,防止无交易基础骗逃外汇、洗钱等违法犯罪行为,我国仍对经常项目外汇管理实施真实性审核。[1]《外汇管理条例》第 12 条要求:"经常项目外汇收支应当具有真实、合法的交易基础。经营结汇、售汇业务的金融机构应当按照国务院外汇管理部门的规定,对交易单证的真实性及其与外汇收支的一致性进行合理审查。外汇管理机关有权对前款规定事项进行监督检查。"2020 年国家外汇管理局发布的《经常项目外汇业务指引(2020 年版)》(已修改),是现行经常项目外汇管理的主要规范,包括货物贸易外汇业务、服务贸易外汇业务、个人经常项目外汇业务、外币现钞业务、保险机构经常项目外汇业务、支付机构外汇业务、其他经常项目外汇业务、监测与管理八个章节。

国家外汇管理局对货物贸易实行"贸易外汇收支企业名录"登记管理,通过货物贸易外汇监测系统发布名录。对于不在名录的企业,银行和支付机构原则上不得为其办理货物贸易外汇收支业务。国家外汇管理局根据企业遵守外汇管理规定等情况,将企业分为 A、B、C 三类,实施分类管理。在分类管理有效期内,对 A 类企业的货物贸易外汇收支,适用便利化的管理措施;对 B、C 类企业的货物贸易外汇收支,在单证审核、业务类型及办理程序、结算方式等方面实施审慎监管。货物贸易外汇收支应具有真实、合法的交易基础,企业不得虚构贸易背景办理外汇收支业务。银行是货物贸易外汇管理的重要参与者,有义务对办理货物贸易外汇业务的企业及其收支进行审核,确认收支的真实性、合理性和逻辑性。

服务贸易外汇收支应具有真实、合法的交易基础,境内机构和境内个人不得虚构贸易背景办理外汇收支业务,不得以分拆等方式规避外汇管理。银行对交易单证的真实性及其与外汇收支的一致性进行合理审核。办理单笔等值 5 万美元以下(含本数)的服务贸易外汇收支业务,银行原则上可不审核交易单证,对于资金性质不明确的外汇收支业务,银行应要求境内机构和境内个人提交交易单证进行合理审核;办理单笔等值 5 万美元以上(不含本数)的服务贸易外汇收支业务,银行应按展业原则,确认交易单证所列的交易主体、金额、性质等要素与其申请办理的外汇收支相一致。个人结汇和境内个人购汇实行年度便利化额度管理,便利化额度分别为每人每年等值 5 万美元。个人不得以分拆等方式规避便利化额度管理及真实性管理,国家外汇管理局对规避管理的个人实行"关注名单"管理。

---

〔1〕 参见朱崇实、刘志云主编:《金融法》(第 5 版),法律出版社 2022 年版,第 75 页。

三、资本项目外汇管理制度

资本项目是指国际收支中引起对外资产和负债水平发生变化的交易项目,包括资本转移、直接投资、证券投资、衍生产品及贷款等。国际货币基金组织将资本项目分为七个大类,分别是:资本和货币市场工具、衍生工具和其他工具、信贷业务、直接投资、直接投资清盘、不动产交易、个人资本交易。1993 年国务院《关于进一步改革外汇管理体制的通知》提出我国外汇管理体制改革的长期目标是实现人民币可兑换,要达到这一目标,必须依据国情和国力循序渐进。

外国投资者境内直接投资,是指外国投资者(包括境外机构和个人)通过新设、并购等方式在境内设立外商投资企业或项目,并取得所有权、控制权、经营管理权等权益的行为。在直接投资领域,境外机构、境外个人在境内直接投资,经有关主管部门批准后,应当到外汇管理机关办理登记。2012 年,我国大幅精简外商直接投资审核流程,取消 35 项、简化合并 14 项行政审核子项。2013 年,国家外汇管理局发布了《关于印发〈外国投资者境内直接投资外汇管理规定〉及配套文件的通知》(部分失效),建立统一规范的外商直接投资外汇登记制度。2015 年,国家外汇管理局发布《关于进一步简化和改进直接投资外汇管理政策的通知》(部分失效),取消境内直接投资项下外汇登记核准和境外直接投资项下外汇登记核准两项行政审批事项,简化境内直接投资项下外国投资者出资确认登记管理,取消境外再投资外汇备案,取消直接投资外汇年检,改为实行存量权益登记,相关外汇登记可直接在银行办理,外商直接投资实现基本可兑换。[1] 2019 年,国家外汇管理局还发布了《关于改革外商投资企业外汇资本金结汇管理方式的通知》(部分失效),外商投资企业外汇资本金实行意愿结汇,意愿结汇所得人民币资金纳入结汇待支付账户管理,便利外商投资企业以结汇资金开展境内股权投资。

境外直接投资是指境内机构经境外直接投资主管部门核准,通过设立(独资、合资、合作)、并购、参股等方式在境外设立或取得既有企业或项目所有权、控制权或经营管理权等权益的行为。在境外直接投资领域,2009 年 7 月,国家外汇管理局发布了《境内机构境外直接投资外汇管理规定》,对境外直接投资外汇资金的汇入汇出流程作出规定,对境内机构境外直接投资及其形成的资产、相关权益实行外汇登记及备案制度。2010 年国家外汇管理局发布《关于境内银行境外直接投资外汇管理有关问题的通知》,对银行进行境外直接投资作出详细规定。2012 年国家外汇管理局发布《进一步改进和调整直接投资外汇管理政策的通知》(已于2015 年修正),进一步简化对外直接投资资金汇出管理,取消境内机构向境外汇出境外投资前期费用核准和境外放款专用账户资金汇出核准。2014 年,境外投资前期费用管

---

〔1〕 参见国家外汇管理局:《持续完善直接投资外汇管理》,载国家外汇管理局网站,https://www.safe.gov.cn/safe/2022/0930/21496.html。

理放宽,境内机构对外直接投资前期费用上限由 10 万美元提升至 300 万美元。2015 年,对外直接投资项下外汇登记改由银行办理,对外直接投资外汇年检改为存量权益登记,对外直接投资实现基本可兑换。[1]

2008 年修订的《外汇管理条例》第 20 条第 1 款规定:"银行业金融机构在经批准的经营范围内可以直接向境外提供商业贷款。其他境内机构向境外提供商业贷款,应当向外汇管理机关提出申请,外汇管理机关根据申请人的资产负债等情况作出批准或者不批准的决定;国家规定其经营范围需经有关主管部门批准的,应当在向外汇管理机关提出申请前办理批准手续。"对于其他境内机构向外提供贷款的具体规定,2009 年国家外汇管理局发布了《关于境内企业境外放款外汇管理有关问题的通知》,2015 年对该通知进行修正,扩大了境外放款主体和境外放款的资金来源,简化了境外放款的核准和汇兑手续,完善了境外放款的统计监测与风险防范机制。2016 年中国人民银行发布《关于进一步明确境内企业人民币境外放款业务有关事项的通知》,进一步规范境内企业人民币境外放款业务,引导境外放款跨境人民币结算有序开展。

境外机构、境外个人在境内从事有价证券或者衍生产品发行、交易,应当遵守国家关于市场准入的规定,并按照国务院外汇管理部门的规定办理登记。2002 年,中国证监会、中国人民银行、国家外汇管理局颁布了《合格境外机构投资者境内证券投资管理暂行办法》(已失效)正式推出了合格境外机构投资者(QFII)试点制度,有关部门陆续出台了相关的配套措施,形成了相对完善的合格境外机构投资者监管框架。现行有效的关于境外投资者从事有价证券或者衍生品业务活动的法规有:2020 年中国人民银行、国家外汇管理局发布的《境外机构投资者境内证券期货投资资金管理规定》,规范境外机构投资者境内证券期货投资管理;中国证监会、中国人民银行、国家外汇管理局发布的《合格境外机构投资者和人民币合格境外机构投资者境内证券期货投资管理办法》,规范合格境外机构投资者和人民币合格境外机构投资者(RQFII)在境内证券期货市场的投资行为;2022 年 11 月 10 日中国人民银行、国家外汇管理局发布的《境外机构投资者投资中国债券市场资金管理规定》,对境外投资机构在银行间债券市场和交易所债券市场的业务活动作出规定,该规定于 2023 年 1 月 1 日生效。

2007 年中国证监会发布《合格境内机构投资者境外证券投资管理试行办法》,对合格境内机构投资者(QDII)准入条件、产品设计、资金募集、境外投资顾问、资产托管、投资运作、信息披露等方面进行了原则性规定。2013 年国家外汇管理局发布了《合格境内机构投资者境外证券投资外汇管理规定》(已修改),规范合格境内机构投资者境外证券投资外汇管理。

---

[1] 参见国家外汇管理局:《持续完善直接投资外汇管理》,载国家外汇管理局网站,https://www.safe.gov.cn/safe/2022/0930/21496.html。

四、汇率管理法律制度

在1979年汇率改革之前我国采用贸易与非贸易单一汇价制度,对内对外、贸易和非贸易,都统一用中国银行公布的外汇牌价,进行汇兑结算。但是随着经济社会的发展,这样的外汇制度已经不再适合当时我国的进出口贸易发展状况。1979年我国出口1美元的商品,全国平均换汇成本为2.4元(除掉石油以外的换汇成本为2.65元),而出口经营单位所收外汇按银行牌价只能得到1.5元左右的人民币,这样每出口1美元的商品,经营单位要赔0.9元左右的人民币。从而造成出口越多亏损越大,而经营进口反而赚钱的不合理现象。[1] 1981年1月1日我国开始试行贸易外汇内部结算价格,按全国出口商品平均换汇成本加适当的利润,暂定贸易外汇内部结算价格为1美元折合2.8元人民币。我国形成了贸易外汇内部结算价和官方外汇牌价并行的汇率双轨制,贸易内部结算价限于进出口贸易外汇的结算,而官方汇率主要适用于旅游、运输、保险等劳务项目和经常转移项目的侨汇等外汇结算。[2]

1985年我国取消了贸易外汇内部结算价,贸易和非贸易结算都适用官方汇率,官方汇率与外汇调剂市场汇率并存。1980年10月,中国银行开始办理外汇调剂业务,有闲置的外汇留成的单位能够将外汇按规定价格出卖或者出借外汇,之后我国的外汇调剂业务规模逐渐扩大。1985年深圳设立了外汇调剂中心,1988年上海开办了外汇调剂公开市场,我国实行公开竞价交易和集中清算制度,同时放开了外汇调剂市场汇率,令其随市场供求状况浮动。伴随调剂外汇汇率的放开,中国人民银行通过制定“外汇调剂用汇指导序列”对调剂外汇的用途(或外汇市场准入)加以引导,市场调节作用日益增强。由此,中国外汇市场的尝试性形态(外汇调剂市场)基本形成。[3]

1993年党的十四届三中全会通过了《中共中央关于建立社会主义市场经济体制若干问题的决定》,提出改革外汇管理体制,建立以市场为基础的有管理的浮动汇率制度和统一规范的外汇市场。1993年12月国务院发布了《关于金融体制改革的决定》,要求1994年实现汇率并轨,建立以市场汇率为基础的、单一的、有管理的人民币浮动汇率制度;建立全国统一的外汇交易市场,外汇指定银行为市场的交易主体;中国人民银行根据宏观经济调控的要求,适时吞吐外汇,平抑汇价。2005年中国人民银行发布《关于完善人民币汇率形成机制改革的公告》,我国开始实行以市场供求为基础、参考一篮子货币进行调节、有管理的浮动汇率制度;人民币汇率

---

[1] 参见原国家进出口管理委会等部委《关于贸易外汇内部结算价格试行办法的报告》(1980年7月12日)。

[2] 参见杨帆:《人民币汇率制度历史回顾》,载《中国经济史研究》2005年第4期。

[3] 参见王国刚、林楠:《中国外汇市场70年:发展历程与主要经验》,载《经济学动态》2019年第10期。

不再盯住单一美元,形成更富弹性的人民币汇率机制。2005 年之后对汇率制度的改革主要是扩大浮动区间和改革中间汇率形成机制。[1] 为了继续完善人民币汇率市场化形成机制,2013 年中国人民银行基本退出常态式外汇市场干预。

我国现行《外汇管理条例》第 27 条规定:"人民币汇率实行以市场供求为基础的、有管理的浮动汇率制度。"其包括三个方面的内容:一是以市场供求为基础的汇率浮动,发挥汇率的价格信号作用;二是根据经常项目主要是贸易平衡状况动态调节汇率浮动幅度,发挥"有管理"的优势;三是参考一篮子货币,即从一篮子货币的角度看汇率,不片面地关注人民币与某个单一货币的双边汇率。[2]

第二节　外债管理法律制度

截至 2022 年 6 月末,我国全口径(含本外币)外债余额为 176,910 亿元人民币(等值 26,360 亿美元,不包括我国香港特别行政区、我国澳门特别行政区和我国台湾地区对外负债)。[3] 将外债投向需要资金的部门能够促进经济发展,但同时也要注意保持合理的外债规模,避免出现债务危机。我国外债总量虽大,但是仅为我国国民总收入的 2.4%[4],我国外债主要指标均在国际公认的安全线以内,外债风险总体可控。

国际货币基金组织、世界银行、世界清算银行等国际机构联合出版的《外债统计:编制者和使用者指南》中,将外债定义为"在任一时点上目前的实际负债余额,该负债要求债务人在未来某一时点偿还本金和利息,并且是某一经济体居民对非居民的欠债"。1987 年国家外汇管理局颁布的《外债统计监测暂行规定》,在 2020 年又进行修订,明确外债是指中国境内的机关、团体、企业、事业单位、金融机构或者其他机构对中国境外的国际金融组织、外国政府、金融机构、企业或者其他机构用外国货币承担的具有契约性偿还义务的全部债务,包括:(1)国际金融组织贷款;(2)外国政府贷款;(3)外国银行和金融机构贷款;(4)买方信贷;(5)外国企业贷款;(6)发行外币债券;(7)国际金融租赁;(8)延期付款;(9)补偿贸易中直接以现

---

[1] 参见张礼卿:《人民币汇率形成机制改革:主要经验与前景展望》,载《中国外汇(英文版)》2021 年第 13 期。

[2] 参见中国人民银行宏观审慎管理局:《"人民币汇率制度"的内容》,载中国人民银行网站 2010 年 9 月 15 日,http://www.pbc.gov.cn/huobizhengceersi/214481/214545/214769/3871699/index.html。

[3] 参见《国家外汇管理局公布 2023 年 6 月末中国全口径外债数据》,载国家外汇管理局网站,https://www.safe.gov.cn/beijing/2023/1020/2235.html。

[4] 参见世界银行网站,https://datatopics.worldbank.org/debt/ids/topic/1#,最后访问日期:2023 年 12 月 31 日。

汇偿还的债务;(10)其他形式的对外债务。借款单位向在中国境内注册的外资银行借入的外汇资金视同外债。在中国境内注册的外资银行向外借入的外汇资金不视为外债。

我国实行全口径外债统计监测,由国家外汇管理局建立和健全全国外债统计监测系统,对外公布外债数字。2013 年国家外汇管理局发布《外债登记管理办法》(已修改),对外债登记、资金使用等作出规定,规范外债资金流出入的管理,并要求外汇管理局对外汇进行全口径管理。2015 年我国国家外汇管理局按季公布包括外币外债和人民币外债的全口径外债数据,全面反映我国外债规模。

我国对外债实行登记管理制度。借款单位发生对外借款,应当向所在地外汇管理机构办理登记手续,领取外债登记证。借款单位需要凭借外债登记证才能在银行开立外债专用现汇账户或者还本付息外债专用现汇账户。在借款机构全部清偿了外债之后借款单位要向发证的外汇管理局缴销外债登记证,银行也要及时注销外债专用现汇账户或者还本付息外债专用现汇账户。若借款机构违反相应的规定,所在地外汇管理机构有权对其进行处罚。

我国实行跨境融资宏观审慎管理,对跨境融资的企业、银行类金融机构、非银行类金融机构实行跨境融资风险加权余额上限管理。2016 年中国人民银行发布《关于在全国范围内实施全口径跨境融资宏观审慎管理的通知》(已失效),建立起以上海自由贸易区本外币统一管理模式为基础,与机构资本实力动态挂钩、总量调控的跨境融资宏观审慎管理体系。该类管理方式适用于依法在中国境内成立的非金融企业和金融机构,企业不包括政府融资平台和房地产企业。全口径跨境融资宏观审慎管理改变了跨境融资逐笔审批、核准额度的前置管理模式,对企业、银行类金融机构、非银行类金融机构设定不同跨境融资风险加权余额上限,金融机构在跨境融资风险加权余额上限内可以自行与境外机构签订融资合同,企业和金融机构都需要将跨境融资信息上报中国人民银行、国家外汇管理局。企业和金融机构根据符合自身类别的计算参数计算出跨境融资风险加权余额和跨境风险加权余额上限,并据此调整自己的跨境融资安排;对于超上限进行跨境融资的企业、金融机构,中国人民银行、国家外汇管理局会对其进行处罚。在全口径跨境融资宏观审慎管理框架下,中国人民银行可根据宏观调控需要和宏观审慎评估的结果设置并调节相关参数,对金融机构和企业的跨境融资进行逆周期调节,使跨境融资水平与宏观经济热度、整体偿债能力和国际收支状况相适应,控制杠杆率和货币错配风险,防范系统性金融风险。[1]

---

〔1〕 参见《中国人民银行有关负责人就全国实施全口径跨境融资宏观审慎管理有关问题答记者问》,载中国人民银行网 2016 年 4 月 29 日,http://www.pbc.gov.cn/goutongjiaoliu/113456/113469/3055712/index.html。

思考题

思考我国设置了哪些制度以保障外汇收支具有真实、合法的交易基础?

第三编　资本市场法制

第十章　资本市场法制概述

第一节　资本市场及资本市场法制

一、资本市场及其重要价值

资本市场无论是在商业活动还是政府报告中都是高频出现的一个词语，但其概念定义并不十分清晰。在金融法学中，资本市场通常是指融资期限在一年以上的长期资金交易市场，主要满足中长期融资需要，故而又称长期资金市场。[1] 之所以称其为资本市场，在于长期资金融通活动通常具有类似资本投入的特点。其概念的模糊，在很大程度上是因为市场本身就是一个相对抽象的概念。资本市场既是指金融工具进行交易的场所或机制，也是确定金融工具价格的场所或机制。从场所的角度来看，现代金融交易依托互联网等新兴科技，已经脱离了线下实体交易的桎梏，具有高度的抽象性，资本市场包括有形场所和无形场所。从机制的角度来说，市场机制主要是指资源在市场上通过自由竞争与自由交换来实现配置的机制，资本市场即多方主体通过交易行为相互博弈以实现资源配置的机制。也有观点认为，资本市场并非某个场所，而是由一组法律、规章、政策、交易所、公司企业等和产权所有者的交易活动所构成的一套"机制"。[2] 资本市场所覆盖的范围非常广，包括股票市场、债券市场、长期信贷市场、衍生品市场等，其中股票市场与债券市场又被合称为证券市场，是资本市场的主要组成部分，也是整个金融市场中最活跃、最重要的市场形式。[3] 伴随经济的发展，居民财富与人均可支配收入的增加，越来越多的居民开始作为投资者从事股票、债券以及基金的交易，资本市场也日渐成为普罗大众耳熟能详的术语。

资本市场在现代市场经济中具有十分重要的意义，是中国社会主义市场经济体系的重要组成部分。有学者称，"资本市场是市场经济制度的最基本构

---

〔1〕 参见唐波主编：《新编金融法学》（第4版），北京大学出版社2021年版，第5页。

〔2〕 参见李淑芹：《论我国的资本市场》，载《河北广播电视大学学报》2001年第2期。

〔3〕 参见杨丽主编：《证券法学》，郑州大学出版社2004年版，第10页。

成要素”。[1]

一方面,资本市场对于经济发展而言具有十分重要的作用。如果把整个经济比作人体,实体经济是躯干,而资本市场则充当着心脏的角色,发挥着为整个经济运作“供血”的功能。市场经济的健康发展离不开资本市场的有效供血。资本市场看似并不直接从事产品的生产,但其促进了资金的流通,使投资者手中闲置的资金流向了需要融资的实体企业,实现了对实体经济发展的支持。尤其是对于民营企业来说,资本市场不仅可以解决融资难的问题,还能够起到优化治理结构、提升经营管理水平、提高知名度等作用。[2] 对于国有企业来说,资本市场的发展极大促进了国有企业的混合所有制改革,为国有企业重组提供了增量注资的资金渠道,助推了国有企业的政企分离与转型升级。除此之外,从投资者的角度看,资本市场的发展有利于改革传统的投资体制,为广大投资者提供更多的金融产品、投资选项,开拓了直接融资的路径,避免资金大量流向银行等储蓄机构,使投资者得以分享国民经济增长的成果。[3] 同时健康规范的资本市场也有助于降低投资者的交易风险,提振市场信心,进一步增强对资本的吸引力,促进金融业繁荣。从国家的角度来说,资本市场还有利于塑造需求的财富效应,增加居民的财富性收入以提高居民消费水平,拉动内需,打造中国作为世界需求中心的新角色定位。[4] 国家还可以通过资本市场中的公开市场业务、国债杠杆以及其他政策性手段实施金融宏观调控,实现总体供需平衡,实现宏观经济可持续健康发展。总而言之,虽然资本市场本身并非直接的生产力,但是它对生产力的发展起到了非常重要且不可或缺的推动作用,是资金融通的主要渠道,是合理配置资源的有效场所,是产业机构调整的有效方式,是促进企业改善管理的有效途径,是政府经济调控的有效依托。

另一方面,资本市场的稳定直接影响金融稳定,乃至影响整个经济安全,资本市场在金融运行中处于牵一发而动全身的地位,因此资本市场也是金融监管的重点所在。资本市场在整个金融市场中位于枢纽性的关键位置,资本市场的风险很容易扩散波及而形成系统性的金融风险。回顾金融发展史,从 1997 年亚洲金融危机到 2008 年美国金融危机,全球性金融风险大都源自资本市场。[5] 资本市场风险之所以波及甚广,其原因在于作为一个开放的自由市场,资本市场上存在数量非常庞大的金融参与者,而根据行为金融学的观点,投资者往往具有有限理性的特

---

[1] 参见赵万一、赵磊:《中国资本市场的发展趋势及其法律规制》,载《甘肃政法学院学报》2005 年第 4 期。

[2] 参见邹小榕:《浅谈资本市场对民营企业的重要性》,载《中国总会计师》2019 年第 4 期。

[3] 参见吴弘:《完善证券法制建设　优化资本市场生态》,载《清华金融评论》2019 年第 10 期。

[4] 参见刘志彪、凌永辉:《转向世界需求中心与资本市场的关键作用》,载《江海学刊》2021 年第 1 期。

[5] 参见葛永波:《资本市场的风险来源及其防范》,载《改革》2017 年第 11 期。

点,[1]存在认识偏差,加之"从众效应"的普遍存在,很容易因投资者的"情绪化"行为而造成整个资本市场的波动,而资本市场的波动又会反过来影响广大投资者的权益,进一步放大了金融风险。资本市场中普遍存在的"杠杆"也使市场的风险分布非常不均匀,一旦出现金融风险,作为金融市场毒药的"杠杆"会将风险进一步放大扩散,美国的次贷危机就是前车之鉴。实证研究也表明,资本市场中的系统性金融风险跨市场传导效应非常明显,市场联动性会伴随极端风险大幅增强。[2]同时,资本市场是一个复杂而庞大的市场,制度和监管很难尽善尽美,金融科技的出现也使资本市场时刻处于日新月异的发展之中,相应规制可能滞后于金融发展或者被金融科技所规避,由此就可能产生寻租与腐败、欺诈与操纵等大量的违法违规行为,扰乱正常的市场秩序,损害广大投资者的利益,产生大范围的金融风险。除此之外,地方政府债务风险、影子银行风险、企业互保联保隐藏的风险、衍生品市场过度投机的风险都是资本市场的风险来源。[3] 简言之,资本市场极易产生风险,而资本市场的风险通常规模大、影响大。因此,资本市场除了在功能作用、经济发展层面具有重要意义,在风险防范、金融监管的层面也应当被给予高度的重视。

二、资本市场与法制

法制是法律制度的简称,是指法律的体系、体制与架构的整体,是法治的前提和基础之一。[4] 顾名思义,资本市场法制就是指与资本市场有关的法律制度、法律体系。资本市场法制主要由资本市场的主体制度、业务制度和监管制度构成,具体内容涵盖资本市场运行的各个方面。

资本市场的发展离不开法制。市场经济本质上是法治经济,而资本市场是市场经济的重要组成部分,资本市场归根结底也是法治市场。

首先,资本市场是一个具有风险的市场,且鉴于资本市场的关键地位,其风险很容易波及扩散为系统性金融风险,蕴含大量的危机。资本市场中的参与各方都有可能为了实现己方的最大利益而采取操纵市场、内幕交易等违法违规行为。为保证资本市场健康、公正、有序的发展,客观上需要相应的法律制度来制止、遏制有损交易秩序、交易公平的违法违规行为,保护最广大投资者的利益,保证市场的长远发展。可以说,没有建立健全的法律规则体系,就等于没有正常的资本市场,市

---

[1] See Edward L. Rubin, *Rational Choice and Rat Choice: Some Thoughts on the Relationship Among Rationality, Markets, and Human Beings*, Chicago - Kent Law Review, Vol. 80, p. 1091 - 1098 (2005).

[2] 参见王雯等:《资本市场系统性风险的跨市场传导及防范研究》,载《金融经济学研究》2018 年第 1 期。

[3] 参见葛永波:《资本市场的风险来源及其防范》,载《改革》2017 年第 11 期。

[4] 参见张文显:《法理学》(第 3 版),高等教育出版社 2007 年版,第 398 - 399 页。

场经济的发展也必然处于混乱和无序的状态。[1] 资本市场法制可以借助法律手段打击证券违法活动、保护投资者合法权益,发挥预防金融风险的作用。

其次,资本市场主要依赖于市场无形的手发挥资源配置的作用,而市场资源配置作用正常发挥,需要依靠法律制度塑造产权明确、公平自由的市场环境。从制度经济学的角度来讲,法律制度能够节约交易费用,通过法律规范可以提高资本市场中各方参与主体对他方行为的预期,降低交易的不确定性,成文的法律也可以规避政策变动的风险。在一个法律制度明确稳定透明的资本市场中,参与者可以根据成本收益计算来决定自己的行为。可见,法律制度能够通过价格引导参与者的行为,最终实现资源配置的目标,促进整体效用的最大化。

再次,法制建设可以有效规范政府行为,避免政府干预行为的不当。行政权力存在天然的扩张倾向,对资本市场监管的不断加强很容易使资本市场的管理过于行政化,破坏市场机制的正常运行。同时,行政权力的易腐蚀性和资本市场违规操作的高额利润两相结合,很容易滋生"寻租"现象,这种时候往往需要法制的调整规范。法制一方面规定了政府监管、政府调整等一系列行为的边界,有助于防止政府越权行为;另一方面规定了政府及其工作人员违法行为的处罚,能够起到良好的威慑作用。法制能够协调好政府与市场的关系,确保政府有为、市场有效,发挥政府对于资本市场发展的正面积极的促进作用。

最后,资本市场法制建设在不断完善的同时也促进了我国整个法制体系的完善。资本市场内生于市场经济,资本市场的相关法律除了规制资本市场本身,也影响着整个经济体制。资本市场在运行过程中出现的各种制度性问题不断倒逼着法律制度对其作出有效回应,客观上推动了国家民商事法律制度、行政法律制度和刑事法律制度的进步。应对资本市场现实问题的法制建设不只是单行法律法规的直接回应,更是基础制度上的改革与变革,这将深刻影响着以宪法为核心的整个中国特色社会主义法律体系。同时,资本市场法制的不断完善也促进着我国营商环境的不断优化,不断让投资者和市场主体感受到公平正义,促进整体经济的可持续发展。

总而言之,资本市场发展的行稳致远建立在资本市场法制的日趋成熟之上,资本市场改革必然伴随着资本市场法制的改革,资本市场的发展成熟也必然依赖于资本市场法制的发展成熟。

第二节　我国资本市场与资本市场法制建设

一、我国资本市场与资本市场法制的发展

中国资本市场自改革开放萌芽,正式形成于沪深交易所的设立,经历了从无到

[1] 参见王成儒、王国征:《证券法概论》,山东人民出版社2003年版,第16页。

有、从小到大、从弱到强的发展历程，始终坚持市场化、法治化方向，在借鉴国际资本市场发展经验的同时也结合中国的具体国情，在经过艰难曲折的发展之后，走出了一条具有中国特色的资本市场建设道路，用30余年时间走完了西方国家百年的发展历程，无论是市场本身的发展，还是法制体系的建设，都取得了举世瞩目的成就。

（一）萌芽阶段

早在20世纪80年代，我国就出现了资本市场的萌芽。1980年1月，辽宁抚顺一家红砖厂首次公开发行了“股票”，虽然其仍然带有债券性质，但实现了从无到有的突破，起到了示范作用。随后有多家国营企业进行了股份制试点，国内出现真正拥有股份制形式的企业。1981年7月，为了弥补财政赤字，改变单一向银行透支借贷的传统体制，国家决定发行国库券支持国家建设，以国库券为代表的证券正式进入了大众视野。1984年全面实行“拨改贷”以后，具有资本市场性质的中长期信贷逐渐成为企业主要的融资方式。1986年8月，辽宁省沈阳市信托投资公司率先开办了代客买卖股票和债券及企业债券抵押融资业务。1986年9月，中国工商银行上海市信托投资公司静安证券业务部率先对其代理发行的飞乐音响公司和延中实业公司的股票开展柜台挂牌交易，标志着股票二级市场雏形的出现。1987年9月，深圳特区证券公司成立，是中国第一家专业的证券公司，标志着证券经营机构雏形的出现。1988年年底，国债转让市场在全国范围内出现，这些采用柜台交易方式的国债转让市场是我国债券二级市场的雏形。应当说这一时期的资本市场总体上呈现出规模小、品种少、分散化的特点，功能单一，不成体系。资本市场法制建设处于相对缺失的状态，仅有《上海市股票管理暂行办法》（已失效）、《深圳经济特区国营企业股份化试点暂行规定》、《证券柜台交易暂行规定》等层级较低、零星散乱的暂行立法。但这种开端和萌芽仍然具有重要的意义，迈出了中国资本市场发展的第一步。

（二）初步发展阶段

20世纪90年代是中国资本市场高速发展的时期。1990年12月，深圳证券交易所、上海证券交易所先后成立，具有划时代的意义，标志着我国资本市场的正式形成。与此同时，我国证券的发行正在不断扩大，国库券发行品种增加、总额进一步扩大，国债、企业债券等债券品种不断增加，国有企业股份制改造试点与股票发行不断增多，证券发行总额取得了长足的增长。但在证券交易所设立之初的两年里，证券交易改革仍然处于试验阶段，交易所内可供交易的股票数量稀少，上海证券交易所仅有8只上市股票、深圳证券交易所只有6只，交易所会员数量有限，且以信托投资公司和证券公司为主，交易并不十分活跃。因此，此时的市场结构中国库券与债券仍然占据主流，相比股票具有绝对的优势。

1992年，国家宣布股份制试点进一步扩大，中国资本市场迎来了一个快速发展期，进入了一个崭新的发展阶段。资本市场容量、证券的发行规模迅速扩大，市场已然初具规模。股票市场上,新股往往一经上市就被抢购一空,筹资规模不断扩大,股票市价总值不断创新高;截至1998年,总值已达19,521.8亿元,投资者数量不断增加,达到4259.9万户。债券市场上,债券品种更为丰富,出现了"中央企业债券""可转换债券",国债发行迅速增长,投资者购买国债的热情高涨;1998年国债发行超2000亿元,金融债的发行也取得了长足的增长,于1998年超1500亿元。证券市场的结构有了明显的改善,上市股票数量大幅增加,股票发行交易在证券市场中所占的比重有了显著上升。上海证券交易所和深圳交易所逐渐从原来的地区性的交易所转变成了具有全国性影响力的交易所。

与此同时,资本市场的金融监管机制也在逐渐成型。1992年5月,中国人民银行设立证券管理办公室,这是最早对资本市场实行统一监管的机构。1992年10月,国务院建立了证券管理办公室会议制度,同时设立了国务院证券委员会和中国证监会,标志着国家正式构建了针对证券行业的监管组织机制,剥离了银行的证券监管责任,强化其独立性。1992年12月,国务院发布《关于进一步加强证券市场宏观管理的通知》,确立中央政府对证券市场统一管理的体制。1997年11月,中国金融监管体系进一步确立了银行业、证券业、保险业的分业经营与分业管理。1997年亚洲金融危机后,为防范金融风险,国家对各地方设立的场外股票市场和柜台交易中心进行清理,并对中介机构的违规行为进行整顿,化解了潜在的风险。1998年4月,国务院证券委员会和中国人民银行对证券经营机构的监管职能统一划归中国证监会。至此,中国已经建立起了以分业监管为原则的统一的监管体制,且这一监管体系仍在不断完善的过程之中。

这一期间,资本市场法制也取得了突破性的发展。国家相继出台了很多重要的法律法规及政策,其中比较重要的有1993年颁布的《公司法》,对公司的设立、运行、清算等制度以及公司治理作了相对全面而细致的规定;1993年颁布的《股票发行与交易管理暂行条例》和《证券交易所管理暂行办法》(已失效),为股票等证券交易提供了具体操作规范与交易监管办法,规范了交易行为;此外还有《公开发行股票公司信息披露实施细则(试行)》(已失效)、《定向募集股份有限公司内部职工持股管理规定》、《禁止证券欺诈行为暂行办法》(已失效)、《关于上市公司送配股的暂行规定》(已失效)等,涵盖了证券发行与交易、上市公司、中介机构、信息披露、市场运作等各个方面。虽然当时的很多规定相对粗糙,具有一定的时代局限性,但基本塑造了我国资本市场法律法规体系的雏形,为后续各项法律法规的出台奠定了坚实的基础。到1998年12月我国首部《证券法》正式出台,一个以《公司法》和《证券法》为核心的我国资本市场法律法规体系已经初步形成,资本市场的发展走上了法治化、规范化的道路。

此外,值得一提的是,在不断发展的同时,中国资本市场在逐步走向国际化。在1991年年底为了吸引国际资本,中国推出了人民币特种股票试点,也称境内上市外资股,截至1998年年底,筹措资金616.3亿元,一定程度上缓解了境内企业的资金压力。同时,还有一批境内企业赶赴境外上市。1993 年 7 月青岛啤酒在美国上市,随后还有上海石化、马鞍山钢铁、仪征化纤等八家企业陆续赴境外上市。它们的主挂牌在香港,但通过全球存托凭证(GDR)和美国存托凭证(ADR)方式分别在全球各地和美国纽约证券交易所上市。[1] 境外上市不仅拓宽了这些企业的融资渠道,也有利于促进大型国有企业转变经营机制。中国的资本市场开始了解国际资本市场成熟的业务规则,境外投资者则开始了解中国市场与中国企业。

（三）继续发展与调整阶段

1999 年 7 月,《证券法》正式施行,并在随后经历了多次修正和修订。《证券法》的颁布施行与修正修订,标志着我国资本市场走向更高程度的规范发展,第一次以法律的形式确认了资本市场的地位,对资本市场法律法规体系的建设产生了深远的影响。

21 世纪初期的中国资本市场虽然仍然在高速发展阶段,上市公司数量快速增加,二级市场交易更加活跃,债券品种进一步丰富,但同时一些发展遗留问题、制度性结构性缺陷与矛盾也逐渐显现出来。2001 年至 2005 年四年间,股票指数不断下跌,上证指数由 2001 年 6 月的最高 2245.44 点下跌至 2005 年 6 月的 998.23 点,跌幅超过 50%。新上市企业再融资难度变大,融资周期变长,部分证券公司经营困难。上述问题的产生有多方面的根源,中国的资本市场是经济制度转型中快速成长起来的新兴市场,很多制度设计之初就存在一些不合理之处,配套制度短期内也无法跟上资本市场的快速发展,一些原先没有察觉的小问题也可能伴随市场发展而逐步恶化为大的障碍。为了积极推进资本市场改革开放和稳定发展,国务院于 2004 年 1 月颁布了《关于推进资本市场改革开放和稳定发展的若干意见》(已失效),重申了大力发展资本市场的重要意义,阐明了推进资本市场改革开放和稳定发展的指导思想与任务。

与国家对资本市场的深入改革与完善相伴的,是资本市场法制的进一步完善。2004 年,为适应经济发展需要,全国人大着手对《证券法》与《公司法》进行了修正,修正后的两法于 2006 年同时施行。此次修正以《中共中央关于完善社会主义市场经济体制若干问题的决定》中"大力发展资本和其他要素市场。积极推进资本市场的改革开放和稳定发展,扩大直接融资。建立多层次资本市场体系,完善资本市场结构,丰富资本市场产品"的精神为指导思想,旨在进一步提高上市公司质量、规范公司治理、规范股票发行上市、防范证券风险、增强投资者保护、强化市场监管等。除了《公司法》《证券法》的修正,各级部门亦出台了大量的法规及规范性文件。例如,为放宽证券公司融资渠道,中国证监会于 1999 年颁布了《证券公司进入银行间同业市场管理规定》(已失效)、中国人民银行、中国证监会于 2000 年颁布了

---

[1] 参见赵万一、赵磊:《中国资本市场的发展趋势及其法律规制》,载《甘肃政法学院学报》2005 年第 4 期。

《证券公司股票质押贷款管理办法》(已失效);为强化对证券交易结算资金的管理,中国证监会于2001年颁布了《客户交易结算资金管理办法》(已于2021年修正);为完善上市公司退市制度,提供具有可操作性的标准,中国证监会于2001年颁布了《亏损上市公司暂停上市和终止上市实施办法》(已失效)和《亏损上市公司暂停上市和终止上市实施办法(修订)》(已失效),并于2003年颁布了《关于执行〈亏损上市公司暂停上市和终止上市实施办法(修订)〉的补充规定》(已失效);此外,为规范上市公司收购行为,增强可操作性,中国证监会于2002年颁布了《上市公司收购管理办法》(已修改)。

21世纪初期,中国资本市场的最大改革要属股权分置改革,其被誉为中国资本市场的"二次革命"。在我国资本市场建成之初,受制于意识形态、政治因素等考量,设置了一种特殊的制度安排——股权分置,即所有公开发行的股票可以上市流通,而企业的存量股票——也就是国有股和法人股不能上市流通,自此就形成了上市公司股票分为流通股和非流通股的格局。伴随改革的逐步深入,股权分置越来越被认为不适应资本市场发展的需要,阻碍了经济改革的深化,一方面使上市公司或大股东不关心股价的涨跌,损害广大中小投资者的利益,有违市场化要求;另一方面也影响了上市公司通过股权交易进行的兼并行为。国务院2004年颁布的《关于推进资本市场改革开放和稳定发展的若干意见》明确提出要"积极稳妥解决股权分置问题"。2005年4月29日,经国务院批准,中国证监会颁布《关于上市公司股权分置改革试点有关问题的通知》(已失效),开始进行股权分置改革的试点工作。2005年9月4日,中国证监会发布《上市公司股权分置改革管理办法》,中国的股权分置改革正式全面铺开。2005年9月12日,40家上市公司宣布进入改革程序,股权分置改革稳步推进。2006年5月8日,《上市公司证券发行管理办法》(已失效)施行,为完成股权分置改革的上市公司开通了再融资渠道。截至2007年年底,股权分置改革基本宣告完成,上证指数也由2005年的跌破千点,上涨至2007年10月的6124点的历史高点,A股市场经历了创立以来上涨持续时间最长、涨幅最大的阶段。

除了立法上的完善之外,资本市场监管的执法也日臻完善。中国证监会设立之初并无下辖的专门执法调查部门,随后根据调查需要,中国证监会在各证监部门设立了稽查局,负责调查辖区内的证券违法违规行为。公安部则设立证券犯罪侦查局,与中国证监会合署办公,负责侦查证券犯罪。2007年,为适应监督管理需要,证券执法体制进一步改革,中国证监会设立了行政处罚委员会,建立起了集中统一管理的稽查体制,增加了各地证监部门的稽查力量,从制度上确定了"查、审分离"模式,提高了执法效率与水平。2003年至2007年间,中国证监会严格履行监管执法职责,查办了"琼民源""银广夏""中科创业""德隆""科隆""南方证券"等一批大案要案,共办理案件736件,作出行政处罚212件,处罚了180家单位和987名个人,取得了斐然的执法成果。

(四)基本建成与更高更快发展阶段

2008年由美国次贷危机引发的金融危机席卷了全球。中国资本市场同样受到了较大的冲击,上证指数从之前的6124点跌至1664点,跌幅达73%。中国的资本市场因为中小投资者众多,“羊群效应”明显,很容易受到“情绪化”的影响,面对金融危机很容易形成市场恐慌,从而引发系统性金融风险。但危机之中也蕴含着转机,政府与金融监管机构采取了一系列应对措施,使市场迅速走出了危机的阴影,重新提振了市场信心。

在随后的十多年里,中国资本市场的基本面长期稳中向好,市场总值在跌宕中不断实现增长,至2020年时已超80万亿元,上市公司数量稳定增长,至2020年时已超过4000家。同时,中国资本市场“吐故纳新”的能力也有所提升,不断有不合格企业宣布退市,资本市场的市场化程度进一步提高。时至今日,中国已经拥有了世界第二大股票市场、债券市场与世界第一大期货市场,中国资本市场不仅对国内经济发展起到越来越重要的作用,同时也是世界经济发展的重要助推,深刻影响着全球经济形式。

为了进一步促进资本市场的健康发展,政府作出了一系列制度革新。2009年10月,创业板正式开市,首批28家公司挂牌上市,平均市盈率为56.7倍,远高于全部A股市盈率以及中小板的市盈率。创业板的设立一方面解决了部分高科技企业的融资困难,另一方面革新了资产评估机制,通过市场有效评价创业资产价值,有利于促进企业创新,促进知识经济发展。2010年,融资融券、股指期货相继推出,为中国资本市场与国际接轨创造了有利条件。2012年9月20日,全国中小企业股权转让系统(新三板)正式成立,进一步拓宽了企业上市融资渠道,充实了我国多层次资本市场体系,为创新型企业的发展提供了新活力。2014年11月,上海与香港股票市场交易互联互通机制“沪港通”正式启动,使内地与香港之间的资金开始双向流动,不仅丰富了交易品种、优化了市场结构,还使个人投资者也可以进行直接跨境投资,为内地和全球投资者提供了更加多样的投资机会。2016年12月5日,“深港通”正式启动。“深港通”的标的不局限于A/H股同时上市,而包含深市成份股,开启了资本市场的一个新时代——“共同市场时代”。同样是在2014年,国务院再次印发了《关于进一步促进资本市场健康发展的若干意见》,并将发展重点转向构建包括私募市场在内的多层次资本市场体系。该意见鼓励和引导创业投资基金支持中小微企业,为中小企业的发展注入了新动能,在已有发展基础上进一步推动了资本市场实现再改革、再出发。2019年,资本市场新三板、创业板等板块增量改革全面开启。科创板也于2019年正式开板,实行更富包容性的发行上市条件。上海证券交易所制定了“预计市值+净利润”“预计市值+收入+研发投入”等5套标准,符合其中任意1套标准的企业都可以申请在科创板上市。2019年12月,《证券法》修订通过并于2020年施行,明确全面推行注册制,资本市场活力进一步被激发,中国资本市场更加走向成熟化,多层次资本市场体系基本建成并仍在逐步完善,同时也不断为实体经济赋能,为金融体系和经济发展提供强有力的支撑。

资本市场法律体系的发展完善同样蹄疾步稳。伴随多层次资本市场的建立,中国资本市场的法律制度已基本形成一套完整体系。从发展之初的一片空白,到如今围绕公司主体、证券市场的发行与交易、上市公司与非上市公众公司监管、投资者保护等各方面的制度建设均得到建立,中国资本市场的法制建设所取得的成就令人叹为观止。2009 年《刑法修正案(七)》增加了"利用未公开信息交易罪",增强了对证券违法活动的刑法打击力度,提高了刑法威慑力。2012 年 12 月《证券投资基金法》修订通过,构建了私募基金监管的基本法律框架,取得了资本市场立法工作的重大突破。2013 年、2014 年《证券法》都对个别条款作出了小幅修正。2015 年,十二届全国人大常委会第十八次会议通过了《关于授权国务院在实施股票发行注册制改革中调整适用〈证券法〉有关规定的决定》,中国资本市场的注册制改革正式启动。2018 年《公司法》进行了修正,与中国证监会及证券交易所有关股份回购的一系列新规结合,对股份回购制度作出了全面而细致的规定。2019 年《证券法》历经 5 年、3 次审议终于修订完成,以注册制改革为核心,对证券的定义、公开发行的认定、证券交易行为、投资者保护、证券监管等多个方面作出了变革,中国资本市场法治化建设取得了重大突破,为市场化目标的实现奠定了坚实基础。2020 年,最高人民法院发布了《关于证券纠纷代表人诉讼若干问题的规定》,标志着中国特色的集体诉讼机制正式落地,补齐了注册制改革的短板,投资者保护水平大幅提高。2021 年《关于依法从严打击证券违法活动的意见》表达了对证券违法活动"零容忍"的坚决态度,同年施行的《刑法修正案(十一)》大幅提高了证券违法犯罪的惩罚力度,完善了资本市场违法犯罪法律责任制度体系。2022 年《期货和衍生品法》出台,填补了资本市场法制建设长期以来的一个空白部分,开启了我国期货市场发展的新篇章。截至 2023 年 6 月,我国与资本市场相关的法律、行政法规、司法解释等规范性文件已超 2000 件。总体而言,中国资本市场的法治建设做到了有法可依、有章可循。[1]

二、我国资本市场法制建设的不足与展望

我国资本市场与资本市场法制历经三十余年的风雨,在改革与创新中不断摸索与纠偏,取得了长足的进步与发展。但回顾我国资本市场法制建设仍待解决的重点问题,展望国际化、市场化成熟资本市场的发展目标,我们仍然任重道远。一方面,我国资本市场的监管体制尚不完善,监管重叠与监管空白交织存在,对于证券违法行为的打击力度也不足够,无法满足高水平资本市场的发展需要。另一方

[1] 参见刘礼文、于勇:《法治建设蹄疾步稳,护航资本市场持续健康发展——访中国法学会商法学研究会副会长、华东政法大学教授顾功耘》,载《上海证券报》2022 年 9 月 6 日,第 8 版。

面，我国资本市场的投资者结构并不合理，机构投资者占比过小，同时与投资者保护相关的制度尚显稚嫩，并未发挥良好的保护效果。此外，我国多层次资本市场虽已基本建成，但不同板块之间的转板衔接却仍付阙如，极大地制约了资本运作的灵活性。前述问题都有待法制建设的完善与回应。

（一）重塑监管体制

近年来，我国的资本市场监管体制不断深化改革，并在改革中不断完善，不断贴合成熟资本市场的监管要求，尤其是注册制改革，极大地提高了我国资本市场的市场化水平，市场主体有了更多的选择自由，政府也回归了行政监管的本位。但监管体制中一些长期存在的问题仍然没有解决。首先，资本市场仍然是多头管理，政出多门的现象并没有缓解，既有监管重叠也有监管空白，各部门之间可能因为权责边界有所龃龉。其次，注册制改革对信息披露提出了更高的要求，但我国资本市场的信息披露制度存在立法规则不力、披露质量不高、问责机制不完善等问题，信息披露监管的力度严重不足。[1] 此外，我国资本市场治理过于依赖行政监管，政府仍未摆脱既是市场管理者又是市场参与者的双重角色，缺乏对于监督管理者的再监督，难以避免"寻租"等腐败现象。同时，我国资本市场缺乏有效的自律性监管，交易所与证券业协会的自律监管职能都没有得到有效发挥。[2] 未来，我国应当进一步建设以中国证监会为主体的集中统一的资本市场监管体制，通过系统化的监管规则明确各部门的监管权责范围，避免"九龙治水"。还应当顺应注册制改革的需要，重构信息披露制度，提高资本市场的透明度。与此同时，应鼓励资本市场自律性监管的发展，避免行政监管的"单脚走路"，充分运用多方力量，实现多元化监管主体的协同监管。

（二）提高证券违法活动的打击力度

近年来，国家陆续出台了一系列法律法规，高度重视对于证券违法犯罪行为的打击。2021 年 7 月，中共中央办公厅、国务院办公厅印发了《关于依法从严打击证券违法活动的意见》，全面表明了对于证券违法活动"零容忍"的态度，并取得了一系列重大进展；中国证监会成立了打击资本市场违法活动协调工作小组，最高人民检察院驻中国证监会检察室正式挂牌。但相关立法、执法和司法仍有进一步完善的空间：(1)最高人民检察院派驻机构等相关部门的职责权限仍需进一步界定厘清，各部门之间缺乏相互制约的机制；(2)缺乏行政处罚与刑事处罚的衔接机制，行政执法机关与刑事司法机关之间的沟通协调机制缺位，证据移送规则有待完善，信息共享机制有待建立，打击证券违法犯罪活动的合力尚未形成；(3)处罚力度不足，违法成本过低，量刑过于粗放，信用制度的适用较为局限、行政处罚的法定数额较

〔1〕 参见周友苏、杨照鑫：《注册制改革背景下我国股票发行信息披露制度的反思与重构》，载《经济体制改革》2015 年第 1 期。

〔2〕 参见谢罗奇、戴永平：《我国资本市场监管的现状与问题》，载《经济研究导刊》2007 年第 3 期。

低,失信主体市场禁入的适用范围较为狭窄等,[1]行政处罚手段过于单一;(4)仅仅依靠事后惩罚难以对违法行为形成有效震慑,对证券违法活动缺少立体化追责体系;[2](5)缺乏针对证券违法活动的公益诉讼机制,对广大受侵害的中小投资者的民事救济不足。未来,我国应当进一步加强证券违法活动的打击力度,构造民事责任、行政责任、刑事责任有机结合的立体化追责体系,强化刑事处罚以避免行政处罚的威慑不足,构建完善公益诉讼、集体诉讼等民事追偿机制,提高赔偿金额,落实赔偿责任,真正实现对证券违法活动的"零容忍",为资本市场的健康长远发展保驾护航。

(三)优化投资者结构

我国以中小投资者为主体的投资者结构一直饱受诟病,早在20世纪90年代,国家就倡导培育机构投资者。[3] 但时至今日,机构投资者持股占比仍然没有按照政策预期取得飞速增长,我国资本市场仍然保持了散户主导的特点,这种特点不利于我国资本市场的长期发展。个人投资者的投资以投机为主要目的,短期交易行为较多,且容易受市场波动和市场情绪影响,增加了市场的不稳定性,而相较之下,机构投资者具备专业的投资知识和丰富的投资经验,投资目标明确,投资行为理性,是稳定资本市场的重要力量。我国资本市场长期资金的缺少与投资者结构的不合理有不可分割的关系。我国资本市场机构投资者的缺失有其制度成因。一方面,在制度层面上养老金、保险金、企业年金等中长期资金仍然受到各种严格限制,权益投资比例较低,无法被引入资本市场,资本市场客观上缺乏充足的中长期资金来源;另一方面,有关机构投资者的法律制度尚不健全,对机构投资者的管制与限制过多。监管机构对于证券交易规制过于严密,严重制约了机构投资者的公司治理能力,客观上阻碍了机构投资者的发展。[4] 此外,因为缺乏鼓励机构投资者追求长期收益的业绩考核机制,现有的许多机构投资者也存在短期交易频繁、缺乏价值投资理念的问题。未来,我国有必要完善机构投资者的行为规则与监管规则,从制度层面扫清机构投资者的培育发展障碍,并在政策上予以鼓励支持,培育适合我国资本市场发展需要的机构投资者,实现我国投资者结构的优化。

(四)完善投资者保护制度

我国资本市场的发展历史较短,过于强调效率与发展速度,在投资者保护与救济机制上仍有很多不足,而且如前文所述,我国的投资者结构以中小投资者为主,投资者保护的重要性也更加凸显。2019年修订的《证券法》增设了投资者保护专

---

[1] 参见吴弘:《完善证券法制建设　优化资本市场生态》,载《清华金融评论》2019年第10期。

[2] 参见孙榕:《共话两会资本市场热词:全面注册制、债券市场、法制建设》,载《中国金融家》2022年第3期。

[3] 参见邹益峰、朱智:《现实的资本市场与资本市场的实现》,载《中央财经大学学报》1999年第2期。

[4] 参见龚浩川、习超:《戴着镣铐跳舞的机构投资者》,载《清华法学》2021年第5期。

章,从发行条件、注册程序、信息披露和法律责任等多个方面完善了投资者保护制度,构建了具有我国特色的证券集体诉讼制度,并经最高人民法院相关司法解释进一步完善。但投资者保护制度仍有进一步优化的空间,加强投资者保护仍然是资本市场发展的核心要义。具体来讲,由投资者服务中心提起的集体诉讼具有一定的不确定性,难以承担起维权职责,集体行动的困境仍未解决;[1]投资者救济措施主要依赖于私人诉讼,如出现违法行为人无资力的情形,则投资者无法得到救济,没有类似美国的公平基金制度作为证券执法中的公共补偿手段;[2]存款保险制度、金融稳定保障基金等金融保障制度也尚不健全,没有发挥良好的实践效果;投资者适当性制度仍然存在立法碎片化、法律责任定性模糊等问题,[3]《证券法》关于证券的定义仍然较为局限,投资者适当性制度也仍然存在统摄性不足的问题;[4]投资者教育仍然不充分,部分投资者缺乏风险意识,也不了解如何维护自身权益。未来,我国应当进一步将投资者保护作为资本市场法制建设的重点任务,以投资者适当性制度为抓手系统化构建好投资者保护制度的基本规则,同时,不断推动集体诉讼、存款保险、金融稳定基金等其他投资者保护机制的建设与完善。

(五)健全转板机制

我国目前已经基本形成了多层次的资本市场体系,转板机制在多层次资本市场中发挥着重要的枢纽作用,是多层次资本市场体系进一步完善的重要环节。新三板转板制度标志着我国多层次资本市场在互联互通上取得了重大突破,但我国目前的转板制度仍然具有较强的局限性,客观上不能适应多层次资本市场的发展需要:(1)我国的资本市场板块固化现象严重,市场之间的互联互通十分有限,仅仅体现在新三板与沪深交易所之间,而且以降级为主,新三板与区域性股权转让市场并无互联互通;[5](2)转板机制所需的交易、信息披露等配套制度尚不健全,现有的转板规则存在难以契合实践操作的问题;(3)沪深交易所虽然有不同的定位,但近年来发展逐渐趋同,从发行、交易到退市等方面的差异都不大,同质化现象严重,转板制度的功能与价值有所削弱;(4)新三板转板机制的推行存在一系列制度阻碍,面临"三公原则"的拷问,可能会对其他拟A股上市企业不公平,同时也可能因为数量众多对A股市场造成较大冲击;(5)无论是升级转板还是降级转板虽具有雏形,但法律制度仍有缺位,缺乏系统性、整体性的制度构建。未来,我国应当出台

---

[1] 参见刘礼文、于勇:《法治建设蹄疾步稳,护航资本市场持续健康发展——访中国法学会商法学研究会副会长、华东政法大学教授顾功耘》,载《上海证券报》2022年9月6日,第8版。

[2] 参见郭雳:《证券执法中的公共补偿——美国公平基金制度的探析与借鉴》,载《清华法学》2018年第6期。

[3] 参见黄辉:《金融机构的投资者适当性义务:实证研究与完善建议》,载《法学评论》2021年第2期。

[4] 参见郑彧:《新〈证券法〉建立"以结果为导向"的投资者保护制度》,载《投资者》2020年第2期。

[5] 参见金鹏伟:《注册制下新三板市场生态变化与转板机制研究》,载《新金融》2021年第9期。

相关法律规则,进一步建立健全多层次资本市场体系中的转板机制,同时完善与之相关的信息披露、申报审核等配套制度,促进上市资源的有效流动,满足中小企业不同阶段的发展需求,打造具有灵活性、流通性的多层次资本市场体系。

思考题

请简述我国资本市场法制建设的不足,以及你对此的思考和建议。

第十一章　资本市场主体法律制度

我国资本市场的参与主体主要有证券发行人、证券投资者、期货交易者、中介组织和监管部门等五类。

第一节　证券发行人

证券发行是发行人劝募投资者与其建立相应的法律关系、对其授予相应的法律地位和资格、接受其缴纳资产的一系列行为的总称。从发行公司角度看，公司通过发行证券募集资金，实现公司制度在集腋成裘、聚沙成塔方面的经济功能。从投资者角度看，投资者通过证券发行行为取得公司的股东地位，进而实现投资目的。[1] 证券发行也是联结资金供求的一种恰当纽带，是资金持有人将剩余资金进行投资的一种主要途径。没有正常的证券发行，既会使大量的社会经济主体因资金短缺而陷入困境，也会使大批货币持有人苦于无恰当的投资渠道而闲置大量资金。[2]

证券发行人，是指为筹措资金而发行债券和股票的政府及其部门、金融机构、公司和其他企业。证券发行人是证券市场资金的需求者，没有发行人发行证券的行为，证券交易就无从开展，证券市场也不可能存在。证券发行人的多少和发行证券数量的多少决定了发行市场的规模和发达程度。

证券发行人是证券权利义务关系的主要当事人，是证券发行后果与责任的主要承担者。[3] 因此，为保障社会投资者的利益，维护证券发行市场的秩序，防止各种欺诈舞弊行为，各国证券法都会对证券发行人（政府债券除外）的主体资格、净资产额、经营业绩设有条件限制并对发起人责任作出严格规定。

根据发行证券的种类划分，证券发行人可分为债券发行人和股票发行人。债券发行人有发行政府债券的中央政府和地方政府，发行金融债券的金融机构以及发行企业债券的公司、企业等。股票发行人则仅为股份有限公司。政府是证

---

〔1〕 参见刘俊海：《现代证券法》，法律出版社 2011 年版，第 48 页。

〔2〕 参见顾肖荣主编：《证券法教程》（第 3 版），法律出版社 2009 年版，第 26 页。

〔3〕 参见顾功耘主编：《证券法学》，高等教育出版社 2021 年版，第 97 页。

券市场主要的资金需求者,它在证券市场上发行政府债券。公司、企业作为证券的发行人,发行的证券包括股票和债券。金融机构则在证券市场上发行金融债券,以增加开展各项金融业务的资金来源。根据证券发行的主体身份划分,在中国,证券发行人包括募集设立的股份有限公司、发起设立的股份有限公司、其他发行债券的企业与政府。具体而言,其一,政府有权依法发行政府债券。中央政府债券也称为"国债",主要目的是弥补国家财政赤字和进行大型建设项目的政府投资。地方政府债券是由各级地方政府发行的债券,旨在筹集地方建设资金。其二,经过中国人民银行批准,商业银行、政策性银行和非银行金融机构可以依法发行金融债券,增加信贷资金来源,还可改制成为股份有限公司并发行股票。其三,非公司企业法人,主要是国有企业、集体企业和三资企业,可以依法发行企业债券。其四,公司法人之中,有限责任公司只能发行公司债券,股份有限公司既能发行公司债券,也能发行股票。〔1〕

在证券发行的过程中,与证券发行人有密切联系的是证券承销商和证券保荐人。证券承销是指证券经营机构根据其与证券发行人签订的证券承销协议,向证券投资者销售、促成销售或代为销售拟发行证券,并因此收取一定比例的承销费用的行为。此时,证券经营机构被称为证券承销商,承销商往往由投资银行担任。承销商在证券承销中起着桥梁作用,将发行人和投资者的目标很好地结合起来。通过承销商,发行人实现了融资的目的,投资者实现了获得投资机会的目的,承销商则通过在承销过程中收取佣金和获取利差来实现自己的经营目标。承销商是证券市场上最重要的"守门人",以其专业信誉作保证,向投资者提供认证、核查服务,并且阻止不合格的主体进入市场。〔2〕保荐制度是指具有保荐资格的保荐人负责公开发行和上市证券的推荐和辅导,以督导发行人规范运作的制度。保荐人兼具证券发行人的推荐人和担保人身份,承担法定的推荐责任和连带担保责任,从而构建了对发行人的持续性监督机制。保荐人始终在我国上市公司股票等证券的首发和增发中扮演着中介机构"牵头人"的关键角色。〔3〕证券保荐人主要有以下职责:第一,尽职推荐发行人证券发行上市的职责。这是证券发行监管的审核前移,不仅有利于提升监管效率,也有利于减少证券违规发行的现象。第二,独立审慎地核查和判断职责。第三,按规定提交相关业务文件职责。第四,承诺与担保义务。第五,持续督导发行人履行法定义务。

---

〔1〕参见朱晓娟主编:《中国证券法律制度》,民主法制出版社2020年版,第9页。

〔2〕参见王森:《美国证券承销商保证责任及对我国立法的启示》,载《上海金融》2018年第3期。

〔3〕参见汤欣、张鑫渝:《证券发行保荐人的合理信赖及免责抗辩》,载《证券市场导报》2023年第4期。

第二节　证券投资者

金融投资者是证券市场赖以生存的基石。投资者权益保护力度影响证券市场的发达程度，而证券市场的发达程度又直接影响到国家经济增长的质量和速度。[1] 证券投资者是证券市场的资金供给者，也是证券市场的交易主体。正是因众多的证券投资者的存在，证券发行才能完成，证券市场的交易才能进行。

证券投资者的类型很多，投资的目的也各不相同。按照投资者的身份，可将证券投资者分为个人投资者与机构投资者；按照投资者的国籍或注册地，可将证券投资者分为境内投资者与境外投资者。[2] 其中较有意义，也是最通常的划分类型为个人投资者与机构投资者。

一、个人投资者

个人投资者，是指从事证券投资的社会公众个人，他们是证券市场最广泛的投资者。个人投资者具有以下几个特征：第一，个人投资者中很大一部分由普通居民构成，其缺乏投资判断的专业分析能力和自我保护意识。第二，个人投资者参与证券及其衍生产品交易过程中带有较多的投机成分，即通过频繁买卖股票来获取价差，持有特定股票的时间相对较短，跟风、跟庄买卖股票的意识强烈，缺乏共同保护的组织和相关体制机制。第三，个人投资的主要目的是追求盈利，谋求资本的保值和增值，所以个人投资者十分重视本金的安全性和资产的流动性。单个的投资者受资本和投资能力所限，其投资额一般不是很大，但社会公众资金集合总额则非常可观，因而不能轻视个人投资者对证券市场稳定和发展的群体影响力。个人投资者的资金主要源于储蓄，除此之外，个人投资者还可以从证券公司、商业银行处贷款用于证券投资。第四，相对于大股东、上市公司管理层和其他市场主体或机构来说，中小投资者是处于信息不对称的弱势方，其作为股东在外部监督管理上市公司的权利往往难以具体行使，一般采取放弃的态度。

中小投资者是我国现阶段资本市场的主要参与群体，但其处于信息弱势地位，抗风险能力和自我保护能力较弱，合法权益容易受到侵害。金融机构与投资者之间存在严重的信息不对称现象，后者很难以一己之力获取充分信息。[3] 在我国证券市场中，鉴于中小投资者在资金、知识和信息方面的劣势，期盼中小投资者对投

---

[1] 参见李刚、舒胜辉、王琦：《国内证券投资者保护法律制度研究》，载《浙江金融》2014年第10期。

[2] 参见禄正平：《证券法学》，商务印书馆2019年版，第186页。

[3] 参见张艳：《个人投资者的保护逻辑与新时代的路径选择——以金融产品销售为例》，载《当代法学》2019年第1期。

资环境与投资风险作出全面的预测,并完全理解投资契约的专业条款,只能是一种美好的愿望。因此,为弥补投资契约中权利义务的不周延性,应当对契约中的弱势一方即中小投资者提供倾斜保护。在证券市场中,中小投资者在本应平等的法律关系中处于弱势地位,其投资行为的决定和执行均受到复杂的内外部环境的影响,因此,确有现实的必要对中小投资者进行倾斜保护,"刺破形式公平的面纱",寻求实质的正义。[1] 因此,维护中小投资者合法权益是证券期货监管工作的重中之重,关系广大人民群众的切身利益,是资本市场持续健康发展的基础。[2] 为进一步加强资本市场中小投资者合法权益保护工作,我国现有法律主要从以下几个方面完善中小投资者保护制度:(1)健全投资者适当性制度;(2)优化投资回报机制;(3)保障中小投资者的知情权;(4)健全中小投资者投票机制;(5)建立多元化纠纷解决机制;(6)健全中小投资者赔偿机制;(7)加大监管和打击力度;(8)强化中小投资者教育;(9)完善投资者保护组织体系。

二、机构投资者

从广义上讲,机构投资者,是指用自有资金或者从分散的公众手中筹集的资金专门进行有价证券投资活动的法人机构。在西方国家,以证券收益为主要收入来源的证券公司、投资公司、保险公司、各种福利基金、养老基金及金融财团等,它们被统称为机构投资者。其中最典型的机构投资者是专门从事证券投资的证券投资基金。机构投资者主要具有两方面的特征:一方面,机构投资者买卖股票,收购股份,一般不以取得上市公司的控制权为目的,而以获得最大的投资收益为目标,因此其往往追求资金的迅速流动和效益的最大化,而不希望成为上市公司的大股东或直接参与上市公司的经营管理。另一方面,机构投资者拥有巨额的资金,其投资行为将会对资本市场产生重大的冲击。如果不对其进行适当的限制,其采取内幕交易、恶炒股价的行为将会对资本市场的交易秩序产生巨大的破坏。

相比个人投资者,机构投资者拥有更为庞大的资金规模,并且拥有专门从事证券投资的研究人员和职业操作人员;机构投资者与证券发行人和上市公司也有更为密切的联系,其中一些也会和上市公司互相参股;机构投资者与政府有关部门和证券监管机构有着更良好的沟通;机构投资者持有上市公司股份比例较高,对上市公司拥有较大的话语权。

三、基金份额持有人

基金份额持有人是通过认购或购买基金份额而加入基金法律关系之中,并依

---

〔1〕 参见袁森英:《证券中小投资者权益保护制度的构建路径》,载《暨南学报(哲学社会科学版)》2018年第11期。

〔2〕 参见朱慈蕴、汤欣主编:《韧性资本市场的法治:新〈证券法〉实施问题研究》,法律出版社2022年版,第81页。

照法律规定和基金契约的约定而享有基金权利、承担基金义务的投资人。在不同基金类型中，基金份额持有人的地位有所不同。在契约型基金中，基金份额持有人只与基金管理人和基金托管人发生法律关系，该法律关系的性质是信托，基金份额持有人、基金管理人、基金托管人通常是信托关系的当事人。在公司型基金中，尽管投资公司的运作也借鉴了信托原理，但基金份额持有人并不直接参与信托关系，而是通过投资公司这一具有法人人格的法律实体，与基金管理人、基金托管人发生投资信托关系。在这里，基金份额持有人的地位是投资公司的股东。

基金份额持有人的基本权利如下。其一，受益权。受益权是基金份额持有人最主要的权利，从狭义上说，受益权仅指投资者请求分享基金财产投资所获得的收益的权利；从广义上说，基金份额受益权不仅局限于对信托基金的利益，它还应包括与基金的运作密切相关的其他权利一起集合而成的一个权利束。[1] 换言之，作为基金受益人之信托财产权，基金受益权不是单一的民事权利，而是一种包含信托财产监督权、表决权、赎回权、损害赔偿权等内容的权利集合体。基金份额债权请求权属于广义上的基金受益权范畴，而从狭义上看，基金份额债权请求权与单纯的分享基金收益请求权既有共通之处也有差别。其二，基金份额的物上支配与请求权。基金份额持有人持有的受益凭证具有明显的物权性，该特征首先体现于基金份额持有人对受益凭证的支配性上，即投资者对受益凭证形态所拥有的所有权。对受益凭证的不法侵害，应按物权保护方式（物上请求权）予以救济。其三，基金份额的组织性权利。证券投资基金是由投资者认缴的出资所聚合而成的单位信托，基金属于某种财产集合，其运作体现了一定的组织性。例如，基金共益权是基金份额持有人作为单位成员对其集合财产享有的组织性权利，因此也可称为"成员权"。

四、投资者权益保护制度

投资者是证券市场的主体，保护投资者的合法权益是证券法的立法宗旨，也是证券监管的首要任务。[2] 证券投资市场的本质，说明了投资者是非常脆弱的，对其保护是具有基础性意义的。"投资者保护是证券市场能否持续健康发展的关键因素，投资者保护越好，证券市场就越健全，投资者就越有信心，对资本市场的发展就越有利"。[3] "投资者的信息与资本的形成之间存在某种正相关关系，缺乏对投资者的保护会使得投资者丧失信心，证券市场将丧失正常运转的基础"。[4] 同时，投资者保护是一项系统工程，是通过法律、行政监管、行业自律等各种手段对投资者合法权益采取的保护性措施，使投资者能够公平地获得信息和投资机会，降低投

〔1〕 参见张国清：《投资基金治理结构之法律分析》，北京大学出版社 2004 年版，第 158－159 页。
〔2〕 参见吴弘主编：《证券法教程》（第 2 版），北京大学出版社 2017 年版，第 406 页。
〔3〕 朱从玖主编：《投资者保护——国际经验与中国实践》，复旦大学出版社 2002 年版，第 3 页。
〔4〕 杜煊君：《中国证券市场：监管与投资者保护》，上海财经大学出版社 2002 年版，第 17 页。

资风险和系统性风险,免受各种不公平、歧视及社会环境差异等可能带来的损害或无谓损失;投资者保护体系主要涉及法治因素、政策因素以及社会文化环境等,这是一套影响投资者决策、资金安全、合法权益、经营状况和效益提升等建立在硬环境基础上的可以改变或者完善的结构体系。[1] 虽然投资者保护具有系统性与复杂性,但也是一项必须去完成的工作,尤其是在资本市场迅速发展、金融创新不断出现的阶段。一旦对于投资者保护不力导致投资者信心丧失,那么影响的将不仅是证券市场,整个经济社会都会出现较大的波动。在我国,保护投资者特别是广大中小投资者的利益,也一直被列为市场建设与市场监管诸多工作的重中之重。

从直观的基本理念看,保护投资者体现的是一种对私权的尊重,而促进市场的健康发展则更多地倾向于国家对社会经济生活的干预,因此二者是完全不同的着眼点。但是,从更深层面考量,投资者的权利越能受到充分的保护,资本市场也就越健康繁荣;塑造良好的市场环境从根本而言是为了加大对投资者的保护力度。可见,国家对市场的干预并不是天马行空、无所节制,而应当以保护投资者合法权益为根本出发点。

我国现有保护投资者权益的法律制度主要体现于《公司法》《证券法》《证券投资基金法》《证券投资者保护基金管理办法》等规范之中。

第三节　期货交易者

一、交易者范围

期货交易是指交易双方在特定的交易场所进行的期货合约及其选择权合约买卖。期货交易者通过买卖标准化合约的方式,拥有标准化合约中所规定的在未来某一时间和地点,以某一特定价格买卖合约中指定品种和数量的商品的权利。期货交易者是指依照法律从事期货交易,承担交易结果的自然人、法人和非法人组织。期货经营机构、期货交易场所、期货结算机构的从业人员,国务院期货监督管理机构、期货业协会的工作人员,以及法律规定的禁止参与期货交易的其他人员,不得进行期货交易,即不能成为期货交易者。参与期货交易的法人和非法人组织,应当建立与其交易合约类型、规模、目的等相适应的内部控制制度和风险控制制度。

二、交易者类型

期货交易是众多市场参与者的交易。期货交易的市场参与者有四类:一是期

[1] 参见林勇、陈创练:《投资者保护理论与中国实践的发展》,人民出版社2008年版,第2页。

货交易所,其为期货交易提供场所和设备条件,制定交易规则,设计期货合约等。二是期货结算机构。其负责对期货交易者提供担保和代为结算,并调整结算会员的保证金账户。三是交易所会员。只有交易所会员才能进入交易所交易。四是期货投资者,包括机构投资者和个人投资者。期货投资者一般只有通过期货交易所会员才能进行期货买卖,整个期货交易就是这些市场参与者的互动行为过程[1]。根据财产状况、金融资产状况、交易知识和经验、专业能力等因素,期货交易者可以分为普通交易者和专业交易者。专业交易者的标准由国务院期货监督管理机构规定,同时其承担更高的证明责任。当普通交易者与期货经营机构发生纠纷时,期货经营机构应当证明其行为符合法律、行政法规以及国务院期货监督管理机构的规定,不存在误导、欺诈等情形。如果期货经营机构不能证明,应当承担相应的赔偿责任。

三、交易者权利

其一,信息查询权。期货交易者有权查询其委托记录、交易记录、保证金余额、与其接受服务有关的其他重要信息。

其二,信息受保密权。期货经营机构、期货交易场所、期货结算机构、期货服务机构及其工作人员应当依法为交易者的信息保密,不得非法买卖、提供或者公开交易者的信息。

其三,申请调解权。当交易者与期货经营机构等发生纠纷时,双方可以向行业协会等申请调解。普通交易者与期货经营机构发生期货业务纠纷并提出调解请求的,期货经营机构不得拒绝。

其四,代表人诉讼。交易者提起操纵市场、内幕交易等期货民事赔偿诉讼时,诉讼标的是同一种类,且当事人一方人数众多的,可以依法推选代表人进行诉讼。

第四节　监管部门以及中介组织

一、监管部门

中国证监会是我国资本市场领域的金融监管部门。作为国务院直属机构,其是证券市场的重要参与者,但不得从事证券投资活动,也不得直接承担证券市场的经营及投资风险;其任务主要是通过制定和执行相关规章、规则,依法对证券市场实行监督管理,维护证券市场公开、公平、公正,防范系统性风险,维护投资者合法

[1] 参见巫文勇:《期货与期货市场法律制度研究》,法律出版社2011年版,第2页。

权益,促进证券市场健康发展。

二、中介机构

证券市场中介机构是连接证券筹资者与投资者的媒介,是证券市场运行的核心。在证券市场起中介作用的实体是证券经营机构和证券服务机构,通常将两者合称为证券市场中介机构。证券市场功能的发挥,很大程度上取决于证券市场中介机构的活动。[1] 它们的经营服务活动,不仅保证了证券需求者与供应者之间的沟通和联系,保证了多种证券的发行和交易,而且还起到了维持证券市场秩序的作用。

(一)证券经营机构

证券经营机构,又称证券商,是指依法设立的可经营证券业务的具有法人资格的金融机构。我国目前的证券经营机构仅包括证券公司。证券经营机构的主要业务有代理证券发行销售、代理证券买卖、自营证券买卖或提供研究及咨询服务等。证券经营机构根据业务内容可划分为证券承销商、证券经纪商和证券自营商三类。这三类证券商的业务并非完全分离,尤其是随着金融自由化趋势的发展,许多证券经营机构往往经营多种业务。大的证券公司一般有若干业务部门,分别从事证券发行、经纪、自营以及基金管理等业务。但没有承销资格和自营资格的经纪商,则只能代理客户买卖证券。[2]

证券公司具有多重法律主体地位。其一,证券经纪人。证券公司是在证券交易所之外直接连接众多投资者的中介或桥梁。证券公司接受投资者委托,为投资者提供交易设施、交易条件、交易信息、交易结算等服务,收取交易佣金,类似于传统的交易中介服务机构。其二,实力雄厚的机构投资者。证券公司可以依法直接在资本市场从事证券交易的自营业务,自筹资金买卖证券进行投资。其三,证券保荐和承销人。所有在资本市场上市交易的股票和公司债券,一般都需要经过证券公司的保荐和发行承销。其四,投资咨询机构。证券公司在为普通社会公众投资者提供证券经纪服务的同时,也会对资本市场的所有证券及其衍生产品进行调查研究。其五,专业财务顾问。在上市公司并购和重大资产重组中,证券公司作为财务顾问已经成为法定的并购重组组织者,需要向证券监管机构提供专门的财务顾问报告。

证券公司作为专门经营证券业务的公司,是资本市场的重要参与者,涉及广大投资者的切身利益,不同于普通的公司。与普通公司相比,证券公司具有以下法律特征:第一,设立实行审批制。证券公司作为充满风险的证券市场的重要参与者,风险与其经营相伴。为确保证券公司的安全经营,防止损害投资者利益,设立证券

---

〔1〕 参见范健、王建文:《证券法》(第3版),法律出版社2020年版,第256页。

〔2〕 参见邢会强主编:《证券法学》,中国人民大学出版社2019年版,第184页。

公司,必须经证券监督管理机构审查批准。第二,设立条件严格。证券公司作为有限责任公司或股份有限公司,其设立必须同时满足《公司法》和《证券法》规定的相关条件。第三,证券经营业务。证券公司与其他公司的主要区别就在于其营业范围特殊,市场风险更大。证券公司的经营以安全稳健为原则,营业规则复杂且严格。证券经纪人从事劝诱、撮合、执行,或者其他影响、促成证券交易的行为,并从中取得与交易规模、数量相关的报酬。投资者必须通过作为交易所会员的证券公司,才能买卖交易所集中交易的证券。[1] 第四,实行风险管理制度。在证券市场,证券公司既是风险的承受者,有时又是风险的制造者,因此对其实行风险管理,可以有效地控制风险,保护投资者利益,维护证券市场的安全与稳定。证券公司的经营以安全稳健为原则,与此相适应,要求其必须建立一系列的风险控制制度,包括风险准备金制度、资产负债比例管理制度、风险隔离制度、客户资金管理制度等。

综上所述,证券公司与普通公司管理的不同之处在于,一方面,普通公司的管理制度主要来自公司的内部约束,由公司内部的组织机构负责。证券公司的管理制度不仅来自公司的内部,而且主要来自公司外部法律的强制性规范,以及国务院证券监督管理机构的监管。另一方面,证券公司的管理制度突出风险控制内容,而普通公司并无此要求。

(二)中介服务机构

在成熟资本市场上,中介服务机构被普遍赋予“看门人”职责。中介服务机构不仅要对委托人负责,也负有对市场、对投资者负责的义务。《证券法》明确规定了中介服务机构应当勤勉尽责、恪守职责,按照相关业务规则为证券交易及相关活动提供服务。[2]

1. 证券服务机构

证券服务机构是指依法设立的从事证券服务业务的机构。证券服务机构的执业内容,本质上就是利用技术和竞争的力量更好地满足监管市场的每一个投资者的需求。[3] 证券服务机构作为资本市场的“看门人”,对资本市场中公司的品质进行验证。在监管方面,证券服务机构的参与可以增强公司信息披露的可信度,提高投资者的信任度,通过这一渠道将不同等次的公司区别开来,区分公司股价。[4] 证券服务机构业务包括如下内容:证券发行、财务顾问及其他配套服务,证券投资咨询,证券资信评估服务,证券集中保管,证券清算、交割和交收服务,证券登记过户服务以及经证券监管机构认定的其他业务。我国目前的证券服务机构主要有证券登记结算公司、证券投资咨询公司和其他证券服务机构(如律师事务所、会计师

[1] 参见周淳:《证券服务机构诚信义务统合论》,载《兰州大学学报(社会科学版)》2020年第6期。

[2] 参见黄江东、施蕾:《证券法治新图景:新〈证券法〉下的监管与处罚》,法律出版社2022年版,第283页。

[3] 参见薄萍萍:《监管创新背景下证券服务机构的功能定位》,载《重庆社会科学》2021年第5期。

[4] 参见侯东德:《证券服务机构自律治理机制研究》,载《法商研究》2020年第1期。

事务所、资产评估机构、信用评级机构、证券信息公司等)。此外,证券公司也可获准从事证券服务业务,从而成为证券服务机构。在我国,证券服务机构从事证券服务业务,除律师事务所外,都必须经国务院证券监督管理机构和有关主管部门批准。

证券登记结算机构,是指为证券交易提供集中登记、存管与结算服务,不以营利为目的的法人。证券登记结算机构是专门为证券交易提供集中登记、存管与结算服务的专业机构,它构成证券市场基础设施重要组成部分。证券登记结算机构集中登记、存款和结算,实现了证券无纸化发行,便利了证券保管、交易交割,加强了交易安全,降低了证券发行与交易成本。在我国,设立证券登记结算机构必须经国务院证券监督管理机构批准。证券登记结算机构具有以下法律特征:第一,证券登记结算机构是专门服务机构。证券登记结算机构为证券交易提供集中的登记托管与结算服务,表明其是在证券交易中为买卖双方履行交易责任提供服务的机构。证券登记结算机构不参加交易,不是交易的任何一方当事人,即它既不是证券的买入者,也不是卖出者,而同时为买卖双方的交易提供服务,并且这种服务是连续的,贯穿于交易的整个过程,它通过这种服务来保证证券交易顺利地、有秩序地完成。第二,证券登记结算机构是非营利法人。证券登记结算机构有偿提供服务,但性质上属于不以营利为目的非营利法人。证券登记结算机构的服务性质看似与主体性质冲突,实则并不矛盾,因为非营利组织亦可从事商行为,只不过不能将其利润分配于成员。第三,证券登记结算机构是特许法人。证券登记结算机构是一个独立存在的组织,能够独立享有权利和承担责任。在证券交易中,虽然证券登记结算机构是提供服务的,但是其处于交易中的关键环节,承担重要责任,涉及买卖双方的利益关系,必须由国家实施严格的监督管理。因此它的设立需要由国务院证券监督管理机构批准,不得擅自设立,其他部门也不得越权审批。此外,证券登记结算机构是法定的全国集中统一负责证券交易的登记、存管、结算机构,其他任何机构不得从事与之相竞争的同类业务。

其他证券服务机构,具体包括:证券资信评级机构,是指依据规范的指标体系和科学的评估方法,以客观公正的立场,对被评估对象在履行经济责任时所承担的能力及其可信程度进行评价,并以一定的符号表示其资信等级的专业机构;资产评估机构,是指根据委托对不动产、动产、无形资产、企业价值、资产损失或者其他经济权益进行评定、估算,并出具评估报告的专业服务机构;会计师事务所,是指依法设立并承办注册会计师业务的机构,其所从事的证券业务是接受证券发行人财务会计报告,出具财务审计报告的业务。此外,还有证券中间介绍业务服务机构、证券信息服务商和律师事务所等证券服务机构。

2. 基金服务机构

证券投资基金是由基金管理人、基金托管人和基金收益人三方共同组成的。在这个三位一体的结构中,基金管理人处于核心地位。在我国依信托结构设立基金的前提下,基金管理人的法律地位在信托关系之中被肯定,并且是作为受托人定位的。在基金持有人和基金管理人之间,由于基金管理人获得运用、管理基金资产的权利,所以也被称为实质受托人。

证券投资基金管理人是指在法律法规及基金契约的制约下,凭借专门的知识与经验,依照科学的投资组合原理将所管理的基金资产进行投资,谋求基金资产的不断增值,并力争使基金持有人收益最大化的机构。基金管理人作为基金资产的管理运营者在履行其职责时,其行为必须符合特定的标准,这种特定的标准就是基金管理人的信义义务。信义义务是为他人致力于将个人利益置于他人利益控制之下的义务。信义义务又分为注意义务和忠实义务。注意义务是指民事主体在从事各种民事活动时,应以诚实、善意的态度行使其权利、履行其义务,在处理当事人之间的利益关系时,要尊重他人的利益,以对待自己事务的注意对待他人事务。忠实义务是指受托人对受益人负有唯一的为受益人利益而管理信托事务的义务,严禁于信托管理中为自己或第三人牟利。

基金托管人是指与基金管理人订立基金契约,负责保管和接受管理公司指示、实际运用基金资产的机构。[1] 托管人一般由银行充当,在信托契约中与管理人处于受托人地位,其根据投资者的委托对基金资产进行保管与处分,但必须遵守管理人的指示。托管人最重要的义务是保管与运用基金资产的义务。从法理层面看,托管人通常具有以下义务:其一,妥善保管基金财产的义务。托管人负有保证基金财产的安全性和独立性的义务。其二,善良管理人的注意义务。托管人应具备一定的资格要求,合理谨慎地保管基金资产。其三,运用基金资产。托管人是基金资产的名义所有人,基于基金契约,只有托管人才能运用和处分基金资产。其四,监督管理人的义务。托管人忠实义务的核心在于忠实于投资者的利益,而非忠实于管理人的利益。因此托管人在保管、动用和处置基金资产时,一切应以基金持有人的利益为出发点。

基金销售机构是指受基金经理人委托,具体承担基金募集和受益凭证发行工作的机构。实践中,基金既可由基金管理人直接销售,也可由商业银行、证券公司、保险公司及其他中介机构代理销售。由于销售机构根据基金管理人的委托从事业务,故其权利义务等均由合同规定,对其资格和地位法律一般不作特别规定。

基金份额登记机构是指从事基金份额登记业务活动的机构。

3. 期货服务机构

期货结算机构是指依法设立,为期货交易提供结算、交割服务,实行自律管理的法人。期货结算机构作为中央对手方,是结算参与人共同对手方,其进行净额结算,为期货交易提供集中履约保障。期货结算机构的功能主要如下。第一,交易编码和结算账户的设立。交易编码和结算账户的设立是投资者进入期货市场的重要

---

〔1〕 参见王苏生:《证券投资基金管理人的责任》,北京大学出版社2001年版,第40页。

条件,也是投资者进行期货交易以及与期货交易有关的其他活动的前提和基础。第二,计算期货交易的盈亏。第三,担保期货交易履约。参与期货交易的双方并不直接发生关系,期货合约的买方和卖方各自仅与期货结算机构产生法律关系。期货交易一旦成功,结算机构成为所有合约卖方的买方,以及所有买方的卖方,承担保证按期货合约要求履约的全部法律责任。第四,控制期货市场风险。期货结算机构承担了市场风险控制的基本职能,而风险控制的基本方式主要有两种:一是结算保证金;二是当日无负债结算制度。期货服务机构主要有共同型和独立型两种。采用共同型经营模式的期货结算机构一般是期货交易所的一个下属部门,或者期货交易所的全资子公司,主要为在该期货交易所进行的交易提供结算服务,有时也选择性地为其他机构提供外包的结算服务。独立型期货结算机构一般不从属于任何一家期货交易所,其所有权和管理结构与期货交易所不存在任何关系。

此外,还有其他类型的期货服务机构。其一,期货投资咨询机构是指提供期货市场行情、行情分析、期货投资咨询或期货交易建议的企业法人组织。[1] 其二,期货商品交割仓库是指经期货交易所指定的为期货合约履行实物交割的交割地点,是独立法人。其三,介绍经纪商是指接受期货经纪机构委托,为期货经纪机构介绍客户参与期货交易并提供其他相关服务的机构和个人。我国已引入证券公司作为介绍经纪商制度。其四,结算银行是指期货交易所指定的协助期货交易所办理期货交易结算业务的商业银行。其五,期货信息服务机构。期货信息服务机构就是专门为社会和投资者提供期货信息的专职或兼职机构。

(三)中介自律组织

中介自律组织是在经济法实现机制中,介于国家与市场主体之间的辅助管理主体,具有强烈的双重性质特征。从中介自律组织的经济性质上看,中介自律组织并非生产经营的直接参与者,其介入市场是为了更好地培育和规范市场,与国家介入市场的目的更为贴近,也可以视为广义上的管理者;从中介自律组织的法律性质上看,中介自律组织资格的来源与企业等市场主体相类似,即须经国家机关登记或批准,而不像政府及其机构通过行政命令设立自然取得法律资格,因此也被视为被管理者。

中介自律组织外延基本上等同于“社会经济团体”,主要指各种综合性专门性行业协会,除了这些团体之外,还包括其他一些自律性组织,如证券交易所、期货交易所等。中介自律组织的特点在于其由各种同类市场主体共同组成,并对这些成员实施自律性管理,一般不具有营利性。

1. 行业协会

证券业协会,是指依法设立的旨在对证券业进行自律性管理的具有法人资格的非政府组织。证券业协会具有以下法律特点:第一,自律性组织。证券业协会的

---

[1] 参见杨永清:《期货交易法律制度研究》,法律出版社1998年版,第211页。

自律性组织地位意味着其由协会会员实行自我管理,自我约束。第二,非营利性组织。非营利性组织是指不以营利为目的、主要开展各种公益性或互益性社会服务活动的民间组织。[1] 证券业协会属于公益性或互益性法人。第三,社会团体法人。证券业协会作为社团法人,其主要任务是促进证券市场的健康发展,推行证券交易法规,协调会员之间的关系,保护会员的合法权益。证券业协会的主要职能有:(1)制定行业自律规则;(2)解决会员间争端、调解和仲裁;(3)管理证券从业人员,对其道德素质和业务素质进行要求;(4)组织管理场外交易市场;(5)管理证券公司;等等。

上市公司协会是依据《证券法》和《社会团体登记管理条例》等相关规定成立,由上市公司及相关机构等组成,以资本市场统一规范为纽带,为维护会员合法权益而结成的全国性自律组织,是非营利性的社会团体法人。上市公司协会的基础功能为协助国家纠正市场失灵和协助上市公司克服国家干预缺陷。

基金行业协会是证券投资基金行业的自律性组织,是社会团体法人。基金管理人、基金托管人应当加入基金行业协会,基金服务机构可以加入基金行业协会。

期货业协会是期货行业的自律性组织,是社会团体法人。期货经营机构应当加入期货业协会。期货服务机构可以加入期货业协会。

行业协会在资本市场治理体系中具有独特优势。行业协会的最高权力机构一般为全体会员组成的会员大会。证券经营机构加入协会,需要承认协会会员章程,并遵守协会的各项规则。行业协会在监管机构与证券经营机构之间处于中间地位,其借助特有的贴近会员、贴近市场优势,可以发挥自律管理的前瞻性引导、预防性规范作用,通过与行政监管的差异化定位,及时补位,形成市场化约束,引导行业机构合规展业,提升专业能力。同时,行业协会通过加强监管机构与会员之间的沟通协调,反馈行业诉求,促进监管、自律与市场机构之间达成共识、增进共信,构建良好的资本市场发展生态。[2]

2. 证券交易所

证券交易所也称场内交易所,是指依法设立的,为证券交易提供场所、设施、组织和监管证券交易,实施自律管理的法人。由于证券交易所的市场组织者地位,其普遍承担着证券市场的自律管理职能,即通过对上市公司、证券公司和交易过程进行监管,实现其作为证券市场一线监管组织的职能。自律管理对于政府监管而言,是指证券交易所作为证券市场的枢纽,出于维护证券交易市场秩序的需要,按照市场主体的一致意愿对上市交易证券的发行人、交易主体及其他参与者进行监督管理,以促进证券交易市场公平、有序的发展。证券交易所兼有公共性和营利性,兼具公共机构和企业组织的双重属性。证券交易所具有如下法律特征:第一,证券交

---

[1] 参见李东方主编:《证券法学》(第4版),中国政法大学出版社2021年版,第335页。

[2] 参见申屹:《资本市场治理中自律机制的作用》,载《中国金融》2022年第8期。

易所是依法设立的法人。独立的法律主体资格是其在证券市场上发挥组织和监督作用的前提条件,也是其进行自律管理的必然要求。[1] 也正是因为证券交易所具有法律主体资格,它才能够发挥证券交易媒介的作用。[2] 第二,证券交易所是证券交易的固定场所。相对于场外交易,场内交易最大的好处就是交易场所固定。场所的固定就为吸引和聚集众多的买方和卖方提供了便利和可能。[3] 第三,证券交易所实行集中竞价的交易方式。集中竞价交易是指两个及以上的买家和两个及以上的卖家,通过公平竞价形式确定证券买卖的价格,并按照价格优先、时间优先的原则促成证券买卖双方的交易。该交易方式有利于合理确定证券交易价格,最大限度地实现证券的流通性。[4] 第四,证券交易所履行组织和监督证券交易的双重职能。第五,证券交易所实行自律管理。证券交易所一开始便作为自律组织存在,其自律功能并不是法律赋予的,而是由证券交易市场运行的内在需要和证券交易所的固定结构决定的,始终发挥着重要的市场作用。

证券交易所的核心功能在于提供流动性。交易流动性,通常意义上是指投资者根据市场的基本供给和需求情况,以合理的价格迅速成交的市场能力。[5] 如果不存在任何正式形式的经济组织或有组织的证券集中交易市场,投资者之间就必须相互接触以确定交易价格和交易数量从而完成证券交易。但交易对象需要寻找,以及信息不对称、交易违约等因素会增加交易成本,降低交易效率。[6] 此外,证券交易所还具有三大基本功能:第一,价格发现功能。证券交易所为证券的集中和有组织的交易提供场所和设施,证券交易的双方能在一个公开的市场进行竞价买卖,充分体现证券的供求关系,从而形成公平合理的价格。第二,投融资功能。证券交易所不仅为企业的融资提供了场所,也为投资者的投资提供了平台。第三,资源配置功能。在整个资本市场当中,社会资本会流向流动性强、价格机制得到有效发挥的证券交易所;在证券交易所内部,投资者的资金通常又会流向流动性强、股价合理的股票,从而证券交易所能够以较低的成本不断筹集资金,实现资源的合理配置。

3. 期货交易所

期货交易所是指为期货交易提供场所、设施和其他相关服务的法人。[7] 期货交易所具有如下法律特征:其一,遵循社会公共利益优先原则。期货交易所为期货交易提供场所和设施,组织和监督期货交易,维护市场的公平、有序和透明,实行自

---

[1] 参见罗培新、卢文道等:《最新证券法解读》,北京大学出版社 2006 年版,第 166 页。
[2] 参见叶林:《证券法》(第 4 版),中国人民大学出版社 2013 年版,第 262 页。
[3] 参见李东方主编:《证券法学》(第 2 版),中国政法大学出版社 2012 年版,第 204 页。
[4] 参见周有苏主编:《新证券法论》,法律出版社 2007 年版,第 410 页。
[5] 参见屠光绍主编:《交易体制:原理与变革》,上海人民出版社 2000 年版,第 37 页。
[6] See Adam C. Pritchard, *Self - Regulation and Securities Markets*, Regulation, 2003, Spring.
[7] 参见唐波主编:《新编金融法学》(第 4 版),北京大学出版社 2021 年版,第 319 页。

律管理。其二,期货交易所提供交易服务和其他相关业务服务。不同于证券交易,期货交易一般都在期货交易所内进行。其三,期货交易所是依法设立的独立法人。期货交易所是投资场所,其基本功能是价格发现和套期保值,唯有依法依规,才能确定建立优良的期货交易秩序和投资环境。其四,期货交易所的基本职能是组织和监管期货交易。其五,期货交易所采取会员制或者公司制的组织形式。会员制期货交易所的组织机构由其章程规定。会员制和公司制两种形式有着显著的区别,会员制期货交易所为非营利的法人或法人团体,而公司制期货交易所为营利性的法人组织。会员与会员制期货交易所的关系为自律关系,会员共同制定章程及守则,相互约束,共同遵守;而公司制期货交易所与入场交易者的关系为契约关系。

期货交易所设立以后,其活动宗旨应当是为创造公开公平、公正的市场环境、保证期货市场的正常运行服务,它们在期货市场中的功能主要有:第一,提供连续性期货交易的机制。第二,形成公开合理的期货交易价格。期货交易所在提供交易场所和业务服务的同时,还要实行自律管理,限制和约束期货交易过程中的操纵市场、过度投机等不良市场行为,以公开、公平、公正的市场秩序为合理的期货价格营造条件。第三,预测经济动态,提供交易信息。期货交易所的交易行情会直接反映各公司的发展动向、一国的货币供应量的变动及经济政策的现状和走势等。第四,规范交易行为,维护交易市场秩序。期货交易所需要依据国家的法律法规,制定具体的交易规则和交易制度,规范市场交易行为,并且保证规则和制度的执行。

思考题

请尝试思考证券法律制度和期货法律制度之间的关系和差异。

第十二章　资本市场业务法律制度

改革开放40多年来,我国资本市场快速发展,初步形成了涵盖股票、债券、基金、期货等的市场体系,为促进改革开放和经济社会发展作出了重要贡献。《证券法》的修改、《期货和衍生品法》的颁布以及各业务领域行业规范的出台都是我国资本市场法制建设的重大进步。我国坚持资本市场法治化、市场化、国际化的导向,全面系统地建立了资本市场主要业务的各项基本制度,并使其服务于实体经济,防范和化解金融风险,为打造规范、透明、开放、有活力的资本市场提供了法律保障。我国资本市场主要业务大致可以分为股票、债券、基金、期货,以下将对这四类业务的法律制度进行梳理。

第一节　股票市场法律制度

股票是股份公司所有权的一部分,也是发行的所有权凭证,是股份公司为筹集资金而发行给各个股东作为持股凭证并借以取得股息和红利的一种有价证券。股票是资本市场的长期信用工具,可以转让、买卖;股东凭借股票可以分享公司的利润,但也要承担公司运作可能带来的风险。

一、股票发行审核制度的升级

股票发行是股份有限公司筹集资金的重要途径,一方面有利于企业的持续发展,另一方面有利于投资者分享收益。我国需要对其进行规制,在保障企业的合法权益、监督企业的义务履行时,也要注重维护投资者的权益。

(一)股票发行条件

1.设立股份有限公司公开发行股票

设立股份有限公司可以采取发起设立或者募集设立的方式。募集设立是指由发起人认购公司发行股份的一部分,剩余部分向社会公开募集或者向特定对象募集的设立股份有限公司的方式。向社会公开募集应当与首次公开发行新股作出区分。设立股份有限公司公开发行股票应当具备以下条件:一是符合《公司法》规定的条件;二是符合中国证监会规定的其他条件;三是向中国证监会报送相关材料和文件。

2. 首次公开发行新股

2019年《证券法》修订后，简化了首次公开发行新股的条件，降低股票发行的门槛。公司首次公开发行新股应当具备以下条件：一是具备健全且运行良好的组织机构；二是具有持续经营能力；三是最近3年财务会计报告被出具无保留意见的审计报告；四是要求发行人及其控股股东、实际控制人最近3年无相关的刑事犯罪。

3. 公开发行存托凭证

存托凭证是指由存托人签发、以境外证券为基础在中国境内发行、代表境外基础证券权益的证券。公开发行以股票为基础的存托凭证，即存托凭证的公开发行，要求发行人具备以下条件：一是符合《证券法》关于股票公开发行的基本条件；二是公司为依法设立且持续经营3年以上，主要资产不存在重大权属纠纷；三是最近3年内实际控制人未发生变更，且相关股东的股份不存在重大权属纠纷；四是发行人、控股股东、实际控制人最近3年不存在损害公众利益和投资者合法权益的重大违法行为；五是相应的制度健全规范；六是董事、监事和高级管理人员符合相关要求。

（二）股票发行程序

1. 设立股份有限公司公开发行股票程序。（1）发起评估。发起人应当聘请专业机构对其资产、资信、财务状况等事项进行评估、审定，并出具相关法律意见书，制作招股说明书；同时与证券公司签订证券承销协议，与商业银行签订代收股款协议。[1]（2）申请。发起人向国务院证券监督管理机构提交募股申请并报送相关文件。（3）受理与注册。国务院证券监督管理机构或者国务院授权的部门应当自受理证券发行申请文件之日起3个月内，依照法定条件和法定程序作出予以注册或者不予注册的决定。（4）公开发行文件。发行申请注册后，发行人应当公开发行文件，供公众查阅。

2. 首次公开发行股票程序。（1）决议。由发行人即股份有限公司的董事会对具体方案、募集资金使用的可行性以及必要事项作出决议后，交由股东大会批准通过。（2）批准决议。股东大会就具体事项作出决议，包括种类、数量、价格、资金用途、分配方案等。（3）申报。发行人制作相关申请文件，由保荐人保荐并向中国证监会申报。（4）受理。中国证监会收到申请文件后，在5个工作日内作出是否受理的决定。（5）注册。中国证监会对申请文件受理后进行初审，并交由股票发行审核委员会审核，还将征求当地省级人民政府的意见，依据法定条件对发行人的申请作出予以注册或者不予注册的决定，并出具相关文件。

3. 公开发行存托凭证程序。（1）报送。发行人按照中国证监会规定的文件格式和内容，向证券交易所报送发行申请文件。（2）审核与注册。发行人按照法定条

---

〔1〕 参见李东方：《证券法》，北京大学出版社2020年版，第90页。

件,依法经证券交易所审核,并报送中国证监会注册。

(三)股票发行注册制的改革

我国股票发行审核制度经历了三个阶段的变化,由审批制过渡到核准制,再由核准制过渡到注册制,每个阶段的变化都适应着我国国情的发展。随着社会主义市场经济体制的确立,审批制越来越不适应市场的需求,核准制的出现是迈向市场化的一个重要节点。2013 年党的十八届三中全会提出推进股票发行注册制改革。[1] 2018 年 11 月 5 日,国家主席习近平在首届中国国际进口博览会开幕式上宣布在上海证券交易所设立科创板并试点注册制,我国的股票发行核准制进一步向注册制迈进。2019 年《证券法》的修订意味着我国股票发行注册制的改革成果落实到法律中,进一步推进我国多层次资本市场的发展,发挥资本市场服务于实体经济的作用,符合市场在资源配置中起决定性作用的定位。[2] 推行股票发行注册制并非一蹴而就,我国的市场条件、投资者保护体系、证券监管等条件还未达到完全成熟的标准,因而全面推行股票发行注册制需要通过渐进的试点过程来稳步推进。

股票发行注册制指的是以信息披露为核心,通过证券发行人真实、完整、准确地披露公司信息,投资者基于发行人披露的信息作出投资决策,而证券监管机构只进行形式审查,不再对实质性内容进行判断。股票发行注册制降低了股票发行门槛,使得发行条件更加灵活,提高了发行的效率。与此同时,股票发行注册制改革的稳步推进,提升了信息披露的要求,注重维护投资者的利益。股票发行注册制主要特点:一是发行条件的简化和便利化,对于发行主体自身提出了更严格的要求;二是严格的信息披露制度要求,信息披露作为核心内容,关系着投资者的投资决策,因而要求发行人应当保证数据的真实性、完整性、准确性;三是发行承销机制的变化,发行价格由市场所决定,配套建立以投资者为参与者的询价机制、定价配售机制等;四是法律责任的加重,责任主体包括证券服务机构、发行保荐人等相应责任的强化,民事、行政、刑事责任的加重,提高违法成本,切实保障投资者的利益。[3] 从股票发行核准制向注册制的改革,是我国资本市场法制建设的一次重大飞跃,符合我国社会经济发展需求,充分发挥了市场在资源配置中的决定性作用,理顺了政府与市场的关系,优化了资本市场的生态环境。[4]

---

〔1〕 参见朱宝琛、邢萌、孟珂:《牵住注册制改革“牛鼻子”绘出资本市场发展新蓝图》,载《证券日报》2022 年 8 月 29 日,A04 版。

〔2〕 参见郭锋等:《中华人民共和国证券法制度精义与条文评注》,中国法制出版社 2020 年版,第 120 页。

〔3〕 参见魏佳慧、宋阳:《证券发行核准制和注册制对比研究》,载《商业观察》2021 年第 2 期。

〔4〕 参见吴弘:《完善证券法制建设　优化资本市场生态》,载《清华金融评论》2019 年第 10 期。

二、信息披露制度的规范

信息披露制度是投资者保护中的重要制度。规范发行人的信息披露义务,有助于确保投资者作出正确的投资决策,对资本市场的稳定发展有着重要意义。凡是对投资者作出投资决策有重大影响的信息,都应当予以披露。

信息披露的程序

招股说明书内容与格式准则是信息披露的最低要求,发行人应当按照中国证监会的有关规定编制和披露招股说明书,经由发行人和全体董事、监事、高级管理人员签字、盖章,以及保荐人及其保荐代表人的核查,确保招股说明书内容的真实、准确、完整。针对首次公开发行股票,我国还确立了预披露制度。在申请文件受理后、股票发行审核委员会审核前,发行人应当将招股说明书的申报稿在中国证监会网站上预先披露,并确保内容真实、准确、完整。预先披露制度有助于投资者对于发行过程的监督,及时提出相关异议,帮助审核机构了解相关情况;同时,有助于社会公众提前了解发行文件的内容,以确保投资决策的进行。

信息披露的具体制度:

(1)招股说明书制度

为规范首次公开发行股票的信息披露行为,发行人应当编制招股说明书作为披露的必备文件。招股说明书中披露的信息应当真实、准确、完整,凡对投资者作出投资决策有重大影响的信息都应当进行披露,符合信息披露的基本原则。招股说明书的内容与格式的编制应当符合法定条件,以保护投资者合法权益。

(2)持续信息披露制度

一是定期报告制度。定期报告包括年度报告和中期报告。定期报告的披露时间要求为:年度报告应当在每一个会计年度结束之日起 4 个月内,向国务院证券监督管理机构和证券交易场所报送,并予以公告;中期报告应当在每一会计年度的上半年结束之日起 2 个月内进行已发报送和公告。定期报告应当按照法定的内容和格式编制,具有一定的灵活性。

二是临时报告制度。定期报告制度具有一定的局限性,对于突发性的重大事项没有披露的及时性,因而规定了临时报告制度,以保障投资者投资判断的准确。在股票交易过程中,很多重要信息会对股票价格造成影响,可能引起大幅度的波动,损害投资者的合法权益。发生对股票交易价格产生较大影响的事件,投资者尚未得知时,公司应当立即将相关的重大事件形成临时报告报送国务院证券监督管理机构及证券交易场所,并向社会公告。

三、投资者保护制度的完善

投资者是我国证券市场中的主要出资者;切实保护投资者的利益,投资者才愿意向融资方投资;平衡好投资者与融资者之间的关系决定着我国资本市场的稳定发展。投资者保护机制依托于我国的制度框架、具体规则以及实施机制。[1] 在全面实施注册制的基础之下,应突出信息披露的核心地位,增设保护投资者利益的特别规则,在《证券法》中设专章以保障投资者的利益。[2]

(一)投资者适当性制度

证券公司在向投资者销售证券、提供服务时,应当充分了解投资者的情况,向投资者揭示风险,并向投资者销售匹配产品。投资者适当性制度是国际上普遍的投资者保护制度,我国在完善投资者适当性制度时,明确了证券公司和投资者双方的义务。证券公司违反适当性义务造成投资者损失的,需要承担民事赔偿责任。

(二)股东权征集制度

股东权征集制度是《证券法》中新增的制度,指的是上市公司董事会、独立董事和持有1%以上有表决权的股东或者其他符合法定条件的投资者保护机构,劝说其他股东选任自己或者第三人就股东大会决议事项行使股东权利的行为。股东权征集制度为上市公司中的中小股东积极行使股东权利提供了便利条件,优化上市公司的治理,保障中小投资者合法权益。

(三)现金分红制度

投资者通过投资上市公司股票,获得分红和收益;但部分上市公司长期不分红,或者应该分红而不分红、少分红,导致投资者的诉求得不到有效满足。[3] 现金分红制度的确立,以公司自治为前提,要求上市公司明确分配现金股利的具体内容。上市公司在当年税后利润经过法定程序仍有盈余的情形下,应当按照章程规定分配现金股利,充分保障投资者的合法或者收益的权利。

第二节　债券市场法律制度

近年来,我国债券市场的法制发展成果显著,成为资本市场的重要组成部分,促进了我国金融体系的发展。但由于我国债券市场发展历史较短、发展步伐过快、部分基本法律尚未充分考虑债券的特征,债券市场法律体系的系统性和完备性还不足,需要加快推进补齐法制短板。防范和化解重大风险是我国改革发展中的重要攻坚战之一,债券市场的法制建设也受到了很大的关注,补齐法律制度短板、完善监管制度是我国债券市场未来发展的重点工作。《证券法》以及债券市场的多项制度规范,都能促进债券市场高质量发展。

---

[1] 参见叶林:《〈证券法〉修改:中国资本市场法制建设的一次飞跃》,载《投资者》2020年第1期。

[2] 参见郑彧:《新证券法下"投资者适当性义务"的实现路径——从"规则监管"到"原则监管"的转变》,载《证券市场导报》2021年第3期。

[3] 参见程合红主编:《〈证券法〉修订要义》,人民出版社2020年版,第194页。

一、我国债券的主要种类

(一)短期融资券、中期票据

短期融资券是具有法人资格的非金融企业在银行间债券市场发行的,约定在1年内还本付息的债务融资工具。中期票据指的是具有法人资格的非金融企业在银行间债券市场按照计划分期发行的,约定在一定期限内还本付息的债务融资工具。短期融资券和中期票据要求发行人为具有法人资格的非金融企业,要求发行对象为银行间债券市场的机构投资人,包括商业银行、保险公司等。短期融资券和中期票据经过多年的成熟发展,已经成为现代企业的重要融资渠道。

(二)非公开定向债务融资工具

非公开定向债务融资工具(private placement note,PPN),是指在银行间债券市场以非公开定向发行方式发行的债务融资工具。非公开定向发行是指具有法人资格的非金融企业,向银行间市场特定机构投资人发行债务融资工具,并在特定机构投资人范围内流通转让的行为。PPN不向社会公众公开发行,因而适合仍在发展阶段、市场知名度较低的企业,以非公开方式寻求投资人进行融资。PPN的使用提高了直接融资的比例,拓宽了企业融资的渠道,促进了我国多层次资本市场的发展。

(三)公司债券

公司债券,是指公司依照法定程序发行、约定在一定期限还本付息的有价证券。公司债券分为记名债券和无记名债券,既可以公开发行,也可以不公开发行。在中国境内公开发行公司债券或者非公开发行债券,在证券交易所、全国中小企业股份转让系统交易,或者证券公司柜台转让的,适用《公司债券发行与交易管理办法》的不同规定。公司债券的发行也为公司提供了多样的融资途径,有利于改善公司的资本结构。公司债券固定的还本付息方式,也要求公司具备更高的治理能力,吸引投资者的投资以及稳健公司的运行。

(四)企业债券

企业债券,是指企业依照法定程序发行、约定在一定期限内还本付息的有价证券。企业债券与公司债券同样都是一定期限内还本付息的有价证券,但两者之间的发行主体不同,发行标准也不尽相同。企业债券的发行要求如下:(1)企业规模达到国家规定的要求;(2)财务会计制度符合国家规定;(3)企业具有偿债能力;(4)企业经济效益良好,发行企业债券前3年连续盈利;(5)所筹资金用途符合国家产业政策。

(五)资产支持证券

资产支持证券是一种债券性质的金融工具,是由受托机构发行的、代表特定目的的信托收益权份额。受托机构以信托财产为限向投资机构承担支付资产支持证券收益的义务,支付资金源于支持证券的资金池产生的现金流。

(六)国债

国债又称为国家公债,指的是以国家信用为基础,约定在一定期限内还本付息的有价证券。其分为有凭证式国债、无记名(实物)国债、记账式国债三种。

二、债券发行审核制度的变化

我国债券发行制度经过《证券法》修订后得到了进一步的简化,公开发行公司债券的条件简化为三点,进一步满足了实践中不同债券品种的要求,促进了债券市场的发展。

(一)公司债券的发行条件

一般公司债券发行应当具备公司为健全且运行良好的组织机构,最近3年平均可分配利润足以支付公司债券一年的利息,以及国务院规定的其他条件。公开发行公司债券募集的资金,应当按照公司债券募集相关规定使用,改变用途必须经债券持有人会议作出决议,以保护投资者的交易安全。公开发行公司债券募集的资金也不得用作弥补亏损和非生产性支出。已公开发行的公司债券或者其他债务有违约或者延迟支付本息的事实,仍处于继续状态的,或违反法律规定,改变公开发行公司债券所募资金的用途的,不得再次公开发行公司债券。

可转换为股票的债券作为特殊的债券品种,指的是以债券形式按照法定程序发行的,在一定时间内依据约定的条件可以转换为公司股份的债券。可转换债券要求除了符合一般公司债券的发行条件以外,还需要符合上市公司发行新股的法定条件,但上市公司通过收购本公司股份的方式进行公司债券转换的除外。

(二)债券发行的程序

1. 决议。发行公司债券应当按照法定条件或者公司章程规定作出决议,发行人全体董事、监事、高级管理人员在债券募集说明书上签字,承诺不存在虚假记载、误导性陈述或者重大遗漏,并承担相应的法律责任。

2. 申请。申请公开发行公司债券,应当向国务院证券监督管理机构或者国务院授权的部门报送相关的文件,包括公司营业执照、公司章程、公司债券募集办法等。

3. 注册与公告。发行公司债券经国务院授权的部门注册后,应当在一定期限内公告公司债券募集办法或者发行章程。

三、债券信息披露制度的统一

债券的信息披露规范是我国债券市场持续健康发展的重要内容。为了推动公司信用类债券信息披露规则统一,完善信息披露机制,中国人民银行会同国家发展和改革委员会、中国证监会,制定了《公司信用类债券信息披露管理办法》,统一了债券的信息披露操作规则,为债券市场的法制建设提供了重要补充。公司信用类债券包括企业债券、公司债券和非金融企业债务融资工具，企业公开发行的企业债券、公司债券以及银行间债券市场非金融企业债务融资工具的发行及存续期信息披露适用统一的信息披露规则。

信息披露的原则包括：(1)债券的信息披露应当真实、准确、完整、及时、公平，不得有虚假记载、误导性陈述或重大遗漏；(2)语言表述应当简洁、平实和明确，不得有祝贺性、广告性、恭维性或诋毁性词句。信息披露是投资者保护过程中的核心本质，对于缺乏专业知识的中小投资者散户，企业公开的信息应当简洁明了、真实准确，使得投资者能够准确把握相关内容，减少投资风险的发生，维护债券市场秩序的稳定。

信息披露的内容包括企业在发行债券前，应当披露相关文件。企业在发行债券时，应当披露募集资金使用情况，如果企业变更资金用途，应当履行必要的变更程序，并披露拟变更后资金的用途。企业在债券存续期内，应当按时披露定期报告以及有关的重大事项，确保投资者及时了解信息。

四、投资者保护制度的创设

(一)债券持有人会议制度

《证券法》第92条在法律层面创设了债券持有人会议制度，即公开发行公司债券的，应当设立债券持有人会议，以加强对投资者的保护。债券持有人会议是由全体债券持有人组成，按照一定的规则和程序召开并为全体持有人的利益而集体行使权利的决议机构，是债券持有人的非常设机构和议事平台。[1] 当公司债券违约严重时，创设债券持有人会议制度，有利于保护债券持有人的合法权利。[2]

(二)债券受托管理人制度

债券受托管理人是根据债券受托管理协议而设立的维护债券持有人利益的机构。公开发行公司债券的，发行人应当为债券持有人聘请债券受托管理人，并订立债券受托管理协议。受托管理人应当勤勉尽责，不得损害债券持有人的利益。债券发行人未能按期兑付债券本息的，债券持有人有权委托受托管理人或者推选代表人提起、参加民事诉讼或者清算程序。[3]

五、债券纠纷解决机制的指引

2020年7月15日，最高人民法院发布《全国法院审理债券纠纷案件座谈会纪要》，这是我国第一部审理债券纠纷案件的系统性司法文件，其针对公司债券、企业

---

〔1〕 参见郭锋等：《中华人民共和国证券法制度精义与条文评注》，中国法制出版社2020年版，第509页。

〔2〕 参见程合红：《〈证券法〉修订要义》，人民出版社2020年版，第193页。

〔3〕 参见叶林：《〈证券法〉修改：中国资本市场法制建设的一次飞跃》，载《投资者》2020年第9期。

债券、非金融债务融资工具的发行和交易活动所引发的合同、侵权和破产民商事纠纷案件的审理问题统一裁判尺度,为发挥债券纠纷解决机制作用提供了指引。

《全国法院审理债券纠纷案件座谈会纪要》统一了债券市场事后司法救济的法律适用,有待于各地的法院在司法过程中的具体实施处置。[1] 该纪要确立了案件审理的基本原则,包括国家金融安全原则、依法公正原则、“卖者尽责、买者自负”原则、纠纷多元化解原则;明确了诉讼主体资格的认定,以及案件的受理、管辖与诉讼方式。该纪要第4条对债券持有人的权利保护作出了特别规定,认为债券持有人会议是强化债券持有人权利主体地位、统一债券持有人立场的债券市场基础性制度,与我国《证券法》第92条相对应,也进一步促进了投资者保护机制的有效落实。《全国法院审理债券纠纷案件座谈会纪要》为债券案件的法律适用问题提供了指引,统一了纠纷的法律规范适用,促进了我国债券市场法制的完善。

第三节　基金市场法律制度

在中华人民共和国境内,公开或者非公开募集资金设立证券投资基金,由基金管理人管理,基金托管人托管,为基金份额持有人的利益,进行证券投资活动。我们一般所指称的基金指的是证券投资基金,证券投资基金法律体系以《证券投资基金法》为框架,行政法规、部门规章、行业自律规则为依托,形成基金市场的法律制度框架。

一、基金的特征与类型

(一)基金的特征

1. 基金具有特殊的信托性质。基金制度以信托制度为依托,主体分为基金管理人、基金托管人、基金份额持有人三方;由基金管理人管理,基金托管人托管,为基金份额持有人的利益服务,由此而形成三者之间的关系。但基金作为一种特殊的金融信托形式,具有自身的特点,有其特殊规定,又与信托制度相区别。[2]

2. 基金是一种采取组合投资方式的投资组织形式。基金交由基金管理人,运用基金的财产进行组合投资,为规避投资风险而将基金的资金投向不同的对象和品种,形成一种独特的投资组织形式。

3. 基金是一种有价证券。基金与股票、债券等构成有价证券,但与股票、债券有别。基金是一种信托关系,交由基金管理人进行管理,同时存在三方主体。[3]

---

[1] 参见李有星、潘政、刘佳玮:《债券纠纷案件法律适用问题研究》,载《法律适用》2020年第19期。
[2] 参见郑泰安、钟凯、陈镜:《证券投资基金法律制度》,四川人民出版社2008年版,第12页。
[3] 参见李东方:《证券法学》(第3版),中国人民大学出版社2017年版,第100页。

(二)基金的类型

依基金的募集方式不同,基金可以分为公开募集基金和非公开募集基金。通过公开方式募集设立的基金称为公开募集基金(又称公募基金);通过非公开方式募集设立的基金称为非公开募集基金(又称私募基金)。我国《证券投资基金法》主要规定了公开募集基金的交易、赎回、申购、信息披露等事项,以及非公开募集基金的要素。以下将从公募基金以及私募基金两个方面来阐述我国基金市场法律制度。

二、公募基金法律规制

当下公募基金行业的发展呈现良好态势,产业规模快速增长,产品结构优化,法律规范的保障水平不断提升,行业实力显著增强。公募基金行业的法制建设,坚持以投资者利益为核心,服务于资本市场的改革发展,服务于实体经济,切实做到行业发展与投资者利益共同进步、提升,促进社会的高质量发展。

(一)基本规制

1. 注册要求。公开募集基金,应当经国务院证券监督管理机构注册。注册公开募集基金应当向国务院证券监督管理机构提交申请报告、基金合同草案、基金托管协议草案、招募说明书草案、律所出具的法律意见书等文件。

2. 募集要求。准予注册后,基金管理人应当在6个月内进行基金募集。募集期限届满后,封闭式基金募集的基金份额总额应当达到80%以上,开放式基金募集的基金份额总额应当超过最低标准。

3. 专用账户要求。基金募集期间募集的资金应当存入专门账户,任何人不得动用,以保证资金的安全和独立性,避免交易风险。

(二)运作指引规制

1. 基金运作基本原则。首先,应当遵循合法性原则,遵守法律、行政法规和中国证监会的规定;其次,应当遵守自愿、公平、诚实信用原则,不得损害国家利益和社会公共利益;最后,应当遵守审慎原则,包括基金管理人审慎经营,以及中国证监会及其派出机构的审慎监管。

2. 基金募集条件。首先,主体本身应当符合法定要求,基金管理人、托管人应当具备法定条件。其次,拟募集的基金需要具备明确、合法的投资方向、运作方式、品种规定等基本要求。再次,基金管理人应当提交相应的申请材料,中介机构也应当勤勉尽责,对文件资料进行核查和验证。最后,在募集基金期限届满后,基金份额的总额符合法律规定的条件,基金管理人应当按规定办理验资和基金备案手续。

3. 基金份额的申购、赎回和交易。基金管理人应当遵循基金份额持有人利益优先原则,不得损害持有人的利益。基金管理人需要在基金合同约定的日期或者时间内办理基金份额的申购、赎回或者转换;而投资者申购时,应当全额交付款项,递交赎回申请时,赎回成立,经基金份额登记机构确认后,申购和赎回生效。基金份额可以依法在证券交易所上市交易,或者按照法律法规规定和基金合同约定在中国证监会认可的交易场所或者通过其他方式进行转让。

4. 基金份额持有人权利行使。基金份额持有人可以通过基金份额持有人大会行使自身权利,应当提前30日公告召开时间、会议形式、审议事项、议事程序和表决方式等事项,不得就未经公告的事项进行表决。基金份额持有人大会决定的事项,应当依法报国务院证券监督管理机构备案并予以公告。

(三)信息披露规制

1. 募集信息披露。基金募集过程中需要注重信息披露的各个时间节点。首先,基金募集申请经注册后,基金管理人应当在基金份额发售的3日前发售公告,将相关的公告和文件登载在指定报刊、网站。其次,基金合同生效的次日应当登载生效公告。最后,基金合同生效后,如果发生重大信息变更应当在3个工作日内及时登载在指定网站。

2. 运作信息披露。首先,基金份额在证券交易所上市交易的,应当在3个工作日前,将上市交易公告书登载。其次,基金管理人应当及时披露基金净值信息。再次,基金管理人应当及时编制基金年度报告、中期报告、季度报告,以保证基金份额持有人及时了解基金合同内容,把握相关信息。最后,基金合同如果终止,基金管理人应当对基金财产进行清算并作出清算报告,及时登载。

3. 临时信息披露。基金的临时信息披露一般针对发生重大事件,影响基金的运行稳定,会对基金份额持有人权益或者基金份额的价格产生重大影响的情形。基金的临时信息披露有助于及时反映基金财产经营发展情况,适时向社会公众提供涉及权利和基金的重大信息。[1]

三、私募基金法律规制

我国私募基金行业发展迅速,在推进供给侧结构性改革,提高直接融资比重等方面提供了助力,服务于实体经济,促进了社会整体经济的发展。2023年7月,国务院发布了《私募投资基金监督管理条例》。对私募基金的法律规制是经济持续健康发展的有效法制保障,有利于私募基金行业的良性循环,构建更好的资本市场生态环境。《私募投资基金监督管理条例》具有以下特征和特色。

一是全面夯实私募基金法治基础。近年来,我国私募基金行业发展迅速,从一个“小众行业”发展为我国金融体系的重要组成部分,在提升直接融资比重、支持科技创新和产业转型升级、满足居民财富管理需求等方面,发挥着越来越重要的作用。数据显示,截至2023年5月,在中国证券投资基金业协会登记的私募基金管理人2.2万家,备案的私募基金15.3万只,基金规模21万亿元左右,居全球前列。私募基金主要分为私募证券基金、私募股权基金(含创业投资基金)两大类。《证

---

[1] 参见郑泰安、钟凯、陈镜:《证券投资基金法律制度》,四川人民出版社2008年版,第161页。

券投资基金法》主要对私募证券基金的监管作了规定。长期以来,私募股权基金的监管上位法依据不足,对其规范主要依赖部门规章、规范性文件以及自律规则,监管执法依据和手段相对欠缺。随着资本市场改革深化以及行业发展的客观要求,到了需要重视并纳入上位法调整的阶段。《私募投资基金监督管理条例》明确将契约型、公司型、合伙型等不同组织形式的私募证券基金、私募股权基金均纳入调整范围,解决了私募股权基金上位法依据不足问题,为其提供更加充足的制度支撑和法律保障,有利于促进私募股权基金规范健康发展,推动资本市场高质量发展。

二是完善私募基金监管制度。近年来,监管部门对私募基金行业积累了一定的监管经验,同时通过处置阜兴系、金诚系等重大风险事件,进一步摸清了私募基金行业存在的主要风险和突出问题。《私募投资基金监督管理条例》在系统总结监管经验、行业规范等基础上,着力推动私募基金行业规范健康发展。

首先,强化源头管控。《私募投资基金监督管理条例》以规范私募投资基金管理人及其控股股东、实际控制人、普通合伙人等为着力点,抓住募集资金、投资运作、信息提供等关键环节,强化风险源头管控。比如,禁止公开或变相公开募集资金,禁止突破人数限制,禁止公开宣传推介,强化投资者适当性管理,等等。

其次,划定监管底线。《私募投资基金监督管理条例》加强对私募基金管理人、托管人以及私募基金服务机构等主体从事私募基金业务活动要求,落实"穿透"监管要求,不断优化私募基金整体生态;明确中国证监会监管职责及监管措施等,对规避登记备案义务、挪用侵占基金财产、实施"老鼠仓"、利益输送等行为加以规范,加大惩处力度,为私募基金行业发展营造规范有序的竞争环境。

最后,对创业投资基金实施差异化监管。创业投资基金是实现技术、资本、人力等创新要素与创业企业有效结合的投融资方式,其风险外溢性相对较小,在投资阶段、投资期限、投资对象、退出机制等方面具有一定特殊性。《私募投资基金监督管理条例》对创业投资基金作出区别于其他私募基金的差异化监管安排,比如对符合条件的创业投资基金在登记备案、资金募集、投资运作、风险监测、现场检查等方面实施差异化监管,对主要从事长期投资、价值投资、重大科技成果转化的创业投资基金在投资退出等方面提供便利等。

三是支持发展与强化监管并重。《私募投资基金监督管理条例》充分考虑私募基金的特点及其创新发展的需要,既对私募基金"募、投、管、退"提出全链条监管要求,又强调发挥私募基金行业服务实体经济、促进科技创新等作用,做到支持发展与强化监管并重。

第一,《私募投资基金监督管理条例》第3条第1款明确提出"国家鼓励私募基金行业规范健康发展,发挥服务实体经济、促进科技创新等功能作用",有利于凝聚各方共识,共同优化私募基金行业发展环境。第二,设立创业投资基金专章,明确创业投资基金应当符合的条件,实施差异化监管和自律管理,明确国家对创业投资基金给予政策支持,鼓励和引导"投早投小投科技",鼓励长期资金投资于创业投资基金。第三,对母基金等合理展业需求豁免一层嵌套限制,有助于行业引入长期资金,更好地发挥私募基金在促进直接融资和支持科技创新等方面的功能作用。

第四节 期货市场法律制度

期货市场作为我国资本市场的重要部分,发展速度也在不断加快。与此同时,期货市场的金融风险也在不断提升,因此有必要防范和化解期货市场的金融风险,保障国家经济安全稳定发展。期货市场的法治建设应当与时俱进,为期货市场的发展提供法律保障。期货服务于实体经济,期货市场的法制建设应以服务国民经济、国民社会为目标,维护国家经济安全。《期货和衍生品法》的出台是完善我国期货市场法制建设的重要举措,标志着期货市场法治化进程取得了历史性突破。《期货和衍生品法》的颁布和实施,弥补了我国期货市场法治的短板,将为期货市场带来更强劲的发展动能,创造更良好的发展机遇,带来更振奋人心的法治红利。

一、期货交易定义的明确

根据《期货和衍生品法》第3条的规定,期货交易指的是以期货合约或者标准化期权合约为交易标的的交易活动。期货合约是指期货交易场所统一制定的、约定在将来某一特定的时间和地点交割一定数量标的物的标准化合约。期权合约,是指约定买方有权在将来某一时间以特定价格买入或者卖出约定标的物(包括期货合约)的标准化或非标准化合约,期货交易中的期权合约主要是标准化的合约。相较于《期货交易管理条例》对于期货交易的界定,《期货和衍生品法》将期货交易规定得更明确和具体。

1. 主体要求。期货交易的交易者必须持有证明身份的合法证件,以本人名义申请开立账户,不得出借或者借用他人的期货账户。进入期货交易场所进行期货交易的,必须是期货交易所的会员或者符合规定的其他参与者。换言之,期货交易个人以及无会员资格的期货经营机构无法进入期货交易所进行交易。

2. 品种要求。期货合约品种和标准化期权合约品种应当具备经济价值,符合社会公共利益。期货合约品种和标准化期权合约品种的上市、中止上市、恢复上市、终止上市都应当符合国务院期货监督管理机构的规定,并由期货交易场所向国务院注册或者备案。建立以市场为导向的品种上市机制,原则规定品种上市基本条件,优化品种上市程序,丰富期货品种,完善产品结构。

3. 交易方式。交易者可以通过书面、电话、自助终端、网络等方式委托期货经营机构进行交易。下达的交易指令应当明确、具体、全面。

二、期货风险控制制度的健全

首先,建立中央对手方制度。根据《期货和衍生品法》第 93 条的规定,期货结算机构作为中央对手方,是结算参与人共同对手方,进行净额结算,为期货交易提供集中履约保障。由此建立了以中央对手方为核心的结算机制,推动期货市场高效稳健运行。

其次,完善期货的结算机制。期末结算机制包括结算违约处置机制和结算财产保护制度,实现有效防范和化解系统性风险,为期货市场的稳定性提供法律保障。

最后,期货交易实行持仓限额制度,防范合约持仓过度集中的风险。从事套期保值等风险管理活动的,可以申请持仓限额豁免。鼓励企业利用期货市场从事套期保值等风险管理活动,从而服务于实体经济的高质量发展。

三、期货交易者保护制度的创设

《期货和衍生品法》中创设了期货交易者的概念以及分类规则,并引入交易者适当性规则,以最高效力的基本法实现对交易者的分类保护,符合"散户居多"的期货市场特点,有利于保护期货市场中的交易者,促进我国资本市场的整体发展。

(一)期货交易者的分类规则

根据财产状况、金融资产状况、交易知识和经验、专业能力等因素,交易者可以分为普通交易者和专业交易者。专业交易者的标准由国务院期货监督管理机构规定。期货交易者的具体分类,需要根据多方面的因素进行考量,以此进行分类保护。当普通交易者与期货经营机构发生纠纷时,举证责任方为期货经营机构。期货经营机构应当证明其行为符合法律、行政法规以及国务院期货监督管理机构的规定,不存在误导、欺诈等情形。期货经营机构不能证明的,应当承担相应的赔偿责任。在交易者与期货经营机构发生纠纷时,普通交易者如果提出调解请求,期货经营机构不得拒绝。

(二)交易者适当性规则

中国证监会于 2016 年颁布《证券期货投资者适当性管理办法》(已修正),搭建了一套完善的适当性管理制度,包括投资者分类保护、产品分类、期货经营机构的义务和责任、监督和监管职责等。其适用范围主要包括向投资者销售公开或者非公开发行的证券、公开或者非公开募集的证券投资基金和股权投资基金、公开或者非公开转让的期货或者其他衍生品,或者为投资者提供相关业务服务。[1]

《期货和衍生品法》在金融期货投资者适当性规则的基础之上,囊括了商品期

---

〔1〕 参见邢会强主编:《证券法学》,中国人民大学出版社 2019 年版,第 166 页。

货,扩大了投资者适当性规则的适用范围,突出对期货市场整体交易者的保护。[1]根据《期货和衍生品法》第50条的规定,期货经营机构向交易者提供服务时,应当按照规定充分了解交易者的基本情况、财产状况、金融资产状况、交易知识和经验、专业能力等相关信息,如实说明服务的重要内容,充分揭示交易风险,提供与交易者上述状况相匹配的服务。交易者在参与期货交易和接受服务时,应当按照期货经营机构明示的要求提供上述真实信息;拒绝提供或者未按照要求提供信息的,期货经营机构应当告知其后果,并按照规定拒绝提供服务。期货经营机构在未能充分了解交易者的情况下提供不匹配的服务,导致交易者损失的,应当承担相应的赔偿责任。

四、操纵行为规制的完善

相较于《期货交易管理条例》,《期货和衍生品法》对操纵行为的规定进行了完善,修补了相关缺陷。

1. 明确操纵的定义。《期货和衍生品法》第12条将10类行为规制为操纵行为,以相应的手段,影响或者意图影响期货交易价格或者期货交易量的,都属于禁止的操纵行为。《期货交易管理条例》第70条第1款开头表述"操纵期货交易价格",在第1款第1项中也使用了同样的表述,造成了操纵行为的混淆。《期货和衍生品法》对此作了明确界定,避免混淆。

2. 明确串通行为,即与他人串通,以事先约定的时间、价格和方式相互进行期货交易。《期货和衍生品法》删去"蓄意",避免了主观判断影响实际结论。

3. 明确自己控制行为。期货经营机构不得在自己实际控制的账户之间进行期货交易。

4. 新增具体操纵行为,包括利用虚假信息诱导交易、频繁申报但不成交、给予他人相反建议后反向操作,以及在临近交割时利用不正当手段规避持仓限额,从而形成持仓优势。

五、涉外期货交易法律制度

《期货和衍生品法》明确规定了涉外期货交易法律制度,填补了我国期货市场中涉外法律制度的空白,朝着资本市场市场化、法治化、国际化的目标迈进。首先,严格禁止境外未注册主体在境内从事期货交易行为,明确法律责任。境外期货交易场所向境内单位或者个人提供直接接入该交易场所交易系统进行交易服务的,应当向国务院期货监督管理机构申请注册,接受国务院期货监督管理机构的监督管理,国务院期货监督管理机构另有规定的除外。其次,规定国务院期货监督管理机构可以和境外监管机构建立跨境监管合作机制,或者加入国际组织,实施跨境监

---

[1] 参见吴凌翔:《关于完善我国期货市场法制的几点思考》,载《新金融》2017年第8期。

督管理。最后，确立法律的域外适用效力。国务院期货监督管理机构应境外期货监督管理机构请求提供协助的，应当遵循国家法律、法规的规定和对等互惠的原则，不得泄露国家秘密，不得损害国家利益和社会公共利益。

思考题

1. 请简述公募基金和私募基金之间的差异。
2. 请简述我国债券发行审核制度的变化。

第十三章　资本市场跨境交易与监管合作

第一节　跨境交易主体法律制度

在资本市场跨境交易过程中,根据资金流向与交易目的可大致将交易主体划分为投资者和融资者。具体而言,前者包括境内投资者对境外投资及境外投资者对境内投资;与之相对应,后者则包括境内主体向境外融资及境外主体向境内融资。此外,由于以套期保值、投机交易为目的的期货交易者在性质上与投资者更为相似,故本章将其纳入跨境交易投资者的范围一并讨论。

一、投资者

(一)合格境外投资者

合格境外投资者制度,是境外投资者投资境内金融市场的主要渠道之一,具体而言,合格境外投资者又可分为合格境外机构投资者和人民币合格境外机构投资者两大类。

合格境外机构投资者,是指经核准在一定规定和限制下汇入一定额度的外汇资金,并转换为当地货币,通过专门账户投资当地证券市场,其资本利得、股息等经审核后可转为外汇汇出的境外机构投资者。合格境外机构投资者制度是资本项目未完全开放的新兴市场国家或地区实现有序、稳妥开放证券市场的一种过渡性制度安排。通过合格境外机构投资者制度,管理层可以对外资进入进行必要的限制和引导,使之与本国经济发展与证券市场发展相适应,控制外来资本对本国经济独立性的影响,抑制境外投机性投资对本国经济的冲击,推动资本市场国际化,促进资本市场健康发展。[1] 2002 年 12 月 1 日,中国证监会和中国人民银行联合发布的《合格境外机构投资者境内证券投资管理暂行办法》,标志着合格境外机构投资者制度正式引进我国。

人民币合格境外机构投资者是指经中国证监会批准,并取得国家外汇管理局批准的投资额度,运用来自境外的人民币资金进行境内证券投资的境外法人。2011 年 12 月发布并实施的《基金管理公司、证券公司人民币合格境外机构投资者

---

[1] 参见吴弘主编:《证券法教程》(第 2 版),北京大学出版社 2017 年版,第 358 页。

境内证券投资试点办法》(已失效)标志着人民币合格境外机构投资者业务开始正式进入运作轨道。

目前,适用合格境外机构投资者和人民币合格境外机构投资者的法律依据主要有《合格境外机构投资者和人民币合格境外机构投资者境内证券期货投资管理办法》《关于实施〈合格境外机构投资者和人民币合格境外机构投资者境内证券期货投资管理办法〉有关问题的规定》《境外机构投资者境内证券期货投资资金管理规定》。上述文件主要对合格境外投资者的投资主体、投资范围和方式及投资限制等作出规定。

在投资主体方面,法律允许的投资者范围包括境外基金管理公司、商业银行、保险公司、证券公司、期货公司、信托公司、政府投资机构、主权基金、养老基金、慈善基金、捐赠基金、国际组织等中国证监会认可的机构。实体条件则涵盖了财务状况、从业人员适格、治理规范等方面。

在投资范围和方式上,合格境外机构投资者和人民币合格境外机构投资者的投资范围相同,可以投资于中国证监会批准的交易所的股票、债券、权证和证券投资基金,期货交易场所上市交易的商品期货合约、国债期货,外汇衍生品及银行间债券市场的债券等,投资范围广泛。

在投资限制方面,合格境外机构投资者和人民币合格境外机构投资者投资A股的限制主要有:第一,单个境外投资者投资某一上市公司的持股比例不得高于该公司总股份的10%;第二,所有境外投资者投资某一上市公司的持股比例总和不得高于该公司总股份的30%。该类限制不包括战略投资者。总的来说,随着相关法律的完善和资本市场的发展成熟,投资限制也逐渐从严格向宽松转变。2019年9月10日,国家外汇管理局宣布全面取消合格境外机构投资者和人民币合格境外机构投资者投资额度限制。此后,具备相应资格的境外机构投资者,只需进行登记即可自主汇入资金开展符合规定的证券投资。同时,人民币合格境外机构投资者试点国家和地区限制也一并取消。

合格投资者制度在中国资本市场开放进程中扮演了十分重要的角色,为我国金融市场稳步开放和深化发展发挥了积极作用。据中国证监会统计,截至2023年7月底,我国合格境外投资者已达772家。

(二)合格境内机构投资者

合格境内机构投资者,是指在当前人民币资本项目下不可兑换、资本市场开放度不高的情况下,经我国有关部门批准在中华人民共和国境内募集资金,运用所募集的部分或者全部资金(外汇或兑换成外汇)以资产组合方式进行境外证券投资管理的境内金融机构。合格境内机构投资者制度通过管制资格认定、投资规模、投资范围和资金汇出汇入来限制资本的流出,在人民币资本项目下不能自由兑换的情况下,用这种方式来开放我国的证券市场,其与合格境外机构投资者制度同为我国平衡资本“进”“出”双渠道流动的重要创新机制。在目前我国外汇管理体制下,参与合格境内机构投资者发起的各类理财产品,是中国境内投资者参与境外资本市场投资的重要合法途径。

2006年我国正式推行合格境内机构投资者制度。2006年4月17日,中国人民银行、中国银监会、国家外汇管理局共同发布《商业银行开办代客境外理财业务管理暂行办法》,四大国有银行和汇丰银行、东亚银行、花旗银行三家外资银行成为首批取得合格境内机构投资者资格的商业银行。2007年,中国银监会、中国证监会相继颁布《合格境内机构投资者境外证券投资管理试行办法》等一系列有关银行业、证券业从事合格境内机构投资者的规定,华安基金管理公司成为国内首家获得合格境内机构投资者资格的基金公司。国家外汇管理局的数据显示,截至2023年7月底,我国具有合格境内机构投资者投资资格的金融机构一共有182家,包括商业银行、基金证券公司(证券公司和基金公司并为证券类)、保险公司、信托公司四大类,共批准额度为1627.29亿美元。

(三)期货交易者

基于理论逻辑和交易实质,跨境期货交易者可以理解为参与境外期货市场交易的本国个人及机构投资者,以及参与本国期货市场交易的非本国个人及机构投资者。

第一,境内外机构投资者直接从事跨境期货市场交易。对于境内机构投资者直接从事境外期货市场交易,《期货交易管理条例》第42条规定,境内单位从事境外期货交易的办法,由中国证监会会同商务部、国有资产监督管理机构、中国银监会和国家外汇管理局等有关部门制定,报国务院批准后施行。相比境内机构投资者直接从事境外期货市场交易的保守态度,随着我国资本市场的渐进式开放,境外机构投资者直接从事境内期货市场交易的制度安排逐步放松。2011年5月4日,中国证监会发布《合格境外机构投资者参与股指期货交易指引》,由此拉开了期货市场实施合格境外机构投资者制度的序幕。

第二,境内外其他主体从事期货市场交易。除前述机构投资者外,还有许多如大规模生产加工型的企业、从事境外贸易的企业、风险承受能力和专业技能较强的自然人投资者等主体有对期货市场对外开放的需求。在此前的制度框架下,机构投资者之外的其他主体参与跨境期货交易面临较大困难,根据《期货交易管理条例》第41条的规定,只有国有企业和国有控股企业可以采取套期保值的形式从事境外期货市场交易。但实践中,由于存在较为旺盛的参与需求,某些企业或自然人仍通过"灰色渠道"进行境外期货外盘交易。[1] 2022年4月20日《期货和衍生品法》出台,该法对中国期货和衍生品市场的双向开放作出法律层面的顶层设计,允许其他企业、自然人通过期货经营机构代理进行境外期货市场交易。根据该法第120条的规定,中国境内交易者参与境外期货交易,应当委托具有境外期货经纪业

---

〔1〕 参见叶林主编:《期货期权市场法律制度研究》,法律出版社2017年版,第251－255页。

务资格的境内期货公司进行;境内期货公司转委托境外期货经营机构从事境外期货交易,该境外期货经营机构应当向中国证监会申请注册,接受中国证监会的监督管理。

二、融资者

(一)境内企业境外上市

境外上市,也被称为跨境上市,它是指在我国境内注册的,或虽不在我国境内注册但由我国国有或民营资本控股的公司到国际资本市场上发行上市。国务院1994年8月发布的《关于股份有限公司境外募集股份及上市的特别规定》(已失效)第2条第2款规定将其定义为"境内股份有限公司向境外投资人发行的股票,在境外公开的证券交易场所流通转让"。我国企业在境外上市的模式比较复杂,根据发行主体、证券种类、上市方式等可进行各种分类。依据是否以自己的名义申请,可将境外上市分为直接上市和间接上市。

直接上市是指企业以自己的名义向境外证券主管部门申请发行登记注册,发行股票(或其他金融衍生工具),并向当地证券交易所申请挂牌上市交易,如美国纽约上市的N股,我国香港特区上市的H股,新加坡上市的S股等。具体而言,境外直接上市又可分为股票首次公开发行和公司可转换债券上市两种形式。直接上市模式的优点在于,由于发达国家(地区)交易所的全球化影响以及其具有全球公信力的承销商、保荐人优势,发行人的股票容易取得投资人的广泛认可,能够得到较高的发行价格,同时也利于企业取得国际品牌认同、进入国际市场。然而,由于直接上市不仅要符合我国关于公司境外上市的有关法律法规,还要遵守上市地的法律要求,因而存在比较烦琐的制度性障碍和比较高的成本性障碍。[1]

间接上市又称红筹上市或境外借壳上市,是指境内企业以其境内拥有或控制的权益为基础,通过境外设立或控制的公司,在境外发行股票并上市的行为。[2]红筹企业的产生最早可以追溯至20世纪80年代,主要由国有企业寻求境外资本市场(主要是香港市场)的融资而产生。一般认为,红筹企业是指为了实现在境外上市或引入境外资本,虽然公司的主要资产位于中国境内,主要的收入、利润源于中国境内,或公司最终的控制权仍属源自中国境内的资本或人,但用于上市或融资的公司主体注册于境外离岸法域的企业。[3]

由于境内企业境外直接上市的管制较为严格,审批程序也较为烦琐,为规避法律的限制或加快发行、上市的速度,大量企业采用间接上市的方式到境外融资。在

---

〔1〕参见刘乃忠、戴瑛:《中国公司境外上市法律监管研究》,社会科学文献出版社2014年版,第16－18页。

〔2〕参见伏军、韩杰:《我国境外间接上市立法的发展、影响及其评价》,载《法律适用》2008年第3期。

〔3〕参见何俣:《注册制下红筹企业跨境发行与上市的法律冲突研究》,华东政法大学2021年博士学位论文。

此过程中,财务欺诈行为、信息披露安全及被恶意做空等问题不断暴露,我国现行境外上市监管制度缺陷和短板也被放大。在此背景下,为促进境内企业依法合规利用境外资本市场实现规范健康发展,中国证监会于2023年2月17日发布了《境内企业境外发行证券和上市管理试行办法》,而国务院《关于进一步加强在境外发行股票和上市管理的通知》(国发〔1997〕21号,已失效)于该办法实施当日同时废止。该通知被认为是早期规范以红筹结构在境外上市的最重要的法规,大红筹的概念也由此法规而生。随着大红筹架构境外上市和小红筹架构境外上市的区分,红筹架构境外上市与直接境外上市在境内监管上将无实质差异,境内企业境外发行上市进入统一备案制度新时代。

(二)境外企业境内上市

参照境外上市的概念,境外企业境内上市是指在境外所属地合法注册的企业向我国证券市场主管机构和证券交易所申请,按照证券法律及上市规则在我国境内发行证券并在证券交易所挂牌交易的行为。与境内企业境外上市相类似,境外企业境内上市也可分为直接上市模式、间接上市模式和中国存托凭证(CDR)模式。资本市场开放是双向的,允许境外企业跨境在境内上市是促进我国资本市场国际化的必然选择。2009年,深圳证券交易所创业板开板后,理论界和实务界有关上海证券交易所国际板的讨论逐渐增多,2009年4月国务院发布的《关于推进上海加快发展现代服务业和先进制造业、建设国际金融中心和国际航运中心的意见》及2009年5月上海市政府发布的相关贯彻实施意见均提及国际板的建设问题。然而,在现行证券法制下,境外企业在我国境内上市面临市场准入、法律冲突、市场监管和投资者保护等各种法律障碍及漏洞,[1]因而境外企业境内上市的相关制度落地仍有待进一步观察和讨论。

第二节　跨境交易业务法律制度

一、证券市场跨境交易业务

(一)互联互通机制

1.沪港通

沪港通是上海及香港股票市场交易互联互通机制的简称,具体是指上海证券交易所和香港联合交易所(以下简称联交所)允许两地投资者通过当地证券公司买卖规定范围内的对方交易所上市的股票。沪港通包括沪股通和港股通两个部分。其中,沪股通是指在上海证券交易所开户的投资者委托香港经纪商,经由联交

〔1〕参见冯果、袁康:《国际板背景下证券法制的困境与变革》,载《法学杂志》2013年第4期。

所设立的证券交易服务公司，向上海证券交易所提出申报，买卖规定范围内的上海证券交易所上市的股票。港股通是指被委托的内地证券公司，经由上海证券交易所设立的证券交易服务公司，向联交所提出申报，买卖规定范围内的联交所上市的股票。

2014 年 4 月 10 日，中国证监会和香港证券及期货事务监察委员会（以下简称香港证监会）发布《联合公告》，批准实行沪港通业务。2014 年 6 月 13 日，中国证监会发布《沪港股票市场交易互联互通机制试点若干规定》（已失效），该规定主要内容如下。一是明确了沪港通交易应遵循两地市场现行交易结算法律法规的总体原则。二是规范了相关交易主体的业务职责。三是明确了名义持有人制度。四是明确了清算交收责任，两地市场结算风险相对隔离，互不传递。五是明确禁止安排交易。该规定于 2016 年 9 月因更具普遍意义的《内地与香港股票市场交易互联互通机制若干规定》（已于 2022 年修正）出台而废止。经过半年多的准备，2014 年 11 月 17 日沪港通正式开通。沪港通是中国证券市场对外开放的关键节点，是内地与香港特别行政区证券市场联系的重要纽带，对两地资本市场双向开放具有重要意义。沪港通业务加大了两地证券市场的交流频率，有利于构建两地投资者的投资路径，推动资本流动和推动人民币国际化进程。[1]

2. 深港通

深港通是深圳及香港股票市场交易互联互通机制的简称，具体是指深圳证券交易所和联交所建立技术连接，使内地和香港特别行政区投资者可以通过当地证券公司或经纪商买卖规定范围内的对方交易所上市的股票。与沪港通类似，深港通包括深股通和深港通下的港股通。沪港通下的港股通和深港通下的港股通统称港股通。其中深股通是指投资者委托香港经纪商，经由联交所在深圳设立的证券交易服务公司，向深圳证券交易所进行申报，买卖深港通规定范围内的深圳证券交易所上市的股票。深港通下的港股通，是指投资者委托内地证券公司，经由深圳证券交易所在香港特别行政区设立的证券交易服务公司，向联交所进行申报，买卖深港通规定范围内的联交所上市的股票。

在沪港通成功的基础上，深港通经过两年多的准备，于 2016 年 12 月 5 日正式启动。深港通方案的设计与沪港通保持基本框架和模式不变，但深港通在投资者资格及额度、股票类型等方面均具有自身特点。深港通更倾向于建设跨境一体化证券交易市场，交易规则、法律安排更加趋同化，甚至司法保障都可以融通，深圳前海合作区人民法院以及前海国际仲裁庭的设立即为典型代表。[2]

3. 沪伦通

沪伦通全称为上海证券交易所与伦敦证券交易所互联互通机制。与沪港通和

---

〔1〕 参见刘远志：《跨境证券交易法律监管研究》，法律出版社 2019 年版，第 215－216 页。

〔2〕 参见刘远志：《跨境证券交易法律监管研究》，法律出版社 2019 年版，第 217－218 页。

深港通类似,沪伦通机制下也包含东向和西向两个业务。沪伦通的东向业务是指符合伦敦证券交易所条件的上市公司可以到中国的市场上发行存托凭证,并通过上海证券交易所在主板上市交易。沪伦通的西向业务是指符合条件的上海证券交易所上市的公司可以到境外发行存托凭证,并在伦敦证券交易所主板进行上市交易。沪伦通机制中,跨境转换制度极具特色,在该制度下,我国证券公司出境购买境外上市公司股票,将股票交付存托人(存托银行),由存托人向其发行存托凭证,再由跨境转换机构将存托凭证转售中国投资人,存托凭证在上海证券交易所上市、挂牌交易,由此完成英国公司到我国的跨境上市流程。[1]

2018年10月12日,中国证监会发布了《上海证券交易所和伦敦证券交易所市场互联互通存托凭证业务监管规定(试行)》,2019年6月17日,沪伦通正式启动。2022年2月11日,中国证监会对前述监管规定予以了修订,发布了《境内外证券交易所互联互通存托凭证业务监管规定》(已于2023年修正)及其修订说明,修订说明提出,未来在综合境外市场发展程度、投资者保护和监管水平等因素的基础上,可考虑将沪伦通机制拓展到瑞士、德国等欧洲主要市场。从沪港通、深港通到沪伦通,我国资本市场的开放程度进一步扩大。沪伦通是我国资本市场真正迈出国门的第一步,在我国资本市场逐步开放的进程中具有划时代意义,其开创了中国与国际市场联通新模式,有利于促进中国资本市场的双向开放。

(二)代表交易品种

1. 境内上市外资股

境内上市外资股,也称"B股",是境内股份有限公司向特定的、非特定的境内上市外资股投资人募集股份,以人民币表明面值,以外币认购、买卖,在境内证券交易所上市的股票。为规范境内上市外资股的发行与交易,保护投资人的合法权益,国务院及国务院证券委员会发布了《关于股份有限公司境内上市外资股的规定》《股份有限公司境内上市外资股规定的实施细则》等规定,对申请发行境内上市外资股的条件、信息披露、外汇管理等事项作出特别规定。[2] 境内上市外资股设立之初的目的主要是向境外投资者融资,解决国内的外汇紧缺问题,也是扩大境外投资者市场准入的前奏。现今,我国外汇储备已十分丰厚,B股交易量越来越小,B股市场的功能也已逐渐被H股、合格境外机构投资者制度等所取代。

2. 存托凭证

存托凭证(Depository Receipts,DR),又称存券收据或存股证,是指境内公司向境外投资者发行的,表明存放在境内的股份的证券形式,是一种可转让的、代表某种证券的证明。按发行地点不同,国际上通常有美国存托凭证、欧洲存托凭证

---

〔1〕 参见唐应茂:《沪伦通及其跨境转换制度:临时法角度的初步分析》,载《环球法律评论》2019年第6期。

〔2〕 参见吴弘主编:《证券法教程》(第2版),北京大学出版社2017年版,第355-358页。

(EDR)、全球存托凭证及中国存托凭证(CDR)等。其中,美国存托凭证出现最早、运行最规范、流通量最大,具有代表性。尽管21世纪初我国监管机构已经开始考虑推出中国存托凭证,但对其正式进行制度化设计是在2018年。2018年6月6日,中国证监会发布了《存托凭证发行与交易管理办法(试行)》(已于2023年修订),该办法以部门规章的形式对中国存托凭证基本制度作出规范,明确了中国存托凭证发行与交易的监管要求和参与主体的基本权利义务。在这一制度安排下,中国香港特别行政区的红筹上市公司可以将部分已发行上市的股票托管在当地保管银行,由中国境内的存托机构发行,在境内A股市场上市,以人民币交易结算、供国内投资者买卖。后中国证监会又于2018年10月12日发布了《关于上海证券交易所与伦敦证券交易所互联互通存托凭证业务的监管规定(试行)》(已失效),对沪伦通中国存托凭证发行审核制度、会计审计安排、跨境转换、持续监管要求及相关市场参与主体的法律责任等予以规定。过去,我国一些具有成长性的企业基本上是到美国单向发行美国存托凭证,付出了包括维持上市费用、信息披露费用在内的高昂融资成本,还面临诸多法律风险,客观上也弱化了中国资本市场。而中国存托凭证作为一种金融创新品种,可以加强我国资本市场与境外市场的融合交流、双向发展,加快资本市场国际化进程,提高我国资本市场监管水平。[1]

二、期货市场跨境交易业务

(一)结算业务与交割业务的对外开放

结算业务和交割业务是期货市场开展跨境交易的两个重要环节。结算业务方面,作为期货市场运行不可或缺的环节,结算业务贯穿于期货交易的始终。我国由期货交易所兼营期货结算业务,因此,向境外开放境内期货市场的结算业务必须以期货交易所的对外开放为前提。随着境内期货市场的发展,应当实施有步骤的开放进程,依据境外交易结算机构的不同设置参与到境外期货市场结算业务当中。交割业务方面,交割业务是连接期货市场与现货市场的重要桥梁。交割业务的对外开放包括交割业务的组织问题与交割仓库的指定问题。前者的对外开放情况与结算业务的对外开放相似,必须以期货交易所的对外开放为前提;后者则涉及境内期货交易所指定境外的交割仓库和境外期货交易所指定境内的交割仓库。指定交割仓库需综合考量期货交易所组织交割的便利度,货物储运的便利性以及政策和法律法规框架下的可行性等因素,对我国而言,目前较为合适的仓库设置区域包括港口保税区、自由贸易试验区等。[2]

(二)期货市场对外开放进程与《期货和衍生品法》

伴随着资本市场的发展,我国期货业对外开放进程也在逐步加快。作为“走出

---

〔1〕 参见郭峰:《中国存托凭证(CDR):基本原理与制度体系》,载郭峰主编:《证券法律评论》2020年卷,中国法制出版社2020年版。

〔2〕 参见叶林主编:《期货期权市场法律制度研究》,法律出版社2017年版,第255－256页。

去”的有益实践,早在2001年,我国开始允许国有企业在国际市场上开展境外期货套期保值等期货交易业务;自2006年起,我国又鼓励境内符合条件的期货公司设立、收购或参股境外的期货类经营机构。作为“引进来”的重要举措,自2020年1月1日起,期货公司的外资持有比例逐步放宽,已经允许设立外商独资期货公司;合格境外机构投资者及人民币合格境外机构投资者可以参与中国的金融期货、商品期货、期权等交易。同时,自2018年3月中国原油期货首次引入境外交易者以来,特定国际化商品期货和期权品种的开放范围也在不断扩大。2022年9月2日,中国金融期货交易所、郑州商品交易所、上海期货交易所及大连商品交易所四家期货交易所发布公告,经中国证监会同意,即日起合格境外机构投资者和人民币合格境外机构投资者可参与黄金、白银、原油、PTA等部分期货和期权合约,这标志着我国期货市场对外开放进程更上了一个台阶。

扩大对外开放是提高我国期货市场核心竞争力和国际影响力的必由之路,2022年出台的《期货和衍生品法》填补了涉外期货交易法律制度的空白,该部法律将“跨境交易与监管协作”独立成章,对信息出境、境外期货交易场所以境内期货交易场所上市的合约价格挂钩结算等问题作了规定。同时,该法还从“引进来”和“走出去”两方面,明确了对境外期货交易场所、境外期货经营机构等向境内提供服务的监管要求,以及境内外交易者从事跨境交易的行为规范,是我国期货市场开展跨境交易的重要法律基础。

第三节　跨境监管合作法律制度

一、跨境监管合作的基本概念及模式

我国资本市场的跨境监管合作主要集中于证券市场领域,而依据是否包含证券法的域外适用,跨境监管的概念有广义、中义与狭义之分。理论界普遍采用中义的概念,即跨境证券监管是指证券监管机构将本国证券监管规范运用于域外或各地区证券监管机构进行双边、多边、区域性或全球性合作,以实现有效的证券监管机制。[1]

根据监管主体的不同,跨境证券交易的法律监管可以划分为四种模式,分别是单边监管模式、双边协作监管模式、超国家监管模式及国际组织牵头的多边监管模式。不同监管模式具有不同的特征,并产生不同的法律效果。

(一)单边监管模式

单边监管是指证券跨境交易的母国和东道国或一国内不同法域的地区各依据

〔1〕参见郭峰等:《中华人民共和国证券法制度精义与条文评注》,中国法制出版社2020年版,第827页。

自己的法律制度竞相监管，单边监管模式的实质就是内国法律的域外适用。在跨境交易中，由于交易行为已经由一国进入另一国，因而交易行为实际上已常常由两国甚至多国依据其各自国内法律的域外效力进行监管，监管冲突由此引发。这种冲突表现在管辖权、监管实体法和监管调查执行三个方面。[1] 同时，单边监管模式具有监管范围有限、易引发公正性危机以及有干涉他国内政之嫌等缺陷，因而单边监管模式很难实现既有效监管又不过多干预他国的目标。

（二）双边协作监管模式

双边协作监管模式有广义和狭义之分。狭义的双边协作监管是指证券监督管理部门间签订关于证券的信息共享及合作协议，以此互通证券交易情报，进行执法协助、司法互助等的监管模式。广义的双边协作监管，是指两国不限于其证券监管管理部门，包括证券交易所、证券行业自律组织以及其他具有证券监管职能的政府机构甚至立法机关、司法机关就证券交易领域签订双边合作协议或谅解备忘录，以此互通证券交易情报，提供技术援助，进行执法协助、司法互助等的监管模式。双边监管模式具有灵活性、针对性强的特点，较易谈判，有利于渐进地提升监管水平及容易习惯国际法等优点。其缺点主要表现为法律效力层级不高，管辖范围局限于当事双方及双边协议数量繁多、标准不一，投资者可能无所适从。双边协作监管模式的表现形式主要有谅解备忘录、监管对话及技术援助项目等。其中，谅解备忘录是双边协作的最主要表现形式，其内容主要侧重于口头的、非正式的、有持续性的定期会议或磋商机制。[2]

（三）超国家监管模式

超国家监管模式是指超国家联盟的成员国将部分监管权力让渡给超国家联盟或与超国家联盟共同行使，超国家联盟从所有成员国的整体利益出发对跨境证券交易活动进行监督管理的模式，统一性和一体化是其典型特征。超国家监管模式的典型代表是欧盟，其在很大程度上统一了各成员国的证券监管规则标准，为证券市场的国际化规范提供了重要的制度经验。

（四）国际组织牵头的多边监管模式

多边监管模式是指证券业国际组织通过制定国际统一的证券交易监管规则。对跨境证券交易行为进行监督和管理的模式。多边监管模式主要关注信息共享，以及对内幕交易、证券欺诈等跨境不法行为的打击，其具有可预测性强、高度统一性和全球化的特征，这一模式代表了跨境证券交易监管的终极目标。国际证监会组织（IOSCO）是跨境证券交易多边监管最重要的国际组织。国际证监会组织成立于 1983 年，是由不同国家和地区证券监管机构组成的国际合作组织，其致力于制

---

〔1〕 参见邱润根：《证券跨境交易的监管模式研究》，载《当代法学》2006 年第 2 期。

〔2〕 参见何仲新、刘远志：《跨境证券交易法律监管模式研究》，载《广西民族大学学报（哲学社会科学版）》2017 年第 5 期。

定并推广国际公认的证券监管标准,同时积极配合二十国集团与金融稳定理事会开展全球金融监管改革工作。我国证监会于1995年加入国际证监会组织。国际证监会组织的成员是各国证券监管机构,其组织形式表现为非正式的多边论坛,通过将各国证券监管机构的代表汇集在一起探讨证券市场监管上共同面对的问题,织成跨国监管"横向网",促进多边合作。因此,国际证监会组织牵头的多边论坛将具有专业性、灵活性及有效性等优势。[1] 国际证监会组织于2002年制定了《关于咨询、合作与信息交换的多边备忘录》(MMoU,以下简称多边备忘录),多边备忘录被视为证券及衍生品市场国际监管合作的基准。国际证监会组织公布的数据显示,截至2023年7月底,全球已有129个成员签署了多边备忘录,另有6个成员正在进行国内批准程序。

二、《证券法》及《期货和衍生品法》的涉外规定

(一)域外适用制度

证券法的域外适用制度是指法律明确规定国内证券法被赋予域外适用效力,管辖权扩张至本国领域之外的某些证券行为以及相关当事人,即本国国内证券法规得以在域外适用的一种法律制度。[2] 2019年修订的《证券法》第2条第4款规定:"在中华人民共和国境外的证券发行和交易活动,扰乱中华人民共和国境内市场秩序,损害境内投资者合法权益的,依照本法有关规定处理并追究法律责任。"该条款标志着我国证券法的域外管辖效力首次在立法中得以确立。作为与我国证券市场、金融市场的对外开放相匹配的基础性制度,该制度的确立对跨境资本流动中的风险防控、境内市场秩序维护、投资者保护具有非常重要的意义。[3]

在期货市场国际化和全球化的背景下,基于维护境内市场秩序及保护交易者合法权益的相同需求,2022年出台的《期货和衍生品法》借鉴了《证券法》的相关规定,在第2条也对该法的域外适用效力予以了明确,规定境外的期货交易和衍生品交易及相关活动,扰乱境内市场秩序,损害境内交易者合法权益的,依照该法有关规定处理并追究法律责任。

(二)调查取证与信息交换

在资本市场的跨境监管合作过程中,调查取证与信息交换是保障监管效果的重要手段。为此,《证券法》第177条第2款进行了规定,明确任何境外监督管理机构在我国境内进行调查取证活动,应当事先向我国证券监督管理机构和有关主管部门报告,取得有关部门的批准,在我国境内的调查取证应在我国监管机构的主导下进行,或者信赖我国监管机构的检查结果。同时,任何单位和个人未经国务院证

---

[1] 参见刘志远:《跨境证券交易法律监管研究》,法律出版社2019年版,第71-75页。

[2] 参见杨峰:《我国证券法域外适用制度的构建》,载《法商研究》2016年第1期。

[3] 参见郭金良:《我国〈证券法〉域外适用规则的解释论》,载《现代法学》2021年第5期。

券监督管理机构和国务院有关主管部门同意,不得擅自向境外提供与证券业务活动有关的文件和资料。

期货市场领域,境外期货监督管理机构不得在中国境内直接进行调查取证活动,这一点与《证券法》的规定相同。但相较于《证券法》,《期货和衍生品法》还增加了监管合作下的受托和委托调查取证,根据《期货和衍生品法》第 124 条的规定,中国证监会可以按照与境外期货监督管理机构达成的监管合作安排,接受境外期货监督管理机构的请求,为其进行调查取证。境外期货监督管理机构应当提供有关案件材料,并说明其正在就被调查当事人涉嫌违反请求方当地的期货法律法规的行为进行调查。同时,中国证监会也可以请求境外期货监督管理机构进行调查取证。

(三)证券经营机构及期货经营机构监管

作为资本市场重要中介机构的证券经营机构和期货经营机构,既是融资者与投资者之间的桥梁,又是投资者之间转手交易的通道。在我国资本市场有序开放进程中,对证券经营机构及期货经营机构的监管亦为跨境监管制度的重要内容。基于金融安全和国内金融业保护的需要,我国金融监管机构对于境外金融机构在境内设立及开展市场营销、推介及招揽等业务活动,一直持审慎和保守的态度。

证券经营机构方面,2014 年修订的《证券公司监督管理条例》从准入资格上进行监管,明确了境外证券经营机构在境内经营证券业务或者设立代表机构的,应当经国务院证券监督管理机构批准。在此基础上,中国证监会于 2023 年 1 月发布的《证券经纪业务管理办法》又对跨境证券业务监管作出了进一步细化与补充,境外证券经营机构违反《证券公司监督管理条例》,直接或者通过其关联机构、合作机构在境内开展境外证券交易服务的营销、开户等活动的,将按照《证券法》的相关规定予以处罚。这一系列规定都为中国证监会打击境外证券经营机构的非法跨境经纪业务提供了执法依据。

期货经营机构方面,境内交易者通过期货经营机构进行境外交易主要有直接委托和转委托两种模式。直接委托模式是指境内交易者通过与具有境外期货经纪业务资格的境内期货公司签订委托合同,进行境外期货品种的投资交易。目前我国普通单位和个人投资者直接参与境外期货交易的渠道尚未放开。转委托模式是指境内期货经营机构转委托境外期货经营机构从事境外期货交易。在这种模式下,境外期货公司负有注册义务,并受到我国证监会的监管。同时,考虑与不同国家监管主管部门的监管协调与监管对等,基于监管合作的协议框架,也可能豁免境外期货公司的注册义务,因此《期货和衍生品法》对此也规定了"国务院期货监督管理机构另有规定的除外",为跨境监管合作提供了灵活的法律制度空间。而在业务监管上,境外机构在境内从事期货市场营销、推介及招揽活动,以及境内机构为境外机构在境内从事期货市场营销、推介及招揽活动的,也应当经国务院期货监督管理机构批准。违反上述规定的,监管机构同样可以根据《期货和衍生品法》的规定对相关境外机构及有关负责人员采取相应措施。[1]

三、我国跨境监管合作实践

目前,我国跨境监管模式主要体现在双边合作、区域性合作及全球性合作三个层次上。

第一,双边合作。1994 年发布的国务院《关于股份有限公司境外募集股份及上市的特别规定》第 4 条规定:“国务院证券委员会或者其监督管理执行机构中国证券监督管理委员会,可以与境外证券监督管理机构达成谅解、协议,对股份有限公司向境外投资人募集股份并在境外上市及相关活动进行合作监督管理。”在立法上赋予了中国证监会与境外证券监管机构签订谅解备忘录,开展跨境执法合作的权限。2005 年修订的《证券法》进一步在法律层面确立了中国证监会开展跨境执法合作的权限。2022 年出台的《期货和衍生品法》第 123 条也明确了规定国务院期货监督管理机构可以和境外监管机构建立跨境监管合作机制,依法进行跨境监督管理。根据中国证监会的统计数据,截至 2021 年年底,我国已与包括美国、新加坡、英国、日本在内的 67 个国家和地区的监管机构签署了双边监管合作谅解备忘录。

第二,区域性合作。基于特定的地缘关系,内地(大陆)、香港特别行政区、台湾地区分别属于不同的法域,并在“一国两制”的基础上进行区域性监管合作。[2] 其中,大陆(内地)与我国台湾地区在 2009 年签署了《海峡两岸证券及期货监督管理合作谅解备忘录》,与香港特别行政区在 1993 年、1995 年、2016 年、2017 年先后签署了《监管合作备忘录》《有关期货事宜的监管合作备忘录》《内地与香港股票市场交易互联互通机制下中国证监会与香港证监会加强监管执法合作备忘录》《关于期货事宜的监管及执法合作备忘录》。其中,《监管合作备忘录》既是我国内地和香港特别行政区证券监管合作的基石性文件,也是我国证监会成立以来所签署的首个双边备忘录。自《监管合作备忘录》签署以来,双方证监会的有关部门人员每年均会就《监管合作备忘录》的执行情况在内地与香港特别行政区举办会议。[3]

第三,全球合作。全球的证券监管合作主要由国际证监会组织进行,我国证监会于 1995 年加入国际证监会组织,并于 2007 年签署了国际证监会组织制定的多边备忘录,开始在国际证监会组织及多边备忘录的模式下,开展与境外监管机构的跨境监管执法合作。后国际证监会组织又于 2017 年发布了增强版多边备忘录

---

[1] 参见叶林主编:《中华人民共和国期货和衍生品法理解与适用》,中国法制出版社 2022 年版,第 58 页。

[2] 参见郭峰等:《中华人民共和国证券法制度精义与条文评注》,中国法制出版社 2020 年版,第 867 页。

[3] 参见黄辉:《“一国两制”背景下的香港与内地证券监管合作体制:历史演变与前景展望》,载《比较法研究》2017 年第 5 期。

(EMMoU),新增了5项跨境执法权限要求,即获取审计底稿、强制问询、冻结资产、获取互联网服务提供商记录、获取电话记录,提高了跨境执法协作的标准。不过,我国关于跨境监管的法律依据更多为原则性授权,在查处跨境违法违规时,管辖、法律适用、调查取证、境外数据分析处理等各层面均存在客观障碍。因此,目前我国只有香港特区签署了增强版多边备忘录,而对该备忘录签署条件的研究,也为理解我国证券市场跨境监管的不足,扫清我国跨境监管的障碍提供了方向。[1]

思考题

请举出实践中有关资本市场跨境监管的例子。

〔1〕参见刘凤元、邱铌:《证券市场跨境监管研究——以EMMoU为视角》,载《金融监管研究》2019年第12期。

第十四章　信托和资产管理法律制度

第一节　信托的定义和特征

作为"普通法皇冠上的宝石",信托制度发源于英国,被法律史学家梅特兰认为是英国人在法律领域中最伟大会、最独特的成就。[1] 通过这一制度,委托人将财产转移给信任的受托人,由受托人管理或处分信托财产从而实现委托人的意图。基于信托在现代商业发展与个人财产管理中的强大功能,我国于 2001 年颁布并实施《信托法》,正式将信托制度引入我国法律体系。

一、信托的定义

虽然信托制度是在 14 世纪以后由英国衡平法院发展而来的,但由于信托本身的不断发展以及英国法律制度中遵循先例(Stare Decisis)的判例法背景,制定法中并未规定通用的信托定义。而英国信托法理论中也并不存在"一项完全令人满意的信托定义"[2]。学者认为,要准确定义信托概念,即便并非不可能也是极为困难的,现存的诸多定义也存在各项缺陷而饱受批评。[3]

为将信托制度适用于不同法系国家,推动国际信托法律制度的统一发展,1984 年在荷兰召开的第十五次海牙国际私法会议通过并公布《海牙关于信托的法律适用及其承认的公约》。依据该公约第 2 条第 1 款的规定,信托是指由一个人即委托人为了受益人的利益或者为了特定的目的,通过将财产置于受托人控制之下的方式设立,并在其生前或者死后发生效力的法律关系。[4] 这一定义列举了信托的主要特征,但并未如英国般明确区分信托财产的法定所有权(Legal Ownership)和衡平法所有权(Equitable Ownership),避免大陆法系国家由于其法律体系中存在的"一物一权"原则而产生争议。目前,英国、美国、法国、加拿大、荷兰、澳大利亚均已批准该公约。

---

[1] 参见何宝玉:《信托法原理与判例》,中国法制出版社 2013 年版,第 1 页。

[2] 参见 Andrew Iwobi, *Essential Trusts*, 3th ed, 武汉大学出版社 2004 年影印版,第 2 页。

[3] See Richard Edwards & Nigel Stockwell, *Trusts and Equity*, 5th ed, Pearson Education Limied, 2002, p. 7.

[4] 参见张淳:《对〈海牙信托公约〉中信托定义的信托法理论审视》,载《河北法学》2023 年第 4 期。

二、信托的特征

虽然我国并非上述信托公约的缔约国,但在《信托法》中也记载了关于信托的定义。信托是指委托人基于对受托人的信任,将其财产权委托给受托人,由受托人按委托人的意愿以自己的名义,为受益人的利益或者特定目的,进行管理或者处分的行为。[1] 该法作为我国以信托方式进行财产管理活动的统一规则,其中的定义条款也凝结着如下所述的几项信托制度特征。

首先,信托关系的成立基础为委托人对受托人的信任。委托人由于自身原因不便或不能亲自管理和处分财产,将财产交与所信任的受托人以实现某种目的。受托人接受委托后应当忠人之事,履行诚实、信用、谨慎、有效管理的义务,负有信义责任(Fiduciary Duty)。对于背信受托人,我国《信托法》也规定了严格的民事责任。[2]

其次,信托关系的物质基础是信托财产。虽然我国《信托法》并未明确规定信托财产是否随着信托关系的成立而发生所有权的转移,留下了信托财产所有权主体的解释空间,并在学界引发争议,[3] 但需要承认,没有信托财产就无法成立有效的信托法律关系。财产以及财产权利如专利权、商标权、债权等均可成为信托财产。

再次,信托关系的运行方法是由受托人以自己的名义进行管理或处分。区别于一般委托代理关系,受托人通常无须借助委托人或者他人的名义,即可管理、处分信托财产。同时,在委托代理关系中,委托人可随时发出指示,代理人则需服从其控制,以其意思行事。而在信托关系中,受托人享有充分自主权,非因设立信托时未能预见的特别事由,委托人通常不得变更信托文件的内容。

最后,信托关系的最终目的是按委托人的意愿,为受益人的利益或者特定目的而管理事务。受益人的最大利益是受托人处理信托事务的根本遵循。基于该原则,我国《信托法》第 26 条、第 28 条分别规定了禁止利益取得规则和禁止利益冲突交易规则。中国银监会(目前已被国家金融监督管理总局合并)于 2007 年颁布并实施的《信托公司管理办法》也对该原则作出了规定。[4] 虽然信托的目的具有高度自由性,但该信托目的不得违反法律法规,不得违背国家利益和社会公共利益,仍然受到强制性规范的限制,例如,专以诉讼或者讨债为目的设立信托即属于信托无效的情形。

---

〔1〕 参见《信托法》第 2 条。

〔2〕 参见《信托法》第 26、27、28、36、37 条。

〔3〕 支持者认为这一规定克服了财产所有权转移模式的缺陷,定义更为明确和科学,参见黄来纪:《试论我国〈信托法〉的特点》,载《政治与法律》2002 年第 3 期。反对者认为如此规定"造成信托理论研究与实践探索对信托财产所有权是否转移的龃龉",参见甘培忠、马丽艳:《以独立性为视角再论信托财产的所有权归属》,载《清华法学》2021 年第 5 期。

〔4〕 参见《信托公司管理办法》第 24 条。

第二节　信托法律关系

一、信托当事人

在我国信托法律体系中,信托当事人主要包括委托人、受托人与受益人三方。

委托人是具有完全民事行为能力的自然人、法人或者依法成立的其他组织。由于信托的设立应当基于委托人的自身意愿,因此法律对其民事行为能力进行了规定。其主要义务为提供由受托人管理、处分的信托财产,以开启信托法律关系。委托人具有了解信托财产情况、要求受托人调整管理方法、申请撤销受托人不当处分行为以及接任背信或具有重大过失的受托人的权利。

在英美法系中,"任何能够具有持有财产的法律上能力的主体都可以成为受托人",即使该主体不具有完全民事行为能力。[1] 而依据我国《信托法》第24条的规定,受托人应当具有完全民事行为能力。除该一般性受托人资格规定外,在营业性信托情形中,未经人民银行、中国证监会批准,任何法人机构和任何自然人均不得作为受托人从事营业性信托活动。至今,除信托投资公司与证券投资基金管理公司外,尚无法律法规明确赋予其他主体营业信托受托人资格。[2] 在私益信托中,设立信托后,经委托人和受益人同意,受托人可以辞任。而在公益信托中,为确保公益目的实现,受托人的确定与辞任均应当经公益事业管理机构批准。受托人的义务主要包括谨慎义务、忠实义务、分别管理义务、亲自管理义务、记账说明义务、保密义务与赔偿财产损失的义务。由于受托人的义务事关财产物质利益,即使受托人辞任,在选出新的受托人前,仍应履行相应的管理职责。

作为享有信托利益之主体,受益人一般仅具有信托受益权,不承担义务,属于信托法律关系中纯享利益者,因此法律对其行为能力并无积极要求,可以是自然人、法人或者依法成立的其他组织。由于权利的可放弃性,受益人可以放弃信托受益权。但由于受益人为信托法律关系成立的必要当事人,若全体受益人均放弃信托受益权,则该信托终止。受益人资格的否定性要求为信托只有唯一受益人的,该受益人不得是同一信托的受托人。这是由于当信托财产管理、处分权与信托受益权归于一人时,信托的制度功能便难以发挥。除信托受益权外,受益人的权利还包括《信托法》第20条至第23条规定的委托人享有的权利。此外,当受益人与委托人的意见无法达成一致时,受益人或者委托人均可以申请人民法院作出裁定,以最终决定受益人行使上述权利的方式、程序或者内容等。

此外,我国《信托法》还在公益信托的情形下对监察人的设置作出了规定,日

---

〔1〕 参见赵磊:《信托受托人的角色定位及其制度实现》,载《中国法学》2013年第4期。

〔2〕 参见国务院办公厅《关于〈中华人民共和国信托法〉公布执行后有关问题的通知》第2条。

本、韩国在立法中也对公益信托规定了这一法定信托监察人制度。在必要性方面，由于受益人是不特定的社会公众，受益人监督信托活动、维护自身利益的环节可能缺位，[1]因此，公益信托应当设置信托监察人，其产生或由信托文件规定，或由公益事业管理机构指定。在监察权利方面，信托监察人有权以自己的名义，为维护受益人的利益，提起诉讼或者实施其他法律行为。在监察义务方面，信托监察人应当审查受托人每年作出的信托事务处理情况及财产状况报告以及在公益信托终止时受托人作出的处理信托事务的清算报告。

二、信托财产

在信托财产内容界定方面，在积极要求上，信托财产必须是能够以货币计算其价值的合法财产，[2]姓名权、名誉权等人格权，因其货币价值难以确定、个人属性较强，不能视为合格的信托财产。在消极要求上，信托财产不属于法律、行政法规禁止流通或未经有关主管部门批准，法律、行政法规限制流通的财产。[3] 此外，随着受托人对于信托财产的管理、处分，原有信托财产形态可能发生变化，产生由原有信托财产产生的自然孳息、经营收益或代位物。根据信托制度的功能与目的，即保全信托财产的价值并实现增值，此类自然孳息、经营收益或代位物仍然属于信托财产。

在信托财产确定性方面，该规则源于 Knight v. Knight(1840)案，该案中兰代尔爵士(Lord Langdale)提出了信托的三个确定性，即信托的意图、财产与受益人(certainty of intention, subject matter and objects)。在不能清楚界定信托财产时，信托无效。例如，在 Palmer v. Simmonds(1854)案中，委托人以其大部分剩余遗产设立信托，法院判决信托财产无法确定，该信托不能成立。而关于未来收益权是否为确定的信托财产之问题，不同立法例选择不同。在英国，由于法律认可未来应收账款转让，所以通常可以成立有效信托。美国则认为此时信托财产难以获得真实出售的认定，信托不能成立。[4] 而我国关于未来收益权的认定，在世欣荣和诉长安信托案中有所体现。该案二审法院认为，涉诉股票收益权的数量、权利内容、边界等都明确且特定，故该信托财产已经确定。[5]

信托财产所有权归属争议使得信托制度本身的独立性遭到质疑。受托人对信托财产的权利性质存在多种学术观点。在双重财产权说中，信托财产上的权利能够一分为二，受托人为他人利益享有普通法上的所有权，受益人享有信托财产衡平

[1] 参见王清、郭策：《中华人民共和国信托法条文诠释》，中国法制出版社 2001 年版，第 152 页。
[2] 参见何宝玉：《信托法原理研究》(第 2 版)，中国法制出版社 2015 年版，第 139 页。
[3] 《信托法》第 14 条。
[4] 参见董庶：《试论信托财产的确定》，载《法律适用》2014 年第 7 期。
[5] 参见最高人民法院民事判决书，(2016)最高法民终 19 号。

法上的所有权。[1] 在物权说中,信托财产仅归属于受益人,受托人对信托财产只享有代理权,不享有所有权。[2] 在债权说中,受托人对信托财产享有所有权,信托财产归属于受托人;受益人对受托人享有要求其交付信托利益的债权。[3] 随着《民法典》对遗嘱信托作出了正式规定,信托更将持续发挥制度优势。面对《民法典》后的新局面,有学者认为在我国法律体系下,采取信托财产归受托人所有的选择更能使受托人在取得所有权人地位后积极救济信托财产,保证其独立性与完整性,并使信托财产不与委托人的其他财产相混淆。[4]

第三节 信托的分类

一、私益信托与公益信托

依照信托的目的,信托可以分为私益信托与公益信托。私益信托是委托人为了自己和其他特定人的利益而设定的信托,目的在私人利益;公益信托是委托人为了社会公益目的而设立的信托,目的在全社会或社会中的部分公众。[5] 在英美法中,公益信托又称慈善信托。2016 年 3 月,《慈善法》通过,将用于公益目的的信托称为慈善信托。慈善信托的设立、信托财产的管理、信托当事人、信托的终止和清算等事项,《慈善法》“慈善信托”章未规定的,适用《慈善法》其他有关规定;《慈善法》未规定的,适用《信托法》有关规定。

由于我国鼓励发展公益信托,公益信托得以享受税收优惠,因此也需要辅以判定标准,对公益目的进行严格规定。根据我国实际情况,《信托法》《慈善法》对需要大力发展的公益事项采取列举和兜底式规定,包括救济贫困,救助灾民,扶助残疾人,发展教育、科技、文化、艺术、体育事业,发展医疗卫生事业,发展环境保护事业、维护生态环境以及发展其他社会公益事业。

私益信托与公益信托的另一重要区别为信托终止后信托财产的归属。在私益信托终止后,信托财产归属于信托文件规定的人;信托文件未规定的,按法定顺序依次为受益人或者其继承人、委托人或者其继承人。而在公益信托终止后,没有归属人或归属人为不特定的社会公众的,信托财产将被用于与原公益目的相近似的

---

〔1〕 Edward C. Halbach, Jr., *Trusts*, Harcourt Brace Joranovich Legal and Professional Publications, Inc, 1990, p. 1.

〔2〕 参见魏曾勋、姚得骥等:《信托投资总论》,西南财经大学出版社 1993 年版,第 507 页。

〔3〕 参见魏曾勋、姚得骥等:《信托投资总论》,西南财经大学出版社 1993 年版,第 508 页。

〔4〕 参见甘培忠、马丽艳:《以独立性为视角再论信托财产的所有权归属》,载《清华法学》2021 年第 5 期。

〔5〕 参见卞耀武主编、全国人民代表大会常务委员会法制工作委员会编:《中华人民共和国信托法释义》,法律出版社 2002 年版,第 176 页。

目的,或被转移给具有近似目的的公益组织或者其他公益信托,即近似原则,也被称为公益信托的继承性。作为各国信托法的惯例,英国、日本、韩国都采取了相同的立法选择。[1]

二、民事信托与营业信托[2]

依据受托人是否为经营信托业务的商事主体,信托可以分为民事信托与营业信托。在日本法中,民事信托与营业信托的判断标准在理论上更为精细,包括受托人是否收取信托报酬、受益人是否有偿取得受益权、受托行为是否为适用商行为法的营业性商行为等共计八项。[3]

在我国民商合一的立法理念下,学者将我国法律体系下的民事信托解释为普通法系的私益信托,而营业信托则是受托人为经营信托业务的机构的一类民事信托。[4] 民事信托一般以家庭财产传承及亲属长期照护为目的,家族信托、弱势群体信托、遗嘱信托是民事信托常见的应用场景。通过民事信托,财产管理人的逆向选择风险与民事权益人的道德风险得以有效防范。[5]

营业信托是指委托人为自己或他人利益,委托商业机构为受托人而设立的信托。营业信托是在现代商业社会中逐步发展演化而来的,受托人以营业为目的而从事信托行为。在市场规模与发展空间上,营业信托的重要性不言自明。通过制度架构,受托机构取得委托人投资的资金,并由受托机构从事资产管理,将资金投向具有较强资金需求的行业以实现信托财产的保值增值是推动营业信托的商业动力。资产管理信托、资产证券化信托与房地产投资信托(REITs)等是营业信托常见的应用场景。

三、意定信托、推定信托与法定信托

依据信托成立与当事人意愿间的关系,信托可以分为意定信托、推定信托与法定信托。

意定信托是依委托人或信托当事人的意思表示而设立的信托。意定信托由当

---

〔1〕 参见英国《公益法》第13条、日本《信托法》第73条、韩国《信托法》第72条。

〔2〕 英美法系的信托并无民事与商事之分,而是以family trust与commercial trust相对,前者多是自益或赠与性信托,受托人取得信托财产不需要支付对价,受益人无偿取得信托受益权;后者则是受托人将从受益人处募得的资金支付给委托人作为取得信托财产的对价,以资产证券化为典型;另在马萨诸塞等州存在以商业组织形式存在的信托,即business trust,但这种信托与我国以商业组织作为受托机构的营业信托有较大区别。鉴于学界对我国以营业机构作为受托人设立的信托尚无统一表述,而不同表述意义大有不同,本书在引用资料时根据本义作了个别处理。

〔3〕 参见杨林凯、[日]神作裕之:《日本信托法及信托相关法律的最新发展与课题》,载《中国政法大学学报》2012年第5期。

〔4〕 参见江平:《信托制度在中国的应用前景展望》,载《文史博览》2005年Z1期。

〔5〕 参见韩良:《〈民法典〉与民事信托的发展》,载《中国政法大学学报》2022年第3期。

事人主动设立,又称设定信托。在实践中,绝大多数信托为意定信托。委托人通过信托合同、遗嘱或者法律、行政法规规定的其他书面文件表达设立信托的意愿与具体内容。同时,依据我国《信托法》的规定,委托人设立信托的意思表示,必须采取书面形式,不得采取口头形式。

推定信托是指由法院推定而成立的信托,不受当事人意愿的影响。在 Beatty v. Guggenheim Exploration Co(1919)案中,法官评价法定信托为表达衡平法良心的公式。在财产持有者有违道德良心而保留受益权时,衡平法即将其视为受托人。法定信托是依法律规定而强制成立的信托。在英国法中,主要的法定信托为土地信托、遗产管理信托与破产信托。我国《信托法》第 55 条即为法定信托:在将信托财产转移给权利归属人的过程中,原信托视为存续,权利归属人视为受益人。[1] 而前文所述应用于公益信托的近似原则仅明确了信托财产的归属,并未成立法定信托。

第四节　资产管理法律关系

资产管理是指受托投资行为,即由委托人将自身财产交予受托人,由受托人为委托人提供投资管理与服务,以实现委托资产保值增值的行为。资产管理业务连接了投资者的资金和资产,表现为“资金—产品—资产”的业务特征。[2] 就法律属性而言,资产管理业务是指银行、信托、证券、基金、期货、保险资产管理机构、金融资产投资公司等金融机构接受投资者委托,对受托的投资者财产进行投资和管理的金融服务。[3] 资产管理行业属性具有同一性,即信托业属性,与“受人之托,代人理财”的营业性信托具有相同定位。[4] 资产管理法律关系主要包括资产管理主体、资产管理客体等,以下分别展开。

一、资产管理法律关系的主体

与信托法律关系的三方当事人相类似,资产管理主体主要包括资产管理计划的委托人、管理人和托管人。

首先是资产管理计划的委托人,委托人可以是具有完全民事行为能力的自然

---

〔1〕 参见何宝玉:《信托法原理研究》(第 2 版),中国政法大学出版社 2015 年版,第 38 页。也有学者认为《信托法》第 55 条为推定信托,参见赵姿昂:《论推定信托在中国的引入》,载《海南大学学报(人文社会科学版)》2019 年第 5 期。

〔2〕 参见乔永远、孔祥:《超级资管:中国资管业的十倍路径》,中信出版社 2021 年版,第 5 页。

〔3〕 参见中国人民银行、中国银保监会、中国证监会、国家外汇管理局《关于规范金融机构资产管理业务的指导意见》第 2 条。

〔4〕 参见徐化耿:《资产管理人勤勉尽责义务的理论基础与司法适用》,载《现代法学》2023 年第 3 期。

人、法人或依法成立的其他组织,分为不特定社会公众和合格投资者两大类。后者是指具备相应风险识别能力和风险承担能力,投资于单只资产管理产品不低于一定金额且符合投资经历与资产要求的自然人和法人或者其他组织。同时,委托人还须符合监管要求的特殊条件,如关于合格投资者人数的要求。在证券公司集合资产管理计划的情形中,合格投资者人数不得少于2人,累计不得超过200人。[1]在契约型资管计划中,委托人基于对资产管理人专业能力与职业操守的信任,与其签订资产管理合同并享有投资于资管计划份额的收益权,授权管理人行使资管计划财产的使用权和处分权,并由托管人对资管计划财产加以保管。[2]

其次是资产管理计划的管理人,在广义的资产管理行为即代人理财行为中,管理人可以是具有完全民事行为能力的自然人、法人,如保险公司、投资银行等;而在狭义的资产管理行为即限定的金融机构通过委托和信托关系为客户投资管理金融资产的行为中,管理人仅指限定的金融机构,即证券公司、基金公司和私募机构,其需满足相应资质要求。例如,在证券公司资产管理计划中,作为管理人的证券公司开展资管业务应取得客户资产管理业务资格,未取得相应资格的证券公司,不得从事客户资产管理业务。而在管理人履行义务方面,有别于委托代理合同关系,资产管理人享有特定的投资决策权,同时应当承担勤勉尽责义务,恪尽职守,以维护投资者利益。该义务作为金融行业行为标准,起到了补充法律漏洞以及弥补当事人约定不明的兜底性作用。[3]《信托法》《证券投资基金法》等法律法规及监管文件也以具体条文的形式对该义务详加规定。[4]此外,经由综合判断当事人之间的实质性约定与是否存在抽屉协议等形式要件,在通道业务中,[5]鉴于通道业务提供方与委托人之间并不存在真实的资产管理关系,通道业务提供方作为受托人的权利义务应以合同约定来确定,而无须承担勤勉尽责义务。

最后,托管人是指按照法律规定和资产管理合同的约定,履行安全保管客户委托资产、办理资金收付事项、监督投资行为等职责的专业机构。在证券资产管理产品的情形下,托管人明确由依法设立的商业银行或者其他金融机构担任。从1993年《上海市人民币证券投资信托基金暂行管理办法》首次规定基金托管,到现在的在没有法律、行政法规例外规定的情况下,所有资产管理产品应当由具有托管资质

---

[1] 参见《证券期货经营机构私募资产管理业务管理办法》(2023年修订)第19条、第36条。

[2] 参见肖宇、王子康:《委托人指令与资产管理人责任边界:以信义义务为分析视角》,载《财经法学》2023年第1期。

[3] 参见徐化耿:《资产管理人勤勉尽责义务的理论基础与司法适用》,载《现代法学》2023年第3期。

[4] 参见《信托法》第25条、《证券投资基金法》第18条。

[5] 通道业务提供方主要利用特殊金融牌照的优势,为委托人规避监管提供空间与帮助,并不承担主动管理的职责。

的第三方机构独立托管,[1]托管人制度得到不断发展。关于托管人的责任,在证券投资基金的情形下,托管人与管理人作为共同受托人,因共同行为给基金财产或者基金份额持有人造成损害的,应当承担连带赔偿责任。[2] 而在其他资产管理产品的情形下,托管人的法律地位尚处于模糊地带,难以明确其所承担的责任。

二、资产管理法律关系的客体

作为资产管理法律关系的客体,资产管理计划的委托资产可以是任何有价值的有形资产和无形资产,如现金、股票、债券、金融衍生产品等。但委托资产仅能为委托人自有资产或者合法筹集的资产,这与信托财产的合法性要求具有同样的法理基础。此外,在证券公司集合资产管理计划的情形中,委托人交付的委托资产原则上应当为货币资金出资。[3]

与信托财产的性质相似,委托资产具有独立性,具有隔离风险的制度优势。管理人因委托资产的管理、运用及其他情形而取得的财产和收益,归属于委托资产。一般情况下,非因委托资产所形成的债务,委托资产不得被强制执行。因委托资产形成的债务具体包括资产管理计划运作过程中产生的应由委托资产承担的税费以及交易对手享有的债权。在管理人和托管人破产或者清算时,委托资产独立于其固有资产,不属于其破产财产或清算财产。

根据客户分成方式与管理人收取管理费方式的差异,资产管理委托方式一般分为固定回报型、保本保息型、保本分成型、风险共担型与风险自担型五类。[4] 在客户分成方式中,由于管理人不得以任何方式承诺或者保证投资收益,[5]因此,发展到目前,由委托人与管理人共担盈利亏损或由委托人享受风险并承担收益的风险共担型和风险自担型成为资产管理委托的主流方式。

第五节　资产管理业务的种类

根据产品属性,资产管理业务可分为银行理财产品、证券投资基金、私募投资基金、保险资产管理计划、信托资产投资计划等领域,试分别述之。

---

〔1〕 参见中国人民银行、中国银保监会、中国证监会、国家外汇管理局《关于规范金融机构资产管理业务的指导意见》第14条。

〔2〕 参见《证券投资基金法》第145条。

〔3〕 参见《证券期货经营机构私募资产管理业务管理办法》(2023年修订)第20条。

〔4〕 参见吴万华编著:《证券公司资产管理业务操作实务》,法律出版社2017年版,第18页。

〔5〕 参见《证券投资基金法》第103条。

一、银行理财产品

银行理财是指商业银行作为资产管理人,接受投资者委托,按照与投资者事先约定的投资策略、风险承担和收益分配方式,对受托的投资者财产进行投资和管理的金融服务。[1] 商业银行经银行业监督管理机构批准,设立银行理财子公司从事理财业务。银行理财子公司开展业务,同样应当遵守法律法规对商业银行开展资产管理业务的相关规定。

根据不同标准,银行理财有多种分类方式。就募集方式而言,银行理财产品分为公募理财产品和私募理财产品,前者面向不特定社会公众公开发行,后者面向合格投资者非公开发行;就运作方式而言,银行理财产品分为封闭式理财产品和开放式理财产品,前者有确定到期日,在此之前投资者不得认购或者赎回,后者份额总额不固定,投资者可以按照协议约定认购或者赎回。

关于商业银行作为资产管理人应当履行的义务,除原则性的勤勉尽责义务之表述外,在制度层面,商业银行应当根据理财业务性质和风险特征,建立健全理财业务管理制度,制定和实施相应的风险管理政策和程序;在投资运作时,商业银行应当严格遵循可投资范围的禁止性规定,并向投资者进行恰当的信息披露。为加强对银行理财业务的监督管理,商业银行应当按时向银行业监督管理机构报送相关财务会计报表等材料。

二、证券投资基金

证券投资基金是指证券公司或基金公司作为资产管理人,公开或者非公开募集资金设立证券投资基金,依照有关法律、法规与客户签订资产管理合同,根据合同约定的方式、条件、要求及限制,由基金管理人管理,基金托管人托管,为基金份额持有人的利益进行证券投资活动。

证券投资基金也根据募集方式的不同分为公开募集基金与非公开募集基金。基金管理公司作为公开募集基金的管理人,需满足以下条件:(1)注册资本不低于1亿元人民币,且为实缴货币资本;(2)主要股东具有经营金融业务或者管理金融机构的良好业绩、良好的财务状况和社会信誉,资产规模达到国务院规定的标准,最近3年没有违法记录;(3)取得基金从业资格的人员达到法定人数等条件,并经国务院证券监督管理机构批准。[2] 非公开募集基金应当向合格投资者募集,合格投资者累计不得超过200人。

关于公开募集基金管理人的职责,其积极义务主要包括:(1)依法募集资金,办理基金份额的发售和登记事宜;(2)办理基金备案手续;(3)对所管理的不同基金

---

〔1〕 参见《商业银行理财业务监督管理办法》第3条。

〔2〕 参见《证券投资基金法》第13条。

财产分别管理、分别记账,进行证券投资;(4)按照基金合同的约定确定基金收益分配方案,及时向基金份额持有人分配收益;(5)进行基金会计核算并编制基金财务会计报告;(6)编制中期和年度基金报告;(7)计算并公告基金资产净值,确定基金份额申购、赎回价格;(8)办理与基金财产管理业务活动有关的信息披露事项;(9)按照规定召集基金份额持有人大会;(10)保存基金财产管理业务活动的记录、账册、报表和其他相关资料,以及以基金管理人的名义代表基金份额持有人行使诉讼权利或者实施其他法律行为等。[1]

三、私募投资基金

私募投资基金是指在我国境内,以非公开方式募集资金,设立投资基金或者以进行投资活动为目的依法设立公司、合伙企业,由私募基金管理人或者普通合伙人管理,为投资者的利益进行投资活动。

从事私募基金业务活动,应当遵循自愿、公平、诚信原则,保护投资者合法权益,不得违反法律、行政法规和国家政策,不得违背公序良俗,不得损害国家利益、社会公共利益和他人合法权益。

私募基金管理人管理、运用私募基金财产,私募基金托管人托管私募基金财产,私募基金服务机构从事私募基金服务业务,应当遵守法律、行政法规规定,恪尽职守,履行诚实守信、谨慎勤勉的义务。

私募基金业务活动的监督管理,应当贯彻党和国家路线方针政策、决策部署。国务院证券监督管理机构依照法律的规定对私募基金业务活动实施监督管理,其派出机构依照授权履行职责。国务院证券监督管理机构根据私募基金管理人业务类型、管理资产规模、持续合规情况、风险控制情况和服务投资者能力等,对私募基金管理人实施差异化监督管理,并对创业投资等股权投资、证券投资等不同类型的私募基金实施分类监督管理。

四、保险资产管理计划

保险资产管理计划是指保险资产管理机构作为资产管理人接受投资者委托,设立保险资产管理产品并担任管理人,依照法律法规和有关合同约定,对受托的投资者财产进行投资和管理的金融服务。[2]

与银行理财产品与证券投资基金不同,保险资产管理产品仅能面向合格投资者通过非公开方式发行,具体包括债权投资计划、股权投资计划以及组合类产品。按照投资性质的不同,保险资产管理产品可以划分为固定收益类产品、权益类产

[1] 参见《证券投资基金法》第19条。

[2] 参见《保险资产管理产品管理暂行办法》第3条。

品、商品及金融衍生品类产品和混合类产品。[1] 若投资于债权类资产的比例不低于80%，则属于固定收益类产品。权益类产品与商品及金融衍生品类产品对权益类资产和商品及金融衍生品的标准比例同样为80%。若不满足上述任一比例，则属于混合类产品。

诚实守信、勤勉尽责、防范利益冲突的基本原则在保险资产管理的情形下同样适用。保险资产管理机构应当建立全面覆盖、全程监控、全员参与的风险管理运行机制和风险准备金机制，以确保满足抵御业务不可预期损失的需要，并及时向委托人、中国人民银行、中国银保监会等主体披露和报告有关信息。保险资产管理机构的消极义务包括不得承诺保本保收益，不得以受托管理的保险资产管理产品份额进行质押融资，不得开展或者参与具有滚动发行、集合运作、分离定价特征的资金池业务，不得使用保险资产管理产品的资金与关联方进行不正当交易、利益输送、内幕交易和操纵市场等违法违规行为。

五、信托资产投资计划

信托资产投资计划是指信托公司作为资产管理人，为信托产品投资者提供投资和管理金融服务的自益信托，属于私募资产管理产品，不得开展公募业务或者申请公募业务资格。信托公司应当通过非公开发行集合资金信托计划来募集资金并进行投资管理。

信托资产投资共分为六大领域，分别为基础产业、房地产、证券投资、金融机构、工商企业和其他，2022年信托投向占比排序为证券投资、工商企业、金融机构、基础产业、房地产。[2] 其中，在基础产业上，自2013年10月国务院发布《关于化解产能严重过剩矛盾的指导意见》以来，基础产业投资增速逐年下滑甚至出现负增长。[3] 而在房地产领域中，随着部分房地产企业暴雷，房地产信托规模明显萎缩，且呈现出违约风险较高的态势，据华宝证券研报披露，2021年房地产类信托涉及金额较多，违约风险项目涉及金额约917亿元，占全部违约金额1500亿元的61.1%。[4]

而在信托机构开展通道业务方面，自2020年以来，以"继续压降信托通道业务规模，逐步压缩违规融资类业务规模，降低金融同业通道业务，加大对表内外风险资产的处置"为内容的信托监管行动持续推进，监管部门对于违规金融同业通道业

---

[1] 参见《保险资产管理产品管理暂行办法》第19条。

[2] 参见金融界：《2022年信托行业年报分析》，载百度2023年5月30日，https://baijiahao.baidu.com/s?id=1767296281106861014&wfr=spider&for=pc。

[3] 参见熊宇翔：《资管新规下的信托公司转型：挑战、机遇与经营展望》，载《西南金融》2018年第8期。

[4] 参见郭志强：《信托行业2021年喜忧参半房地产成违约"重灾区"》，载《中国经济周刊》2022年第10期。

务提出了"应清尽清、能清尽清"的要求。

信托公司作为资产管理人,同样应当履行勤勉尽责义务。其在开展资产管理信托业务时必须坚持受托人定位,按照审慎经营、诚实经营、勤勉尽责的原则为实现委托人合法最大利益履行受托管理责任。

第六节 我国资产管理业的发展及其监管制度

一、我国资产管理业在21世纪的发展历程

进入21世纪以来,中国资产管理行业发展肇始于2004年。2004年2月,光大银行发行国内首只外币理财产品"阳光理财A计划",随后又发行国内首只人民币理财产品"阳光理财B计划",国内银行理财业务从此起步。2012年前后,在市场需求和政策推动的共同作用下,券商资产管理和基金子公司首次汇入,中国资产管理业大规模增长,形成了"大资管"的业务体系与参与主体多元化的格局。

不同类型的资产管理产品的发展状况分别如下。关于银行理财,截至2023年6月末,全国共有225家银行机构和30家理财公司累计新发理财产品1.52万只,累计募集资金27.75万亿元;全国共有265家银行机构和30家理财公司有存续的理财产品,共存续产品3.71万只,较年初增长6.88%;存续规模25.34万亿元。[1]关于证券基金,截至2023年第一季度末,基金管理公司及其子公司、证券公司及其子公司、期货公司及其资管子公司、私募基金管理机构人管理的资产管理业务总规模约67.28万亿元,其中,公募基金规模26.68万亿元,证券公司及其子公司私募资产管理业务规模6.45万亿元,基金管理公司及其子公司私募资产管理业务规模6.81万亿元,基金管理公司管理的养老金规模4.43万亿元,期货公司及其资管子公司私募资产管理业务规模约2934亿元,私募基金规模20.70万亿元,资产支持专项计划规模2万亿元。[2] 关于保险资产管理,截至2023年6月底,债权投资计划、股权投资计划和保险私募基金共登记(注册)3091只,中国保险资产管理业协会登记(注册)规模6.64万亿元;其中债权投资计划2895只,规模5.62万亿元;股权投资计划115只,规模4626.53亿元;保险私募基金81只,规模5558.70亿

[1] 参见银行业理财登记托管中心:《中国银行业理财市场半年报告(2023年上)》,载https://www.chinawealth.com.cn/resource/830/846/863/51275/5937007/7278457/1691131252176195880762l.pdf,最后访问日期:2023年12月31日。

[2] 参见中国证券投资基金业协会:《资产管理业务统计数据(2023年一季度)》,载https://www.amac.org.cn/researchstatistics/datastatistics/comprehensive/zcglhybg/202306/P020230620610858959343.doc,最后访问日期:2023年12月31日。

元。[1] 关于信托资产管理，截至2023年第一季度末，信托资产规模余额为21.22万亿元，同比增加1.06万亿元，增幅为5.23%，环比增加776.90亿元，增幅0.37%，自2022年第二季度以来连续4个季度实现同比正增长，企稳势头得到稳固。与2017年年末的历史峰值相比，行业管理的信托资产规模下降幅度收窄至19.16%。[2]

二、资产管理业走向统合监管模式

自2016年起，中国银监会开展"三三四十"专项治理和对同业业务、理财业务的整顿。有力整顿了同业、表外、非标等金融乱象。[3] 2018年中国人民银行、中国银保监会、中国证监会、国家外汇管理局联合发布《关于规范金融机构资产管理业务的指导意见》，针对资产管理业务的多层嵌套、杠杆不清、套利严重、投机频繁等问题，设定统一的标准规制。明确了资产管理发展的总体思路及基本原则，旨在消除监管套利空间、防范金融风险、创造良好的制度环境。中国证监会在2018年10月发布了《证券期货经营机构私募资产管理业务管理办法》，而中国银保监会于2018年9月、12月分别出台了《商业银行理财业务监督管理办法》和《商业银行理财子公司管理办法》。2020年5月，中国银保监会出台《保险资产管理产品管理暂行办法》，又向全社会征求对《信托公司资金信托管理暂行办法（征求意见稿）》的意见。2023年7月，国务院发布《私募投资基金监督管理条例》，给私募投资基金业定章立规，自此私募基金业的法治框架基本定性。

国内外的经验和教训都说明，科学的监管和市场发展良性互动，监管的失误和金融风险互为因果。防范化解金融风险，促进资产管理业务健康发展，深化监管制度改革既是切入点，又是着力点。[4] 在"去通道""拆嵌套""破刚兑""降杠杆""净值化"的要求下，资产管理行业已经初步完成模式转型。资产管理业离不开风险控制，以金融创新为名掩盖金融风险、规避金融监管无益于资产管理业的长远发展。强化统合监管和"穿透式"监管正是风险防范的重要武器。近20来年，资产管理行业的发展正是金融市场混业经营的体现，客观上要求对该行业开展统合监管，

---

[1] 参见邓雄鹰：《保险资管最新数据出炉》，载百度2023年7月30日，https://baijiahao.baidu.com/s?id=1772832236305380265&wfr=spider&for=pc。

[2] 参见简永军：《2023年度1季度中国信托业发展评析》，载中国信托业协会官网2023年6月28日，http://www.xtxh.net/xtxh/statistics/48528.htm。

[3] "三三四十"是指"三违反""三套利""四不当""十个方面"。"三违反"即违犯金融法律、违反监管规则、违反内部规章，"三套利"即监管套利、空转套利、关联套利，"四不当"即不当创新、不当交易、不当激励、不当收费，"十个方面"即股权和对外投资方面、机构及高管方面、规章制度方面、业务方面、产品方面、人员行为方面、行业廉洁风险方面、监管履职方面、内外勾结违法方面、涉及非法金融活动方面。

[4] 参见吴晓灵、邓寰乐等：《资管大时代——中国资管市场未来改革预与发展趋势》，中信出版社2020年版，第78页。

强调机构监管和功能监管的整体适用,而不是简单沿用相对传统的机构监管。为约束资产管理业规避现行法律法规的行为,监管部门力推"穿透式"监管,从最终投资者和底层资产层面识别资产管理业务的本质,这在资产管理业制度发展上是一项标志化的监管举措。

思考题

目前有许多学者提议让资产管理回归大信托,但实际上信托和资产管理存在本质差异,请简述这一差异。

第四编　数字金融法制

第十五章　数字金融法律概述

第一节　数字金融概述

一、数字金融的内涵

金融是现代经济社会发展的命脉。当前人类社会已经进入数字时代，新一轮科技革命和产业变革方兴未艾。数字作为一种全新的生产要素正广泛赋能于传统交易形态，如数字信贷、移动支付等。在此背景下，金融与时俱进地产生了新的变化，数字与金融亦恰逢其时地发生融合，由此形成了数字金融，其可谓是时代发展的必然产物。传统金融以融通货币和资金为主要功能，在其难以有效满足社会需求的情境下，数字金融的生成和发展极大地迎合了公众需要。

数字金融是以依托于数字为载体的新型金融业态，目前对其概念尚未有统一的界定。2019 年 10 月，习近平总书记在中共中央政治局就区块链技术发展现状和趋势进行第十八次集体学习时指出，“区块链技术应用已延伸到数字金融、物联网、智能制造、供应链管理、数字资产交易等多个领域”〔1〕。根据 2020 年 4 月世界银行发布的《数字金融服务报告》(Digital Financial Services Reports)，数字金融是指传统金融部门和金融科技企业利用数字技术进行金融服务的金融模式。〔2〕北京大学数字金融研究中心则将其定义为传统金融机构与互联网公司利用数字技术实现融资、支付、投资和其他新型金融业务模式。〔3〕综合来看，当今关于数字金融概念的提出和界定在国内外已经基本达成了共识。数字金融相较于传统金融而言，二者既有共性又有区别。因此，其所具有的传统金融的基本功能本章不作深入讨论，而是将重心置于其专属领域。2023 年 10 月召开的中央金融工作会议同样指出：“做好科技金融、绿色金融、普惠金融、养老金融、数字金融五篇大文章。”

需要注意的是，目前有两组概念与数字金融较为相近，一是互联网金融，二是

---

〔1〕 习近平：《把区块链作为核心技术自主创新重要突破口　加快推动区块链技术和产业创新发展》，载《人民日报》2019 年 10 月 26 日，第 1 版。

〔2〕 参见《数字金融服务报告》，https://pubdocs.worldbank.org/en/230281588169110691/Digital-Financial-Services.pdf。

〔3〕 参见黄益平、黄卓：《中国的数字金融发展：现在与未来》，载《经济学（季刊）》2018 年第 4 期。

金融科技(FinTech)。中国人民银行等十部门发布的《关于促进互联网金融健康发展的指导意见》提出,互联网金融是传统金融机构与互联网企业利用互联网技术和信息通信技术实现资金融通、支付、投资和信息中介服务的新型金融业务模式。[1] 而金融稳定委员会将金融科技定义为金融服务中的技术创新,可以产生新的商业模式、应用程序、流程或产品,对金融市场和机构以及金融服务的提供产生相关的重大影响。[2] 但比较而言,互联网金融似乎主要突出金融的互联网特征,金融科技更加强调技术创新,而数字金融的概念则更加宽泛。

依据上文对数字金融内涵的界定,其是一种新型金融业务模式。以金融业务要素为划分,数字金融可进一步分为数字支付、数字借贷、数字保险、数字理财等。

二、数字金融的发展

(一)我国数字金融的发展

就我国的数字金融发展历程来看,其主要分为以下几个阶段:

第一阶段是自20世纪90年代开始的传统金融机构互联网化。这一阶段主要是我国的商业银行等机构通过运用互联网技术开展业务的过程。1997年,招商银行率先提出网上银行"一网通"。1998年,中国银行、建设银行、工商银行等陆续推出网上银行业务。[3] 但在此过程中互联网仅是作为辅助服务的工具而为金融行业的发展提供帮助,所以数字金融的表征要素并不是很明显。

第二阶段是我国的互联网金融时代。2004年,第三方支付平台支付宝的诞生,标志着我国的数字金融发展进入了一个新的阶段。支付宝初期通过推行手机支付、公共缴费等业务,实现了支付手段的数字化,是对支付体系的全方位革新。其后伴随着技术的发展,互联网金融业务在我国迅速扩张。2012年,P2P网络借贷平台呈现爆发态势。与此同时,以蚂蚁金服、腾讯金融为代表的金融科技企业不断涌现,其利用各自的技术优势广泛为用户提供网络金融消费、网络借贷、互联网保险等金融服务。[4]

第三阶段即当前阶段,我国数字金融的发展迈入了新的台阶,并逐渐渗透到金融行业的各个领域。在人工智能、大数据、区块链等技术的驱动下,传统金融行业的格局不断得到重塑。金融机构已经实现了全方位转型,并着力于与金融科技企业展开深度合作。新冠疫情蔓延阶段,更是加速了公众对于移动支付、数字借贷等

---

[1] 参见《关于促进互联网金融健康发展的指导意见》,http://www.gov.cn/zhengce/2015-12/14/content_5055119.htm。

[2] See https://www.fsb.org/work-of-the-fsb/financial-innovation-and-structural-change/fintech/.

[3] 参见清华大学经济管理学院数字金融资产研究中心主编:《数字金融未来已来》,人民日报出版社2020年版,第165页。

[4] 参见柏亮主编:《数字金融:科技赋能与创新监管》,中译出版社2021年版,第7页。

业务的需求。我国在数字金融在发展过程中,不断取得新的成效,并以此开启了数字金融创新发展之路。

(二)域外数字金融的发展

1. 欧盟。随着数字金融跨越国界,欧盟金融部门在各国金融创新和数字技术发展的基础之上,采取相应的战略积极推动数字金融的发展。2020 年 9 月,欧盟委员会发布了数字金融一揽子计划。[1] 该项计划以《欧盟金融科技行动计划(2018)》(FinTech Action Plan of 2018)和欧盟议会、欧盟监管当局等机构此前在数字领域的工作为基础,主要包括数字金融战略、零售支付战略、欧盟加密资产监管框架的立法提案以及欧盟数字运营弹性监管框架的提案。欧盟委员会所确立的战略目标是让欧洲消费者和企业能够享受到数字金融的好处,并对此明确了数字金融的若干发展策略。首先,解决金融服务数字单一市场的碎片化问题,以使消费者能够获得跨境服务,并进而帮助金融公司扩大其数字业务。其次,确保欧盟的监管框架能够实现符合消费者利益和市场效率的数字创新。再次,在欧盟数据战略的基础之上,创建金融数据空间以此促进数据驱动的创新。最后,鉴于数字金融的发展可能会对既有的监管框架形成冲击,进而影响金融稳定、消费者保护、市场完整性以及公平竞争,因此需要应对与数字化转型相关的相应挑战和风险。与此同时,欧盟也加强了与发展中国家的数字金融合作发展,以期更好地利用数字金融。2022 年 4 月 8 日,欧盟数字金融平台(EU Digital Finance Platform)正式上线。该平台通过打造将行业和公共当局聚集的协作空间,以支持欧盟金融体系的创新,并帮助实现真正的数字金融单一市场。[2]

2. 美国。美国的数字金融起步相对较早。1995 年,美国成立了第一家纯互联网银行 Security First Network,标志着美国互联网银行的开端。此外,大数据、人工智能、区块链等数字技术也逐渐得到美国银行业的重视,各大银行也逐步向自助电子渠道、手机银行、网络银行和自动取款机(ATM)等方向进行数字化转型。在大数据应用方面,美国银行在交易欺诈识别、精准营销、消费信贷、信贷风险评估、供应链金融、智能投顾、风险定价等领域的具体业务中,都在广泛应用大数据。在数字支付领域,1996 年世界第一家第三方支付公司 PayPal 在美国诞生。[3] 在数字货币方面,美国相继建立了数字货币交易市场、期货市场,并上线了衡量数字货币价格的比特币、以太坊指数。在网络借贷方面,美国主要包括两种模式。一种是平台出借模式,该模式依赖于储蓄机构发放贷款,其采用贷款销售方式,包括零售给散户投资者、贷款资产证券化销售给机构投资者。另一种是直接出借模式,其资金

---

〔1〕 See https://ec. europa. eu/commission/presscorner/detail/en/ip_20_1684.

〔2〕 See https://digital - finance - platform. ec. europa. eu/.

〔3〕 参见王青林、陆军、李响:《国内外第三方支付市场发展实践研究》,载《金融电子化》2012 年第 7 期。

端来源主要是依靠信用工具、贷款销售、资产证券化进行融资。

三、数字金融与传统金融的关系

(一)数字金融与传统金融的联系

1. 金融构成要素一致。金融的构成要素包含以下几个方面:一是金融对象,即货币。二是金融方式,金融方式分为直接金融和间接金融,直接金融是指资金短缺单位直接在证券市场上向资金盈余单位发行某种金融工具,间接金融是盈余单位把资金存放到银行等金融中介机构,再由这些机构以贷款或证券投资的形式将资金转移到短缺单位手中。[1] 三是金融机构,主要分为银行及非银行金融机构。四是金融场所,即金融市场,包括货币市场、外汇市场、保险市场、金融衍生品市场等。五是金融调控和监管机制,即对金融市场的活动进行调控和监管,保障金融行业的发展。随着经济社会的发展,金融内部各构成要素之间也呈现此消彼长的态势。但无论是数字金融抑或传统金融,其构成要素都包括上述几个方面。在数字金融的场景下,其内核在于通过科技赋能的方式对金融市场的交易形态、方式、载体等进行了创新,但并未就此改变金融的构成要素。

2. 金融核心功能一致。在现代经济体系中,金融所承载的核心功能包括配置市场资源、调节宏观经济以及提升经济效率。对于传统金融而言,其当然以实现上述核心功能作为价值目标和运转导向。而对于数字金融,其虽然可能会不断在传统金融商业模式的基础上进行创新,但归根结底还是技术和数字信息对金融领域的渗透。数字金融发展的目标是更好地迎合现代科技需求,通过提升金融市场主体的生产力和效率,进而更好地服务于金融市场的运作,故数字金融的发展亦无法脱离金融核心功能的轨道。

(二)数字金融与传统金融的区别

1. 金融工具的区别。金融工具是指在信用活动中产生的能够证明金融交易金额、期限和价格的标准化的合法的书面文件,反映了债权人与债务人之间的债权债务关系,在金融市场上以股票、债券、存单等不同形式存在。[2] 对于传统金融而言,其主要利用互联网等信息技术实现金融业务的便利化。传统金融业务主要利用的金融工具涉及交易系统、信贷系统、支付系统以及清算系统等。而数字金融以数据为要素,以区块链为底层逻辑,主要利用大数据、云计算、区块链和人工智能等新技术运用于投融资业务、保险、支付和清算等方面。[3] 在数字金融的运作场景下,数字支付、数字理财、数字保险等业务发展迅猛,与此相对应的亦是对传统金融工具的突破。数字货币、电子存单、电子保单等新兴数字金融工具的发展也日趋成

---

〔1〕 参见邢会强:《金融法的未来:金融法内部结构之变动趋势展望》,载《法学评论》2022 年第 5 期。
〔2〕 参见唐波主编:《新编金融法学》(第 4 版),北京大学出版社 2021 年版,第 3 页。
〔3〕 参见郝志斌:《数字金融的功能监管及其精准化实施》,载《行政法学研究》2023 年第 5 期。

熟,并且在现代金融体系中发挥着至关重要的作用。

2. 金融模式的差异。金融最基本的功能就是融通资金,而资金供需双方的匹配需通过两种模式进行:一种是银行所对应的间接融资模式,另一种是股票和债券市场所对应的直接融资模式,这两种模式对于经济增长和资源配置均发挥着重要作用。而以数字为代表的现代信息科技,尤其是当今广泛运用的移动支付、云计算等,这些因素对传统金融模式产生了较大的影响。在数字金融的模式下,形成了第三种金融模式,即利用数字特有的信息优势,通过大数据等将金融市场上的存量资金由供需双方直接进行匹配,其后通过第三方支付平台进行资金的配置。在此过程中,传统金融机构可能仅作为数字金融运行模式过程中的清算与结算的业务主体。

第二节 数字金融法概述

金融法是调整金融关系的法律规范的总称。[1] 就数字金融法而言,其与金融法应是特殊与一般的关系。因此,对于数字金融法的研究不能脱离金融法的传统框架。故应在遵从金融法共性理论的基础上,提炼出属于数字金融法领域的个性问题,进而有效规范数字金融领域的特殊法律关系。对于数字金融法的调整对象而言,其也应包括金融调控与监管关系和金融业务关系,而这些关系均是在数字化场景或要素下形成的。

一、数字金融调控与监管关系

数字金融视域下的金融调控与监管关系,主要是指监管机关在对数字金融市场进行监管过程中与金融活动主体间形成的金融监督和管理关系。其中监管机关主要包括中国人民银行、中国证监会、国家金融监督管理总局等主体。而受监管的对象则主要包括数字金融中的用户群体、互联网银行及非银行金融机构(如网贷公司),以及金融科技企业等。以数字金融的参与对象为界分,可进一步区分为机构和个体。就机构而言,其法律资格始于设立,终于终止。因此,其从金融市场准入到退出过程中的各个环节都会受到监管。比如主体资格的设立、变更和终止,以及所开展的金融业务活动。就个体而言,金融监管关系主要体现在其参与金融活动之中。

二、数字金融业务关系

数字金融业务关系,是指带有数字属性的银行以及非银行金融机构在开展业务的过程中与其他金融主体之间所发生的法律关系。结合我国现阶段在数字金融

---

〔1〕 参见唐波主编:《新编金融法学》(第4版),北京大学出版社2021年版,第5页。

领域的实践情况,本书将其项下的业务关系分为数字支付关系、数字借贷关系、数字保险关系以及数字理财关系。

数字支付,主要指依托数字化智能设备等硬件设施和通信技术、人工智能等数字科技手段实现的数字化支付方式,其是传统支付体系的有益补充,如在我国广泛使用的微信支付、支付宝等。

数字借贷,主要通过在线的方式进行,包括用户通过互联网银行以及网络小额公司进行的借贷活动。

数字保险,是保险业务的数字化,其显著拓宽了保险业务的覆盖范围。在此背景下,保险机构可以运用视频连线和远程认证等科技手段,实现业务关键环节线上化,保险用户亦可以通过线上的方式实现投保、续保的目的。

数字理财,一般是指在线理财,即投资者通过线上渠道进行投资或购买理财产品,以期实现财产保值增值的目的。

第三节 数字金融的法律监管

一、数字金融监管概述

(一)数字金融监管的目标

在数字经济日益创新的背景之下,数字金融领域相对应的产品和服务也在不断地发生更新迭代。对此,针对数字金融的监管政策势必要与数字金融的发展情况相匹配,以此有效化解金融风险,确保数字金融发展环境的稳定。数字金融的监管目标是解决数字金融监管问题的逻辑起点,本书认为,现阶段数字金融的监管目标体现在以下方面。

1. 宏观层面,即防范化解金融风险,维护数字金融市场的稳定。党的二十大报告提出,“高质量发展是全面建设社会主义现代化国家的首要任务。发展是党执政兴国的第一要务。……必须完整、准确、全面贯彻新发展理念。”同时提出,要“深化金融体制改革,建设现代中央银行制度,加强和完善现代金融监管,强化金融稳定保障体系,依法将各类金融活动全部纳入监管,守住不发生系统性风险底线”。2021 年10 月,习近平总书记在中共中央政治局第三十四次集体学习时强调:“近年来,互联网、大数据、云计算、人工智能、区块链等技术加速创新,要把握数字经济发展趋势和规律,推动我国数字经济健康发展。”[1]而金融是资源配置和宏观调控的

[1] 参见《习近平在中共中央政治局第三十四次集体学习时强调把握数字经济发展趋势和规律 推动我国数字经济健康发展》,载求是网,http://www.qstheory.cn/yaowen/2021-10/19/c_1127974061.htm。

重要工具,其与经济二者之间共生共存。党的十九届四中全会提出,要健全具有高度适应性、竞争力、普惠性的现代金融体系。[1] 具体到金融领域,就是进一步增强金融业的治理能力,及时防范和化解各类风险,促进金融业持续健康发展。发展普惠金融,通过金融的普惠性助力缓解发展不平衡、不充分的问题,进而推动市场主体和人民群众共享发展成果,其是促进共同富裕的重要手段,也是贯彻落实协调发展、共享发展的应有之义。

2. 微观层面,即应当注重保护数字金融用户的合法权益。在数字金融时代,由于用户群体与金融机构等主体之间缺乏直接交流,而主要依靠电子媒介的方式进行信息互动。在此情况下,信息不对称的问题将会愈加凸显。在数字金融领域,无论是数字支付、数字保险抑或数字理财,不仅会存在传统金融领域中的诸如格式条款的问题,亦会发生在数字情境下的个人金融信息保护、大数据杀熟、数据垄断与不正当竞争等新型问题。[2] 而数字金融用户的体验,将会直接反映出一国数字金融的发展情况的好坏,进而影响数字金融的发展进程。数字金融用户权益的保障和实现,是数字金融发展进程中宏观目标的具体落实与检验。

(二)数字金融监管的理论基础

1. 功能性监管

金融的稳健运行和资源的合理配置有赖于高效的金融监管。在金融监管领域,随着金融产品和服务的不断创新,诸如银行、证券、保险等业务之间的界限也日益模糊,导致监管机构面临监管重叠和监管真空共存的困境。在此种情境下,部分国家便开始探索向功能监管的转型,其监管重心在于主体的业务活动及其发挥的基本功能,进而以监管结果为目标导向。[3] 功能性监管能够更加迎合混业经营下的监管需求,克服了传统金融监管体制下监管模式的相对固化而造成的困境。功能性监管的优势就在于其能够实现跨产品、跨行业和跨市场之间的协调监管,进而从金融业务的总体层面实行监管,进而有效缓解监管重叠与监管空白的问题。尤其在数字金融的背景之下,各项金融业务之间的边界变得愈加模糊。因此功能性监管能够有效统合不同的金融要素,进而有效地衔接数字金融领域各业务的环节,并能够及时应对金融产品以及金融市场的变化并随之调整。

2. 包容审慎监管

数字金融以数字科技为核心驱动力,以网络平台为主要组织形态,故而具有虚拟性、流动性和融合性等特点。因此,传统监管模式已经难以有效应对数字金融的监管,新的金融样态需要与新的监管模式相匹配。对于新生事物的规制逻辑,目前

---

[1] 参见《中共中央关于坚持和完善中国特色社会主义制度　推进国家治理体系和治理能力现代化若干重大问题的决定》。

[2] 参见中国银保监会党委:《持之以恒防范化解重大金融风险》,载《求是》2022 年第 10 期。

[3] 参见郑彧:《论金融法下功能监管的分业基础》,载《清华法学》2020 年第 2 期。

的主流态度是采用包容审慎的应对理念,这一理念在我国政策层面亦有体现。如2020年1月施行的《优化营商环境条例》第55条中提道:“政府及其有关部门应当按照鼓励创新的原则,对新技术、新产业、新业态、新模式等实行包容审慎监管……”2021年1月,中共中央印发《法治中国建设规划(2020—2025年)》,要求探索“包容审慎监管等新型监管方式”。包容审慎监管旨在追求效率与安全的动态平衡,可以有效打破传统监管在数字时代面临的困境。包容审慎监管理念能够有效应对数字金融在发展过程中存在的不确定性,通过在发展中规范、在规范中发展的方式实现二者之间的良性互动和平衡,有利于激发市场活力和社会创造力。[1] 其更能满足混业经营趋势下金融监管对金融风险的规制效果,而并非金融监管的职能应隶属于何者的现实需求,体现出激励和规范并重的监管逻辑。

(三)数字金融监管的原则

1. 鼓励创新与维护金融安全相统一

2017年4月25日,习近平总书记在中共中央政治局第四十次集体学习中强调,金融安全是国家安全的重要组成部分,维护金融安全,是关系我国经济社会发展全局的一件带有战略性、根本性的大事。[2] 因此在包容审慎的监管格局下,需要在保障金融安全的基础之上有序引导数字金融的良性发展。包容审慎监管要求政府在是否监管和如何监管两方面均做到包容审慎。对此,《法治政府建设实施纲要(2021—2025年)》明确要求“推动有效市场和有为政府更好结合”。应当注意的是,数字金融只是对金融形式的改造,但并未改变金融的内核。因此,数字金融的发展应始终秉持着安全与稳定的理念,防范“黑天鹅”“灰犀牛”等事件的发生。一方面,给予市场必要的发展时间与空间,让其自主发挥调节功能,可以最大限度释放数字金融的活力。另一方面,囿于资本的逐利性,数字金融市场在发展过程中会不可避免地朝向私主体利益最大化的方向配置资源,进而可能会影响市场公平。因此,监管主体可以通过引导激励的方式,使数字金融参与者在不逾越规范的范围内开展相应的金融活动,从而达到鼓励创新、防范风险、维护金融安全的发展体系。

2. 运用与数字金融相匹配的监管手段

数字金融发展的创新亦要求监管手段的与时俱进。对此,金融监管要进一步适应数字化转型的趋势,在承认金融行业的深层次重构与把握金融领域监管实质的基础之上,对现行监管形式和手段加以创新。一方面,要大力发展监管科技。金融的数字化,亦需要监管的数字化,包括数字金融大数据的建设、监管规则的数字化和标准化,监管手段的数字化和智能化等。例如,金融监管部门可以联合大数据部门共同建设金融数据监管平台,充分发挥金融科技的赋能作用,以此来实现数字金融监管的智能化与现代化。另一方面,应进一步完善监管机关组织以及人员的

---

[1] 参见刘权:《数字经济视域下包容审慎监管的法治逻辑》,载《法学研究》2022年第4期。

[2] 习近平:《做好金融工作　维护金融安全》,载新华社2017年4月26日。

设置。数字金融的强技术性可能会给监管主体带来一定的挑战,因此为了提高监管的有效性,可以考虑聘请具备专业知识的技术人员,通过监管科技对数字金融进行认定和审查,进而与金融机构以及金融科技公司的数字化转型相适应,解决监管的滞后性问题。

3. 注重普惠性与效率性相平衡

普惠金融是指在商业持续性发展和机会平等原则的基础上借助于政策扶持的手段,优化金融基础设施建设项目,增强金融体系健全性,满足一定的成本负担性,为社会各个阶层的群体提供其所需的金融服务项目。2021 年 12 月,中国人民银行印发《金融科技发展规划(2022—2025 年)》,并指出金融业发展应坚持"数字驱动、智慧为民、绿色低碳、公平普惠"的基本原则,明确要在"践行数字普惠金融"等方面精准发力。通过合理运用金融科技手段丰富金融市场层次、优化金融产品供给,让金融科技发展成果更广泛、更深入、更公平地惠及广大人民群众,助力实现共同富裕。因此,对于数字金融的监管而言,也需注重其在发展过程中应当兼顾效率和公平。数字技术和手段本身是中性的,其能够大幅度提高数字金融的发展效率。但技术的本质是按照研发人员设定的程序运行,期望获得理想结果的一系列指令,其背后承载的是开发者的预期。因此,对于数字技术也需要通过一定的方式纳入数字金融的业务、程序和监管当中。[1] 在此过程中需要对数字金融的普惠性加以识别,强化对于金融科技公司的技术审查,防止可能对用户群体合法权益的侵害。

二、我国数字金融监管实践

(一)我国数字金融监管的规范现状

对于数字金融概念的界定可溯及至互联网金融,因此对于数字金融监管规范的探讨也应当以此为逻辑起点。因此,2015 年由中国人民银行等十部门发布的《关于促进互联网金融健康发展的指导意见》可谓是我国数字金融监管的法治开端。《关于促进互联网金融健康发展的指导意见》以鼓励金融创新为出发点,以金融业态为对象划分了各监管部门的职责,为金融监管落实了监管职责。2016 年可视为我国的互联网金融监管元年,该年由中国银监会、工业和信息化部(以下简称工信部)、公安部、国家互联网信息办公室(以下简称国家网信办)联合发布 2016 年第 1 号文件《网络借贷信息中介机构业务活动管理暂行办法》,互联网金融专项整治活动的序幕由此开启。2019 年 8 月,中国人民银行印发《金融科技(FinTech)发展规划(2019—2021 年)》,作为支持金融科技发展的纲领性文件。与此同时,多个监管部门针对数字金融领域的监管政策纷纷出台,在 2020 年开启了"强监管元年"。

---

〔1〕 参见陈道富:《数字金融监管的基本思路、原则和重点思考》,载《北方金融》2021 年第 6 期。

(二)现行金融监管体制对数字金融的监管

在监管机构的设置方面,我国现行的监管体制为"一委一行一会一局"下的分业监管体制。其中,"一行"是指中国人民银行,主要负责货币政策和审慎监管职能;"一会"是指中国证监会,负责证券业的金融监管,并统一负责公司(企业)债券发行审核工作。"一局"是指国家金融监督管理总局,统一负责除证券业之外的金融业监管,强化机构监管、行为监管、功能监管、"穿透式"监管、持续监管,统筹负责金融消费者权益保护,加强风险管理和防范处置,依法查处违法违规行为。总体上来看,目前我国的监管模式大致上与当前金融市场特点和数字金融发展水平相契合。在此模式下,我国金融监管部门对被监管主体主要采取"命令—控制"型的监管,即要求监管对象遵循事先设定的行为规则,一旦金融活动的参与者的行为被认定为违法,监管机关就会采取相应的措施对被监管者的违法活动加以规制。[1] 目前在具体的监管过程中,我国的数字金融监管总体上仍以人工监管为主,而监管数据的获得主要依靠金融机构提供的相关报告。随着大数据、人工智能的不断发展,监管机构的监管手段也逐步向智能化方向靠拢。2019 年 12 月,北京市在全国率先启动金融科技创新监管试点工作,其运用信息公开、产品公示、共同监督等柔性管理方式,引导持牌金融机构依法合规经营,保护金融消费者合法权益。

此外,针对数字金融等新兴金融发展领域存在的问题,我国也通过深化金融体制改革的方式创新监管。当前,"穿透式"监管的理念已广泛应用于金融监管各领域,并上升至对金融改革的整体要求。2017 年召开的全国金融工作会议提出,要坚持从我国国情出发推进金融监管体制改革,增强金融监管协调的权威性、有效性,强化金融监管的专业性、统一性、穿透性,所有金融业务都要纳入监管,及时有效识别和化解风险。2018 年 4 月,由中国人民银行、中国银保监会、中国证监会、国家外汇管理局联合发布的《关于规范金融机构资产管理业务的指导意见》中提出:"对资产管理业务实施监管遵循以下原则:……(2)实行穿透式监管,对于多层嵌套资产管理产品,向上识别产品的最终投资者,向下识别产品的底层资产(公募证券投资基金除外)。"在此过程中,可以透过金融业务表面发现业务本质,进而明确金融业务的具体属性,明确监管机构的监管职责,进而提高监管的精准度和有效性。

三、域外数字金融监管实践

(一)美国数字金融监管实践

2008 年国际金融危机爆发,美国各领域的经济都受到了冲击。在此情况下,美国开始实施强度较高的金融监管措施。2010 年美国《多德—弗兰克法》[2]围绕系

[1] 参见董小君、郭贝贝、丁立江:《金融行为监管模式分析与国际经验借鉴》,载《行政管理改革》2019 年第 7 期。

[2] See https://www.congress.gov/bill/111th-congress/house-bill/4173/text.

统性风险对美国金融监管体系进行了相应的修改和完善，并通过施加外部性征税措施进一步稳固了美联储的金融地位，有力地保护了消费者的合法权益，阻碍了风险在不同市场之间进行转移。在数字金融的监管问题上，美国所采取的是“归口监管”的方式，即在将数字金融业务按照一定标准进行分类的基础上，归入既有的金融监管体系内统一管理。

美国数字金融的监管主要集中在网络信贷、移动支付、金融理财等方面。在网络信贷方面，美国证券交易委员会根据证券法，重点监管市场准入以及信息披露。其中监管对注册要求以及准入门槛相对较高，且平台须每日提交至少一次报告，这有效保证了网络借贷环境的参与度和安全性。在移动支付领域，美国监管机关将重点集中于交易过程。根据法律规定，移动支付平台必须在金融犯罪执法网站上注册登记，以此便于联邦政府以及地方政府统一监管，其要求禁止私自挪用客户资金，并且要求存档所有的交易记录。上述措施有效地防范了移动支付业务在开展过程中可能存在的漏洞和风险，能够营造出相对安全的支付和交易环境。在金融理财领域，美国证券交易委员会对投资顾问加以监管，并通过客户披露的信息对金融理财公司开办业务的合规性和合法性进行评估，在此过程中所有金融理财公司均会在消费者保护法的框架之下受到美国证券交易委员会的监督。

综上可知，美国监管机关在保障金融消费者合法权益以及实施差异化监管的基础之上，对数字金融行业实行充分自律的监管模式，以此鼓励金融领域的创新，同时以稳定金融为目标，在整体层面遏制金融风险的发生和蔓延。

（二）英国数字金融监管实践

英国金融领域的监管传统上包括自律监管和分业监管，自1986年“金融大爆发”之后，逐渐转变为统一监管。1997年，英国在合并原有金融监管机构的基础上设立了统一的金融监管部门——金融服务监管局（FSA），该组织负责金融业的综合性监管。2008年，受国际金融危机的影响，英国金融监管体系亦受到了冲击，同时促成了英国金融监管体制的改革。至2013年《金融服务法案》生效，英国正式撤销了金融服务监管局，继而采用“双峰监管”（Twin Peaks Supervision）模式。[1] 在这次改革中，消费者权益保护从审慎监管框架内被分离出来，其中金融政策委员会负责宏观审慎监管，审慎监管局负责微观审慎监管，监管的主导机构金融行为监管局负责金融行业相关业务服务的监管，并注重保护金融消费者的合法权益。

2015年，英国金融行为监管局创立了“监管沙盒”机制，其监管原则是平衡金融创新发展与监管之间的关系。[2] “监管沙盒”的运行逻辑是在虚拟环境中测试

---

〔1〕 See https://www. lexology. com/library/detail. aspx? g = 83af51f8 - d519 - 4f4d - 9580 - 0dff086e6082.

〔2〕 参见肖翔、周钰博、杨海盟：《金融科技监管沙盒实践的国际比较》，载《金融市场研究》2020年第12期。

新兴的科学技术,并将其适用于金融领域的初创企业。简言之,“监管沙盒”就是为科技进步背景下的数字技术以及新兴金融业提供一个“监管实验区”,其是对新兴金融创新产品与服务适当放宽监管约束的区域。就“监管沙盒”而言,其不仅支持了数字金融企业初创期间的发展,也提高了科技转化效率,能够激发金融创新活力。此后,“监管沙盒”这一创新监管模式在全球范围内形成了示范效应,赢得了众多国家和地区的模仿和借鉴。2016 年以来,澳大利亚、新加坡、我国香港特别行政区等国家和地区相继推出了“监管沙盒”,以服务于数字金融产品。在全球金融监管实践领域,“监管沙盒”已经成为金融监管领域的热点议题。2019 年,英国金融服务监管局、美国消费者金融保护局(CFPB)、新加坡金融管理局(MAS)等 38 个不同国家的金融监管部门以及相关国际组织共同建立了跨国“监管沙箱”,以此保障数字金融市场的稳健发展。[1]

(三)德国数字金融监管实践

德国采用的是混业监管的体制,即在混业经营的基础之上,对金融机构进行统一管制。2010 年,德国结合本国国情进行了金融监管体制改革:一是设立金融稳定委员会,以此加强宏观和微观审慎监管之间的联系;二是根据立法授予了中央银行与联邦金融监管局共同监管的权力,以此强化宏观审慎监管的外部监管合作;三是成立了金融稳定部并强化内外部协调与服务,以加强对系统性风险的预防与应对。[2]

根据德国联邦外贸与投资署的最新报告,自 2015 年以来,德国的金融科技发展迅速,市场规模在欧洲仅次于英国,排名第二。为进一步鼓励金融科技行业发展,德国财政部于 2017 年 3 月建立了金融科技委员会。该委员会专门调研数字技术在金融领域的应用情况,就数字金融方面的问题向德国联邦政府提供建议,尤其是技术发展潜力、机遇和风险方面。[3] 德国政府以保护新型数字金融企业发展为目标导向,密切跟踪企业动态并适当进行干预,保障市场充分的自由度。

(四)新加坡数字金融监管实践

新加坡金融监管主体是成立于 1971 年的新加坡金融管理局。2013 年,新加坡金融管理局修订了《新加坡金融监管目标和原则》,其监管的对象包括金融顾问公司、金融公司信托公司、商业银行、投资银行等主体。新加坡金融管理局的总体目标是促进整个金融体系的稳定,并分别设定了稳健的金融机构,安全高效的金融基础设施,以保障消费者的权益。2015 年 8 月,新加坡金融管理局设立金融科技和创

---

[1] 参见肖翔、靳亚茹、吕钰涛:《2019 年全球金融科技监管动态综述》,载《当代金融家》2020 年第 2 期。

[2] 参见王琳、葛致壮、唐婧:《欧盟宏观审慎政策框架的经验与启示——以德国金融改革为例》,载《清华金融评论》2018 年第 8 期。

[3] 参见张恒龙、田聪莹:《数字金融监管政策的国际比较研究》,载《秘书》2022 年第 4 期。

新团队(Fintech & Innovation Group,FTIG),推动实施《金融领域科技和创新计划》,以支持金融科技项目的开发与应用。2016年5月,新加坡专门成立了金融科技署(Fintech Office)对金融科技相关业务进行管理,并为数字金融企业提供"一站式"服务,以促进金融行业的发展。2016年7月,新加坡推出《众筹监管新规》,对众筹行为进行一系列规定,正式开始向散户投资者提供行业指导意见和安全保障。2016年11月,新加坡金融管理局在借鉴英国监管模式的基础上,提出《金融科技监管沙盒指导》,加入了"监管沙盒"的行列。2017年11月,新加坡推出《新加坡关于ICO及加密指南》。面对区块链、数字货币的迅猛发展,新加坡央行称,《新加坡关于ICO及加密指南》是以区块链技术为基础出售数字货币的首次代币发行(ICO)行为将在一些特定情况下被纳入国家期货证券及金融顾问法案的条款下进行处理。[1]

思考题

1. 数字金融与传统金融相比有何特殊性?
2. 数字金融在监管时有何侧重?

〔1〕参见金色财经:《新加坡金融管理局发布关于ICO及加密货币新指南》,载金色财经网2017年11月16日,https://www.jinse.com/news/blockchain/94569.html。

第十六章　数字金融主体法律制度

第一节　数字金融用户群体法律制度

一、数字金融用户群体概述

（一）数字金融用户群体的范畴界定

数字金融用户群体，即为数字金融产品和服务所作用的对象，其应当主要包括个体和组织。在此过程中，用户群体为了满足其经济需求而选择使用金融机构所提供的数字金融产品或服务。根据中国金融认证中心（CFCA）发布的《2022 中国数字金融调查报告》，随着网络银行普及率的提高，国内网络银行用户数量快速增长。其中企业网银的用户比例已从 2017 年的 79% 上升至 2022 年的 93%，已接近饱和状态。现如今金融类 App 已经成为用户群体使用的重要类别之一，数字金融的用户需求集中在移动支付和银行类 App，其他领域也包括证券服务应用、数字投资理财以及数字保险服务等业务。

与数字金融用户群体相关的一个概念是数字金融消费者，与其相对应的业务主要是移动支付业务。数字金融消费者属于金融消费者的概念范畴。

从目的上来看，数字金融用户群体中除了消费者外，还包括投资者，如自然人投资者和机构投资者。其可以通过互联网证券、网络理财等方式达到资金保值增值的目的。而投资者基于投资经验和专业水平又可分为一般投资者和专业投资者。目前在投资领域，存在"卖者尽责、买者自负"的原则和理念。因此，为平衡金融机构与投资者之间的关系，现行规范亦基于投资者的水平而对其权益保护进行了区分。在某种程度上，金融消费者和金融投资者趋于等同。例如，投资者通过购买理财产品以期实现投资目的，但其本身也作为金融消费者在购买金融产品，因此下文主要就数字金融消费者展开论述。

综上所述，根据《中国人民银行金融消费者权益保护实施办法》的规定，当前的观点是将金融消费者纳入自然人范畴。因此从主体类型的角度区分，数字金融消费者以及数字金融自然人投资者均属于自然人。但数字金融用户群体除自然人外，还包括相应的组织。

（二）数字金融用户群体保护的必要性

在金融交易关系中，因交易双方的信息不对称，故而金融消费群体的权益可能会受到侵害,数字时代的到来更是加剧了这种问题。

一方面,大数据以及金融科技的发展很大程度上促进了信息的流通和互动,但可能会引发金融数据垄断等一系列问题,甚至会引发相应的风险。2020 年 11 月,蚂蚁集团被暂缓上市事件即为例证。在数字金融时代,金融消费者与用户数据占有多寡对金融市场竞争意义重大。但囿于市场主体数据技术实力失衡、数据控制规模悬殊以及互联网平台生态系统竞争优势差异,数据垄断正在成为金融科技创新发展的系统性节点。[1] 此外,作为数据技术和数字经济基础性载体的算法也可能会形成共谋,进而妨碍数字金融发展秩序。在算法作用的机制下,数字金融的消费者和投资者的个人信息、知情权以及财产权等权益也存在着被侵害的风险。

另一方面,数字金融的发展使得运用金融科技创新监管成为必要。而与此相对应,传统监管手段可能会面临失灵,使有效保护数字金融用户的政策目标存在障碍。在数字金融背景下,数字金融领域产品和服务的提供者不仅拥有对金融用户群体的信息优势,其与监管者之间通常也存在信息壁垒。数字金融产品的创新可能会对监管机关带来一定的挑战,如因技术识别经验不成熟而形成监管盲区,或者应对新型的金融风险而应对能力差等情况。因此,既有的问题或挑战也要求监管机关应适时转换监管理念,充分运用技术手段协助监管,以缓解信息不对称带来的困境,进而充分保障数字金融用户的权益,使数字金融良性发展。

二、我国数字金融用户群体法律体系

理论上而言数字金融用户包括个体和组织。而从规范层面来说,关于个人在参与数字金融活动中的规制或保障,实质上已经涵盖了涉及组织的部分。因此,本书主要就数字金融自然人用户的规范体系进行讨论。针对数字金融消费者的规范体系,其实早些年在我国已有雏形,仅是近几年才有了数字金融的表述,其是金融在不同发展阶段所对应的正常现象。需要说明的是,金融消费者与数字金融消费者是从一般到特殊的关系。2022 年 5 月,中国银保监会发布《银行保险机构消费者权益保护管理办法(征求意见稿)》。其虽是就银行保险领域的消费者保护予以规定,但从理念上亦可以涵盖整个金融领域的金融消费者权益保护。从规范意旨和制度价值的角度出发,数字金融消费者权益保护的重点,则又集中于个人金融信息(数据)保护、金融消费争议解决等。2023 年 3 月,新一轮的《国务院机构改革方案》发布,在中国银保监会基础上组建国家金融监督管理总局,统一负责除证券业之外的金融业监管,强化机构监管、行为监管、功能监管、"穿透式"监管、持续监管,统筹负责金融消费者权益保护,进一步优化了金融消费者的保护机制。

(一)数字金融用户金融数据制度概述

与数字金融相关的则为金融信息或金融数据。个人金融信息是金融信息的组

[1] 参见刘乃梁、吕豪杰:《金融科技数据垄断:源流、风险与治理》,载《财经科学》2022 年第 3 期。

成部分,其通常产生于金融活动主体在参与证券、银行、期货、保险等金融活动,以及金融机构在交易过程中所获得的用户静态基本信息和动态交易信息。个人金融信息一旦泄露,不仅会直接侵害个人金融信息主体的合法权益、影响金融机构的正常运行,甚至可能会造成系统性金融风险。因此,有必要通过加强个人金融信息安全管理进而最大限度保障数字金融用户群体的合法权益,维护金融市场的稳定。2011 年 1 月,中国人民银行发布了《关于银行业金融机构做好个人金融信息保护工作的通知》(已失效)。其中规定了“个人金融信息,是指银行业金融机构在开展业务时,或通过接入中国人民银行征信系统、支付系统以及其他系统获取、加工和保存的以下个人信息:(一)个人身份信息……(二)个人财产信息……(三)个人账户信息……(四)个人信用信息……(五)个人金融交易信息……(六)衍生信息……(七)在与个人建立业务关系过程中获取、保存的其他个人信息”,这一规定与《中国人民银行金融消费者权益保护实施办法》中的表述基本相同。[1] 目前在立法层面,我国没有对金融数据的概念进行明确的界定,一般认为其是金融机构收集、使用的数据。[2] 中国人民银行于 2020 年 2 月发布的《个人金融信息保护技术规范》,其中明确个人金融信息是个人信息在金融领域围绕账户信息、鉴别信息、金融交易信息、个人身份信息、财产信息、借贷信息等方面的扩展与细化,是金融业机构在提供金融产品和服务的过程中积累的重要基础数据,也是个人隐私的重要内容。2023 年 7 月,为加强中国人民银行业务领域数据安全管理,中国人民银行起草了《中国人民银行业务领域数据安全管理办法(征求意见稿)》,将安全贯穿数据治理全过程,守住安全底线,明确监管红线。

在规范层面,我国目前未就金融数据进行专门立法,而是散见于部分法律、行政法规以及部门规章中。从现行规范来看,我国为个人金融数据或信息提供了相对充分的保护,这也表明我国对个人信息权利的重视。但是对个人金融数据法益的保护并不是绝对的,在某些特殊情形下,其需置于国家、公共利益等位序之后,这亦是法益性质与价值衡量的不同所决定的。个人金融数据兼具私人性和公共性的特征,这也决定了对于个人金融数据的保护亦存在边界。如在《个人金融信息保护技术规范》和《信息安全技术个人信息安全规范》两部规范中,均列举了金融机构共享个人金融信息而无须征得个人授权同意的若干情形,主要表现在履行法定义务、国家安全、公共安全、重大公共利益、合法公开披露渠道获取的信息等。由此,国家公权力机关已经成为个人金融数据共享的豁免同意对象。除了上述情形外,在当前商业交易中,若坚持取得个人同意方可处理或共享其数据的规制逻辑,将会

---

〔1〕《中国人民银行金融消费者权益保护实施办法》第 28 条规定:“本办法所称消费者金融信息,是指银行、支付机构通过开展业务或者其他合法渠道处理的消费者信息,包括个人身份信息、财产信息、账户信息、信用信息、金融交易信息及其他与特定消费者购买、使用金融产品或者服务相关的信息。”

〔2〕参见何渊主编:《数据法学》,北京大学出版社 2020 年版,第 205 页。

大幅提高交易成本。基于商法基本原则中商事交易效率和交易便捷的要求，立法者也意识到相关主体在此领域的现实需求。如在《个人信息保护法》中，其便规定了基于履行合同的需要可以豁免同意，以及信息处理者在合并、分立、解散、被宣告破产等情形中可附条件豁免。[1]

（二）数字金融用户金融争议解决制度概述

争议解决机制是数字金融用户维护自身权益的重要保障。2015年12月，中国人民银行等十部门发布《关于促进互联网金融健康发展的指导意见》，提出了要构建在线争议解决、现场接待受理、监管部门受理投诉、第三方调解及仲裁、诉讼等多元化的互联网金融在线纠纷解决机制。因此，构建一个独立于金融业机构以及金融消费者的第三方纠纷解决机构也成为必要。鉴于金融纠纷本身的复杂性，并考虑到金融消费者的维权成本以及金融秩序的稳定，金融机构内部投诉是解决纠纷便捷、高效的方式，尤其是对于相对简单的金融争议。但可能产生的问题是，金融机构内部纠纷解决部门在整个金融机构当中存在固有的困境。

一方面，其内部纠纷解决机构并非专业机构，在解决实际问题中的专业水准和实际权限相对有限；另一方面，该机构毕竟为金融机构的内部机构，其在某种程度上兼具“运动员”和“裁判员”的角色，因此对于处理结果的公平公正性难以保障。为此，我国的金融监管机关设立了金融消费者保护机构，如各地的金融消费者保护局，其主要职能包括：(1)协调推动建立并完善银行业金融机构消费者服务、教育和保护机制，建立并完善投诉受理及相关处理的运行机制；(2)组织开展银行业金融机构消费者权益保护实施情况的监督检查，依法纠正和处罚不当行为；(3)统筹策划、组织开展银行业金融机构消费者宣传教育工作等。2019年，最高人民法院、中国人民银行、中国银保监会联合召开金融纠纷多元化解机制推进会，发布《关于全面推进金融纠纷多元化解机制建设的意见》。目前，金融纠纷多元化解地方工作机制已覆盖全国31个省（自治区、直辖市），有效整合人民调解与司法调解资源，形成工作合力，打造矛盾纠纷收集与委派、按类调处、司法确认的对接机制。

总体而言，在数字金融消费者权益保障和争议解决方面，我国已经构建形成了相对完备的规范体系。通过内部投诉、金融调解、“一站式”金融纠纷解决等诉讼，将金融诉讼作为争议解决的最后一道防线，进而在节约司法资源的基础上高效处理金融纠纷，最大限度地保护金融消费者的合法权益。[2]

---

〔1〕 参见方乐、李伟群：《个人金融信息保护视阈下金融数据共享规则的完善》，载《金融法苑》2021年第3期。

〔2〕 参见张世君、赵佳慧：《我国金融争议解决机制的不足及对策》，载《银行家》2017年第6期。

三、域外数字金融用户群体法律体系

(一)域外数字金融用户金融数据制度概述

经济的全球化也标志着数据的全球化,数据治理能力已成为国家发展的核心竞争力。在金融领域,各国家和地区对于金融数据的规制也是随着金融业的发展不断演进。

1. 欧盟

欧盟的数据保护立法起步相对较早,其中关于金融数据的规范亦有迹可循。随着大数据等新兴技术的推进,数据已经成为企业的核心资产之一。与此同时,相当数量的公众通常并未意识到自己的信息被收集和使用,其对信息传播目的和对象也无从知晓。[1] 传统的个人信息保护立法已经难以有效满足数据的保护需要,进而阻碍了社会创新和经济发展。为缓解规范的滞后性所造成的困境,欧盟也采取了一系列的革新措施,具有示范意义的当属2016年颁布的《通用数据保护条例》(General Data Protection Regulation,GDPR),其迎合了大数据时代个人数据保护的新要求。个人享有对其数据的控制权,这毋庸置疑,但如何保障该项权益则需要立法技术。从规制理念上,《通用数据保护条例》从正反两面赋予个人数据积极权利和消极权利。

关于金融消费者金融数据的保护,《通用数据保护条例》侧重从以下几个方面予以规制。其一,扩大了金融数据的保护范围,明确将位置数据、在线识别标识以及基因数据纳入个人数据的保护范畴。其二,明确了授权路径。根据《通用数据保护条例》第7条的规定,数据控制者在对个人数据进行处理或利用过程中,需经得个人主体的同意。具体而言,首先,在授权路径上应以明示方式,而非沉默、不作为等默认方式。其次,数据利用者在条款设计上应当以易识别、通俗易懂的形式表现出来,且不能与其他服务条款加以捆绑以获取个人同意。最后,个人主体在完成授权后有权随时撤销其授权,信息控制者应事先告知个人该项权利,以保障撤销权行使的便利性。同时,《通用数据保护条例》第13条规定了告知的例外。其三,强化个人对其金融数据的控制权,加强对个人金融数据的权益保护。

2. 美国

美国通过分散式的立法模式,将个人的金融信息归入公民隐私权框架之中予以保护。1970年,美国颁布《公平信用报告法》(FCRA),这也是美国在联邦层面首次就消费者的金融隐私作出了规定,明确了金融消费者对于其个人信息的使用行为具有知情权。[2] 1996年,美国对《公平信用报告法》进行全面修订,明确规定金

---

[1] 参见刘云:《欧洲个人信息保护法的发展历程及其改革创新》,载《暨南学报(哲学社会科学版)》2017年第2期。

[2] 参见郭瑜:《个人数据保护法研究》,北京大学出版社2012年版,第51页。

融消费者报告机构应当向消费者履行披露义务，同时各会员可以彼此共享消费者的信用信息，《公平信用报告法》还赋予消费者选择退出权以拒绝相关信息的分享。[1] 1999年，为了避免与全能银行在竞争过程中可能处于的劣势地位，美国国会通过了《金融服务现代化法案》(GLBA)。该部法案突破了既往的分业经营体制，允许通过设立银行控股公司的方式进行混业经营。该法案确认了银行、保险公司、投资公司之间，包括关联公司和非关联公司之间可以共享个人信息，且采用了"无须用户同意"的授权模式。在此过程中，美国政府通过一系列规范来规制金融市场中的主体行为、保障个体权益。若金融机构欲与非关联方共享个人金融数据，则应以书面、电子或其他形式将数据共享的范围清楚、明确地告知个人，并肯定了个人有权拒绝与非关联第三方共享信息。

2002年，美国联邦贸易委员会(FTC)发布了相应的规则，要求金融机构应开发、实施并维护包含管理、技术和物理防护的全面信息安全系统。[2] 根据美国联邦贸易委员会发布的《2019年隐私和数据安全报告》披露，美国联邦贸易委员会已经针对Equifax、Dealerbuilt信息安全事件中违反《金融服务现代化法案》的安全政策与程序义务提起指控；并会在未来提高在数据安全案件中的和解要求，即对公司安全计划开展评估并要求其提交遵守安全计划的年度证明。[3] 在个人金融数据得以共享的场景下，还可能衍生的另一问题是金融数据的滥用问题。对此，美国监管机构主要通过限制金融数据的使用场景、限定特定场景中的共享数据类型以及保障个人选择退出(opt - out)的权利以避免金融数据的滥用。

(二)域外数字金融用户金融争议解决制度概述

1.美国

在金融消费者争议解决处理方面，《多德—弗兰克法》明确规定新设立全国性的金融消费者投诉专线，并规定了金融机构就消费者的投诉具有及时回应的法定义务，并要求消费者金融保护局等监管机构要及时跟进。在实际过程中，消费者金融保护局在征求联邦监管机构意见的基础上，建立起应对金融消费者投诉的一整套完整程序，以便于快速应对金融消费者纠纷的处理。同时，美国在国内建立有全国性的金融消费者投诉信息数据管理系统，金融机构可以与监管机构共同享有金融消费者的投诉信息，进而确保监管的及时性。

2.澳大利亚

澳大利亚在处理金融消费者纠纷过程中，最重要的外部争议解决机构是澳大

---

[1] 参见程雪军：《算法社会下金融消费者信息权的法律治理研究》，载《河南社会科学》2022年第7期。

[2] See 15 U. S. C. §314.2(b).

[3] 参见美国联邦贸易委员会发布《2019年隐私和数据安全报告》，https://www.secrss.com/articles/17541.2020-03-02。

利亚金融督查服务机构。[1] 以银行业为例,该机构对银行业金融消费者权益保护发挥着如下作用:一是对金融消费者进行教育,以此提高金融消费者的金融知识和风险意识。二是为消费者在银行、贷款等银行产品或服务的领域内提供了相对独立的纠纷解决路径,如可以通过双方当事人协商的形式。此外,金融督查服务机构对于纠纷的处理遵循着相对固定的程式。若金融消费者与金融机构发生纠纷,其首先应向金融机构内部进行申诉,若金融消费者对处理结果不满意,则可以通过金融督查服务机构解决。

第二节　数字银行法律制度

一、数字银行概述

银行是金融机构的重要组成部分,在现代金融体系中占据着主导地位。纵观全球,在数字化浪潮的推动之下,银行尤其是商业银行的数字化转型已然成为主流趋势。尤其是伴随2020年全球新冠疫情的暴发,银行的诸多业务需要以线上的方式进行,如客户签约、身份认证等,这更加剧了传统银行的数字化转型。如金融机构为解决"非面对面"场景下借款人的身份和交易内容真实性的问题,开始尝试使用新型科技手段,如多种身份验证方式及哈希值校验等第三方技术。可以预见,银行的数字化发展程度将成为其核心竞争力之一。数字银行区别于传统银行的关键在于,无论是否设立分行,将不再依赖于实体分行网点,而是以数字网络为核心,借助前沿技术为客户提供在线金融服务,服务趋向定制化和互动化,银行结构趋向扁平化。

当前,银行与场景方、流量方、科技服务商等第三方机构的战略合作日益密切,展现出产品功能不断完善的线上金融生态圈。从表现形态上看,数字银行主要包括电子银行、直销银行、开放银行、互联网银行、虚拟银行以及手机银行等。[2] 早期来看,就银行业而言,数字化和金融科技最早基本等于消费金融和互联网金融。近年来,各大银行逐渐意识到数字化转型的必要性和紧迫性,逐渐加大金融科技投入,加紧了建设数字银行的步伐。2023年4月,艾瑞咨询发布了《中国银行业数字化转型研究报告》,其指出随着国内银行业在金融科技等数字化领域投入成本的增加,银行数字化业务服务能力水平将进一步提升。2023年4月,综合服务机构德勤中国发布了《中国银行业2022年发展回顾及2023年展望》。该报告显示,根据10家境内大型商业银行2022年年报披露的数据,金融科技领域投入占营业收入的平

---

[1] 参见邢会强:《澳大利亚金融服务督察机制及其对消费者的保护》,载《金融论坛》2009年第7期。

[2] 参见柏亮主编:《数字金融:科技赋能与创新监管》,中译出版社2021年版,第65页。

均比例超过3.5%，平均增速约为11%。

从域外视角看，金融科技的迅速兴起和应用对全球范围内数字银行发展的影响是极其相似的。自2013年起，数字银行在世界掀起了一股热潮。如以监管机构作为起点的欧洲开放银行概念的兴起，数字货币、“监管沙盒”等为金融科技应用和数字银行萌芽提供了监管环境。总体来看，金融科技、监管环境、机构转型创新这几种要素的结合，有力地推动了域外数字银行的发展。其中，以“挑战者银行”为代表的数字银行起源于欧美地区，典型代表如Revolut、Monzo、N26、Chime、Varo等，而后迅速在亚洲、南美洲、澳大利亚等主要国家和地区兴起。[1] 在具体业务领域，当前数字银行的业务范围既包含了诸如存贷款、货币结算、账户管理等传统金融业务，又涉及电子账户、虚拟账户等形式为客户提供服务。

二、我国数字银行法律体系

（一）我国数字银行发展的政策驱动

根据国家网信办2023年4月发布的《数字中国发展报告（2022年）》，2022年我国数字经济规模达50.2万亿元，总量稳居世界第二，占GDP比重提升至41.5%，数字经济成为稳增长促转型的重要引擎。传统银行的转型升级是数字时代的必然产物，在此过程中，为避免银行业的无序发展，亦需要从政策层面为银行的数字化发展提供指引，从而更好地引导数字银行的建设。从时间节点来看，2017年6月，中国人民银行印发《中国金融业信息技术“十三五”发展规划》，其中明确提出银行业金融机构要稳步推进云计算应用并主动实施架构转型。2021年12月，中国人民银行发布了《金融科技发展规划（2022—2025年）》，提出要深化金融服务智慧再造，搭建多元融通的服务渠道，着力打造无障碍服务体系，为人民群众提供更加普惠、绿色、人性化的数字金融服务。2022年1月，中国银保监会发布《关于银行业保险业数字化转型的指导意见》，明确银行保险机构要大力推进业务经营管理数字化转型，积极发展产业数字金融，推进个人金融服务数字化转型，加强金融市场业务数字化建设。综合来看，我国有关数字银行或者银行数字化转型的政策性文件亦是处于不断演进的过程与状态。通过金融科技的开发与运用、风险管理、数据治理等要素的要求，有助于进一步加强数字银行的组织建设、业务创新和战略管理等能力，从而更好地运用金融科技等手段为公众提供金融产品和服务。

（二）我国数字银行的法律监管

由于数字银行的发展具有渐进性，且在不同阶段呈现出不同的特征。因此对于数字银行的法律监管或规范体系而言，亦是一个循序渐进的过程，其是与数字银行的现实情况相匹配的。数字银行的核心在于金融科技或数字手段的运用与融合，而其在本质上仍旧属于银行业金融机构。因此在监管顺位上，其既要遵循传统

---

[1] 参见王凯鸽：《由国际经验看国内数字银行创新发展》，载《当代金融家》2022年第1期。

银行业领域的监管规则,又要遵循在数字技术背景下具有自身特色的监管体系。

在传统意义上,数字银行无法脱离于商业银行的载体而独立存在。在一般情形下,二者在经营业务和运作方式上具有一定的共通性。对于监管者而言,其在履行监管职责时需要兼顾传统银行的一般性与数字银行的特殊性。但数字银行的特殊地位并不意味着其在遵守监管规范方面享有豁免权和特殊地位。因此,有关传统银行的法律规范也可以适用于数字银行,如《中国人民银行法》《商业银行法》《银行业监督管理法》等规范。2005 年,中国银监会颁布了《电子银行业务管理办法》,对我国的电子银行开展网络交易的条件予以明确,同时明确了监管范围。其后,为加强电子银行业务的安全与风险管理,保证电子银行安全评估的客观、及时、全面、有效,中国银监会于 2006 年 1 月印发了《电子银行安全评估指引》。当然,数字银行业务开展中其他一些技术手段的应用应同样受到监管。如我国于 2005 年 4 月施行的《电子签名法》,该部法律为银行业机构合规开展网上服务如"在线网签"等提供了法律依据。2015 年《电子签名法》经过第一次修正,更加契合了我国电子银行交易发展的新趋势。

此外,随着传统银行的转型升级,与数字银行(互联网银行)相配套的规范也陆续出现。在市场准入领域,对数字银行的市场准入设定监管门槛的缘由在于其业务开展所需的技术要求。数据具有高度流通性,而一旦发生金融风险,数字时代会加剧甚至异化传统的金融风险,进而对金融体系造成不可逆的冲击。且从金融市场主体的一般规制逻辑出发,市场准入机制是银行机构开展金融业务的必要环节,亦是金融监管的起点。从数字银行的早期形态即互联网银行的市场准入监管历程来看,主要包括《电子银行业务管理办法》。该办法第 4 条规定:"经中国银监会批准,金融机构可以在中华人民共和国境内开办电子银行业务,向中华人民共和国境内企业、居民等客户提供电子银行服务,也可按照本办法的有关规定开展跨境电子银行服务。"电子银行或互联网银行本质是传统银行的延伸,仍属于金融机构的范畴。

在风险管理领域,银行机构在开展业务过程中存在固有风险,依据种类的不同又可分为市场风险、信用风险、操作风险以及流动性风险等。有效防范化解金融风险,维护金融市场秩序稳定也成为银行经营管理的根本目标。数字银行除了要应对传统情形下的风险外,还需注重数字金融背景下的新型风险。在规范层面,中国银监会针对商业银行的风险监管分别颁布了《商业银行操作风险管理指引》《商业银行合规风险管理指引》《商业银行科技信息风险管理指引》《商业银行数据中心监管指引》《电子银行业务管理办法》等,数字银行在提供产品和服务中也需遵循上述规定。"十四五"规划提出金融安全战略,要求健全金融风险预防预警,守住不发生系统性风险的底线。

从微观层面分析,对于金融消费者权益保护是数字银行发展中的目标之一。其不仅是防范化解金融风险的应有之义,也是提升消费者信心,促进社会公平正义和社会和谐的内在要求。2015 年 7 月,中国人民银行等十部门发布《关于促进互联网金融健康发展的指导意见》,明确要求研究制定互联网金融消费者教育规划,及时发布维权提示。加强互联网金融产品合同内容、免责条款规定等与消费者利益相关的信息披露工作,依法监督处理经营者利用合同格式条款侵害消费者合法权益的违法、违规行为。

三、域外数字银行法律体系

(一)美国

在监管主体上,当前美国数字银行监管机构主要包括美国联邦储备银行、美国货币监理署(OCC)、联邦存款保险公司、财政部储蓄机构管理局、联邦金融机构检查委员会等。在监管模式上,上述监管部门之间既有合作又存在着分工。美国监管机构对数字银行的监管主要表现在以下方面。在监管体系上,美国对数字银行的监管主要采取的是"伞形"监管体系。[1] 具体而言,其将互联网银行归类为混业发展的金融公司,进而由美联储进行综合监管。而对于非混业经营的金融公司,则由与其营业性质相对应的监管机构分别予以监管。在市场准入环节,美国金融机构设立互联网银行的主要流程和审批标准主要规定于美国货币监理署于 2001 年发布的《国民银行网上银行注册审批手册》当中。该手册明确了美国互联网银行的准入标准条件,在此过程中需考虑其注册资本、融资能力、管理人员的管理经验、应对金融流动性风险的能力以及对金融消费者信息认证和保护方面的能力。

在规范层面,美国也是采取了一般规范与特殊规范相结合的路径。其中《联邦银行法》是美国银行业监管的基本法。此外,针对互联网银行的兴起,以及其自身的业务运作特点,美国监管机关又制定了与互联网银行的发展相匹配的制度规范。典型的包括 1999 年的《金融服务现代化法案》、2000 年的《电子签名法》、2002 年的《联邦信息安全管理法》、2005 年的《个人数据隐私与安全法》等。在互联网银行的风险监管方面,相对详尽的规则为美国财政部货币总监署颁布的《互联网银行业务—监管手册》。该手册分别规定了银行的董事长、高级管理人员应当具备的防范金融风险的基本技能。[2]

(二)欧盟

欧盟的数字银行是由早期的自助银行发展而来的,初期的网络银行在欧洲发展相对迅速。在监管方式上,欧洲在基于传统银行监管的基础上针对网络银行的特点制定出新的规定,以提升相关法规的适用性和针对性。欧洲的中央银行要求其成员国对互联网银行采取统一的监管原则,由欧盟各国国内的监管机构负责监督统一标准的实施。在欧盟,针对数字银行监管的主要目标有两个:一是提供一个

---

〔1〕 参见舒超华:《美国金融控股公司监管实践及启示》,载《河北金融》2018 年第 11 期。

〔2〕 参见徐诺金:《新型金融科技业态的各国监管比较》,载《当代金融家》2020 年第 4 期。

清晰、透明的法律环境;二是坚持适度审慎和保护消费者的原则。在欧盟,网络银行的注册需要遵循“单一执照”规则,即网络银行在欧盟内某一个国家获得批准所能开展的业务,在欧盟其他国家同样可以开展。由于欧洲中央银行针对各成员国实施统一监管的要求,因此各国的相应监管机构需要对标准是否统一得到实施进行监管,并且承担相互认可电子交易合同的义务。目前,针对数字金融领域的包容审慎监管理念已经成为监管的基本原则。欧盟针对数字银行的适度审慎监管主要表现在如下方面:欧盟各成员国注重对于银行资本充足率的监管,并且在监管标准上统一适用《巴塞尔协议》。监管机构不仅考虑银行业机构的信用风险,也更加注重其市场风险以及操作性风险。

金融科技的运用极大地改变了传统银行的经营模式和发展格局。在监管理念上,欧盟的监管机关开始注重识别和评估金融科技使用可能带来的审慎性风险,并分析银行内部的风险治理和风险控制的可行路径,以提高数字银行的治理能力。对此,欧盟监管机构先后发布了金融科技对信贷机构商业模式,对支付机构和电子货币机构商业模式的影响以及关于与金融科技活动相关的监管范围、监管地位和授权方法的报告。就数字银行的监管法律制度而言,欧盟陆续出台了一系列规范性文件规范数字银行的发展,包括《电子货币机构指令》、《电子商务指令》、《电子签名指令》、《数据库法律保护指令》以及《消费者金融服务远程销售指令》等。

(三)新加坡

新加坡金融监管局是银行业金融机构的主要监管机构。为了有效规范网络银行的发展秩序,新加坡金融监管局以通告或政策声明的方式明确了监管目标,即规范电子银行业的发展,维护金融安全。其主要包含了以下几个方面的内容:(1)建立完备的监管系统;(2)为网络银行的相关实践提供指导;(3)加强金融系统抵御金融风险的能力。[1] 一方面,新加坡监管当局基于数字银行的传统银行特性,沿用对传统银行监管的法律框架,采用了一致的标准对数字银行进行监督和管理。另一方面,考虑到网络银行的特殊性,新加坡监管机关又制定了特殊规范加以监管。如2001年颁布了《网络银行业务技术风险管理条例》,该条例对网络银行的服务类型、风险构成以及外包管理等领域都进行了较为详尽的规定。新加坡货币局作为网络银行监管机构于2003年发布了《网络银行业务技术风险管理指引》,其中涉及网络银行的风险管理框架、安全原则、信息披露以及业务技术风险等多个方面。

近年来,新加坡金融监管局逐步引导完善数字银行的建设,在数字银行的牌照管理、监管框架以及银行业务的开展等方面进行了积极地探索。在亚洲区域内,新加坡金融监管局对数字银行的持牌经营与管理采取了较早的规制措施,并施以高

〔1〕 参见周小梅、黄婷婷:《金融创新背景下互联网金融监管体系变革》,载《价格理论与实践》2020年第9期。

标准的准入规则。根据《新加坡银行法》《新加坡金融管理局法》等法规，新加坡金融监管局设定了全种类数字银行（DFB）和数字批发银行（DWB）两种数字银行牌照，并就两种牌照的合规标准、股东范围、风险资本和流动性规则等作了具体规定。其中全种类数字银行主要提供广泛的金融服务并吸收零售客户的存款，而数字批发银行主要专注于为中小企业和其他非零售部门提供服务。[1]

第三节　数字金融企业法律制度

一、数字金融企业概述

数字金融企业是金融科技的产物，也是数字时代的象征。金融科技的实质就是将金融服务与底层技术要素进行结合，应用人工智能、大数据、云计算以及区块链等技术手段，打造金融支付、融资、投资、保险以及基础设施等领域的新服务模式。2022年2月，中国人民银行印发《金融科技发展规划（2022—2025年）》，标志着金融行业的信息技术创新将进一步向纵深演进。在政策以及竞争环境的双重驱动下，传统金融行业对金融科技的投入不断加大。从市场结构和行业细分的角度观之，我国的金融科技企业多由大型互联网企业主导，典型的如蚂蚁集团、微众银行、京东数科、苏宁金服、度小满金融等平台。

从我国金融科技公司的发展历程来看，其与金融机构之间的关系是处于动态的变化过程中的。从早期来看，二者之间是初级合作关系。金融机构受到技术发展的制约，因此在一定程度上需要依赖金融科技公司开发和提供的科技产品，如银行和电商平台之间在电子支付、营销等方面的合作等。随着数字要素与金融的深度融合，二者之间逐渐呈现出竞争样态。金融科技公司凭借自身在互联网领域的优势进军金融行业，与传统金融机构形成正面竞争；传统金融机构也开始在金融科技领域不断探索，开设独立部门进行技术研发，以此提升自身的行业竞争优势。其后，随着金融领域的强监管基调，金融科技公司越来越多地回归到自身的科技公司定位，如上文提到的蚂蚁集团。在此过程中，金融科技公司中的龙头企业也尝试向生态圈式的综合业务进行转型探索，如蚂蚁金服生态圈、腾讯生态圈、平安生态圈等。此类金融科技公司的业务生态圈涉及支付、财富（资产）管理、银行、证券、保险等金融领域内多元化的服务。金融科技公司基于自身的行业定位，更加注重和强调运用技术要素开展活动，如数据的开发和利用。

在全球视野范围内，在2008年国际金融危机之后，各国对传统金融机构及其服务理念的改革需求与日俱增。随着大数据、云计算、区块链、人工智能等技术的

---

〔1〕 参见邓宇：《数字经济崛起下的国际数字银行发展》，载《现代商业银行》2022年第12期。

广泛兴起以及在金融领域的运用,全球金融科技企业呈现高速增长态势。麦肯锡全景(McKinsey Panorama)统计数据显示,2018 年全球风险投资(VC)中金融科技投资达到 308 亿美元,是 2011 年 18 亿美元投资额的 17 倍。从业务类型来看,金融科技公司的经营业务以多元化为主基调,但支付以及借贷等领域依旧占据着主导地位。

二、我国数字金融企业法律体系

我国金融科技的发展极大地降低了金融服务的成本,提高了金融服务效率,同时助推了普惠金融的建设。但在此过程中,尤其要注重现代金融监管。党的二十大报告提出,要加强和完善现代金融监管,强化金融稳定保障体系,依法将各类金融活动全部纳入监管,守住不发生系统性风险底线。正如时任中国银保监会主席郭树清在《加强和完善现代金融监管》一文中所提出:"金融发展离不开金融创新,但要认真对待其中的风险。"[1]对此,我国陆续采取了一系列监管举措。

近年来我国的金融科技企业发展活跃,且涉及网络信贷、在线保险、在线基金等多项金融业务,呈现融合发展的态势。我国的数字技术逐渐从应用驱动型转向技术驱动型,数字技术与金融服务和监管深度融合,因此对金融科技企业的监管尤为必要。金融科技也需要与其发展相匹配的创新手段予以监管,也即监管科技。在央行的支持下,北京市率先开展金融科技创新监管试点,中国版的金融科技"监管沙盒"落地。其后,上海、深圳、重庆、杭州、苏州、雄安、广州、成都等地区陆续开展金融科技创新监管试点。2021 年 3 月,中国证监会在北京地区率先启动资本市场金融科技创新试点工作。2021 年 4 月,金融科技创新监管工具开始在全国推广实施。在此过程中,我国"监管沙盒"的监管主体为中国人民银行以及各分支机构,测试主体以金融机构为主,同时金融科技企业可联合申报。相关统计显示,截至 2023 年 5 月,已有 199 个创新项目纳入人民银行金融科技创新监管工具测试,部分创新项目经过第三方专业评估已成功"出盒"并规模化应用。根据中国互联网金融协会和毕马威中国 2022 年 7 月开展的面向全国 250 多家金融科技企业高管的问卷调查,61% 的受访企业认为,中国版"监管沙盒"是平衡金融创新和监管的最重要举措。[2]

需要注意的是,金融行业是数据密集型行业,金融科技的底层逻辑是数据。2020 年 3 月,中央和国务院发布了《关于构建更加完善的要素市场化配置体制机制的意见》。该文件指出,数据已经成为一种全新独立的生产要素,并与土地、劳动力、资本、技术等传统要素并列为要素之一。在金融科技公司的数据治理领域,我

---

〔1〕 参见郭树清:《加强和完善现代金融监管(全文)》,载微信公众号"国家金融监督管理总局"2022 年 11 月 2 日,https://mp.weixin.qq.com/s/FRdqIpfD6UvzjWrIIQj82A。

〔2〕 参见肖翔:《破解数字金融治理的"科林格里奇困境"》,载《北大金融评论》2013 年第 16 期。

国陆续颁布了《网络安全法》《数据安全法》《个人信息保护法》等法律,规范金融科技企业在收集和使用用户数据信息时应遵循合法、正当、最小必要原则,充分保障个人隐私和消费者知情权、同意权、异议权、投诉权等合法权益。

在金融科技的监管过程中,还需关注金融科技的技术伦理问题,即"科技向善"(Tech for Good)。从辩证的角度来看,科技的影响必然分为正反两方面,既可以用来行善又有可能拿来作恶。而数字技术的发展均会扩大这种影响,因此需要对其进行规制。2022 年 3 月,中共中央办公厅和国务院办公厅印发了《关于加强科技伦理治理的意见》,为科技伦理治理提出了相关要求,包括伦理先行、依法依规、敏捷治理、立足国情和开放合作。2022 年 10 月,中国人民银行发布了《金融领域科技伦理指引》(以下简称《金融伦理指引》)(JR/T 0258—2022)标准。根据该指引定义,"金融科技"是指技术驱动的金融创新,核心是持牌机构在依法合规的前提下运用现代科技成果改造或创新金融产品、经营模式、业务流程等,推动金融发展提质增效。该指引为金融从业机构开展科技活动提供了守正创新、数据安全、包容普惠、公开透明、公平竞争、风险防控、绿色低碳等规范和要求。在数据安全领域,《金融伦理指引》要求金融机构充分获取用户授权,以最小必要原则采集数据,使用数据秉持"专事专用"原则,严格采取防护措施,依法合规共享数据,主动清理留存数据。在包容普惠领域,《金融伦理指引》要求金融机构提倡包容性设计,防止不公平歧视,履行无障碍义务。在公开透明领域,《金融伦理指引》要求金融机构充分披露产品服务信息,做好消费者适当性管理,自觉主动接受外部监督,强化科技伦理宣贯教育。在公平竞争领域,《金融伦理指引》要求严防滥用数据与流量,公平公正使用智能算法,平等合理设置平台规则,鼓励科技服务开放互通。

三、域外数字金融企业法律体系

(一)美国

美国同样注重对金融科技的法律规制,通过适时出台相应法律和政策将金融科技以及相对应的企业纳入监管框架之中。2016 年,美国消费者金融保护局制定了《消费者金融保护局创新细则》,并发布了有关评估金融科技与监管科技产品的指引,以促进企业利用金融科技主动适应监管体系。[1] 2017 年,美国国家经济委员会颁布了《金融科技政策与监管框架白皮书》(Framework for Fintech),[2] 该白皮书概述了奥巴马政府对金融科技创新的原则和框架政策,并为监管机构评估新兴金融科技提供了十项原则:(1)将消费者放在首位;(2)对金融生态系统给予广泛的思考;(3)促进安全的普惠金融和财富健康的发展;(4)认识和克服潜在的技术偏见;(5)努力实现互操作性以及协调技术标准;(6)最大限度地提高透明度;

---

〔1〕 See https://www.consumerfinance.gov/.

〔2〕 See https://obamawhitehouse.archives.gov/blog/2017/01/13/framework-fintech.

(7)所有的一切都必须建立在网络安全、数据安全和隐私保护的前提下;(8)提高金融基础设施的效率和有效性;(9)保护金融稳定性;(10)继续加强跨部门间的合作。

2018 年 6 月,美国财政部建议在联邦和州层面探索"监管沙盒"的运用。同年 7 月,美国财政部发布《创造经济机会的金融体系:非银金融、金融科技和创新》报告,致力于打造适合创新的政策环境,内容涉及改革金融监管体系、对金融科技进行监管、实施"监管沙盒"等,被视为金融科技的纲领性文件。[1] 2018 年 8 月,美国首个金融科技"监管沙盒"项目正式落地,并开放了相应申请。2019 年 1 月,美国通过了《金融技术保护法》,以此来保障金融科技的稳健发展。2019 年 4 月,美国金融监管局宣布设立金融创新办公室,旨在处理解决金融领域创新所带来的机遇和挑战。总体而言,美国对数字金融以及金融科技类企业采取的是审慎宽松的监管模式。

在监管体系上,美国对数字金融企业采取的是功能性监管模式。根据金融企业所涉及的业务领域确定监管部门以及相对应的监管职责,而非依据金融产品或服务所属的行业分类进行监管。如监管机关将网络信贷或者信贷信息中介平台统一界定为放贷机构,并要求此类主体获取贷款业务许可证,并将其归入金融消费者保护局的监管框架内。2017 年 3 月,美国货币监理署发布《金融科技企业申请评估章程》,要求金融科技企业仅能从事经营限定范围内的活动,并要求其应取得相应的银行牌照。[2] 自 2018 年 7 月起,美国货币监理署正式接受国内金融科技公司的牌照申请。美国针对数字金融企业的监管主要集中在网络信贷、移动支付、金融理财管理等方面。在网络信贷领域,美国证券交易委员会重点监管证券市场准入和信息披露,为平台设立了较为严格的注册要求和较高的准入门槛,有效保障了网络借贷环境的安全性。在移动支付领域,美国监管当局要求移动支付平台须在金融犯罪执法网站上注册登记,以便联邦政府和州政府统一管制。同时禁止私自挪用客户资金,并要求存档所有交易记录,进而有效防范了移动支付可能存在的监管漏洞。在金融理财管理领域,美国证券交易委员会在监管投资顾问的同时,通过客户披露的信息评估金融理财公司的操作行为是否合法,所有投资理财公司均依据消费者保护法受到美国联邦贸易委员会的监督。

(二)英国

英国是在金融科技领域实施主动型监管的代表国家。在监管主体上,金融服务监管局负责数字金融企业的监管。金融服务监管局认为,金融创新可有力推动符合金融消费者利益的充分竞争,有助于监管者了解金融市场的状况,并以此推动

---

〔1〕 参见闫晗、陈天雨、边鹏:《美国财政部金融科技专题报告》,载《中国金融》2019 年第 4 期。

〔2〕 See https://www. occ. gov/publications/publications - by - type/licensing - manuals/file - pub - lm - fintech - licensing - manual - supplement. pdf.

金融科技的发展。金融服务监管局对金融科技以及创新措施主要采取了行为监管的理念,并将第三方支付业务以及网络银行等纳入了原有的监管框架内。[1] 为了鼓励金融市场创新,金融服务监管局于 2014 年启动“项目革新计划”,成立创新中心。“监管沙盒”是“项目革新计划”的重要组成部分,2015 年,英国在国内首次提出实施“监管沙盒”计划,旨在提供保障金融创新的制度框架。“监管沙盒”是一种具有前瞻性和能动性的监管新路径,其以柔性监管为理念,能够在保障金融消费者权益的同时创造出更加具有灵活度的监管机制,为金融科技的创新提供了必要的空间。金融服务监管局推出了三种沙盒模式,分别为授权式沙盒、沙盒“保护伞”以及虚拟沙盒。[2] 授权式沙盒是指金融服务监管局在通过审批后,依据具体情形判断为申请者提供完全授权抑或限制授权。在沙盒“保护伞”中,没有获得授权的金融科技企业可以选择成为获得金融服务监管局授权的非营利性公司的代理人,从而从事金融创新活动,降低测试成本。虚拟沙盒中的测试即非现实场景,而是通过虚拟空间利用公共数据和其他企业提供的数据进行测试,促进不同企业间的资源交流与共享。

2019 年,英国金融行为监管局、美国消费者金融保护局、新加坡金融管理局等多数国家的金融监管部门和有关国际组织共同建立了跨国性的“监管沙盒”——全球金融创新网络,以期共同维护数字金融市场的稳定与发展。[3] 为了提高金融监管的效率和结果,促进数字金融市场的稳健发展,英国金融监管机构强调利用数字技术使得合规过程自动化,以便金融机构高效地满足其监管要求,并将监管科技定义为金融科技的子项目。监管科技有利于帮助金融机构提高合规程度,减少或降低经营中不必要的风险,同时以相对高效灵活的方式获得监管数据和报告,通过实时监测或识别违规行为,建立起特殊的风险防范和预警机制。此外,金融行为监管局通过进一步探索监管规则,实现数字化,提高监管效率。

(三)澳大利亚

为有效应对金融科技的异化风险,澳大利亚主要运用监管科技。2016 年,澳大利亚证券与投资委员会(ASIC)被批准成立,开始实施“监管沙盒”测试计划,并陆续出台了相关监管制度。2016 年 12 月和 2017 年 2 月,澳大利亚证券与投资委员会发布了多个“金融科技牌照豁免政策”有关的文件,如《公司法关于概念验证的牌照豁免》《消费信贷保护法关于概念验证的牌照豁免》等。至此,澳大利亚“监管沙盒”的框架逐渐完善。在此框架下,没有取得金融服务牌照和消费信贷牌照的公司也可以对规定类别之内的金融创新产品进行测试,且只需事前备案而无须经过

---

[1] 参见黄卓、王海明等主编:《金融科技的中国时代:数字金融 12 讲》,中国人民大学出版社 2017 年版。

[2] See https://assets. publishing. service. gov. uk/government/uploads/system/uploads/attachment_data/file/1071256/GOV. UK_Sandbox_Report. pdf.

[3] 参见肖翔、靳亚茹、吕钰涛:《2019 年全球金融科技监管动态综述》,载《当代金融家》2020 年第 2 期。

审批。2017 年 12 月,澳大利亚证券与投资委员会将“监管沙盒”引入证券业领域。根据澳大利亚证券与投资委员会发布的《创新中心进展报告》,截至 2018 年年底,已有 314 家企业接受“监管沙盒”测试,并有 67 家获得澳大利亚信贷许可证(ACL)或金融服务许可证(AFSL)。[1] 澳大利亚证券与投资委员会申请测试的对象主要是处于初创阶段并且具有创新性的金融科技企业。

在实施机制上,澳大利亚证券与投资委员会对“监管沙盒”的测试采取备案制。如果申请者在满足豁免要求的情况下,其可以直接向澳大利亚证券与投资委员会申请备案审查,在审查通过后即可开展相关的金融服务;若其不满足豁免条件,则需要重新提出申请。此外,申请者在进行测试前,基于金融消费者权益保护的要求,其应将测试过程、测试的潜在风险等因素提前向金融消费者予以告知,并对测试过程中可能出现的问题提前研判并制定相关预案。

(四)新加坡

新加坡主要采取实质性和适配性相结合的创新性监管手段应对金融科技的发展,监管过于严苛或过于提前可能会抑制金融科技的发展。新加坡政府授权新加坡金融管理局统领金融科技发展的战略规划和政策协调。

2016 年 11 月,新加坡金融管理局出台了《金融科技“监管沙箱”指南》,通过“监管沙盒”为数字金融企业搭建生态系统,促进金融创新产品发展,助力金融科技企业实现数字化转型。该指南对“监管沙箱”的适用对象、准入条件、操作流程进行了说明。同年,新加坡金融管理局与金融机构开展区块链领域的技术应用合作,以深度提升金融科技监管能力。2018 年 11 月,新加坡金融管理局发布了“金融科技快捷沙盒监管机制”的提案,对监管沙盒申请主体、申请时间和流程、约束性条件等内容加以补充完善,意在使监管沙盒测试更加便捷高效。[2] 2019 年,新加坡金融管理局正式推出“金融科技快捷沙盒监管机制”,该机制为金融科技创新市场主体测试金融创新产品和服务提供了更快捷的选择。根据有关规定,当前快捷监管沙盒机制仅面向金融市场风险较低、业务模式相对简单的金融科技活动,包括保险经纪服务机构、公认的市场运营商以及汇款业务机构。

综合来看,新加坡的“监管沙箱”具有如下特点:一是时间周期更长,弹性和灵活性较大;二是新加坡金融管理局“监管沙箱”的目标对象包括但不限于金融机构、金融科技公司以及与其合作或为其提供技术支持的专业服务公司;三是“监管沙箱”中具备适当的安全管理以及风险防范措施以有效应对金融风险,以此维护金融体系的稳健运行;四是“监管沙箱”措施灵活,可以根据需要测试的金融服务种类以及涉及的申请人和申请事项,结合具体项目有针对性地制定相关法律和监管措施。

---

[1] 参见贾璐:《金融科技“监管沙盒”国际经验借鉴》,载《金融科技时代》2022 年第 8 期。
[2] 参见王炳文:《中国版监管沙盒的反思:国际经验与本土实践》,载《华北金融》2021 年第 5 期。

思考题

1.“监管沙盒”针对数字金融主体的监管有何特殊优势？
2. 简述数字金融消费者保护制度。

第十七章 数字金融业务法律制度

第一节 数字支付法律制度

一、数字货币概述

（一）数字货币的概念及特征

在数字支付领域，一种支付方式是通过非银行支付机构的方式进行，典型的如支付宝、微信支付等；另一种则是以数字货币的形式进行。前者在基础要件上是经由数字支付平台对用户资金进行移转，性质上仍为传统意义上的货币。而后者则是传统货币的数字化，与前者存在本质区别。数字货币是数字支付业务正常运转所必须的载体，因此在探讨有关数字支付法律制度之前，有必要对数字货币的发展以及制度概况进行阐述。

从货币发展和变迁的历程来看，数字货币的前身为电子货币。电子货币不具有物理形态，需要依托于互联网平台完成交易。而数字货币，则是互联网与数字技术共同发展促进的产物。当前在全球领域内，数字货币的种类繁多，特征上亦各自有别，在概念界定上也存在一定的差异。国际清算银行在2015年发布的报告中提出，数字货币是广泛采用依托于同步数据库的分布式账本技术，以去中介化为交易支付手段的新型虚拟货币。〔1〕 国际货币基金组织认为，数字货币是基于网络交易价值的一种表现形式，以数字形式进行网站访问作为基础条件，可以区分为电子货币和虚拟货币。而欧洲银行管理局（EBA）则提出，数字货币应与法定货币明确区分，数字货币可以发行流通并作为支付方式，但不能由国家银行发行。〔2〕 根据中国人民银行的有关研究，数字货币可以从广义和狭义两个角度进行区分。其中广义的数字货币依据其属性也可称之为电子货币，即涵盖以电子形式为载体并依靠信息技术交易结算的货币。而狭义的电子货币则是以数字化作为外在的特征，在访问账户或在信息传输环节进行加密且不具备实体形态的货币。

数字货币具有以下特点：(1)交易成本低。当前绿色发展的理念已经逐渐成为各国共识，我国也在积极参与"碳达峰""碳中和"目标的建设。从这个意义上讲，

---

〔1〕 See https://www.bis.org/cpmi/publ/d137.pdf.

〔2〕 参见谈俊：《全球数字货币发展前景展望与中国应对》，载《开放导报》2021年第1期。

数字货币的生成与运用能够大幅度减少纸质货币的发行和使用,进而降低因纸质货币的印制、发行等环节而产生的固有成本和流通成本,如防伪、储存、印刷、保管等各个环节。数字货币的优势就在于其不存在物质载体,从而减少了与传统货币相比所对应的成本。(2)交易速度快。数字货币依托于区块链技术,在区块链去中心化的技术优势背景下,交易关系中的双方可以直接进行点对点支付。在此场景下,无须经由交易第三方机构的介入,进而提高了交易效率。此外,区块链技术的运用能够使基础交易关系在数字化交易体系中一体化完成,而省略了由后台进行清算等环节。(3)高度匿名化。匿名化是数字时代的典型特征。该特征是指数字货币的交易不需要任何可信的第三方作为中介,交易双方可以在完全陌生的情况下完成交易而无须彼此信任。以我国为例,目前数字人民币的特征之一即为"可控匿名"。匿名即为满足用户合理的匿名支付和隐私保护的需求,而可控则是指以风险可控为前提的有限匿名,而并非完全匿名。(4)安全程度高。以我国的数字人民币为例,其综合运用了数字证书体系、数字签名、安全加密存储等技术,能够实现不可重复花费、不可非法复制伪造、交易不可篡改以及抗抵赖等特性,通过建成多层次安全防护体系,进而有效保障数字人民币全生命周期安全和风险可控。

(二)数字货币的类型

根据目前的主流观点,数字货币依其发行者的不同,可分为法定数字货币和非法定数字货币。

法定数字货币是指由各主权国家的央行或者由其授权的商业银行所发行、基于区块链技术实现交易支付且表现出典型数字化特征的法偿货币。目前在全球范围内,各国的央行都在加速推进数字货币的研发和试点。根据中泰证券发布的报告,全球目前共有105个国家和地区正在探索各自的央行数字货币。我国的数字人民币是典型的法定数字货币。从时间脉络来看,我国于2014年开始筹备数字人民币,并开始对数字货币发行框架进行专项研究。2017年,中国人民银行开展数字人民币体系的研发。2019年,中国人民银行基本完成了有关数字人民币的顶层设计、标准制定、功能研发、联调测试等工作。2020年4月,中国人民银行先行在深圳、苏州、雄安新区等进行内部封闭试点测试。对我国的数字人民币而言,其兼具金融和科技的属性。有别于传统货币,其定位是对M0(纸钞和硬币)的替代。数字人民币用于小额、零售、高频的支付场景,其利率为零利率。同时能够实现"支付即结算",能够进一步提高用户的资金周转效率,提升货币流通速度和货币政策执行效率。

非法定数字货币是由国家以外的主体发行的,以社区、企业等为其背书的数字货币,较为典型的包括比特币、以太币等。比特币的概念最初由中本聪在2008年11月1日提出,并于2009年1月3日正式诞生。比特币并非基于任何信用而成立,而是通过密码学原理的运用,使任何同意该系统设计的参与者均可加入并使用比特币,而无须借助任何第三方信用机构的力量。[1] 在性质上,比特币是一种P2P形式的虚拟加密数字货币。比特币的运行网络由用户构成,不存在中央银行。比特币的核心价值在于去中心化,可以通过技术手段建立信任关系。此种模式对包括电子支付在内的传统支付体系造成了较强的冲击,在去中心化的场景下,传统交易模式中的信任关系变得无关紧要。在比特币的影响下,去中心化技术在金融领域得到了广泛运用。以算法和加密技术为基础的信任关系一定程度上替代了以人与人之间建立在信息交换为基础的信任关系。除比特币之外,另一具有代表性的虚拟加密数字货币则是Libra。Libra由美国社交网站Facebook所推出,其以一揽子资产为担保方式,具有非完全式"去中心化"的特征。其特点包括:(1)运用了安全可靠且可扩展的区块链技术;(2)利用资产储备作为后盾,赋予自身内在价值。Facebook发行Libra的目的是利用区块链技术推进普惠金融,以推进多个国家之间的跨国结算,为全球公众提供更加高质量的金融服务。

二、数字货币的法律属性

就数字货币的法律属性而言,其依据数字货币类型的不同亦存在区分,下文将就法定数字货币与非法定数字货币的法律属性进行分述。

(一)法定数字货币的法律属性

从发行主体来看,法定数字货币由各国的央行发行,是法定货币,具备法偿性。货币的法偿性,是指法律认可的货币对特定范围的债务具有法定偿付能力,具有法偿性的货币被称作"法偿货币"[2]。以我国的数字人民币为例,从本质上来看,数字人民币可以界定为由国家主权为担保,以加密算法、"账户松耦合"形式为基础,以数字形态存在的法定货币。法定货币的特征也决定了其应具备价值尺度、流通手段、支付手段、贮藏手段等基本职能。循此路径进行检验:一是价值尺度职能。其是指货币作为媒介物能够衡量并且明确市场上任何交易物品的价量大小。对于央行数字货币而言,由于其是国家层面统一进行发行的,与国家的主权货币其实处于同等的地位,在国内外贸易支付结算体系当中均合法化且可自由流通,这也从侧面反映了法定数字货币能够衡量商品的内在价值,因此其具有价值尺度职能。二是流通手段职能。流通手段职能即交换媒介职能,其经历了从初期的"物物交换"发展到"物—媒介—物"的交易模式。央行数字货币作为交换媒介,在流通过程中具有交换成本低、过程精简、交易安全等特征。三是支付手段职能,其主要表现为流通场景下依据内在价值或价值符号所发挥的职能。中国人民银行数字货币较大程度上颠覆了传统场景下的支付模式和交易习惯,尤其是在电子和数字化手段快

[1] 参见赵磊:《数字货币的类型化及其法律意义》,载《学海》2022年第5期。
[2] 参见柯达:《货币法偿性的法理逻辑与制度反思——兼论我国法定数字货币的法偿性认定》,载《上海财经大学学报》2020年第6期。

速发展的情况下。四是贮藏手段职能。贮藏手段是指货币在特定时间内不在市场流通，也不履行其他职能，而是被人贮藏起来。货币贮藏职能的执行需满足若干条件，包括货币形态不易损坏、便于转换、价值稳定。对于法定数字货币而言，首先，其不具备物理形态，而是依托于区块链技术所存在的一种数字货币；此外，其在交换和转换层面和普通的纸质货币并无实质上的差别；最后，其以国家的主权信用作为背书，因此币值相对稳定。数字法定货币与实物形式的货币都属于央行对公众的负债，具备相同的法律地位与经济价值，通常情况下较为稳定。综上所述，数字法定货币作为法定货币的数字化，其特殊性仅体现为数字化形式的呈现，因此应当与实物形式的货币具有相同的法律属性。

（二）非法定数字货币的法律属性

对于非法定数字货币法律属性的界定，目前主要分为三种观点。

一是商品说。其认为货币的本质是一种商品，数字货币亦是如此。商品说下的数字货币需满足作为商品的相应条件：效用性、稀缺性以及合法性。以比特币为例，首先其具有效用性，即能够满足支付需求。比特币通过去中心化，在国际支付体系中发挥着重要的作用。就稀缺性而言，比特币无论在价值还是数量上都具有相当的稀缺性。在合法性方面，主要表现在部分域外国家认可比特币的合法地位，如德国和日本，其明确了比特币可以用于私人之间或者私人和国家机构间的使用。就我国而言，我国并未承认比特币的法定货币属性，而是将其视为一种新型虚拟商品进行流通。2013 年，中国人民银行等五部门发布《关于防范比特币风险的通知》将比特币界定为虚拟商品。在司法实践中，司法机关通常将比特币界定为虚拟商品。如在吴某与上海耀志网络科技有限公司、浙江淘宝网络有限公司网络侵权责任纠纷案中，杭州互联网法院即认为，“比特币满足价值性、稀缺性和可支配性，对比特币作为虚拟财产、商品的属性及对应产生的财产权益予以肯定”〔1〕。

二是数据说。该说认为数字货币在本质上是通过加密算法而出现的一种新型数据，因此应纳入数据的范畴予以保护，这其实涉及数据的界定问题。就理论上而言，数据是以二进制为计数系统并依托互联网信息技术，在计算机等电子设备上实现数据互联互通的一种形式。依据数据所体现出的价值或者权利表征，当前主要存在如下保护模式，包括商业秘密保护模式、版权保护模式、特殊权利保护模式、个人信息保护模式。〔2〕 从数据的规范情况来看，以我国为例，《数据安全法》第 3 条第 1 款规定，数据是指“任何以电子或者其他方式对信息的记录”。而《金融数据安全　数据安全分级指南》则将数据解释为信息的可再解释的形式化表示，以适用于通信、解释或处理。从这个意义上看，其似乎与非法定数字货币在功能上发生了

---

〔1〕 参见杭州互联网法院民事判决书，(2019)浙 0192 民初 1626 号。类似判决还包括浙江省杭州市中级人民法院民事判决书，(2018)浙 01 民终 10053 号。

〔2〕 参见杨延超：《论数字货币的法律属性》，载《中国社会科学》2020 年第 1 期。

一定的偏离。因为数据价值的生成和发挥需要经由技术手段对数据本身进行加工或者处理,进而为数据控制者或使用者提供相应的经济价值。而对于非法定数字货币而言,若其不被国家公权力机关所认可,则其价值的发挥有赖于使用者之间达成的共识,而一旦这种信任基础丧失,其将不再具备价值。从这个角度来看,其与法律意义上的数据存在固有区别,而不宜将二者等量齐观。

三是证券说。证券说主张数字货币的法律属性为有价证券。有价证券被认为是设定并证明持券人有取得一定财产权利并且能够流通的一种书面凭证,如股票、债券、提单、票据等。与商品说相比,证券说并不要求数字货币本身具有使用价值,而作为虚拟资本的一种表现形式而具有价格,该学说为美国证券交易委员会和瑞士金融管理者所推崇。〔1〕 数字货币证券说将数字货币类比为电子证券。对于证券权利属性的界定,从具体内容上来看,主要包括股权、债权以及在此基础上衍生的相关权利(衍生权)。无论是基于何种权利的讨论,权利人均得向义务人提出履行义务的请求,且作为证券权利的义务人是相对确定且不能随意变动的。〔2〕 而对于以去中心化为主要特征并采取"双层体系"的非法定数字货币,其在交易流通环节未设定义务人角色,因此在实际流程中并不存在相对关系。由此观之,其与上述权利理论在实际运作中的适配性是存在一定缺陷的。

三、我国数字支付法律制度

(一)我国数字支付概述

随着数字技术和数字金融的发展,我国的数字支付业务已经取得了高质量的突破。从发展脉络来看,数字支付是由电子支付发展而来的。2005 年 10 月,中国人民银行公布《电子支付指引(第一号)》,其中第 2 条第 1、2 款规定:"电子支付是指单位、个人(以下简称客户)直接或授权他人通过电子终端发出支付指令,实现货币支付与资金转移的行为。电子支付的类型按照电子支付指令发起方式分为网上支付、电话支付、移动支付、销售点终端交易、自动柜员机交易和其他电子支付。"而根据中商产业研究院发布的《2021 年中国数字支付行业市场前景及投资研究报告》,数字支付主要是指借助计算机、智能设备等硬件设施和通信技术、人工智能和信息安全等数字科技手段实现的数字化支付方式。在功能上,数字支付业务是传统支付体系的有益补充,构成了现代支付体系的主导力量之一。

从消费场景和范围构成来看,数字支付包括通过电子钱包进行的消费支付、金融支付、个人支付及其他支付交易。我国的支付市场先后经历了实物支付、信用支付、数字支付等不同阶段,在数字支付阶段已经集聚了相当大的市场规模。据统计,2017 年我国数字支付交易规模 126 万亿元,2019 年突破 200 万亿元,预计 2025

---

〔1〕 参见杨延超:《论数字货币的法律属性》,载《中国社会科学》2020 年第 1 期。

〔2〕 参见周友苏主编:《证券法新论》,法律出版社 2020 年版,第 6 页。

年我国数字支付交易规模将达412万亿元。在数字支付市场中,我国形成了相对稳定的支付格局,主要表现为以支付宝和财付通为主导而形成的双寡头垄断模式。

(二)数字支付领域相关监管政策

在政策层面,我国的中国人民银行、国家外汇管理局等监管机构陆续出台了相应的法律法规监管数字支付业务,以确保数字金融市场的安全和稳定。就网络支付概念的界定最早可追溯至2005年。2010年6月,中国人民银行颁布了《非金融机构支付服务管理办法》(2020年修正),其中规定了非金融机构提供支付服务的准入标准、监督管理、客户备付金比例、处罚责任等监管措施,以此规范非金融机构的支付服务行为,保障当事人的合法权益,促进支付市场的健康发展。2010年12月,中国人民银行颁布《非金融机构支付服务管理办法实施细则》,就支付机构的准入条件、申请、业务备案等进行进一步的明确。2013年6月,中国人民银行颁布《支付机构客户备付金存管办法》(已失效),具体规范了支付机构为办理客户委托的支付业务而实际收到的客户备付金的存放、归集、使用等存管活动,同时对支付机构的监督管理、罚则等进行了明确。2015年12月,中国人民银行等十部门发布《关于促进互联网金融健康发展的指导意见》,该意见明确了银行业金融机构和第三方支付机构从事互联网支付,应遵守现行法律法规和监管规定,并由中国人民银行负责监管。第三方支付机构和其他机构开展合作的,应当清晰地界定各方主体的权利和义务关系,并建立有效的风险隔离机制和客户权益保障机制。支付机构要向客户充分披露服务信息,清晰地提示业务风险,不得夸大支付服务中介的性质和职能。2015年12月,中国人民银行颁布了《非银行支付机构网络支付业务管理办法》,其要求支付机构应遵循"了解你的客户"原则,应建立健全客户身份识别机制,根据客户身份对同一客户在其机构开立的所有支付账户进行关联管理,并对个人支付账户进行分类管理。该管理办法注重对客户权益的保护,在客户资金安全、信息安全、自主选择权、知情权等方面提出了一系列管理规定,并要求支付机构健全客户投诉处理,客户损失赔付等机制,以提高客户服务水平。2017年1月,中国人民银行发布中国人民银行办公厅《关于实施支付机构客户备付金集中存管有关事项的通知》(已失效),要求支付机构客户备付金100%集中交存至指定机构专用存款账户。2019年4月,国家外汇管理局颁布了《支付机构外汇业务管理办法》,明确了支付机构开展外汇支付业务的名录登记、交易主体识别、人员配备、交易审核等方面的要求。

四、域外数字支付法律制度

(一)域外数字支付概述

经济以及技术的全球化,也加快了数字支付的全球化进程。新冠疫情的蔓延,进一步推进了各国的数字支付发展进程。根据标普全球发布的"2021年全球网络支付和金融科技生态系统报告",疫情加速了支付模式的转变,全球范围内1/3的用户自2020年开始使用数字支付,超过一半的消费者将其全部或大部分店内消费转移到了网上,59%的消费者至少使用过一种数字支付服务。据波士顿咨询发布的报告预测,从2020年到2025年,全球数字支付收入规模将增长7.3%,到2030年数字支付收入规模将达到2.9万亿美元。数据显示,目前全球范围内,约有2/3的成年人使用或接受数字支付的方式,发展中经济体的这一比例从2014年的35%增至2021年的57%。在此背景下,各国也在加强研发并完善其领域内的数字支付基础设施。如为推动电子支付的广泛应用和发展,新加坡金融管理局专门成立了支付委员会,其成员包括银行、支付服务提供商、企业协会等,以共同促进行业创新合作。2018年,新加坡政府推出全国共用付款二维码SGQR,支持多种支付模式。在巴西,央行于2020年11月推出实时电子支付系统PIX。依托个人银行账户,用户可在系统中将纳税人识别号、手机号或电子邮箱设为用户名,进而可即时进行电子钱包之间的转账或付款。[1]

(二)美国数字支付法律制度

美国关于数字支付业务的法律规范主要表现在联邦和州两个层面。1978年,美国国会制定了《电子资金划拨法》(Electronic Fund Transfer Act,EFTA),用以调整国内电子资金划拨系统中交易金额较小的电子支付体系。根据该法案,电子支付机构被归为货币传送业务经营者,其所提供的业务属于货币服务业务(Money Services Business,MSB),该法案明确地界定了金融机构与交易方在支付关系中的权利、义务以及违反所对应的责任。

在州层面,美国各州金融监管机构基于各自的立法权限制定相应的规范对数字支付进行监管,范围涵盖市场准入、资金监管以及反洗钱等领域。2000年8月,美国统一州法全国委员会发布《统一货币服务法》(Uniform Money Services Act)。由于该法系示范法,本身不具有法律效力,因此需要各州通过立法程序将其纳入州法体系中予以实施,进而在各州发挥法律效力。《统一货币服务法》对数字支付领域的投资主体、营业场所、业务范围、资金实力、财务状况、参与者的权利和义务、违约责任等方面作出了较为详尽的规定。[2] 2020年5月,为应对在全球范围内兴起的数字货币浪潮,美国数字美元项目(Digital Dollar Project)发布了白皮书,提出了创建美国央行数字货币的框架内容,系统介绍了代币化数字美元需求,以及构建数字美元支付系统的一些潜在途径和发展趋势。

(三)欧盟数字支付法律制度

欧盟的数字支付领域的立法主要从电子货币角度展开。自20世纪90年代开始,欧盟开始启动有关电子货币的立法和监管政策。1998年,欧洲央行发布了《电

---

[1] 参见黄培昭、刘慧、毕梦瀛:《多国加快推广数字支付》,载《人民日报》2022年4月12日,第17版。

[2] 参见京东金融研究院编著、刘志坚主编:《2017金融科技报告——行业发展与法律前沿》,法律出版社2017年版。

子货币报告》(Report on Electronic Money),总结了应对电子货币进行有效监管的若干要点,包括电子支付系统的效率、消费者以及商户的权利和义务、维护电子支付市场金融安全等。在此种理念的驱使下,欧盟又陆续出台了一系列规范和监管政策,旨在防范化解金融风险、建立起统一的电子货币法律监管制度,如《跨境贷记转账指示》《电子货币指示》等。上述规范在电子支付领域的主体准入条件、行业资本金要求、业务范围、客户资金风险管理、交易信息详细披露等方面均有所涉及。在隐私权保护方面,1991 年欧盟颁布并实施《防止以洗钱为目的使用资金系统的指令》,并于 2001 年进行修订,进一步扩大了反洗钱指令的适用范围。2017 年 7 月,欧洲银行管理局发布了欧盟支付服务指令修正案(PSD2)项下重大事件报告的最终指引,在该指引的基础上,欧盟成员国的所有电子支付机构和监管部门均受到其约束。其有助于实现监管机构对电子支付机构与客户之间开展交易合作中的交易便捷,并有效减少成本,提高交易效率。[1]

面对数字货币的全球化潮流,为保持金融市场的竞争力,欧盟亦在加快数字货币或数字支付领域的立法和监管。其规范理念是:一方面强化数字支付领域的反垄断和金融市场风险监管,规范并协调数字支付市场的秩序;另一方面则考虑强化数字支付领域的数据保护、信息披露,从而提升市场竞争力。2020 年 9 月,欧盟公布了一项针对数字货币的法令草案,其要求在发行货币或制定货币政策的前端,须遵循批准制度,即数字货币的发行须经欧盟认证,方能进行数字货币的支付,并设定了一系列的惩戒措施。[2]

第二节　数字借贷法律制度

一、数字借贷概述

从发展历程来看,数字借贷的前身可溯及至互联网借贷或网络借贷。网络借贷模式的开展缘起于欧美。2005 年 3 月在英国开始运营的 Zopa 网站,是全球最早的 P2P 平台。在美国,最大的网络借贷平台是 Prosper,该平台于 2006 年 2 月上线运营,资金需求方只需在 Prosper 网站输入需要借贷的金额,就会自动出现最高利率。Prosper 通过制定竞标机制,借贷双方对借贷资金和利率进行竞价,利率低者就会中标。通过这种机制,借贷双方都以自己满意的方式成功实现交易,而 Prosper 也能通过双方支付的费用获利,最终三方实现共赢。

---

〔1〕 参见北京大学金融法研究中心、中国银监会政策研究局:《金融监管政策动态》,载《金融监管研究》2017 年第 8 期。

〔2〕 参见链得得:《欧盟:公布数字货币监管草案,CBDC 计划同步推进》,载搜狐网 2020 年 9 月 25 日,https://www.sohu.com/a/420781058_100217347。

早期来看,我国网络贷款的发展可追溯至2007年。我国的网络借贷在前期主要是以P2P的形式呈现。P2P是个体之间通过网络直接进行的借贷,是民间借贷与互联网技术融合所产生的借贷行为。我国第一家P2P平台拍拍贷于该年成立,这是我国第一家无担保网络借贷平台。2012年之后,我国P2P平台出现爆发式增长,无论是资金规模还是用户数量都呈现出激增的态势。2012—2013年的P2P处于发展的快速扩张期,其经营模式由线上中介模式转变为了线上线下相结合的经营模式。在2013年至2014年短短一年的时间内,我国的P2P平台已增至600家左右,截至2013年年底月平均成交金额在110亿元左右,有效投资人在9万至13万人之间。P2P平台迅速扩张的同时也在滋生着行业风险,个体投资者或用户在利益的驱使下,一方不顾投资风险而盲目追求高利润高回报,另一方则利用政策盲点或监管漏洞在网络借贷平台进行欺诈。在此期间,也出现了大量的P2P平台爆雷、跑路的问题,极大地危害了用户的权益和金融市场秩序。

值得注意的是,近年来随着新型技术的发展,传统的网络借贷模式也在发生着变化。随着监管政策对P2P的明令禁止以及对互联网众筹的严管,取而代之的是以互联网为媒介产生的金融借款活动。由此产生的纠纷主要为互联网金融借款合同纠纷,其是指"以具有开展金融贷款业务的合法资质的金融机构(主要为银行金融机构)与通过互联网与前者订立贷款合同的借款人为当事人,通过上述金融机构开办的互联网平台,在意思自治的前提下,当事人双方参与传统金融活动(主要为借贷)而产生的各类纠纷"。在此类线上金融交易中,金融机构为解决"非面对面"场景下借款人的身份和交易内容真实性的问题,开始尝试使用新型科技手段,如多种身份验证方式及哈希值校验等第三方存证技术完成借贷合同的履行。

二、我国数字借贷法律制度

(一)数字借贷的法律分析

2015年7月,中国人民银行等十部门发布《关于促进互联网金融健康发展的指导意见》。根据该意见的规定,网络借贷包括个体网络借贷(P2P)和网络小额贷款。个体网络借贷是指个体和个体之间通过互联网平台实现的直接借贷。在个体网络借贷平台上发生的直接借贷行为属于民间借贷范畴,受《民法典》等法律法规以及最高人民法院相关司法解释规范。网络小额贷款是指互联网企业通过其控制的小额贷款公司,利用互联网向客户提供的小额贷款。网络小额贷款应遵守现有小额贷款公司监管规定,发挥网络贷款优势,努力降低客户融资成本。网络借贷业务由中国银监会负责监管。

在个体网络借贷中,所涉及的主体主要包括网络借贷平台、出借人和借款人。在此过程中,网络借贷平台作为居间人,其与借款人之间属于居间服务法律关系。《关于促进互联网金融健康发展的指导意见》中也明确了"个体网络借贷机构要明确信息中介性质,主要为借贷双方的直接借贷提供信息服务,不得提供增信服务,不得非法集资”。网络借贷平台通过与借款人签订《借款服务协议》等合同的形式开展服务,并以此明确各自的权利义务关系。根据上述意见,网络借贷平台与出借人之间的关系亦属于居间关系的范畴。而出借人和借款人之间则为民间借贷关系。

在网络小额贷款中,首先,借款人与小额贷款公司之间的关系为债权债务关系。小额贷款公司为债权人,借款人为债务人,二者之间通过签订合同的形式实现债权债务关系。其次,借款人与网络小额贷款平台之间为融资服务关系。借款人向平台提出融资需求,并向其支付服务费用;网络小贷平台将其推送给旗下的小额贷款公司,为其提供融资信息服务,并收取服务费用。[1]

(二)数字借贷的监管立法

从规范演进的视角来看,我国针对数字借贷的监管与其业务本身的发展沿革密切相关。2011 年,中国银监会办公厅发布了《关于人人贷有关风险提示的通知》,提示了当前 P2P 存在的主要问题和风险,并明确了相应的监管要求。为有效应对 P2P 可能造成的隐患,我国监管机构开始着手加大对 P2P 平台的监管。2016 年 8 月,中国银监会、工信部、公安部、国家网信办共同发布了《网络借贷信息中介机构业务活动管理暂行办法》,旨在加强对网络借贷信息中介机构业务活动的监督管理,促进网络借贷行业健康发展。其明确网络借贷主体作为信息中介机构,除为借款人和出借人提供信息服务外不得提供增信服务;网络借贷机构承担客观、真实、全面和及时信息披露的责任,不承担借贷违约风险。2017 年 2 月,中国银监会发布《网络借贷资金存管业务指引》。该指引明确了存管业务的三大基本原则:一是分账管理。商业银行为网贷机构提供资金存管服务,对网贷机构自有资金、存管资金分开保管、分账核算。二是依令行事。存管资金的清算支付以及资金进出等环节,需经出借人、借款人的指令或授权。三是账务核对。银行和网贷机构每日进行账务核对,保证账实相符,同时规定每笔资金流转有明细记录,妥善保管相应数据信息,确保有据可查。2018 年 12 月,互联网金融风险专项整治工作领导小组办公室、P2P 网贷风险专项整治工作领导小组办公室联合发布了《关于做好网贷机构分类处置和风险防范工作的意见》,标志着 P2P 行业的逐步退出。其要求坚持以机构退出为主要工作方向,稳妥有序推进风险处置,确保行业风险出清过程有序可控。2020 年 7 月,中国银保监会发布《商业银行互联网贷款管理暂行办法》,该办法积极回应了在金融科技的背景之下商业银行转型发展的现实需求,其肯定了无接触式的信贷模式,同时允许商业银行与金融科技等公司开展互联网领域的贷款合作。该办法明确了互联网贷款的合法地位,为商业银行和合作机构提供扩展业务的机会,更重要的是打通了商业银行服务微弱经济体的渠道,解决了普惠金融长

---

[1] 参见李爱君:《互联网金融法律与实务》,机械工业出版社 2017 年版,第 38 页。

期不能解决的贷款难问题,标志着普惠金融发展的新起点。[1]

三、域外数字借贷法律制度

(一)美国数字借贷监管实践

美国没有专门的立法对网络借贷业务予以监管,而是采取了多部门分头监管的模式。具体而言,由联邦金融法律为政府监管提供法律依据,而具体的监管职能由联邦以及州层面的职能部门负责。就监管主体而言,美国证券交易委员会是互联网借贷的核心监管组织、多部门分类监管、州与联邦共同监管。美国证券交易委员会的主要职能是监督法规的执行,负责维护证券发行者以及投资者和交易者的合法权益,其可以对全国和各州的证券发行、证券公司等进行监督和管理。根据美国证券法的相关解释,诸如 P2P 等网络借贷行为被定义为资产证券,属于美国证券法的监管范围,因此其需要接受美国证券监管机构的监督和管理。此外,美国联邦贸易委员会、联邦存款保险公司、州级的金融机构、消费者金融保护局等,也是美国互联网借贷监管的重要组成部分。具体而言,联邦贸易委员会是执行反托拉斯和消费者权益保护的机构,其有权对网络借贷平台的违法行为进行处罚。联邦存款保险公司通过为 P2P 公司的关联银行承保,并对网络借贷机构流经银行的款项进行监督检查,要求其遵守金融消费者的隐私保护条款。美国消费者金融保护局作为联邦消费者保护法律的主要执行者,其有权制定 P2P 消费者保护法规,对消费者的金融交易加以规制。在州监管层面,各州监管部门根据当地的实际情况对网络借贷平台采取适当的监管措施,以避免投资风险对其造成不利影响。

相较而言,在监管理念上,美国主要是坚持规则导向模式,其通过制定大量详细的监管细则对互联网借贷行业进行全面监管,并将其纳入证券法的监管范围,将美国证券交易委员会作为其核心的监管部门。美国证券交易委员会将互联网借贷与证券业务进行统一监管,运用信息披露和反欺诈条款来保护投资者。

(二)英国数字借贷监管实践

2011 年开始,英国设立了互联网贷款行业协会,该协会针对英国互联网贷款行业领域存在的问题,向司法机关建议出台相关法律法规。2014 年,英国金融服务监管局制定了《关于网络众筹和通过其他方式发行不易变现证券的监管规则》。由此,互联网借贷业务被英国金融行为监管局正式纳入其监管范围。英国监管机关在该规则中为互联网借贷平台设定了相应的准入标准,从而在市场准入的前端能够过滤掉部分不符合要求和规定的平台,进而能够切实保护到金融消费者的利益。在金融市场上,市场主体自发提供或获得真实信息的前提是信息弱势方具有

---

[1] 参见莫秀根:《互联网贷款开启数字普惠新起点》,载《中国金融》2020 年第 17 期。

规则设定权或者完全竞争市场对提供虚假信息的信息优势方具有驱逐效应。[1]借贷双方主体之间可能存在的道德风险也会影响正常交易的进行,如出借人考虑到借款人可能实施的高风险而难以对其行为施加有效的约束行动,其出于自身的资金安全和收益的考量,可能会选择放弃交易。

针对在互联网借款活动中出借人和借款人所存在的固有的信息不对称的问题,英国监管法规要求交易主体需要就信息做出及时披露,并且对互联网借贷平台中的有关信息披露的内容、程度也有着明确的规定,包括借款人的信息真实、出借人的资金背景以及所从事的具体的借贷业务中的利率须进行说明,确保交易的公平公正等。与此同时,互联网借贷平台应当定期向监管机关报告出借人的资金使用情况、借款人的贷款信息以及与之有关的其他数据。

在监管模式上,英国对于网络借贷平台的监管经历了从最开始的政府监管到后来的政府监管和行业自律监管相结合,并以行业自律监管为主。2011 年,Zopa、Rate Setter、Funding Circle 三家网络借贷平台,自行成立了行业自律协会,协会的成员覆盖了 90% 以上的网络借贷平台,协会旨在确保网络借贷行业的持续健康发展。[2] 英国对网络借贷实施的政府监管和部门监管相辅相成,共同发挥监管职能。这一方面保护了交易主体的利益最大化,另一方面有效地平衡了效率和安全,从而促进了英国互联网借贷平台的稳健发展。

第三节　数字保险法律制度

一、数字保险概述

数字金融的发展,极大地改变了保险机构所处的内外部环境,这对于保险机构而言,既是机遇,又是挑战。对于保险机构而言,要想保有在金融市场的竞争地位和优势,就必须顺应潮流,紧跟趋势进行数字化转型。

从时间脉络来看,数字保险的早期形态即为互联网保险。根据 2020 年 12 月中国银保监会发布的《互联网保险业务监管办法》第 2 条第 1 款的规定,“本办法所称互联网保险业务,是指保险机构依托互联网订立保险合同、提供保险服务的保险经营活动”。根据该办法,保险机构包括保险公司(含相互保险组织和互联网保险公司)和保险中介机构。也就是说,互联网保险实质上是传统保险业务的网络化。1997 年,中国保险网作为国内最早的保险门户网站成立。随后国内一些大型保险公司如太平洋保险、平安保险等纷纷建立了自己的门户网站,开通网上保险等业

[1] 参见杨东:《互联网金融的法律规制——基于信息工具的视角》,载《中国社会科学》2015 年第 4 期。

[2] 参见邓建鹏、黄震:《互联网金融的软法治理:问题和路径》,载《金融监管研究》2016 年第 1 期。

务,但信息技术水平和电子商务市场都尚不成熟,彼时的互联网保险即处于萌芽阶段。2005 年,随着《电子签名法》的颁布,互联网保险开始逐步走向成熟。2011 年 9 月,中国保监会发布《保险代理、经纪公司互联网保险业务监管办法(试行)》(已失效);2014 年 8 月,国务院印发《关于加快发展现代保险服务业的若干意见》,为互联网保险业务的规范化发展提供了指引。2012—2020 年,我国保险公司以及经营互联网保险业务的企业数量呈快速增长趋势。其间,2013 年是我国互联网金融市场高度活跃的一年,除传统金融机构的积极创新以外,阿里巴巴等互联网企业也纷纷进军金融领域,并试图构建自己的业务模式。该年,阿里巴巴、腾讯和平安集团联合成立了我国第一家专注于互联网保险的新型保险公司——众安保险,并获得了首个互联网保险牌照。

随着数字化的发展,近年来保险业呈现转型趋势。保险业是高度依赖数据积累的行业,数据产业及数据技术已成为行业核心生产资料和生产工具。从底层逻辑来看,保险数字化有助于解决信息不对称带来的风险问题,进而帮助保险机构有效化解不确定性的风险。在互联网科技的带动下,数字保险积极参与共享经济的方方面面,在交通、医疗、农业等领域为人们生活提供了很大的便利。互联网保险以用户为中心,依托于互联网海量的用户数据,能够重塑传统保险公司原有的产品设计方法、定价方式及承保风控模式。随着技术发展,将人工智能的脸部识别核心技术综合在手机 App 中,能够加速确认投保人的身份认定,并能自动搜集被保险人的各项活动资料,作为计算合理保费的数据基础。数字化新技术不断提升投保及核保过程的时效水平,提升风控水平以及客户体验。从保险类型来看,目前产品创新已不再局限于互联网新型险,以车险、健康险、寿险为主的传统险种也正在经历着互联网的重组再造。2023 年,ChatGPT 引领新一轮人工智能热潮,保险行业也开始相关技术探索,如水滴公司内测类 ChatGPT 应用、蚁保上线 AI 保险规划师。

二、我国数字保险法律制度

(一)我国数字保险监管的法律规范

我国的数字保险行业主要依靠政府监管。自 2011 年开始,监管部门陆续发布了相应的监管政策性文件,对互联网保险业务实行全面监管。2011 年 4 月,中国保监会发布了《互联网保险业务监管规定(征求意见稿)》,其中规定了互联网保险的资质条件、经营规则、监督检查等方面的具体要求。2012 年 4 月,中国保监会发布《关于进一步规范互联网保险业务的通知》,明确除保险公司、保险代理公司、保险经纪公司外,其他单位和个人不得擅自开展互联网保险业务。2014 年 1 月,中国保监会印发《加强网络保险监管工作方案》,该方案对保护保险消费者合法权益、完善网络保险监管制度、防范化解网络保险创新风险、加强保险消费者风险教育工作、加大网络保险犯罪打击力度等均作出了安排。2015 年 7 月,中国保监会印发《互联网保险业务监管暂行办法》(已失效)。这是国内第一部全面规范互联网保险业务的规章制度，其通过具体的规则对互联网保险的业务活动予以规范，有效地维护了互联网保险领域消费者的权益，进而促进了互联网保险行业的稳健发展。2016年1月，中国保监会印发《关于加强互联网平台保证保险业务管理的通知》（已失效）。其重点针对保险业务的互联网平台选择、信息披露、内控管理等提出明确要求，以强化保险公司审慎、合规的经营意识。2016年4月，中国保监会等部门印发《互联网保险风险专项整治工作实施方案》，提出要重点规范互联网保险的经营模式，完善监管制度规则，实现创新与防范风险并重，促进互联网保险健康可持续发展。2020年10月，中国银保监会印发《关于规范互联网保险销售行为可回溯管理的通知》，旨在规范和加强互联网保险销售行为可回溯管理，并保障消费者知情权、自主选择权和公平交易权等基本权利，以促进互联网保险业务健康发展。2021年2月，中国银保监会印发《互联网保险业务监管办法》，明确了互联网保险的业务本质、经营要求、制度适用和衔接政策，同时明确了非持牌机构的禁止性行为，规范保险的营销宣传活动。

从模式上来看，我国当前针对互联网保险的监管采取的是“政府监督为主，行业自律为辅”的监管理念。在此过程中，中国银保监会在监管体系当中占据着主导地位。行业自律监管有助于第三方网络保险平台配合政府监管，维持整个保险行业的秩序。行业自律具有自身独特的价值和必要性，并与政府监管相辅相成、相互协调配合。

（二）我国数字保险监管的基本原则

1.鼓励创新、健康发展原则。技术和数据是全球数字化转型背景下各国金融科技高质量发展以及抢占国际金融竞争高地的核心要素。从业务范围来看，监管部门重点鼓励互联网企业等平台参与互联网保险业务拓展，以及其他行业资源与互联网保险业务融合发展，发挥各自的优势。2016年，中国保监会批准安心保险、泰康在线销售互联网车险业务。监管部门鼓励保险机构运用技术手段，融合线上线下服务优势，打造创新的服务流程，从而有效提升服务质量。此外，监管部门鼓励保险机构利用新技术、新产品和新服务，服务于实体经济，利用保险的经济补偿机制辅助社会治理、促进社会提质增效升级。2021年12月，中国人民银行印发《金融科技发展规划（2022—2025年）》，强调要高质量推进金融数字化转型，健全适应数字经济发展的现代金融体系；并指出金融业发展应坚持“数字驱动、智慧为民、绿色低碳、公平普惠”的基本原则。而现代化的数字保险需要现代化的金融法治和监管与其匹配。

2.防范风险原则。党的二十大报告提出，要“加强和完善现代金融监管，强化金融稳定保障体系，依法将各类金融活动全部纳入监管，守住不发生系统性风险底线”。2021年12月，国务院印发《“十四五”数字经济发展规划》，明确提出要坚持金融活动全部纳入金融监管，加强动态监测，规范数字金融有序创新，严防衍生业务风险。2022年12月召开的中央经济工作会议提出，“要防范化解金融风险，压实各方责任,防止形成区域性、系统性金融风险”。在互联网保险的发展初期,监管部门就重视其可能形成的风险,并采取相应的措施。如2016年4月中国保监会印发的《互联网保险风险专项整治工作实施方案》,其中即指出了要实现创新和防范风险并重。数字金融的发展也给传统金融带来了一定的挑战,如数字资产权利的界定、传统支付结算系统、金融市场交易和退出环境的监管等。[1]

在创新领域的风险防范上,监管机关对以网络互助计划的形式开展保险业务进行重点监督,明确互助计划与保险产品具有本质区别,从而划清了二者间的界限,夯实了互联网保险风险防范的基础。

三、域外数字保险法律制度

(一)美国数字保险法律监管

互联网保险是互联网金融的重要组成部分。为促进互联网金融和电子商务的发展,美国政府先后出台了多项法律法规。早在1997年,美国政府就发布了《全球电子商务法案》,在法律上对电子商务进行了明确的解释和约束。为适应技术的进步并提高行业运营效率,美国于2000年颁布了《电子签名法》,明确了电子签名具有和书面签名同等的法律效力,并限定了其使用范围。2001年,美国政府颁布了《第五号函件》,就互联网保险业务作出了规范。[2] 其对保险人规范互联网保险销售和互联网投保人进行自我保护提供了必要的指导。在规范保险人行为方面,上述函件旨在加强针对其网络执业资格和广告信息发布的监督管理;在保护投保人利益方面,函件呼吁消费者仔细甄别互联网保险信息,加强自身权益保护。

美国联邦和州政府十分重视对偿付能力的监管,在互联网保险业务中采用由风险资本、财务分析追踪系统、现金流测试、保险监管信息系统构成的偿付能力监管体系,对偿付能力进行分级并采取不同措施的监管。此外,美国健全的信用评级机制也为数字保险的发展提供了良性保障。美国的信用评级机构通过公开、公平、公正的评价标准对互联网保险机构进行财务、债务等方面的评估,并及时向社会公布,极大地降低了保险机构自身信用问题导致的风险性。针对保险机构的失信行为,美国监管部门也通过必要的信用惩戒机制,将其失信行为记录信息公示系统,进而倒逼互联网保险机构合规开展业务。

(二)英国数字保险法律监管

英国保险业监管部门对于互联网保险的监管实行与传统保险一致的规则。保险企业推出的线上电子保单与线下传统纸质保单具有同样的法律效力。这也成为英国互联网保险监管的基本原则。在此基础上,英国保险业监管部门一方面通过

---

〔1〕 参见吴晓灵、李曙光、郭雳:《金融改革与法律监管》,载《中国法律评论》2023年第3期。

〔2〕 参见王洋:《国外互联网保险行业的发展、监管经验及对我国的启示》,载《武汉金融》2017年第3期。

加强与其他监管部门的合作来提高对互联网保险的监管效率,另一方面通过采取适度审慎的市场准入原则来保护互联网保险消费者的合法利益,从而为英国互联网保险健康发展保驾护航。

英国对互联网保险监管的重心主要在以下几方面:一是加强互联网安全监管,包括对于黑客攻击以及误操作的监管;二是加强对于保险业服务能力的评估,包括保险业务流程的在线化程度、服务质量等;三是加强对保险业的道德风险和法律风险的监督;四是明确业务监管范围,减少监管重叠带来的纠纷,比如依托互联网跨境销售保险产品带来的法律纠纷等。[1]

在监管合作领域,首先,英国政府与监管部门合作,结合互联网保险的运作特点制定合理的监管法规,如《数据保护法》《电子商务条例》《远程销售条例》等,以降低互联网保险可能带来的风险。其次,通过要求保险公司积极采取相应的措施进行风险防范,防止风险扩大化,影响保险行业乃至金融市场的稳定发展。此外,英国监管机构也注重与其他行业自律组织的相互配合,对于互联网保险经营主体进行全面监管,从而提高监管效率,健全多元化的监管体系。

(三)日本数字保险法律监管

1999年7月,日本出现首家完全通过互联网推销保险业务的保险公司aflacdirect. com。[2] 随着日本互联网保险业务的逐步成熟,日本随之出台了相关法律,如《电子契约法》《新保险法》等,加强对保险条款和保险费率的监管力度。日本的金融机构监管部门是金融厅,其主要负责包括互联网保险机构在内的所有银行、证券、保险等金融机构的金融监管,其职责包括制定监管政策、设定行业规范、业务检查和监督、注资标准和规定、破产清算程序这几个方面。日本监管部门运用多种行政手段,包括教育、示范、警告等,并以现场检查与非现场检查相结合的方式引导并监管网络保险经营主体。

同时,作为国际保险监督官协会(IAIS)的会员,日本保险业在金融厅的监管下严格遵守国际保险监管标准开展经营活动,按照国际保险监督官协会的国际会计标准与偿付能力监管标准展开一系列的改进措施,进而实现与国际互联网保险行业的接轨。在偿付能力方面,日本金融厅根据保险公司的偿付能力比率来判定其经营状况,进而督促问题公司及时改进问题。根据规定,当偿付能力比率低于0%时,对保险公司进行部分或全部清理,当偿付能力比率高于0%低于100%时,采取变更保费的计算方法、禁止或限制支付分红等全面措施;当偿付能力比率高于100%低于200%时,保险公司要施行重新筹资计划。

在市场准入层面,日本保险业的准入制度相对严格。日本颁布的《新保险法》

---

[1] 参见钟润涛、胥爱欢:《美、英、日三国互联网保险发展比较及对我国的启示》,载《南方金融》2016年第9期。

[2] 参见魏倩雨:《美英日互联网保险发展及对我国的启示》,载《商业经济研究》2016年第5期。

在肯定互联网保险的同时,也对互联网保险给予了同样严格的监管。此外,《新保险法》还要求在日本经营的保险企业进行强制性的信息披露,必须将公司运营和财务状况汇总后公布于众。保险企业信息透明度的增强,进一步降低了互联网保险的风险。

第四节 数字理财法律制度

一、数字理财概述

数字金融背景之下的数字理财,在某种程度上可以将其理解为资产管理。数字理财,一般指在线理财,即投资者通过线上渠道进行投资或购买理财产品,以期实现财产保值增值的目的。根据2018年4月由中国人民银行等机构发布的《关于规范金融机构资产管理业务的指导意见》中的表述:资产管理业务是指银行、信托、证券、基金、期货、保险资产管理机构、金融资产投资公司等金融机构接受投资者委托,对受托的投资者财产进行投资和管理的金融服务。

我国资产管理业务已有近20年的历史,其发展规模在不断壮大的同时,内涵和外延也在不断扩充,从银行逐步扩及至信托、证券、期货等领域。2012年年底,我国银行理财产品存续3.1万款,平均收益率为4.32%,而当时一年期定存利率的上限是3.575%。在这样的背景下,银行理财产品开始崛起,并成为资产管理第一大行业。伴随居民投资理财意识的提升,证券、基金、银行理财等产品成为越来越多居民的资产配置品种。2012年第四次全国金融工作会议召开,提出了“要坚持金融服务实体经济”“坚持市场配置金融资源的改革导向”,其奠定了未来金融领域的市场化改革方向。其后在政策的持续推动下,银行理财、基金、信托、证券资产管理、保险资产管理、私募等各大资产管理行业,迎来了较高规模的发展。根据中国银行业理财登记托管中心发布的《中国银行业理财市场半年报告(2023年上)》,截至2023年6月底,银行理财存续规模为25.34万亿元。

从全球视野来看,国际资产管理行业最早起源于欧洲。在原始资本积累过程中,私人财富的增长和金融市场的发展为资产管理行业的发展提供了可能性。最初的资产管理行业面对的客户主要是各国政府以及少数拥有较多财富的个人,更类似于“主权基金”或“私人银行”。而将多数投资者的资金汇集起来进行分散投资的思想,据悉最早在1774年由荷兰商人凯特威士付诸实践,但是真正将基金运作模式加以推广的是1868年在英国成立的“海外及殖民地政府信托基金”(The Foreign and Colonial Government Trust),该基金一般被认为是封闭式投资基金的起源。早期的基金管理没有引进专业的管理人,而是由投资者通过签订契约,推举代表来管理和运用基金资产的。伴随世界经济的发展,私人财富的快速增值,全球资产管理行业继续迅猛发展。[1] 据波士顿咨询公司(BCG)发布的《2023 年全球资产管理报告》,2022 年全球资产规模为 98 万亿美元。

二、我国数字理财法律制度

以时间为维度,我国资产管理实践分为四个阶段,第一阶段为 1998 年至 2007 年,以公募证券投资资金为主导,凸显出受人之托、代人理财;第二阶段为 2008 年至 2012 年,银行理财异军突起,并借助银信合作而演化为影子银行;第三阶段为 2013 年至 2016 年,券商、基金公司、期货资产管理、保险资产管理等在放松监管背景下激发创新而接棒信托,续命影子银行,但在快速发展过程中也产生了一些问题;第四阶段为 2017 年至今,"大资管"历经整顿、回归本源,逐渐走向规范。

随着 2018 年 4 月《关于规范金融机构资产管理业务的指导意见》的发布,"大资管"行业政策框架已基本搭建完毕。《关于规范金融机构资产管理业务的指导意见》及其后发布的理财新规、理财子公司管理办法、私募资产管理细则、信托新规、保险资产管理新规、现金管理类理财产品等一系列资产管理细分行业规范文件,共同组成我国现行资产管理行业法律制度。

资产管理细分行业一系列规范文件包括:中国银保监会 2018 年所通过的《商业银行理财业务监督管理办法》《商业银行理财子公司管理办法》,2019 年所通过的中国银保监会办公厅《关于进一步规范商业银行结构性存款业务的通知》《商业银行理财子公司净资本管理办法》,以及 2021 年所发布的《理财公司销售理财产品销售管理办法》《现金管理类理财产品新规》《理财公司理财产品流动性风险管理办法》,分别对银行理财、理财子公司、结构性存款业务、理财子公司的净资本运作与销售端、现金管理类理财产品和流动性风险进行了规范,并提出了具体要求。

此外,在保险资产管理行业、资金信托以及金融资产投资三个行业,中国银保监会还发布了《银行业保险业消费投诉处理管理办法》、《保险资产管理产品管理暂行办法》、《信托公司集合资金信托计划管理办法》、中国银保监会《关于金融资产投资公司开展资产管理业务有关事项的通知》。

针对基金业务,中国证监会 2014 年发布《私募投资基金监督管理暂行办法》,2017 年发布《公开募集开放式证券投资基金流动性风险管理规定》,2018 年发布《证券期货经营机构私募资产管理业务管理办法》(2023 年修订)、《证券期货经营机构私募资产管理计划运作管理规定》(2023 年修订)、《证券公司大集合资产管理业务适用〈关于规范金融机构资产管理业务的指导意见〉操作指引》,2020 年发布《关于加强私募投资基金监管的若干规定》,对公募基金(含货币基金)的流动性风险、私募资产管理以及公募资产管理的运作进行了规范。同时中国证监会还发布

---

〔1〕 参见房铎、杨冰、姬江帆:《全球资产管理:起源及现状》,载搜狐网 2020 年 8 月 16 日,https://www.sohu.com/a/413425282_99948380。

了 MOM 产品指引、公开募集基础设施证券投资基金指引。针对期货资产管理业务,中国证监会 2018 年发布《证券期货经营机构私募资产管理业务管理办法》(2023 年修订)。

在银行业中,中国银保监会 2016 年发布中国银监会办公厅《关于规范银行业金融机构信贷资产收益权转让业务的通知》,2018 年发布《商业银行流动性风险管理办法》《商业银行理财业务监督管理办法》,2020 年发布《银行保险机构关联交易管理办法》、中国银保监会办公厅《关于银行业金融机构信贷资产证券化信息登记有关事项的通知》,2021 年发布《理财公司理财产品销售管理暂行办法》《理财公司理财产品流动性风险管理办法》。

2022 年 8 月 25 日,中国银保监会发布《理财公司内部控制管理办法》,理财公司制度规则体系进一步完善。该办法要求理财公司建立全面、制衡、匹配和审慎的内控管理机制和组织架构,强化理财业务账户管理,完善投资决策分级授权机制,健全交易全流程管理制度,实行重要岗位关键人员全方位管理,加强关联交易管理与风险隔离,保护投资者合法权益,能够充分发挥内控职能部门和内审部门的内部监督作用。同时,该办法充分对标国内外资产管理行业良的好监管实践,结合理财公司特点细化了相关要求。[1] 一是设立首席合规官。负责对内部控制建设和执行情况进行审查、监督和检查,并可以直接向董事会和监管部门报告,更好地发挥其监督制衡作用。二是强化了信息披露制度。建立人员信息登记和公示制度,明确投资人员、交易人员名单。在理财公司官方网站或者中国理财网等行业统一渠道公示投资人员任职信息、关联交易信息、托管机构信息等。三是加强交易监测、预警和反馈。实行公平交易、异常交易监测制度,前瞻性识别和防范风险。实行集中交易和交易记录制度,确保投资和交易相分离,以及交易信息可回溯、可检查。四是完善个人信息保护制度。通过建立信息隔离制度,强化信息隔离,防止敏感信息不当传播和使用。依法处理投资者个人信息,以此保护投资者个人信息安全。

三、域外数字理财法律制度

(一)美国数字理财法律监管

美国《1940 年投资公司法》对证券投资型资产管理业务作出了定义,其中最核心的概念是“投资公司”。根据《1933 年证券法》的规定,“投资公司”被定义为是特殊的证券发行人(Issuer),且应当满足:从事并首要从事对证券的投资、再投资、持有以及交易业务;对外发行分期付款型面额证券以募集资金;持有的证券总价值要不低于发行方总资产(不包括政府债券和现金及其等价物)的 40%。不过,《1940 年投资公司法》并未对投资公司的组织形式作出限制,理论上投资公司可以选择公司制、信托、合伙或者其他法人及非法人形态。由此,单一基金产品理论上

[1] 参见仇兆燕:《落实落细投资者保护要求》,载《中国银行保险报》2022 年 8 月 26 日,第 1 版。

也可等价于“投资公司”。负责管理产品的基金经理则是《1940 年投资顾问法》认定的“投资顾问”。美国在最初对资产管理业务定义时,实现了“产品”与“管理人”的分离,这与资产管理行业的历史渊源相契合。美国《1940 年投资公司法》进一步划清了资产管理业务同其他业务的界限,规定任何银行、保险公司、房屋贷款协会、合作银行或类似机构不能直接作为投资公司,划清了信贷、保险等信用中介业务同资产管理业务的界限。其强调投资者与基金管理人间仅是“委托—代理”关系,管理人在运营投资公司的过程中不动用自身的资产负债表。

此外,美国商业银行的集合管理基金也豁免于《1940 年投资公司法》,而接受美国货币监理署的监管。这种集合管理基金仅允许美国商业银行和信托机构创设,一般用于对家族遗产账户、员工福利账户等特殊账户进行管理,从业务性质上更类似于资产托管。美国证券交易委员会认定其不能够向公众投资者进行广告宣传以及销售,且不能在信托费用之外收取额外的费用,由此美国证券交易委员会为资产管理业务划定了相对清晰的范围。

2010 年美国出台《私募基金投资顾问注册法》(《多德—弗兰克法》第四章:对冲基金顾问及其他的监管),要求所有私募基金管理人向美国证券交易委员会注册,并遵循和公募基金管理人相同的监管标准,并且美国证券交易委员会新建了用以统计私募基金信息的 PF(Private Fund)报表体系,用以弥补《1940 年投资公司法》因豁免私募基金注册而无法收集其数据的弊端。

(二)英国数字理财法律监管

英国资产管理行业已经逐步形成了较为完善的监管制度体系。英国金融服务监管局和宏观审慎监管局负责资产管理行业的监管。前者主要负责银行、保险等资产管理机构的监管,后者主要负责系统重要性资产管理机构的监管。《2000 年金融服务与市场法》奠定了英国统一监管体制。该法包含了对于资产管理业务的监管要求,主要涵盖管理投资、管理另类投资基金、安排投资交易以及提供投资咨询等,从事资产管理业务需要获得监管部门许可,否则可能面临刑事处罚。

英国资产管理业务监管制度体系既受到欧盟统一资产管理行业监管制度的影响,也具有一定本国监管制度特色。2020 年之前,英国为欧盟成员国,故执行欧盟的相关监管制度。欧盟在促进金融市场统一化过程中,制定了大量有关资产管理行业的统一监管政策,主要包括《可转让证券集合投资计划指令》(UCITS)、《另类投资基金管理指令》(AIFMD)、《欧洲金融工具市场指令》(MiFID)三大监管制度,用以规范资产管理市场运作,促进成员国之间的跨境投资,降低市场交易成本。作为欧盟成员国的英国,根据上述指令并结合本国实际,形成了本国的资产管理行业监管法律制度。

除此之外,英国还根据本国资产管理行业发展的要求,加强了对资产管理机构行为的约束,以及对信息披露的要求和对投资者的保护力度。一是基于 2017 年金融服务监管局发布的《英国资产管理行业报告》,对资产管理行业实施一系列新的监管举措,包括:(1)要求投资管理人对投资表现、管理水平、服务质量等方面进行评估,并报告价值创造水平;(2)促进投资目标、业绩基准使用、管理费用等信息披露的标准化、透明化,促进更高效的市场竞争;(3)推动解决投资顾问的服务质量以及利益冲突问题,更好地为投资者创造价值。二是为了促进金融科技的广泛应用,英国推出了“监管沙盒”,资产管理机构可以在“沙盒”这一安全空间内测试创新产品、服务和商业模式。此外,2018 年金融服务监管局发布了智能投资服务指引,以规范该业务领域,促进其健康发展。三是为了适应资产管理行业全球竞争加剧以及英国脱欧的新形势,英国制定了投资管理战略,旨在帮助英国形成全球化的监管机制、产品服务体系、税收政策,以进一步增强英国资产管理行业的竞争力。根据英国投资协会的建议,未来英国应创设长期资产投资基金、在岸专业投资基金,以进一步满足投资者的投资需求;应针对资产管理行业建立更加统一的监管规则和税收体系,养老金管理市场需要强化投资顾问等中介服务,并提升信息披露和公开透明的水平;应加强英国资产管理的品牌塑造、宣传和推广,建设并完善监管部门与资产管理机构就行业发展进行交流的平台和渠道。

思考题

1. 请思考我国数字人民币的法律属性。
2. 请结合数字金融领域的业务谈谈如何防范化解金融风险。

第五编　绿色金融法制

第十八章　绿色金融法制概述

绿色金融是现代金融发展的重要趋势。发展绿色金融对于环境保护、经济增长和金融可持续发展的意义非同寻常。绿色金融的发展离不开法制的支撑，应当从关注并反映可持续发展的价值目标和评判尺度，推动绿色金融法制的健全与完善。

第一节　绿色金融与绿色金融法

一、生态环境与可持续发展的辩证关系

在工业革命的推动下，人类社会以前所未有的速度进入了工业化时代。然而工业化如同一把“双刃剑”，在促进社会发展、提高经济增长和增进人类福祉的同时，也带来了气候变化、环境污染、生态破坏等威胁人类生存和可持续发展的问题。自19世纪以来，科学家们就开始关注二氧化碳排放可能带来的温室效应。但直到20世纪后半叶，这一问题才真正在科学界引发了较强关注。随后，英国“伦敦烟雾事件”、[1]美国“拉夫运河事件”等相继爆发，[2]使人类对气候和环境问题的关注逐渐从学术领域扩展至政府领域。1983年，第三十八届联合国大会通过了成立世

---

〔1〕 1952年12月5日至9日，英国伦敦上空受反气旋影响，大量工厂生产和居民燃煤取暖排出的废气难以扩散，积聚在城市上空。伦敦被浓厚的烟雾笼罩，导致交通瘫痪，行人只能小心翼翼地摸索前进。市民不仅正常的生活被打乱，健康也受到严重侵害。许多市民随后出现胸闷、窒息等身体不适，发病率和死亡率急剧增加。直至12月10日，强劲且寒冷的西风才吹散了笼罩在伦敦上空的烟雾。据英国官方统计，在持续5天的烟雾天气下丧生的人高达5000余人，在之后的两个月内仍有8000多人相继死亡。该事件被称为“伦敦烟雾事件”，是20世纪十大环境公害事件之一。详见李宏伟、宁悦：《雾霾之都：伦敦烟雾事件》，载《学习时报》2021年11月10日，第7版。

〔2〕 位于纽约的拉夫运河小区是典型的美国城市郊区和蓝领聚集区。20世纪中叶，美国一家化学公司将2万多吨未经处理的有害化学物质直接倾倒到拉夫运河河道。拉夫运河危机由此开始。几年之后，肝病、哮喘、癫痫、免疫系统紊乱、出生缺陷和异常等病症在该地人群中频频发生，而且居住在此地附近的妇女流产率也明显偏高。一场由于化学废物导致严重公共健康的危机事件初露端倪。此事经过大量媒体报道引发了轩然大波。1978年，美国官方高层意识到拉夫运河的环境公害问题，于同年8月颁布了疏散令并紧急疏散该地区居民，10月开始着手清理运河垃圾场。参见Seuly：《美国拉夫运河事件》，载《环境》2005年第8期。

界环境与发展委员会(WCED)的决议。[1]

为解决生态环境保护与社会经济发展的矛盾,世界环境与发展委员会于1987年正式提出了可持续发展概念,倡导在经济增长的同时注重生态环境保护,这一发展理念随后成为世界各国共同的主张。世界环境与发展委员会在其出版的《我们共同的未来》这一报告中,将可持续发展描述为是一种"既能满足当代人的需要,又不对后代人满足其需要的能力构成危害的发展"。可持续发展是一个密不可分的系统,在这种发展理念下,既要达到发展经济的目的,又要保护好人类赖以生存的自然资源和生态环境,使当代人及其子孙后代都能够永续发展、安居乐业。

二、绿色金融的兴起及其发展与实践

在金融领域,人们起初并未意识到金融与可持续发展有任何关联。同样的,环境研究的工作者也没有将自己的研究与工作和金融行业联系起来。"那些在金融部门工作的人大多没有意识到可持续发展的必要性和压力,而那些研究环境政策的人却忽略了金融业在这个问题上的重要角色。"[2]事实上,随着环境危机的不断加剧,金融与环境的关系越来越受到关注。一方面,环境是金融发展的基础,为金融提供生产条件和对象,为金融开辟新的利润空间和金融创新的机会,但环境同时也为金融发展带来了风险隐患;另一方面,金融业的资金支持、导向效应以及自身的环境管理等也对环境产生了实质性的重大影响。[3] 随着可持续发展理念的逐渐普及和深入,金融可持续发展日益成为世界各国金融发展的新方向和新趋势。绿色金融就是金融可持续发展理念下的一种区别于传统金融的新型金融模式和金融业务。

绿色金融在全球范围的兴起可以追溯到20世纪70年代。彼时,美国等一些主要发达国家发生了停滞性经济膨胀(Stagflation)("滞胀")现象,以凯恩斯为代表的经济学家所主张的通过财政手段刺激经济增长、进行国家干预的做法逐渐失灵,从而在全球范围内掀起了一股公共事业民营化浪潮。在这一浪潮中,作为公共物品的"环境资源"也开始市场化运营。在这一形势下,政府逐渐放弃了通过财政手段促进经济增长,转而由金融机构承担因环境市场化运作产生的融资责任。环境金融的需求由此产生。然而,金融机构起初对环境领域并不熟悉,加之对其中所

---

[1] 世界环境与发展委员会是1982年在内罗毕召开的联合国环境管理理事会议上,由前日本环境厅长原文兵卫代表日本政府提出设立的机构,这一提议得到了代表们的支持,于是在第二年的联合国大会上得以成立。又被称为联合国环境特别委员会或布伦特兰委员会。其主要任务是审查世界环境和发展的关键问题,创造性地提出解决这些问题的现实行动建议,提高个人、团体、企业界、研究机构和各国政府对环境与发展的认识水平。

[2] Marcel Jeucken, *Sustainable Finance and Banking: The Financial Sector and the Future of the Planet*, Earthscan Publication Ltd., 2001, p. 1.

[3] 参见李勋:《发展绿色金融的法律研究》,载《兰州学刊》2009年第8期。

蕴含风险的顾虑,导致在最初推行环境金融时并不积极甚至有些抗拒。但这并没有阻止一些国家开始自上而下地推行绿色金融。1974 年,德意志联邦共和国成立了全球第一家环境银行,专门为环境保护和污染治理项目提供融资。1991 年,波兰也成立了自己的环保银行,通过低利率和延长周期等方式支持其国内的环保投资项目。而美国政府则通过创造性地将环境引入金融创新,研究如何有效评估环境风险,从而成功开发出环境金融产品并形成合适的产品结构,为发展循环经济、保护生态环境提供融资支持。在 1992 年的联合国环境与发展会议上,联合国环境规划署正式推出了《银行界关于环境和可持续发展的声明书》。此后,国际组织、开发银行等国际金融机构以及各国政府成为推动绿色金融规模化发展的主要力量。同年,联合国环境规划署还与世界主要银行成立了自律组织,积极推广和普及可持续发展的理念,促进金融机构可持续发展。在这些机构的职能中,最核心的一项就是为全球或所属地区的经济、社会和环境的可持续发展提供融资。

自绿色金融理念提出之后,我国在发展绿色金融方面取得了显著成效,可以说,中国实践已经成为全球绿色金融发展的重要推动力量。[1] 通过一系列制度安排,目前我国已经形成了以绿色贷款和绿色债券为主,绿色保险、绿色基金、绿色信托以及碳金融产品等多种绿色金融工具蓬勃发展的多层次绿色金融产品和市场体系。根据中国人民银行发布的最新数据,截至 2023 年第三季度末,我国绿色贷款余额 28.58 万亿元,同比增长 36.8%,居全球首位;境内绿色债券市场余额 1.98 万亿元,居全球第二。然而,作为全球重要的碳排放大国,我国所面临的节能减排形势日益严峻。一些地方的环境污染和资源承载力已达到或接近极限,企业污染关停而导致的信贷风险开始加大,金融业在推动节能减排、践行经济与自然和谐发展以及实现自身可持续发展中面临巨大挑战。[2] 2020 年 9 月 22 日,国家主席习近平在第七十五届联合国大会一般性辩论上发表重要讲话,指出应对气候变化《巴黎气候变化协定》(以下简称《巴黎协定》)代表了全球绿色低碳转型的大方向,是保护地球家园需要采取的最低限度行动,各国必须迈出决定性步伐。中国将提高国家自主贡献力度,采取更加有力的政策和措施,二氧化碳排放力争于 2030 年前达到峰值,努力争取 2060 年前实现碳中和。[3] 这是我国作为负责任的大国向世界作出的庄严承诺,表明了我国致力于持续改善全球气候和生态环境的坚定决心。"双碳目标"的要求为我国绿色金融提供了更大的发展潜力和更广阔的发展空间。

---

〔1〕 参见李国辉:《中国实践为全球绿色金融发展注入动力》,载《金融时报》2022 年 12 月 5 日,第 4 版。

〔2〕 参见西南财经大学发展研究院、环保部环境与经济政策研究中心课题组等:《绿色金融与可持续发展》,载《金融论坛》2015 年第 10 期。

〔3〕 《习近平在第七十五届联合国大会一般性辩论上发表重要讲话》,载《人民日报》2020 年 9 月 23 日,第 1 版。

三、绿色金融与绿色金融法的界定

绿色金融的发展,必须依托良好的法治环境和健全的法律制度。在绿色金融快速发展的同时,绿色金融法概念也随之应运而生。

(一)绿色金融的含义

绿色金融是从金融理论和金融实践中发展而来的理念,又被称为“环境金融”或“可持续金融”,自其提出以来,众多国际组织、政府机构和专家学者都尝试对其具体概念进行定义,然而目前为止,关于这一概念并没有形成一个统一或一致的意见。

2000 年《美国传统词典》第 4 版对环境金融采取了如下定义:环境金融是环境经济的一部分,研究如何使用多样化的金融工具来保护环境,保护生物多样性。虽然对于绿色金融的概念众说纷纭,但主流观点认为绿色金融包括信贷、债券、保险、基金、环境权益交易市场和金融工具、上市公司和发债企业强制性环境信息披露制度等,主要是从环保角度重新调整金融业的经营理念、管理政策和业务流程,实现可持续发展。国内对于绿色金融的代表性观点主要有三种:

1. 绿色金融是指金融业在贷款政策、贷款对象、贷款条件、贷款种类和方式上,将绿色产业作为重点扶持项目,从信贷投放、投量、期限及利率等方面给予第一优先和倾斜的政策。[1]

2. 绿色金融是指金融部门把环境保护作为基本国策,通过金融业务的运作来体现“可持续发展”战略,从而促进环境资源保护和经济协调发展,并以此来实现金融可持续发展的一种金融营运战略。[2]

3. 绿色金融是指将金融业和环境保护相结合,利用金融的资源配置和资金杠杆作用,促进区域产业结构调整和环境保护。[3]

2016 年,中国人民银行等六部门发布《关于构建绿色金融体系的指导意见》,其中对绿色金融进行了定义,认为绿色金融是指为支持环境改善、应对气候变化和资源节约高效利用的经济活动,即对环保、节能、清洁能源、绿色交通、绿色建筑等领域的项目投融资、项目运营、风险管理等所提供的金融服务。这一概念目前被社会广泛接受和运用。

以上关于绿色金融的界定虽然存在差异,但都有其合理性。随着我国绿色金融理论与实践的不断发展,人们对这一概念的认识与理解必然也会发生新的变化。

---

〔1〕 参见和秀星:《实施“绿色金融”政策是金融业面向 21 世纪的战略选择》,载《南京金专学报》1998 年第 4 期。

〔2〕 参见高建良:《“绿色金融”与金融可持续发展》,载《金融理论与教学》1998 年第 4 期。

〔3〕 参见尤毅:《对绿色金融定义的一些认识和思考》,载《海南金融》2022 年第 4 期。

结合以上观点,本书对绿色金融采取以下定义:绿色金融简言之就是为绿色发展提供融资的途径和方法。一方面,绿色金融是从金融和环境的关系入手,重新审视金融,将生态观念引入金融,以促进经济、资源、环境协调发展为目的而进行的信贷、保险、证券、产业基金等金融活动,实现金融业自身营运的绿色特性,促使金融业的可持续发展,以此改造金融体系和金融系统;另一方面,绿色金融是依托金融作为现代市场经济的"血液"和"发动机"的功能,依靠金融手段和金融创新影响企业的投资取向,为绿色产业发展提供相应的金融支持,促进传统产业的生态化和新型绿色生态产业发展。[1]

(二)绿色金融法的含义

毫无疑问,绿色金融的推动与实施,离不开相关法律体系的支撑与保障。绿色金融法律体系的建立与完善是发展绿色金融必不可少的基础与前提。绿色金融法,就是金融法的绿化,即体现环境保护理念的金融法,是以可持续发展理念为原则,调整有关绿色金融法律关系的法律规范的总称。

1.绿色金融法产生于环境与金融相融合的进程中,其实质是在金融法中全面贯彻可持续发展和生态环境保护理念。

2.绿色金融法的使命就是克服金融法的调整缺陷,实现金融发展与环境保护目标相互之间对立矛盾的调和。

3.绿色金融法追求以下三个方面的价值取向:一是安全与秩序,这就要求要把环境安全纳入金融法的安全价值中,避免因环境严重恶化引发经济和金融风险;二是效率与效益,这就要求立法要反映环境效益,树立环境价值权威,寻求金融可持续发展的价值目标;三是公平与正义,这就要求金融法的公平观需要突破人与人之间、人与社会之间的局限,[2]从可持续发展、代际公平的角度塑造绿色金融法的公平与正义。

为了降低金融风险,增强金融活动的社会责任性,构建绿色金融法体系势在必行。绿色金融法是对传统秩序和价值观念的突破与挑战,只有在其保障之下,经济、环境、社会协调发展的新秩序才能得以建立。绿色金融法体系的构建必须以可持续发展为原则,坚持法律至上,寻求金融发展、环境保护和法制完善的最佳融合。

---

[1] 参见西南财经大学发展研究院、环保部环境与经济政策研究中心课题组等:《绿色金融与可持续发展》,载《金融论坛》2015年第10期。

[2] 参见崔军林:《"绿色金融法"及其价值取向》,载《河南金融管理干部学院学报》2005年第4期。

第二节　绿色金融法制的域外实践与发展

一、绿色金融的全球制度框架

(一)国际社会达成的气候与环境公约

绿色金融制度的形成起源于国际社会对气候和环境变化的担忧。世界上第一个有法律约束力的气候谈判国际基本框架是1992年颁布的《联合国气候变化框架公约》,它也为全球气候变化谈判奠定了坚实基础。1997年颁布的《联合国气候变化公约的京都议定书》(以下简称《京都议定书》)作为定量化减排的重要国际法律文件,确定了发达国家温室气体减排的法律义务。同年,联合国环境规划署发布的《银行业、保险业关于环境可持续发展的声明》通过明确银行业和保险业的环境责任,开启了国际金融业系统实施环境管理体系的新时代。2015年12月,《联合国气候变化框架公约》的近200个缔约方在巴黎气候变化大会上达成了《巴黎协定》,这是继《京都议定书》之后的第二份有法律约束力的气候协议,为2020年后全球应对气候变化行动作出了安排。

(二)金融机构的企业社会责任基准:《赤道原则》

《赤道原则》(the Equator Principles,EPs)是全球企业社会责任运动的产物。它源于2002年10月召开的一次由9个国际商业银行参加的,专门讨论在项目融资中屡屡碰到的环境与社会问题的会议。在本次会议中,花旗银行提出国际金融界应尽量制定一个统一的规则来解决这些问题的动议。随后,荷兰银行、巴克莱银行、西德意志州立银行和花旗银行同意成立一个任务工作组来起草一个框架供其他金融机构参考,而这个框架便是《赤道原则》。《赤道原则》是一项实施判断、评估和管理项目融资与社会风险的自愿性金融行业基准,继首批10家银行之后,又有汇丰银行(HSBC)、JP摩根(JP Morgan)、渣打银行(Standard Charted)和美国银行(Bank of America)等世界知名银行也纷纷表示采纳《赤道原则》。

《赤道原则》的文本框架和主要内容表明,采纳《赤道原则》约束的金融机构保证只为那些符合条件的项目发放贷款,即项目发起人能使金融机构确信他们有能力和有意愿遵守金融机构的社会与环境政策和程序。《赤道原则》在国际金融发展史上具有里程碑的意义,它第一次确立了国际项目融资的环境与社会的最低行业标准,是国际上第一个专门针对金融机构的企业社会责任基准。[1] 它对于金融业向绿色金融的方向发展起到了重要的引导作用。至此,绿色金融开始在全世界范围内推广开来。目前,已有38个国家超过100家金融机构宣布采纳《赤

[1] 参见张长龙:《金融机构的企业社会责任基准:赤道原则》,载《国际金融研究》2006年第6期。

道原则》。

（三）金融机构全球绿色标准的实施

以可持续发展为目标，促进金融机构绿色投资经营的绿色标准相继在全球范围内开始实施。包括但不限于：全球报告倡议组织指引、ISO26000标准，此外还有一些金融机构自愿加入的协议，如联合国环境署金融倡议、联合国负责任投资原则、联合国全球契约、《联合国气候变化框架公约》、《赤道原则》及碳排放披露计划等。[1]

二、域外绿色金融法律制度

（一）美国的绿色金融法制与实践

美国绿色金融法律制度的兴起，与20世纪70年代末期发生在纽约州的“拉夫运河事件”关系密切。拉夫运河又被称为“爱河”。然而意想不到的是，这条以“爱”为名的河后来竟变成了一条“毒”河。因为一家化学公司购买了这条河的废弃河段用来倾倒有毒工业废料，而这片土地后来又被该公司出售给当地教育机构。这片土地上随后陆续开发了房地产，盖起了住宅和学校。但居住在此地的居民却开始频繁遭受各种“怪病”困扰。后来经过调查，发现这片区域共有82种化学物质散溢地表，其中有11种为致癌物。

面对“拉夫运河事件”引发的滔天舆论和强烈谴责，先是纽约州卫生部着手进行环境监测，然后时任纽约市市长亲自前往视察，再接着纽约州卫生部宣布拉夫运河处于紧急状态并相继发布疏散令，随后时任美国总统卡特颁布了紧急令，允许联邦政府和纽约州政府为拉夫运河小区居民户实行暂时性搬迁。1980年10月1日，卡特总统访问尼加拉瀑布区，并颁布了一部划时代的法案，即《环境应对、赔偿和责任划分综合法案》（Comprehensive Environmental Response, Compensation, and Liability Act, CERCLA）。该法案因设立了“超级基金”（Superfund），故又被称为《超级基金法案》，或超级基金制度。其主要内容包括：（1）授权总统对污染场地采取治理行动；（2）确立危险物质等级制度和优先治理原则；（3）向产生污染的工业企业征税和设立超级基金；（4）规定责任方应该负担治理费用和损失赔偿；（5）严格的治理标准。在“拉夫运河事件”中，企业为清除污染物和撤离居民支付了1.8亿美元。

在《超级基金法案》颁布后，联邦政府通过该法案强迫污染者付费清除被抛弃废弃物的垃圾场和他们制造的新废弃物。拉夫运河小区污染物清除工作耗时24年，花费4亿多美元，直到2004年拉夫运河区域才从超级基金名单中被正式移除，

---

[1] 参见西南财经大学发展研究院、环保部环境与经济政策研究中心课题组等：《绿色金融与可持续发展》，载《金融论坛》2015年第10期。

在名义上完成了这一区域环境污染的治理。[1]

《超级基金法案》无疑是美国环境立法方面的巨大进步,美国从此开始了对产生环境和健康危害的污染场地大刀阔斧的治理行动。这一法案在制度和法律方面均实现了重大突破,其所确立的责任原则极富正义性,体现在:(1)将清理费用从受害人转移到有害物质的生产方;(2)促进了有害物质的安全处理和倾倒行为,确保治理成本在产生危险垃圾企业的内部化;(3)减轻了政府的财政压力,鼓励某些潜在责任方追踪和起诉其他潜在责任方,与之一起分担治理成本。[2]

自1980年颁布以来,《超级基金法案》在总结提高治理效果的基础上进行了多次修改,其不断趋于完善。该法案所确立的超级基金场地管理制度的方法体系被许多国家借鉴和采用。[3] 在促进绿色金融法律制度形成和发展的历程中,《超级基金法案》的出台无疑具有举足轻重的意义。

除了《超级基金法案》,美国各州也积极颁布生态环境保护的相关法律推动绿色金融发展,例如,加利福尼亚州就相继颁布了《综合废弃物管理法令》《加利福尼亚州全球变暖解决方案法》《限制二氧化碳排放总量管制与排放交易规定》等环保和绿色金融方面的立法。

(二)英国的绿色金融法制与实践

英国自20世纪70年代以来加快了绿色金融相关领域的立法进程。其中具有划时代意义的是1990年颁布的《环境保护法》,该法规定必须通过环境责任评估才能获得金融机构绿色信贷。另外,英国2009年颁布的《贷款担保计划》明确了对中小企业融资的补贴与担保机制,以鼓励中小企业将资金投向绿色创新环保产业,极大地促进了中小企业绿色生产的资金需求。2012年10月,英国绿色投资银行成立,成为全球首家专门致力于绿色经济的投资银行,大力推动英国绿色金融快速发展。

(三)德国的绿色金融法制与实践

德国也是从20世纪70年代开始进行环境保护立法的,这些立法遵循了预防为主、污染者付费和合作等原则。虽然德国并没有直接颁布绿色信贷、绿色保险和绿色银行等绿色金融相关法律,但其环境保护法律体系十分发达,德国正是以该法律体系为基础推动循环经济立法和政策实践的实施,促进绿色金融快速发展。此外,德国政府还通过优惠补贴等措施支持德国复兴信贷银行积极践行绿色信贷政策。1974年,德国成立了全球第一家生态银行,为其绿色信贷的发展提供了长期且

---

〔1〕 事实上,人们对于污染物长期威胁的争论从未停歇。

〔2〕 参见孙群郎:《美国工业垃圾污染事件与联邦超级基金法的出台》,载《社会科学战线》2022年第1期。

〔3〕 参见谷庆宝、颜增光、周友亚等:《美国超级基金制度及其污染场地环境管理》,载《环境科学研究》2007年第5期。

相对稳定的资金支持。[1]

（四）日本的绿色金融法制与实践

20世纪50年代至70年代，是日本经济高速发展的时期，但与此同时日本也遭遇了严重的环境污染问题。20世纪90年代后，日本加快向生态型经济转型，高度重视发展绿色金融，完善相关政策法规。2007年，日本环境省专门成立了由金融机构参加的环境类融资贷款贴息部门，在国家层面组织绿色信贷工作。此外，日本还制定和实施了《21世纪金融行动原则》，鼓励广泛应用绿色金融。2013年，公益财团法人日本环境协会制定了环保型融资利息补助基金制度，以促进金融机构对环保型企业的融资。日本政策投资银行还开发了环境评级贷款项目，其开发的评级系统将环境评级纳入融资程序，是全球第一个基于环保评级的融资服务系统。日本的商业银行也会利用政策性银行的环境评级系统，为企业发放环保优惠贷款进行评估和监督。日本的民间金融机构在环境金融产品的开发等绿色金融服务方面十分积极，例如，日本瑞穗实业银行、三菱东京UFJ银行等宣布加入《赤道原则》，三井住友银行将环境、社会和治理（ESG）原则作为金融投资的核心，还建立了环境社会风险评估体系支持获得相关证书的中小企业发行私募债。[2]

第三节　我国绿色金融法制的实践与发展

改革开放以来，随着我国经济的高速发展，气候和生态环境问题的紧迫性也日益凸显。作为全球碳排放大国，我国经济发展转型的压力更迫切地要求必须深入推动绿色金融并建立健全相应的法律制度。

一、我国绿色金融与法制建设的发展历程

随着我国社会和经济金融的不断发展，起源于西方国家的绿色金融理念与实践也逐渐传入我国并在相关政策和法律的共同推动下显著发展。

（一）萌芽和起步阶段

早在1995年，中国人民银行便发布了《关于贯彻信贷政策与加强环境保护工作有关问题的通知》，其中要求各级金融机构把支持国民经济发展和保护环境资源、改善生态环境相结合，并提出将支持环境保护与污染防治作为银行贷款考虑的因素之一。这可以看作我国发展绿色金融和建立绿色金融法制的萌芽。1999年5月29日，我国签署了《京都议定书》，并于2002年8月30日核准《京都议定书》。这意味着作为发展中国家，我国于2012年开始承担减少碳排放量的义务。

---

[1] 参见安国俊、曹超：《绿色金融国际立法与借鉴》，载《中国金融》2017年第18期。

[2] 参见刘冰欣：《日本绿色金融实践与启示》，载《河北金融》2016年第10期。

2007年,原国家环保总局、中国人民银行和中国银监会联合发布《关于落实环保政策法规防范信贷风险的意见》,这一意见又被称为"绿色信贷"政策,其主要目的是把强化环境监管与规范信贷管理相结合,将企业履行环保政策法规的情况作为信贷管理的重要内容,把企业环境守法情况作为金融机构对企业贷款的前提条件。该意见出台后,全国20多个省市的环保部门及其所在地的金融监管机构,联合出台了关于绿色信贷的实施方案和具体细则,要求金融机构积极配合环保部门,限制甚至拒绝对"高污染高排放"企业的贷款。[1]

2008年,国家环保部会同金融监管部门相继出台绿色信贷、绿色证券、绿色保险等领域的新政策,我国绿色金融政策正式起步。2008年7月,国家发展改革委决定成立碳交易所,此后两个月内相继成立北京环境交易所、上海环境能源交易所和天津排放权交易所。2008年10月,兴业银行正式宣布采纳《赤道原则》,成为中国首家、全球第63家赤道银行。在绿色证券方面,股票市场对首次公开上市企业增加了环保要求,绿色上市公司作为新型支柱产业也在快速崛起。

(二)探索推进阶段

2011年,我国环保部政策研究中心联合中国人民银行和中国银监会正式启动基于证据的绿色信贷政策评估研究项目。该项目的目标是建立我国第一个综合的企业环境绩效数据库,实现绿色信贷政策效果评估的"有据可依"。同时,计划建立为商业银行践行绿色信贷、管理和评估风险提供权威信息支持的"中国绿色信贷数据中心"。这一年,国家发展改革委下发了《关于开展碳排放权交易试点工作的通知》,我国碳市场发展进入新阶段。2012年,中国银监会发布《绿色信贷指引》,对银行业操作绿色信贷的流程进行规范。

我国作为《京都议定书》非附件I国家,2012年后开始进入试点碳交易所和建立国内碳交易配额交易型市场阶段。2013年,中国银监会推进绿色信贷统计制度。同年,环保部和中国保监会联合发文,试点推行环境污染强制责任险。此后十余家保险公司相继推出环境污染责任保险产品。2014年,中国银监会发布《绿色信贷实施情况关键评价指标》,超过100个指标对组织管理、能力建设、流程管理、内控管理、信息披露等方面进行了规范。2014年5月8日,中广核风为发电有限公司附加碳收益中期票据发行,成为国内第一只绿色债券。同年9月,国家发展改革委发布《国家应对气候变化规划(2014—2020年)》,提出继续深化碳排放交易权试点,加快建立全国碳排放交易市场。

(三)规模化发展阶段

进入2015年,我国相对密集地出台了一系列关于绿色发展和生态文明的政策措施,绿色金融法制体系进一步健全和完善。2015年5月,国务院印发《中国制造2025》计划并确立"绿色发展"作为基本方针之一。同年9月,国务院印发《生态文

---

[1] 参见李勋:《发展绿色金融的法律研究》,载《兰州学刊》2009年第8期。

明体制改革总体方案》，首次明确了建立中国绿色金融体系的顶层设计。2016年《国民经济和社会发展第十三个五年规划纲要》明确提出建立现代金融体系，支持绿色金融发展。同年8月，中国人民银行、财政部等七部门联合印发《关于构建绿色金融体系的指导意见》，明确了我国绿色金融的定义，提出了大力发展绿色信贷、推动证券市场支持绿色投资、设立绿色发展基金等八大举措，标志着我国绿色金融顶层框架体系的建立，同时也使我国成为全球首个建立比较完整的绿色金融政策体系的经济体。同年9月，在G20杭州峰会上我国提出了绿色金融发展理念。其中，《G20公报》指出，为支持在环境可持续前提下的全球发展，有必要扩大绿色投融资。[1] 2016年也被称为中国绿色金融元年。

这一时期，我国绿色债券市场发展成绩卓著。2015年，中国人民银行发布《关于在银行间债券市场发行绿色金融债券有关事宜的公告》，我国绿色债券市场正式启动。此后，国家发展改革委、证券交易所、中国证监会和中国银行间市场交易商协会等也陆续发布绿色债券发行的指引和指导意见，中国绿色债券市场迅速发展并成为全球领先市场。据统计，2017年我国在境内和境外累计发行的绿色债券规模约占同期全球绿色债券发行规模的25%。在这一阶段，金融市场上绿色金融产品不断创新，金融机构纷纷推出绿色债券产品，尝试绿色国际转贷产品和发行绿色信贷资产支持证券产品。与此同时，地方政府也积极开展绿色金融改革与实践。2017年6月，国务院决定在浙江、江西、广东、贵州、新疆5省（区）选择部分地方，建设各有侧重、各具特色的绿色金融改革创新试验区，为绿色金融政策架构和产品创新等探索可推广可复制的经验。2018年11月，中国证券投资基金业协会发布《绿色投资指引（试行）》，明确了绿色投资的内涵、投资目标、投资原则和基本方法，为投资者进行责任投资提供了导向指引。2019年3月，国家发展改革委等七部门联合印发《绿色产业指导目录（2019年版）》，详细划分和界定了绿色产业，为各部门、各地区开展绿色金融系列活动提供了可操作性指引，是我国绿色产业范围标准体系的基石。2020年7月，由财政部、生态环境部和上海市人民政府共同发起设立了国家绿色发展基金股份有限公司，致力于促进污染治理、生态修复、绿色交通、清洁能源等绿色产业和绿色经济高质量发展。

在绿色金融发展理念的引领下，这一时期我国在宏观层面上十分重视绿色金融及其法制建设，颁布的一系列纲领性和指导性文件为微观层面上绿色金融业务实践提供了重要指引。以此为基础，金融机构积极实践和发展绿色金融，为生态文明和环境保护提供多种形式的金融服务，基本形成了以绿色贷款和绿色债券为主、多种绿色金融工具蓬勃发展的多层次绿色金融市场体系。

---

〔1〕 参见陶丽萍：《我国绿色金融发展前景广阔》，载国家信息中心网，http://www.sic.gov.cn/News/455/8384.htm，最后访问日期：2023年10月29日。

(四)"双碳"聚焦阶段

2020年9月,习近平主席在第七十五届联合国大会一般性辩论中宣布,中国将提高国家自主贡献力度,采取更加有力的政策和措施,二氧化碳排放力争于2030年前达到峰值,努力争取2060年前实现碳中和。[1] "双碳目标"的提出是我国迈入低碳化发展的开端,低碳化、零碳排放成为中国式现代化和高质量发展的新标志,同时也意味着我国绿色金融法制进入了一个全新的发展阶段。

2020年10月,生态环境部、国家发展改革委、中国人民银行、中国银保监会、中国证监会五部门联合发布《关于促进应对气候变化投融资的指导意见》,强调气候投融资作为绿色金融的重要部分。特别值得一提的是,这一时间我国地方政府绿色金融法制取得了长足发展。2020年10月,《深圳经济特区绿色金融条例》获得通过并于2021年3月1日施行。此后,浙江省湖州市也于2021年10月发布《湖州市绿色金融促进条例》,成为我国第一部地市级绿色金融地方法规。2022年6月,上海市发布了《上海市浦东新区绿色金融发展若干规定》。

2021年2月,国务院发布《关于加快建立健全绿色低碳循环发展经济体系的指导意见》,提出大力发展绿色金融,培育绿色交易市场机制,完善绿色标准制度,确保实现"双碳目标"。同年3月,全国人民代表大会发布"十四五"规划,再一次明确提出大力发展绿色金融,加快绿色金融标准体系建设、强化信息披露要求、完善激励机制。同年5月,中国人民银行发布《银行业金融机构绿色金融评价方案》,对我国金融机构绿色金融业务开展情况进行综合评价并实施激励约束,评价结果还会被纳入政策和审慎管理工具。2021年10月,中共中央、国务院相继发布《关于完整准确全面贯彻新发展理念做好碳达峰碳中和工作的意见》和《2030年前碳达峰行动方案》,为我国推动"双碳目标"的实现制定了总纲领和顶层设计,也对碳达峰阶段的目标任务和重点任务进行了具体部署。在这个全新的阶段,中国人民银行也研究确立了绿色金融的"三大功能",即资源配置、风险管理、市场定价功能,将切实推动"双碳目标"的实现。[2]

2022年,我国发布了一系列绿色金融相关文件和政策措施,包括党中央和国务院决策部署、绿色金融专项政策、区域性高质量发展相关政策、环境污染治理相关政策、能源低碳转型相关政策、工业交通城乡等领域政策和其他绿色低碳相关政策等43个涉及绿色金融发展的文件政策。2023年3月,国家发展改革委发布《绿色产业指导目录(2023年版)》,对绿色产业的分类的定义等进行了调整和补充。同年4月,国家发展改革委、国家能源局、国家标准化管理委员会等十一个部门联

〔1〕《习近平在第七十五届联合国大会一般性辩论上发表重要讲话》,载《人民日报》2020年9月23日,第1版。

〔2〕参见王遥、任玉洁:《"双碳"目标下的中国绿色金融体系建构》,载《当代经济科学》2022年第5期。

合发布《碳达峰碳中和标准体系建设指南》，其中提出加快制定绿色金融标准。同年9月，中国保险行业协会发布《绿色保险分类指引（2023年版）》，这是全球首个全面覆盖绿色保险产品、保险资金绿色投资、保险公司绿色运营的行业自律规范。同年10月，中国人民银行表示将牵头出台强化金融支持绿色低碳发展的指导意见，着力构建完善的金融支持绿色低碳的发展体系。“十四五”作为碳达峰的关键期和窗口期，绿色金融被作为实现这一目标的主要抓手，必然迎来高速发展。

二、我国绿色金融法制存在的主要问题

经过30多年的建设与发展，我国绿色金融实践和绿色金融法制都取得了显著成果。《生态文明体制改革总体方案》，中国人民银行、财政部、国家发展改革委、原环境保护部、中国银监会、中国证监会、中国保监会《关于构建绿色金融体系的指导意见》，中共中央、国务院《关于完整准确全面贯彻新发展理念做好碳达峰碳中和工作的意见》等国家层面的文件确立了绿色金融宏观导向，也为绿色金融发展提供了比较完善的顶层政策设计。[1] 然而必须承认，与其他更成熟的绿色金融市场相比，我国现行法制依然存在一些不足之处，主要表现在以下方面。

1. 绿色金融立法层级低权威性不足。通过前文对我国绿色金融法制政策文件的梳理可知，我国目前还没有关于绿色金融的国家立法，现有规范主要为国务院、中国人民银行、国家发展改革委等行政和监管部门出台的指导意见、指引等政策性文件以及个别地方政府制定出台的法规和规范。这些软法性质的文件和法律规范不仅法律层级低，而且内容上多属于非强制性规定，这使绿色金融法制的权威性大打折扣。

2. 绿色金融立法碎片化明显体系性缺失。虽然我国绿色金融有顶层设计的政策文件，但由于绿色信贷、绿色证券、绿色保险、绿色基金等不同行业的绿色金融各自都出台了相应政策和规范，这些由不同部门发布的通知、意见、指引、方案等相关政策文件构成了绿色金融现有规范主体，这些规范在内容上十分庞杂且散乱，呈现明显的碎片化状态，缺乏立法应有的系统性和体系性。

3. 绿色金融立法的激励性有待提高。目前，我国绿色金融的发展在很大程度上还有赖于政府的有效引导与激励，但综合现有相关政策，多为对“两高一剩”行业或企业的限制性规定，从正面引导和积极鼓励企业开展绿色金融业务的政策措施相对缺乏，这不利于充分激发金融机构、企业、其他组织和个人积极参与绿色金融实践。

4. 绿色金融立法的可操作性欠缺。梳理绿色金融相关政策文件不难发现，其中诸多条文的内容以原则性规定为主，关于相关主体权利义务责任的规定也不够

---

〔1〕 参见熊嘉楠：《证监会原副主席姜洋：中国绿色金融的重要特点是顶层设计较为完善》，载《每日经济新闻》2023年10月30日，第3版。

明确。这与我国绿色金融目前所处的发展阶段这一客观原因相关,因此,应当将细化绿色金融相关指导实践的制度任务提上日程,例如确立具体指导目录、确立环境风险评级标准等。[1]

思考题

1.《赤道原则》的提出对绿色金融发展有何意义?
2. 如何看待我国当前绿色金融法制状况?

---

〔1〕 参见黄昱菲、潘晓滨:《我国绿色金融法制体系的现状与完善路径》,载《环境保护与循环经济》2019 年第 6 期。

第十九章 绿色金融主体法律制度

绿色金融是实现绿色发展的重要推动力，也是促进金融业发展的新兴路径。经过多年坚持不懈的努力，我国绿色金融逐步实现了从蓝图和理念到实践与行动的跨越式发展，越来越成为地方政府与市场主体的自发性选择。[1] 在实现“双碳目标”的背景下，为促进绿色金融在“快车道”持续健康发展，必须充分重视绿色金融主体相关法律制度的建设与完善。

第一节 绿色金融发展中的政府角色与监管功能

绿色金融是实现可持续发展、绿色发展和健康发展的必然途径。发展绿色金融离不开政府作用的发挥，无论在国家层面还是在地方层面，政府和政府部门在绿色金融中都扮演着重要的角色。

一、绿色金融发展中政府作用的域外实践

20世纪80年代，美国通过《超级基金法案》开创了绿色金融法制先河。此后，英国、日本、欧盟等国家和国际组织纷纷开始绿色金融的尝试与探索。域外的实践和经验表明，政府在发展绿色金融方面起到了非常重要的积极作用。

首先，政府以立法的方式为绿色金融的发展提供了法治基础。例如，美国为支持绿色产业发展，从20世纪70年代末开始陆续制定了一系列法律法规，如1979年的《能源税法》、1980年的《环境补偿法案》、2005年的《新能源法案》、2007年的《美国能源独立与安全法》等。日本也注重从法律层面支持环境保护，例如，在其《商业银行法》中就规定商业银行审查贷款项目，对项目产生的环境污染承担连带责任。

其次，政府是一国和社会对待气候与生态环境问题的重要决定力量。同样以美国为例，其对待气候变化治理的态度随执政党的更替有所不同。奥巴马政府期间提出了“绿色新政”，主张减少石油消费，鼓励清洁能源和低碳能源发展，提高能

---

[1] 参见《中国绿色金融发展报告》编写组：《绿色金融发展及“十四五”展望》，载《中国金融》2021年第8期。

源使用效率,以减少温室气体排放量。但特朗普政府却颠覆了奥巴马政府时期气候与环境友好型政策,美国应对气候变化立场出现重大倒退,并且宣布美国退出《巴黎协定》。而拜登政府在能源政策方面则旗帜鲜明地为清洁能源站台,宣布重新加入《巴黎协定》并有序推进气候行动实施方案。[1]

再次,政府主导的政策性银行为发展绿色金融做出了重要贡献。绿色金融在其发展初期具有典型的"高投入、高风险"特征,为了满足这一时期的资金需求,一方面需要政府带头引导,另一方面也需要吸引社会风险资金投入。在这方面,由政府主导的政策性银行体现出了其独有优势。以德国为例,德国复兴信贷银行作为其政策性银行之一,由德国联邦政府持股80%,各州政府持股20%。德国复兴信贷银行为德国绿色产业项目融资提供了大量资金支持。

最后,政府通过直接参与或发挥协调作用推动绿色金融发展。例如,德国政府相关部门就直接参与绿色信贷业务,其不仅是金融机构合作的对象,也是政府部门执行机构和环境事业的融资部门。而美国则是通过充分协调政府、企业和金融机构之间的关系,以健全法律法规的形式间接推动绿色金融发展。

二、政府在绿色金融发展中的角色定位

绿色金融离不开政府的参与,在这一过程中,政府通过多种角色推动绿色金融不断持续发展。

首先,政府是绿色金融政策框架的顶层设计者。绿色金融具有典型的正外部性特点,绿色金融的发展不可能沿循金融发展依赖金融机构自发行为的传统。政府要作为顶层设计者引领、带动绿色金融发展。正如我国政府所做的那样,通过制定《生态文明体制改革总体方案》,明确了建立中国绿色金融体系的顶层设计。政府要重视绿色金融发展的理念并进行广泛宣传,让社会在普遍认识理解绿色金融的前提下逐渐接受并付诸实践。政府还应该为绿色金融发展设立范本和模式,规划适合国情的绿色金融发展蓝图。

其次,政府是绿色金融制度规则的制定者。绿色金融的顶层设计,还需要相关法律法规和制度规则予以实现。对此,政府应强化制度供给,进行相应的环境立法,为绿色金融发展提供更具权威性的上位法支撑。此外,政府还应建立健全相关准入标准,例如进一步细化绿色产业分类、制定统一的绿色企业认证标准等。政府还要制定绿色 GDP 考评机制以指导绿色发展,完善契合绿色金融的监管制度和信息披露制度等。

再次,政府是绿色金融实践的引导者和推动者。绿色金融理念最终需要落实

---

[1] 参见李辰昕等:《美国绿色金融发展现状与中美绿色金融发展展望》(上),载中央财经大学绿色金融国际研究院网站 2023 年 3 月 18 日,https://iigf.cufe.edu.cn/info/1012/6575.htm?eqid=e7c073e3003d4349000000464287262。

到实践中。政府可以通过税收优惠、财政补贴、信用担保等方式,引导市场主体积极开展绿色金融实践。政府还可以推动建立统一的多层次绿色金融市场,满足多元化绿色投融资需求,提高绿色金融市场整体竞争力。

最后,政府是绿色金融市场调节机制的维护者。发达国家绿色金融发展经验表明,政府干预虽然不可避免,但同样注重市场机制,重视依靠市场力量发展绿色金融。可见,从长远来看,政府应该避免过多干预,应该将着力点放在激励市场主体实践绿色金融、引导市场意愿和创造良好政策环境等方面,注重发挥市场功能在绿色金融发展中的主导作用。

三、绿色金融的政府监管与国际合作

绿色金融具有显著的环境社会效益,但作为金融系统的一部分,绿色金融本身也具有各种风险,包括技术风险、政策风险、市场风险和道德风险等。为有效防范化解绿色金融风险,政府监管遂显得尤为必要。

(一)绿色金融监管的域外经验与我国的实践

"金融监管者必须在环境变化风险领域起带头作用,它们应该使用定价机制来更为有效地控制与全球变暖有关的负外部性或系统性风险。"[1]自2007年美国次贷危机以来,西方各国在金融监管的政策方面更加审慎,但与其他新兴风险相比,气候变化风险并未被列入重要事项。各国在银行监管和相应政策中对于环境风险的考虑情况各异。例如,中国、东南亚部分国家和巴西、秘鲁等发展中国家及新兴经济体,已经将绿色金融纳入金融监管的规则当中,欧洲主要国家、美国、印度和南非,在相关政策和监管规则中也有对环境风险的考量。然而还有日本、哥伦比亚、肯尼亚等少数国家仍然采取自律方式。还有大量国家对环境风险未予以足够重视。

在绿色金融监管方面,法国的做法和经验值得借鉴。法国是全世界第一个将绿色金融纳入法律范畴的国家。2015年7月通过的《绿色发展能源过渡法》,不仅为法国的低碳战略和金融监管提供了法律框架,还确立了经济与金融参与者的透明义务、财务外绩效声明义务、企业的社会责任以及将气候风险纳入金融机构的决策等基本原则。2019年7月,法国审慎监管与处置局和法国金融市场管理局分别组建了气候与可持续金融委员会,将金融部门、公司、专家和非政府组织统筹起来开展建设性对话。气候风险被法国审慎监管与处置局列为优先事项,同时还启动了对金融机构的监管部署。在金融市场监管层面,法国金融市场管理局成立了专门部门对可持续金融业务进行监督,包括确保发行人和投资者相关责任与义务的透明,确保资产管理公司在面对气候变化时提供有关战略及风险控制信息并督促公司考虑社会与环境因素等。此外,法国金融市场管理局还会对资产管理公司进

---

〔1〕 前世界银行总裁金墉在2014年1月举行的世界经济论坛上的发言。参见张晓艳:《中央银行和金融监管当局促进绿色金融发展可行措施研究》,载《区域金融研究》2020年第2期。

行环境、社会和治理与社会责任投资的主题审计。当然,法国对于绿色金融的监管也存在一些问题,如立法缺乏更明确的实施路径,公共财政的支持力度仍旧不足,政策部门的激励与约束机制仍待完善且政府仍旧相信金融体系自我监管的神话等。但不可否认,法国在绿色金融领域展现出了重要的影响力,在绿色金融发展理念与监管创新方面也取得了较大进展。[1]

随着我国绿色金融政策的推行,尤其是"双碳目标"的提出,对企业环保的要求越来越严格。在此背景下,一些企业为了规避监管、获得绿色金融、避免受到惩罚或者迎合消费者的绿色需求,在并未做出实际环保投入的情形下大肆宣扬企业绿色形象,或为应付环保压力选择性披露环境绩效,从而出现了典型的"漂绿""洗绿"现象。针对这些行为,国家相关部门先后出台一系列关于绿色发展、环境保护和信息披露的法律法规,但较侧重于对重点排污单位的约束,且缺少对排放具体指标披露情况的详细规定。"漂绿"行为是企业开展绿色金融活动中发生道德风险的结果,即企业对并不是真正的绿色项目通过虚构、粉饰等欺诈手段"漂绿",以利用绿色金融体系获取绿色投资和其他优惠待遇。规制和监管"漂绿"行为的关键在于建立绿色金融欺诈制裁规则。[2] 这是指对于虚构绿色项目或者不及时披露技术、政策、市场等因素的变化信息,导致投资者利益受损的,监管部门应予以严厉处罚。例如,对于违反诚信原则开展绿色项目融资的,应当追究其违规行为并限制其进入绿色金融市场,在一定期限内禁止其再次融资;对于利用"漂绿"手段包装项目骗取政策优惠、损害投资者合法权益的,应要求融资方返还投资或回购绿色金融产品,如果给投资者造成经济损失,还应当依法向投资者承担损害赔偿责任。[3] 对于"漂绿"行为除了严格的惩罚机制以外,还需要完善以环境信息披露为核心的监管制度。环境信息披露是我国绿色金融体系的"五大支柱"之一,[4] 是绿色金融发展的重要支撑。2021年12月,生态环境部发布了《企业环境信息依法披露管理办法》,旨在对企业环境信息依法披露活动予以规范和加强社会监督,通过强制性披露要求对不合规范的披露行为设立相应罚则。[5] 至此,我国基本建立和完善了上市公司与发债企业强制性环境信息披露制度。

在绿色金融领域,环境、社会和治理信息披露对上市公司具有重要意义,它可以帮助投资者及利益相关者了解公司在环境、社会和公司治理方面的表现,有助于

---

〔1〕 参见郭伟、刘扬:《法国绿色金融的监管与实践》,载《国际金融》2020年第5期。

〔2〕 参见袁康:《绿色金融发展及其法律制度保障》,载《证券市场导报》2017年第1期。

〔3〕 参见洪艳蓉:《中国绿色公司债券的制度挑战与改进》,载《证券市场导报》2016年第9期。

〔4〕 2021年3月,中国人民银行初步确立了"三大功能""五大支柱"的绿色金融发展政策思路。其中"五大支柱"包括完善绿色金融标准体系、强化金融机构监管和信息披露要求、完善激励约束机制、丰富绿色金融产品和市场体系、积极拓展绿色金融国际合作空间五个方面。

〔5〕 参见李翔宇:《绿色金融背景下我国环境信息披露的现状检视与规制进路》,载《西北民族大学学报(哲学社会科学版)》2023年第3期。

提高公司透明度、减少信息不对称，增加投资者对公司的信任，促进公司可持续发展和长期价值创造。随着环境、社会和治理投资理念的不断深入，此类投资产品获得了快速发展。但环境、社会和治理发展中存在的企业假借绿色环保标签不当牟利的现象也日益受到关注。因此欧盟加强了环境、社会和治理信息披露监管。[1] 目前，我国境内还没有出台专门的环境、社会和治理信息披露规则，现行制度框架下还是以自愿披露为主，但在《上市公司治理准则》和《定期报告内容与格式准则》中，对环境、社会和治理的内容已有一定涉及，同时也明确鼓励上市公司披露社会责任报告。中国证监会也表示，将研究稳步推进环境、社会和治理信息披露相关工作，持续规范披露指标，扩大强制性披露范围，推动上市公司引领绿色发展、履行社会责任、提升治理水平。[2]

（二）政府推动绿色金融国际合作

推动绿色金融发展的国际合作机制主要包括国际组织合作、跨国金融机构合作和政府间合作三种模式。其中，政府间合作可以消除绿色金融发展中的政策壁垒和摩擦，提高绿色金融实施效率。例如，欧盟通过制定《可持续金融信息披露条例》《可持续发展融资行动计划》等绿色金融政策，促进欧盟成员国之间的合作，共同支持绿色投资和推动经济转型，积极探索绿色金融实践，从而使欧盟成为世界上最发达的绿色金融市场之一。我国在注重自身绿色金融发展的同时，也积极参与和引领绿色金融相关领域国际合作。我国是 G20 中最早提出绿色金融议题的国家和最积极的倡导者。由中国人民银行参与发起的绿色金融网络致力于从中央银行和监管机构角度分析气候变化可能带来的风险，支持扩大绿色融资。此外，我国还与欧盟等经济体共同发起成立可持续金融国际合作平台，重点就绿色金融标准的国际趋同等议题开展研究。[3] 中国人民银行与欧盟委员会相关部门共同完成了《可持续金融共同分类目录报告——减缓气候变化》，就中欧双方绿色金融分类目录进行比较和分析，为推动中欧绿色金融分类标准的协同做出了重要贡献。[4]

第二节　绿色金融机构及相关法律制度

金融机构是绿色金融发展不可或缺的重要主体。多年来，我国金融机构在绿

---

〔1〕 参见莫莉：《欧盟加强企业 ESG 信息披露监管》，载《金融时报》2022 年 12 月 8 日，第 8 版。

〔2〕 参见《证监会：研究稳步推进 ESG 信息披露相关工作》，载中国证监会网站 2021 年 12 月 23 日，http://www.csrc.gov.cn/shanghai/c105566/c1668444/content.shtml。

〔3〕 参见周东洋：《中国积极参与引领绿色金融国际合作》，载《中国贸易报》2021 年 10 月 26 日，第 7 版。

〔4〕 参见王遥、赵鑫等：《中国绿色金融国际合作进展与展望》，载中央财经大学绿色金融国际研究院网站 2023 年 2 月 10 日，https://iigf.cufe.edu.cn/info/1012/6368.htm? eqid = ccc470e7000040330000006648bdcb0。

色金融实践方面已经积累了一定经验。为推动实现“双碳目标”,金融机构纷纷将绿色金融理念与自身业务相结合,制定碳中和方案,以专业优势支持低碳经济和绿色发展。

一、绿色金融中的银行和保险机构及相关法律制度

银行和保险机构是撬动经济杠杆的支点。通过货币资金的分配,银行和保险机构可以决定社会资源流向的领域、行业、部门、企业和个人。在某种程度上可以说,银行和保险机构塑造了投资结构、产业结构和消费结构。它以低成本和高杠杆的方式吸收货币资本并将其投放出去,承担着信用中介和流动性转换的功能,同时也承担了信用风险、流动性风险和其他各类风险。银行和保险机构不仅是货币资金的汇聚和循环中心,也是信息的汇集和加工中心,通过整合分析这些内外部信息,银行和保险机构相当于掌握了国民经济运行的“簿记本”和“晴雨表”,能够为金融决策提供信息支撑,降低金融风险。银行和保险机构的这些特点决定了它们必须在绿色金融发展中贡献应有力量,这也是它们履行社会责任,赢得投资者支持,实现自身商业价值和营造良好社会氛围的应有之义。[1]

2022 年 6 月,中国银保监会发布的《银行业保险业绿色金融指引》为银行和保险机构发展绿色金融、开展绿色金融业务提供了重要的政策指引。该指引强调了银行保险机构应当调整完善信贷政策和投资政策,支持重点行业和领域节能、减污、降碳、增绿、防灾,促进绿色低碳技术推广应用。同时还要求银行保险机构加强内控管理和信息披露,建立绿色金融考核评价体系,落实激励约束措施,完善尽职免责机制,确保绿色金融持续有效开展。

在绿色金融发展的历程中,银行扮演的角色至关重要,《赤道原则》的诞生就是银行推动的重要结果。此外,2018 年 11 月,联合国环境规划署倡议与 30 家银行共同制定了负责任银行原则(Principles for Responsible Banking,PRB),为全球银行业践行绿色可持续发展理念提供了指引和参考,旨在鼓励并引导银行将其业务发展战略与联合国可持续发展目标(SDGs)和《巴黎协定》目标保持一致。[2] 在我国,以国有银行为代表的商业银行已经相继成立了绿色金融专有部门。作为绿色金融的重要实践者和推动力量,商业银行在实现“双碳目标”这一新的发展阶段,通过不断创新,开创了“绿色银行 + 财富银行 + 投资银行”的商业新模式,将企业社会责任与绿色金融业务紧密结合,将其作为自身“商行 + 投行”战略的重要支

---

〔1〕 参见杨涛、杜晓宇主编:《绿色金融:助力碳达峰、碳中和》,人民日报出版社 2021 年版,第 8 - 11 页。

〔2〕 参见刘赵妍、苏柳瀛、杨晨辉:《负责人银行原则的发展现状与展望》,载《金融纵横》2023 年第 7 期。

撑,打造出各具特色的绿色银行形象,走出了集团化、特色化绿色发展之路。[1]

作为社会的"稳定器"和经济"助推器",保险机构承担着助推经济社会加快绿色转型发展的重要任务。2016 年 8 月发布的《关于构建绿色金融体系的指导意见》就对绿色保险独设篇章,鼓励和支持保险机构创新绿色保险产品和服务,为发展绿色保险指明了方向和路径。当前,绿色保险覆盖面不断拓展,保险资金通过多种形式积极参与绿色项目投资建设,支持绿色低碳发展。一方面,保险公司可以借助新兴技术提升承保解决方案风险定价的精准性与可扩展性;另一方面,保险公司也积极建立伙伴关系,应对绿色转型带来的风险管理挑战,帮助保险客户把握绿色经济的发展机遇。[2]

二、绿色金融中的证券公司及其相关法律制度

作为资本市场的核心参与者,证券市场以其独有的发展历程奠定了其在我国金融系统中举足轻重的地位。在绿色金融领域,证券公司的作用不可替代,近十余年来,证券行业逐渐将重点从传统行业投向包括绿色产业在内的新兴产业,优化融资结构,激发经济活力,助力实体经济转型升级,为发展绿色金融做出了重要贡献。证券公司利用我国多层次资本市场,引导社会资源流向,从绿色投资和绿色融资双向推动绿色经济的发展。

首先,作为绿色金融推广的中介机构,证券公司可以发挥金融机构的核心职能。例如,绿色债券、绿色基础设施房地产投资信托、绿色产业股票首次公开发行、绿色企业再融资和并购重组等,都是证券公司可以大力发展绿色金融的方向。以兴业证券为例,作为绿色证券金融的倡导者和先行者,兴业证券在业内率先成立了绿色证券金融部,发布行业内首个绿色金融业务评价标准,支持绿色企业股债融资,坚持责任投资和绿色投资,积极参与推动证券行业绿色金融业务发展。[3]

其次,证券公司可以在搭建绿色金融投资研究平台方面发挥应有功能。当前,环境、社会和治理已经成为一种重要的投资策略。证券公司可以从环境、社会、治理等领域,通过现有排放、社会治理、绿色溢价等指标构建环境、社会和治理评级数据库,对上市公司环境、社会和治理进行综合评价,为投资者进行投资决策提供判断依据。

最后,在"双碳目标"背景下,证券公司作为金融机构体系的重要组成部分,应在目标实现和转型中把握业务新机遇。证券公司可以在更广维度参与碳交易市场建设发展,从专业角度发挥衍生品设计、交易做市和引导资金等功能。此外,还可

---

〔1〕 参见王腾达:《"双碳"目标下商业银行绿色金融发展问题研究》,载《长春金融高等专科学校学报》2023 年第 4 期。

〔2〕 参见王莹:《保险业加码绿色金融》,载《国际金融报》2022 年 8 月 1 日,第 3 版。

〔3〕 参见杨华辉:《探索证券公司高质量发展之路》,载《中国金融》2021 年第 11 期。

以结合我国国内碳市场情况参与相关产品标准、评级标准、定价准则等规则的制定。

第三节　绿色企业及其法律制度

随着绿色金融理念和实践不断深入推进,绿色企业的概念也应运而生,并且逐渐成为一个新的经济增长点和企业高质量发展的未来趋势。

一、绿色企业、企业绿色创新与发展方式绿色转型

随着可持续发展绿色金融理念与实践在全球范围的推广,绿色企业逐渐兴起并获得了越来越多的关注。绿色企业并不是指某种特定的企业类型,而是指企业在追求经济效益的同时,更加重视生态和环境保护以及社会责任,具有较强可持续发展能力和市场竞争能力。[1] 绿色企业以可持续发展为己任,将环境利益以及对环境的管理纳入企业经营管理的全过程并取得成效,成为绿色企业需要具备的条件包括生产绿色产品、使用绿色技术和开展绿色营销等。目前,我国并没有在国家层面上制定关于绿色企业认证的相关制度,一些地方政府因地制宜出台了各具特色的地方性绿色企业认证规则。2018 年 11 月,中国环境科学研究院、中国生物多样性保护与绿色发展基金会发布了《绿色企业评选标准》,主要从企业的绿色发展战略、绿色管理水平和绿色生产方式等方面进行量化和报告。

为持续推进可持续发展、环境保护和生态文明建设,党中央、国务院和全国各地政府纷纷制定政策引导企业进行绿色创新,以推动企业从追求高速度发展向追求高质量发展转型。创新是企业实现降本增效,在竞争中获取优势的重要手段。但绿色创新是企业创新中比较特殊的一种,主要是企业为了展现社会责任,满足环境保护而进行转型升级。相较于传统的产品升级改造,绿色创新对企业而言具有更高风险,因此管理者必然会更谨慎地综合性考量绿色创新战略是否可以助力企业发展。随着绿色金融的不断发展,考察企业社会责任成为资本市场对企业估值的重要一环,践行绿色创新已成为全行业发展的必由之路。与此同时,政府也通过各种政策扶持、社会科普以及经济援助等多种方式支持企业绿色创新活动,让企业通过绿色创新得到切实回报,激发企业更加积极地探索绿色创新发展路径。如今,企业参与绿色创新已然成为一种覆盖全行业的普遍趋势。[2]

党的二十大报告提出,"加快发展方式绿色转型,推动经济社会发展绿色化、低

---

〔1〕 参见马学伟:《基于财税政策的绿色企业发展研究》,载《财经界》2023 年第 24 期。

〔2〕 参见牛健达、陈韵佳:《中国绿色企业创新对盈利能力的影响研究——基于绿色专利数量》,载《中国集体经济》2023 年第 30 期。

碳化是实现高质量发展的关键环节"。2023 年 7 月,习近平总书记在全国生态环境保护大会上进一步强调,"要加快推动发展方式绿色低碳转型,坚持把绿色低碳发展作为解决生态环境问题的治本之策,加快形成绿色生产方式和生活方式,厚植高质量发展的绿色底色"。[1] 加快发展方式的绿色转型是推动高质量发展的内在要求,也是满足人民日益增长的优美生态环境需要的必然选择,[2] 这种转型超越了传统意义上高度依赖物质资源投入和高碳排放的增长模式,凸显了人类社会从工业文明向生态文明迈进的内在要求,也是摆脱工业文明现代化危机和实现人与自然和谐共生的现代化的必由之路。[3] 发展方式绿色转型的提出,为绿色企业和绿色创新注入了更加强劲的动力。

二、企业在绿色金融中的角色与定位

在推动绿色金融发展的历程中,各种类型的企业发挥了巨大作用。企业是参与绿色金融市场、开展绿色金融活动的重要主体,在绿色金融发展中具有举足轻重的地位。

第一,企业是绿色金融理念的践行者。绿色金融理念的推行与实践,离不开企业的支持。无论是政府的引导与激励,还是金融机构的全力推动,没有企业的深入实践,绿色金融的发展便无从谈起。从节能减排、绿色转型与绿色创新,到积极开展绿色投融资活动和环境、社会和治理信息披露,再到适应数字化时代及科技赋能绿色企业价值,企业以实实在在的行动将绿色金融的理念落到了实处。

第二,企业是绿色金融工具的使用者。我国目前正处于转型升级的关键时期,绿色金融工具的介入能够从投资端引导这一转型。绿色信贷、绿色证券、绿色保险、绿色基金以及碳金融产品的开发设计,为企业资本市场上的投融资活动提供了新的选择。相比于一般的金融工具,这些绿色金融工具往往具有更有利的投融资政策,能够给企业带来更多实惠。企业作为绿色投融资主体,在实践中正是通过运用各种绿色金融工具实现投资或融资的目的。

第三,企业是绿色创新行为的实施者。创新是企业的生命。在开展绿色金融活动的过程中,企业也在通过创新获得源源不断的生机。开发绿色产品、提升绿色技术、改善绿色管理、倡导绿色营销,企业以多种形式积极实施绿色创新行为。随着科技发展和数字时代的到来,依托数字金融的绿色金融创新可能将成为企业创新的新方向。

---

[1] 习近平:《全面推进美丽中国建设　加快推进人与自然和谐共生的现代化》,载《人民日报》2023 年 7 月 19 日,第 1 版。

[2] 参见丁任重、李溪铭:《深刻理解加快经济发展方式绿色转型的重大意义》,载《经济纵横》2023 年第 7 期。

[3] 参见孙博文:《加快发展方式绿色转型:内在逻辑、任务要求与政策取向》,载《改革》2023 年第 10 期。

第四,企业是绿色金融社会责任的承担者。绿色金融的根本任务是企业承担社会责任,也就是说通过政策引导和激励措施,企业承担维护生态环境和应对气候变化等社会责任。企业通过绿色投融资、开展绿色金融活动、运用绿色金融工具等方式承担这一社会责任。我国自2017年6月开始试点的绿色金融改革创新试验区,就是为了在提高金融机构绿色可持续发展水平、引导金融资源倾斜配置绿色环保项目的同时,减少对重污染企业的资金供给,倒逼企业参与绿色项目,履行社会责任,践行“绿色、生态、循环、低碳”理念,促进生态文明建设与绿色发展。[1]

三、上市公司绿色金融发展及相关法律制度

上市公司作为行业产业中的“优秀代表”,在绿色金融领域也发挥着重要作用。它们既是践行可持续发展理念的中坚力量,又是绿色金融的积极参与者和切实受益者。

2008年2月,原国家环保总局发布《关于加强上市公司环境保护监督管理工作的指导意见》,该指导意见主要规定了四个方面的内容:(1)进一步完善和加强上市公司环保核查制度;(2)积极探索建立上市公司环境信息披露机制;(3)开展上市公司环境绩效评估研究与试点;(4)加大对上市公司遵守环保法规的监督检查力度。2021年2月,国务院发布了《关于加快建立健全绿色低碳循环发展经济体系的指导意见》;同年10月又发布了《2030年前碳达峰行动方案》;同年11月工信部等四部门联合发布《关于加强产融合作推动工业绿色发展的指导意见》。这些政策都作出了支持符合条件的绿色企业上市融资或再融资的规定。此外,中国证监会也表示正在研究制定资本市场支持碳达峰碳中和目标的政策措施,加大对低碳绿色企业的融资支持力度,引导市场主体树立绿色投资理念。同时,中国证监会也正在指导上海证券交易所和深圳证券交易所研究起草上市公司可持续发展披露指引。

近年来,我国通过实施各项基础制度改革,支持绿色产业集群化发展。借助于资本市场,绿色低碳产业快速发展。资本市场着力培育符合低碳可持续发展理念的上市公司群体。以深圳证券交易所为例,目前绿色低碳领域的上市公司近300家,累计股权融资接近1万亿元,总市值约6万亿元,占深圳证券交易所上市公司总市值约20%,覆盖新能源、新能源汽车、节能环保等多个行业,相关上市公司整体增长势头迅猛,发展空间巨大。

上市公司积极落实绿色发展理念,推动“双碳目标”愿景实现,不断提高环境、社会和治理信息披露水平。环境、社会和治理作为一种重要的投资理念、评价方式和企业行动指南已经成为全球共识。中国上市公司协会2023年6月发布的《中国

---

[1] 参见沈璐、廖显春:《绿色金融改革创新与企业履行社会责任——来自绿色金融改革创新试验区的证据》,载《金融论坛》2020年第10期。

上市公司2022年发展统计报告》显示，2022年上市公司环境、社会和治理信息披露比例进一步提升。超过1700家公司单独编制并发布2022年环境、社会和治理相关报告，占上市公司总数比例34%，数量较上年大幅度增加。其中，A股和H股公司、央企控股公司、主板上市公司环境、社会和治理发布率领先，银行、非银金融等行业环境、社会和治理相关报告发布率超过80%。

四、中小企业绿色金融发展及相关法律制度

相比于大型企业和上市公司，中小企业一直以来深受融资制约，这也是长久以来社会各界共同关注的问题。绿色金融的兴起为缓解中小企业融资约束提供了新的途径。

当然，受制于企业性质、规模和运作等企业本身原因，相当一部分中小企业按照现有标准可能难以被认定为绿色企业，因而在获得绿色信贷等方面面临一定的障碍。另外，由于披露成本等问题，中小企业在环境、社会和治理信息采集方面也存在困难。目前的绿色金融产品与中小企业投融资需求的契合程度还需要进一步提高。虽然存在上述种种问题，但应该看到在中小企业发展绿色金融方面我们也取得了较大突破。2021年10月，国务院发布的《2030年前碳达峰方案》中提到，“拓展绿色债券市场的深度和广度，支持符合条件的绿色企业上市融资、挂牌融资和再融资”。如果说上市融资和再融资是针对大型企业和上市公司的绿色金融政策，那么“挂牌融资”就是专为中小企业量身打造的绿色金融发展“利器”。在绿色金融上市融资和再融资外增加挂牌融资，表示多层次资本市场中的新三板和四板市场也将承担支持绿色融资和绿色发展的任务。这也意味着中小微企业的绿色业务将获得融资支持，“双碳目标”的实现又加入了中小企业这一新生力量。[1]

第四节　绿色投资者及相关法律制度

绿色金融作为金融系统的重要组成部分，同样需要各类投资者的广泛参与。缺少投资者的绿色金融市场，不可能发挥绿色金融的功能和实现发展绿色金融的目的。

一、绿色投资者在绿色金融发展中的意义

投资者本身就是一个模糊的、缺少明确法律内涵的概念。绿色投资者作为投资者的一部分，是指投资于绿色产业、绿色企业或利用绿色金融工具获取投资收益

---

〔1〕 参见吴晓璐：《重磅文件首提绿色企业“挂牌融资”中小企业绿色业务获加持》，载《证券日报》2021年10月28日，第A02版。

和规避投资风险的投资者。相较于资本市场上的一般机构型投资者,绿色投资者在对投资对象或投资工具的选择上会考量经济和环境双重绩效,也就是说,在投资过程中不仅关注企业的经济效益,还会综合考察企业在环境社会责任方面的表现。在绿色金融发展中,绿色投资者不可或缺,没有绿色投资者的绿色金融无异于"无米之炊"。据预测,为实现"碳达峰"目标,我国每年大约需要3万亿—4万亿元的绿色投资,这些都需要绿色投资者的投资支持。中国人民银行、财政部、国家发展改革委、原环境保护部、中国银监会、中国证监会、中国保监会《关于构建绿色金融体系的指导意见》明确提出要引导机构投资者开展绿色投资,鼓励养老基金、保险资金等长期资金开展绿色投资。绿色投资者的积极参与可以帮助降低绿色项目的融资成本,还可以以股东身份通过影响被投资公司管理层,引导被投资企业更多地参与绿色金融活动。绿色投资者还被证明能在一定程度上识别和抑制企业粉饰环境绩效的"漂绿"行为,从而帮助监管部门加强对"漂绿"行为的治理,维护绿色金融市场秩序,完善绿色金融监管制度。[1]

二、机构投资者与绿色治理

在绿色金融中,机构投资者作为社会责任投资主体,通过选择对社会责任投资引导企业将绿色概念贯彻到清洁生产和经营等社会行为中,促使企业在追求经济利益的同时,更重视社会责任和公众利益,因而机构投资者更倾向于长期性和可持续发展。机构投资者主要通过两种途径影响企业参与绿色治理。其一,"用手投票"直接影响,即机构投资者可以通过征集委托代理权或者股东提案等方式增加投票话语权,或通过与管理层沟通保证绿色投资者意愿得以实现。在发达国家,养老基金、保险公司等机构投资者就是通过股东投票权将不符合可持续发展理念的公司排除在投资组合之外的手段对被投资企业施加影响。[2] 其二,"用脚投票"间接影响,这是指机构投资者通过股票抛售行为向企业决策层传递市场不满情绪,迫使企业采取相应修正措施,增进企业参与绿色治理的可能性。除了促进企业参与绿色治理,机构投资者还能够发挥提高企业绿色治理绩效的作用。[3] 未来,机构投资者应该逐步在投资战略、投资分析和决策过程中引入环境、社会和治理理念,培育评估绿色资产的能力。

三、绿色金融中的公众投资者

公众投资者在绿色金融发展中起着重要作用。一项关于公众投资者的调查显

---

〔1〕 参见陈玲芳:《绿色投资者能抑制企业漂绿行为吗?》,载《福建师范大学学报(哲学社会科学版)》2023年第3期。

〔2〕 参见冯静生:《对我国绿色金融发展问题的研究》,载《北京金融评论》2016年第2期。

〔3〕 参见姜广省、卢建词、李维安:《绿色投资者发挥作用吗?——来自企业参与绿色治理的经验研究》,载《金融研究》2021年第5期。

示,许多投资者都愿意将绿色金融的投资比例上调到总投资组合的3%。[1] 我国资本市场是典型的个人投资者居多的市场,如何激发广大个人投资者积极参与绿色金融投资,对扩大绿色金融市场投资者群体无疑具有重要意义。在绿色债券领域,公众投资者的力量和影响不容小觑。2017年9月,国家开发银行在全国银行间债券市场发行了50亿元人民币绿色金融债券,其中近6亿元以柜台债形式首次面向社会公众进行零售。此前,我国个人投资者参与绿色债券投资只能通过在二级市场进行交易的方式实现,而无论是全国银行间债券市场还是证券交易所对个人投资者参与绿色债券交易都有诸多限制。2016年2月,《全国银行间债券市场柜台业务管理办法》发布后,全国银行间债券市场才对个人投资者开放。而在一级市场上,个人投资者一直没有渠道参与绿色债券的发行认购。然而,绿色债券的环境外部性决定了其与每一个公民都息息相关,绿色债券市场的发展也需要公众的共同支持。[2] 因此,吸引个人投资者参与绿色债券投资,面向个人投资者发行绿色债券,对于推广绿色发展理念,扩大绿色债券主体范围,拓宽公众参与绿色投资的渠道,强化绿色金融社会效应和推动绿色金融发展意义重大。

思考题

1. 如何理解政府在绿色金融发展中的角色与定位?
2. 绿色投资者对于绿色金融发展的意义体现在哪些方面?

---

[1] 参见本·鲁滨逊、张译文:《公众投资者和绿色债券——绿色金融变得更加多样化》,载《IMI研究动态》2017年下半年合辑。

[2] 参见刘翌、汤维祺、鲁政委:《探索绿色债券融资新模式——评国开行首次向个人发售绿色金融债》,载中国金融信息网,https://www.cnfin.com/greenfinance-xh08/a/20170908/1725077.shtml?f=arelated。

第二十章　绿色金融业务法律制度

依据 2016 年 8 月中国人民银行等七部门发布的《关于构建绿色金融体系的指导意见》中对于绿色金融的定义，绿色金融业务可以理解为金融机构为支持环境改善、应对气候变化和资源节约高效利用的经济活动，对环保、节能、清洁能源、绿色交通、绿色建筑等领域的项目投融资、项目运营、风险管理等所提供的金融业务服务。金融机构的绿色金融业务以绿色金融产品为基础，涵盖了支持绿色项目投融资、项目运营和风险管理的金融服务，不仅包括发放绿色信贷、发行绿色证券等融资业务，还包括提供绿色保险等风险管理以及多种功能的碳金融业务。随着绿色金融不断向纵深发展，我国初步形成了绿色贷款、绿色债券、绿色保险、绿色基金、绿色信托和碳金融产品等构成的多层次绿色金融业务体系。近年来，随着“双碳目标”的提出，绿色金融产品进一步丰富，绿色金融业务越发趋向繁荣，相关法律制度建设也取得了明显进展。这一切都表明我国正在向着绿色金融发展的更高和更成熟的阶段不断迈进。

第一节　绿色信贷业务法律制度

绿色信贷作为商业银行履行社会责任和推动经济社会可持续发展的手段，在国内外绿色金融体系中均占据核心地位。发展绿色金融，必须重视绿色信贷的作用并促进绿色信贷业务法律制度日臻完善。

一、绿色信贷的起源与内涵

绿色信贷又称可持续融资或环境融资，是一个源于绿色金融的概念。1974 年，德国在全球率先成立了一家政策性环保银行，该银行被命名为“生态银行”。与传统商业银行的不同在于，生态银行专门负责为一般银行不愿意接受的环境项目提供优惠贷款，通过金融机构资助环境和生态保护事业发展。这可以视为绿色信贷发展的起源。1980 年美国《超级基金法案》明确规定了商业银行要对其发放信贷资金的项目造成的环境污染承担连带责任。

虽然学术领域和实务领域对于绿色信贷并没有一个统一的定义，但一般而言绿色信贷应该包含以下两层含义：其一，绿色信贷的目标是帮助和促使企业降低能耗,节约资源,在金融业核算和决策中引入生态环境要素,引导企业从粗放生产经营模式和片面追求高速发展,转向精细化生产,追求企业长效、可持续和高质量发展;其二,绿色信贷促使金融业密切关注环保和生态产业等的发展,注重人类社会长远利益,以未来良好环境和生态经济效益反哺金融业,促进金融与生态的良好循环。

广义上来讲,绿色信贷泛指金融机构利用利率杠杆等调控信贷资金流向,实现资金绿色配置的信贷业务。狭义上的绿色信贷是指金融机构依据政府政策和意见,一方面对"高能耗高污染"等企业实施信贷管制的同时通过项目准入、高利率和额度限制等约束其发展,引导企业逐渐转变高能耗、高污染经营模式;另一方面提供配套优惠信贷政策和信贷产品,加大对节能环保、低碳循环产业的扶持力度,使这些产业在产生更大生态效益后反哺金融机构,最终实现生态与金融业良性循环。

二、绿色信贷业务的国际执行标准

目前,国际上对于绿色信贷业务主要有《赤道原则》、《绿色贷款原则》和《可持续发展关联贷款原则》这三个执行标准。其中,2003 年推出的《赤道原则》因执行标准的全面性而被全球大多数商业银行采用。2018 年推出的《绿色贷款原则》进一步约束了贷款资金的使用投向,在引导资金向绿色产业流动方面更为有效。2019 年推出的《可持续发展关联贷款原则》进一步规范了可持续发展关联贷款的执行标准,有助于推动借款人实现可持续效益的积极性。

(一)《赤道原则》

2003 年,由花旗银行、巴克莱银行等 10 家银行共同推出的《赤道原则》为绿色信贷确定了基本的国际标准和行为准则,其核心是通过金融机构活动促进企业贷款与项目业主履行社会和环境责任。《赤道原则》是银行业信贷价值观获得进步的一个体现。虽然只是一项判断、评估和管理项目融资中环境与社会风险的自愿性金融行业基准,但因为《赤道原则》所涉及的评价体系较为全面且完整,因而逐渐成为全球公认的社会与环境风险评价体系。《赤道原则》的执行框架由十项基本原则构成,采纳《赤道原则》的银行被称为赤道银行,在开展项目融资时需要全面识别融资项目可能带来的环境风险与社会风险,并提前管控项目可能引起的潜在风险。自推出以来,《赤道原则》分别于 2006 年、2013 年和 2019 年进行了修订,修订后的《赤道原则》不仅扩大了其适用范围,还完善了对环境与社会风险管理的评估框架,提升了对借款人的信息披露要求,进一步提高了这一金融行业环境与社会风险管理"黄金准则"的实用性和权威性。

(二)《绿色信贷原则》

2018 年 3 月,贷款市场协会和亚太区贸易市场协会联合发布了《绿色信贷原则》,成为国际绿色信贷另一个重要的执行标准,也为金融机构开展绿色信贷业务提供了高标准的指导框架。《绿色信贷原则》主要参考了国际资本市场协会组织发布的《绿色债券原则》,从贷款资金用途、项目评估和选择、贷款资金管理、信息披露报告四个方面规范了融资的标准框架。与《赤道原则》的区别在于,《绿色信贷原则》详细列出了绿色项目的类型,并且对贷款资金管理的制度约束进行了明确要求,能有效引导银行通过发放绿色贷款使资金更高效地流向绿色产业。

(三)《可持续发展关联贷款原则》

2019 年 3 月,贷款市场协会、亚太贷款市场协会和银团与交易协会联合发布了《可持续发展关联贷款原则》,旨在进一步规范可持续发展贷款市场,为整个可持续发展贷款市场提供统一评价的框架,对绿色贷款的资金使用、项目评估和筛选、资金管理、信息披露以及可持续发展关联贷款的借款人整体企业社会责任战略关系、目标设定、信息披露、审核作出了具体的指引。这一原则于 2021 年进行了一次修订,进一步明确了关键绩效指标和可持续发展绩效的相关含义。与《赤道原则》和《绿色信贷原则》更侧重于绿色项目建设不同的是,《可持续发展关联贷款原则》更侧重于借款人在一定期限的可持续行为。毫无疑问,该原则的推出为银行开展绿色信贷业务提供了一个新的行业标准,进一步改善了借款人的可持续性表现,促使借款人将可持续发展理念融入公司长期运营中。[1]

三、域外介绍绿色信贷业务法律制度

从国际经验来看,绿色信贷产品一般包括住房抵押贷款、商业建筑贷款、房屋净值贷款、汽车贷款、运输贷款、绿色信用卡以及项目融资等。[2] 许多发达国家的金融机构在政府财税政策的扶持下,结合市场需求状况,通过实施贷款额度、贷款利率、贷款审批等方面的优惠措施,相继开发出针对企业、个人和家庭的绿色信贷产品。例如加拿大银行的清洁空气汽车贷款、澳大利亚银行的汽车贷款,都向低排放车型提供优惠利率贷款。[3]

(一)美国的绿色信贷及其法律制度

美国十分注重绿色信贷产品创新。美国银行设立了基金,专门为那些致力于提供绿色服务的公司发放贷款。美国花旗银行作为采纳《赤道原则》的银行,有一系列审核支持绿色信贷的政策。例如,其中的环境与社会风险管理政策适用于花旗银行全球所有客户的项目融资,在其环境和社会影响方面开展风险评估。美国是世界上最早通过立法程序实践绿色信贷和管理环境风险的国家之一。自 20 世

[1] 参见刘霄汉:《商业银行绿色信贷业务的国际比较研究及启示》,载《新疆社会科学》2023 年第 3 期。

[2] 参见何德旭、张雪兰:《对我国商业银行推行绿色信贷若干问题的思考》,载《上海金融》2007 年第 12 期。

[3] 参见马骏:《论构建中国绿色金融体系》,载《金融论坛》2015 年第 5 期。

纪70年代以来,美国国会先后通过了26部有关环境保护的法律和相应地促进绿色信贷发展的法律法规。通过这些法律法规明晰政府、企业、银行三方的权、责、利,明确绿色信贷的风险责任主体。其中,1980年的《超级基金法案》规定,银行要对借款人造成的环境污染负责,只有在借款人能够保证项目在执行中会对社会和环境负责的前提下,金融机构才能对项目提供信贷资金,同时金融机构还要对信贷资金的使用承担相应的环境责任。由于法律规定银行是企业环境风险的连带责任承担者,严厉的法律制裁和经济处罚使美国的银行成为国际上最先考虑与信贷风险相关的环境政策的银行。由政府主导制定的激励政策为美国绿色信贷的可持续发展提供了重要保障。

(二)英国的绿色信贷及其法律制度

英国是低碳经济思想的首创国家,自20世纪70年代开始,英国政府就逐渐形成了一套关于环境标准、风险衡量、风险控制以及可持续发展的法律法规体系。巴克莱银行作为英国最大的商业银行之一,是推出《赤道原则》的十个国家银行之一,它不仅制定了一个涵盖所有融资条款和50多个行业的信贷指引,这些指引明确划分了环境风险等级,同时还规定了企业环境违法的认定标准,为银行评估环境风险和贷款审核提供了有力支持。巴克莱银行还较早推出了绿色信用卡产品。除此之外,英国政府还制定了系统配套性政策激励企业绿色环保行为。

(三)日本的绿色信贷及其法律制度

20世纪60年代,日本就制定了一套相对完整的环境保护法律法规。1993年颁布的《环境基本法》成为相关法律的上位法,使环境保护和节能减排相关法律法规更加完善和系统化,为商业银行绿色信贷政策的实施提供了具有较强操作性的法律依据。日本瑞穗实业银行于2003年宣布采纳《赤道原则》,2006年设立了可持续发展部门,此外还参与温室气体排放额度交易机制、加强社会责任投资和可再生能源私募基金等。日本政府及相关部门对绿色信贷企业或环保技术项目实施财政补贴、税收减免、优惠利率等一系列激励措施,[1]促进企业实现绿色转型。

四、我国绿色信贷业务及其法律制度

经过多年发展,目前我国绿色金融市场的规模已经跃居世界前列,绿色信贷作为绿色金融框架中的主要组成部分呈现蓬勃发展态势。绿色信贷是我国绿色金融中起步最早、发展最快,也是政策体系最为成熟的部分。商业银行通过推行绿色信贷,帮助企业努力达到环保法律法规的要求。

(一)我国商业银行绿色信贷业务实践

商业银行是开展绿色信贷业务的主体。兴业银行是我国最早涉足绿色金融业

---

〔1〕 参见韩立岩、王臻:《绿色信贷发展的国际比较与启示》,载《国际经济合作》2014年第2期。

务的商业银行之一。早在2005年,兴业银行便首次推出节能减排项目贷款。在成为我国首个采纳《赤道原则》的银行之后,兴业银行开展绿色信贷业务的积极性更高。2009年,兴业银行还成立了国内首个可持续金融业务专门机构,即可持续金融中心,将绿色金融打造成兴业银行的一个品牌特色。此后,招商银行、浦发银行、中国银行、光大银行等也纷纷开展绿色信贷业务。中国人民银行数据显示,截至2023年第三季度末,我国本外币绿色贷款余额28.58万亿元,同比增长36.8%,高于各项贷款增速26.6个百分点,比年初增加6.98万亿元。其中,投向具有直接和间接碳减排效益项目的贷款分别为9.96万亿元和9.14万亿元,合计占绿色贷款的66.8%。

(二)我国商业银行绿色信贷业务政策及法律制度

自2007年开始,我国便开始着手进行绿色信贷政策框架的搭建。2012年,中国银监会发布《绿色信贷指引》,成为我国探索绿色信贷统计制度和考评评价的纲领性文件,能有效规范和指导金融机构发展绿色信贷。该指引在某种程度上被认为是《赤道原则》的中国本土化,也被看作我国绿色信贷政策史上具有"里程碑"意义的文件。2016年,中国人民银行等七部门发布的《关于构建绿色金融体系的指导意见》明确提出了"大力发展绿色信贷"的要求。2019年,中国银保监会发布《关于推动银行业和保险业高质量发展的指导意见》,其中提出"鼓励银行业金融机构通过设立绿色金融事业部、绿色分(支)行等方式,提升绿色金融专业服务能力和风险防控能力"。2022年,中国银保监会发布《银行业保险业绿色金融指引》,要求银行业、保险业从战略高度推进绿色金融。《绿色信贷指引》《关于构建绿色金融体系的指导意见》等顶层设计文件为我国商业银行积极参与绿色低碳经济发展提供了重要指引。随着我国"双碳目标"的提出,绿色信贷制度有望从政策引领、资金供应、减碳反馈等环节驱动"双碳目标"实现。

(三)我国绿色信贷法律制度的困境与突破

经过10余年的发展,我国绿色信贷制度取得了阶段性成果,但还存在明显的不足之处,最突出的问题是法律制度供给不足。我国自2007年以来出台的关于绿色信贷的规范,大多数以相关部委单独或联合发布规章或指引的方式出现,这些关于绿色信贷的规范在性质上多属于指导性规范和自愿性规范,并不具有法律强制性。相关主体的权利、义务、责任等具体问题的规定也处于缺失状态,导致绿色信贷制度的可操作性不强。[1]《中国人民银行法》、《银行业监督管理法》和《商业银行法》作为金融法体系的三大核心法律,没有直接涉及绿色信贷的相关规定,绿色信贷发展缺乏上位法规范。这些仅具有政策引导性的规范导致绿色信贷在推进可再生能源和绿色产业发展中的效果并不尽如人意。对此,应该考虑对绿色信贷在

---

〔1〕 参见于文轩:《绿色信贷制度之困境及其破解进路——以可再生能源产业促进为视角》,载《甘肃政法学院学报》2018年第6期。

金融管理、可再生能源以及生态环境保护等领域的相关立法中增加有关绿色信贷的规定,使绿色信贷获得更高位阶的法律支持。

第二节　绿色证券业务法律制度

证券市场及上市公司是我国解决环境问题,改变目前我国资源消耗大、环境污染重的增长模式的重要突破口。对此,应该以可持续发展理念引导证券市场投融资和资源配置功能的发挥,促使将稀缺资源配置到符合社会可持续发展的领域中去,在遏制高耗能高污染企业资本扩张的同时,引导资金投向绿色产业,促进绿色经济发展并解决目前我国环保产业投入不足的问题。

一、绿色证券的产生与发展

绿色证券制度是1992年联合国环境与发展会议提出可持续发展理念并逐渐获得广泛接受后逐步发展起来的一种绿色金融制度。它源于企业对社会责任的重视和环保意识的增强。为此,部分发达国家开始通过立法或标准,对上市公司年报中环保信息披露作出规范。例如,美国证券交易委员会从1993年开始要求上市公司从环境会计角度对自身环境表现进行实质性报告。继美国之后,英国、日本、欧盟等各国政府和国际组织也进行了多种证券市场绿色化尝试。在我国,绿色证券一般指募集资金主要用于支持绿色产业项目的证券,包括但不限于绿色债券、绿色资产支持证券等绿色基础证券以及基于绿色基础证券的绿色指数和绿色基金等。绿色证券制度包括符合条件的绿色产业股权融资、绿色企业上市、再融资以及发行债券等方面所制定的政策措施和法律规范。

二、绿色证券法律制度:以绿色债券为例

在绿色证券中,绿色债券以其发行成本相对较低、收益相对稳定、可预见性强、监管限制较少且可以享受专项政策支持而彰显出独有优势。2007年,欧洲投资银行发行了全球第一只名为“气候意识债券”的绿色债券,其募集的资金被用于为可再生能源或能源效率类项目提供贷款。2008年11月,世界银行联合瑞典北欧斯安银行共同发行了一只绿色债券,募集资金主要投向一些减缓气候变化的项目或帮助人们适应气候变化的项目。世界银行绿色债券的发行为《绿色债券原则》的出台奠定了基础。

《绿色债券原则》是全球范围内最广为接受的绿色债券发行标准。它由国际资本市场协会2014年1月首次组织发布,并在此后进行过多次修订,是一套行业自愿遵守而非强制性要求的流程性指引和指导方针,旨在为发行人提供清晰的债券发行流程的信息披露框架。《绿色债券原则》对于绿色债券的发行要求同样也

适用于社会责任债券和可持续债券的认定和发行。

绿色债券发行的另一国际标准是国际非营利组织气候债券倡议组织于2011年年底发布的《气候债券标准》。《气候债券标准》在性质上也属于自愿性标准，它与《绿色债券原则》相比在内容上更为广泛也更具有可操作性，另外也提供了更详细的行业标准和投资机会指引，最大的区别则在于《气候债券标准》规定了强制性的内容，如对于债券发行前和存续期由发行人任命的第三方审核者，《气候债券标准》强制要求该审核者必须被气候债券标准委员会所认证。

我国绿色债券的发展始于2016年，在当年便成为全球最大的绿色债券发行国。目前，我国绿色债券形成了由企业债、金融债、公司债、资产支持证券和境内主体境外发行债券等大类共同构成的产品体系。在市场付诸实践之前，我国已经为绿色债券的推出进行了政策上的铺垫。中共中央、国务院2015年9月发布的《生态文明体制改革总体方案》就提出"鼓励对绿色信贷资产实行证券化"；同年12月中国人民银行发布了《关于在银行间债券市场发行绿色金融债券有关事宜的公告》及其附件《绿色债券支持项目目录》；2016年6月，国家发展改革委发布《绿色债券发行指引》，对绿色企业债券进行了定义；随后，上海证券交易所和深圳证券交易所先后发布通知开放并鼓励发行绿色公司债；2017年3月，中国证监会发布《关于支持绿色债券发展的指导意见》，与此同时，中国银行间市场交易商协会发布了关于非金融企业在银行间市场发行绿色债券的规范；2018年3月，中国人民银行发布文件进一步严格要求绿色金融债券信息披露……[1]2022年7月，我国绿色债券制度迎来了一个具有"划时代"意义的事件，即绿色债券标准委员会发布了《中国绿色债券原则》。

《中国绿色债券原则》借鉴国际经验并遵从国内实际，从募集资金用途、项目评估与遴选、募集资金管理和存续期信息披露四大核心要素对发行人和相关机构提出了基本要求，推动绿色债券市场规范化、标准化、国际化发展。与国内此前的绿色债券要求比较，《中国绿色债券原则》在四大核心要素方面提出了明确统一的要求，同时对绿色债券品种的适用范围和释义进行了规范，建立了绿色债券品种的划分方法，对统一国内绿色债券标准、提升我国绿色债券在国际市场的影响力、助力绿色金融高质量发展，具有非常积极的意义。《中国绿色债券原则》的发布标志着我国正式建立了初步统一且与国际接轨的绿色债券标准。

三、绿色证券环境信息披露法律制度

绿色证券作为以"绿色"为内容和特点的证券，必须遵循证券发行和交易的基本制度，其中就包括信息披露制度。绿色证券在信息披露中特别强调对相关环保

---

[1] 参见巴曙松、丛钰佳、朱伟豪：《绿色债券理论与中国市场发展分析》，载《杭州师范大学学报(社会科学版)》2019年第1期。

信息的披露。绿色证券的基础是上市公司环保核查制度。2008 年 2 月,原国家环保总局发布《关于加强上市公司环境保护监督管理工作的指导意见》,该指导意见主要规定了四个方面的内容:一是进一步完善和加强上市公司环保核查制度;二是积极探索建立上市公司环境信息披露机制;三是开展上市公司环境绩效评估研究与试点;四是加大对上市公司遵守环保法规的监督检查力度。这一指导意见的出台标志着我国绿色证券政策基本框架的初步形成。[1]

当前,我国对于企业环境信息披露已经初步形成了规范,但缺陷在于这些规范的层级较低,而且也存在着不统一、不协调等问题。《证券法》(2019 年修订)、《上市公司信息披露管理办法》(2021 年修订)、《上市公司治理准则》(2018 年修订)等法律规范中,对于需要上市公司强制披露的"重大事件"列举中都没有对环保相关情况进行明确规定。随着我国证券市场发行注册制的推行,为切实贯彻落实绿色发展理念,完善绿色证券绿色属性相关的信息披露制度势在必行。2021 年 5 月,生态环境部发布《环境信息依法披露制度改革方案》,随后依据该方案制定了《企业环境信息依法披露管理办法》这一部门规章,对公司环境信息披露作出了更全面、更具强制性的规定和要求。2021 年 6 月,中国证监会修订了两个规范性文件,新增了环境和社会责任章节,[2]对环境信息披露进行了相应的规定。这些变化说明,我国关于上市公司环境信息披露机制正在不断加强,但还需要在更高效力位阶的法律规范中进一步予以重视和明确。[3]

第三节　绿色保险业务法律制度

绿色保险最早被称为环境污染责任保险,作为绿色金融的重要组成部分,绿色保险产品和业务不断丰富,为多个行业提供了风险保障。完善健全的法律制度对持续推动绿色保险业务发展具有重要的保障作用。

一、绿色保险业务发展的国内外实践

绿色保险业务主要指为改善环境、应对气候变化以及资源高效利用等方面提供保险风险管理服务与资金支持。与传统保险不同的是,绿色保险更注重将绿色发展的理念融入保险产品和保险服务中,以实现经济效益和可持续发展的双重目标。绿色保险最早被称为环境污染责任险,是以被保险人因造成环境污染依法应

---

[1] 参见王起国:《绿色证券法制研究》,载《西南政法大学学报》2013 年第 3 期。

[2] 参见《公开发行证券的公司信息披露内容与格式准则第 2 号——年度报告的内容与格式》(2021 年修订)和《公开发行证券的公司信息披露内容与格式准则第 3 号——半年度报告的内容与格式》(2021 年修订)。

[3] 参见李传轩:《上市公司绿色治理的法理逻辑及其实践路径》,载《清华法学》2023 年第 5 期。

承担的赔偿责任作为保险对象的保险业务。随着保险理论和实践的不断突破,绿色保险已经不再局限于环境污染责任保险,但其目前依然是绿色保险中的典型代表。

美国的绿色保险业务始于20世纪70年代末,保险机构为了解决日益突出的环境问题、降低环境损害,于是将环境责任险设置为一个独立的保险种类。此后,美国政府通过立法、行政干预以及经济刺激等方式不断促进绿色保险的发展。在美国,环境污染责任险是一种强制险。1980年,美国在《超级基金法案》中制定了追溯责任、无过错责任和连带责任的理论原则,以实现最大限度保障受害者获得赔偿的目的。对环境污染责任险采取强制险的另一个代表性国家是德国,但不同的是,德国采取的是强制险与财务保证或担保相结合的方式。德国1991年颁布的《环境责任法》中,就对部分设施实施强制环境责任保险、要求国内相关工商企业提供环境风险担保,如信托基金、信用证保险担保等。若相关企业未能提供保险或财务担保,政府或机关可以全部或者部分禁止项目进行,且相关责任人需承担相应的责罚。因此,德国的绿色保险模式有一定弹性,企业可以选择不同的方式提供财务责任证明,同时确保受害人能及时地得到合理的赔偿。

与美国和德国不同,英国和法国在环境污染责任保险方面则采取了自愿与强制险相结合的模式。在这种模式下,企业自行投保是主要做法,法律强制投保是补充性和辅助性的做法。以英国为例,其作为《国际油污损害赔偿民事责任公约》的成员国,主要对海洋油污损害实行强制性环境责任保险制度。

近年来,我国大力支持生态环境建设,在金融领域提供了良好的政策环境,鼓励绿色金融和绿色保险发展。2019年5月,国家发展改革委、科技部发布的《关于构建市场导向的绿色技术创新体系的指导意见》中,鼓励保险公司开发支持绿色技术创新和绿色产品应用的保险产品。作为绿色金融的重要组成部分,绿色保险在国家政策的支持和引导下获得了更广阔的发展空间,上市保险公司的绿色保险实践更是走在市场前列。

二、我国绿色保险业务规范及其完善思路

在中国人民银行等七部门联合发布的《关于构建绿色金融体系的指导意见》中,绿色保险是以独立篇章的形式进行规定的,其中提出鼓励和支持保险机构创新绿色保险产品和服务,为我国发展绿色保险指明了方向路径。2022年6月,中国银保监会发布《银行业保险业绿色金融指引》,提出银行保险机构应该将环境、社会和治理要求纳入管理流程和全面风险管理体系,这为绿色保险的发展增加了新的内容。同年11月,中国银保监会发布《绿色保险业务统计制度的通知》,在该通知中首次明确将绿色保险定义为"保险业在环境资源保护与社会治理、绿色产业运行和绿色生活消费等方面提供风险保障和资金支持等经济行为的统称"。同时,中国银保监会还正式印发了《绿色保险业务统计制度的通知》,明确了各保险公司将按

照产品维度和客户维度相结合的方式，分步骤统计其绿色保险负债端业务。2023年9月，中国保险业协会发布《绿色保险分类指引(2023年版)》，这是中国保险业协会持续推进绿色保险研究的系统性成果，也是全球首个全面覆盖绿色保险产品、保险资金绿色投资、保险公司绿色运营的行业自律规范。可以看出，我国绿色保险相关政策目前主要以规范性文件和指导建议为主，绿色保险发展的法律基础和政策保障有待夯实，关于绿色保险的法律法规还需要进一步完善。[1]

第四节 其他绿色金融业务与碳金融法律制度

随着"双碳目标"的提出，我国绿色金融发展获得了更大潜力，在绿色贷款、绿色证券、绿色保险之外，还需要大力发展其他绿色金融业务，开拓碳金融市场。

一、绿色基金业务及其政策与规范

绿色投资所面临的挑战是在资本逐利性和环境可持续性之间进行协调以实现资本和投资的双重目标。绿色基金是绿色投资中的一种重要方式，也是绿色金融的一种业务类型。我国绿色基金市场虽然起步较晚，但发展速度较快。[2] 绿色基金所投资的项目一般具有节能环保、科技含量较高和回报前景良好等特点。绿色基金是我国绿色金融体系中不可或缺的部分。我国绿色基金的发展离不开政策的指引，在《关于构建绿色金融体系的指导意见》中就提出了支持设立各类绿色发展基金，实行市场化运作的要求。2018年11月，中国证券投资基金业协会发布《绿色投资指引(试行)》，明确绿色投资的内涵，推动基金行业发展绿色投资，改善投资活动的环境绩效，促进经济的可持续增长。在推动"双碳目标"实现的背景下，预计未来将会成立更多聚焦低碳节能投资的绿色基金。值得一提的是，2020年7月15日，经国务院批准，国家绿色发展基金股份有限公司成立，旨在采取市场化方式，发挥财政资金的带动作用，引导社会资本支持环境保护和污染防治、生态修复和国土空间绿化、能源资源节约利用、绿色交通和清洁能源等领域。

二、碳金融业务及其政策与规范

随着碳排放由过去的无约束时代进入限减排时期，经济金融方面的需求便开始由此产生。低碳经济的兴起一方面为相关参与主体提供了风险对冲投融资工

---

〔1〕 参见王莹：《保险业加码绿色金融》，载《国际金融报》2022年8月1日，第3版。

〔2〕 参见危平、舒浩：《中国资本市场对绿色投资认可吗？——基于绿色基金的分析》，载《财经研究》2018年第5期。

具,另一方面也为投资者创造了新的投资渠道。[1] 碳金融市场制度主要包括市场参与主体、碳金融产品和碳金融市场层次结构。其中,碳金融市场制度的核心是碳金融市场参与主体,通过明确各方参与主体在碳金融市场中的作用为碳金融市场制度运行奠定基础。碳金融产品是碳金融市场制度的重要组成部分,碳金融产品的开发和创新能够起到为碳金融市场制度运行保驾护航、提供更多资金流入渠道的作用。碳金融市场层次结构是碳金融市场制度的体系支撑,碳金融市场的自律规范制度与宏观审慎监管制度相互作用,为碳金融市场制度的系统化运作提供有力支持。

碳金融法律制度主要由四个部分构成:环境保护法律制度、碳排放配额初始分配法律制度、碳金融交易法律制度和碳金融监管法律制度。其中,环境保护法律制度的意义在于利用碳市场和碳金融转变经济发展方式。碳排放配额初始分配法律制度的目的在于确保碳排放配额分配的公正与合理。2021 年以来,我国市场监管立法进入了快车道,生态环境部 2021 年 5 月发布了碳排放权市场的登记、交易及结算规则,为全国市场的开启做好了相应立法准备。在此基础上,我国全国碳排放权交易市场 2021 年 7 月 16 日正式开市。碳金融交易法律制度通过不断的市场交易实现资金融通,为碳金融交易提供源源不断的资金供给。碳金融监管法律制度在于保障市场平稳健康运行。目前,我国涉及碳金融监管的法律文件主要包括《碳排放权交易管理办法(试行)》以及北京、上海等试点省(市)印发的碳排放权交易细则等规范性文件。总体上,碳金融法律制度的运行应以碳金融市场运行为主、碳金融监管为辅,通过政府的有效监管保障市场有效运作。[2]

思考题

1. 我国商业银行绿色信贷业务发展的主要制约因素包括哪些?
2. 如何评价我国上市公司环境信息披露法律制度?

---

[1] 参见王增武、袁增霆:《碳金融市场中的产品创新》,载《中国金融》2009 年第 24 期。
[2] 参见张叶东:《"双碳"目标背景下碳金融制度建设:现状、问题与建议》,载《南方金融》2021 年第 11 期。

第六编　金融纠纷与争端解决

第二十一章　金融纠纷解决概述

第一节　金融纠纷概述

一、金融纠纷的概念

金融纠纷主要是金融民商事纠纷，是指金融机构作为提供金融业务的一方当事人，同自然人、法人、非法人组织等平等的民商事主体之间因违反合同约定、法律规定或者不履行相应义务而产生的合同性或财产性纠纷。

金融纠纷属于民商事纠纷的一种，但它区别于传统的民商事纠纷。首先，金融纠纷的背后，不仅涉及传统的物权、债权等民商事法律关系的认定和解决，属于私法调整的范畴，同时也体现了国家的宏观调控和金融监管政策，具有相当程度的公法属性，因此不能简单地援引民商法相关法律法规来解释金融纠纷中的行为；其次，金融行业的发展极为迅速，为了使货币资金灵活充分地融通，以更好地支撑实体经济发展，从业者在金融业务上不断创新，金融工具和金融科技不断被革新，金融出现了全球性、虚拟性和扩张性的特征，相关的金融数据挖掘和利用拓展了业内竞争的赛道，而金融法制体系往往滞后于金融业发展的需求；再次，金融业作为一个专业性和技术性极强的行业，该行业中的纠纷大多都具有很强的专业性和技术性，一些金融纠纷涉及国内行业惯例、国际惯例或多边规则，如《服务贸易总协定》；最后，部分金融纠纷涉及的当事人众多、标的额巨大，此类纠纷的妥善处理不仅是保护当事人合法权益的应有之义，更是维护金融系统稳定乃至社会稳定的必然要求，最典型的就是证券类金融业务，涉及的当事人可数以万计，金额可达数10亿元。[1]

二、金融纠纷的所涉主体

产生金融纠纷的所涉主体是金融市场的参与者，既可以是法人或非法人组织，如银行、保险公司、证券公司、理财公司、个人独资企业、合伙企业等，也可以是自然人，甚至可以是交易所。值得一提的是，交易所作为市场的组织者、交易场所的提供者，仍然可能成为金融纠纷的主体之一。以上海证券交易所和中国金融期货交

---

[1] 如康美药业证券虚假陈述等案件。

易所为例,目前主要涉及证券交易代理合同纠纷、金融衍生品种交易纠纷、证券欺诈责任纠纷、期货内幕交易责任纠纷等案由。在这些相关诉讼中,客户或投资人通常作为原告,交易所会员或信息服务提供商等作为被告,而交易所则作为共同被告或第三人参与诉讼,原告通常向法院请求交易所承担连带赔偿责任。[1]

三、金融纠纷的类型

金融纠纷涉及多主体、多场所、多方面、多业务,对于金融纠纷的分类方法也是多种多样。比如,根据当事人在金融业务中的角色分为投资者纠纷和金融机构纠纷;根据债务类型可以将其划分为合同纠纷和侵权纠纷;根据纠纷产生地可以将其划分为场内纠纷和场外纠纷;根据金融业务可将其划分为证券纠纷、期货及衍生品交易纠纷、信托纠纷、保险纠纷、票据纠纷、信用证纠纷、独立保函纠纷等。

第二节　金融纠纷解决制度概述

一、金融纠纷解决制度的逻辑起点

金融在国民经济发展中的作用不言自明。在第五次全国金融会议上,习近平总书记强调"金融是国家重要的核心竞争力,金融安全是国家安全的重要组成部分,金融制度是经济社会发展中重要的基础性制度"[2],明确了金融制度的建设是金融稳定发挥作用以及经济迅速发展的基础。制度包括人类用来决定人们相互关系的任何形式的制约,它们由正规的成文规则和那些作为正规规则的基础与补充的典型非成文行为准则所组成,[3]可以包括政治制度、经济制度、金融制度、社会主义制度、人民代表大会制度等,只要这种规则规范了个人的行为。因此,金融制度与金融法制之间并非简单的概念替代,而是包含与被包含的关系——金融法制被包含于金融制度之中,发挥着法律制度特有的作用,此外还有其他制度被嵌于金融制度之中,共同组成了金融制度的逻辑体系。金融纠纷的非诉解决机制(alternative dispute resolution,ADR,也被称为"可替代性纠纷解决机制"),与诉讼纠纷解决机制一起,共同组成了金融纠纷解决制度的逻辑体系。

多元化纠纷解决机制的建立和完善来自保护金融消费者的现实需求。美国金

---

[1] 郭秀兰诉光大证券股份有限公司、上海证券交易所、中国金融期货交易所期货内幕交易责任纠纷案,载《最高人民法院公报》2018年第12期。

[2] 习近平:《深化金融改革　促进经济和金融良性循环健康发展》,载《人民日报》2017年7月16日,第1版。

[3] 参见[美]道格拉斯·C.诺斯:《制度、制度变迁与经济绩效》,刘守英译,上海三联书店1994年版,第4-5页。

融危机所暴露出的问题之一,便是金融消费者因金融欺诈而产生了对金融体系的不信任,保护金融消费者合法权益是核心问题。“金融消费者”的法定概念首次可追溯于英国的《2000 年金融服务与市场法》,此后逐渐为各个国家所关注。我国于 2006 年颁布的《商业银行金融创新指引》中已有关于“金融消费者”的初步描述。〔1〕在法律层面上,《消费者权益保护法》规定了“提供证券、保险、银行等金融服务的经营者”的信息披露义务,这在一定程度上描述了“金融消费者”就是接受金融服务的消费者。2020 年中国人民银行发布《金融消费者权益保护实施办法》,规定金融消费者是指“购买、使用银行、支付机构提供的金融产品或者服务的自然人”。虽然我国已经注意到应当保护金融消费者,但是在具体途径上依旧存在问题:(1)金融机构系统内部难以为消费者提供适当的途径以解决金融纠纷,使金融消费者不得不诉诸外部解决问题;(2)金融行业自律组织、消费者协会在化解金融纠纷时的作用不明显;(3)金融监管机构的信访制度功能错位;(4)媒体、政治途径在化解纠纷方面发挥较大作用,但不宜作为日常的纠纷解决路径;(5)诉讼通常是消费者优先选择的路径,〔2〕然而,包括在现行规则下可被提交法庭的大多数争端都是通过回避、自我救助等方式来解决的,因为在许多例子中,比起那些在对争端了解有限的基础上运用一般性规则而受到约束的专业人士,当事人能设计出更加令人满意的争端解决办法,〔3〕这对传统的法律中心主义造成了一定程度的扭转。〔4〕由此,高效完整的纠纷解决机制应当以合法解决纠纷为最终目的,既要能够发挥诉讼的权威性,又要适时灵活地采用其他纠纷解决方式。

二、金融纠纷解决相关政策文件

随着我国金融产业的迅速发展,金融市场日渐成熟,在传统金融产品的基础之上已经有各种新型的金融产品供金融消费者选择,尤其是在数字经济时代,得益于科技的爆发式迭代,这种创新成为金融市场中各方竞争的重要因素之一。但同时,金融纠纷和矛盾也在逐年增多,相关纠纷一般具有较强的专业性,标的也往往比一般纠纷大很多,此类纠纷的顺利解决不仅关乎金融消费者的合法权益维护,更关乎金融市场的稳定发展和风险控制。

2013 年国务院办公厅发布《关于进一步加强资本市场中小投资者合法权益保

---

〔1〕《商业银行金融创新指引》第 4 条规定:金融创新是商业银行以客户为中心,以市场为导向,不断提高自主创新能力和风险管理能力,有效提升核心竞争力,更好地满足金融消费者和投资者日益增长的需求,实现可持续发展战略的重要组成部分。

〔2〕参见邢会强:《处理金融消费纠纷的新思路》,载《现代法学》2009 年第 5 期。

〔3〕See Galanter M, *Justice in Many Rooms: Courts, Private Ordering, and Indigenous Law*, Journal of Legal Pluralism 1(1981).

〔4〕参见[美]奥利弗·E. 威廉森:《治理机制》,王健、方世建等译,中国社会科学文献出版社 2001 年版,第 11 页。

护工作的意见》,提出建立多元化纠纷解决机制,具体体现在完善纠纷解决机制、发挥第三方机构作用和加强协调配合三个方面。2014 年国务院在《关于进一步促进资本市场健康发展的若干意见》中指出要健全多元化纠纷解决机制。2015 年国务院办公厅发布《关于加强金融消费者权益保护工作的指导意见》,提出金融管理部门、金融机构要建立和完善金融消费投诉处理机制,畅通投诉受理和处理渠道,建立金融消费纠纷第三方调解、仲裁机制,形成包括自行和解、外部调解、仲裁和诉讼在内的金融消费纠纷多元化解决机制,及时有效解决金融消费争议。2016 年最高人民法院和中国证监会发布《关于在全国部分地区开展证券期货纠纷多元化解机制试点工作的通知》,提出要"建立、健全有机衔接、协调联动、高效便民的证券期货纠纷多元化解机制",确定试点地区和试点调解组织制度的建立,同年最高人民法院印发《关于人民法院进一步深化多元化纠纷解决机制改革的意见》,提出要合理配置纠纷解决的社会资源,完善和解、调解、仲裁、公证、行政裁决、行政复议与诉讼有机衔接、相互协调的多元化纠纷解决机制。2018 年最高人民法院和中国证监会印发了《关于全面推进证券期货纠纷多元化解机制建设的意见》的通知,决定在全国范围内的人民法院、中国证监会派出机构、交易所、各协会之间联合开展证券期货纠纷多元化解机制的建设工作。在前述政策文件发布实施的基础之上,最高人民法院、中国人民银行和中国银保监会[1]于 2019 年印发了《关于全面推进金融纠纷多元化解机制建设的意见》的通知,提出应当在遵循依法公正、调解自愿和高效便民三项工作原则的基础之上,建立、健全金融纠纷多元化解机制,保护金融消费者合法权益,促进金融业持续健康发展。2023 年 9 月 25 日,国务院发布《关于推进普惠金融高质量发展的实施意见》,就新形势下构建高水平普惠金融体系提出了方向性的意见和要求。

第三节　金融纠纷解决的主要方式

金融纠纷作为一种特殊的民商事纠纷,发生于平等主体之间,因此解决民商事纠纷的一般措施也可被用来解决金融纠纷。《民法典》物权编第三章"物权的保护"第 233 条规定:"物权受到侵害的,权利人可以通过和解、调解、仲裁、诉讼等途径解决。"不难看出,这是争议解决中较为常见的四种方式。其中,和解、调解、仲裁属于社会救济,诉讼属于司法救济,但是司法机关在和解与调解中同样可以发挥举足轻重的作用,如法院主持下的和解与调解。

---

[1] 后以此为基础组建国家金融监督管理总局,不再保留中国银保监会。

一、和解

和解指的是争议双方或多方当事人之间在平等自愿的基础之上，就纠纷所涉及的权利义务进行协商，互谅互让，最终达成一致并解决纠纷的活动。由于和解的参与者为各方当事人，对争议所涉及的内容较为熟悉，因此就相应地提高了争议的解决效率，同时节约了司法成本，并且为后续合作提供相当程度的保护。

和解作为一种自力救济，依赖的是纠纷当事人的相互协商，而非法院等第三方组织在纠纷中发挥居间作用，因此在多数情形下，和解的内容从法律性质上应当被视为一种旨在解决纠纷的契约或合意，受到《民法典》相关条文及相关司法解释的调整，当一方不履行和解协议的约定时，同样可以通过前述四种途径进行解决。

从形态上看，和解可分为诉讼程序内的和解和诉讼程序外的和解。前者又可被细分为不同诉讼程序内的和解，如审判和解、执行和解〔1〕、破产和解等，但无论哪种形态，实质上都是纠纷当事人对自身诉讼权利的行使，体现了处分原则〔2〕，是民法"意思自治原则"在民事诉讼法中的具体体现。后者则包括仲裁和解、行政和解等。"仲裁和解"规定在《仲裁法》中：当事人申请仲裁后，可以自行和解。达成和解协议的，可以请求仲裁庭根据和解协议作出裁决书，也可以撤回仲裁申请。证券期货行业中的"行政和解"——证券期货行政执法当事人承诺制度，同样是一种诉讼程序外的和解。《证券法》对"行政和解"进行了原则性规定，并授权国务院规定具体办法，后续国务院发布了《证券期货行政执法当事人承诺制度实施办法》，中国证监会发布了《证券期货行政执法当事人承诺制度实施规定》，作为"行政和解"规定的配套措施，规定了中国证监会在调查过程中，被调查的个人或单位通过承诺"纠正涉嫌违法行为、赔偿有关投资者损失、消除损害或者不良影响"等措施，经中国证监会认可并履行相关承诺后，中国证监会终止本次案件调查的行政执法方式。

二、调解

调解是纠纷各方当事人在平等自愿的前提之下，由相关组织、机构、机关、专业人员等主持，就各方当事人之间的纠纷进行磋商和调和，最终达到解决纠纷的目的。严格意义上来说，调解并非一种十分纯粹的民间纠纷解决机制，公权力机构的居中调解同样常见，如法院的诉前调解等。从程序上来看，有诉讼中的调解和诉讼外的调解。前者指的是在法院的组织或主持之下进行的争议解决方式，而后者则是指诉讼程序外的调解，如消费者协会调解、人民调解委员会调解、行业协会调解、

---

〔1〕　具体可参见2021年1月1日生效的最高人民法院《关于执行和解若干问题的规定》。

〔2〕　《民事诉讼法》第13条第2款规定，当事人有权在法律规定的范围内处分自己的民事权利和诉讼权利。

商业化调解机构调解等。

调解与和解都可作为解决争议的方式,两者虽有一字之差,却有较大的区别,主要体现在以下几个方面:

1. 参与整个过程的主体有所不同。调解的过程中,往往会有中立的第三方介入,起到居间协调的作用,倾听争议各方当事人的诉求,为各方争取合适的让步,并且介入调解的第三方一般都要遵守某些特定的程序规定,或者自身具有某种令当事人信任的资质。比如诉讼中的调解,根据《民事诉讼法》以及最高人民法院《关于人民法院民事调解工作若干问题的规定》的相关规定,诉讼中的调解,可以由审判员一人或者合议庭主持,或由法院邀请的与当事人有特定关系或者与案件有一定联系的企业事业单位、社会团体或者其他组织,或由具有专门知识、特定社会经验、与当事人有特定关系并有利于促成调解的个人协助调解工作。可以看出,诉讼调解过程中介入的第三方一般是法院的审判员或者合议庭,或者是一些对案件调解可以发挥重要作用并经法院邀请或委托的组织或个人。仲裁调解、行政调解、消费者协会调解、人民调解委员会调解、行业协会调解等形式同样有此特征。这些个人、组织或是在调解方面有着专业的知识,或是可以通过自身具备的行业知识来协助各方解决争议,抑或对争议的前因后果有一定程度的了解并足以协助此次调解的顺利进行。和解既可以只有当事人互相协商达成和解协议,又可以第三方介入,并无过多限制。比如争议各方当事人可以私下自行和解,也可以在法院的见证下和解,法院此时会委派审判辅助人员或者邀请、委托有关单位和个人从事协调活动,从这个意义上讲,诉讼和解通常被理解为庭外和解。

2. 法律地位不同。法院调解原则是现行民事诉讼法体系中的基本原则之一,尊重当事人的自身意愿,在事实清楚的基础上进行调解。和解属于自行解决纠纷的行为,其强烈的民间性和意思自治色彩就决定其并非我国诉讼法的基本原则之一,法律允许各方达成和解,但并未也无必要将其作为法律的基本原则之一。

3. 法律效力不同。《民事诉讼法》规定,调解达成协议,人民法院应当制作调解书,该调解书经双方当事人签收后即具有法律效力。对于一些法定的不需要制作调解书的案件,将调解协议记入笔录中,经由当事人、审判人员、书记员签名或者盖章后即具有法律效力。和解协议通常应当被看作当事人之间自行达成的协议,不具备与判决书、调解书相同的法律效力。某些特殊的法定和解,如行政和解,由于涉及的一方当事人为监管机构,其双方的和解协议效力应当根据相关的特别规定进行确认。

三、仲裁

仲裁指的是争议各方当事人在争议发生之前或之后,签订书面协议,约定各方将其之间的争议提交给第三方裁决,尊重并执行裁决最终结果的一种较为常见的争议解决方式。根据我国《仲裁法》的规定,可以提交仲裁的案由是“平等主体的公民、法人和其他组织之间发生的合同纠纷和其他财产权益纠纷”，可见，我国的仲裁适用范围是因财产关系而产生的民事纠纷，由此排除了与人身关系相关的法律纠纷，如婚姻、继承、收养、监护、抚养等，以及依法应当由行政机关处理的行政争议。仲裁已经成为现代金融行业解决纠纷的重要方式之一。

四、诉讼

诉讼是争议解决方式中公权力介入程度最大的一种形式，是典型的司法救济。根据我国《民事诉讼法》第3条的规定，人民法院受理公民之间、法人之间、其他组织之间以及他们相互之间因财产关系和人身关系提起的民事诉讼。诉讼作为一种司法救济形式，适用于财产和人身关系的纠纷，是一种适用范围很广的带有公权力属性的纠纷解决方式。

五、金融纠纷单一化解方式的局限性

无论是传统的诉讼方式，抑或方便快捷的非诉讼方式，都有各自的优缺点，单单一种方式并不能有效兼顾保护投资者合法权益和促进金融行业持续健康发展这两个目标。

采用非诉解决机制解决金融纠纷，优点在于能够通过简便快捷的程序或者熟知纠纷状况的第三方介入从而快速、公平地解决争议，并且以争议各方当事人的自主意愿为前提。但是这些争议解决方式也有局限性。和解被认为是一种较为自由的纠纷解决方式，正因如此，其最大的局限性在于和解协议本身并没有法律承认的强制执行力，一方当事人一旦不履行和解协议约定的内容，和解协议本身就会产生由金融纠纷衍生出的金融纠纷，这种金融纠纷的“循环生成”可能会导致司法资源的浪费。调解在满足法定条件时固然具有强制执行力，如诉讼调解，但是金融调解并非普通的民商事调解，金融市场的规则较为复杂，由此产生的纠纷也具有较强的专业性，然而从事一般人民调解工作的人员通常并不完全具备金融行业的相关专业知识，难以对金融纠纷的争议焦点和调解方案作出准确判断。此外，诉讼外的调解所达成的调解协议，其本身是没有强制执行力的，这在瞬息万变的金融市场中难以满足当事人尽快确定权利义务关系的需求。仲裁是十分高效和专业的争议解决方式，但是仲裁的固有弊端也会影响争议解决的最终效果，如一裁终局，可能会在快捷简便的同时使纠纷没有被再次提请审查监督的余地，当事人没有进一步主张权利的机会；仲裁行政化特征明显，仲裁机构以及仲裁员的中立性受到质疑。[1]

采用诉讼方式解决金融纠纷的优点是，诉讼的结果具有强制执行力，如果争议各方未按照判决结果、法院调解的调解书或调解协议履行自己的义务，法院可强制

---

〔1〕参见刘丹冰：《试论中国商事仲裁法律制度演进中的政府作用与修正——基于仲裁行政化的考察》，载《广东社会科学》2014年第1期。

当事人履行义务。但是诉讼并非十全十美,囿于法院立案限制、诉讼成本较高、诉讼机制固化、法院调查取证难度较高等因素,再加之部分地区的法院积案严重,法官专业水平参差不齐等问题,实践中的金融纠纷并不一定能够通过诉讼的方式圆满地完成司法救济。

在实践中,金融争议解决机制并非各自相互独立开展,它们有时会相互组合,共同致力于争议的解决,比如诉讼中的调解、仲裁调解等。多元化纠纷解决机制的建立对于金融市场的健康发展和金融消费者合法权益的保护至关重要,我国部分地区已经有相关机制设立的实践,域外部分国家和地区也有各自具有其特色的纠纷解决机制,在本编接下来的几章中将着重介绍。

思考题

请简述我国当前金融纠纷解决制度具体有哪些解决方式,并分析各有什么特点和不足。

第二十二章　金融调解机制

金融调解是指金融纠纷的各方当事人在平等自愿的前提之下，由相关机构、组织、人员等第三方介入，居间调和当事人的争议，最终达到解决金融争议的目的。金融调解根据介入方的性质可被分为诉讼中的调解和诉讼外的调解。诉讼中调解的介入主体一般情形下是审判员或合议庭，抑或法院认可的组织、机构或个人。诉讼外调解的介入主体则较为多样化，如人民调解委员会、消费者协会、行业协会、商业化调解机构等。

第一节　诉讼中的调解

诉讼中的调解，也被称为司法调解、法院调解。根据我国《民事诉讼法》的相关规定，人民法院进行的调解，可由审判员一人或者合议庭主持，尽可能就地进行，可邀请有关单位和个人协助。根据最高人民法院《关于人民法院民事调解工作若干问题的规定》第 1 条第 1 款的规定，人民法院在调解过程中邀请协助的单位和个人，是与当事人有特定关系或者与案件有一定联系的企业事业单位、社会团体或者其他组织，和具有专门知识、特定社会经验、与当事人有特定关系并有利于促成调解的个人。从上述规定可以看出，诉讼中的调解虽然以人民法院为主持中心，但基于对事实认定、证据相互印证等方面的考虑，与争议相关的企事业单位、社会团体、组织，乃至具有专业知识经验、便于促成调解的个人，都可以被法院邀请协助法院完成诉讼调解。在金融案件中，争议涉及的金额一般较大，争议本身专业性较强，法律及司法解释规定的案外人协助调解制度对于解决金融争议具有积极意义。

一般情况下，人民法院受理案件，经审查后如果认为法律关系明确、事实清楚，在征得当事人同意后可以自行调解，但是对于适用特别程序、督促程序、公示催告程序的案件、婚姻等身份关系确认案件以及其他根据案件性质不能调解的案件，不得进行调解。就金融争议来讲，基本不涉及身份关系确认的情形，因此，只要不是适用于特别程序、督促程序、公示催告程序以及根据案件性质不能进行调解的案件，都可以进行诉讼调解。

值得注意的是，线上的法院调解形式发展同样迅速。最高人民法院 2021 年公布了《人民法院在线调解规则》，该规则旨在方便当事人及时解决纠纷，规范人民法院调解平台开展在线调解活动,提高多元化解纠纷效能。具体的内容包括明确可采用在线调解的案件类型、组织和人员构成、程序补足、效力认定等方面,对于构建具有时代特点和中国特色的人民法院在线调解平台具有重要意义。

一、诉讼调解的基本原则

根据《民事诉讼法》、最高人民法院《关于适用〈中华人民共和国民事诉讼法〉的解释》和最高人民法院《关于人民法院民事调解工作若干问题的规定》,可以总结出诉讼调解的以下几项原则:

1. 自愿调解原则。在诉讼程序上,人民法院应当根据当事人自愿的原则,在事实清楚的基础上,分清是非,进行调解。在实体权利上,调解达成协议,必须双方自愿,不得强迫。当事人对于能够证明违反自愿调解原则的已经生效的调解书,可以申请再审,经法院查证属实的,应当再审,解除婚姻关系的调解书除外。

2. 合法调解原则。如果争议各方达成调解协议,调解协议的内容不得违反法律规定。具有以下情形之一的,人民法院对该调解协议不予确认:(1)侵害国家利益、社会公共利益的;(2)侵害案外人利益的;(3)违背当事人真实意思的;(4)违反法律、行政法规禁止性规定的。对于已经发生法律效力的调解书,当事人如果能够证明调解协议内容违反了法律的,可以申请再审,经法院查证属实的,应当再审,解除婚姻关系的调解书除外。

3. 灵活调解原则。(1)组织形式具有灵活性。可由审判员一人主持,也可由合议庭主持,还可以邀请有关单位和个人协助。调解时当事人各方应当同时在场,但根据需要也可对当事人分别做调解工作。(2)调解书的制定具有灵活性。对于调解和好的离婚案件、调解维持收养关系的案件、能够即时履行的案件、其他不需要制作调解书的案件,人民法院在案件达成调解协议后,可以不制作调解书,但应当记入笔录。(3)程序的灵活性。当事人在诉讼过程中自行达成了和解协议的,人民法院可依申请根据法律规定确认和解协议并制作调解书,当事人申请的庭外和解期间不会计入审判时限;在答辩期满前人民法院对案件进行调解,适用普通程序的案件在当事人同意调解之日起 15 天内未达成调解协议的,适用简易程序的案件在当事人同意调解之日起 7 天内未达成调解协议的,经各方当事人同意,可以继续调解,延长的调解期间不计入审限。法院在作出判决之前能够调解的,还可进行调解;当事人就部分诉讼请求达成调解协议的,人民法院可以就此先行确认并制作调解书;人民法院调解案件时,当事人不能出庭的,经其特别授权,可由其委托代理人参加调解,达成的调解协议,可由委托代理人签名。对于离婚案件,当事人确因特殊情况无法出庭参加调解的,除本人不能表达意志的以外,应当出具书面意见。(4)调解协议内容的灵活性。调解协议内容超出诉讼请求的,人民法院可以准许。调解协议约定一方提供担保或者案外人同意为当事人提供担保的,人民法院应当准许。

4. 保密调解原则。(1)调解过程的非公开性。人民法院审理案件过程中,调解的过程是不公开的,除非当事人同意公开。(2)调解协议内容的非公开性。调解协议的内容是不公开的,除非属于人民法院认为确有必要公开的,为保护国家利益、社会公共利益、他人合法利益的调解协议。

二、诉讼调解的效力认定

1. 调解书的效力认定。当事人之间达成调解协议的,人民法院应当根据调解协议制作调解书,并在调解书上写明诉讼请求、案件事实和调解的结果,经由审判人员、书记员署名并加盖法院印章后,送达当事人,经由当事人签收后即具备法律效力。

2. 无须制作调解书的调解协议效力认定。对于不需要制作调解书的调解协议,应当记入笔录,由当事人、审判人员、书记员签名或盖章后即具有法律效力。调解书等应当由法院执行的生效法律文书,当事人必须履行,一方如果拒绝履行,其他方的当事人可以向人民法院申请执行。当事人同意在调解协议上签名或盖章后即发生法律效力的,经人民法院审查确认,并记入笔录或将调解协议附卷后,由当事人、审判人员、书记员签名或盖章后即具有法律效力。

3. 特殊约定对调解协议的效力影响。当事人不能对诉讼费用如何承担达成协议的,不影响调解协议的效力。人民法院可以直接决定当事人承担诉讼费用的比例,并将决定记入调解书。

4. 需经当事人签收的调解书。法律规定的需要经过当事人签收后才发生法律效力的调解书,应当以最后收到调解书的当事人签收的日期为调解书生效日期。对调解书的内容既不享有权利又不承担义务的当事人不签收调解书的,不影响调解书的效力。

第二节　诉讼外的调解

诉讼外的调解种类较多,只要有第三方中介机构或个人的介入并进行居间调解的,都可以被划入诉讼外调解的范畴。一般来说,诉讼外的调解主要包括:消费者协会调解、行业协会调解、人民调解委员会调解、商事调解机构调解、金融监管机构调解等。

一、消费者协会调解

事实上,《消费者权益保护法》在2013年被修正并生效之前,没有法律依据能够表明金融纠纷也在该法的调整范围内。《消费者权益保护法》第28条规定,提供证券、银行、保险、信托等金融服务的经营者应当向消费者提供经营地址、联系方式、商品或服务的数量和质量、价款或费用、履行期限和方式、安全注意事项和风险警示、售后服务、民事责任等信息,即金融服务的经营者应当对消费者承担信息披露义务。由此可以看出,《消费者权益保护法》语境中的"经营者"包含了提供金融服务的经营者。因此,金融消费的争议属于消费者协会受理的范围,金融消费者在进行金融消费的过程中如果与金融机构产生了纠纷,可以根据该法的相关条文向消费者协会投诉,消费者协会负责进行调解。

二、行业协会调解

在我国,各类全国性和地方性的金融行业协会基本都已成立。无论是哪一种金融行业协会,其协会章程中都会对该协会的金融争议解决职责作出规定。在全国性金融行业协会的章程中,如《中国银行业协会章程》和《中国信托业协会章程》中都有规定,协会的协调职责中就包括协调会员与会员、会员与社会公众之间的关系,既要建立和完善行业内部争议调解处理机制,公平合理地解决各种矛盾争端,以营造良好的业内环境,又要维护会员和客户的合法权益,提高社会公众的金融意识和风险意识;《中国证券业协会章程》《中国证券投资基金业协会章程》中则分别规定了行业协会的职责之一是对会员之间、会员与客户之间发生的证券业务、基金业务纠纷进行调解。在地方性金融行业协会的章程中,如《上海市银行同业公会章程》规定,工会应当履行的协调职责之一是协调会员之间、会员与金融消费者之间的关系,建立、完善、指导、监督行业公众投诉及争议调解处理机制,公正、合理地解决各种矛盾争端。其他地方性行业协会,如上海市证券同业公会、重庆市银行业协会、重庆市保险行业协会、深圳市银行业协会等金融行业协会的章程中都有类似的职责规定。因此,行业协会调解也是金融争议解决的方式之一。

三、人民调解委员会调解

人民调解委员会调解,又被称为人民调解,指的是人民调解委员会通过说服、疏导等调解方法,促进各方当事人在平等自愿、友好协商的基础之上达成调解协议,从而解决纠纷的活动。人民调解委员会是依法设立的旨在调解民间纠纷的群众性组织,一般由村民委员会、居民委员会设立,企事业单位也可根据需要设立。人民调解应当遵循平等自愿原则,不得强制调解,不得因调解而剥夺当事人依法通过仲裁、行政、司法等途径维护自身合法权益的权利。

经过人民调解委员会调解后达成调解协议的,可以据此制作调解协议书。调解协议书一般是书面形式,如果当事人认为无须制作调解协议书的,可以采用口头形式,由人民调解员记录协议内容。对于已经达成的调解协议,自各方当事人签名、盖章或者捺指印,人民调解员签名并加盖人民调解委员会印章之日起生效,口头调解协议自各方当事人达成协议之日起生效。

当事人根据生效的调解协议约定各自享有权利、承担义务。如果当事人之间就调解协议的履行或内容发生争议,任何一方当事人都有权向人民法院提起诉讼。当事人认为有必要的,可以自调解协议生效之日起30日内,共同向人民法院以书面或口头形式申请对调解协议进行司法确认,申请时应当向人民法院提交调解协议、调解组织主持调解的证明,以及与调解协议相关的财产权利证明等材料,并提供各方当事人的身份、住所、联系方式等基本信息。

一般情况下,法院对于当事人就金融争议进行人民调解后制作的调解协议是予以受理的,但是如果该调解协议不属于人民法院受理范围,或者不属于收到申请的人民法院管辖,或者涉及适用其他特别程序、公示催告程序、破产程序审理,或者协议内容涉及物权或知识产权确权,人民法院裁定不予受理。对于调解协议内容违反法律强制性规定的,或者损害国家、社会公共利益、他人合法权益的,或者违背公序良俗的,或者违反自愿原则的,或者是内容不明确等不能进行司法确认的情形,人民法院应当裁定驳回申请。人民法院裁定驳回申请的,当事人可以通过调解方式变更调解协议或者达成新的调解协议,也可以向人民法院提起诉讼。

未经司法确认的调解协议具有法律效力,但当事人不能依据调解协议直接请求法院强制执行。当事人共同向人民法院申请对调解协议进行司法确认后,经审查符合法律规定的,人民法院裁定调解协议有效,一方当事人拒绝履行或未全部履行的,对方当事人可以向人民法院申请强制执行。

四、商事调解机构调解

在商事调解机构调解中,介入调解的第三方主体是独立的民办非企业类商事调解机构,它们通常有一支具备专业知识的服务团队,旨在为纠纷当事人提供高效、经济、灵活的争议解决服务,降低当事人的诉讼成本和时间成本。

商事调解被正式作为独立的调解方式可以追溯至最高人民法院于2009年发布的《关于建立健全诉讼与非诉讼相衔接的矛盾纠纷解决机制的若干意见》,其中明确提及了"商事调解"。时至今日,我国已经有多地设立商事调解机构。2011年在经上海市商务委员会、上海市社团局批准后,上海经贸商事调解中心正式成立,是全国第一家民非性质专业从事商事纠纷调解的机构,被最高人民法院誉为"中国最具标志性、最具影响力的ADR机构",业务范围主要集中在帮助国内外企业或者机构解决贸易、投资、金融、证券、知识产权、技术转让、房地产、工程承包、运输、保险以及其他商事、海事等领域的纠纷并提供有关的咨询、专业培训服务。2011年8月,北京仲裁委员会办公室设立北京仲裁委员会调解中心,旨在鼓励民众利用调解解决商事纠纷,促进行业自治及社会和谐,可提交北京仲裁委员会调解中心调解的案由为"平等主体的自然人、法人和其他组织之间发生的合同纠纷和其他财产权益纠纷",由此可见,金融纠纷同样可由该调解中心进行调解。近年来,国内一些地区同样开始设立商事调解机构,如四川天府商事调解中心,是四川第一家民非性质专业从事商事纠纷调解的机构,主要是在经济、金融、贸易、施工建设、知识产权、保险纠纷以及其他商事领域提供争议调解、培训等法律服务。

五、人民法院特邀调解

人民法院特邀调解,指的是人民法院对于符合条件的人民调解、商事调解、行业调解等调解组织或者个人,将其吸纳为特邀调解组织或特邀调解员,接受人民法院立案前委派或者立案后委托,依法对案件进行调解的调解形式,旨在促使当事人在平等协商的基础之上达成调解协议,在解决纠纷的同时,也促进了法院案件的顺利结案,有利于节约司法资源。

人民法院特邀调解与诉内调解的主要区别在于:(1)特邀调解本质上是一种由独立第三方介入的调解方式,法院在调解中的职责是指导调解工作的开展、管理案件流程并统计数据、提供必要场所和办公设施、组织业务培训和业绩评估等,真正的调解过程由特邀调解组织或特邀调解员主导;(2)诉讼调解是一种司法介入的调解方式,由审判员一人或者整个合议庭主持,可邀请有关单位和个人协助,但被邀请一方所起到的是协助作用,法院依旧是调解的主导方;(3)特邀调解既可以发生在立案前,又可以发生在立案后,而诉讼调解一般发生在法院受理案件之后。

六、投资者保护机构强制调解

根据《证券法》的规定,投资者保护机构是依照法律、行政法规或者中国证监会规定设立的机构,当投资者与发行人、证券公司等发生纠纷时,双方可以向投资者保护机构申请调解。特别地,普通投资者与证券公司发生证券业务纠纷,普通投资者提出调解请求的,证券公司不得拒绝。这种“强制调解”机制的构建,是为弥补普通投资者与证券公司之间的信息鸿沟而采取的一种制度性倾斜保护,这一规定突破了传统调解都应当遵守的自愿原则,是解决证券领域纠纷探索中的有益尝试,具有积极意义。

第三节 金融调解实践例证

一、英国的金融申诉专员制度

金融申诉专员(Financial Ombudsman Service, FOS)制度,也被译为“金融申诉专员服务公司”制度,是一种独立于消费者、金融监管部门和金融机构之外的第三方机构参与争议解决的制度,主要处理消费者与金融机构之间的纠纷,通过专业的金融申诉专员来对金融纠纷进行客观公正的处理。这项制度的代表是英国,并且被澳大利亚[1]、日本[2]、加拿大[3]、澳大利亚[4]以及我国台湾地区[5]等效仿和本土化,产生了适合各个地区的金融纠纷解决机制。本部分以英国的金融申诉专员制度为主展开介绍。

英国申诉专员制度的成立具有其独特的历史背景。早在20世纪80年代,英国就已经有保险公司自发组织并建立保险申诉专员局,此后,数个不同行业的申诉专员制度被逐步建立起来,如个人投资管理局监察员、投资申诉专员等组织,形成了英国的分业型金融申诉专员制度。这些申诉专员组织实行行业自治,在争议处置上常出现交叉处理、程序不同导致的过度处理或处理不足等情形,实践中对金融行业的发展造成了阻碍。[6] 鉴于这种情形,英国《2000年金融服务与市场法》规定,由金融服务监管局(FSA)将这些申诉专员组织进行整合,成立金融申诉专员服务公司,统一受理金融领域内各行业的纠纷,金融危机后由金融服务监管局对金融申诉专员服务公司实施监管。金融申诉专员制度是一种综合性的非诉讼金融纠纷解决机制,不以营利为目的。根据金融申诉专员服务公司官网的最新数据,2022年4月至2023年3月,金融申诉专员服务公司接到的业务咨询数量为282,871个,接到的案件投诉数量为165,149个。[7] 可见金融申诉专员服务公司每年接收到的咨询和投诉的数量极为庞大。

金融申诉专员服务公司的组织架构分为三个部分:董事会(Board of Directors)、执行团队(Executive Team)、申诉专员团队(Ombudsmen)。董事会是金融申诉专员服务公司的最高权力机关,成员均由金融服务监管局任命,但他们并不代表任何特定的群体或者部门,他们是"非执行人员"(non - executive),并不参与投诉案件。董事会为金融申诉专员服务公司制定服务战略,并确保金融申诉专员服务公司能够高效地执行这些战略。董事会内部分为5个小组委员会:审计风险合规委员会(Audit,Risk and Compliance Committee),负责内部审计和会计政策审查等事宜;提名委员会(Nomination Committee),负责董事会成员的审查以及向董

---

[1] 参见邢会强:《澳大利亚金融服务督察机制及其对消费者的保护》,载《金融论坛》2009年第7期。

[2] 参见杨东:《日本金融ADR制度的创新及其对我国的借鉴》,载《法律科学(西北政法大学学报)》2013年第3期。

[3] 参见陈华明:《从境外经验看我国第三方金融消费ADR机制建设》,载《浙江金融》2014年第12期。

[4] 参见袁达松、丁孝文:《论金融消费者保护视角下金融ADR机制的完善》,载《北京师范大学学报(社会科学版)》2013年第1期。

[5] 参见杨东:《政府主导型金融申诉专员制度评介》,载《政法论坛》2013年第3期。

[6] 参见吴弘:《金融纠纷非讼解决机制的借鉴与更新——金融消费者保护的视角》,载《东方法学》2015年第4期。

[7] See FOS, *Annual complaints data and insight* 2022/23, FOS(June 30,2023), https://www.financial-ombudsman.org.uk/data - insight/annual - complaints - data/annual-complaints - data - insight - 202223.

事会提出任命首席申诉专员和首席执行官的建议;薪酬及人事委员会(Remuneration and People Committee),负责监督执行团队和其他高级员工的薪酬机制,审查首席申诉专员和首席执行官关于服务薪酬的提议;质量委员会(Quality Committee),负责监督服务工作流程的端到端效率和一致性,监督审查消费者和企业对金融申诉专员服务公司服务的满意度;转型委员会(Transformation Committee),负责监督定期审查建议的执行情况,审查服务转型计划的进展。[1] 申诉专员团队是金融申诉专员服务公司的核心,下设首席申诉专员(Chief Ombudsman)、领导与管理申诉专员(Lead and Managing Ombudsmen)和一般的申诉专员。

金融申诉专员服务公司可以解决的投诉类型大致有以下几种:保险服务、银行服务、欺诈和诈骗、抵押贷款、信贷、投资、养老金和年金、支付保障保险、其他类型如涉及经济和家庭虐待、授权书等的相关投诉。根据金融服务监管局手册,[2] 金融申诉专员服务公司解决投诉的流程大致可以总结为以下几个步骤:在受理消费者与金融机构的纠纷后,金融机构作为被投诉人,首先应当对投诉进行称职、勤勉和公正的调查,并且进行公正、一致和及时的评估,这一步属于金融机构的内部投诉处理程序。如果被投诉人不能在 6 个工作日内解决投诉,其应当向投诉人及时发送一份完整的书面确认书,以保证其收到投诉并且正在处理,并告知投诉人:如果投诉人对该书面答复不满意,可以在投诉人收到最终书面答复后的 6 个月内,向申诉专员进行投诉。被投诉人必须在收到投诉之后的最多 8 周内向投诉人发送最终书面答复。如果投诉人因不满金融机构内部的处理措施或者金融机构未在规定时间内处理投诉而提交至申诉专员服务处进行处理,申诉专员将会尝试通过其认为的最为合适的方式对投诉进行处理,同时考虑投诉的所有信息和相关法律法规等因素,或者通知投诉人向其他被投诉人投诉可能对解决争议更为适合,甚至可以考虑是否将该投诉提交给其他投诉或者提交给法院,即在申诉专员认为的公平公正的前提下对投诉所涉争议进行高效经济的处理。

如果消费者在规定的时间内接受了金融申诉专员服务公司的最终裁决,那么该裁决结果对消费者和金融机构都具备法律效力,金融机构必须接受;如果消费者明确表示拒绝接受该裁决结果,那么该结果不具有约束力,消费者可以选择就该案向法院起诉。总体来看,金融申诉专员制度的处理规则坚持了倾斜保护金融消费者的原则,从这个角度上来讲,我国的金融争议解决机制可借鉴金融申诉专员制度的类似处理规则,保障在纠纷解决过程中可能处于弱势地位的金融消费者。

---

[1] See FOS, *Our Board of Directors*, https://www.financial-ombudsman.org.uk/who-we-are/staff/board-directors,最后访问日期:2023 年 12 月 31 日。

[2] See FCA, FCA Handbook, https://www.handbook.fca.org.uk/handbook,最后访问日期:2023 年 12 月 31 日。

与英国相类似，加拿大的银行服务和投资申诉专员（Ombudsman for Banking Services and Investment，OBSI）、日本的证券和金融商品斡旋咨询中心（Financial Instruments Mediation Assistance Center，FINMAC）、澳大利亚的金融投诉管理局（Australian Financial Complaints Authority，AFCA）、美国消费者金融保护局（Consumer Financial Protection Bureau，CFPB）内设的申诉专员办公室、新加坡的金融业调解中心（Financial Industry Disputes Resolution Centre，FIDRC）等，许多国家或地区均建立有符合本国国情或地区特点的申诉专员制度，以此代替行政、司法机关解决金融纠纷，这也是一个国际金融纠纷解决的思路和趋势。根据国际金融服务申诉专员项目网络（International Network of Financial Services Ombudsman Schemes，INFO）的网站数据，目前全球已经有35个国家建立了56个金融申诉专员体系。[1]

二、我国香港特别行政区的金融纠纷调解中心

因受到2008年国际金融危机的波及，美国雷曼兄弟（Lehman Brothers Holdings Inc.）破产，其在我国香港特别行政区的八家机构被清盘，大批购买了雷曼兄弟信贷挂钩票据（Credit Linked Notes，也被称为“迷你债券”）的我国香港特别行政区投资者遭受巨大损失而向香港证监会和香港金融管理局对雷曼兄弟进行投诉，由于传统的金融纠纷解决机制难以高效地解决众多的小额金融纠纷，监管当局虽然采用了分销银行回购债券的方式减少了投资者的损失，但其意识到这些只是非常时期的非常手段，有必要建立快捷简便的长效纠纷解决机制。[2] 因此2011年我国香港特别行政区的金融纠纷调解中心（Financial Dispute Resolution Center，FDRC）以担保有限公司的形式成立，作为一家非营利机构，秉承独立、公平、边界、有效、公开的原则，旨在协助解决香港特别行政区的金融机构与其客户之间的金钱纠纷。该调解中心处理的是“合资格申索人”所递交的“合资格争议”。其中“合资格申索人”，即适当的投诉人，指的是现在或曾经与金融机构具有客户关系或曾接受金融机构任一成员提供的金融服务的个人、独自经营者或者小型企业[3]。“合资格争议”，即适格的争议，指的是该争议必须涉及一名合资格申索人以及一个作为金融纠纷调解计划成员的金融机构，并且该争议属于金钱纠纷。

金融调解纠纷中心一般采用“先调解后仲裁”的纠纷解决程序，[4] 即首先由合

---

〔1〕 See INFO，*A worldwide network*，https://www.networkfso.org/scheme-links.php，最后访问日期：2023年12月31日。

〔2〕 参见杨东、文诚公：《香港金融纠纷解决机制的新发展及其对内地的启示》，载《首都师范大学学报（社会科学版）》2013年第3期。

〔3〕 小型企业指的是有限公司或合伙企业，并且同时符合以下三个条件：（1）年度营业额不超过5000万元港币；（2）总资产不超过5000万元港币；（3）在香港的员工人数不超过50人。

〔4〕 也可申请“只调解”或者“只仲裁”。

资格申索人向调解中心提交申请,由调解计划主任核实该申请是否属于调解中心职权范围内的申请,如果属于,则会安排调解。若调解不成,则可以由合资格申索人决定是否提交仲裁。金融调解纠纷中心引入了一些倾斜保护合资格申索人的制度,如合资格申索人可以在任何时间向调解员及另一方当事人发出书面通知,表示终止调解;如果调解不成而导致第一阶段的调解被终止,合资格申索人可以单方面申请仲裁。[1]

三、我国台湾地区财团法人金融消费评议中心

我国台湾地区的财团法人金融消费评议中心(Financial Ombudsman Institution,FOI)是台湾地区的"金融监督管理委员会"借鉴英国的金融申诉专员制度和新加坡金融业调解中心运行机制以及我国大陆相关法律法规,拟定出"金融消费者保护法"后建立的。[2] 根据我国台湾地区"金融消费者保护法"的规定,台湾当局捐助成立该财团法人金融消费评议中心,处理金融消费争议,以达到保护金融消费者权益、增进金融消费者对市场的信息和促进金融市场健全发展的立法目标。

财团法人金融消费评议中心的评议程序大致被分为以下几个阶段:(1)首先应当向金融机构申诉。金融机构在收到申诉之日起30日内作出处理并回复金融消费者。(2)评议中心调处。金融消费者不接受处理结果或金融机构超过30日未回复的,金融消费者可自收到处理结果之日起或者处理期限届满之日起60日内向评议中心申请评议,由评议中心进行调处。(3)作出评议决定。若调处不成立或者金融消费者不愿调处的,由评议委员会主任委员指定3个以上评议委员预审,预审形成审查意见报告后提交给评议委员会作出评议决定。

对于最终的评议决定,效力因金融消费者是否接受该决定而有不同情形:(1)若金融消费者接受该评议决定,则金融机构也应当接受。[3] 此时视为本次评议成立,金融消费者需要在评议成立之日起的90日内,请求法院核准,经由法院核准的评议书同法院判决具有相同效力。(2)若金融消费者不接受该评议决定,此次评议不成立,该评议决定对金融消费者和金融机构均不产生效力,金融消费者可通过诉讼或其他的非诉讼纠纷解决方式进行救济。

---

[1] 参见金融纠纷调解中心:《调解及仲裁规则》,载金融纠纷调解中心网站2018年11月,https://www.fdrc.org.hk/sc/doc/FDRS_Mediation_and_Arbitration_Rules_2018_sc.pdf,最后访问日期:2023年12月31日。

[2] 参见唐士亚:《台湾地区金融消费纠纷评议机制研究》,载《亚太经济》2019年第2期。

[3] 具体而言,对于内容涉及额度在一定金额以下的评议决定,金融机构应当接受;对于内容涉及额度在一定金额以上的评议决定,如果金融消费者表明愿意缩减到一定金额的,金融机构也应当接受。

思考题

1. 简述诉讼外的调解与诉讼调解相比有何特别之处，并列举至少三种诉讼外调解的方式。
2. 除已列举的国际金融调解实践之外，请简述至少一个国家、地区或某个独特的金融调解实践的例证。

第二十三章　金融仲裁机制

仲裁作为一种典型的非诉讼纠纷解决方式,最早可追溯于古希腊时期的城邦间纠纷解决和古罗马时期的《十二铜表法》,只不过此时的仲裁带有相当浓重的宗教色彩,并且仲裁的执行完全依靠当事人的自觉,并没有强制执行力,只能被视为仲裁的雏形。严格意义上的仲裁产生于1794年11月19日美国与英国签署的《杰伊条约》(Jay Treaty),[1]该条约的重要意义在于,首创了名为"混合委员会"的机制,[2]英美两国通过该机制解决了很多历史遗留的争端,为现代仲裁,尤其是现代国际仲裁的建立和发展提供了前人智慧。

第一节　金融仲裁概述

金融仲裁指的是在金融交易活动中,根据平等自愿的原则,当事人在合同中达成仲裁条款,或者在争议发生后订立仲裁协议,约定各方当事人将其所涉争议提交常设仲裁机构或者临时仲裁庭进行裁决,确定当事人之间的权利义务关系,各方遵守最终裁决的非诉讼金融争议解决方式。可提交仲裁的争议一般是具有有效仲裁协议或条款的财产性争议,因此金融争议也在可仲裁的争议范围内。

一、金融仲裁的类别

从国内和国际上有关仲裁的理论和实践来看,金融仲裁可做以下的种类划分:

1. 以仲裁所涉纠纷类型作为标准。金融纠纷分类标准众多,按照金融业务类型划分,可以将金融仲裁细分为证券纠纷仲裁、期货及衍生品交易纠纷仲裁、信托纠纷仲裁、票据纠纷仲裁等;按照债务类型划分,可以将金融仲裁划分为合同纠纷仲裁、侵权纠纷仲裁等。

2. 以仲裁是否具有涉外因素作为标准,可以将仲裁分为国内金融仲裁和国际金融仲裁。国内金融仲裁指的是为解决本国当事人之间无涉外因素金融纠纷的仲

---

〔1〕《大不列颠国王与美利坚合众国间的友好、商业和航海条约》(The Treaty of Amity, Commerce, and Navigation, Between His Britannic Majesty and the United States of America)。

〔2〕参见刘晓红、袁发强主编:《国际商事仲裁法案例教程》,北京大学出版社2018年版,第9－10页。

裁;国际金融仲裁,亦可被称为“涉外金融仲裁”,是指有涉外因素的金融纠纷的仲裁。一般来说,纠纷所涉民商事关系的主体、客体或内容中有一个与外国有联系,就可以说该民商事关系具有涉外因素。就金融仲裁来讲,具有涉外因素的金融纠纷一般具有以下特征之一:(1)争议当事人至少一方是外国公民、外国法人或其他组织、无国籍人,或者是依外国法律组成的法人或其他组织;(2)争议当事人至少一方的主要营业地或经常居所地在本国领域外;(3)争议标的物,如保险合同所涉标的物在本国领域外;(4)产生、变更或消灭争议所涉法律关系的法律事实发生在本国领域外。

在中国,国内金融仲裁和国际金融仲裁的主要区别有以下几个方面。

(1)争议的管辖权问题。对于国内金融仲裁,由于没有涉外因素,当事人只能向国内仲裁机构申请在境内仲裁;而国际金融仲裁中,当事人可以选择将具有涉外因素的争议提交外国仲裁机构进行仲裁。

(2)仲裁协议或条款的效力认定问题。当事人对于仲裁协议或条款的效力有异议的,可请求仲裁委员会决定或者请求人民法院作出裁定。对于国内仲裁,当事人不能选择认定仲裁协议效力的法律;而对于国际仲裁,根据《涉外民事关系法律适用法》和最高人民法院《关于适用〈中华人民共和国仲裁法〉若干问题的解释》的相关规定,对涉外仲裁协议的效力审查,适用当事人约定的法律;当事人没有约定或约定不明,但约定了仲裁地的,适用仲裁地法或仲裁机构所在地法;没有约定适用法律并且也未约定仲裁地或仲裁地约定不明的,适用法院地法律。

(3)对仲裁裁决的审查问题。当事人对于仲裁委员会作出的仲裁裁决,如果认为裁决存在法定情形的,或者认为仲裁裁决不能被执行的,可以请求法院撤销或裁定不予执行,此时法院需要对该仲裁裁决进行审查。对于国内仲裁,法院会根据《仲裁法》等国内法进行审查;而对于国际仲裁,除了国内法,法院可能还会根据案件的具体情形适用某些国际公约,如《承认及执行外国仲裁裁决公约》(以下简称《纽约公约》),以及与他国的条约等。

(4)对仲裁裁决的执行问题。根据我国《仲裁法》的规定,对于国内仲裁的裁决,当事人应当履行。如果一方不履行,另一方当事人可以依照《民事诉讼法》的相关规定向人民法院申请强制执行,受申请的人民法院应当执行,除非被申请人提出证据证明有法定不予执行仲裁裁决的情形存在。对于国外仲裁机构作出的裁决,根据我国《民事诉讼法》的规定,在我国执行之前,应当依照我国缔结或参加的国际条约或按照互惠原则办理。

3. 以作出仲裁的机构类型为标准,可以将仲裁划分为机构仲裁和临时仲裁。

(1)机构仲裁(institutional arbitration)

机构仲裁,也可称之为“常设仲裁”,指的是通过设立一个常设性的仲裁机构,根据仲裁机构自身的规则,对当事人依仲裁协议或条款向其提交的纠纷进行裁决的方式,是一种较为常见的仲裁形态。

常设仲裁机构指的是依据国内法或国际公约成立的,有固定的名称、地址、章程、组织机构、必要财产、仲裁规则、仲裁员名册,以及完整的内部管理制度的仲裁机构,以解决国内或国际民商事争议。国内和国际上有很多广为人知的仲裁机构,如中国国际经济贸易仲裁委员会(CIETAC)、北京仲裁委员会/北京国际仲裁中心(BAC/BIAC)、上海国际经济贸易仲裁委员会/上海国际仲裁中心(SHIETAC/SHIAC)、香港国际仲裁中心(HKIAC)、美国仲裁协会(AAA)、国际商会仲裁院(ICC)、新加坡国际仲裁中心(SIAC)、伦敦国际仲裁院(LCIA)等。

机构仲裁又可以被细化为两类:完全管理式的机构仲裁和选择管理式的机构仲裁。前者指的是从立案开始到仲裁裁决的作出,均在仲裁机构的管理之下进行,哪怕当事人约定适用本机构仲裁规则之外的其他仲裁规则,也由本仲裁机构履行相应的管理职责,比如北京仲裁委员会、国际商会仲裁院等。后者指的是当事人可以选择仅由仲裁机构提供某些特定的管理服务而不需要适用该仲裁机构的仲裁规则,比如《2018 香港国际仲裁中心机构仲裁规则》第 1.3 条规定:"本规则并不妨碍争议或仲裁协议的当事人只选择 HKIAC 为指定机构,或请求其提供某些管理服务,而不选择适用本规则。"[1]

(2)临时仲裁(ad hoc arbitration)

临时仲裁又被称为"特别仲裁",是相对机构仲裁而言的概念,指的是在没有常设仲裁机构的情形下,争议各方将争议提交给各方都信赖的仲裁员,由这些仲裁员组成仲裁庭,并对案件作出裁决的仲裁制度,裁决作出后,这个由当事人所选仲裁员临时组成的仲裁庭即行解散。机构仲裁与临时仲裁是仲裁的两种基本形式,二者互相补充,即便在机构仲裁制度十分完善的今天,临时仲裁依旧有着强大的生命力,许多国家或地区的法律和国际条约都对临时仲裁持肯定态度。

临时仲裁的优点在于:①程序灵活、自主高效。机构仲裁出现之前,临时仲裁就已经是早期商人解决纠纷的常用手段。临时仲裁制度中的当事人对于仲裁规则、仲裁员以及仲裁地点等的选择具有高度自主性,当事人甚至可以根据其交易的类型制定配套的仲裁程序,以高效地解决争议,仲裁的包容性更强。正因如此,临时仲裁很可能因当事人的自主选择而跳过许多存在于机构仲裁中的不必要程序,专注于解决实体争议,如节省由审批或上报等程序所带来的时间成本。②更加保证仲裁过程和结果的公正公平。机构仲裁的不足之处在于,仲裁申请人往往可以对争议所涉的事实和相关证据进行充足准备,而被申请人则有答辩期限、举证期限等程序性限制,这往往会造成双方在仲裁过程中的不平等,从而影响仲裁的程序和

---

[1] 香港国际仲裁中心:《2018 香港国际仲裁中心机构仲裁规则》,载 https://www.hkiac.org/zh-hans/arbitration/rules-practice-notes/hkiac-administered-2018,最后访问日期:2023 年 12 月 31 日。

最终裁决的公平公正。[1] 临时仲裁中,当事人通过选择自己信任的仲裁员组成临时仲裁庭,完全可以对仲裁的程序性事项作出协商并达成一致,从而有效地解决前述问题。③临时仲裁的金钱成本较低。机构仲裁中,仲裁机构有着明确的组织分工,机构的存续和运转都要有财产上的支撑,因此常设仲裁机构一般都有最低收费额度。临时仲裁中,不需要缴纳某些与行政管理相关的费用,需要缴纳费用的情形是指定仲裁员、决定仲裁员人数、就质疑收取受理费等,对比机构仲裁来讲,收费更低也更合理。

临时仲裁的缺点在于:①在内部管理的系统化和专业化方面不如仲裁机构。仲裁机构为保证其纠纷解决的质量和国际声誉,一般会以较为严格的标准去选择和聘任仲裁员,仲裁员的专业素养较高,聘任的仲裁员会被整合为仲裁员名册,对仲裁员的培训和后续考察也都有专门规定和标准。而临时仲裁中,仲裁员是当事人选定的,其对仲裁员专业方向、专业化程度等的了解一般没有仲裁机构更深入,如果双方选定的仲裁员对于解决当事人之间的争议没有更为丰富的经验和更为专业的知识,是难以将仲裁程序顺利推进下去的,因此,在仲裁员的聘任、培训、考核、选定上,机构仲裁相对来讲更加专业。②仲裁规则具有不确定性。由于临时仲裁是由当事人临时选取的仲裁员组成的,临时仲裁的程序一般取决于当事人的选择,如果一方当事人在仲裁过程中不配合仲裁程序,如缺席开庭,而临时仲裁的程序中并不一定有缺席审理或者缺席裁决的规则,该种情形下的缺席开庭可能会使裁决程序出现难以解决的拖延甚至停滞。此外,仲裁机构的仲裁规则往往经过数年乃至数十年的使用以及有针对性的修改,在争议解决上更符合实践,更加科学。③对仲裁裁决结果公平公正的保障性不如机构仲裁。仲裁机构往往会在仲裁庭作出裁决后,在不影响仲裁庭对仲裁裁决自主决定权的基础之上对仲裁裁决的形式进行审查修改,并且可以对仲裁裁决有可能存在的实体性问题作出提醒,通过这种"修改形式,提醒实体"的方式为裁决的作出提供良好的制度基础。而临时仲裁中,并没有仲裁机构这一组织的审查和提醒,仲裁庭在作出裁决后即行解散,如果出现问题需要被修正或者补充,还要重新召集临时仲裁庭,更为不便。

4. 以仲裁依据的规则作为标准,可以将仲裁划分为依法仲裁和友好仲裁。依法仲裁指的是仲裁庭在解决纠纷之时应当根据一定的法律规则作出最终裁决。友好仲裁指的是仲裁庭在当事人的授权之下,不严格按照法律规定而是按照仲裁庭认为的公允以及善良原则和商业惯例对纠纷进行裁决。[2] 1985 年的《联合国国际贸易法委员会国际商事仲裁示范法》(UNCITRAL Model Law on International

---

[1] 事实上,所有以常设机构形式存在的争议解决组织或机构均有此弊端,虽然可以通过申请得到期限的延长,但基本都需要机构的批准。

[2] 参见宋连斌主编:《仲裁法》,武汉大学出版社 2015 年版,第 6 页。

Commercial Arbitration)作出示范性规定:经当事人授权同意,仲裁庭可以作为友好公断人(amiable compositeur)或依据公允善良原则(ex aequo et bono)进行裁决。[1] 通常来说,依法仲裁是世界各国对仲裁的基本要求,但有时会基于自治、效率等考量而允许友好仲裁,据此,友好仲裁一般是作为一种补充性的仲裁方式,以弥补依法仲裁在某些对自治、效率等要求较高的争议中的乏力,金融争议就可能会涉及友好仲裁。相比依法仲裁,友好仲裁更易解决具有复杂性、继续性、长期性的合同纠纷。[2]

虽然我国《涉外民事关系法律适用法》中规定在没有法律强制性规定的情形下可以由当事人明示选择涉外民事关系适用的法律,但是我国现行的法律没有允许仲裁庭可以在法律规定之外根据公序良俗、商业惯例、公平原则等解决争议的规定。然而在某些仲裁规则中,如果不违反法律的强制性规定和公序良俗;仲裁庭是可以本着公允善良等原则进行友好仲裁的,比如《中国(上海)自由贸易试验区仲裁规则》第56条规定:"当事人在仲裁协议中约定,或在仲裁程序中经协商一致书面提出请求的,仲裁庭可以进行友好仲裁。仲裁庭可仅依据公允善良的原则作出裁决,但不得违反法律的强制性规定和社会公共利益。"可以看出,虽然我国并未在法律条文中承认友好仲裁,但在仲裁规则中还是附条件地承认了友好仲裁,即不能违反法律的强制性规定和公序良俗。申言之,在不违反法律强制性规定和公序良俗的前提下,仲裁可以不严格按照法律的规定解决争议。

国际上,友好仲裁是普遍接受的做法。[3] 一般认为,最早确认友好仲裁的国际公约是1961年《欧洲国际商事仲裁公约》,此后法国1981年《民事诉讼法典》、英国1996年《仲裁法》、德国1998年《民事诉讼法典》等,都对友好仲裁作出了相关规定。

二、金融仲裁的特点

1. 当事人具有较高的自主性。首先,自主性体现在当事人可以协议选择仲裁或其他争议解决方式解决金融纠纷。金融仲裁一般涉及财产性争议,因此可以采用仲裁的方式进行处理。其次,当事人可以通过协商选择仲裁机构或者组建临时仲裁庭,甚至可以在法律允许的范围内越过法院的司法管辖权,比如在我国,各方当事人约定将纠纷提交某仲裁机构进行裁决,只要约定是真实有效的,就不得再将

---

[1] Article 28. (3) The arbitral tribunal shall decide ex aequo et bono or as amiable compositeur only if the parties have expressly authorized it to do so.

[2] 参见刘晓红、向磊:《论友好仲裁的裁决权力来源及运用》,载《中国国际私法与比较法年刊》2020年第2期。

[3] 参见宋连斌:《枉法仲裁罪批判》,载《北京仲裁》2007年第3期。

本争议提交给法院进行判决,除非有仲裁法规定的情形出现。[1] 值得注意的是,根据我国法律规定以及最高人民法院的相关复函,若纠纷不具有涉外因素,则不能选择国外的仲裁机构进行仲裁。再次,当事人可以自主选择仲裁庭的组成成员。临时仲裁庭的组成是由当事人选定的这自不必说,常设仲裁机构都有各自的仲裁员名单,当事人可以自主选择一名或多名仲裁员对争议进行审理。复次,各方当事人可以自主选择仲裁规则。临时仲裁中,仲裁程序的选择基本就由当事人协商决定。在常设机构仲裁中,只要不违反法定程序,当事人甚至可以自主选择是否适用该机构的仲裁规则进行争议解决,比如在"选择管理式"的机构仲裁中,仲裁机构仅对案件进行行政管理,而不适用该机构的仲裁规则。最后,在国际金融仲裁中,当事人可以选择裁决中适用的法律。又如,我国《涉外民事关系法律适用法》规定,当事人可以协议选择仲裁协议适用的法律。当事人没有选择的,适用仲裁机构所在地或者仲裁地法律。

2. 金融仲裁可以较为高效且经济地解决争议。金融行业中的时间成本和机会成本对于从业者来讲是抢占市场先机以获取利润的重要因素,采取耗时久、不经济的纠纷解决方式无异于雪上加霜。仲裁的审限、程序、执行等相比诉讼来讲更加灵活,有助于加快纠纷解决的速度。仲裁之所以能够发展到今天,就是因为其不必像诉讼那样必须严格遵守法定程序,如诉讼期间、级别管辖、回避、一审二审再审等。得益于程序的便捷,仲裁需要缴纳的费用比诉讼少,且只需缴纳一次。

3. 金融仲裁的保密性。金融交易活动注重当事人的信誉和资质,金融纠纷涉及的货币资金数额通常较为巨大,金融仲裁也可能涉及当事人的商业秘密,而仲裁以不公开为原则,审理过程中也一般不允许无关人员旁听,因此金融仲裁的保密性较强。

4. 金融仲裁属于比较典型的专业裁判。仲裁机构的仲裁员一般都是来自各行各业的专家学者,既有法律领域的专家,又有金融领域等精通相关交叉领域知识技能的专家,当事人可以根据争议的特点和需要选择多个领域的专家共同组成仲裁庭,使得仲裁更加科学,仲裁结果更加准确公平。

5. 仲裁申请与仲裁结果的强制性。虽然仲裁以自主性和高效性广受金融争议当事人的青睐,但同时不能忽视仲裁的强制性。仲裁的强制性主要体现在仲裁申请和仲裁结果两个方面。首先,争议双方在约定了将争议提交明确的仲裁机构审理后,就不能再将该争议提交法院进行审理,除非有《仲裁法》第 26 条规定的例外情形;其次,仲裁裁决一旦作出就应当由当事人双方履行,当事人一方不履行的,另

---

[1] 《仲裁法》第 26 条规定:"当事人达成仲裁协议,一方向人民法院起诉未声明有仲裁协议,人民法院受理后,另一方在首次开庭前提交仲裁协议的,人民法院应当驳回起诉,但仲裁协议无效的除外;另一方在首次开庭前未对人民法院受理该案提出异议的,视为放弃仲裁协议,人民法院应当继续审理。"

一方可以根据《民事诉讼法》的相关规定向法院申请强制执行,受申请的法院应当执行。对于被执行人财产不在中国领域内的,当事人可以依照《纽约公约》的规定直接向缔约国申请承认和执行相关裁决。

三、金融仲裁的发展现状及述评

(一)国内金融仲裁发展现状

针对金融争议,中国国际贸易促进委员会/中国国际商会于2003年4月4日通过了《中国国际经济贸易仲裁委员会金融争议仲裁规则》(以下简称《金融争议仲裁规则》)。这是我国第一部适用于金融行业领域的仲裁规则,该规则先后于2005年、2008年和2014年进行了修改,当事人可以约定适用该规则由仲裁庭对案件进行仲裁,如果当事人未约定适用该规则,仲裁委员会将适用《中国国际经济贸易仲裁委员会仲裁规则》处理金融争议。此外,当事人可以变更《金融争议仲裁规则》的有关内容,这意味着当事人可以约定选择适用任意版本的《金融争议仲裁规则》,除非该约定无法实施或与仲裁地强制性法律规定相抵触。《金融争议仲裁规则》界定了"金融交易"是金融机构之间以及金融机构与其他法人和自然人之间在货币市场、资本市场、外汇市场、黄金市场和保险市场上所发生的本外币资金融通、本外币各项金融工具和单据的转让、买卖等金融交易,包括但不限于:贷款、存单、担保、信用证、票据、基金交易和基金托管、债券、托收和外汇汇款、保理、银行间的偿付约定、证券和期货等交易,对于前述交易所涉及的争议案件,当事人可以约定适用该规则。此外,《金融争议仲裁规则》还就金融争议仲裁的程序性事项和裁决的作出等进行了具体规定。

中国国际经济贸易仲裁委员会专门针对金融争议制定的仲裁规则无疑在金融纠纷解决的创新上迈出了新的一步。此后,上海、广州、天津、重庆等地也相继颁布了各自的金融仲裁规则,仲裁与金融纠纷解决的关系日趋紧密。值得特别注意的是,2019年2月18日,中共中央、国务院印发了《粤港澳大湾区发展规划纲要》,提出在"大力发展特色金融产业"的同时也要"有序推进金融市场互联互通",内地与港澳特别行政区的深度合作意味着应当完善金融纠纷解决的合作机制,事实上粤港澳之间的仲裁机构合作已有多年历史,如粤港澳大湾区仲裁联盟、南沙国际仲裁中心、深圳国际仲裁院的设立等,为粤港澳大湾区的金融活动提供了有力的争议解决支持。

数字经济的迅猛发展使互联网仲裁的出现成为必然。我国的互联网仲裁近年来迅速发展,全国各地的仲裁委员会纷纷搭建起各自的互联网仲裁服务平台。以广州仲裁委员会为例,广州仲裁委员会在国内最先成立网络仲裁服务平台,积极探索"互联网+仲裁"模式,先后推出了《互联网仲裁推荐标准》《互联网仲裁主体身份识别标准》《互联网仲裁送达标准》3个成果作为广州标准,被联合国国际贸易法委员会采用并在官网上推介。[1]

(二)国内金融仲裁现状评析

虽然近几年我国金融仲裁机制的发展取得了重大进步,但是应当注意到,我国金融仲裁制度的设置和运用都存在不足。

1. 仲裁机构之间关于适用金融仲裁规则的规则存在差异。中国国际经济贸易仲裁委员会受理的金融争议,必须由当事人约定适用金融仲裁规则,未作约定的则适用一般性的仲裁规则。而其他仲裁机构,有些是以独立规则的形式对金融仲裁作出规定,如《重庆仲裁委员会金融仲裁规则》,有些金融仲裁规则以专章形式存在于仲裁规则中,如《广州仲裁委员会仲裁规则》中的"金融仲裁特别规定",都规定了除当事人另有约定外,金融争议案件适用特殊规则,特殊规则无规定的适用一般规则。可以看出,目前金融仲裁规则的适用存在两种模式,即"约定适用模式"和"直接适用模式"。这两种模式的区别在于,如果当事人没有约定仲裁适用何种具体规则,"约定适用模式"下应当适用一般性的仲裁规则,而"直接适用模式"下则直接适用金融仲裁规则。金融仲裁规则相较一般性仲裁规则具有专门性和针对性,如果对同一案件分别适用金融仲裁规则和一般性仲裁规则,作为程序性规则的仲裁规则有可能影响案件的最终裁决,正如诉讼程序可能影响诉讼结果一样。两种模式的存在表明当前我国仲裁机制并未就金融仲裁规则形成较为统一的适用标准,这可能会对争议当事人的权利义务产生影响。

2. 仲裁机构的受案数量同法院相比呈现出较大差距。以上海为例,上海金融仲裁院自成立以来至2022年2月的累计受理案件数量为9675件,其中2021年受理案件数为2029件,[2]而上海金融法院2021年的受理案件数为9146件。[3] 虽然金融仲裁的事业发展迅速,无论是争议数量还是争议标的金额都在增多,但可以看出当前的金融实务中金融仲裁所占比例较小,诉讼依旧是当事人解决金融纠纷的主要手段。这种现象表明当前的仲裁机制并未很好地发挥纠纷解决和节约司法资源的作用。有观点认为,仲裁采用率低于诉讼采用率的原因是多方面的:简单的金融纠纷无诉诸仲裁的必要、基于所签订的国际框架协议而使得某些金融纠纷只

---

[1] See APEC, *Stocktake of APEC Online Dispute Resolution Technologies*, Economic Committee (Feb., 2022), https://uncitral.un.org/sites/uncitral.un.org/files/media-documents/uncitral/en/stocktake_of_apec_odr_technologies.pdf.

[2] 参见上海市司法局:《上海仲裁委员会上海金融仲裁院:矢志不渝谱新篇 全国司法行政系统先进集体》,载微信公众号"上海市司法局"2022年9月13日,https://mp.weixin.qq.com/s/M18DRCRtx-e-6ZjlHkn7qw。

[3] 参见上海金融法院:《上海金融法院审判工作情况通报(2018—2021)》,载上海金融法院网2022年6月28日,http://www.shjrfy.gov.cn/jrfy/gweb/xx_view.jsp?pa=aaWQ9NjU0OAPdcssPdcssz。

能由法院管辖、某些金融纠纷是否具有可仲裁性尚不明确等。[1] 在实务中,公权力的权威性和强制性使得当事人更愿意通过诉讼程序来挽回己方损失或主张己方权利,且仲裁的启动离不开当事人的合意,而诉讼程序仅需一方即可启动。

3. 互联网金融仲裁制度略显不足。当前学界对于互联网仲裁的认识并不全面,也不一致。有观点站在纠纷解决的场所和手段等角度,认为互联网仲裁是指利用互联网等 IT 技术资源提供仲裁服务的网上争议解决方法,包括立案、受理、审理、裁决、送达等在内的全部或主要程序都在网上进行,[2] 在这种认识之下,互联网金融仲裁就是在网上解决金融争议的仲裁。有观点则站在纠纷所涉法律关系的角度,认为互联网金融仲裁是仲裁机构对传统金融机构与互联网企业利用互联网信息技术进行金融服务的过程中所产生的纠纷进行裁决的仲裁机制。实践中虽然一些仲裁机构已经走在了前面,但推出的标准并不能完整涵盖整个金融仲裁程序,而且当前的互联网金融仲裁成果主要集中在网络平台的搭建上,相关的仲裁规则并不完整,这也影响着金融争议当事人对金融仲裁的信任程度。

第二节　金融仲裁实践例证

一、新加坡国际仲裁中心的双轨制仲裁立法

新加坡国际仲裁中心于 1991 年开始运转,是一个独立的非营利组织,致力于为全球商事行业提供高质量且中立的仲裁服务。根据新加坡国际仲裁中心最新发布的 2022 年度报告,其于 2022 年受理的案件数量为 357 件,其中 336 件为机构仲裁案件,剩下的 21 件为临时仲裁案件。2022 年的新加坡国际仲裁中心争议案件所涉金额共计 56.1 亿美元。[3] 新加坡是世界上主要的国际仲裁中心之一,其地理位置、基础设施建设等因素的优势,使得其成为颇受各国信任的中立、独立的仲裁选择,经常被指定为仲裁地。

新加坡的仲裁特点在于,其施行国内仲裁和国际仲裁并存的双轨制立法。在 1994 年的《国际仲裁法》颁布之前,当事人若选择仲裁地为新加坡的仲裁,则一律适用新加坡于 1953 年颁布的《仲裁法》,[4] 但随着越来越多的国家加入《纽约公约》,对于国际商事争议的处理规则也日趋一致,在这种背景之下,《仲裁法》的部

---

〔1〕 See INKA HANEFELD, *Arbitration in Banking and Finance*, New York University Journal of Law and Business, 2013(9), p. 919 – 920.

〔2〕 参见张学森编著:《金融法学》(第 2 版),复旦大学出版社 2020 年版,第 319 页。

〔3〕 See SIAC, *Annual Report* 2022, SIAC (Apr., 2023), https://siac.org.sg/wp – content/uploads/2023/04/SIAC_AR2022_Final – For – Upload.pdf.

〔4〕 该法曾于 1980 年和 2001 年修订。

分规定并未顺应国际商事仲裁的特点,因而选择新加坡作为仲裁地的当事人也逐渐变少。为积极顺应国际商事仲裁发展的时代潮流,也为了提高自身在国际商事仲裁中的地位和影响力,新加坡于 1994 年制定颁布了《国际仲裁法》,此后进行了部分修改,该法致力于协调国内仲裁和国际仲裁的关系,使新加坡国际仲裁中心更好地契合国际商事仲裁的特点,以提升新加坡在国际仲裁中的影响力。《国际仲裁法》适用于国际仲裁,国内仲裁应当适用《仲裁法》,但是如果争议双方达成一致,则可以适用部分《国际仲裁法》的条款。由此可以看出,新加坡的双轨制仲裁制度并没有很大的强制性,虽然《仲裁法》和《国际仲裁法》分别适用于国内仲裁以及国际仲裁,但通过当事人的约定可以突破这个限制。值得注意的是,新加坡不仅在仲裁立法上采取了双轨制,曾经的《新加坡国际仲裁中心仲裁规则》也实行类似的国内规则和国外规则之分,但是新加坡国际仲裁中心于 2007 年发布的《新加坡国际仲裁中心规则》对仲裁规则进行了统一。此后,《新加坡国际仲裁中心仲裁规则》先后于 2010 年、2013 年、2016 年进行了 3 次修订,修订后的《新加坡国际仲裁中心仲裁规则》规定,当事人可以根据自身的需求,约定适用旧版本的《新加坡国际仲裁中心仲裁规则》,使得仲裁规则的适用更为灵活。

二、美国金融业监管局的证券仲裁制度

美国金融业监管局(Financial Industry Regulatory Authority,FINRA)是由国会授权成立的非营利性组织,负责监督美国的证券经纪交易商,以保护投资者并确保证券市场的完整性。美国金融业监管局的前身是美国全国证券交易商协会和纽约证券交易所的监管部门,二者合并为美国金融业监管局后,下设美国金融业监管局争议解决机构(FINRA Dispute Resolution,FINRA DR),受理包括投资者、证券经纪公司、个人经纪人之间纠纷的调解和仲裁案件。在仲裁方面,美国金融业监管局制定有《客户争议仲裁程序规则》和《证券商争议仲裁程序规则》,处理证券类"金融消费纠纷"的主要是前者。[1] 根据美国金融业监管局官网的仲裁统计数据,美国金融业监管局受理的仲裁案件中,有包括违反信义义务、疏忽大意、违约、虚假陈述、证券欺诈等 15 大类证券争议案件。[2]

美国金融业监管局争议解决机构的仲裁裁决具有一个典型特点:通过章程或仲裁规则对"强制仲裁"进行规定。首先,根据纽约证券交易所章程中"仲裁规则"(Arbitration Rules)的"Rule 600A"规定,客户或非会员与会员组织或关联人之间,因该会员组织的业务或关联人的活动而产生的任何纠纷、索赔或争议,应当根据任

---

〔1〕 参见邢会强:《金融消费纠纷多元化解决机制的构建与对北京的建议》,载《法学杂志》2011 年第 2 期。

〔2〕 See FINRA, *Dispute Resolution Statistics*, FINRA(Nov. 30, 2023), https://www.finra.org/arbitration-mediation/dispute-resolution-statistics.

何正式签署和可执行的书面协议、客户或非会员的需求,依照美国金融业监管局的仲裁程序规定进行仲裁。[1] 从该规定中不难发现,即使不存在书面仲裁协议,只要客户或非会员有仲裁需求,即可将争议提交给美国金融业监管局解决。纽约证券交易所章程中的这个规定使得仲裁在证券行业中的适用程度大大提升。其次,根据美国金融业监管局《仲裁程序规则》中的客户规则(Code of Arbitration Procedure,Customer Code)Rule 12200,当事人双方如有书面仲裁协议或者客户要求,双方必须根据美国金融业监管局的仲裁规则对争议进行裁决。[2] 该规定与纽交所章程中的规定基本一致。美国通过证券行业自律组织的章程、规则等推进了证券仲裁制度的发展。

三、迪拜国际仲裁中心的仲裁制度

迪拜国际仲裁中心(Dubai International Arbitration Centre,DIAC)的前身是于1994年成立的迪拜工商会商事调解仲裁中心(Dubai Chamber of Commerce & Industry's Commercial Conciliation and Arbitration Centre),根据2004年的第10号法令发展为迪拜国际仲裁中心,2021年迪拜酋长颁布第34号法令,撤销阿联酋海事仲裁中心和伦敦国际仲裁院—毛里求斯国际仲裁中心,将两机构的权利义务移交给迪拜国际仲裁中心,迪拜国际仲裁中心成为迪拜重要的国际仲裁中心。

组成迪拜国际仲裁中心仲裁制度的主要有两个规则:《迪拜国际金融中心仲裁法》(以下简称《迪拜仲裁法》)和《迪拜国际仲裁中心规则》。《迪拜仲裁法》是由迪拜酋长制定颁布的适用于迪拜国际金融中心(DIFC)管辖范围内的法令,该法细致规定了仲裁合意、仲裁庭的组成、仲裁庭的管辖权、仲裁程序的启动与进行等一系列规则,特别规定了迪拜金融中心法院与仲裁院的分工合作关系,法院只能在《迪拜仲裁法》有相应具体规定的情形下才可干预仲裁院。[3] 这种机制便于仲裁院更加高效独立地解决金融纠纷,配合迪拜国际金融中心法院共同为国际金融纠纷的解决提供了迪拜智慧。新版的《迪拜国际仲裁中心规则》于2022年3月21日生效,是《迪拜仲裁法》的补充性规则,其更为灵活,旨在优化仲裁程序以提高仲裁效率,就当事人意思自治和仲裁员高效处理争议之间作出平衡。前述两个规则不仅规定了仲裁院在处理争议时有极大程度的独立性,还在此基础之上充分尊重了当事人的意思自治,以此巩固了迪拜国际仲裁中心在中东乃至世界范围内的国际仲裁中心的地位。

---

[1] See NYSE, *Arbitration Rules*, NYSE (Nov. 7, 2022), https://nyseguide. srorules. com/rules/09013e2c855b259f.

[2] FINRA, *FINRA RULES*, https://www. finra. org/arbitration - mediation/printable - code - arbitration - procedure - 12000#12200,最后访问日期:2023年12月31日。

[3] 参见曹斯澜、屈文生:《迪拜国际金融中心仲裁法》,载《上海法学研究》集刊2022年第10卷。

四、中国香港国际仲裁中心的证券仲裁规则

香港国际仲裁中心成立于1985年,旨在通过仲裁的方式高效经济地解决亚太地区的争端,满足纠纷当事人对于争端解决的需求。

根据官网的统计数据,香港国际仲裁中心于2022年共受理515起案件,其中仲裁案件有344起,调解案件有10起,域名争议案件有161起,其中争议涉及的金融领域有银行及金融服务(36.9%)、保险(0.9%),在所有的争议类别和领域中占比较大。[1]

香港国际仲裁中心就不同的仲裁类型制定了不同的仲裁规则,例如《机构仲裁规则》《本地仲裁规则》《简易形式仲裁规则》《证券仲裁规则》《电子交易仲裁规则》等,涉及金融仲裁的仲裁规则是《证券仲裁规则》,该规则于1993年7月1日通过并生效,对涉及证券的仲裁进行了专门的规定。[2]

《证券仲裁规则》比较特别的一点在于,根据该规则第1条的规定,合同各方如有书面协议约定有关该合同的争议应当根据《证券仲裁规则》提交仲裁,则该争议可以提交香港国际仲裁中心并根据《证券仲裁规则》进行仲裁。该条规定中有“有关该合同的争议”(disputes in relation to that contract)的表述,其言外之意是,金融消费纠纷须在有合同的情形下才能被提交仲裁,该规则并不适用于侵权纠纷。除此之外,对于一些金额不大的金融消费纠纷,当事人除了可以选择适用《证券仲裁规则》,还可以事先约定适用《简易形式仲裁规则》,简化金融争议的仲裁流程,更加高效经济。

第三节　中国金融仲裁制度的发展方向

我国金融仲裁制度的发展取得了丰硕成果,但仍旧有不足之处,结合国内和国际上金融仲裁的实践,可以考虑从以下三方面推进我国金融仲裁制度的发展。

一、尊重当事人意思自治

就金融仲裁特殊规则和一般性仲裁规则的适用来讲,应当尊重当事人的意思自治。首先,如果当事人未就金融纠纷的仲裁规则适用作出明确约定,不能简单地将“特别法优先于一般法”原则套用在仲裁规则的适用之上。仲裁之所以与诉讼

---

〔1〕 参见香港国际仲裁中心:《统计数据》,载 https://www.hkiac.org/zh-hans/about-us/statistics,最后访问日期:2023年12月31日。

〔2〕 See HKIAC, *SECURITIES ARBITRATION RULES*, HKIAC (Jul. 1, 1993), https://www.hkiac.org/sites/default/files/ck_filebrowser/PDF/arbitration/5.f.iii_.%20HKIAC%20Securities%20Arbitration%20Rules.pdf.

不同,很大程度上是因为仲裁的灵魂在于自由和灵活,诉讼中法律规则的适用不以当事人个人意志为转移,而是法官根据法律规定和逻辑论证得出的结果,如果让合意选择仲裁的当事人同样在没有约定的情形下直接适用特殊的金融仲裁规则,就违背了仲裁这种纠纷解决方式被创造出来的初衷。因此,在当事人未就金融纠纷的仲裁规则适用作出明确约定时,适用一般性的仲裁规则更为妥当。

更进一步来讲,仲裁的自由和灵活完全可以体现在仲裁规则适用范围的合理扩大之上。以民间借贷纠纷为例,由于当事人之中没有金融机构,所涉及的法律关系只是一般性的民事纠纷,如果选用仲裁来解决,根据很多仲裁机构的金融仲裁规则,不适用金融仲裁规则。[1] 考虑到仲裁制度设计的价值在于实用性和创新性,如果当事人自愿选择采用金融仲裁规则来解决民间借贷纠纷,只要不与强制性的法律规定相抵触,仲裁机构就应当尊重当事人的意思自治,适用金融仲裁规则。因争议类型不符合金融仲裁规则中的适用规则而只能适用一般性规则的做法既不尊重当事人的意思自治,又违背了仲裁的本质。

二、合理采用仲裁联盟的模式

粤港澳大湾区的金融仲裁合作机制取得了令人瞩目的成果,这些成果完全可以被选择性地吸纳进内地的金融仲裁制度建设中。粤港澳大湾区仲裁联盟的成立打破了单个仲裁机构进行仲裁的传统模式,当事人在某一成员单位内进行仲裁活动的同时能够享受到仲裁联盟其他成员单位的服务或资源,更有利于纠纷的解决。内地的仲裁机构可以借鉴这种“合作仲裁”的思路,扩大仲裁员的可选名册、拓展仲裁规则的可选范围,有条件的可以合并立案并审理,灵活运用粤港澳大湾区仲裁联盟资源的同时也防止了仲裁机构的资源浪费。

三、创新互联网仲裁机制

首先,应当鼓励当事人在金融合同中订立仲裁条款,约定采用仲裁的方式,解决之后可能遇到的经济纠纷;其次,金融市场的发展迅速,金融仲裁制度也应当随着市场的创新而不断创新,跟上时代发展的脚步,只有顺应了金融市场的发展规律,才会有更多的当事人选择用仲裁的方式解决争议,争议高效公正的解决会促进金融市场的发展,形成良性循环;再次,找准互联网金融仲裁发展的痛点所在,如电子证据的固定、仲裁主体的身份识别、仲裁裁决的送达等,不仅要在技术上做到,更要在规则上予以定性,以此作为仲裁真实、公正、有效的基础;最后,由于互联网金融仲裁不仅涉及仲裁以及相关实体法的专业知识,更涉及一些技术性领域的专业知识,这对于仲裁员的遴选和培训都提出了更高的要求,相关的机制也应当更加科

---

[1] 例如,《重庆仲裁委员会金融仲裁规则》中规定,金融争议指的是金融机构之间或金融机构与其他自然人、法人、非法人组织之间因借款合同、担保合同产生的争议。

学化和系统化。

思考题

1. 什么是涉外金融仲裁？其与国内仲裁有何区别与联系？
2. 简述我国金融仲裁发展现状和今后的发展方向，并在发展方向的展望上给出你自己的建议和理由。

第二十四章　金融诉讼机制

2017 年 8 月 4 日，最高人民法院发布了《关于进一步加强金融审判工作的若干意见》（已被修改），就当前金融审判工作中的重点问题提出了五方面共计 30 条的指导意见，旨在充分发挥人民法院的金融审判职能，促进经济和金融的良性循环和健康发展，可见金融审判对于促进金融安全和金融制度发展的重要性。金融审判指的是司法机关依据有关金融法律法规或者政策文件，按照法定程序对金融争议当事人提出的诉讼请求进行审理并作出判决的诉讼活动。

第一节　金融诉讼案件的类型及审判特点

一、金融诉讼案件的类型

根据最高人民法院《关于进一步加强金融审判工作的若干意见》（已被修改）的内容，可以将当下金融诉讼所涉案件的类型划分为金融犯罪案件、金融纠纷案件。

（一）金融犯罪案件

1. 以金融创新为噱头，行非法集资或非法经营犯罪之实。其中比较有代表性的是采用 P2P 平台模式进行的非法吸收公众存款。P2P 平台以融资便捷、成本低廉为优势，从一个提供借贷双方信息的中介平台一跃成为可以存款、贷款、融资担保的“金融机构”，成为游离于监管之外的“影子银行”，当其行为具备了“向不特定公众吸收存款”“承诺定期还本付息”“没有相关资质”等条件时，就符合了非法吸收公众存款罪的构成要件，如果有非法占有当事人资金的目的，可能构成集资诈骗罪。P2P 平台没有相关资质，但其准入门槛极低，为个人对个人的贷款行为提供了极为便利的条件，平台数量和体量在一段时间内呈现出爆发式的增长，这种“金融创新”游离于传统金融监管体系之外，由平台或当事人极为脆弱的信用维系着每笔贷款的回收可能性，待体量达到一定程度后，P2P 平台纷纷跑路，给个人投资者或理财者造成了极大损失，一度成为社会议论的焦点问题。这种以“金融创新”为粉饰，实质上摆脱了监管的行为，只要符合《刑法》的相关规定，应当依法追究刑事责任。

2. 违法发放贷款行为，主要针对银行和其他金融机构的从业人员。其中的“违法”在实务中主要体现为：(1)未尽到对借款人或担保人的严格审查义务，明知借款人不符合贷款规定，依旧向其发放贷款；(2)向商业银行内部人员或其近亲属，或与前述人员有投资关系的单位发放贷款等。

3. 涉及放贷行为效力认定的高利转贷罪。例如，无金融资质的国有企业变相从事金融业务，套取金融机构信贷资金又高利转贷的行为，符合高利转贷罪构成要件的，应当依法追究刑事责任。同时，放贷行为的法律效力应当被依法否定，原因在于此类行为扰乱了金融信贷资金管理体系的基本秩序，既违反了法律的强制性规定，又违背了公序良俗。

4. 破产过程中为了逃避债务而实施的犯罪行为。主要涉及的罪名有《刑法》第162 条妨害清算罪，第 162 条之一隐匿、故意销毁会计凭证、会计账簿、财务会计报告罪，第 162 条之二虚假破产罪，第 313 条拒不执行判决、裁定罪等。此类犯罪行为影响到破产企业有序地进行市场退出或重新整顿，易引发系统性风险。

5. 证券犯罪行为。此类犯罪行为主要涉及妨害公司、企业管理秩序的相关犯罪，以及破坏金融管理秩序的相关犯罪。与之相关的罪名主要有《刑法》第 160 条欺诈发行证券罪，第 161 条违规披露、不披露重要信息罪，第 178 条伪造、变造国家有价证券罪，伪造、变造股票、公司、企业债券罪，第 179 条擅自发行股票、公司、企业债券罪，第 180 条内幕交易、泄露内幕信息罪，利用未公开信息交易罪，第 181 条编造并传播证券、期货交易虚假信息罪，第 182 条操纵证券、期货市场罪等。

（二）金融纠纷案件

1. 金融借款合同中的利率纠纷。此类案件主要是针对民间借贷合同中约定的利息、复利、罚息、违约金或其他费用过高所产生的金融借款合同纠纷。值得注意的是，最高人民法院《关于进一步加强金融审判工作的若干意见》中提及的民间借贷合法的最高年利率 24% 已经于 2020 年被最高人民法院《关于审理民间借贷案件适用法律若干问题的规定》修正，现在的最高年利率为合同成立时一年期贷款市场报价利率[1]的 4 倍。

2. 融资担保合同纠纷。融资担保是随着金融行业发展和担保对象基于融资需求而产生的一种信用中介服务，担保机构作为第三方保证人介入融资需求方和资金出借方之间，为债务人向债权人提供信用担保，是一种体现了货币资金融通特性的特殊担保形式。

3. 保险合同纠纷。保险制度的核心功能是管理和分散实体经济运行中的自然灾害、意外事故、法律责任以及信用等风险，保险合同纠纷不仅涉及订立保险合同的当事人，还可能会涉及保险中介等市场主体。

---

〔1〕 中国人民银行授权全国银行间同业拆借中心自 2019 年 8 月 20 日起每月发布的一年期贷款市场报价利率。

4. 新类型金融案件。主要体现为私募股权投资、委托理财、资产管理等新类型金融交易案件。中小微企业长期以来就有融资困难的问题,由于企业规模小、风险承担能力较弱、信息相对不透明等,难以采用传统的担保贷款进行融资,因此实务中出现了一些突破传统法律规定的融资方式。对于此类案件,不能直接将其认定为无效,而是应当严格按照《民法典》《公司法》《合伙企业法》《信托法》等法律规范确定当事人的权利义务关系。

5. 地方交易场所违法交易案件。对于地方交易场所未经许可或者超越经营许可范围开展的违法违规交易行为,要严格依照相关法律和行政法规的禁止性规定,否定其法律效力,明确交易场所的民事责任,防范化解区域性金融风险。

6. 涉地方政府债务纠纷案件。此类案件主要针对的是地方政府利用平台公司融资、政府和社会资本合作(PPP)、投资基金、购买服务等方式变相举债作出行政行为或者签订行政协议所造成的有关行政行为或行政协议性质、效力和责任划分的纠纷,明确该类案件的裁判规则可以有效防范地方政府债务风险集聚。

7. 以跨境投资行为效力认定为代表的涉外投资案件。在"一带一路"战略下,跨境金融安全和金融风险问题较为重要,尤其是对于跨境投资行为是否违反了国家外汇管制政策的案件,要准确认定。

8. 金融债权保护案件。此类金融案件主要涉及逃废金融债权以及金融不良债权处置的行为,既要明确责任主体和责任范围,通过适用不同的程序来提高审判效率,降低金融债权的实现成本,又要注意到金融新形势下不良债权处置过程中遇到的新问题,促进金融不良债权处置的市场化和法治化。

9. 金融行政案件。对于金融监管机构未能依法行使监管职能的各种情形,行政相对人可以就该行政行为向法院提起行政诉讼,具体包括涉及金融监管机构履行行政许可和审批、作出行政处罚和处理、公开政府信息及不履行法定职责等方面的各类行政案件,其中金融监管机构以被告身份参与诉讼程序。

二、金融审判的特点

作为一种全程由司法机关参与的争议解决方式,金融审判无论是在程序上还是在实体判决上,相比几种非诉纠纷解决方式更具强制力和稳定性。基于金融行业的特殊性,金融审判具有以下特点。

(一)新型金融纠纷问题频出

金融市场的发展是为实体经济服务的,但融资问题常见于中小微企业,为了规避法律法规或政策文件中的一些融资门槛,金融产品的创新速度往往很快,尤其是在金融科技和普惠金融领域,金融产品种类繁杂,导致金融纠纷具有明显的涉众性,而法律规定、司法解释等相对滞后。比如曾盛极一时的P2P,因其低门槛、高效率的特点一度深受融资需求者的追捧,然而其游离于监管之外,没有从事吸收资金、发放贷款等金融业务的资质却经营着相关的业务,成为名副其实的"影子银行”,后期频繁“爆雷”,给投资者带来巨大的资金损失,最后逐渐被监管政策所清退,退出了历史舞台。又如,比特币给世界带来了一波巨大的“代币浪潮”,各种机构或个人都能够参照比特币的运行逻辑自行制作相关代币并发行,甚至在某些互联网新产品聚合平台上可以一键制作数字代币。2021 年 9 月 15 日,中国人民银行、中国银保监会、中国证监会、中央网络安全和信息化委员会办公室、最高人民检察院、最高人民法院等十个部门联合发布了《关于进一步防范和处置虚拟货币交易炒作风险的通知》,指出虚拟货币交易炒作活动可能会扰乱经济金融秩序,滋生赌博、非法集资、诈骗、传销、洗钱等违法犯罪活动,明确了虚拟货币相关业务活动[1]属于非法金融活动,因此,诸如首次代币发行等行为在国内很难受到法律保护。这些金融创新行为可能有好的初衷,但其游离于已有法律法规之外的特点使得金融市场极易产生风险,当因此出现纠纷之时,无疑会给审判机关带来较大的难题和挑战。

(二)涉及资本市场的纠纷增多

近年来,涉及多层次资本市场纠纷的金融案件数量不断增长。以上海市高级人民法院于 2022 年 8 月 4 日发布的《2021 年度上海法院金融商事审判情况通报》、《2021 年度上海法院金融商事审判十大案例》和《2019－2021 年上海法院涉资产管理纠纷案件审判情况通报》三份白皮书为例,金融借款合同纠纷案件及与融资有关的衍生案件数量大幅增长,收案数量排名前五的金融商事案件类型分别为金融借款合同纠纷、信用卡纠纷、融资租赁合同纠纷、保险类纠纷以及证券虚假陈述责任纠纷,涉资产管理纠纷案件的复杂程度也在提高。

(三)金融案件的涉外因素不断增多

随着国家的金融对外开放力度加大,大量的金融案件中或多或少都会有涉外因素,如跨境投资融资、跨境支付结算、一方是外资金融机构的金融纠纷等。这些日益增多的涉外金融案件,对金融审判人员有了更加专业化和国际化的要求,尤其是在对当事人法律行为的定性、权利义务的分配、对域外判决结果的承认和执行等方面,不仅对法官的职业素养有了更高要求,也促使法院在审判过程中合理采纳国际金融惯例和规则。

(四)司法与科技有机结合

数字经济时代的到来给法院的审判工作带来了巨大影响,为司法事业的有序开展注入了新的活力。事实上,早在 1996 年,最高人民法院就下发了《全国法院计算机信息网络建设规划》,开启了人民法院信息化建设的新篇章。2013 年年底,全国各级法院业务网络基本形成,全国建成科技法庭 9000 余个。2016 年,智慧法院

[1] 具体包括法定货币与虚拟货币兑换业务、虚拟货币之间的兑换业务、作为中央对手方买卖虚拟货币、为虚拟货币交易提供信息中介和定价服务、代币发行融资以及虚拟货币衍生品交易等虚拟货币相关业务活动。

的建设被纳入《国家信息化发展战略纲要》和《“十三五”国家信息化规划》,正式上升为国家战略。2019 年 6 月,全国高级法院院长座谈会提出建设以“智慧诉讼服务”为新模式的“一站式”诉讼服务中心。[1] 时至今日,智慧法院的建设已经卓有成效,推行了电子诉讼、开展基于电子卷宗的网上办案、推进执行案件跨部门协同办理等方式,提高了审判执行工作的效率,也促进了“节能降碳,绿色发展”。[2] 由于金融案件中的金融数据较多,且内容专业,在智慧法院的基础之上,研究与探索法院系统与金融机构的数据系统对接,包括金融数据的收集整理以及约定诉讼文书的电子送达条款等,以此减少可能出现的数据错误,提高审判效率,保障当事人的合法权益。

第二节　金融诉讼的实践

一、金融诉讼的国内实践

国内最为典型的金融审判实践莫过于几个金融法庭的设立:上海金融法院、北京金融法院、成渝金融法院。金融法院的设立可以实现对金融案件的集中管辖,有利于法院更好地把握金融纠纷案件的特殊性,有利于国家金融战略的深入实施,有利于人民法院同金融监管部门之间形成准确的合力,引导金融行业服务于实体经济,也更能维护金融稳定,防止发生系统性风险。

上海金融法院是国内最早设立的金融法院。2018 年 8 月 20 日,上海金融法院正式成立,这标志着我国的金融审判步入更为专业化的阶段。2021 年 3 月 18 日,北京金融法院正式成立。2022 年 2 月 28 日,全国人民代表大会常务委员会审议通过了《关于设立成渝金融法院的决定》,专门管辖重庆市以及四川省属于成渝地区双城经济圈范围内应当由中级人民法院管辖的第一审金融民商事案件、以金融监管机构为被告的第一审涉金融行政案件。国内三个金融法院的设立,有助于营造良好的金融法治环境,在加强全国各地金融司法保护等方面具有指导意义。需要注意的是,三个专门的金融法院在级别上属于中级人民法院,其第一审判决和裁定的上诉案件,分别由上海市高级人民法院、北京市高级人民法院、重庆市高级人民法院审理。

除了上述三个金融法院,一些地区的法院中也有专门设立的金融法庭或金融审判庭,专门审判金融民商事案件和涉金融行政案件,包括上述三个金融法院所在

---

[1] 人民法院报:《智慧法院:为公平正义助力加速》,载最高人民法院网站 2019 年 9 月 18 日,https://www.court.gov.cn/zixun-xiangqing-185191.html。

[2] 最高人民法院:《〈建设智慧法院 促进绿色发展 成效分析报告〉新闻发布会》,载最高人民法院网站 2021 年 8 月 24 日,https://www.court.gov.cn/zixun-xiangqing-318831.html。

地区的基层人民法院。总体来讲,我国的金融审判正朝着愈加专业的方向前进。

二、金融审判的域外实践

各国的金融审判实践不尽相同,我国的金融审判形成了以三个金融法院为特殊,以金融法庭或金融审判庭为一般的金融审判架构,因此本部分主要选取两个与域内金融审判实践相差较大的域外实践进行介绍。

(一)迪拜国际金融中心法院:独立的金融法院

2004年9月,迪拜政府设立了迪拜国际金融中心,提供独特且独立的法律和监管框架,[1]旨在打造一个具有国际公认的独立监管机构和司法体系的国际金融中心形象,以此构建高效便捷的纠纷解决机制,增强本国在国际金融市场中的话语权。时至今日,其俨然发展成为在中东、非洲和南亚地区领先的全球金融中心。

迪拜国际金融中心由三个独立的中心机构协调工作:迪拜国际金融中心管理局(DIFC Authority),负责迪拜国际金融中心的战略发展、运营管理和行政管理;迪拜金融服务管理局(Dubai Financial Services Authority),是独立的金融服务监管机构;迪拜国际金融中心法院(DIFC Courts),在普通法框架内运行。

2004年3月27日,《金融自由区法》公布,[2]迪拜国际金融中心有权在民商事领域创建具体的法律和监管框架,因此,迪拜国际金融中心法院适用独立的民商事法律法规,并且由于其是基于普通法国家的法院运行模式所创设的,也通过判例积累了一定的判例法规则,这也促使了迪拜国际金融中心法院的迅速发展。

1. 在管辖方面。最初的迪拜国际金融中心法院只能管辖发生在迪拜国际金融中心或者一方当事人在迪拜国际金融中心中的争议。2011年,迪拜当局发布第16号法,根据该法,只要双方当事人同意该案由迪拜国际金融中心法院管辖,法院就可以处理双方的争议,扩大了迪拜国际金融中心法院的管辖权范围。

2. 在法院组织架构和司法人员的配置方面。迪拜国际金融中心法院包括一审法院与上诉法院。一审法院由一名法官组成,对以下事项拥有专属管辖权:(1)涉及迪拜国际金融中心、迪拜国际金融中心的任何机构或实体产生的民商事案件或纠纷;(2)已履行的合同或已完成的交易引起或与之相关的民商事案件或争议。这些案件或争议部分或全部地发生在迪拜国际金融中心;(3)依据迪拜国际金融中心法律法规,针对迪拜国际金融中心机构作出的决定而提出的异议;(4)法院依据迪拜国际金融中心法律法规而具备管辖权的任何申请;(5)双方签订书面协议向其提交的任何民商事索赔或诉讼,无论该协议是在争议发生之前还是之后达成,只要该

---

[1] 参见沈伟:《法与金融理论视阈下的上海金融法院:逻辑起点和创新难点》,载《东方法学》2018年第5期。

[2] 参见 https://www.difccourts.ae/application/files/3115/9465/4789/United_Arab_Emirates_2004.pdf,最后访问日期:2023年12月31日。

协议是根据具体、特定和明确的规定达成的即可。[1]

上诉法院由至少3名法官组成,由首席法官或最高法官主持。上诉法院对以下事项拥有专属管辖权:(1)针对一审法院的判决和裁决提起的上诉;(2)根据任何迪拜国际金融中心机构或组织的请求对迪拜国际金融中心法律的任何条款进行解释,前提是该机构在这方面获得了首席法官的许可。这种解释具有法律效力;(3)上诉法院作出的是最终裁定或终审判决,不得对上诉法院的裁定或判决提出上诉。[2]

此外,在2021年12月14日,迪拜国际金融中心法院宣布设立数字经济专门法院,处理当前与新兴技术相关的国内和国际争端,其涵盖的领域很多,包括大数据、区块链、人工智能、云服务、无人机、3D打印技术和机器人技术。设立数字经济专门法院的目的是补充现有法院的专门部门,以此满足在数字技术迅速发展的当下相关案件日益增长所导致的对专业化审判的需求,从而在数字经济相关的争端解决方面发挥开拓作用。

3. 判决执行方面。迪拜国际金融中心法院与许多世界顶级的金融中心,如纽约、新加坡、伦敦和香港特别行政区等的商事法院有互惠安排,根据互惠原则进行判决的承认和执行。以中国为例,迪拜国际金融中心通过支持中国的"一带一路"倡议,在迪拜国际金融中心法院与上海市高级人民法院之间促成协议,以支持中国企业在迪拜投资,从而加强合作和贸易往来。此外,迪拜国际金融中心法院作为诸如《联合国预防少年犯罪准则》《海湾合作委员会公约》等国际条约的缔约国,其判决和命令可以在其他缔约国内执行。

(二)英国金融服务与市场法庭:隶属司法部的金融法庭

2000年,英国通过了《2000年金融服务与市场法》,成立了新的监管机构——金融服务管理局(FSA),负责监管银行、保险以及投资行业,如证券和期货等。同时,为了制约FSA的权力,英国成立了专门的金融服务与市场法庭(Financial Services and Markets Tribunal, FSMT),作为司法部的下属机构,对大法官(Lord Chancellor)负责。大法官行使《2000年金融服务与市场法》赋予他的权力,法庭的庭长、主席和兼职人员等均由大法官任命。在2013年,金融行为监管局从FSA处承继了对英国市场中相关金融行为和部分金融公司的监管职能。

金融服务与市场法庭在伦敦,但法庭可以根据实际需求在英国的任何地方进行案件的审理。该法庭成立后,大法官授权签署了《金融服务与市场法庭规则

---

[1] DIFC, *Court of First Instance*, https://www. difccourts. ae/difc – courts/services/court – of – first – instance,最后访问日期:2023年12月31日。

[2] DIFC, *Court of Appeal*, https://www. difccourts. ae/difc – courts/services/court – of – appeal,最后访问日期:2023年12月31日。

2001》,详细规定了法庭适用的程序。[1] 当事人可以针对法庭的判决向上诉法庭提起上诉,但必须征得法庭的同意。

英国金融服务与市场法庭最大的特点在于其并不是直接处理金融消费者和金融机构这两个平等民商事主体之间的纠纷,而是以司法部的下设机构这一身份对金融监管机构进行权力制约,因此该法庭从本质上讲应当是一种行政性质的法庭,而非传统意义上的民商事法庭,通过这种对监管者和被监管者之间纠纷的处理,有利于督促监管机构依法进行金融监管,有利于保护金融消费者的合法权益。

思考题

1. 简述金融诉讼的国内现状和特点。
2. 列举你感兴趣的国外金融审判实践,并简述其特点。

[1] See *The Financial Services and Markets Tribunal Rules* 2001, https://www.legislation.gov.uk/uksi/2001/2476/made,最后访问日期:2023 年 12 月 31 日。

第二十五章　金融纠纷解决的跨区域合作

第一节　金融纠纷解决跨区域合作的实践

随着世界各国之间的交流和联系不断加深，经济全球化已经成为人类社会发展的必由之路。20世纪80年代之前，美国金融市场的规模远远大于美国以外的金融市场，但随着全球经济的迅速发展，金融行业的业务品种不断得到创新和发展，资本在国际之间的流动性大大增强，金融市场日趋国际化，尤其是在20世纪80年代后各国纷纷放松金融管制的情形下，美国的公司、银行等更愿意在国际金融市场上获取经营所需筹备的资金，美国的投资者也常常在国外寻求投资机会，同样地，外国公司、银行和投资者也在美国金融市场开展金融活动。[1]

金融活动日趋国际化，由此产生的金融纠纷也就具有了涉外因素，包括金融法律关系中的主体涉外、客体涉外以及内容涉外。囿于国家之间的政治环境和法律背景等差异，在具有涉外因素的金融纠纷中难以简单、武断地采用某一国的法律去解决纠纷，因此，如何在解决纠纷的同时促进国家之间的进一步交流与合作越发重要。正因认识到这一点，现代各国纷纷走向自发、自主的法律趋同道路，积极在国际法层面共同协商国际规则，并主动趋同有关国内方面的立法，意图通过法律的趋同谋求经贸合作的互利共赢。[2] 我国同样认识到了经济全球化带来的巨大机遇和挑战，不断扩大对外开放水平，"一带一路"合作倡议、成立自贸区和保税区等措施相继落地，不断为国际经济的发展与合作贡献中国智慧。在这个过程中，跨境金融纠纷案件的数量也在不断增加，如何保证当事人合法权益以及提高纠纷解决的效率，成为促进全球经济发展的重要变量。

一、内地(大陆)与港澳台地区的纠纷解决合作

近年来，最高人民法院针对粤港澳台地区判决、仲裁裁决的承认与执行等进行了一系列磋商和努力，取得了显著成绩，致力于完善和发展中国特色区际司法协助

[1] 参见[美]弗雷德里克·S.米什金、[美]斯坦利·G.埃金斯：《金融市场与金融机构》，丁宁等译，机械工业出版社2021年版，第17页。

[2] 参见范健：《从法律认同走向商法趋同——中国"一带一路"倡议下的法律合作路径研究》，载《南京大学学报(哲学·人文科学·社会科学)》2018年第5期。

体系。2022年6月23日,最高人民法院发布《人民法院服务和保障粤港澳大湾区建设情况报告(2019—2022)》,其中就大湾区的发展进行了详细描述。

(一)内地与香港特别行政区的司法协助安排

在有关民商事案件判决的认可与执行方面,最高人民法院与香港特别行政区政府律政司于2019年1月18日在北京签署了《关于内地与香港特别行政区法院相互认可和执行民商事案件判决的安排》(以下简称《与香港特区民商事安排》),规定了内地与香港特别行政区相互认可和执行的民商事案件判决的范围、内容、申请程序等,将认可和执行的民商事案件判决范围扩大到内地与香港特别行政区的民商事案件[1]生效判决以及刑事案件中有关民事赔偿的生效判决,并且通过反向列举的方式,将暂不适用《与香港特区民商事安排》的民商事案件生效判决举例说明,[2]以此确定适用范围。由此,对于跨内地与香港特别行政区的金融纠纷来讲,只要其案由不落入反向列举的判决范围之内,就适用该安排对判决予以认可和执行。通过签订《与香港特区民商事安排》,可覆盖内地与香港特别行政区民商事领域90%以上的生效判决,[3]尽可能地减少内地与香港特别行政区当事人的重复诉讼。该文件已于2024年1月29日起正式施行。

而在有关仲裁裁决的认可与执行方面,最高人民法院和香港特别行政区在2000年2月1日施行的《关于内地与香港特别行政区相互执行仲裁裁决的安排》的基础之上,于2020年11月26日公告了《关于内地与香港特别行政区相互执行仲裁裁决的补充安排》(以下简称《与香港特区仲裁的补充安排》),[4]首次以补充规定的形式作出以下改变:(1)将"执行"解释为"认可和执行",明确了香港特别行政区仲裁裁决需要经过各人民法院的认可才具有执行力;(2)将仲裁裁决所依据的

---

[1] "民商事案件"特指依据内地和香港特别行政区法律均属于民商事性质的案件。参见《与香港特区民商事安排》第2条。

[2] 《与香港特区民商事安排》第3条规定:本安排暂不适用于就下列民商事案件作出的判决:(1)内地人民法院审理的赡养、兄弟姐妹之间扶养、解除收养关系、成年人监护权、离婚后损害责任、同居关系析产案件,香港特别行政区法院审理的应否裁判分居的案件;(2)继承案件、遗产管理或者分配的案件;(3)内地人民法院审理的有关发明专利、实用新型专利侵权的案件,香港特别行政区法院审理的有关标准专利(包括原授专利)、短期专利侵权的案件,内地与香港特别行政区法院审理的有关确认标准必要专利许可费率的案件,以及有关本安排第5条未规定的知识产权案件;(4)海洋环境污染、海事索赔责任限制、共同海损、紧急拖航和救助、船舶优先权、海上旅客运输案件;(5)破产(清盘)案件;(6)确定选民资格、宣告自然人失踪或者死亡、认定自然人限制或者无民事行为能力的案件;(7)确认仲裁协议效力、撤销仲裁裁决案件;(8)认可和执行其他国家和地区判决、仲裁裁决的案件。

[3] 参见最高人民法院:《人民法院服务和保障粤港澳大湾区建设情况报告(2019—2022)》,载最高人民法院官网2022年6月23日,https://www.court.gov.cn/shenpan-xiangqing-363221.html,最后访问日期:2023年12月31日。

[4] 《与香港特区仲裁的补充安排》第1条、第4条自2020年11月27日起施行;第2条、第3条在香港特别行政区完成有关程序后,自2021年5月19日起施行。

法律作为认可和执行仲裁裁决的标准,内地人民法院执行按《香港仲裁条例》作出的仲裁裁决、香港特别行政区法院执行按《仲裁法》作出的仲裁裁决均适用《与香港特区仲裁的补充安排》;(3)如果被申请人在内地与香港特别行政区均有住所地或可供执行的财产,申请人可以同时向内地与香港特别行政区法院申请认可和执行仲裁裁决;(4)新增按照执行地法律进行保全措施的规定,[1]目的是使仲裁裁决可被顺利执行。通过此次《与香港特区仲裁的补充安排》的解释和改变,内地与香港特别行政区在仲裁裁决的相互认可和执行方面已经有了较为完善的制度保障,标志着内地与香港特别行政区民商事司法协助机制已经迈入了一个崭新的阶段。

(二)内地与澳门特别行政区的司法协助安排

在民商事案件判决以及仲裁裁决的认可和执行方面,最高人民法院与澳门特别行政区同样签署了相关安排,即最高人民法院《关于内地与澳门特别行政区相互认可和执行民商事判决的安排》(以下简称《与澳门特区民商事安排》)和最高人民法院《关于内地与澳门特别行政区相互认可和执行仲裁裁决的安排》(以下简称《与澳门特区仲裁安排》),相比内地与香港特别行政区之间签署的两份安排,《与澳门特区民商事安排》中并未通过反向列举的方式来规定认可和执行民商事案件判决的范围,也无补充性的司法协助安排对《与澳门特区仲裁安排》予以解释和改变。这反映出澳门特别行政区与香港特别行政区的法系差异,最高人民法院根据内地与两个特别行政区的差异同两个特别行政区进行磋商,求同存异,推动内地同香港、澳门特别行政区之间的司法交流与合作。

(三)粤港澳大湾区的纠纷解决合作

粤港澳大湾区的纠纷解决合作模式同样为我国区际司法协助制度的发展贡献了科学的框架和极具启发性的模板。

2020年5月,中国人民银行等四部门联合发布《关于金融支持粤港澳大湾区建设的意见》,推进粤港澳大湾区金融的深度对接,而随着粤港澳大湾区的融合更加深入,金融纠纷必然更为频繁。2019年7月25日,"粤港澳大湾区金融纠纷调解合作研讨会"在珠海召开,澳门世界贸易中心仲裁中心、广州市金融消费纠纷调处中心、深圳市银行业消费者权益保护促进会,以及珠海、佛山、惠州、东莞、中山、江门、肇庆等地相关部门共同签署了《粤澳地区金融纠纷调解合作框架协议》,合作内容主要涉及建立调解合作联络机制、建立金融纠纷调解合作机制、建立金融纠纷调解合作研究机制等重要内容。[2] 主要包含以下内容:(1)建立粤澳金融纠纷调解合作联席会议制度,下设秘书处,由广州市金融纠纷调处中心、澳门世界贸易中

〔1〕 对于内地与香港特别行政区相互协助保全的具体措施,可参见2019年10月1日起生效的最高人民法院《关于内地与香港特别行政区法院就仲裁程序相互协助保全的安排》。

〔2〕 参见唐贵江:《〈粤澳地区金融纠纷调解合作框架协议〉在珠海签署》,载中国新闻网,https://www.chinanews.com.cn/ga/2019/07-25/8907119.shtml。

心仲裁中心轮值,两年一换;(2)约定加强粤澳金融纠纷调解业务交流和学习,推动调解员资格的相互认可,建立粤澳金融消费纠纷调解员数据库;(3)约定粤澳金融消费者在两地购买金融产品或接受金融服务发生纠纷时,可按照双方当事人统一意愿,选择粤澳地区的调解员和调解依据、规则、程序进行调解。[1]

2022 年 1 月 17 日,最高人民法院发布了《关于支持和保障横琴粤澳深度合作区建设的意见》和《关于支持和保障全面深化前海深港现代服务业合作区改革开放的意见》,其中对横琴粤澳深度合作区人民法院和深圳前海合作区人民法院构建多元化纠纷解决机制和增进粤港澳司法交流与协作等方面给出了具体的措施,并且结合两个合作区的特点因地制宜,采取适合当地发展情形的纠纷解决措施,如在前海深港现代服务业合作区推进粤港澳研究平台建设、优化国际商事审判组织体系、支持海洋中心城市建设等,在横琴粤澳深度合作区强化拓展横琴粤澳深度合作区人民法院职能作用、便利澳门居民工作就业等。[2]

(四)大陆与台湾地区的司法互助

同内地与香港及澳门特别行政区的司法协助安排不同,大陆与台湾地区的司法互助并非以签署相互认可和执行安排的形式进行,而是以各自的单方行动为主,具体包括台湾地区施行的"台湾地区与大陆人民关系条例"(以下简称"关系条例"),最高人民法院于 2015 年 7 月 1 日起施行的《关于认可和执行台湾地区法院民事判决的规定》(以下简称《台湾地区判决规定》)和《关于认可和执行台湾地区仲裁裁决的规定》(以下简称《台湾地区仲裁规定》)。

根据"关系条例"第 74 条的规定,大陆的民事判决在台湾地区法院被认可和执行,需要满足三个条件:一是应当为已作出的民事判决或民事仲裁裁决;二是不得违背台湾地区公共秩序或善良风俗;三是应当符合对等原则,即台湾地区作出的判决或仲裁裁决也应当能在大陆得到认可和执行。相对应地,在最高人民法院出台的《台湾地区判决规定》和《台湾地区仲裁规定》中,则是通过反向举例的方式规定了适用范围,这种规定方式事实上扩大了对台湾地区判决及仲裁裁决认可和执行的范围,同时都强调了不能违反一个中国原则等国家法律的基本原则或损害社会公共利益。

虽然目前两岸除了各自的单边规定之外没有其他方法可以有效解决判决和仲裁裁决的认可和执行问题,双方仍然需要积极磋商,加强交流和理解,为达到两岸人民最大福祉不懈努力。

---

[1] 参见李国辉:《粤澳跨境金融纠纷调解助力大湾区互融互通》,载中国金融新闻网,https://www.financialnews.com.cn/qy/dfjr/202103/t20210304_213025.html。

[2] 参见人民法院报:《最高人民法院出台意见支持和保障横琴、前海合作区建设发展》,载最高人民法院官网 2022 年 1 月 22 日,https://www.court.gov.cn/zixun-xiangqing-343301.html。

二、三大公约构建国际商事纠纷解决框架

在国际商事纠纷解决的发展进程中,为了保证纠纷能够有效地得到解决并且为其他国家所承认,各国际组织都对纠纷解决机制的建立和完善进行了有益探索,其中有三大公约,即《纽约公约》、联合国《关于调解所产生的国际和解协议公约》(以下简称《新加坡调解公约》)、《选择法院协议公约》,分别对应了国际商事纠纷解决的三种主要方式:仲裁、诉讼和调解。三大公约的出台将会构建起调解、仲裁、判决的全球执行框架。[1]

(一)《纽约公约》

《纽约公约》的全称是《承认及执行外国仲裁裁决公约》,"Convention on the Recognition and Enforcement of Foreign Arbitral Awards"[2],由联合国国际商业仲裁会议 1958 年 6 月 10 日通过并开放给各国签字、批准和加入,于 1987 年 4 月 22 日对中国生效。该公约是一部成功的国际立法,是目前执行情况最好的国际公约之一。[3]

根据《纽约公约》第 1 条第 1 款的规定,公约适用于缔约国承认与执行所有缔约国之外的国家领土内作成的仲裁裁决以及缔约国认为由"非内国"作出的仲裁裁决。[4] 其第 1 条第 3 款则规定了缔约国可以作出两项保留:(1)任何国家以承认及执行在另一缔约国领土内作成的裁决为限依照互惠原则声明该国适用本公约;[5](2)任何国家可以声明只有按照其国内法认为系属商事关系的纠纷,始适用本公约。此外,《纽约公约》就仲裁协议有效的形式要件和实质要件也进行了规定,并且列举了何种情形下拒绝承认和执行仲裁裁决。

《纽约公约》从客观上促进了国际商事仲裁的发展,使国际商事仲裁裁决在大多数国家中都有机会得到承认和执行,为跨境纠纷替代性解决方案框架的完善注入了新的活力,在当前世界格局不断变化的大环境下,如何对公约条款进行创新且正确的解释是今后《纽约公约》在解决纠纷时始终保持生命力的核心论题。

---

〔1〕 参见刘晓红、徐梓文:《〈新加坡公约〉与我国商事调解制度的对接》,载《法治社会》2020 年第 3 期。

〔2〕 中文文本参见中华人民共和国外交部条约数据库,http://treaty.mfa.gov.cn/tykfiles/20180727/1532657185167.pdf。

〔3〕 参见万鄂湘:《〈纽约公约〉在中国的司法实践》,载《法律适用》2009 年第 3 期。

〔4〕 其中的"非内国"裁决,依照美国的判例可能是以下典型状况:仲裁地在美国领土内,但仲裁裁决依照外国法作出或者当事人主要营业地在美国领土以外。See Julian D. M. Lew, Loukas A. Mistelis, Stefan M. Kroll, *Comparative International Commercial Arbitration*, Kluwer Law International, 2003, p. 701.

〔5〕 由于目前主要的贸易国家都加入了《纽约公约》,无论是哪个国家或地区作出的仲裁裁决,都将根据同一标准进行承认和执行,此项保留在实践中的区分意义不大。

（二）《选择法院协议公约》

海牙国际私法会议（Hague Conference on Private International Law，HGGH）于2005年6月30日通过《选择法院协议公约》，“Convention On Choice Of Court Agreements”，[1]2017年9月12日，中国签署了该公约。[2]

该公约主要就民商事交易当事人的协议管辖及判决的承认和执行问题作出规定。该公约第1条第1款规定适用范围限于国际案件中就民商事事项签订的排他性选择法院协议，其中第1条第2款从“无涉外因素”角度反向对“国际性”（International）进行了描述，如果“当事人都居住在同一缔约国，并且当事人的关系以及与争议有关的其他因素都只与该国有关”，则无论“被选择法院处于何地”，都不具有“国际性”。[3] 该公约第2条将涉及专属管辖、受其他特定公约调整的事项、性质上不宜使用选择法院协议的事项等进行了排除性的适用规定。此外，该公约规定了声明条款，允许缔约方就管辖权、承认与执行、某些特定事项作出限制性声明，由此保留了公约的灵活性，为更多国家及地区可以参加公约扫清了法律障碍。[4]

（三）《新加坡调解公约》

在当代解决国际商事纠纷的主要方式中，诉讼存在对抗性强烈、保密性差、判决的跨境执行困难等问题，当代国际商事仲裁也在不同程度上呈现出成本高、时间久、透明度低等不足，因此更具自主性、更能够提高争议解决效率的调解在国际商事纠纷解决中越发绽放其生命力。[5] 在这种背景下，《新加坡调解公约》应运而生，为各国纠纷当事人提供了一种统一的跨境纠纷解决机制框架。

《新加坡调解公约》的全称是联合国《关于调解所产生的国际和解协议公约》，“United Nations Convention on International Settlement Agreements Resulting from Mediation”[6]，由联合国国际贸易法委员会研究拟订，并经联合国大会会议于2018

---

〔1〕 See HGGH, *Convention on Choice of Court Agreements*, HCCH(Jun. 30, 2005), https://www.hcch.net/en/instruments/conventions/full-text/? cid=98.

〔2〕 参见中华人民共和国外交部：《中国签署〈选择法院协议公约〉》，载外交部官网，https://www.mfa.gov.cn/web/wjb_673085/zzjg_673183/tyfls_674667/xwlb_674669/201709/t20170912_7670813.shtml。

〔3〕 参见温先涛：《〈新加坡公约〉与中国商事调解——与〈纽约公约〉〈选择法院协议公约〉相比较》，载《中国法律评论》2019年第1期。

〔4〕 参见孙劲：《论海牙〈选择法院协议公约〉的范围和声明条款》，载《中国国际私法与比较法年刊》2016年第1期。

〔5〕 参见蔡伟：《从〈新加坡调解公约〉看我国商事调解的改革》，载《安徽大学学报（哲学社会科学版）》2021年第2期。

〔6〕 中文文本参见联合国国际贸易法委员会网站，https://uncitral.un.org/sites/uncitral.un.org/files/media-documents/uncitral/zh/mediation_convention_c.pdf。

年 12 月审议通过,我国是该公约的首批签署国之一。[1]

《新加坡调解公约》的关键条款是关于适用范围和一般原则的规定。《新加坡调解公约》第 1 条第 1 款通过正面解释的方式规定了该公约所调整的"和解协议"需要具备书面形式与一定的内容要求,第 1 条第 2 款和第 3 款则规定了"和解协议"不受公约调整的情形。《新加坡调解公约》第 2 条则是对第 1 条中的"营业地""书面形式""调解"等概念的进一步解释。《新加坡调解公约》第 8 条第 1 款就公约的适用范围规定了保留条款:第 1 款(a)项允许公约当事方在声明规定的限度内排除公约的适用;第 1 款(b)项允许公约当事方声明仅在争议各方已同意的情况下适用公约。根据《新加坡调解公约》第 3 条第 1 款规定的一般原则,公约当事方应当按照其本国程序规则并根据《新加坡调解公约》规定的条件执行和解。该规定赋予了和解协议在成员国之间的强制执行力。此外,《新加坡调解公约》还对依据和解协议寻求救济的程序性事项以及相关的其他概念进行了解释。

需要注意的是,我国当前的商事调解制度并未在全国范围内形成一套统一的、切实可行的制度,借由《新加坡调解公约》的出台,我国可以采取一系列措施探索一条适合国情且紧跟国际趋势的商事调解制度:如加强《新加坡调解公约》与我国法律的适配,保持审查标准的内外一致;培育若干有国际影响力的国际商事纠纷调解组织,走专业化道路;[2]防范虚假调解,尤其是对于跨境虚假调解,更应当出台措施予以防范和打击。[3]

三、WTO 争端解决机制与 ICSID 争端解决机制

除了处理私人之间的国际商事纠纷,也有专门处理至少一方当事人为国家或单独关税区的国际争端解决机制,以 WTO 争端解决机制和 ICSID 争端解决机制这两大多边投资争端解决机制最具特色。

根据《马拉喀什建立世界贸易组织协定》附件二[4]建立的争端解决机构 Dispute Settlement Body(DSB)以及一整套严格的争端解决制度,构成了世界贸易组织最有特色的争端解决机制。[5] 世界贸易组织纠纷解决机制承继自《关税与贸易总协定》(GATT)所确定的争端解决机制,它是汲取《关税与贸易总协定》近 50

〔1〕 参见中华人民共和国商务部:《中国签署〈联合国关于调解所产生的国际和解协议公约〉》,载商务部官网,http://kz. mofcom. gov. cn/article/jmxw/201908/20190802889851. shtml。

〔2〕 对此我国已经有所实践,如广东自由贸易区南沙片区人民法院商事调解中心的成立,连接港澳特别行政区、面向世界。

〔3〕 参见蔡伟:《从〈新加坡调解公约〉看我国商事调解的改革》,载《安徽大学学报(哲学社会科学版)》2021 年第 2 期。

〔4〕 参见《马拉喀什建立世界贸易组织协定——附件 2:关于争端解决规则与程序的谅解》。

〔5〕 参见朱榄叶、贺小勇:《WTO 争端解决机制研究》,上海人民出版社 2007 年版,第 14 页。

年的实践经验与教训并对行之有效的制度优化整合后建立起来的,[1]旨在解决世界贸易组织成员方之间的争端,其流程主要有磋商、专家组程序、上诉程序及执行程序,不仅调整货物贸易,还将适用范围拓展到了服务贸易争端、与贸易有关的知识产权争端等。

国际投资争端解决中心(International Centre for Settlement of Investment Disputes,ICSID)是世界银行根据《关于解决国家和他国国民之间投资争端公约》(以下简称《华盛顿公约》)[2]下设的国际争议解决机构,旨在为各缔约国和其他缔约国的国民之间的投资争端提供调解和仲裁的便利。根据《华盛顿公约》第53条和第54条的规定,除了根据该公约的有关规定,国际投资争端解决中心仲裁裁决的效力不因任何缔约国的实体法或程序法规定而无效,各缔约国也不得采取包括上诉在内的任何救济措施。申言之,哪怕该仲裁裁决违背了缔约国当地的公共秩序或善良风俗等,除非该公约有特殊规定,否则缔约国法院不得因此拒绝承认和执行国际投资争端解决中心作出的仲裁裁决,这意味着该仲裁裁决一旦作出,就等同于缔约国法院作出的最终判决,并且无进一步的救济途径。此外,根据《华盛顿公约》第25条的规定,国际投资争端解决中心管辖的争端当事人一方是缔约国国民,另一方是缔约国(或缔约国向国际投资争端解决中心指定的该国任何分部或机构)。当一方缔约国国民为法人时,国际投资争端解决中心就法人的“国籍”和“外国控制”标准均作了扩张性解释,即只要在争端双方同意将争端交付调解或仲裁之日满足“国籍”和“外国控制”标准,该争端就由国际投资争端解决中心管辖。[3]

WTO争端解决机制与ICSID争端解决机制的区别主要体现在以下几个方面。

1. 争端解决要求的主体不同。WTO争端解决机制当事人双方都应当是世界贸易组织的成员国或作为成员的单独关税区。ICSID争端解决机制则旨在解决一方缔约国政府(或缔约国向ICSID指定的该国任何分部或机构)同另一方缔约国的国民之间有关投资的争议。

2. 管辖范围不同。WTO争端解决机制作为一种司法化的争端解决机制,赋予了专家组以一定的强制管辖权,[4]授予专家组和上诉机构在争端当事方协商不成时以裁决者身份解决案件的全权,大大促进了争端解决由“权力型”外交手段向“规则型”法律手段的历史性转变,更有利于维护世界贸易组织法律制度的权威,

[1] 参见龚冠华:《简议WTO争端解决机制的现代化改革》,载《东南大学学报(哲学社会科学版)》2019年第S2期。

[2] 联合国贸易和发展会议:*Convention on the Settlement of Investment Disputes Between States and Nationals of Other States*, https://investmentpolicy. unctad. org/international - investment - agreements/treaty - files/2766/download,最后访问日期:2023年12月31日。

[3] 参见《华盛顿公约》第25条第2款第2项。

[4] 参见《马拉喀什建立世界贸易组织协定》附件二第23条。

也有利于维护国际贸易秩序,符合国际贸易活动对效率的要求。[1] 而ICSID争端解决机制则是要求争议双方书面同意将纠纷诉诸国际投资争端解决中心,国际投资争端解决中心始得管辖该纠纷。[2]

3. 适用法律规则的不同。WTO争端解决机制中可以适用的法律,除了《马拉喀什建立世界贸易组织协定》中已经涵盖的所有协议,其他国际条约、国际习惯或一般性的法律原则均可作为被援引的法律渊源,但并未赋予争议各方选择适用具体法律规则的权利。ICSID争端解决机制规定了“一裁终局”的规则,即只要根据《华盛顿公约》作出了裁决,就不得再寻求其他补充救济措施。但此规定并不会产生损害国家主权或者当事人权益的问题,原因在于虽然规定“一裁终局”,但对于适用何种法律规则对争议进行仲裁,《华盛顿公约》则遵循“意思自治”原则,即依照各方同意的法律规则进行裁决,如果无相关协议,仲裁庭则适用作为争端一方的缔约国的法律(包括其冲突规范)以及可能适用于该争议的国际法规则。[3]

第二节　中国跨境合作解决金融纠纷的制度展望

通过上述跨境合作解决民商事案件的国际实践可以看出,跨境纠纷的解决方式各有千秋,争议当事人应当根据自身诉求的侧重点来选择最适合自己的解决方案,如有必要,可以在规则允许的情况下选择以多种解决途径结合的方式来最大化自己的利益诉求。同时也应当注意到,虽然不同的国际组织对于某种纠纷解决方式所制定的规则不同,但相当一部分规则之间是互通的,即表现为经济全球化背景下出现的“法律趋同”现象,越来越多的国家选择加入适合本国国情的条约,而这些条约又可以通过某些国际法规则予以解释,不仅促进了国际法的发展,同时倒逼本国就相关情形修订法律规定以匹配国际公约的规定,促进了本国纠纷解决制度的体系化发展。同时应当注意,制度的趋同化并不能替代和覆盖国家的根本政治制度,更不能高于国家主权,因此对于某些条约的某些条款,应当慎重考虑,必要情形下可以予以声明或保留。

这对于解决跨境金融纠纷有很好的启示。一般情况下,跨境金融纠纷的解决可以参照跨境民商事纠纷的解决进行。此外,应当注意到,虽然金融纠纷是一种民商事纠纷,但因其所具备的公法属性,有时可能需要运用公法原则来解决问题,纠纷的解决结果不能违背国家的宏观调控和金融监管政策,例如,对于我国投资者因

---

〔1〕 参见张军旗:《论WTO中的强制管辖权及其与国家主权的关系》,载《上海财经大学学报》2003年第4期。

〔2〕 参见《华盛顿公约》第25条第1款。

〔3〕 参见《华盛顿公约》第42条。

投资虚拟代币而产生的法律纠纷，不能单纯地通过援引民事法律规范来确认投资行为是否有效，同时需要考虑到其是否违背了监管部门对于虚拟代币的相关规定导致该法律行为违背了公序良俗等情况而自始无效的情形。

制定或加入第一节列举的国际公约，都是在各国普遍参与的情形下经过一系列谈判达成的结果，旨在建立基于相对确定之规则的纠纷解决机制，使得在不同国家的争议各方在争议发生之前就已经对相关后果有所预见，从而使各方能够更加开放、稳定地进行国际经济贸易合作往来，有利于创造出更具吸引力和更高效率的国际经济发展平台。当前，中国证监会作为国际证监会组织已经于2007年正式签署了《关于咨询、合作与信息交换的多边备忘录》，国际证监会组织也于2017年发布了增强版多边备忘录，增加了签署方在维护市场诚信和稳定、保护投资者、震慑市场不当行为和欺诈时所能使用的执法权力。[1] 这表明中国十分积极地参与了国际金融纠纷解决的制度协商，顺应了纠纷解决的国际化趋势，今后也应当继续认真总结中国自身发展经验，特别是改革开放以来经济发展的独特经验，锤炼“中国话语”，提出并倡导有别于新自由主义模式的、具有独创性的理念和原则，在此基础上积极参与国际经贸规则的制定，将这些理念和原则贯彻到新规则中；在网络空间等国际规则尚未成型的“新疆域”，积极发出“中国声音”，凝聚更多国际共识，在国际话语权方面抢占“制高点”。[2]

思考题

请检索近年来我国进行过或正在进行的金融纠纷解决跨境合作实例，列举两例简述发展进程。

---

〔1〕 参见中国证监会：《IOSCO简介》，载中国证监会网站2019年12月24日，http://www.csrc.gov.cn/csrc/c100216/c1003380/content.shtml。

〔2〕 参见廖凡：《全球治理背景下人类命运共同体的阐释与构建》，载《中国法学》2018年第5期。

分　论

第一章　银行组织法律制度

第一节　商业银行法律制度

一、商业银行的主要类型

(一)总分行制商业银行

总分行制是指一家商业银行可以根据需要在其营业总机构所在地以外地区开设分支机构,形成一个以总行为中心的庞大的银行网络。实行总分行制的国家主要有英国、法国、德国、意大利、瑞典、日本等。总分行制商业银行的总行既可以只是管理各分支机构,也可以同时兼营对外业务。总分行制的商业银行一般规模都比较大,抗风险能力比较强。

(二)单一制商业银行

单一制商业银行是指银行业务完全由各自独立的商业银行经营,不设立或不准设立分支机构的银行制度。目前,只有美国的一些银行采用这种制度。单一制商业银行规模偏小,不利于降低风险。

(三)集团制商业银行

集团制商业银行即由某一集团成立控股公司,由该公司控制或收购两家以上的银行,这些银行在法律上是独立的,但其经营政策和业务活动由同一控股公司控制。集团制商业银行在美国比较流行,主要是为适应那些单一制商业银行生存而产生的。

(四)连锁制商业银行

连锁制商业银行是指由某一个人或某一集团购买若干银行的多数股票来控制这些银行的一种银行制度。与集团制商业银行的区别主要在于是否存在控股公司。这种制度主要在美国的西部地区流行。

(五)全能制商业银行

全能制商业银行是指商业银行可以经营各种各样的金融业务,其最大的特点就是银行不仅可以从事长短期的金融业务,还可以全面经营其他金融业务,即可以承担金融的全部职能,因此被称为“全能银行”。实行这种制度的主要国家有德国、瑞士和奥地利等。

我国的商业银行类型比较复杂,主要采取总分行形式。《商业银行法》规定,商业银行根据业务需要可以在中华人民共和国境内外设立分支机构。该法同时对商业银行又作了地域上的划分,即分为全国性的银行和地区性的银行(如全国性商业银行和城市商业银行)等。

二、商业银行的法律性质

商业银行的法律性质是企业法人,即商业银行应具有法人资格,以法人的形式设立。对此,《商业银行法》第4条进一步规定商业银行"实行自主经营,自担风险,自负盈亏,自我约束","商业银行以其全部法人财产独立承担民事责任"。

商业银行的组织形式、组织机构适用《公司法》的规定。因此,我国商业银行的组织形式主要有两种,即有限责任公司和股份有限公司。

三、商业银行的经营原则

商业银行以安全性、流动性、效益性为经营原则。

(一)安全性原则

安全性是指银行资产免遭风险、按期收回资产本息的可靠程度。商业银行的风险主要有四个来源[1]:一是商业银行经营特点和资金构成的自身风险。商业银行主要依靠负债经营,其自有资本在全部资产中所占比重较小,银行的这种经营特点必然形成其风险。二是商业银行营利性资产的数量和期限结构中所包含的风险。营利性资产数量一旦超过了银行自有资金来源的可用限度和承受能力后,财务风险就会增大。如果资金来源的期限较短,而资产业务中长期贷款和投资的期限过长,这种期限的结构不合理也会构成风险。三是客户的信用状况不佳或恶化构成的风险。如借款人使到期借款成为不良贷款。四是经济发展的不确定因素也构成商业银行的经营风险。商业银行在负债经营行业所固有的脆弱性、金融风险的系统危害性和金融在整个经济体系中的重要性决定了安全性是第一位的。为了保障商业银行的安全性,《商业银行法》规定了很多措施,涉及存款准备金、资本充足率、资产流动性比例、单一贷款比例等,规定了对商业银行业务的监督管理,规定了风险防范、接管终止等。

(二)流动性原则

流动性是指商业银行能够随时付出资金和收回资金的能力,包括资产流动性和负债流动性。资产流动性要求商业银行必须总是持有一定比例的现金资产和变现能力强的其他资产,使银行在不发生损失的前提下能够迅速变现,及时、充足地满足客户提取存款的需要和满足必要贷款。流动性资产指1个月内(含1个月)可变现的资产。包括库存现金、在人民银行存款、存放同业款、国库券、1个月内到期

---

〔1〕 参见王伯庭主编:《现代金融问题法律分析》,吉林人民出版社2003年版,第122页。

的同业净拆出款、1个月内到期的贷款、1个月内到期的银行承兑汇票和其他经中国人民银行核准的证券。流动性负债指1个月内(含1个月)到期的存款和同业净拆入款。资产流动性比例指流动性资产与各项流动性负债的比例。

《商业银行法》规定,流动性资产余额与流动性负债余额的比例不得低于25%。

(三)效益性原则

效益性是指商业银行以利润最大化为经营目标。商业银行是一种企业法人,追逐利润是商业银行从事业务活动的出发点和经营核心,也是衡量商业银行经营绩效的主要标准和内在动力。商业银行必须保持一定的盈利水平,有充实的资本,以此来提高银行的竞争力。

从总体上讲,商业银行是安全性、流动性、效益性的统一体,流动性是安全性的保障,安全性是效益性的前提,而效益性是目的。

四、商业银行的设立与变更

(一)商业银行的设立

各国对商业银行的设立多采用审批制,也称"核准制"或"特许制",对商业银行的市场准入进行较为严格的监管。我国《商业银行法》也采用审批制:设立商业银行,应当经国务院银行业监督管理机构审查批准。未经国务院银行业监督管理机构批准,任何单位和个人不得从事吸收公众存款等商业银行业务,任何单位不得在名称中使用"银行"字样。

对于商业银行的设立条件,各国银行法一般都对法定最低资本、合格的有任职资格的管理人员、符合要求的营业场所和设施等方面加以规定。[1]

对于商业银行的设立程序,《商业银行法》也作出了具体规定,包括申请、审批、登记和公告,并具体规定了申请所要提交的文件和资料。

关于设立商业银行分支机构的问题:商业银行根据业务需要可以在中华人民共和国境内外设立分支机构。设立分支机构必须经国务院银行业监督管理机构审查批准。在中华人民共和国境内的分支机构,不按行政区划设立。商业银行在中华人民共和国境内设立分支机构,应当按照规定拨付与其经营规模相适应的营运

---

〔1〕 我国《商业银行法》规定了如下条件:(1)有符合本法和《公司法》规定的章程。(2)有符合本法规定的注册资本最低限额。设立全国性商业银行的注册资本最低限额为10亿元人民币。设立城市商业银行的注册资本最低限额为1亿元人民币,设立农村商业银行的注册资本最低限额为5000万元人民币。注册资本应当是实缴资本。(3)有具备任职专业知识和业务工作经验的董事、高级管理人员。由此可见,《商业银行法》就董事、高级管理人员的任职规定了消极条件。与之相反,《银行业金融机构董事(理事)和高级管理人员任职资格管理办法》就此规定了积极条件。(4)有健全的组织机构和管理制度。(5)有符合要求的营业场所、安全防范措施和与业务有关的其他设施。

金额。拨付各分支机构营运资金额的总和,不得超过总行资本金总额的60%。商业银行分支机构不具有法人资格,在总行授权范围内依法开展业务,其民事责任由总行承担。

(二)商业银行的变更

商业银行的变更包括商业银行的事项变更和主体变更。

事项变更是指商业银行在某些重大事项上有所变动。下列事项的变更,应当经国务院银行业监督管理机构批准:(1)变更名称;(2)变更注册资本;(3)变更总行或者分支行所在地;(4)调整业务范围;(5)变更持有资本总额或者股份总额5%以上的股东;(6)修改章程;(7)国务院银行业监督管理机构规定的其他变更事项;(8)更换董事、高级管理人员时,应当报经国务院银行业监督管理机构审查其任职资格。

主体变更是指商业银行的分立与合并。商业银行的分立、合并,适用《公司法》的规定。商业银行的分立、合并,应当经国务院银行业监督管理机构审查批准。

五、商业银行的接管与终止

(一)商业银行的接管

接管是指国务院银行业监督管理机构在商业银行已经或者可能发生信用危机、严重影响存款人的利益时,对商业银行进行整顿和改组等措施。接管的目的主要是对被接管的商业银行采取必要措施,以保护存款人的利益,恢复商业银行的正常经营能力。被接管的商业银行的债权债务关系不因接管而变化,因此由接管产生的民事责任仍然由被接管的商业银行承担。

《商业银行法》对接管只规定了信用危机这一事由,即商业银行已经或者可能发生信用危机,严重影响存款人的利益时,国务院银行业监督管理机构可以对该银行实行接管。而有些国家还规定商业银行严重违法时可以被接管。

接管由国务院银行业监督管理机构决定,并组织实施。国务院银行业监督管理机构应当按照法律规定的要求作出接管决定,并将接管决定予以公告。接管决定应当载明下列内容:被接管的商业银行名称、接管理由、接管组织、接管期限。

接管自接管决定实施之日起开始。自接管开始之日起,由接管组织行使商业银行的经营管理权力。接管期限届满,国务院银行业监督管理机构可以决定延期,但接管期限最长不得超过2年。

接管终止是指由于法律规定的情况的出现,停止接管工作。[1]

---

[1] 《商业银行法》规定了下列导致接管终止的情形:(1)接管决定规定的期限届满或者国务院银行业监督管理机构决定的接管延期届满;(2)接管期限届满前,该商业银行已恢复正常经营能力;(3)接管期限届满前,该商业银行被合并或者被依法宣告破产。

（二）商业银行的终止

商业银行的终止是指商业银行因出现法律规定的或者章程约定的情形，其主体资格归于消灭的法律行为。《商业银行法》规定了下列导致商业银行终止的情形。

1. 因解散而终止

解散主要有以下几种情形：(1)因章程规定的解散事由出现而需要解散商业银行；(2)因分立或合并而解散；(3)经商业银行股东会决议解散。

由于商业银行的解散关系到广大存款人的利益和整个金融业的安全，《商业银行法》对商业银行解散规定了较为严格的程序和条件。商业银行因分立、合并或者出现公司章程规定的解散事由需要解散的，应当向国务院银行业监督管理机构提出申请，并附解散的理由和支付存款的本金和利息等债务清偿计划。经国务院银行业监督管理机构批准后解散。

商业银行解散的，应当依法成立清算组进行清算，按照清偿计划及时偿还存款本金和利息等债务。国务院银行业监督管理机构监督清算过程。具体清算程序按照公司法等相关规定进行。

2. 因撤销而终止

商业银行的被撤销是指已经成立的商业银行在经营行为中违反法律、法规的，国务院银行业监督管理机构有权吊销其金融机构法人许可证，撤销该违法经营的商业银行。

商业银行应当依照法律、行政法规的规定使用经营许可证。如果违反法律的规定进行经营活动，国务院银行业监督管理机构可以吊销其经营许可证，从而撤销该违法经营的商业银行。商业银行及其分支机构自取得营业执照之日起无正当理由超过6个月未开业的，或者开业后自行停业连续6个月以上的，由国务院银行业监督管理机构吊销其经营许可证，并予以公告。

对于被撤销的商业银行，由国务院银行业监督管理机构组织清算。

3. 因破产而终止

商业银行因不能支付到期债务，达到了《企业破产法》规定的破产界限时，经过国务院银行业监督管理机构同意，可由人民法院宣告破产，从而终止其法律人格。自金融改革以来，我国的银行体系逐渐从单一的国有专业银行向不同类型的商业银行转化，商业银行成为自主经营、自担风险、自负盈亏、自我约束的市场主体，商业银行的破产成为一个正常的现象。

商业银行被宣告破产的，由人民法院组织国务院银行业监督管理机构等有关部门和有关人员成立清算组，进行清算。具体的破产程序适用公司法、破产法和民事诉讼法的有关规定。

第二节　政策性银行法律制度

一、政策性银行法律制度概述

(一)政策性银行的概念和特征

政策性银行是指由政府创立、参股或保证,不以营利为目的,专门为贯彻、配合政府经济政策或产业政策,在特定的业务领域内,直接或者间接从事政策性融资活动,充当政府发展经济、促进社会进步、进行宏观经济管理的专门金融机构。按照业务领域,可以将其分为农业、中小企业、进出口、住房、经济开发、基础产业、主导产业以及环境、国民福利等政策性银行。目前,发达国家普遍建立了各自的政策性银行体系。

政策性银行既不同于中央银行,也不同于一般的商业银行,是承担政策性银行业务的银行,具有以下特征。

1. 在设立和资本上,政策性银行一般由政府出资创立或者参股,与政府保持着密切的关系。有些国家的政策性银行由政府全资创立,如日本的"二行九库"[1]、美国的进出口银行、韩国的开发银行等。有些国家的政策性银行由政府参与部分股本,联合商业银行和其他金融机构共同设立。如法国农业信贷银行,由若干官方和半官方所有。[2]

2. 在经营原则上,政策性银行不以营利为目的,而追求社会整体效益和自身效益的统一。这是由创立政策性银行的宗旨和政策性银行业务本身的性质决定的。

3. 在经营业务上,贯彻和执行政府的社会经济政策,为国家重点建设和按照国家产业政策重点扶持的行业及企业提供资金融通,包括支持农业开发贷款,农副产品收购贷款,交通、能源等基础设施和基础产业的贷款等。这些行业和项目由于期限长、风险大、效益低,难以得到商业性资金融通,需要由政策性银行提供贷款以形成最佳的资源配置。

4. 在资金来源和运用上,政策性银行具有特殊的融资原则。政策性银行不能吸收活期存款,主要的资金来源是政府提供的资本金、各种借入资金和发行金融债券筹集的资金。

---

[1] "二行九库",即日本国际协力银行(原日本输出入银行)、国民金融公库、中小企业金融公库、中小企业信用保险公库、环境卫生金融公库、农林渔业金融公库、住宅金融公库、公营企业金融公库、北海道东北开发金融公库、冲绳振兴开发金融公库。2005 年以来,日本政府全面改革政策性银行。其中,国民金融公库、农林渔业金融公库、中小企业金融公库、冲绳振兴开发金融公库、国际协力银行进行合并,日本政策投资银行与商工组合中央金库实现民营化,公营企业金融公库则移交地方管理。

[2] 参见郑建库:《中外政策性银行治理模式比较及启示》,载《国际金融》2017 年第 5 期。

5. 在融资条件或资格上，其贷款对象必须是从其他金融机构不易得到所需的融通资金，而且其主要提供中长期信贷资金，贷款利率明显低于商业银行同期同类贷款利率，有的甚至低于筹资成本，但要求按期还本付息，在因偿还困难出现亏损时，则由国家财政予以补贴。同时，政策性银行对其他金融机构自愿从事的符合国家政策目标的放款活动给予偿付保证、利息补贴或者再融资。

（二）政策性银行法

政策性银行法是规定政策性银行的组织和行为的法律规范的总称，主要包括政策性银行的性质、地位、资金来源与资金运作、业务范围、组织形式和组织机构的设立、变更和终止等内容。

政策性银行一般实行单独立法。绝大多数国家的政策性银行不受普通银行法（或商业银行法）的制约，而是以单独的法律、条例规定政策性银行的相关内容。如《日本输出入银行法》即为日本输出入银行的专门立法。日本普通银行法的规定对其不适用。

二、我国的政策性银行

1993 年 12 月 25 日，国务院发布《关于金融体制改革的决定》，提出建立政策性银行，目的是实现政策性金融和商业性金融分离，以解决国有专业银行身兼二任的问题，割断政策性贷款与基础货币的直接联系，确保中国人民银行调控基础货币的主动权。1994 年，我国相继成立了 3 家政策性银行，即国家开发银行、中国进出口银行和中国农业发展银行。[1] 我国目前尚未制定专门的政策性银行法，各政策性银行的业务开展主要是依据各自的章程规定和有关的一些法规、规章。3 家政策性银行都是直属于国务院领导的政策性金融机构，在业务上接受国务院银行业监督管理机构的指导和监督。2017 年，中国银监会发布《国家开发银行监督管理办法》《中国进出口银行监督管理办法》《中国农业发展银行监督管理办法》，3 个办法在 3 家银行的市场定位、业务范围、支持领域方面，充分体现了开发银行、政策性银行的特殊功能。3 个办法是 3 家银行监管的基本制度，内容基本涵盖了 3 家银行经营管理和审慎监管方面的主要内容。

（一）国家开发银行

国家开发银行成立于 1994 年 3 月 17 日，是直属中国国务院领导的政策性金融机构，是一家以国家重点建设为主要融资对象的政策性投资开发银行，注册资本金为 500 亿元人民币，由财政部划拨，2008 年 12 月改制为国家开发银行股份有限公司。2015 年 3 月，国务院《关于同意国家开发银行深化改革方案的批复》中明确

---

[1] 2015 年，中国政府网公布国务院对国家开发银行、中国进出口银行和中国农业发展银行改革方案的批复，同意了 3 家银行的改革方案。批复中明确指出，国家开发银行明确定位为开发性金融机构，中国进出口银行、中国农业发展银行进一步明确了政策性银行的定位。

国家开发银行定位为开发性金融机构。2017 年 4 月,“国家开发银行股份有限公司”名称变更为“国家开发银行”,组织形式由股份有限公司变更为有限责任公司。《国家开发银行监督管理办法》明确构建国家开发银行以资本充足率为核心的资本约束机制。国家开发银行主要办理国家重点建设(包括基础设施、基础产业和支柱产业)的政策性贷款及贴息业务。国家开发银行是全球最大的开发性金融机构,中国最大的中长期信贷银行和债券银行。

(二)中国进出口银行

中国进出口银行成立于 1994 年 7 月 1 日,是直属国务院领导的政策性金融机构,具有法人资格,其注册资本金为 33.8 亿元人民币,由财政部核拨。《中国进出口银行监督管理办法》明确构建中国进出口银行资本约束机制。

(三)中国农业发展银行

中国农业发展银行成立于 1994 年,是一家以承担国家粮棉油储备、农副产品收购、农业开发等方面的政策性贷款为主要业务的政策性银行,是我国唯一一家农业政策性银行。中国农业发展银行注册资本为 570 亿元人民币,一部分资本金从中国农业银行资本金中划拨,同时接管原中国农业银行和中国工商银行的农业政策性贷款(债权),并接受相应的中国人民银行的贷款(债务)。《中国农业发展银行监督管理办法》明确构建中国农业发展银行资本约束机制。

根据我国《关于金融体制改革的决定》的规定,中国农业发展银行和中国进出口银行均为独立法人,随着 2008 年 12 月国家开发银行改制为国家开发银行股份有限公司,国家开发银行的独立法人地位也明朗化。

第二章 银行业务法律制度

第一节 银行业务法律制度概述

一、我国商业银行法定业务

根据我国《商业银行法》的规定,商业银行可以经营下列部分或者全部业务:(1)吸收公众存款;(2)发放短期、中期和长期贷款;(3)办理国内外结算;(4)办理票据承兑与贴现;(5)发行金融债券;(6)代理发行、代理兑付、承销政府债券;(7)买卖政府债券、金融债券;(8)从事同业拆借;(9)买卖、代理买卖外汇;(10)从事银行卡业务;(11)提供信用证服务及担保;(12)代理收付款项及代理保险业务;(13)提供保管箱服务;(14)经国务院银行业监督管理机构批准的其他业务。经营范围由商业银行章程规定,报国务院银行业监督管理机构批准。商业银行经中国人民银行批准,可以经营结汇、售汇业务。

二、商业银行与客户的法律关系

银行与客户之间主要是平等主体之间的合同关系,它是在自愿基础上通过一系列协议而建立起来的服务关系。与一般意义上的民事合同相比,银行与客户之间的合同关系有其特殊性:第一,合同的标准化。银行与客户之间的合同在形式上往往为标准化的格式合同,表现为由银行印制并提供的文本、单据等书面文件。第二,合同受到双重规范调整。银行与客户之间的合同关系受到各类金融监管法律规范和合同法等民事法律规范的双重调整。具体而言,银行与客户的合同关系不仅要遵守《民法典》等民事规范,而且还应遵守《商业银行法》《电子签名法》《银行卡业务管理办法》等金融监管规范。第三,合同内容多样化。由于客户的金融需求不同,银行与客户的合同法律关系也呈现出多样化。例如,在负债业务中主要是存款合同关系,在资产业务中主要是贷款合同关系,在中间业务中主要是代理、保管、担保等合同关系。《商业银行法》规定了银行与客户交易活动的基本原则,要求商业银行与客户的业务往来,应当遵循平等、自愿、公平和诚实信用的原则。

第二节　银行负债业务法律制度

一、吸收公众存款业务

存款是商业银行等具有存款业务经营资格的金融机构接受客户存入资金,并在存款人支取存款时支付存款本息的一种信用业务。[1] 它是商业银行最主要、最基本的负债业务。存款不同于同业存放,同业存放是一金融机构在另一金融机构的存款行为,接收同业存放的金融机构向对方出具相应的存款凭证。[2]

存款人与商业银行之间的存款关系是通过存款合同确定的。存款关系是一种债权债务关系。存款人是债权人,接受存款的银行是债务人。在我国,存款合同包括储蓄存款合同和单位存款合同。存款合同不仅需要当事人意思表示一致,而且需要存款人向商业银行等机构实际交付资金,商业银行等机构出具了存折、存单、凭证或其他存款证明,存款合同才能成立。可见,存款合同以资金交付为成立要件,所以存款合同为实践性合同。

二、经营存款业务的基本监管规则

(一)经营存款业务特许经营制

《商业银行法》规定,未经国务院银行业监督管理机构批准,任何单位和个人不得从事吸收公众存款等商业银行业务,任何单位不得在名称中使用“银行”字样。也就是说,我国对吸收公众存款业务实行特许经营制。

(二)存款机构依法缴存存款准备金,留足备付金

商业银行应当按照中国人民银行的规定,向中国人民银行交存存款准备金,留足备付金。存款准备金是限制金融机构贷款扩张和保证客户提取存款和资金需要而准备的资金,此部分资金是对社会公众的负债。超额准备金(备付金)是法定存款准备金超过5%的部分及金融机构分支机构存放所在地人民银行的资金,此部分资金用于银行间及银行与客户间日常的支付清算。[3] 中央银行通过调整存款准备金率,可以影响金融机构的信贷扩张能力,从而间接调控货币供应量。

(三)依法确定并公告存款利率

利率的调整由中国人民银行作出决定,报国务院批准后执行,商业银行则按照中国人民银行规定的存款利率的上下限,确定存款利率,公告后实行。2004 年 10

---

〔1〕 参见朱大旗:《金融法》,中国人民大学出版社 2000 年版,第 190 页。

〔2〕 参见吴志攀主编:《金融法》,中国人民大学出版社 2001 年版,第 81 – 82 页。

〔3〕 参见吴志攀主编:《金融法》,中国人民大学出版社 2001 年版,第 86 页。

月 29 日，中国人民银行决定调整利率，允许人民币存款利率下浮，即所有存款类金融机构对其吸收的人民币存款利率，可在不超过各档次存款基准利率的范围内浮动；存款利率不能上浮。2015 年 10 月 23 日，中国人民银行宣布，自 2015 年 10 月 24 日起，对商业银行和农村合作金融机构等不再设置存款利率浮动上限。这标志着我国利率管制基本放开，是实现利率市场化的重要一步。自此，金融市场主体可按照市场化的原则自主协商确定各类金融产品定价。这既有利于促使金融机构加快转变经营模式，提升金融服务水平，也有利于健全市场利率体系，提高资金利用效率，促进直接融资发展和金融市场结构优化，更有利于完善由市场供求决定的利率形成机制，发挥利率杠杆优化资源配置的作用，充分释放市场活力，对于稳增长、调结构、惠民生具有重要意义。[1]

（四）财政性存款由中国人民银行专营

财政性存款和存款准备金由中国人民银行专营，任何金融机构不得占用财政性存款。存款机构代理人民银行吸收的除财政性存款中的机关团体存款、财政预算外存款划为金融机构的一般存款外，对吸收的中央预算收入、地方金库存款代理发行国债款项等财政性存款需全额划缴人民银行。

（五）正当吸收存款

商业银行不得违反规定提高或者降低利率，不得采用其他不正当手段吸收存款。商业银行吸收存款，应当遵守法律、行政法规的有关规定，不得损害国家利益、社会公共利益，并且应当遵守公平竞争的原则。

（六）保护存款人利益

《商业银行法》规定了对存款人的保护规则。如商业银行应为存款人保密；除非法律另有规定，商业银行有权拒绝任何单位或者个人冻结、扣划存款人的存款；商业银行应当保证存款本金和利息的支付，不得拖延、拒绝支付存款本金和利息；对损害存款人利益的行为，规定了商业银行应承担的法律责任；等等。

随着《民法典》的正式实施，银行等金融机构除了应当遵守《商业银行法》等行业法律要求，还应当落实《民法典》关于个人信息保护及禁止性规则。

（七）存款保险制度

存款保险制度作为现代金融安全网的重要部分，对维护金融稳定起着重要的作用，与央行的最终贷款人功能，审慎监管制度一起防范银行倒闭事件的发生并减少其危害。按照国际存款保险机构协会（IADI）发布的 2014 年版《有效存款保险制度核心原则》的关键词定义，存款保险被界定为“用以保护存款人利益，避免他们被保险的存款在面临银行无法履行对其的责任时，遭受损失的制度（体系）”。

---

〔1〕参见《央行有关负责人就降息降准以及放开存款利率上限答记者问》，载中国人民银行网站 2015 年 10 月 23 日，http://www.pbc.gov.cn/zhengcehuobisi/125207/125213/125440/125832/2968751/index.html，最后访问日期：2023 年 12 月 31 日。

《存款保险条例》第3条规定:"本条例所称存款保险,是指投保机构向存款保险基金管理机构交纳保费,形成存款保险基金,存款保险基金管理机构依照本条例的规定向存款人偿付被保险存款,并采取必要措施维护存款以及存款保险基金安全的制度。"根据上述定义,存款保险是一种制度,其目标在于保护存款人被保险的存款,其在我国的实施方式很大程度上都是由投保银行向存款保险机构,即存款保险基金管理机构,交纳保费,形成存款保险基金,存款保险基金管理机构在投保银行面临条例中的重大情况时,向存款人偿付被保险存款,同时还赋予该机构采取必要措施维护存款以及存款保险基金安全的职责。[1]

三、个人储蓄存款法律制度

根据《储蓄管理条例》的规定,储蓄是指个人将属于其所有的人民币或者外币存入储蓄机构,储蓄机构开具存折或者存单作为凭证,个人凭存折或者存单可以支取存款本金和利息,储蓄机构依照规定支付存款本金和利息的活动。在我国可以办理储蓄存款业务的储蓄机构是指经中国人民银行或其分支机构批准,各银行、信用合作社办理储蓄业务的机构,以及邮政企业依法办理储蓄业务的机构。任何单位和个人不得将公款以个人名义转为储蓄存款。

(一)个人储蓄存款的基本原则

根据《商业银行法》的规定,商业银行办理个人储蓄存款业务,应当遵循存款自愿、取款自由、存款有息、为存款人保密的原则。存款自愿是指存款人自愿与商业银行发生存款关系,不受任何干涉。取款自由是指存款人要求支取存款时,只要符合法律规定和双方约定,商业银行应当保证存款本金和利息的支付,不得拖延、拒绝支付存款本金和利息。存款有息是指商业银行应当按照依法确定并公告的存款利率、存款的种类和期限、法律规定的计息方法,向存款人计付利息。为存款人保密原则是指商业银行对存款人与存款相关的信息和资料,负有保密的义务,不得泄露。商业银行有权拒绝任何单位或者个人查询、冻结、扣划,但法律另有规定的除外。

(二)个人储蓄存款的基本规定

1. 储蓄存款利率和计息

储蓄存款利率由中国人民银行拟订,经国务院批准后公布,或者由国务院授权中国人民银行制定、公布。储蓄机构必须挂牌公告储蓄存款利率,不得擅自变动。

未到期的定期储蓄存款,全部提前支取的,按支取日挂牌公告的活期储蓄存款利率计付利息;部分提前支取的,提前支取的部分按支取日挂牌公告的活期储蓄存款利率计付利息,其余部分到期时按存单开户日挂牌公告的定期储蓄存款利率计付利息。逾期支取的定期储蓄存款,其超过原定存期的部分,除约定自动转存的

---

[1] 参见刘久:《中国存款保险制度显性化研究》,载《法学杂志》2015年第6期。

外,按支取日挂牌公告的活期储蓄存款利率计付利息。定期储蓄存款在存期内遇有利率调整,按存单开户日挂牌公告的相应的定期储蓄存款利率计付利息。活期储蓄存款在存入期间遇有利率调整,按结息日挂牌公告的活期储蓄存款利率计付利息。全部支取活期储蓄存款,按清户日挂牌公告的活期储蓄存款利率计付利息。储户认为储蓄存款利息支付有错误时,有权向经办的储蓄机构申请复核;经办的储蓄机构应当及时受理、复核。

2. 提前支取存款

未到期的定期储蓄存款,储户提前支取的,必须持存单和存款人的身份证明办理;代储户支取的,代支取人还必须持其身份证明。

3. 存款挂失

存单、存折分为记名式和不记名式。记名式的存单、存折可以挂失,不记名式的存单、存折不能挂失。存款人遗失存单、存折或者预留印鉴的印章的,必须立即持本人身份证明,并提供存款人的姓名、开户时间、储蓄种类、金额、账号及住址等有关情况,向其开户的商业银行书面申请挂失。在特殊情况下,存款人可以用口头或者函电形式申请挂失,但必须在 5 天内补办书面申请挂失手续。商业银行受理挂失后,必须立即停止支付该储蓄存款;受理挂失前该储蓄存款已被他人支取的,储蓄机构不负赔偿责任。

4. 查询、冻结、扣划储蓄存款

商业银行及其工作人员对储户的储蓄情况负有保密责任。商业银行不代任何单位和个人查询、冻结或者划拨储蓄存款,国家法律、行政法规另有规定的除外。

5. 存款过户或提取

储蓄存款的所有权发生争议,涉及办理过户的,商业银行依据人民法院发生法律效力的判决书、裁定书或者调解书办理过户手续。

四、单位存款法律制度

根据《人民币单位存款管理办法》,单位存款是指企业、事业、机关、部队和社会团体等单位在金融机构办理的人民币存款,包括定期存款、活期存款、通知存款、协定存款及经中国人民银行批准的其他存款。

(一)单位存款的基本原则

为严格货币资金管理,维护财经制度,严格单位财务管理制度,加强税收征管,防范利用银行结算账户进行套取现金、逃废债务、洗钱等违法犯罪活动,企事业单位和商业银行在从事单位存款业务中须遵循以下原则。

1. 强制存入原则

各开户单位必须将其所有或持有的超过核定库存现金限额的现金存入银行,不得自行保存。开户单位现金收入应当于当日送存开户银行。当日送存确有困难的,由开户银行确定送存时间;开户单位支付现金,可以从本单位库存现金限额中支付或者从开户银行提取,不得从本单位的现金收入中直接支付(坐支)。

2. 限制支出原则

单位存款的使用除在规定范围内可以支取现金外,应当通过开户银行进行转账结算。

3. 禁止公款私存、私款公存原则

任何单位和个人不得将公款以个人名义转为储蓄存款。任何个人不得将私款以单位名义存入金融机构;任何单位不得将个人或其他单位的款项以本单位名义存入金融机构。

4. 监督使用原则

商业银行对单位存款人的资金使用有权监督,对违反有关规定的存款使用的存款单位,可给予制裁。

(二)单位存款的基本规则

1. 单位定期存款及计息

金融机构对单位定期存款实行账户管理(大额可转让定期存款除外)。存款时单位须提交开户申请书、营业执照正本等,并预留印鉴。印鉴应包括单位财务专用章、单位法定代表人章(或主要负责人印章)和财会人员章。由接受存款的金融机构给存款单位开出“单位定期存款开户证实书”(以下简称证实书),证实书仅对存款单位开户证实,不得作为质押的权利凭证。单位定期存款的期限分三个月、半年、一年三个档次。起存金额1万元,多存不限。

存款单位支取定期存款只能以转账方式将存款转入其基本存款账户,不得将定期存款用于结算或从定期存款账户中提取现金。支取定期存款时,须出具证实书并提供预留印鉴,存款所在金融机构审核无误后为其办理支取手续,同时收回证实书。单位定期存款在存期内按存款存入日挂牌公告的定期存款利率计付利息,遇利率调整,不分段计息。单位定期存款可以全部或部分提前支取,但只能提前支取一次。全部提前支取的,按支取日挂牌公告的活期存款利率计息;部分提前支取的,提前支取的部分按支取日挂牌公告的活期存款利率计息,其余部分如不低于起存金额由金融机构按原存期开具新的证实书,按原存款开户日挂牌公告的同档次定期存款利率计息;不足起存金额则予以清户。单位定期存款到期不取,逾期部分按支取日挂牌公告的活期存款利率计付利息。金融机构办理大额可转让定期存单业务按照《大额存单管理暂行办法》执行。

2. 单位活期存款、通知存款、协定存款及计息

金融机构对单位活期存款实行账户管理。单位活期存款按结息日挂牌公告的活期存款利率计息,遇利率调整不分段计息。

金融机构开办单位通知存款须经中国人民银行批准,并遵守经中国人民银行核准的通知存款章程。通知存款按支取日挂牌公告的同期同档次通知存款利息计息。

金融机构开办协定存款须经中国人民银行批准，并遵守经人民银行核准的协定存款章程。协定存款利率由中国人民银行确定并公布。

3. 单位存款的变更、挂失及保密

因存款单位人事变动，需要更换单位法定代表人章（或单位负责人章）或财会人员印章时，必须持单位公函及经办人身份证件向存款所在金融机构办理更换印鉴手续，如为单位定期存款，应同时出示金融机构为其开具的证实书。因存款单位机构合并或分立，其定期存款需要过户或分户，必须持原单位公函、工商部门的变更、注销或设立登记证明及新印鉴（分户时还须提供双方同意的存款分户协定）等有关证件向存款所在金融机构办理过户或分户手续，由金融机构换发新证实书。存款单位迁移时，其定期存款如未到期转移，应办理提前支取手续，按支取日挂牌公布的活期利率一次性结清。

存款单位的密码失密或印鉴遗失、损毁，必须持单位公函，向存款所在金融机构申请挂失。金融机构受理挂失后，挂失生效。如存款在挂失生效前已被人按规定手续支取，金融机构不负赔偿责任。

金融机构应对存款单位的存款保密，有权拒绝除法律、行政法规另有规定以外的任何单位或个人查询；有权拒绝除法律另有规定以外的任何单位冻结、扣划。

五、发行金融债券业务

金融债券是指各类金融机构为了筹集信贷资金，按照法律规定的条件和程序向社会公开发行的，约定在一定时期内还本付息的有价证券。[1] 目前，我国商业银行可以发行的金融债券包括普通金融债券和次级债券。商业银行发行普通金融债券适用一般公司债券的发行规则，由中国人民银行核准。

商业银行次级债券是指商业银行发行的、本金和利息的清偿顺序列于商业银行其他负债之后、先于商业银行股权资本的债券。2003 年 11 月，原中国银监会（现已并入国家金融监督管理总局）发布《关于将次级定期债务计入附属资本的通知》，允许符合条件的次级债务计入商业银行资本，即商业银行可通过发行次级债补充附属资本，缓解中国商业银行资本先天不足、资本补充渠道单一的状况。为了规范商业银行发行次级债券行为，维护投资者合法权益，促进商业银行资产负债结构的改善和自我发展能力的提高，2004 年 6 月，中国人民银行和原中国银监会共同发布《商业银行次级债券发行管理办法》。商业银行发行次级债券由中国人民银行与国家金融监督管理总局共同批准。其中，国家金融监督管理总局负责对商业银行发行次级债券资格进行审查，并对次级债券计入附属资本的方式进行监督管理；中国人民银行对次级债券在银行间债券市场的发行和交易进行监督管理。

在 2008 年国际金融危机的背景下，商业银行相互持有次级债券的现状受到了

[1] 参见吴志攀主编：《金融法》，中国人民大学出版社 2001 年版，第 168 页。

监管机构的重点关注。2009年10月18日,原银监会正式公布《关于完善商业银行资本补充机制的通知》(已失效),明确规定将以"新老划断"方式处理存量互持次级债,即对于2009年7月1日以后银行持有的其他银行长期次级债务,将从该通知下发之日起进行全额扣减。该通知出台后有关大型商业银行将不能以向其他银行发行次级债的便捷方式补充资本,而要更多引入保险公司之类的机构投资者,融资成本会有所上升,或需要采取其他资本补充方式。2012年6月7日,原中国银监会出台《商业银行资本管理办法(试行)》(已失效),对商业银行互持次级债的监管并未松动,规定"商业银行直接或间接持有本银行发行的其他一级资本工具和二级资本工具,应从相应的监管资本中对应扣除",认为商业银行互持的不含有《商业银行资本管理办法(试行)》所要求的减记或转股条款的次级债不属于合格资本工具范畴。

此后,商业银行陆续推出二级资本债、优先股和无固定期限资本债券(永续债)等新型资本工具。随着资本工具种类日益丰富,原中国银监会《关于商业银行资本工具创新的指导意见》规定的合格资本工具的认定标准需要调整细化,资本工具损失吸收机制有待进一步完善,资本工具发行的基本原则和工作机制应予更新。2019年11月22日,原银保监会出台《关于商业银行资本工具创新的指导意见(修订)》,按照会计分类对其他一级资本工具设置不同触发事件,有利于优先股和无固定期限资本债券发行,促进银行补充一级资本,增强风险抵御能力。此外,也对优先股、无固定期限资本债券和二级资本债等存量资本工具的损失吸收顺序进行相应规定,保证所有资本工具有序吸收损失。

六、从事同业拆借(拆入)业务

同业拆借是银行、非银行金融机构之间相互融通短期资金的行为。拆入资金也是商业银行的负债。根据同业拆借的区域不同,同业拆借可分为同城同业拆借和跨地区同业拆借。同城金融机构之间的拆借要同票据清算相结合,参加金融市场资金拆借活动的会员,因票据清算发生头寸不足,可由金融市场统一使用会员基金调剂解决。跨地区的同业拆借采取两种形式:一种是委托金融市场办理;另一种是由拆借双方自行联系办理。

第三节　银行资产业务法律制度

商业银行资产业务是商业银行运用资金以营利的业务。商业银行资产一般包括现金资产、信贷资产、买卖证券资产、国家资产、贴现资产等部分。商业银行以追求利润最大化的经营目标,通过开展资产业务获取利息和投资收益,其在扣除存款储蓄利息和其他各种费用后成为银行利润,因此资产业务是商业银行最主要、最核心的业务。根据《商业银行法》的规定，我国商业银行资产业务包括：(1)发放短期、中期和长期贷款；(2)办理票据贴现；(3)买卖政府债券、金融债券；(4)从事同业拆借(拆出)；(5)买卖外汇。同时规定：商业银行在中华人民共和国境内不得从事信托投资和证券经营业务，不得向非自用不动产投资或者向非银行金融机构和企业投资，但国家另有规定的除外。

一、商业银行贷款业务

贷款业务是指金融机构依法把货币资金按约定的利率贷放给客户，并约定期限由客户偿还本息的一种信用活动。[1] 贷款人，是指在中国境内依法设立的经营贷款业务的中资金融机构。借款人，是指从经营贷款业务的中资金融机构取得贷款的法人、其他经济组织、个体工商户和自然人。商业银行贷款，应当与借款人订立书面合同。合同应当约定贷款种类、借款用途、金额、利率、还款期限、还款方式、违约责任和双方认为需要约定的其他事项。

贷款关系是贷款人与借款人之间的债权债务关系。贷款之债是合同之债。

(一)贷款业务基本法律要求

1. 商业银行在国家产业政策指导下开展贷款业务

《商业银行法》规定，商业银行根据国民经济和社会发展的需要，在国家产业政策指导下开展贷款业务。

2. 依法、正当、自愿发放贷款

商业银行不得违反规定提高或者降低利率以及采用其他不正当手段，发放贷款。任何单位和个人不得强令商业银行发放贷款或者提供担保。商业银行有权拒绝任何单位和个人强令要求其发放贷款或者提供担保。

3. 担保贷款为主，信用担保为辅

商业银行贷款，借款人应当提供担保。商业银行应当对保证人的偿还能力，抵押物、质物的权属和价值，以及实现抵押权、质权的可行性，进行严格审查。经商业银行审查、评估，确认借款人资信良好，确能偿还贷款的，可以不提供担保。商业银行不得向关系人发放信用贷款；向关系人发放担保贷款的条件不得优于其他借款人同类贷款的条件。[2] 借款人应当按期归还贷款的本金和利息。借款人到期不归还担保贷款的，商业银行依法享有要求保证人归还贷款本金和利息或者就该担保物优先受偿的权利。商业银行因行使抵押权、质权而取得的不动产或者股权，应当自取得之日起2年内予以处分。借款人到期不归还信用贷款的，应当按照合同约定承担责任。需要注意的是，《民法典》第686条将保证推定方式由连带责任调

---

〔1〕 参见朱大旗：《金融法》，中国人民大学出版社2000年版，第197－198页。

〔2〕 关系人是指：(1)商业银行的董事、监事、管理人员、信贷业务人员及其近亲属；(2)前项所列人员投资或者担任高级管理职务的公司、企业和其他经济组织。

整为一般保证,改变了原《担保法》第19条有关"保证方式未约定或约定不明视为连带保证"的规则,采取保证方式未约定或约定不明视为一般保证。《民法典》立法取向由侧重于保护债权人变更为侧重于保护保证人。因此,商业银行在今后的保证合同中必须明确约定是否"由担保人承担连带保证责任",否则将被推定为一般保证,对债权人实现债权不利。

4. 遵守资产负债比例管理规定

商业银行贷款,应当遵守下列资产负债比例管理的规定:(1)资本充足率,即资本总额月末平均余额与加权风险资产月末平均余额的比例,不得低于8%;(2)贷款余额与存款余额的比例不得超过75%;[1](3)流动性资产余额与流动性负债余额的比例不得低于25%;(4)对同一借款人的贷款余额与商业银行资本余额的比例不得超过10%;(5)国务院银行业监督管理机构对资产负债比例管理的其他规定。

5. 严格审查、审贷分离、分级审批

商业银行贷款,应当对借款人的借款用途、偿还能力、还款方式等情况进行严格审查。商业银行贷款,应当实行审贷分离、分级审批的制度。

(二)贷款业务基本规则

1. 贷款期限和利率

贷款期限根据借款人的生产经营周期、还款能力和贷款人的资金供给能力由借贷双方共同商议后确定,并在借款合同中载明。自营贷款期限最长一般不得超过10年,超过10年应当报中国人民银行备案。不能按期归还贷款的,借款人应当在贷款到期日之前,向贷款人申请贷款展期。是否展期由贷款人决定。申请保证贷款、抵押贷款、质押贷款展期的,还应当由保证人、抵押人、出质人出具同意的书面证明。已有约定的,按照约定执行。短期贷款展期期限累计不得超过原贷款期限;中期贷款展期期限累计不得超过原贷款期限的一半;长期贷款展期期限累计不得超过3年。国家另有规定者除外。借款人未申请展期或申请展期未得到批准,其贷款从到期日次日起,转入逾期贷款账户。

中国人民银行制定贷款基准利率和贷款利率浮动区间,有效管理金融机构人民币贷款的利率水平。金融机构应当根据借款人的风险、效益等状况,在贷款利率浮动区间内自主确定贷款利率。2004年以前,中国人民银行是根据企业所有制性质、规模大小分别制定不同的贷款利率浮动区间。但是,该标准明显与公平、公正的市场经济原则相冲突,不利于企业的公平竞争和发展。自2004年1月1日起,

---

[1] 2015年8月29日,新修正的《商业银行法》删除了贷款余额与存款余额的比例不得超过75%的规定,自此,商业银行存贷比不得超过75%的规定由法定监管指标转为了流动性监测指标。这既缓解了利率市场化进程中银行面临的负债成本上升压力,也从制度上消除小微企业"融资难"的真正病根;既是呼应化解"融资难""融资贵"政策大方向的有效步骤,也是为银行"松绑"的重要一步。除此之外,对于存贷比相对紧张的中小银行而言,这一红线的取消将使其受益更多。

中国人民银行决定扩大金融机构贷款利率浮动区间。在中国人民银行制定的贷款基准利率基础上,商业银行、城市信用社贷款利率的浮动区间上限扩大到贷款基准利率的1.7倍,农村信用社贷款利率的浮动区间上限扩大到贷款基准利率的2倍,金融机构贷款利率的浮动区间下限保持为贷款基准利率的0.9倍不变。2012年6月,央行将存款利率浮动区间的上限调整为基准利率的1.1倍;同时,贷款利率浮动区间的下限调整为基准利率的0.8倍。[1] 2012年7月,将贷款利率浮动区间的下限再次下调至基准利率的0.7倍。[2] 2013年7月,金融机构贷款利率管制全面放开,金融机构贷款利率的下限取消,金融机构可自主确定贷款利率水平,贷款利率完全实现了市场化,但金融机构形成风险定价能力的水平高低不一。此外,票据贴现利率管制也一并取消,改变了原先贴现利率在再贴现利率基础上加点确定的方式,由金融机构自主定价。[3] 2013年10月25日,贷款基础利率(Loan Prime Rate,LPR)集中报价和发布机制正式运行。[4] 2019年8月16日,央行发布改革完善贷款市场报价利率形成机制公告,进一步完善贷款市场报价利率(LPR)形成机制,提高LPR的市场化程度,发挥好LPR对贷款利率的引导作用,促进贷款利率"两轨合一轨",提高利率传导效率,推动降低实体经济融资成本。[5]

2.借款人

借款人应当是经市场监督管理机关(或主管机关)核准登记的企(事)业法人、其他经济组织、个体工商户或具有中华人民共和国国籍的具有完全民事行为能力的自然人。

借款人申请贷款,应当具备产品有市场、生产经营有效益、不挤占挪用贷款资金、恪守信用等基本条件,并且应当符合以下要求:(1)有按期还本付息的能力,原应付贷款利息和到期贷款已清偿;没有清偿的,已经做了贷款人认可的偿还计划。(2)除自然人和不需要经市场监管部门核准登记的事业法人外,应当经过市场监管

---

[1] 参见《中国人民银行决定下调金融机构人民币存贷款基准利率并调整利率浮动区间》,载中国人民银行网站2012年6月7日,http://www.pbc.gov.cn/goutongjiaoliu/113456/113469/2861204/index.html,最后访问日期:2023年12月31日。

[2] 参见《中国人民银行决定下调金融机构人民币存贷款基准利率》,载中国人民银行网站2012年7月5日,http://www.pbc.gov.cn/goutongjiaoliu/113456/113469/2862276/index.html,最后访问日期:2023年12月31日。

[3] 参见《中国人民银行关于进一步推进利率市场化改革的通知》,载中国人民银行网站2013年7月20日,http://www.pbc.gov.cn/zhengcehuobisi/125207/125213/125440/125835/2804803/index.html,最后访问日期:2023年12月31日。

[4] 参见《贷款基础利率集中报价和发布机制正式运行》,载中国人民银行网站2013年10月25日,http://www.pbc.gov.cn/zhengcehuobisi/125207/125213/125440/125832/2804873/index.html,最后访问日期:2023年12月31日。

[5] 参见《中国人民银行有关负责人就完善贷款市场报价利率形成机制答记者问》,载中国人民银行网站2019年8月17日,http://www.pbc.gov.cn/rmyh/3963412/3963426/3976039/index.html,最后访问日期:2023年12月31日。

部门办理年检手续。(3)已开立基本账户或一般存款账户。(4)除国务院规定外,有限责任公司和股份有限公司对外股本权益性投资累计额未超过其净资产总额的50%。(5)借款人的资产负债率符合贷款人的要求。(6)申请中期、长期贷款的,新建项目的企业法人所有者权益与项目所需总投资的比例不低于国家规定的投资项目的资本金比例。

借款人享有以下权利:(1)可以自主向主办银行或者其他银行的经办机构申请贷款并依条件取得贷款;(2)有权按合同约定提取和使用全部贷款;(3)有权拒绝借款合同以外的附加条件;(4)有权向贷款人的上级和中国人民银行反映、举报有关情况;(5)在征得贷款人同意后,有权向第三人转让债务。

借款人负有以下义务:(1)应当如实提供贷款人要求的资料(法律规定不能提供者除外),应当向贷款人如实提供所有开户行、账号及存贷款余额情况,配合贷款人的调查、审查和检查;(2)应当接受贷款人对其使用信贷资金情况和有关生产经营、财务活动的监督;(3)应当按借款合同约定用途使用贷款;(4)应当按借款合同约定及时清偿贷款本息;(5)将债务全部或部分转让给第三人的,应当取得贷款人的同意;(6)有危及贷款人债权安全情况时,应当及时通知贷款人,同时采取保全措施。

同时,《贷款通则》对借款人规定有如下限制:(1)借款人不得在一个贷款人同一辖区内的两个或两个以上同级分支机构取得贷款。(2)不得向贷款人提供虚假的或者隐瞒重要事实的资产负债表、损益表等。(3)不得用贷款从事股本权益性投资,国家另有规定的除外。(4)不得用贷款在有价证券、期货等方面从事投机经营。(5)除依法取得经营房地产资格的借款人以外,不得用贷款经营房地产业务;依法取得经营房地产资格的借款人,不得用贷款从事房地产投机。(6)不得套取贷款用于借贷牟取非法收入。(7)不得违反国家外汇管理规定使用外币贷款。(8)不得采取欺诈手段骗取贷款。

3. 贷款人

贷款人必须经中国人民银行批准经营贷款业务,持有中国人民银行颁发的金融机构法人许可证或金融机构营业许可证,并经市场监督管理部门核准登记。

贷款人根据贷款条件和贷款程序自主审查和决定贷款,除国务院批准的特定贷款外,有权拒绝任何单位和个人强令其发放贷款或者提供担保。此外,贷款人还具有以下权利:(1)要求借款人提供与借款有关的资料;(2)根据借款人的条件,决定贷与不贷、贷款金额、期限和利率等;(3)了解借款人的生产经营活动和财务活动;(4)依合同约定从借款人账户上划收贷款本金和利息;(5)借款人未能履行借款合同规定义务的,贷款人有权依合同约定要求借款人提前归还贷款或停止支付借款人尚未使用的贷款;(6)在贷款将受或已受损失时,可依据合同规定,采取使贷款免受损失的措施。

贷款人负有如下义务:(1)应当公布所经营的贷款的种类、期限和利率,并向借款人提供咨询。(2)应当公开贷款审查的资信内容和发放贷款的条件。(3)应当审议借款人的借款申请,并及时答复贷与不贷。短期贷款答复时间不得超过1个月,中期、长期贷款答复时间不得超过6个月;国家另有规定者除外。(4)应当对借款人债务、财务、生产、经营情况保密,但对依法查询者除外。

同时《贷款通则》对贷款人也作了一些限制性规定。第一,贷款的发放必须严格执行《商业银行法》关于资产负债比例管理以及关于不得向关系人发放信用贷款、向关系人发放担保贷款的条件不得优于其他借款人同类贷款条件的规定。第二,借款人有下列情形之一者,不得对其发放贷款:(1)不具备本通则所规定的借款人资格和条件的;(2)生产、经营或投资国家明文禁止的产品、项目的;(3)违反国家外汇管理规定的;(4)建设项目按国家规定应当报有关部门批准而未取得批准文件的;(5)生产经营或投资项目未取得环境保护部门许可的;(6)在实行承包、租赁、联营、合并(兼并)、合作、分立、产权有偿转让、股份制改造等体制变更过程中,未清偿原有贷款债务、落实原有贷款债务或提供相应担保的;(7)有其他严重违法经营行为的。第三,未经中国人民银行批准,不得对自然人发放外币币种的贷款。第四,自营贷款和特定贷款,除按中国人民银行规定计收利息之外,不得收取其他任何费用;委托贷款,除按中国人民银行规定计收手续费之外,不得收取其他任何费用。第五,不得给委托人垫付资金,国家另有规定的除外。第六,严格控制信用贷款,积极推广担保贷款。

4. 贷款程序规则

根据《贷款通则》的规定,贷款包括以下八个程序。

(1)贷款申请。借款人需要贷款,应当向主办银行或者其他银行的经办机构直接申请。借款人应当填写包括借款金额、借款用途、偿还能力及还款方式等主要内容的借款申请书并提供以下资料:①借款人及保证人基本情况;②财政部门或会计(审计)事务所核准的上年度财务报告,以及申请借款前一期的财务报告;③原有不合理占用的贷款的纠正情况;④抵押物、质物清单和有处分权人的同意抵押、质押的证明及保证人拟同意保证的有关证明文件;⑤项目建议书和可行性报告;⑥贷款人认为需要提供的其他有关资料。

(2)对借款人的信用等级评估。应当根据借款人的领导者素质、经济实力、资金结构、履约情况、经营效益和发展前景等因素,评定借款人的信用等级。评级可由贷款人独立进行,内部掌握,也可由有权部门批准的评估机构进行。

(3)贷款调查。贷款人受理贷款人申请后,应当对借款人的信用等级以及借款的合法性、安全性、盈利性等情况进行调查,核实抵押物、质物、保证人情况,测定贷款的风险度。

(4)贷款审批。贷款人应当建立审贷分离、分级审批的贷款管理制度。审查人员应当对调查人员提供的资料进行核实、评定,复测贷款风险度,提出意见,按规定权限报批。

(5)签订借款合同。所有贷款应当由贷款人与借款人签订借款合同。借款合同应当约定借款种类,借款用途、金额、利率,借款期限,还款方式,借、贷双方的权利、义务,违约责任和双方认为需要约定的其他事项。保证贷款应当由保证人与贷款人签订保证合同,或保证人在借款合同上载明与贷款人协商一致的保证条款,加盖保证人的法人公章,并由保证人的法定代表人或其授权代理人签署姓名。抵押贷款、质押贷款应当由抵押人、出质人与贷款人签订抵押合同、质押合同,需要办理登记的,应依法办理登记。

(6)贷款发放。贷款人要按借款合同规定按期发放贷款。贷款人不按合同约定按期发放贷款的,应偿还违约金。借款人不按合同约定用款的,应偿付违约金。

(7)贷后检查。贷款发放后,贷款人应当对借款人执行借款合同情况及借款人的经营情况进行追踪调查和检查。

(8)贷款归还。借款人应当按照借款合同规定按时足额归还贷款本息。贷款人在短期贷款到期1个星期之前、中长期贷款到期1个月之前,应当向借款人发送还本付息通知单;借款人应当及时筹备资金,按时还本付息。贷款人对逾期的贷款要及时发出催收通知单,做好逾期贷款本息的催收工作。贷款人对不能按借款合同约定期限归还的贷款,应当按规定加罚利息;对不能归还或者不能落实还本付息事宜的,应当督促归还或者依法起诉。借款人提前归还贷款,应当与贷款人协商。

5. 对不良贷款的监管规则

贷款人应当建立和完善贷款的质量监管制度,对不良贷款进行分类、登记、考核和催收。根据2023年7月1日施行的《商业银行金融资产风险分类办法》,金融资产按照风险程度分为五类,分别为正常类、关注类、次级类、可疑类、损失类,后三类合称不良资产。其中,次级类是指债务人无法足额偿付本金、利息或收益,或金融资产已经发生信用减值;可疑类是指债务人已经无法足额偿付本金、利息或收益,金融资产已发生显著信用减值;损失类是指在采取所有可能的措施后,只能收回极少部分金融资产,或损失全部金融资产。

商业银行应至少每季度对全部金融资产进行一次风险分类。对于债务人财务状况或影响债务偿还的因素发生重大变化的,应及时调整风险分类。商业银行对非零售资产开展风险分类时,应加强对债务人第一还款来源的分析,以评估债务人履约能力为中心,重点考察债务人的财务状况、偿付意愿、偿付记录,并考虑金融资产的逾期天数、担保情况等因素。对于债务人为企业集团成员的,其债务被分为不良并不必然导致其他成员也被分为不良,但商业银行应及时启动评估程序,审慎评估该成员对其他成员的影响,并根据评估结果决定是否调整其他成员债权的风险分类。当出现以下情形时,商业银行应将金融资产至少归类为关注类:本金、利息或收益逾期,操作性或技术性原因导致的短期逾期除外(7天内);未经商业银行同意,擅自改变资金用途;通过借新还旧或通过其他债务融资方式偿还,债券、符合条件的小微企业续贷业务除外;同一非零售债务人在本行或其他银行的债务出现不良贷款。当出现以下情形时,商业银行应将金融资产至少归类为次级类:本金、利息或收益逾期超过90天;金融资产已发生信用减值;债务人或金融资产的外部评级大幅下调,导致债务人的履约能力显著下降;同一非零售债务人在所有银行的债务中,逾期超过90天的债务已经超过20%。当出现以下情形时,商业银行应将金融资产至少归类为损失类:本金、利息或收益逾期超过360天;债务人已进入破产清算程序;金融资产已发生信用减值,且预期信用损失占其账面余额90%以上。

重组资产是指因债务人发生财务困难,为促使债务人偿还债务,商业银行对债务合同作出有利于债务人调整的金融资产,或对债务人现有债务提供再融资,包括借新还旧、新增债务融资等。对于重组资产,商业银行应准确判断债务人财务困难的状况,严格按照本办法进行分类。重组前为正常类或关注类的资产,以及对现有债务提供的再融资,重组后应至少归为关注类;观察期内符合不良认定标准的应下调为不良资产,并重新计算观察期;观察期内认定为不良资产后满足要求的,可上调为关注类。

6. 贷款管理责任制规则

(1)行长(经理、主任)负责制。贷款实行分级经营管理。各级行长应当在授权范围内对贷款的发放和收回负全部责任。行长可以授权副行长或贷款管理部门负责审批贷款,副行长或贷款管理部门负责人应当对行长负责。贷款人各级机构应当建立有行长或副行长(经理、主任,下同)和有关部门负责人参加的贷款审查委员会(小组),负责贷款的审查。

(2)审贷分离制。贷款调查评估人员负责贷款调查评估,承担调查失误和评估失准的责任;贷款审查人员负责贷款风险的审查,承担审查失误的责任;贷款发放人员负责贷款的检查和清收,承担检查失误、清收不力的责任。

(3)建立贷款分级审批制。贷款人应当根据业务量大小、管理水平和贷款风险度确定各级分支机构的审批权限,超过审批权限的贷款,应当报上级审批。各级分支机构应当根据贷款种类、借款人的信用等级和抵押物、质物、保证人等情况确定每一笔贷款的风险度。

(4)信贷工作岗位责任制。各级贷款管理部门应将贷款管理的每一个环节的管理责任落实到部门、岗位、个人,严格划分各级信贷工作人员的职责。

(5)驻厂信贷员制度。贷款人对大额借款人建立驻厂信贷员制度。

(6)离职审计制。贷款管理人员在调离原工作岗位时,应当对其在任职期间和权限内所发放的贷款风险情况进行审计。

7. 贷款债权保全和清偿的管理规则

借款人不得违反法律规定,借兼并、破产或者股份制改造等途径,逃避银行债务,侵吞信贷资金;不得借承包、租赁等途径逃避贷款人的信贷监管以及偿还贷款本息的责任。贷款人有权参与处于兼并、破产或股份制改造等过程中的借款人的债务重组,应当要求借款人落实贷款还本付息事宜。

借款人实行承包、租赁经营,贷款人应当要求其在承包、租赁合同中明确落实原贷款债务的偿还责任。借款人实行股份制改造,贷款人应当要求其重新签订借款合同,明确原贷款债务的清偿责任。对实行整体股份制改造的借款人,应当明确其所欠贷款债务由改造后公司全部承担;对实行部分股份制改造的借款人,应当要求改造后的股份公司按占用借款人的资本金或资产的比例承担原借款人的贷款债务。借款人实行联营,贷款人对联营后组成新的企业法人的借款人,应当要求其依据所占用的资本金或资产的比例将贷款债务落实到新的企业法人。借款人实行合并(兼并),贷款人应当要求其在合并(兼并)前清偿贷款债务或提供相应的担保。借款人不清偿贷款债务或未提供相应担保,贷款人应当要求合并(兼并)企业或合并后新成立的企业承担归还原借款人贷款的义务,并与之重新签订有关合同或协议。借款人与外商合资(合作),贷款人应当要求其继续承担合资(合作)前的贷款归还责任,并要求其将所得收益优先归还贷款。借款人用已作为贷款抵押、质押的财产与外商合资(合作)时必须征求贷款人同意。借款人分立,贷款人应当要求其在分立前清偿贷款债务或提供相应的担保。借款人不清偿贷款债务或未提供相应担保,贷款人应当要求分立后的各企业,按照分立时所占资本或资产比例或协议,对原借款人所欠贷款承担清偿责任。对设立子公司的借款人,应当要求其子公司按所得资本或资产的比例承担和偿还母公司相应的贷款债务。借款人产权有偿转让或申请解散,贷款人应当要求其在产权转让或解散前必须落实贷款债务的清偿。贷款人应当按照有关法律参与借款人破产财产的认定与债权债务的处置,对于破产借款人已设定财产抵押、质押或其他担保的贷款债权,贷款人依法享有优先受偿权;无财产担保的贷款债权按法定程序和比例受偿。

8. 贷款管理特别规定

(1)贷款主办行制度

1996年6月29日,中国人民银行发布《主办银行管理暂行办法》,规范主办行与企业之间的金融服务关系。借款人应按中国人民银行的规定与其开立基本账户的贷款人建立贷款主办行关系。主办银行是指为企业提供信贷、结算、现金收付、信息咨询等金融服务,并与其建立较为稳定的合作关系,签有《银行合作协议》的中资商业银行。借款人发生企业分立、股份制改造、重大项目建设等涉及信贷资金使用和安全的重大经济活动,事先应当征求主办行的意见。一个借款人只能有一个贷款主办行,主办行应当随基本账户的变更而变更。主办行不包资金,但应当按规定有计划地对借款人提供贷款,为借款人提供必要的信息咨询、代理等金融服务。

(2)银团贷款规则

1997年10月,中国人民银行颁布了《银团贷款暂行办法》(已失效),对银团贷款进行相应规定。银团贷款是指由两家或两家以上银行基于相同贷款条件,依据同一贷款协议,按约定时间和比例,通过代理行向借款人提供的本外币贷款或授信业务。[1] 银团贷款包括辛迪加贷款和联合贷款。辛迪加贷款是由数家商业银行联合组成一个银行集团共同向借款人提供一笔中、长期贷款。联合贷款是指商业银行与其他金融机构联合,共同向借款人提供贷款。[2]

2007 年,原中国银监会发布《银团贷款业务指引》,大幅度放宽了对银团贷款业务的限制性规定。2011 年,原银监会废止 2007 年《银团贷款业务指引》制定了新的《银团贷款业务指引》。2011 年《银团贷款业务指引》共 8 章 51 条,主要变化是:①增设"银团贷款转让交易"一章,明确相关细节;②扩大代理行的职责范围,删除牵头行在银团筹组后的职权规定;③为防止利益冲突,禁止借款人的附属机构或关联机构担任代理行;④为防止恶性竞争,要求在牵头行有效委任期间,其他未获委任的银行不得与借款人就同一项目进行委任或开展融资谈判;⑤尊重银团贷款中意思自治,删除召开银团会议的成员比例强制性规范、还本付息方式规定、对收费种类和金额的限制及对担保代理行职责的要求、转让交易的通知和同意等。[3]

(3)其他管理规定

非银行金融机构贷款的种类、对象、范围,应当符合中国人民银行规定。贷款人发放异地贷款,应当报中国人民银行当地分支机构备案。信贷资金不得用于财政支出。各级行政部门和企事业单位、供销合作社等合作经济组织、农村合作基金会和其他基金会,不得经营贷款等金融业务。企业之间不得违反国家规定办理借贷或者变相借贷融资业务。

二、商业银行票据贴现业务

票据贴现相当于发放贷款,是贷款人以购买借款人未到期商业票据的方式发放的贷款。具体是指商业汇票的持票人在汇票到期日前,为了取得资金,贴付一定利息将票据权利转让给金融机构的票据行为,是金融机构向持票人融通资金的一种方式。转贴现是指金融机构为了取得资金,将未到期的已贴现商业汇票再以贴现方式向另一金融机构转让的票据行为,是金融机构间融通资金的一种方式。再贴现是指金融机构为了取得资金,将未到期的已贴现商业汇票再以贴现方式向中国人民银行转让的票据行为,是中央银行的一种货币政策工具。再贴现是商业银行的负债业务。再贴现的期限,最长不超过 4 个月。

贴现、转贴现、再贴现的商业汇票,应以真实、合法的商品交易为基础。贴现、转贴现、再贴现应当遵循平等、自愿、公平和诚实信用的原则。再贴现应当有利于

---

[1] 参见李红润:《银团贷款协议中的比例平等条款研究》,载《政法学刊》2015 年第 5 期。

[2] 参见黎四奇:《我国银团贷款所遭遇的瓶颈与对策问题分析》,载漆多俊主编:《经济法论丛》总第 20 卷,武汉大学出版社 2011 年版,第 135 页。

[3] 参见闫海、穆琳琳:《论我国银团贷款发展的法律生态环境建设——兼议 2011 年〈银团贷款业务指引〉》,载《金融理论与实践》2012 年第 10 期。

实现货币政策目标。再贴现利率由中国人民银行制定、发布与调整。贴现利率采取在再贴现利率基础上加百分点的方式生成,加点幅度由中国人民银行确定。转贴现利率由交易双方自主商定。

第四节 银行中间业务法律制度

中间业务是指不构成商业银行表内资产、表内负债,形成银行非利息收入的业务。也就是商业银行不需动用自己的资金,替客户办理收付、进行担保或其他委托事项,而收取手续费的各项业务。

我国规范银行中间业务的法律规范主要包括《银行业监督管理法》《商业银行法》《票据法》等法律,以及《支付结算办法》、《银行卡业务管理办法》、《商业银行开办代客境外理财业务管理暂行办法》、《商业银行表外业务风险管理指引》(已失效)、《商业银行服务价格管理办法》、《关于规范商业银行代理销售业务的通知》等部门规章或部门规范性文件以及《中国银行业中间业务自律管理办法》。

一、中间业务基本法律要求

(一)中间业务管理规则

商业银行开展中间业务,应坚持依法合规经营、公平有序竞争,不得通过恶意压低价格、降低服务标准、隐瞒产品风险等不正当竞争手段获取竞争优势和不合理收入,损害行业和客户利益。

(二)开办中间业务应当符合规定

银行业金融机构开办的中间业务品种范围,不得违反国家有关法律、法规和相关监管规定的禁止性规定。

(三)规范收费标准

中间业务收费,应遵循四个原则,(1)依法合规,严格遵守相关规定;(2)最大限度尽社会责任,服务定价充分考虑弱势群体;(3)科学合理,质价相符;(4)公开透明,给客户充分知情权和选择权。商业银行应严格按照对外公告的中间业务收费项目和收费标准进行收费,不得对未公告收费项目进行收费。

对实行政府定价、政府指导价项目,应严格按照相关规定据实收费;对实行市场调节价项目,由会员银行总行统一制定价格,任何分支机构不得未经总行审批授权自行制定和调整。市场调节价项目要在充分考虑成本收益基础上合理定价,并根据各自竞争策略和承受能力,慎重确定免费项目和免费期限。

(四)加强对中间业务的风险控制和管理

商业银行应建立完善的中间业务管理组织架构、产品研发、市场营销、服务定价、会计核算和风险管理等基本制度，明确工作职责，确保中间业务的有效管理和规范发展。应不断提高各级管理者和员工的业务素质，做到诚信、勤勉、尽责和专业，并督促、培训从业人员，不断提高从业人员的业务能力、职业操守和执业水准。

二、中间业务分类及规则

（一）支付结算类中间业务

支付结算是指单位、个人在社会经济活动中使用票据、信用卡和汇兑、托收承付、委托收款等结算方式进行货币给付及其资金清算的行为。支付结算类业务是指由商业银行为客户办理因债权债务关系引起的与货币支付、资金划拨有关的收费业务。我国对支付结算实行集中统一和分级管理相结合的管理体制。

1. 支付结算原则

根据 1997 年 12 月 1 日施行的《支付结算办法》的规定，单位、个人和银行办理支付结算必须遵守下列原则：恪守信用，履约付款；谁的钱进谁的账，由谁支配；银行不垫款。

2. 结算工具

结算业务借助的主要结算工具包括银行汇票、商业汇票、银行本票和支票。

3. 结算方式

主要包括同城结算方式和异地结算方式。汇款业务，是由付款人委托银行将款项汇给外地某收款人的一种结算业务。汇款结算分为电汇、信汇和票汇三种形式。托收业务，是指债权人或售货人为向外地债务人或购货人收取款项而向其开出汇票，并委托银行代为收取的一种结算方式。信用证业务，信用证是由银行根据申请人的要求和指示，向收益人开立的载有一定金额，在一定期限内凭规定的单据在指定地点付款的书面保证文件。其他支付结算业务，包括利用现代支付系统实现的资金划拨、清算，利用银行内外部网络实现的转账等业务。

4. 银行结算账户管理

银行结算账户，是指银行为存款人开立的办理资金收付结算的人民币活期存款账户。银行结算账户按存款人分为个人银行结算账户和单位银行结算账户。个人银行结算账户是自然人因投资、消费、结算等而开立的可办理支付结算业务的存款账户。存款人以单位名称开立的银行结算账户为单位银行结算账户。单位银行结算账户按用途分为基本存款账户、一般存款账户、专用存款账户、临时存款账户。基本存款账户是存款人因办理日常转账结算和现金收付需要开立的银行结算账户。一般存款账户是存款人因借款或其他结算需要，在基本存款账户开户银行以外的银行营业机构开立的银行结算账户。专用存款账户是存款人按照法律、行政法规和规章，对其特定用途资金进行专项管理和使用而开立的银行结算账户。临时存款账户是存款人因临时需要并在规定期限内使用而开立的银行结算账户。

根据《人民币银行结算账户管理办法》（部分失效）的规定，银行结算账户管理应遵循以下原则:(1)开立基本存款账户、临时存款账户实行备案制度,专用存款账户实行核准制度。中国人民银行令〔2019〕第1号《关于取消企业银行账户许可有关事宜的决定》明确,中华人民共和国境内依法设立的企业法人、非法人企业、个体工商户在取消企业银行账户许可地区的银行业金融机构办理基本存款账户、临时存款账户,由核准制改为备案制,不再执行《人民币银行结算账户管理办法》(部分失效)的相关规定。存款人开立基本存款账户和临时存款账户实行备案制度;存款人开立专用存款账户实行核准制度,经中国人民银行核准后由开户银行核发开户登记证。但存款人因注册验资需要开立的临时存款账户除外。(2)开立银行结算账户自愿原则。存款人可以自主选择银行开立银行结算账户。除国家法律、行政法规和国务院规定外,任何单位和个人不得强令存款人到指定银行开立银行结算账户。(3)合法原则。银行结算账户的开立和使用应当遵守法律、行政法规,不得利用银行结算账户进行偷逃税款、逃废债务、套取现金及其他违法犯罪活动。(4)银行为存款人的银行结算账户保密原则。银行应依法为存款人的银行结算账户信息保密。对单位银行结算账户的存款和有关资料,除国家法律、行政法规另有规定外,银行有权拒绝任何单位或个人查询。对个人银行结算账户的存款和有关资料,除国家法律另有规定外,银行有权拒绝任何单位或个人查询。

5. 现代化支付系统中存在的法律问题

随着计算机技术日益广泛的运用,银行的支付结算越来越多地运用电子支付。所谓电子支付,指的是以电子计算机及其网络为手段,将负载有特定信息的电子数据取代传统的支付工具用于资金流程,并具有实时支付效力的一种支付方式。[1]电子支付的法律关系主体包括消费者、商家、银行、支付网关提供者和电子认证机构,客体是电子支付行为,内容则是电子支付当事人之间的权利义务关系。

近年来,随着我国金融电子化水平不断提高和金融基础设施的完善,在银行票据业务方面,银行汇票、银行本票和支票都不同程度地实现了电子化,安全性和效率得到极大改善。要发展电子票据业务,必须在法律上确立电子化票据的法律地位,并确立电子签章的法律效力,此外还必须从电子签名的技术特征出发,制定出使用电子签名的法律规则。2004年8月28日,第十届全国人民代表大会通过了《电子签名法》。该法明确规定了电子签名具有与手写签名或者盖章同等的效力,并且明确规定电子文件与书面文件具有同等效力。该法为我国商业银行开展电子票据等银行业务提供了法律支持和保护,使商业银行可以通过电子签名识别和确认客户身份,极大地促进了电子银行业务的发展。

2009年10月,中国人民银行颁布了《电子商业汇票业务管理办法》等一系列电子汇票管理制度。据此,只要具有中华人民共和国组织机构代码,并且具备办理电子商业汇票业务的基本技术条件的企业皆可以选择使用电子汇票。该管理办法

---

〔1〕 参见蒋志培主编:《网络与电子商务法》(修订本),法律出版社2002年版。

将电子商业汇票付款期限延长到了1年,从而可以更好地发挥商业汇票的融资功能,为中小企业"融资难"纾困。

2015年4月,《电子签名法》进行第一次修正,在第17条增加一项,要求必须取得法人资格方可提供电子认证服务,又删去第18条第2款,不再要求申请者在取得电子认证资格后再向市场监督管理部门办理企业登记手续,简化了行政程序。

2016年8月份,原中国银监会等颁布的《网络借贷信息中介机构业务活动管理暂行办法》第22条第1款规定:"各方参与网络借贷信息中介机构业务活动,需要对出借人与借款人的基本信息和交易信息等使用电子签名、电子认证时,应当遵守法律法规的规定,保障数据的真实性、完整性及电子签名、电子认证的法律效力。"

2019年4月,《电子签名法》进行第二次修正,放宽电子签名使用范围,删除了"土地、房屋等不动产权益转让"不适用"电子签名、数据电文"的条款,为房地产交易中应用电子合同、电子签名提供了明确的法律依据。

2019年4月26日起施行的国务院《关于在线政务服务的若干规定》中明确"电子印章与实物印章具有同等法律效力,加盖电子印章的电子材料合法有效"。

2019年5月,国务院办公厅《转发国家发展改革委关于深化公共资源交易平台整合共享指导意见的通知》中要求优化公共资源交易服务,健全平台电子系统,促进数字证书(CA)跨平台、跨部门、跨区域互认,逐步实现全国互认,推动电子营业执照、电子担保保函在公共资源交易领域的应用。

2010年6月,中国人民银行公布了《非金融机构支付服务管理办法》,并于2010年9月1日正式予以施行,后于2020年修正。根据该办法,非金融机构支付服务是指非金融机构在收付款人之间作为中介机构提供的货币资金转移服务,包括网络支付、预付卡的发行与受理以及银行卡收单等。该办法确立了非金融机构从事支付服务业务的许可证制度,非金融机构只有符合法定的支付服务市场准入条件并取得人民银行颁发的支付业务许可证才能够合法营业。该办法进一步规定了从事支付服务业务的非金融机构在规范经营、资金安全、系统运行等方面应承担的责任与义务,强化了对非金融机构支付服务的监督管理,以有效防范各类金融风险。2015年12月28日,中国人民银行发布《非银行支付机构网络支付业务管理办法》,界定网络支付业务的含义,推进支付账户实名制的落实,引导支付机构建立完善的风险控制机制,健全客户损失赔付、差错争议处理等客户权益保障机制,进一步完善支付机构分类监管措施及客户权益保护机制。

第三方支付机构存在无证经营、备付金风险等问题。为了规避银联的清算手续费,第三方支付机构往往选择绕过银联而与银行"直连",这样使第三方支付更加难以监管。为了规范第三方支付机构的运作,2016年4月13日,中国人民银行等14部门联合发布《非银行支付机构风险专项整治工作实施方案》(银发〔2016〕112号,以下简称112号文),要求逐步取缔支付机构和银行直接连接处理模式。该举措目的在于防止第三方支付机构通过“直连模式”绕过央行的清算系统,并提出建设网络支付清算平台,即网联平台,网联平台建立后支付机构与银行多头连接开展的业务应全部迁移到平台处理。网联平台实质上是第三方支付业务的清算平台,功能类似于对银行卡支付业务进行清算的卡组织。〔1〕 112 号文所推动建立的网络支付清算平台于 2017 年 3 月 31 日开始试运行,首批接入部分银行和支付机构。2017 年 8 月 4 日,人民银行支付结算司发出《关于将非银行支付机构网络支付业务由直连模式迁移至网联平台处理的通知》(银支付〔2017〕209 号,以下简称 209 号通知),要求自 2018 年 6 月 30 日起,非银行支付机构受理的涉及银行账户的网络支付业务全部通过网联平台处理。至此,初步形成银行卡清算机构即银联负责银行卡支付清算,网联平台负责第三方支付清算的局面。

2017 年 12 月 13 日,中国人民银行下发《关于规范支付创新业务的通知》(银发〔2017〕281 号,以下简称 281 号文),对第三方支付机构通过“直连模式”绕过央行清算系统的严监管举措不变。281 号文印发后,禁止银行、支付机构新增不同法人机构间“直连”处理跨行清算的支付产品或者服务,存量业务也应当迁移至合法的清算机构处理。2017 年 12 月 25 日,中国人民银行又下发《关于印发〈条码支付业务规范(试行)〉的通知》(银发〔2017〕296 号,以下简称 296 号文),对第三方机构开展条码支付业务也采取同样的严监管举措,禁止“直连模式”处理条码支付业务,存量业务统一迁移至合法的清算机构处理。

2018 年 3 月 20 日,网联清算有限公司向其成员单位发出《关于非银行支付机构网络支付清算平台渠道接入工作相关事宜的函》,重申 209 号通知要求,要求第三方支付机构将所有业务尽快迁移至网联平台处理。〔2〕

支付机构能够从事清算业务主要在于支付机构与商业银行直接连接,同时又在不同商业银行开设了多个备付金账户。为规范支付机构的清算业务,需要消解以下两项现实条件:第一,打破支付机构与商业银行直接连接的做法,另行建立统一的清算组织,为支付机构提供数据交换、资金清算服务;第二,对备付金进行集中存管,要求一家支付机构只能开设一个备付金账户。为防止支付机构成为事实上的银行,并应对客户备付金无法兑付的风险,监管机构陆续推出一系列的监管措施,包括《非金融机构支付服务管理办法》、《非金融机构支付服务业务系统检测认证管理规定》、《支付机构客户备付金存管办法》(已失效)、《非银行支付机构网络支付业务管理办法》、《关于实施支付机构客户备付金集中存管有关事项的通知》(已失效)、《关于支付机构撤销人民币客户备付金账户有关工作的通知》、《非银行支付机构客户备付金存管办法(征求意见稿)》等。主要监管措施在于:(1)建立支

〔1〕 参见蒋力:《支付清算市场新格局下的垄断与竞争》,载《私法》2018 年第 1 期。

〔2〕 参见廖凡:《网络支付清算若干法律问题研究——以银行卡组织权益保障为视角》,载陈洁主编:《商法学论集》第 2 卷,法律出版社 2018 年版,第 68 页。

付业务许可制度,在资金、技术标准、组织管理等方面设立准入门槛,将不合格机构筛选出市场,最大限度地保障客户权益;(2)明确备付金所有权在于客户,要求支付机构对支付账户进行风险管理,禁止支付机构以任何形式挪用客户备付金;(3)限制支付机构对客户资金的投资,构建商业银行对备付金的存管制度,要求支付机构接收的客户备付金全额缴存至专用存款账户。2016 年,十四个部门联合发布的《非银行支付机构风险专项整治工作实施方案》主要从执法检查层面强化上述基本监管措施,但作出了两项推进:一是建立支付机构客户备付金集中存管制度;二是逐步取消对支付机构客户备付金的利息支出。[1]

(二)银行卡业务

银行卡是由经授权的金融机构(主要指商业银行)向社会发行的具有消费信用、转账结算、存取现金等全部或部分功能的信用支付工具。1992 年,中国人民银行颁布了《信用卡业务管理暂行办法》(已失效),这是我国第一部有关银行卡的监管规章。之后经过两次修订,该文件发展成为 1999 年《银行卡业务管理办法》。2011 年 1 月,原银监会发布并实施《商业银行信用卡业务监督管理办法》。2020 年 1 月,为规范商业银行信用卡业务经营行为和息费计收规则,中国支付清算协会发布了新修订的《银行卡发卡业务风险管理指引》,从保护持卡人合法权益和可操作性方面进行细化完善,规范商业银行经营行为,推动信用卡产业规范发展。

1. 银行卡业务分类

银行卡可分为贷记卡、准贷记卡和借记卡。贷记卡是指发卡银行给予持卡人一定的信用额度,持卡人可在信用额度内先消费、后还款的信用卡。准贷记卡是指持卡人须先按发卡银行要求交存一定金额的备用金,当备用金账户余额不足支付时,可在发卡银行规定的信用额度内透支的信用卡。借记卡按功能不同分为转账卡(含储蓄卡,下同)、专用卡、储值卡。借记卡不具备透支功能。转账卡是实时扣账的借记卡,具有转账结算、存取现金和消费功能。专用卡是具有专门用途、在特定区域使用的借记卡,具有转账结算、存取现金功能。储值卡是发卡银行根据持卡人要求将其资金转至卡内储存,交易时直接从卡内扣款的预付钱包式借记卡。

另外,依据结算的币种不同,银行卡可分为人民币卡业务和外币卡业务;按使用对象不同,银行卡可以分为单位卡(商务卡)和个人卡;按载体材料的不同,银行卡可以分为磁性卡和智能卡(IC 卡);按使用对象的信誉等级不同,银行卡可分为金卡和普通卡;按流通范围,银行卡还可分为国际卡和地区卡;其他分类方式,包括商业银行与营利性机构或非营利性机构合作发行联名卡/认同卡。联名/认同卡所依附的银行卡品种必须是已经中国人民银行批准的品种,并应当遵守相应品种的业务章程或管理办法。发卡银行和联名单位应当为联名卡持卡人在联名单位用卡

---

〔1〕 参见苏盼:《非银行机构支付结算与清算业务风险研究》,载《金融法苑》2018 年第 1 期。

提供一定比例的折扣优惠或特殊服务。持卡人领用认同卡表示对认同单位事业的支持。

2. 银行卡业务基本规则

(1)银行卡业务审批规则

商业银行开办银行卡业务应当具备下列条件:①开业3年以上,具有办理零售业务的良好业务基础;②符合中国人民银行颁布的资产负债比例管理监控指标,经营状况良好;③已就该项业务建立了科学完善的内部控制制度,有明确的内部授权审批程序;④合格的管理人员和技术人员、相应的管理机构;⑤安全、高效的计算机处理系统;⑥发行外币卡还须具备经营外汇业务的资格和相应的外汇业务经营管理水平;⑦中国人民银行规定的其他条件。

商业银行开办各类银行卡业务,应当按照中国人民银行有关加强内部控制和授权授信管理的规定,分别制定统一的章程或业务管理办法,报中国人民银行总行审批。商业银行发行全国使用的联名卡、IC卡、储值卡应当报中国人民银行总行审批。商业银行分支机构办理经中国人民银行总行批准的银行卡业务应当持中国人民银行批准文件和其总行授权文件向中国人民银行当地行备案。商业银行分支机构发行区域使用的专用卡、联名卡应当持商业银行总行授权文件、联名双方的协议书报中国人民银行当地中心支行备案。已开办信用卡或转账卡业务的商业银行可向中国人民银行申请发行联名/认同卡、专用卡、储值卡。已开办人民币信用卡业务的商业银行可向中国人民银行申请发行外币信用卡。商业银行变更银行卡名称、修改银行卡章程应当报中国人民银行审批。外资金融机构经营银行卡收单业务应当报中国人民银行总行批准。银行卡收单业务是指签约银行向商户提供的本外币资金结算服务。

(2)计息规则

根据《银行卡业务管理办法》,银行卡的计息包括计收利息和计付利息。发卡银行对准贷记卡及借记卡(不含储值卡)账户内的存款,按照中国人民银行规定的同期同档次存款利率及计息办法计付利息。发卡银行对贷记卡账户的存款、储值卡(含IC卡的电子钱包)内的币值不计付利息。但是,贷记卡持卡人选择最低还款额方式或超过发卡银行批准的信用额度用卡时,不再享受免息还款期待遇,应当支付未偿还部分自银行记账日起,按规定利率计算的透支利息。贷记卡持卡人支取现金、准贷记卡透支,不享受免息还款期和最低还款额待遇,应当支付现金交易额或透支额自银行记账日起,按规定利率计算的透支利息。

贷记卡透支按月计收复利,准贷记卡透支按月计收单利,透支利率为日利率万分之五,并根据中国人民银行的此项利率调整而调整。

发卡银行在利率或收费项目调整前按照监管规定时限提前通知持卡人,持卡人可自主选择销户或继续使用。

(3)账户及交易管理规则

个人申领银行卡(储值卡除外),应当向发卡银行提供公安部门规定的本人有效身份证件,经发卡银行审查合格后,为其开立记名账户;凡在中国境内金融机构开立基本存款账户的单位,应当凭中国人民银行核发的开户许可证申领单位卡;银行卡及其账户只限经发卡银行批准的持卡人本人使用,不得出租和转借。

个人人民币卡账户的资金以其持有的现金存入或以其工资性款项、属于个人的合法的劳务报酬、投资回报等收入转账存入。个人外币卡账户的资金以其个人持有的外币现钞存入或从其外汇账户(含外钞账户)转账存入。该账户的转账及存款均按国家外汇管理局《个人外汇管理办法》办理。个人外币卡在境内提取外币现钞时应按照我国个人外汇管理制度办理。

单位人民币卡账户的资金一律从其基本存款账户转账存入,不得存取现金,不得将销货收入存入单位卡账户。单位人民币卡可办理商品交易和劳务供应款项的结算,但不得透支;超过中国人民银行规定起点的,应当经中国人民银行当地分行办理转汇。单位外币卡账户的资金应从其单位的外汇账户转账存入,不得在境内存取外币现钞。其外汇账户应符合下列条件:按照中国人民银行境内外汇账户管理的有关规定开立;其外汇账户收支范围内具有相应的支付内容。

除国家外汇管理局指定的范围和区域外,外币卡原则上不得在境内办理外币计价结算。

持卡人在还清全部交易款项、透支本息和有关费用后,可申请办理销户。销户时,单位人民币卡账户的资金应当转入其基本存款账户,单位外币卡账户的资金应当转回相应的外汇账户,不得提取现金。

发卡银行依据密码等电子信息为持卡人办理的存取款、转账结算等各类交易所产生的电子信息记录,均为该项交易的有效凭据。发卡银行可凭交易明细记录或清单作为记账凭证。银行卡通过联网的各类终端交易的原始单据至少保留2年备查。

(4)银行卡风险管理规则

发卡银行应当认真审查信用卡申请人的资信状况,根据申请人的资信状况确定有效担保及担保方式;应当对信用卡持卡人的资信状况进行定期复查,并应当根据资信状况的变化调整其信用额度;应当建立授权审批制度,明确对不同级别内部工作人员的授权权限和授权限额;应当加强对止付名单的管理,及时接收和发送止付名单。通过借记卡办理的各项代理业务,发卡银行不得为持卡人或委托单位垫付资金。

发卡银行应当遵守下列信用卡业务风险控制指标:①同一持卡人单笔透支发生额个人卡不得超过2万元(含等值外币)、单位卡不得超过5万元(含等值外币);②同一账户月透支余额个人卡不得超过5万元(含等值外币),单位卡不得超过发卡银行对该单位综合授信额度的3%,无综合授信额度可参照的单位,其月透支余额不得超过 10 万元(含等值外币);③外币卡的透支额度不得超过持卡人保证金(含储蓄存单质押金额)的 80%;④从《银行卡业务管理办法》施行之日起新发生的 180 天(含)以上的月均透支余额不得超过月均总透支余额的 15%。准贷记卡的透支期限最长为 60 天。贷记卡的首月最低还款额不得低于其当月透支余额的 10%。

发卡银行通过下列途径追偿透支款项和诈骗款项:①扣减持卡人保证金、依法处理抵押物和质物;②向保证人追索透支款项;③通过司法机关的诉讼程序进行追偿。

3. 信用卡基本法律关系

信用作为一类特殊的交易行为,是以货币的借贷以及赊销预付为内容的,因此消费者通过信用卡消费就可以实现买和卖、消费和支付在时空上的分离,也使得信用卡法律关系表现出与普通的现金交易所不同的特殊之处。信用卡关系当事人不仅限于持卡人和发卡行,还要依赖信用卡组织、收单银行、特约商户等多方当事人的合作。一般来说,信用卡交易包括以下几个环节:(1)申请人向发卡机构申请核发信用卡;(2)发卡机构根据申请人的收入状况等情况确定相应的信用额度;(3)发卡银行向申请人发行信用卡;(4)持卡人出示信用卡,并在签购单上签字;(5)特约商户审核持卡人的卡片、签名及其他必要条件无误后接受持卡人刷卡消费;(6)特约商户凭持卡人签字的签购单向收单银行或发卡银行要求付款;(7)发卡银行每月定期寄出明细对账单通知持卡人还款,持卡人可选择到期日前偿还全部金额而免于支付利息,或仅偿付最低还款额并支付循环利息。可见,持卡人刷卡消费、发卡银行向特约商户付款、持卡人向发卡银行还款是构成信用卡交易的三大基本环节,三方主体之间的买卖合同、信用卡领用合同以及信用卡受理合同则构成信用卡的三大基本法律关系(如图 1 所示)。其中,银行卡申请表、领用合约是发卡银行向信用卡持卡人提供的明确双方权责的契约性文件,持卡人签字,即表示接受其中各项约定。发卡银行应当本着权利与义务对等的原则制定信用卡申请表及信用卡领用合约。商业银行发展受理信用卡的商户,应当与商户签订受理合约,受理合约不得包括排他性条款。受理合约中的手续费率标准低于《银行卡业务管理办法》规定标准的不受法律保护。

发卡银行享有如下权利:(1)发卡银行有权审查申请人的资信状况、索取申请人的个人资料,并有权决定是否向申请人发卡及确定信用卡持卡人的透支额度;(2)发卡银行对持卡人透支有追偿权,对持卡人不在规定期限内归还透支款项的,发卡银行有权申请法律保护并依法追究持卡人或有关当事人的法律责任;(3)发卡银行对不遵守其章程规定的持卡人,有权取消其持卡人资格,并可授权有关单位收回其银行卡。

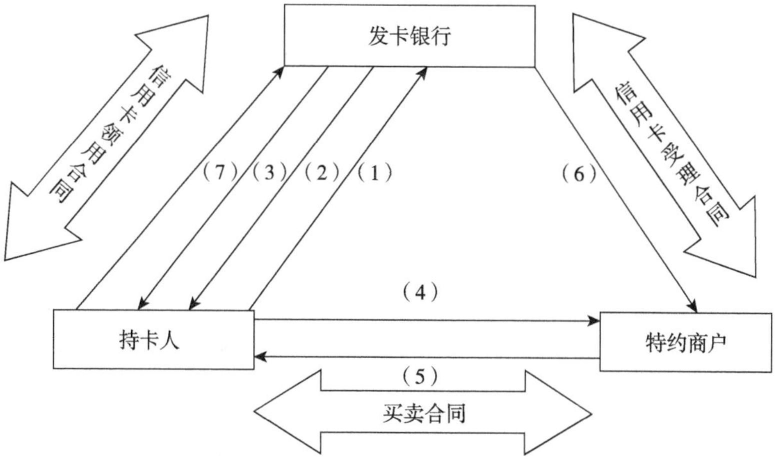

图1　信用卡基本法律关系

发卡银行还应承担如下义务:(1)发卡银行应当向银行卡申请人提供有关信用卡的使用说明资料,包括章程、使用说明及收费标准,现有持卡人亦可索取上述资料;(2)发卡银行应当设计针对信用卡服务的公平、有效的投诉制度,并公开投诉程序和投诉电话,发卡银行对持卡人关于账务情况的查询和改正要求应当在30天内给予答复;(3)发卡银行应当向持卡人提供对账服务,按月向持卡人提供账户结单(在下列情况下发卡银行可不向持卡人提供账户结单:①已向持卡人提供存折或其他交易记录;②自上一月结单后,没有进行任何交易,账户没有任何未偿还余额;③已与持卡人另行商定);(4)发卡银行应当向持卡人提供信用卡挂失服务,应当设立24小时挂失服务电话,提供电话和书面两种挂失方式,书面挂失为正式挂失方式,并在章程或有关协议中明确发卡银行与持卡人之间的挂失责任;(5)发卡银行应当在有关卡的章程或使用说明中向持卡人说明密码的重要性及丢失的责任;(6)发卡银行对持卡人的资信资料负有保密的责任。此外,新修订的《银行卡发卡业务风险管理指引》明确要求对于连续逾期181天(含)以上的信用卡账户,至多可收取180天内产生的违约金。

持卡人享有如下权利:(1)持卡人享有发卡银行对其信用卡所承诺的各项服务的权利,有权监督服务质量并对不符服务质量进行投诉;(2)申请人、持卡人有权知悉其选用的信用卡的功能、使用方法、收费项目、收费标准、适用利率及有关的计算公式;(3)持卡人有权在规定时间内向发卡银行索取对账单,并有权要求对不符账务内容进行查询或改正;(4)信用卡的挂失手续办妥后,持卡人不再承担相应卡账户资金变动的责任,司法机关、仲裁机关另有判决的除外;(5)持卡人有权索取信用卡领用合约,并应妥善保管。

持卡人还应承担如下义务:(1)申请人应当向发卡银行提供真实的申请资料并按照发卡银行规定向其提供符合条件的担保;(2)持卡人应当遵守发卡银行的章程

及领用合约的有关条款;(3)持卡人或保证人通讯地址、职业等发生变化,应当及时书面通知发卡银行;(4)持卡人不得以和商户发生纠纷为由拒绝支付所欠银行款项。

2016年4月,中国人民银行发布的《关于信用卡业务有关事项的通知》,对我国信用卡规制框架作了重大调整,形成了"放松管制、信息披露及自律管理并举"的规制框架:首先,赋予发卡机构更多的经营自主决定权,这是我国信用卡规制框架构建的逻辑起点;其次,加强监管,明确禁止发卡机构不得收取滞纳金、超限费等,并要求发卡机构在符合条件时履行信息披露义务,保障持卡人的知情权,提高信用卡透明度;最后,首次确立了信用卡业务的自律管理机制,赋予中国支付清算协会按照信用卡业务相关监管制度履行自律管理职能的权限。以上改革,放松了对发卡机构的业务及价格等的限制,赋予了发卡机构在利率、违约金、最低还款、免息期等信用卡核心条款上的自主决定权,有助于提高信用卡行业效率,对促进我国信用卡产业的转型升级具有积极意义。[1]

4.银联卡及跨行交易收益分配

银联卡,即"银联"标识卡,是经中国人民银行批准,由国内各发卡金融机构发行,采用统一业务规范和技术标准,可以跨行跨地区使用的带有"银联"标识的银行卡。2002年1月10日,首期银联卡发行。为建立和运营全国银行卡跨行信息交换网络,实现银行卡全国范围内的联网通用,2002年3月26日,经中国人民银行批准,八十多家国内金融机构共同发起设立中国银联股份有限公司。其经营范围为:(1)建设和运营全国统一的银行卡跨行信息交换网络;(2)提供先进的电子化支付技术和与银行卡跨行信息交换相关的专业化服务;(3)开展银行卡技术创新;(4)管理和经营"银联"标识;(5)制定银行卡跨行交易业务规范和技术标准,协调和仲裁银行间跨行交易业务纠纷;(6)组织行业培训、业务研讨和开展国际交流,从事相关研究咨询服务;(7)经中国人民银行批准的其他相关服务业务。

为适应市场发展,完善银行卡业务参与机构的分配体系,充分发挥利益分配的杠杆调节机制,经中国人民银行批复,《中国银联入网机构银行卡跨行交易收益分配办法》(部分失效)自2004年3月1日起施行,对ATM跨行交易手续费和POS机跨行交易商户结算手续费作了规定。ATM跨行交易分为取款和查询两种交易,交易手续费分配涉及发卡银行、提供机具和代理业务的代理银行以及提供跨行信息转接的中国银联。POS机跨行交易商户结算手续费的分配涉及发卡银行、提供POS机具和完成对商户资金结算的收单机构以及提供跨行信息转接的中国银联。

(三)代理类中间业务

代理类中间业务是指商业银行接受客户委托、代为办理客户指定的经济事务、

[1]　参见王洪:《信用卡产业创新与持卡人权益保护——兼议〈关于信用卡业务有关事项的通知〉》,载《金融法苑》2016年第2期。

提供金融服务并收取一定费用的业务，包括代理政策性银行业务、代理中国人民银行业务、代理商业银行业务、代收代付业务、代理证券业务、代理保险业务、代理其他银行银行卡收单业务等。代理政策性银行业务，是指商业银行接受政策性银行委托，代为办理政策性银行因服务功能和网点设置等方面的限制而无法办理的业务，包括代理贷款项目管理等。代理中国人民银行业务，是指根据政策、法规应由中央银行承担，但由于机构设置、专业优势等方面的原因，由中央银行指定或委托商业银行承担的业务，主要包括财政性存款代理业务、国库代理业务、发行库代理业务、金银代理业务。代理商业银行业务，是指商业银行之间相互代理的业务，例如为委托行办理支票托收等业务。代收代付业务，是商业银行利用自身的结算便利，接受客户的委托代为办理指定款项的收付事宜的业务，例如代理各项公用事业收费、代理行政事业性收费和财政性收费、代发工资、代扣住房按揭消费贷款还款等。代理保险业务是指商业银行接受保险公司委托代其办理保险业务的业务。商业银行代理保险业务，可以受托代个人或法人投保各险种的保险事宜，也可以作为保险公司的代表，与保险公司签订代理协议，代保险公司承接有关的保险业务。代理保险业务一般包括代售保单业务和代付保险金业务。其他代理业务，包括代理证券业务[1]、代理财政委托业务、代理其他银行银行卡收单业务等。

（四）担保类中间业务

担保类中间业务是指商业银行为客户债务清偿能力提供担保，承担客户违约风险的业务，主要包括银行承兑汇票、备用信用证、各类保函等。银行承兑汇票，是由收款人或付款人（或承兑申请人）签发，并由承兑申请人向开户银行申请，经银行审查同意承兑的商业汇票。备用信用证，是开证行应借款人要求，以放款人作为信用证的收益人而开具的一种特殊信用证，以保证在借款人破产或不能及时履行义务的情况下，由开证行向收益人及时支付本利。各类保函，包括投标保函、承包保函、还款担保函、借款保函等。

（五）承诺类中间业务

承诺类中间业务是指商业银行在未来某一日期按照事前约定的条件向客户提供约定信用的业务，主要指贷款承诺，包括可撤销承诺和不可撤销承诺两种。可撤销承诺附有客户在取得贷款前必须履行的特定条款，在银行承诺期内，客户如没有履行条款，则银行可撤销该项承诺。可撤销承诺包括透支额度等。不可撤销承诺是银行不经客户允许不得随意取消的贷款承诺，具有法律约束力，包括备用信用额

---

[1] 2006年1月1日，2005年修订后的《证券法》正式施行。2006年5月8日，中国证监会下发《关于落实〈证券法〉、规范证券经营机构证券经纪业务有关行为的通知》，规定各证券经营机构不得委托其他机构代理审核投资者开户资料或者开立证券交易账户；不得委托其他机构代理签订证券交易协议；不得通过或借助其他非证券类机构的业务系统为投资者提供证券交易委托申报；不得委托其他非证券类机构代理完成全部或者部分资金清算交收义务。根据该通知，商业银行代理证券业务中代理买卖股票、代理证券资金清算交收业务被叫停。

度、回购协议、票据发行便利等。

(六)交易类中间业务

交易类中间业务是指商业银行为满足客户保值或自身风险管理等方面的需要,利用各种金融工具进行的资金交易活动,主要包括金融衍生业务。根据金融衍生品交易形态的不同,金融衍生业务可分为远期、期货、期权和互换四大类。

(七)基金托管业务

基金托管业务是指有托管资格的商业银行接受基金管理公司委托,安全保管所托管的基金的全部资产,为所托管的基金办理基金资金清算款项划拨、会计核算、基金估值、监督管理人投资运作,包括封闭式证券投资基金托管业务、开放式证券投资基金托管业务和其他基金的托管业务。

(八)咨询顾问类业务

咨询顾问类业务是指商业银行依靠自身在信息、人才、信誉等方面的优势,收集和整理有关信息,并通过对这些信息以及银行和客户资金运动的记录和分析,形成系统的资料和方案,提供给客户,以满足其业务经营管理或发展的需要的服务活动。其中包括企业信息、资产管理、财务、企业并购、现金管理等方面的咨询业务。企业信息咨询业务,包括项目评估、企业信用等级评估、验证企业注册资金、资信证明、企业管理咨询等。资产管理顾问业务,指为机构投资者或个人投资者提供全面的资产管理服务,包括投资组合建议、投资分析、税务服务、信息提供、风险控制等。财务顾问业务,包括大型建设项目财务顾问业务和企业并购顾问业务。大型建设项目财务顾问业务指商业银行为大型建设项目的融资结构、融资安排提出专业性方案。企业并购顾问业务是指商业银行为企业的兼并和收购双方提供的财务顾问业务,银行不仅参与企业兼并与收购的过程,而且作为企业的持续发展顾问,参与公司结构调整、资本充实和重新核定、破产和困境公司的重组等策划和操作过程。现金管理业务,是指商业银行协助企业,科学合理地管理现金账户头寸及活期存款余额,以达到提高资金流动性和使用效益的目的。

(九)其他类中间业务

其他类中间业务包括保管箱业务以及其他不能归入以上八类的业务。

保管箱业务是银行接受客户的委托,以出租保管箱或代保管的形式对客户交付的贵重物品、重要文件、有价单证等财物进行保管的服务性项目。

商业银行提供保管箱业务有两种形式[1]:(1)出租保管箱,是指商业银行将设在银行里保管库中的屉式存物箱出租给客户使用。此种情形下,银行与客户之间成立租赁合同关系。(2)代管保管业务,是指委托人将贵重物品、证券文件等,检交商业银行代为保管,并不自租保管箱的方式。此种情形下,银行与客户之间成立

[1] 参见王泽宙主编:《银行法通论》,经济日报出版社 1995 年版,第 475 - 476 页。

保管合同关系。代保代管业务又可分为露封保管业务和密封保管业务。前者是委托人将保管物件检交商业银行保管,并不欲加保封,主要用于代保管股票、债券及其他有价证券;后者是指对难以检点鉴别或不愿公开交存的保管物件,委托人自行装箱或包封,由商业银行原封保管,主要是契约、遗嘱、印章、凭证、金银首饰等。

思考题

1. 如何理解商业银行与客户之间的法律关系?
2. 试述安全性原则在商业银行监管中的具体体现。

第三章 票据法律制度

第一节 票据法概述

一、票据法概述

（一）票据法的概念

票据法是指调整票据关系以及与票据关系有关的其他社会关系的法律规范的总称。票据关系是指票据当事人之间因票据行为（出票、背书、承兑等）而产生的票据上的权利义务关系。与票据关系有关的其他社会关系，是指不是基于票据行为直接产生的，而是由票据法直接规定的、与票据关系有密切联系的权利义务关系，又称为票据法上的非票据关系。

票据法有广义和狭义之分。广义的票据法，也称实质意义上的票据法，包括一切有关票据的法律规范，即除了专门的票据法规范之外，还包括其他法律规范中有关票据的规定。如《民法》中关于民事主体、法律行为、期间、代理等的规定；《民事诉讼法》中关于公示催告、除权判决的规定；《刑法》中关于伪造、变造票据，签发空头支票，冒用他人票据等行为的规定；等等。狭义的票据法，也称形式意义上的票据法，仅指规范票据和票据关系的专门立法。通常所说的票据法，仅指狭义的票据法。

我国规范票据关系的专门立法，主要有：《票据法》、《票据管理实施办法》、最高人民法院《关于审理票据纠纷案件若干问题的规定》、《支付结算办法》、《支付结算会计核算手续》等。

（二）票据法的特征

1. 私法兼具公法性。票据法作为商事领域中重要的部门法，调整的是平等主体之间的票据关系以及与票据关系有关的其他社会关系，属于私法范畴。但是为了促进票据的流通与维护票据交易的安全，票据法中规定有相当数量的公法性规范。例如，规定禁止签发空头支票，规定禁止票据伪造、变造，规定票据违法行为的法律责任等。

2. 强行性而非任意性。私法规范一般以任意性规范居多，但是由于现代票据法的宗旨仅在于保障票据上权利的确定和助长票据的流通，票据法中规定了很多强行性规范。例如,票据种类法定,不允许当事人发行法定票据种类之外的其他票据;对票据适用外观显示主义,规定票据的无因性、要式性和文义性,规定票据的效力;对票据当事人的权利义务采用强行性规则,规定付款请求权和追索权的具体行使规则、票据债务人的抗辩及限制规则;等等。

3. 技术性而非伦理性。法律与社会伦理道德具有一定的联系,法律中的某些规范体现了一些道德的价值取向,传统的民法与刑法体现尤甚。而随着商品交易发展起来的票据及票据法律规范,基本上很少受到历史文化传统及道德伦理的影响,更多地体现了繁荣市场、提高效率的价值追求。为了便于当事人对票据的正确认识和使用,票据法规定了许多操作性很强的技术性规范。例如,规定票据的无因性、要式性、文义性;规定各种票据行为的规则;规定票据权利的取得、行使、保全规则;规定票据义务的承担、票据债务人的抗辩与限制规则;等等。

4. 国内法兼具国际统一性。票据法虽属于国内法,但从立法内容和发展趋势看,票据法又具有较强的国际统一性。日内瓦统一票据法会议召开之后,世界上逐渐形成了两大票据法系——日内瓦统一票据法系和英美票据法系,而两大法系之间也正在逐渐消除根本性差异。

二、票据关系与非票据关系

(一)票据关系

票据关系是指票据当事人之间因票据行为(出票、背书、承兑等)而直接产生的票据上的权利义务关系。票据是一种金钱债权证券,因此票据关系是一种特殊的民事法律关系,实质上是票据债权人和票据债务人之间的债权债务关系。票据关系具有以下特征。

1. 票据关系基于票据行为直接产生。票据法采用严格要式主义,只有法定票据行为,才能引起票据关系发生。例如,因出票行为而产生的出票人与收款人之间的关系(汇票出票人对收款人担保承兑和担保付款,本票出票人对收款人承担付款义务,支票出票人对收款人担保付款)和收款人与付款人之间的关系(汇票收款人向付款人请求承兑或付款,支票收款人向付款人请求付款);因背书行为而产生的背书人与被背书人之间的关系、被背书人与付款人或出票人之间的关系、背书的前手与后手之间的关系;因承兑行为而产生的持票人与承兑人之间的关系(承兑人作为汇票主债务人,对持票人承担无条件付款义务);因保证行为而产生的保证人与被保证人之间的关系、保证人与持票人之间的关系;因付款行为而使票据权利消灭、所有票据债务人的义务解除。

2. 票据关系具有主体的多方性和相对性。票据签发之后可以多次背书转让,再加上承兑、保证等票据行为,因此会产生多个票据当事人,即体现为票据关系主体的多方性。此外,在一系列票据行为中,票据关系主体又具有相对性。如在背书关系中,背书人相对于其前手是债权人,而相对于其后手是债务人。

3. 票据关系的客体是一定金额的货币。票据关系的客体是票据上所载明的一定金额的货币。票据关系的客体具有单一性,即只能是货币。

4. 票据关系的内容是票据权利和票据义务。票据当事人因票据行为而享有票据权利和承担票据义务,由于票据关系实质上是一种债权债务关系,票据关系内容也可表述为票据债权债务。票据债权即持票人享有的付款请求权和追索权,相对应的是票据债务人负有的付款义务和偿付义务。

5. 票据关系具有无因性和独立性。为了保障形式合法票据的效力的确定和促进票据的流通,票据法一般赋予票据关系无因性和独立性。票据关系的无因性,又称为票据关系的抽象性,指票据关系与票据基础关系相分离。票据关系的独立性,是指数个票据关系可以在同一票据上各自独立存在并发生效力,互不影响。

(二)非票据关系

非票据关系是指不是基于票据行为直接产生的,但与票据关系有密切联系的权利义务关系,包括票据法上的非票据关系和民法上的非票据关系。

1. 票据法上的非票据关系

票据法上的非票据关系是基于票据法的规定而产生的。根据各国票据法的规定,票据法上的非票据关系包括汇票回单签发关系,票据返还关系,票据复本、誊本的发行与返还关系,票据法上的利益偿还关系。[1]

2. 民法上的非票据关系

民法上的非票据关系,又称为票据的基础关系,是指票据关系所赖以产生的民事基础法律关系。它属于民法上的法律关系,是独立于票据关系的另一类法律关系,包括票据原因关系、票据资金关系、票据预约关系。票据原因关系是指票据当事人之间授受票据的事由而产生的法律关系。票据资金关系是指汇票和支票中出票人与付款人之间的委托付款合同关系。票据预约关系是指授受票据的当事人之间在签发票据之前就票据的签发或转让的基本事项所达成的合同关系。

(三)票据关系的无因性

票据关系的无因性,又称为票据关系的抽象性,指票据关系与票据基础关系相分离。这种分离表现在以下三方面。

1. 票据关系与票据原因关系的分离。(1)票据行为一经完成,即与其产生的票据原因关系相分离。即使票据原因关系不存在、无效、被撤销,票据关系的效力也不受影响。(2)票据背书转让时,受让人无须了解转让人取得票据的原因。(3)持票人行使票据权利时,以持有票据为必要的前提条件,不负取得票据的原因的举证责任。只要票据符合法定形式要件,即生效力,而不受取得票据的原因所影响。(4)票据债务人在履行债务时,无须实质审查持票人取得票据的原因。

2. 票据关系与票据资金关系的分离。(1)基于票据关系产生的票据权利不受

---

[1] 票据法上的利益偿还关系将在本章第五节的“票据时效与利益偿还请求权”中专门阐述。

资金关系的影响,是独立的票据权利,包括付款请求权和追索权。(2)汇票付款人的承兑行为与票据资金关系并无当然联系。付款人即使从出票人处得到资金,也不因此成为当然的票据债务人,因为付款人可以拒绝承兑;而付款人一经承兑,即使没有从出票人处获得资金,也必须承担付款责任。(3)出票人不得以票据资金关系存在为由拒绝其后手的追索权。支票不同于汇票,支票的付款人仅为关系人,非债务人。支票付款人因出票人存款不足退票,符合法律规定。

3. 票据关系与票据预约关系的分离。(1)票据关系效力独立,不受票据预约关系的影响。即使票据上的文义与票据预约合同中规定的不一致,该票据仍依票载文义发生法律效力。(2)票据当事人违反票据预约的,并不影响其票据债权债务,只能要求其承担民法上的违约责任。但是,票据的无因性不是绝对的,票据的无因只是"相对无因"。在票据的基础关系当事人与票据关系当事人重合时,票据关系受票据的基础关系影响。让没有给付对价的当事人取得不受限制的票据权利,有悖于公平交易的原则。正是因为票据无因性的相对性,所以票据关系与票据基础关系产生了一定的牵连,票据债务人基于这种牵连可以行使相应的抗辩权。

(四)我国《票据法》关于基础关系的条文是否与票据无因性相冲突

我国《票据法》规定,"票据的签发、取得和转让,应当遵循诚实信用的原则,具有真实的交易关系和债权债务关系","汇票的出票人必须与付款人具有真实的委托付款关系,并且具有支付汇票金额的可靠资金来源","本票的出票人必须具有支付本票金额的可靠资金来源,并保证支付","开立支票存款账户和领用支票,应当有可靠的资信,并存入一定的资金"。

《票据法》中对票据基础关系真实性的要求,确实容易使人对我国《票据法》中的票据关系与票据基础关系分离的原则产生怀疑,但《票据法》中仅仅要求票据基础关系具有真实性,并未对不具备真实性的票据基础关系对票据关系效力的影响作出明确规定。[1] 依据法理学可知:从逻辑上,每一法律规范均由行为模式和法律后果两部分构成,法律后果包括肯定性法律后果和否定性法律后果。而上述四处规定都是"……应当……""……必须……"模式,并未规定不这样做对整个流转过程中的票据关系有何影响。《票据法》中关于票据无效的规定都是很明确的,即使票据基础关系不真实或者欠缺,只要票据符合法定形式要件,票据关系仍然有效。最高人民法院《关于审理票据纠纷案件若干问题的规定》第 13 条明确解释:"票据债务人以《票据法》第 10 条、第 21 条的规定为由,对业经背书转让票据的持票人进行抗辩的,人民法院不予支持。"这说明,我国《票据法》仍然是坚持票据无因性原则的。

通过以上分析可以看出,我国《票据法》关于票据基础关系的条文并不与票据

---

〔1〕 参见董安生主编:《票据法》,中国人民大学出版社 2000 年版,第 30 页。

的无因性相冲突。我国立法工作坚持原则性与灵活性相结合的原则,是保证立法正确、有效和切实可行的重要原则。我国《票据法》对基础关系的规定,只是出于我国现阶段信用体制尚未建立、银行业的风险控制机制尚待加强的考虑,在《票据法》中对票据基础关系稍加强调。但是不可否认的是,我国《票据法》主要致力于规范票据关系,而基础关系则由民法上的债权债务之一般制度规范。我国《票据法》原则上肯定票据的无因性,对用票据基础关系抗辩票据关系的规定,是票据相对无因性的体现,追求的是一种法益的平衡,而且这些规定都是有严格条件限制的,目的是促进效率、兼顾公平。

第二节 票据行为

一、票据行为概述

(一)票据行为的概念和性质

一般将《票据法》中有专门规定的票据行为称为狭义的票据行为,包括出票、背书、保证、承兑、参加承兑、保付六种。我国《票据法》只规定了前四种。凡是符合民事法律行为要件,又可产生、变更或消灭票据上的权利义务关系的行为,可称为广义的票据行为,除了上述六种票据行为外,还包括付款、参加付款、见票、划线、涂销、更改等。

根据票据行为的性质,狭义的票据行为分为基本票据行为和附属票据行为。基本票据行为是指出票行为,即创设票据的行为;附属票据行为是指出票行为以外的其他票据行为,包括背书、保证、承兑等,这些票据行为以出票行为为前提。一般情况下,基本票据行为无效,附属票据行为也无效。但是附属票据行为无效,不会影响到基本票据行为及其他票据行为的效力。

关于票据行为的性质,学术界有两种观点:契约说和单方法律行为说。[1] 契约说认为:票据债务人之所以承担票据上的义务,是因为他与票据债权人订立了契约,票据是一种特殊的契约。英美票据法系国家多采用这种观点。单方法律行为说认为:票据行为由行为人单方行为而成立,无须合意,票据债务仅因债务人的单方行为而成立。日内瓦统一票据法系国家多采用这种观点。我国票据法对于票据行为的性质,采单方法律行为说。

(二)票据行为的特征

1. 票据行为具有要式性

票据行为是要式法律行为,行为人必须严格依照法定格式和记载事项的规定,

---

〔1〕 参见刘心稳:《票据法》,中国政法大学出版社1999年版,第57页。

作出书面记载,并由行为人签章。如果欠缺法定要式,就会影响票据的法律效力。

2. 票据行为具有文义性

票据行为的内容以票据上的文字记载为准。即使票据上的文字记载与实际情况不一致,仍以票据上的文字记载为准,不得用票据上文字记载以外的书面记载或其他资料对票据上的文义作出确认、变更或补充。即使有证据能证明票据的实际出票日与票据上记载的出票日不一致,法律上仍以票据上所记载的出票日为准。根据我国《票据法》,在票据上签章的票据债务人,按照票据所记载的事项承担票据义务。

3. 票据行为具有抽象性(无因性)

票据行为的成立通常以某种基础关系为前提,如因买卖、借贷或其他原因而签发或转让票据,但票据行为成立后其内容和效力即与基础关系相分离而独立存在。票据行为只需具备抽象的法定要式就可产生法律效力,而不问其实质如何。

4. 票据行为的效力具有独立性

已经具备法定要式的同一票据上存在多个票据行为时,每个行为各依其票载文义分别独立发生效力,其中某一票据行为的无效,不影响其他票据行为的效力。如我国《票据法》规定,"无民事行为能力人或者限制民事行为能力人在票据上签章的,其签章无效,但是不影响其他签章的效力","票据上有伪造、变造的签章的,不影响票据上其他真实签章的效力"。

但是,每一票据行为的效力独立的前提是该票据已具备法定形式要件。如果票据的绝对应记载事项欠缺,即出票行为欠缺形式要件,票据因而无效,则其他票据行为(背书、承兑、保证等)均不能发生效力。

5. 票据行为具有连带性(牵连性)

票据上的行为人即签章人,一般都是票据的债务人[1],都对持票人承担连带责任,即票据行为具有牵连性。我国《票据法》规定,汇票的出票人、背书人、承兑人和保证人对持票人承担连带责任,持票人可以不按照汇票债务人的先后顺序,对其中任何一人、数人或者全体行使追索权。

(三)票据行为的构成要件

票据行为是一种法定要式行为,不仅应具备民法上规定的一般法律行为的要件,还应具备票据法上规定的要件。

1. 实质要件

(1)票据权利能力和票据行为能力。票据行为的主体应具有票据权利能力和票据行为能力。票据权利能力和票据行为能力原则上适用于民法的一般规定,但是民法上的无民事行为能力和限制行为能力都是无票据行为能力。

---

〔1〕 票据行为代理中,由代理人签章,但在授权范围内的责任由被代理人承担。票据伪造中,伪造人和被伪造人都不是真实的签章人,都不承担票据责任。

(2)意思表示。票据行为的意思表示适用民法的一般原则,如我国《票据法》规定,以欺诈、偷盗或者胁迫等手段取得票据的,或者明知有前列情形,出于恶意取得票据的,不得享有票据权利;持票人因重大过失取得不符合本法规定的票据的,也不得享有票据权利。但是,如果票据行为人的意思表示不真实,比如对于一方欺诈、胁迫或乘人之危,使对方在违背真实意思的情况下所为的票据行为,只要该票据行为具备法定要式,票据行为人就必须按照票据文义对善意持票人及其他合法持票人承担票据义务。

(3)行为的合法性。票据行为具有抽象性,所以基础关系的合法与否,都不影响善意持票人的票据权利。但是,如果票据行为不符合法定形式要件,则票据行为无效。

2. 形式要件

(1)作成书面。作为完全有价证券、要式证券、文义证券,票据必须作成书面才能有效。票据用纸、格式以及印制都由法律严格规定。我国《票据法》规定,汇票、本票、支票的格式应当统一。票据凭证的格式和印制管理办法,由中国人民银行规定。中国人民银行发布的《票据管理实施办法》规定,票据当事人应当使用中国人民银行规定的统一格式的票据;票据的格式、联次、颜色、规格及防伪技术要求和印制,由中国人民银行规定;中国人民银行在确定票据格式时,可以根据少数民族地区和外国驻华使领馆的实际需要,在票据格式中增加少数民族文字或者外国文字。我国《支付结算办法》规定,票据和结算凭证是办理支付结算的工具。单位、个人和银行办理支付结算,必须使用按中国人民银行统一规定印制的票据凭证和统一规定的结算凭证。未使用按中国人民银行统一规定印制的票据,票据无效;未使用中国人民银行统一规定格式的结算凭证,银行不予受理。签发支票应使用碳素墨水或墨汁填写,中国人民银行另有规定的除外。

(2)记载事项。票据行为人必须按票据法规定的法定要式在票据上作出记载,以免影响票据效力。根据记载后的效力不同,票据上的记载事项分为绝对应记载事项、相对应记载事项、任意记载事项、记载后不发生票据上效力的事项、记载本身无效的事项、记载后使票据无效的事项(有害记载事项)。

第一,绝对应记载事项,是指票据法明文规定票据上必须记载的事项,如果欠缺该记载事项,则票据无效。绝对应记载事项通常包括:表明票据种类的文字;行为人签章;确定的金额;出票日期;无条件支付的委托或承诺。

第二,相对应记载事项,是指票据上也应记载,但是如果当事人不记载,票据法另有特别规定可作依据,而票据仍然有效的事项,包括:汇票的付款日期、付款地、出票地,本票和支票的付款地、出票地。

第三,任意记载事项,又称为有益记载事项,是指票据的当事人可以自行决定记载与否,不记载并不影响票据的效力,一旦记载,即产生票据上的效力的事项。如我国《票据法》规定,出票人在汇票上记载“不得转让”字样的,汇票不得转让。

背书人在汇票上记载“不得转让”字样，其后手再背书转让的，原背书人对后手的被背书人不承担保证责任。

第四，记载后不发生票据上效力的事项，是指票据当事人自行在票据上作了记载，但记载后不发生票据上效力的事项。如汇票上可以记载《票据法》规定事项以外的其他出票事项，但是该记载事项不具有汇票上的效力。该记载内容如果符合民法规定，可以产生民法上的法律效力。背书不得附有条件；背书时附有条件的，所附条件不具有汇票上的效力。保证不得附有条件；附有条件的，不影响对汇票的保证责任。

第五，记载本身无效的事项，是指虽经票据当事人记载，但不发生任何法律效力的事项，因而又称为无益记载事项。如支票限于见票即付，不得另行记载付款日期。另行记载付款日期的，该记载无效。

第六，记载后使票据无效的事项，是指一经记载，票据即无效的事项，因而又称为有害记载事项。如票据必须记载无条件支付的委托或承诺，如果记载了附条件付款的委托或承诺，则所附条件导致票据无效。

(3)签章。票据行为是以承担票据债务为目的的，只有在票据上签章的行为人才是票据债务人，没有在票据上为真实签章的，不承担票据义务。

(4)交付。票据行为人依法记载并签章后，必须将票据交付给收款人或被背书人，票据行为才得以完成，因而，交付是票据行为有效成立的构成要件之一。

(四)票据行为的代理

票据行为的代理，是指根据被代理人(本人)的授权，代理人代理被代理人实施票据行为，并在票据上表明其代理关系的法律行为。

票据行为的代理，实行票据法理论上的“严格显名主义”。具体而言，票据行为代理的构成要件包括：

1. 必须明示本人的名义，即必须在票据上记载被代理人名称，这样虽然本人不是亲自签章，但是本人作为被代理人，承担票据义务。

2. 必须明示代理关系，即代理人必须在票据上明确表示本人与代理人的代理关系。

3. 必须由代理人在票据上签章。票据行为具有要式性，行为人签章为票据绝对应记载事项，在票据行为的代理中，行为人为代理人，必须在票据上签章。

4. 代理行为必须经被代理人授权。这是票据行为的代理成立的实质要件。没有被代理人授权而代为票据行为的，构成无权代理。

符合上述构成要件的票据行为的代理才发生法律效力，由被代理人承担票据义务。没有代理权而以被代理人名义在票据上签章的，应当由签章人承担票据义务；代理人超越代理权限的，应当就其超越权限的部分承担票据义务。

二、出票

(一)出票的概念和特征

出票是指出票人签发票据并将其交付给收款人的票据行为。与其他票据行为相比,出票行为具有以下特征。

1. 出票行为是基本票据行为,创设了票据权利,票据的设权性特征即体现在出票上。原则上出票行为无效,附属票据行为也无效。但是,最高人民法院《关于审理票据纠纷案件若干问题的规定》规定,具有下列情形之一的票据,未经背书转让的,票据债务人不承担票据责任;已经背书转让的,票据无效不影响其他真实签章的效力:出票人签章不真实的;出票人为无民事行为能力人的;出票人为限制民事行为能力人的。

2. 从形式上看,出票行为包括作成票据和交付票据两部分。票据行为的性质是单方法律行为,但以交付为生效要件。

3. 从内容上看,出票行为表现为无条件支付的委托或承诺。汇票和支票的出票为无条件支付的委托,本票的出票为无条件支付的承诺。

(二)出票的格式

出票的格式,是指出票人根据《票据法》的规定在票据上所为的记载事项。

1. 汇票上的应记载事项

我国《票据法》规定了汇票的绝对应记载事项。汇票必须记载下列事项:(1)表明"汇票"的字样;(2)无条件支付的委托;(3)确定的金额;(4)付款人名称;(5)收款人名称;(6)出票日期;(7)出票人签章。汇票上未记载前述规定事项之一的,汇票无效。银行汇票的出票人,为经中国人民银行批准办理银行汇票业务的银行。商业汇票的出票人,为银行以外的企业和其他组织。商业汇票上的出票人的签章,为该法人或者该单位的财务专用章或者公章加其法定代表人、单位负责人或者其授权的代理人的签名或者盖章;银行汇票上的出票人的签章,为该银行汇票专用章加其法定代表人或者其授权的代理人的签名或者盖章。

汇票的相对应记载事项为付款日期、付款地和出票地。汇票上的付款日期[1]可以按照下列形式之一记载:(1)见票即付;(2)定日付款;(3)出票后定期付款;(4)见票后定期付款。汇票上记载付款日期、付款地、出票地等事项的,应当清楚、明确。汇票上未记载付款日期的,为见票即付。汇票上未记载付款地的,付款人的营业场所、住所或者经常居住地为付款地。汇票上未记载出票地的,出票人的营业场所、住所或者经常居住地为出票地。

2. 本票上的应记载事项

本票的绝对应记载事项包括:(1)表明"本票"的字样;(2)无条件支付的承诺;

---

〔1〕 付款日期为汇票到期日。

(3)确定的金额;(4)收款人名称;(5)出票日期;(6)出票人签章。本票上未记载绝对应记载事项之一的,本票无效。银行本票的出票人,为经中国人民银行批准办理银行本票业务的银行。银行本票上的出票人的签章,为该银行的本票专用章加其法定代表人或者其授权的代理人的签名或者盖章。

本票的相对应记载事项为付款地、出票地。本票上记载付款地、出票地等事项的,应当清楚、明确。本票上未记载付款地的,出票人的营业场所为付款地。本票上未记载出票地的,出票人的营业场所为出票地。

3. 支票上的应记载事项

支票的绝对应记载事项包括:(1)表明"支票"的字样;(2)无条件支付的委托;(3)确定的金额;(4)付款人名称;(5)出票日期;(6)出票人签章。支票上未记载前述规定事项之一的,支票无效。支票的出票人,为在经中国人民银行批准办理支票存款业务的银行、城市信用合作社和农村信用合作社开立支票存款账户的企业、其他组织和个人。支票上的出票人的签章,出票人为单位的,为与该单位在银行预留签章一致的财务专用章或者公章加其法定代表人或者其授权的代理人的签名或者盖章;出票人为个人的,为与该个人在银行预留签章一致的签名或者盖章。支票的出票人所签发的支票金额不得超过其付款时在付款人处实有的存款金额;出票人签发的支票金额超过其付款时在付款人处实有的存款金额的,为空头支票。空头支票既损害了持票人的合法权益,使其票据权利得不到实现,又扰乱了正常的金融秩序和社会经济交往。我国《票据法》第 87 条第 2 款规定,禁止签发空头支票。支票的出票人不得签发与其预留本名的签名式样或者印鉴不符的支票。因出票人签发空头支票、与其预留本名的签名式样或者印鉴不符的支票给他人造成损失的,支票的出票人和背书人应当依法承担民事责任。

支票的相对应记载事项为付款地和出票地。支票上未记载付款地的,付款人的营业场所为付款地。支票上未记载出票地的,出票人的营业场所、住所或者经常居住地为出票地。

4. 空白票据

空白票据,又称为空白授权票据、未完成票据,是指票据行为人依法仅须在票据上签章,而将其他应记载事项全部或部分授权他人完成的票据。空白票据是一种合法有效的票据,不同于不完全票据。不完全票据,是指票据上欠缺绝对必要记载事项的票据,而且出票人并无授权他人补充使之生效的意思,因而是一种无效票据。

空白票据的构成要件包括:(1)空白票据行为人必须在票据上签章;(2)票据上必须有法律上所容许的必要记载事项欠缺;(3)空白票据行为人必须有对他人代为补充完成票据的授权;(4)行为人必须交付空白票据于持票人。

我国《票据法》仅规定了空白支票。根据《票据法》,支票上的金额可以由出票人授权补记,未补记前的支票,不得使用。支票上未记载收款人名称的,经出票人授权,可以补记。《支付结算办法》规定,支票的金额、收款人名称,可以由出票人授权补记。未补记前不得背书转让和提示付款。空白授权票据的持票人行使票据权利时未对票据必须记载事项补充完全,付款人或者代理付款人可以拒绝付款。对票据未记载事项或者未完全记载事项作补充记载,补充事项超出授权范围的,出票人对补充后的票据应当承担票据责任。给他人造成损失的,出票人还应当承担相应的民事责任。

(三)出票的效力

出票人签发汇票后,即承担保证该汇票承兑和付款的责任。本票的出票人在持票人提示见票时,必须承担付款的责任。出票人必须按照签发的支票金额承担保证向该持票人付款的责任。

出票人在票据上记载"不得转让"字样,票据持有人背书转让的,背书行为无效,背书转让后的受让人不得享有票据权利,票据的出票人、承兑人对受让人不承担票据义务;出票人在票据上记载"不得转让"字样,其后手以此票据进行贴现、质押的,通过贴现、质押取得票据的持票人主张票据权利的,票据债务人可以进行抗辩。

出票人在票据上的签章不符合《票据法》相关规定的,票据无效。由于出票人制作票据未按照法定条件在票据上签章,给他人造成损失的,除应当按照所记载事项承担票据责任外,还应当承担相应的民事责任。持票人明知或者应当知道前述情形而接受的,可以适当减轻出票人或者票据债务人的责任。

三、背书

(一)背书的概念和分类

背书是指持票人为转让票据权利或授予他人行使一定票据权利,在票据背面或者粘单上记载有关事项并签章,交付于持票人的票据行为。按照不同的标准,背书可以作不同的分类:

1. 按照背书目的的不同,可以分为转让背书和非转让背书。以转让票据权利为目的的背书是转让背书,又称固有背书、正式背书;出于转让票据权利以外目的的背书是非转让背书。

2. 转让背书按照权利转移和担保效力的不同,可以分为一般转让背书与特殊转让背书。具有完全的权利转移与担保效力的背书是一般转让背书;权利转移与担保受到一定限制,甚至互相排斥的背书是特殊转让背书。

3. 一般转让背书按照记载事项完全与否,可以分为完全背书与空白背书。背书人在票据背面记载被背书人并签章的是完全背书,又称为正式背书、记名背书。背书人仅在票据背面签章,不记载被背书人的是空白背书,又称为不完全背书、略式背书、无记名背书。

4. 特殊转让背书按照性质的不同,可以分为无担保背书、禁止背书的背书、回头背书和期后背书。在背书中记载无担保文句而免除背书人担保责任的是无担保背书。背书时附记不得转让文句的是禁止背书的背书，又称禁转背书。禁转背书，其后手再背书转让的，原背书人对后手的被背书人不承担保证责任。以背书人本人之前的票据债务人为被背书人的是回头背书，又称还原背书、逆背书、回还背书。汇票到期日后作成的背书是期后背书。

5. 非转让背书按照目的的不同，可以分为委任背书和设质背书。授予被背书人代理行使一定票据权利的是委任背书，如委托收款。背书记载“委托收款”字样的，被背书人有权代背书人行使被委托的票据权利。但是，被背书人不得再以背书转让票据权利。以票据上权利为被背书人设定质押的是设质背书。设质背书的被背书人依法实现其质权时，可以行使票据权利。票据质权人以质押票据再行背书质押或者背书转让的，背书行为无效。

（二）背书的记载事项和格式

1. 背书应记载在票据背面，当票据凭证不能满足背书人记载事项的需要时，可以加附粘单，粘附于票据凭证上。粘单上的第一记载人，应当在汇票和粘单的粘接处签章。

2. 背书由背书人签章并记载背书日期。背书未记载日期的，视为在票据到期日前背书。汇票以背书转让或者以背书将一定的票据权利授予他人行使时，必须记载被背书人名称。背书人未记载被背书人名称即将票据交付他人的，持票人在票据被背书人栏内记载自己的名称与背书人记载具有同等法律效力。

3. 以背书转让的票据，背书应当连续。持票人以背书的连续，证明其票据权利。背书连续，是指在票据转让中，转让票据的背书人与受让票据的被背书人在票据上的签章依次前后衔接。连续背书的第一背书人应当是在票据上记载的收款人，最后的票据持有人应当是最后一次的被背书人。以背书转让的票据，后手应当对其直接前手背书的真实性负责。

4. 背书不得附有条件。背书时附有条件的，所附条件不具有票据上的效力。

5. 将票据金额的一部分转让的背书或者将票据金额分别转让给二人以上的背书无效。

（三）背书的法律效力

1. 一般转让背书的法律效力

（1）权利转移的效力。背书后，票据上的一切权利由背书人转移给被背书人，被背书人因此而取得所有票据权利。

（2）权利证明的效力，又称背书的资格授予效力。最后的被背书人只要持有背书连续的票据，就被推定为合法权利人，不必证明实际权利转移过程就可以行使票据权利。

（3）担保的效力。背书人在无特殊记载时，对于被背书人及其后手依法负有担保承兑与付款的义务。被背书人及其后手不获承兑或不获付款时，可以向背书人行使追索权。

2. 其他背书的法律效力

背书人在票据上记载“不得转让”“委托收款”“质押”字样,其后手再背书转让、委托收款或者质押的,原背书人对后手的被背书人不承担票据责任,但不影响出票人、承兑人以及原背书人之前手的票据责任。

票据被拒绝承兑、被拒绝付款或者超过提示付款期限,票据持有人背书转让的,背书人应当承担票据责任。

四、承兑

(一)承兑的概念、特征和原则

承兑是指汇票付款人承诺在汇票到期日支付汇票金额的票据行为。

承兑的特征包括:(1)承兑是一种附属票据行为。承兑行为以出票行为为前提,受出票行为效力的影响,所以是附属票据行为。(2)承兑是汇票所特有的制度,是远期汇票付款人在汇票上所为的票据行为。(3)承兑以付款人承诺在汇票到期日支付汇票金额为内容。

承兑的原则包括:自由承兑原则、完全承兑原则和单纯承兑原则。(1)自由承兑原则是指汇票付款人有权决定是否对汇票进行承兑。(2)完全承兑原则是指汇票付款人只能对汇票全额承兑,不得部分承兑。(3)单纯承兑原则是指汇票付款人在为承兑时,必须完全按照汇票上所记载的文义进行,不得附有条件;承兑附有条件的,视为拒绝承兑。

(二)提示承兑规则

提示承兑是指持票人向付款人出示汇票,并要求付款人承诺付款的行为。

见票即付的汇票无须提示承兑。定日付款或者出票后定期付款的汇票,持票人应当在汇票到期日前向付款人提示承兑。见票后定期付款的汇票,持票人应当自出票日起1个月内向付款人提示承兑。汇票未按照规定期限提示承兑的,持票人丧失对其前手(出票人除外)的追索权。

付款人对向其提示承兑的汇票,应当自收到提示承兑的汇票之日起3日内承兑或者拒绝承兑。付款人收到持票人提示承兑的汇票时,应当向持票人签发收到汇票的回单。回单上应当记明汇票提示承兑日期并签章。

(三)承兑的记载事项和格式

付款人承兑汇票的,应当在汇票正面记载“承兑”字样和承兑日期并签章;见票后定期付款的汇票,应当在承兑时记载付款日期。汇票上未记载承兑日期的,以付款人收到提示承兑的汇票之日起的第三日为承兑日期。

(四)承兑的法律效力

付款人承兑汇票后,由关系人变成第一债务人,应当承担到期付款的责任。持票人必须先向其行使付款请求权，遭到拒绝后才可向出票人和背书人行使追索权。

五、保证

（一）票据保证的概念和特征

1. 票据保证和保证人的范围

票据保证是指票据债务人之外的第三人，为担保特定票据债务人履行票据债务而在票据上所为的票据行为。保证人，是指具有代为清偿票据债务能力的法人、其他组织或者个人。国家机关、以公益为目的的事业单位、社会团体、企业法人的分支机构和职能部门作为票据保证人的，票据保证无效，但经国务院批准为使用外国政府或者国际经济组织贷款进行转贷，国家机关提供票据保证的以及企业法人的分支机构在法人书面授权范围内提供票据保证的除外。

2. 票据保证的法律特征

票据保证的法律特征包括：（1）票据保证是保证人的单方法律行为，而且其保证的效力及于被保证人的全体后手。（2）票据保证具有独立性。票据保证虽然基于票据债务的存在而发生，具有从属性，但一经成立，即独立发生效力，不过被保证人的债务因票据记载事项欠缺而无效时，票据保证也无效。（3）票据保证具有同一性。票据保证人与被保证人处于同一地位，持票人既可以先向被保证人行使票据权利，也可以先向保证人行使票据权利，保证人无先诉抗辩权。（4）票据保证人为二人以上的，保证人之间承担连带责任。（5）保证人清偿票据债务后，可以行使持票人对被保证人及其前手的追索权，被保证人及其前手不得以对原持票人的抗辩权对抗保证人。

（二）票据保证的记载事项和格式

1. 保证人应当依照《票据法》的规定，在票据或者其粘单上记载保证事项。保证人为出票人、付款人、承兑人保证的，应当在票据的正面记载保证事项；保证人为背书人保证的，应当在票据的背面或者其粘单上记载保证事项。保证人未在票据或者粘单上记载“保证”字样而另行签订保证合同或者保证条款的，不属于票据保证。

2. 保证人必须在票据或者粘单上记载下列事项：①表明“保证”的字样；②保证人名称和住所；③被保证人的名称；④保证日期；⑤保证人签章。保证人在汇票或者粘单上未记载被保证人名称的，已承兑的汇票，承兑人为被保证人；未承兑的汇票，出票人为被保证人。保证人在票据或者粘单上未记载保证日期的，出票日期为保证日期。

3. 保证不得附有条件；附有条件的，不影响对票据的保证责任。

（三）票据保证的法律效力

保证人对合法取得票据的持票人所享有的票据权利承担保证责任。但是，被保证人的债务因票据记载事项欠缺而无效的除外。保证人为二人以上的，保证人之间承担连带责任。被保证的票据,保证人应当与被保证人对持票人承担连带责任。票据到期后得不到付款的,持票人有权向保证人请求付款,保证人应当足额付款。保证人清偿票据债务后,可以行使持票人对被保证人及其前手的追索权。

票据保证无效的,票据的保证人应当承担与其过错相应的民事责任。

六、付款

(一)付款的概念和特征

付款是汇票的承兑人(或付款人)、本票的出票人或支票的付款人及代理付款人向持票人支付票据金额的行为。

付款的特征如下:(1)付款是付款人或代理付款人所为的票据行为。(2)付款是向持票人支付票据金额的行为。(3)付款是消灭票据上权利义务关系的行为。

(二)提示付款的规则和效力

持票人应当按照下列期限提示付款:(1)见票即付的汇票,自出票日起1个月内向付款人提示付款;(2)定日付款、出票后定期付款或者见票后定期付款的汇票,自到期日起10日内向承兑人提示付款;(3)银行本票自出票日起2个月内向出票人提示付款[1];(4)支票的持票人应当自出票日起10日内提示付款,异地使用的支票,其提示付款的期限由中国人民银行另行规定。通过委托收款银行或者通过票据交换系统向付款人提示付款的,视同持票人提示付款,持票人向银行提交票据日为提示付款日。代理付款人是指根据付款人的委托,代其支付票据金额的银行、城市信用合作社和农村信用合作社。

汇票持票人在规定期限内提示付款的,付款人必须在当日足额付款。本票的出票人在持票人提示见票时,必须承担付款的责任;本票的持票人未按照规定期限提示见票的,丧失对出票人以外的前手的追索权。支票的出票人在付款人处的存款足以支付支票金额时,付款人应当在当日足额付款。

(三)付款规则

持票人委托的收款银行的责任,限于按照票据上记载事项将票据金额转入持票人账户。付款人委托的付款银行的责任,限于按照票据上记载事项从付款人账户支付票据金额。

付款人及其代理付款人付款时,应当审查票据背书的连续,并审查提示付款人的合法身份证明或者有效证件。票据金额为外币的,按照付款日的市场汇价,以人民币支付;票据当事人对票据支付的货币种类另有约定的,从其约定。

持票人获得付款的,应当在票据上签收,并将票据交给付款人。持票人委托银

---

[1] 远期本票中,为确定见票后定期付款本票的到期日,规定见票制度。我国的本票都为见票即付,所以无见票制度。

行收款的，受委托的银行将代收的票据金额转账收入持票人账户，视同签收。签收是指持票人在票据上的正面签章，可以表明持票人已经获得付款。

（四）付款的法律效力及付款人的责任

付款义务人依法足额付款后，全体票据债务人的责任解除。但是，付款人以恶意或者有重大过失付款的除外。

对定日付款、出票后定期付款或者见票后定期付款的汇票，付款人在到期日前付款的，由付款人自行承担所产生的责任。付款人及其代理付款人以恶意或者有重大过失付款的，应当自行承担责任。具体而言，付款人及其代理付款人有下列情形之一的，应当自行承担责任：(1)未对提示付款人的合法身份证明或者有效证件以及汇票背书的连续性履行审查义务而错误付款的；(2)公示催告期间对公示催告的票据付款的；(3)收到人民法院的止付通知后付款的；(4)其他以恶意或者重大过失付款的。

票据的付款人对见票即付或者到期的票据，故意压票、拖延支付的，由中国人民银行处以压票、拖延支付期间内每日票据金额0.7‰的罚款；对直接负责的主管人员和其他直接责任人员给予警告、记过、撤职或者开除的处分。

第三节　票据权利

一、票据权利义务概述

（一）票据权利概述

1.票据权利的概念和特征

票据权利，又称为票据上的权利。我国《票据法》规定："本法所称票据权利，是指持票人向票据债务人请求支付票据金额的权利，包括付款请求权和追索权。"

票据权利具有以下特征。(1)票据权利是票据金额给付请求权。票据是金钱债权证券，票据权利是以取得票载金额为目的的请求权。且票据权利是单纯的金钱给付请求权，即只能请求支付一定的金额，不得为任何金钱之外的物品或劳务所替代。(2)票据权利是持票人向票据债务人行使的一种权利。票据是债权证券，债权人为持票人，债务人为票据上的真实签章人。票据权利是持票人向票据债务人提示票据请求给付的权利，不同于一般债权。(3)票据权利是凭票据才能行使的权利。票据是完全有价证券，票据上的权利与票据本身紧密结合。票据权利的行使，必须提示票据。(4)票据权利是双重请求权。票据权利包括付款请求权和追索权，是双重请求权。付款请求权与追索权在相对应的义务主体、产生时间、行使次数和请求支付的金额、权利的消灭时效等方面有一定的区别。学理上，也把票据权利分为主票据权利、副票据权利和辅助性票据权利。主票据权利即付款请求权；副票据权利即追索权;辅助性票据权利,是指与支付票面金额的目的直接相关但起辅助作用的权利,如持票人对参加承兑人、参加付款人的付款请求权。[1]

2. 付款请求权

付款请求权,又称为票据上的第一次请求权,是指持票人向票据主债务人或其他付款义务人(关系人或主债务人及关系人的保证人)请求支付票据金额的权利。

与付款请求权相对应的是票据债务人的付款义务,付款行为在本章第二节中已详述,因而此处对付款请求权不加赘述。

3. 追索权

追索权,又称为票据上的第二次请求权,是指票据到期被拒绝付款或票据到期日前发生其他法定原因时,持票人在保全票据权利的基础上,向其前手请求偿还票据金额及其他法定款项的权利。根据我国《票据法》的有关规定,汇票到期被拒绝付款的,持票人可以对背书人、出票人以及汇票的其他债务人行使追索权;汇票到期日前,有下列情形之一的,持票人也可以行使追索权:(1)汇票被拒绝承兑的;(2)承兑人或者付款人死亡、逃匿的;(3)承兑人或者付款人被依法宣告破产的或者因违法被责令终止业务活动的。

持票人行使追索权时,应当提供被拒绝承兑或者被拒绝付款的有关证明。持票人提示承兑或者提示付款被拒绝的,承兑人或者付款人必须出具拒绝证明,或者出具退票理由书。未出具拒绝证明或者退票理由书的,应当承担由此产生的民事责任。持票人因承兑人或者付款人死亡、逃匿或者其他原因,不能取得拒绝证明的,可以依法取得其他有关证明。承兑人或者付款人被人民法院依法宣告破产的,人民法院的有关司法文书具有拒绝证明的效力。承兑人或者付款人因违法被责令终止业务活动的,有关行政主管部门的处罚决定具有拒绝证明的效力。

持票人不能出示拒绝证明、退票理由书或者未按照规定期限提供其他合法证明的,丧失对其前手的追索权。但是,承兑人或者付款人仍应当对持票人承担责任。

持票人应当自收到被拒绝承兑或者被拒绝付款的有关证明之日起3日内,将被拒绝事由书面通知其前手;其前手应当自收到通知之日起3日内书面通知其再前手。持票人也可以同时向各票据债务人发出书面通知。书面通知应当记明票据的主要记载事项,并说明该票据已被退票。在规定期限内将通知按照法定地址或者约定的地址邮寄的,视为已经发出通知。未按照前述规定期限通知的,持票人仍可以行使追索权。因延期通知给其前手或者出票人造成损失的,由没有按照规定期限通知的票据当事人,承担对该损失的赔偿责任,但是所赔偿的金额以票据金额为限。

出票人、背书人、承兑人和保证人对持票人承担连带责任。持票人可以不按照

---

[1] 参见刘心稳:《票据法》,中国政法大学出版社1999年版,第87页。

票据债务人的先后顺序，对其中任何一人、数人或者全体行使追索权。持票人对票据债务人中的一人或者数人已经进行追索的，对其他票据债务人仍可以行使追索权。持票人为出票人的，对其前手无追索权；持票人为背书人的，对其后手无追索权。被追索人清偿债务后，与持票人享有同一权利。

持票人行使追索权，可以请求被追索人支付下列金额和费用：(1)被拒绝付款的票据金额；(2)票据金额自到期日或者提示付款日起至清偿日止，按照中国人民银行规定的利率计算的利息；(3)取得有关拒绝证明和发出通知书的费用。被追索人清偿债务时，持票人应当交出票据和有关拒绝证明，并出具所收到利息和费用的收据。被追索人清偿后，可以向其他票据债务人行使再追索权，请求其他票据债务人支付下列金额和费用：(1)已清偿的全部金额；(2)前项金额自清偿日起至再追索清偿日止，按照中国人民银行规定的利率计算的利息；(3)发出通知书的费用。行使再追索权的被追索人获得清偿时，应当交出票据和有关拒绝证明，并出具所收到利息和费用的收据。被追索人依法清偿债务后，其责任解除。

(二)票据义务概述

票据义务与票据权利相对应，我国票据法上规定的“责任”，要严格区分是义务还是责任。根据我国《票据法》的规定，该法所称票据责任，是指票据债务人向持票人支付票据金额的义务。

由于票据权利分为付款请求权和追索权，相应地，票据义务也分为付款义务和偿还义务。

二、票据权利的取得

(一)票据权利的取得原则

票据权利，以合法持有票据为前提。票据权利的取得应遵循以下原则：

1. 通过连续背书而取得票据的，合法地取得票据权利。我国《票据法》规定，以背书转让的汇票，背书应当连续。持票人以背书的连续，证明其汇票权利；非经背书转让，而以其他合法方式取得汇票的，依法举证，证明其汇票权利。

2. 善意且给付对价取得票据的，合法地取得票据权利。第一，持票人恶意或因重大过失取得票据的，不得享有票据权利。我国《票据法》规定，以欺诈、偷盗或者胁迫等手段取得票据的，或者明知有前列情形，出于恶意取得票据的，不得享有票据权利。持票人因重大过失取得不符合本法规定的票据的，也不得享有票据权利。第二，持票人没有给付对价或以不相当的代价取得票据的，不得享有优于其前手的权利。我国《票据法》规定，票据的取得，必须给付对价，即应当给付票据双方当事人认可的相对应的代价。因税收、继承、赠与可以依法无偿取得票据的，不受给付对价的限制。但是，所享有的票据权利不得优于其前手的权利。

(二)票据权利的取得方式

1.原始取得

原始取得,是指收款人因出票人的出票并交付而原始取得票据权利。票据是设权证券,票据权利的取得必须作成票据。

2.继受取得

继受取得,是指受让人从票据权利人手中以法定方式取得票据,从而取得票据权利。继受取得有两种方式:

(1)依转让而取得。票据是流通证券,可以依《票据法》的规定转让。持票人依据票据背书或直接交付的方式而取得票据权利。我国仅有背书这一种转让方式。被背书人依据连续的背书而证明自己是合法持票人,取得票据权利。

(2)依法律规定而取得。第一,持票人根据《票据法》的规定而取得票据权利。被追索人因偿还了被追索金额后而取得对前手的再追索权;保证人清偿票据债务后,可以行使持票人对被保证人及其前手的追索权;等等。第二,持票人依据其他法律的规定而取得票据权利。如持票人依据税收、继承、赠与、法人或非法人单位的合并或分立、法院的裁决或行政部门的行政决定等而取得票据,依法举证,证明其为合法持票人,从而取得票据权利。

3.善意取得

善意取得,是指票据受让人依据《票据法》规定的转让方式,善意地从无处分权人手中取得票据,从而取得票据权利的一种法律制度。

(1)票据权利善意取得与民法上物的善意取得的比较

票据权利的善意取得制度源于民法上物的善意取得制度。但是票据权利的善意取得与民法上物的善意取得存在以下区别:

第一,从法律规定上看,我国《票据法》规定,以欺诈、偷盗或者胁迫等手段取得票据的,或者明知有前列情形,出于恶意取得票据的,不得享有票据权利;持票人因重大过失取得不符合本法规定的票据的,也不得享有票据权利。也就是说,票据权利的善意取得是通过否定恶意或重大过失取得票据的持票人取得票据权利,从而肯定持票人如为善意则取得票据权利的方式确立的,即票据权利的善意取得是从反面推论出来的。而法律对于物的善意取得采取的是正面规定的方式。

第二,从对善意取得的主体要求看,在物的善意取得中,让与人须为动产之占有人并且无转让动产所有权的权利,受让人须基于法律行为受让动产之占有并且为善意。但是由于票据具有高度的流通性,在票据权利善意取得的场合,要求善意受让人依背书连续或依法举证证明自己为合法持票人,才能实现票据法对合法持票人的特别保护。

第三,从客体上看,物的善意取得的客体是物权,属于一般民事权利。票据权利的善意取得则不同,善意受让人虽然也取得票据的所有权,但因票据的价值在于其所表征的权利,而不在于票据的形态本身,故该权利意义不大。票据权利的善意取得的实质意义在于受让人成为票据权利人,取得了票据所表征的金钱债权。

票据债权与一般债权不同,是二次性权利,善意受让人不但可以要求付款人付款,还可以在被拒绝承兑或被拒绝付款时行使追索的权利,包括向蒙受损失的真实权利人追索。

第四,从取得的条件上看,物的善意取得制度中,对于善意取得的标的物是有着严格的类别规定的。物被无权处分人占有的原因可能会成为阻却物的善意取得成立的理由。物的善意取得要求无权处分人必须合法占有该物,无权处分人取得物的占有是基于真实权利人的意思;对无权处分人非法占有之物,原则上不发生善意取得,盗赃物、遗失物在我国即不适用善意取得。而对于票据,不论无权处分人取得票据是否基于真实权利人的意思,都不妨碍票据权利善意取得的成立。无权处分人取得票据,是基于背书转让,或是盗窃、拾得等,都在所不问,这充分体现了票据的无因性和流通性。

第五,从善意取得发生后,原权利人的地位看,在物的善意取得中,原权利人在善意第三人取得权利的范围内,其权利完全丧失,也不对标的物负有任何义务,即不再因为该物而与善意第三人发生任何民事关系,对于其遭受的损失,只能依不当得利或侵权制度追究无权处分人的责任。而票据权利的善意取得中,原权利人(即真实权利人)虽然丧失了票据权利,但仍然可能是票据的当事人,并不当然退出票据关系。如 A 出票给 B,B 背书转让给 C,C 的票据被 D 盗取,伪造 C 的签章转让给 E。E 善意取得票据权利,当他提示承兑或提示付款被拒绝而向原权利人 C 行使追索权时,C 仍然是票据义务人,当 C 付款给 E 后,仍然可以作为票据权利人取得再追索的权利。

(2)善意持票人的构成要件

第一,持票人必须是从无处分权人手中取得票据。这里的无处分权人,仅以持票人的直接前手为限。基于票据行为的独立性,其间接前手有无权利在所不问。无处分权人包括恶意或重大过失取得票据而不享有票据权利者、欠缺票据行为能力而为票据行为者等。但对于明确哪些人属于无处分权人,理论界有不同观点[1],此不赘述。第二,必须是依票据法上的转让方式(背书)而取得票据。第三,必须是基于善意而取得票据。第四,必须给付对价。

(3)票据权利善意取得的效力

第一,善意取得人取得票据权利。第二,原权利人并不当然退出票据关系。

---

〔1〕 参见吕来明:《票据权利善意取得的适用》,载《法学研究》1998 年第 5 期;汪世虎:《票据法律制度比较研究》,法律出版社 2003 年版,第 205 页。

三、票据权利的行使和保全

(一)票据权利的行使的概念和方式

票据权利的行使是指票据权利人向票据义务人提示票据,请求其履行票据义务的行为,包括行使付款请求权以请求付款,行使追索权以请求清偿。

根据票据的有价证券性,推出票据权利的行使方式为票据权利人向票据义务人合法地提示票据。(1)见票即付的汇票无需提示承兑;(2)定日付款或者出票后定期付款的汇票,持票人应当在汇票到期日前向付款人提示承兑;(3)见票后定期付款的汇票,持票人应当自出票日起1个月内向付款人提示承兑。见票即付的汇票,自出票日起1个月内向付款人提示付款;定日付款、出票后定期付款或者见票后定期付款的汇票,自到期日起10日内向承兑人提示付款。银行本票的出票人应当自出票日起2个月内提示付款。支票的持票人应当自出票日起10日内提示付款;异地使用的支票,其提示付款的期限由中国人民银行另行规定。

(二)票据权利的保全的概念和方法

票据权利的保全是指票据权利人现实的或可能遭到拒绝承兑或拒绝付款时,为防止票据权利的丧失而为的行为。票据权利的保全方法是通过依法取证以中断时效。

持票人提示承兑或者提示付款被拒绝的,承兑人或者付款人必须出具拒绝证明,或者出具退票理由书。拒绝证明应当包括下列事项:(1)被拒绝承兑、付款的票据的种类及其主要记载事项;(2)拒绝承兑、付款的事实依据和法律依据;(3)拒绝承兑、付款的时间;(4)拒绝承兑人、拒绝付款人的签章。退票理由书应当包括下列事项:(1)所退票据的种类;(2)退票的事实依据和法律依据;(3)退票时间;(4)退票人签章。

持票人因承兑人或者付款人死亡、逃匿或者其他原因,不能取得拒绝证明的,可以依法取得其他有关证明,如人民法院出具的宣告承兑人、付款人失踪、死亡或者宣告破产的证明、法律文书;公安机关出具的承兑人、付款人逃匿或者下落不明的证明;医院或者有关单位出具的承兑人、付款人死亡的证明;公证机构出具的具有拒绝证明效力的文书;承兑人或者付款人因违法被责令终止业务活动的,有关行政主管部门出具的处罚决定等。

(三)票据权利行使和保全的时间和地点

持票人对票据债务人行使票据权利,或者保全票据权利,应当在票据当事人的营业场所和营业时间内进行;票据当事人无营业场所的,应当在其住所进行。

第四节 票据的伪造、变造、更改与涂销

一、票据伪造

(一)票据伪造的概念和构成要件

票据伪造是指无权限人假冒他人或虚构人名义签章的行为,签章的变造属于伪造。

票据伪造的构成要件包括:(1)票据伪造者假冒他人或虚构人名义在票据上签章;(2)票据伪造者所为的行为在形式上符合票据行为的要件;(3)票据伪造者以行使票据权利为目的。

(二)票据伪造的法律后果

根据我国《票据法》的有关规定,票据上的记载事项应当真实,不得伪造、变造。伪造、变造票据上的签章和其他记载事项的,应当承担法律责任。票据上有伪造、变造的签章的,不影响票据上其他真实签章的效力。

票据上的签章人为票据债务人。票据被伪造,票载被伪造人不是票据上的真实签章人,其签章为伪造人伪造,因此票载被伪造人不是票据债务人,不需要承担票据义务。票据伪造人虽在票据上为了票据行为,但是并没有作真实签章,因此也不为票据债务人,不承担票据义务,但是伪造票据者除应当依法承担刑事、行政责任外,给他人造成损失的,还应当承担民事赔偿责任。另外,票据行为具有独立性,票据上有伪造、变造的签章的,不影响票据上其他真实签章的效力,即票据上的真实签章人仍要依票载文义承担票据义务。

付款人或者代理付款人未能识别出伪造的票据而错误付款,属于《票据法》规定的"重大过失",给持票人造成损失的,应当依法承担民事责任。付款人或者代理付款人承担责任后有权向伪造人依法追偿。持票人有过错的,也应当承担相应的民事责任。

二、票据变造

(一)票据变造的概念和构成要件

票据变造是指无权更改票据内容的人对票据上签章以外的记载事项加以改变的行为。

票据变造的构成要件包括:票据变造的主体必须是无权更改票据内容的人;票据变造者必须是对票据上签章以外的记载事项加以改变。

(二)票据变造的法律后果

根据我国《票据法》的有关规定,票据上其他记载事项被变造的,在变造之前

签章的人,对原记载事项负责;在变造之后签章的人,对变造之后的记载事项负责;不能辨别是在票据被变造之前或者之后签章的,视同在变造之前签章。

变造票据者除应当依法承担刑事、行政责任外,给他人造成损失的,还应当承担民事赔偿责任。

付款人或者代理付款人未能识别出变造的票据而错误付款,属于"重大过失",给持票人造成损失的,应当依法承担民事责任。付款人或者代理付款人承担责任后有权向变造者依法追偿。持票人有过错的,也应当承担相应的民事责任。

三、票据更改

(一)票据更改的概念和构成要件

票据更改是指有变更权的人对票据上可更改的记载事项按法定方式改变的行为。

根据我国《票据法》的有关规定,票据上的记载事项必须符合《票据法》的规定。票据金额、日期、收款人名称不得更改,更改的票据无效。对票据上的其他记载事项,原记载人可以更改,更改时应当由原记载人签章证明。可见,票据更改的构成要件包括:(1)票据更改的主体为原记载人;(2)票据更改须依法定方式进行,由原记载人签章证明;(3)票据更改只能对《票据法》允许更改的记载事项进行改变;(4)有变更权人如果在票据交付之后更改,应征得相关当事人的同意。

(二)票据更改的效力

票据更改之后,原记载事项无效,更改后的记载事项代替原记载事项而产生效力。

四、票据涂销

(一)票据涂销的概念和构成要件

票据涂销是指有涂销权的人故意采用某些方法,涂抹或消除票据上的签章或其他记载事项的行为。

票据涂销的构成要件包括:(1)票据涂销的主体为有涂销权的人,主要是票据权利人或持票人;(2)票据涂销是合法行为,是有涂销权的人故意所为的行为;(3)票据涂销的目的是消除被涂销部分的票据权利。

(二)票据涂销的效力

票据涂销是一种合法行为。票据涂销之后,被涂销部分的票据权利无效,票据债务人只以涂销后的记载事项对持票人承担义务。

第五节　票据权利丧失与票据丧失及其补救

一、票据时效与利益偿还请求权

(一)票据时效

我国票据法上规定的票据时效为消灭时效,即权利人在法定的期间内不主张权利,票据权利便因时效期间届满而消灭。

我国《票据法》规定,票据权利在下列期限内不行使而消灭:(1)持票人对票据的出票人和承兑人的权利,自票据到期日起2年。见票即付的汇票、本票,自出票日起2年。(2)持票人对支票出票人的权利,自出票日起6个月。(3)持票人对前手的追索权,自被拒绝承兑或者被拒绝付款之日起6个月。(4)持票人对前手的再追索权,自清偿日或者被提起诉讼之日起3个月。票据的出票日、到期日由票据当事人依法确定。这里须注意的是:不能简单地把(1)(2)项理解为付款请求权的消灭时效,把(3)(4)项理解为追索权的消灭时效。因为在汇票中,持票人行使付款请求权只能向汇票承兑人行使,而向汇票出票人行使的是追索权。

(二)利益偿还请求权

利益偿还请求权,又称为利益返还请求权,是指当持票人的票据权利因时效届满或者一定手续欠缺(包括未遵期提示、未依法取证)而消灭时,该持票人依据《票据法》的规定而享有的、请求票据的出票人或承兑人在其所受的利益限度内予以返还的权利。

我国《票据法》第18条规定:"持票人因超过票据权利时效或者因票据记载事项欠缺而丧失票据权利的,仍享有民事权利,可以请求出票人或者承兑人返还其与未支付的票据金额相当的利益。"该条中的"票据记载事项欠缺"应为"法定手续欠缺",如果票据的绝对记载事项欠缺,则票据无效;而相对记载事项或其他记载事项欠缺的,票据有效,持票人的票据权利不受影响。

1. 利益偿还请求权的性质

根据我国《票据法》第18条的规定,丧失了票据权利的持票人对该票据的出票人或者承兑人仍享有"民事权利"。而按照民法的基本原理,存在民事关系的当事人之间才有可能产生民事权利义务。[1] 在民事关系与票据关系的当事人重合时,由于这时票据权利已经消灭,当事人依据民事基础关系主张自己的民事权利更方便。但是如果民事关系与票据关系的当事人不重合,即票据关系的当事人不为民事关系的当事人,那么他们之间不可能产生民事权利义务。

---

〔1〕 参见王小能编著:《票据法教程》(第2版),北京大学出版社2001年版,第74页。

关于利益偿还请求权的性质,学者们概括为四种观点:票据上的权利说、不当得利请求权说、损害赔偿请求权说、票据法上的特别请求权说。票据上的权利说认为,利益偿还请求权是基于票据关系而产生的票据上的权利;不当得利请求权说认为,利益偿还请求权属于民法上的不当得利,德国采用此观点;损害赔偿请求权说认为,利益偿还请求权与损害赔偿请求权的性质相同;票据法上的特别请求权说认为,利益偿还请求权属于《票据法》规定的一种特别请求权,但不是票据上的权利。分析各种学说,学者们多采第四种观点。〔1〕

2. 利益偿还请求权的当事人

利益偿还请求权的权利人是持票人,包括因清偿票据债务而取得票据的背书人和保证人。义务人是基于票据的基础关系而现实地取得了利益的出票人或承兑人,而且义务人仅以其实际所受利益为限承担偿还义务。

3. 利益偿还请求权的成立要件〔2〕

第一,票据上的权利曾经有效存在过;第二,票据权利因时效届满或手续欠缺而消灭;第三,出票人或承兑人因持票人票据权利的消灭而受有额外利益。

二、票据丧失及其补救

(一)票据丧失

票据丧失,又称为失票,是指持票人并非出于本人的意愿而失去对票据的占有,包括票据的绝对丧失和相对丧失。前者是指票据的灭失,后者是指票据并非在物质形态上发生变化,只是脱离了原持票人的占有。

丧失票据占有的人为失票人。失票人所丧失的票据必须是未获付款的有效票据,否则不构成票据丧失。

(二)对票据丧失的补救

由于票据是一种有价证券,票据权利的行使必须提示票据,票据的丧失必然影响票据权利人行使票据权利。各国票据法都规定有票据丧失的补救方法:美国规定了提起诉讼和发出止付通知;德国规定了公示催告制度;英国采用失票人提起诉讼或申请出票人另行补发票据的方式。日内瓦统一票据法对该问题未作规定。我国票据丧失的补救方法包括:挂失止付、公示催告、提起诉讼。

1. 挂失止付

票据丧失,失票人可以及时通知票据的付款人挂失止付,但是未记载付款人或者无法确定付款人及其代理付款人的票据除外。收到挂失止付通知的付款人,应

---

〔1〕 参见梁宇贤:《票据法理论与实用》(上),台北,五南图书出版股份有限公司 1980 年版,第 379 - 381 页;汪世虎:《票据法律制度比较研究》,法律出版社 2003 年版,第 298 - 299 页;董安生主编:《票据法》,中国人民大学出版社 2000 年版,第 46 页。

〔2〕 参见王小能编著:《票据法教程》(第 2 版),北京大学出版社 2001 年版,第 72 - 73 页。

当暂停支付。

(1)挂失止付的适用范围

根据《支付结算办法》,已承兑的商业汇票、支票、填明"现金"字样和代理付款人的银行汇票以及填明"现金"字样的银行本票丧失,可以由失票人通知付款人或者代理付款人挂失止付。未填明"现金"字样和代理付款人的银行汇票以及未填明"现金"字样的银行本票丧失,不得挂失止付。

(2)挂失止付的程序

中国人民银行发布的《支付结算办法》、《支付结算会计核算手续》以及国务院发布的《票据管理实施办法》对挂失止付的程序作出了详细规定。

允许挂失止付的票据丧失,失票人通知票据的付款人或者代理付款人挂失止付时,应当填写挂失止付通知书并签章。挂失止付通知书应当记载下列事项:票据丧失的时间、地点、原因;票据的种类、号码、金额、出票日期、付款日期、付款人名称、收款人名称;挂失止付人的姓名、营业场所或者住所以及联系方法。欠缺上述记载事项之一的,银行不予受理。

付款人或者代理付款人收到挂失止付通知书后,查明挂失票据确未付款时,应立即暂停支付。付款人或者代理付款人自收到挂失止付通知书之日起 12 日内没有收到人民法院的止付通知书的,自第 13 日起,持票人提示付款并依法向持票人付款的,不再承担责任。付款人或者代理付款人在收到挂失止付通知书之前,已经向持票人付款的,不再接受挂失止付,也不再承担责任。但付款人或者代理付款人以恶意或者重大过失付款的除外。

但是,挂失止付仅为票据丧失后暂时防止票据金额被人领取的保存票据权利的方法,而不是票据权利的复权方法,这是挂失止付与公示催告和票据确权诉讼的根本区别。因此,适用挂失止付有其局限性:挂失止付仅能防止冒领票据金额,不能发生禁止票据转让的效力,也就不能阻止票据的善意取得;挂失止付方法也不能使票据权利人真正恢复行使票据权利。[1]

2. 公示催告

根据《票据法》的规定,失票人应当在通知挂失止付后 3 日内,也可以在票据丧失后,依法向人民法院申请公示催告。最高人民法院《关于审理票据纠纷案件若干问题的规定》规定,票据丧失后,失票人直接向人民法院申请公示催告或者提起诉讼的,人民法院应当依法受理。可见,挂失止付不是公示催告的必经程序。

我国《民事诉讼法》和最高人民法院《关于审理票据纠纷案件若干问题的规定》中详细规定了公示催告程序。

(1)公示催告的申请人

可以申请公示催告的失票人,是指按照规定可以背书转让的票据在丧失票据

---

〔1〕 参见董安生主编:《票据法》,中国人民大学出版社 2000 年版,第 97－98 页。

占有以前的最后的合法持票人。

(2)公示催告的适用范围

出票人已经签章的授权补记的支票、出票人已经签章但未记载代理付款人的银行汇票、超过付款提示期限的票据等丧失后,失票人依法向人民法院申请公示催告的,人民法院应当依法受理。

(3)公示催告的书面申请和受理

失票人通知票据付款人挂失止付后3日内向人民法院申请公示催告的,公示催告申请书应当载明下列内容:票面金额;出票人、持票人、背书人;申请的理由、事实;通知票据付款人或者代理付款人挂失止付的时间;付款人或者代理付款人的名称、通信地址、电话号码等。

人民法院决定受理公示催告申请的,应当同时通知付款人及代理付款人停止支付,并自立案之日起3日内发出公告。付款人或者代理付款人收到人民法院发出的止付通知,应当立即停止支付,直至公示催告程序终结。非经发出止付通知的人民法院许可擅自解付的,不得免除票据责任。人民法院决定受理公示催告申请后发布的公告应当在全国性报纸或者其他媒体上刊登。关于公示催告的期间,国内票据自公告发布之日起60日,涉外票据可根据具体情况适当延长,但最长不得超过90日。

在公示催告期间,以公示催告的票据质押、贴现,因质押、贴现而接受该票据的持票人主张票据权利的,票据债务人可以以此进行抗辩,但公示催告期间届满以后人民法院作出除权判决以前取得该票据的除外。

(4)除权判决

公示催告期间届满无人申报权利的,人民法院应当根据申请人的申请,作出除权判决,宣告票据无效。判决应当公告,并通知支付人。自判决公告之日起,申请人有权向支付人请求支付。

3. 提起诉讼

票据丧失后,失票人在票据权利时效届满以前请求出票人补发票据,或者请求债务人付款,在提供相应担保的情况下因债务人拒绝付款或者出票人拒绝补发票据提起诉讼的,由被告住所地或者票据支付地人民法院管辖。被告为与失票人具有票据债权债务关系的出票人、拒绝付款的票据付款人或者承兑人。失票人为行使票据所有权,向非法持有票据人请求返还票据的,人民法院应当依法受理。

失票人向人民法院提起诉讼的,应向人民法院说明曾经持有票据及丧失票据的情形,人民法院应当根据案件的具体情况,决定当事人是否应当提供担保以及担保的数额。

对于伪报票据丧失的当事人,人民法院在查明事实、裁定终结公示催告或者诉讼程序后,可以参照《民事诉讼法》第111条[1]的规定,追究伪报人的法律责任。

第六节 票据抗辩

一、票据抗辩概述

(一)票据抗辩的概念

我国《票据法》规定,抗辩是指票据债务人根据本法规定对票据债权人拒绝履行义务的行为。更确切地说,票据抗辩是指票据债务人或被请求履行票据债务的人对票据债权人或主张票据债权的人拒绝履行义务的行为。票据抗辩属于广义抗辩,既包括事实抗辩,也包括权利抗辩。票据抗辩的根据称为抗辩事由或抗辩原因,票据债务人提出抗辩以拒绝向债权人履行义务的权利称为抗辩权,它是一种票据债务人所享有的权利。

(二)票据抗辩与民法上的抗辩的区别

根据民法抗辩的原理,在债权民事法律关系的主体发生变更时,债权人必须将债权转让的事实告知债务人,债权让与才对债务人生效;债务人所有能对原债权人行使的抗辩,都能对新债权人行使。这样,每一次债权让与,债务人均取得所有前债务人的抗辩,使新债权人受抗辩的可能性越来越大,受抗辩的事由越来越多,其债权的风险随着债权转让次数的增多而不断增大。

票据的抗辩与民法上的抗辩有所不同,由于票据具有较强的流通性,其转让比民法上普通债权的转让要频繁得多,如果债务人的抗辩权随着票据债权的转让而转移,对票据新债权人来讲极为不利,势必破坏票据的流通功能。为此,票据转让应注重保护债权人的利益,使票据的抗辩具有区别于民法上的抗辩的特殊性,这种特殊性主要体现在对票据抗辩的限制上。比如,票据权利转让时,不必通知债务人即可生效;票据行为独立,对票据债务人享有的票据抗辩权进行一定的限制;票据的抗辩通常是对票据金额的全额抗辩;票据保证人不享有先诉抗辩权。

二、票据抗辩的原因

我国《票据法》规定了票据的可抗辩事由。最高人民法院《关于审理票据纠纷案件若干问题的规定》具体列举了票据抗辩的原因,包括:(1)欠缺法定必要记载事项或者不符合法定格式的;(2)超过票据权利时效的;(3)人民法院作出的除权

---

[1] 2023年修正后为第114条,规定:"诉讼参与人或者其他人有下列行为之一的,人民法院可以根据情节轻重予以罚款、拘留;构成犯罪的,依法追究刑事责任:(一)伪造、毁灭重要证据,妨碍人民法院审理案件的;……人民法院对有前款规定的行为之一的单位,可以对其主要负责人或者直接责任人员予以罚款、拘留;构成犯罪的,依法追究刑事责任。"

判决已经发生法律效力的;(4)以背书方式取得但背书不连续的;(5)与票据债务人有直接债权债务关系并且不履行约定义务的;(6)以欺诈、偷盗或者胁迫等非法手段取得票据,或者明知有前列情形,出于恶意取得票据的;(7)明知票据债务人与出票人或者与持票人的前手之间存在抗辩事由而取得票据的;(8)因重大过失取得票据的;(9)其他依法不得享有票据权利的。

理论界将票据抗辩的原因分为物的抗辩和人的抗辩。

(一)物的抗辩

物的抗辩,又称为绝对抗辩、客观抗辩,是基于票据本身或债务人自身原因而产生的抗辩,票据债务人可以此抗辩事由对抗一切票据债权人。根据抗辩权人范围的不同,物的抗辩可分为:一切票据债务人对抗一切票据债权人的抗辩,特定票据债务人对抗一切票据债权人的抗辩。

1. 一切票据债务人对抗一切票据债权人的抗辩

这种抗辩包括下列情形:

(1)票据欠缺法定形式要件而无效的抗辩。票据是要式证券,如果票据上欠缺绝对应记载事项,如欠缺出票人签章、欠缺无条件支付的委托或无条件支付的承诺、欠缺确定的金额等,则票据无效;如果票据上记载了不得记载事项,如付款附条件,则票据也无效。

(2)票据权利已消灭或已失效的抗辩。票据权利有效存在,持票人得以向票据债务人主张票据权利,否则票据债务人得以此为抗辩。票据权利已消灭或失效包括下列情形:

第一,票据已全部付款。付款人或出票人依法足额付款后,全体票据债务人的责任解除,票据权利全部消灭。

第二,票据上载明“已抵消”或“已免除”,票据权利消灭。但是如果不是在票据上载明“抵消”或“免除”字样,而是在合同中约定,则因为票据是文义证券,票据权利不消灭。

第三,人民法院所作除权判决生效,而使票据失效。除权判决生效之后,票据权利失效,票据债务人可以对抗任何向其主张票据权利的持票人。

第四,票据超过付款请求权消灭时效。票据付款请求权在下列期限内不行使而消灭:持票人对汇票的承兑人和本票的出票人的权利,自票据到期日起 2 年;见票即付的汇票、本票,自出票日起 2 年;持票人对支票出票人的权利,自出票日起 6 个月。消灭时效期间经过,票据权利消灭。

第五,票据金额依法提存,票据权利消灭。虽然票据债权为债务人被动偿付,但为保护票据债务人的利益,使其免于承担保存票款的风险,日内瓦统一票据法、日本和德国均规定了票据提存,票据债务人依法将票据金额提存后,票据权利消灭。我国《票据法》未规定票据的提存。

(3)票载到期日未至的抗辩。票据是文义证券,票据权利义务只能依票载文义而确定。持票人必须依照票据上载明的到期日和票据法规定的期限行使票据权利。如果票载到期日未至,持票人即向票据债务人主张票据权利,则债务人可以以此行使抗辩权。一般情况下,只有远期票据债务人可为此抗辩。但是,在即期票据中,如果票载出票日与实际出票日不符,而法律规定以票载出票日为准,即持票人不得在票载出票日前主张权利,这时如果持票人于票载出票日前提示付款,则票据债务人可以此主张抗辩。

(4)持票人请求付款的地点与票载付款地或票据法规定的付款地不符的抗辩。票据付款地为相对应记载事项,如果持票人请求付款的地点与票载付款地或票据法规定的付款地不符,债务人可以行使抗辩权。

2. 特定票据债务人对抗一切票据债权人的抗辩

这种抗辩包括下列情形:

(1)因为票据债务人的原因,特定票据债务人可以主张以下抗辩:

第一,票据上记载的债务人欠缺票据行为能力的抗辩。无民事行为能力人或者限制民事行为能力人在票据上签章的,其签章无效,但是不影响其他签章的效力。此时该票据行为无效,但是基于票据行为的独立性,该行为不影响其他票据行为的效力。所以只有该欠缺票据行为能力的票据债务人可以此主张抗辩。票据行为能力,以行为时判定。

第二,票据债务人被宣告破产或被吊销营业执照的抗辩。票据债务人被法院宣告破产或被行政部门吊销营业执照的,有人将其称为限制行为能力人,这时债务人实际上已丧失承担票据义务的能力,可以此为由进行抗辩。

第三,票据上存在伪造情况,被请求履行票据债务的人是被伪造人或伪造人的抗辩。票据上的签章人为票据债务人。票据被伪造,票载被伪造人不是票据上的真实签章人,其签章为伪造人伪造,因此票据被伪造人不是票据债务人,不需要承担票据义务。票据伪造人虽在票据上为了票据行为,但是并没有作真实签章,因此也不为票据债务人,不承担票据义务,但是其需依票据法或其他法律承担民事赔偿责任、刑事责任和行政责任。

第四,票据债务人被无权代理或越权代理的抗辩。票据当事人可以委托其代理人在票据上签章,并应当在票据上表明其代理关系。没有代理权而以代理人名义在票据上签章的,应当由签章人承担票据责任;代理人超越代理权限的,应当就其超越权限的部分承担票据责任。也就是说,被无权代理的票据债务人不承担票据义务,被越权代理的票据债务人对代理人越权部分也不承担票据义务,即被无权代理或越权代理的人可以对持票人进行抗辩。

第五,承兑人撤销承兑或记载承兑附条件的抗辩。汇票的承兑人在将票据交还持票人之前,涂销承兑或记载附条件承兑的,视为拒绝承兑,承兑人可以对请求其付款的一切持票人进行抗辩。

(2)追索权时效经过的抗辩。持票人对前手的追索权时效期间为,自被拒绝承兑或者被拒绝付款之日起6个月;持票人对前手的再追索权时效期间为,自清偿日或者被提起诉讼之日起3个月。追索权时效期间经过,持票人丧失了对前手的追索权,即持票人的前手(出票人或承兑人及其保证人除外)可以以此为由行使抗辩权。

(3)持票人未遵期提示或未依法取证,其前手可以主张的抗辩。持票人欠缺权利行使和保全手续,丧失对其前手的追索权,即持票人的前手(出票人或承兑人及其保证人除外)可以以此为由行使抗辩权。

(二)人的抗辩

人的抗辩,又称为相对抗辩、主观抗辩,是基于持票人自身的原因或票据债务人与特定票据债权人之间的关系而产生的抗辩,票据债务人可以此抗辩事由对抗特定票据债权人。根据抗辩权人范围的不同,人的抗辩可分为:一切票据债务人对抗特定票据债权人的抗辩,特定票据债务人对抗特定票据债权人的抗辩。

1. 一切票据债务人对抗特定票据债权人的抗辩

一切票据债务人对抗特定票据债权人的抗辩,即基于持票人自身的原因而产生的抗辩,包括下列情形:

(1)任何票据债务人对欠缺或丧失票据行为能力的持票人的抗辩。特定持票人欠缺或丧失票据行为能力,实际上就丧失了受领票据金额的资格,如果其向票据债务人主张权利,则一切票据债务人都可以进行抗辩。

(2)任何票据债务人对欠缺背书连续性的持票人的抗辩。以背书转让的票据,背书应当连续。所谓背书连续,是指在票据转让中,转让票据的背书人与受让票据的被背书人在票据上的签章依次前后衔接。持票人以背书的连续,证明其票据权利;非经背书转让,而以其他合法方式取得票据的,依法举证,证明其票据权利。任何票据债务人对欠缺背书连续性的或不能依法举证证明其票据权利的持票人,可以进行抗辩。

(3)任何债务人对取得票据时不符合法定条件的持票人的抗辩。根据票据法的规定,持票人取得票据须符合以下条件:手段合法、主观善意、给付对价。[1] 如果持票人不符合这些条件,任何债务人都可以对其进行抗辩。如持票人以欺诈、偷盗或者胁迫等手段取得票据的,或者明知有前列情形,出于恶意取得票据的,不得享有票据权利。持票人因重大过失取得不符合票据法规定的票据的,也不得享有票据权利。票据债务人不得以自己与出票人或者与持票人的前手之间的抗辩事由,对抗持票人。但是,持票人明知存在抗辩事由而取得票据的,票据债务人可以对其行使抗辩权。票据的取得,必须给付对价,即应当给付票据双方当事人认可的相对应的代价。除法律规定可以依法无偿取得对价的情形之外,持票人未给付对

---

[1] 因税收、继承、赠与可以依法无偿取得票据的,不受给付对价的限制;但是,所享有的票据权利不得优于其前手的权利。

价的，票据债务人也可以对其进行抗辩。

(4)因税收、继承、赠与可以依法无偿取得票据的，持票人所享有的票据权利不得优于其前手的权利。因税收、继承、赠与可以依法无偿取得票据的，不受给付对价的限制；但是，所享有的票据权利不得优于其前手的权利。任何票据债务人可以对前手票据权利有瑕疵的、依法无偿取得票据的持票人主张抗辩。

(5)出票禁转，任何票据债务人对收款人之外的票据权利人主张的抗辩。根据最高人民法院《关于审理票据纠纷案件若干问题的规定》，票据的出票人在票据上记载“不得转让”字样，票据持有人背书转让的，背书行为无效。背书转让后的受让人不得享有票据权利，票据的出票人、承兑人对受让人不承担票据责任。出票人在票据上记载“不得转让”字样，其后手以此票据进行贴现、质押的，通过贴现、质押取得票据的持票人主张票据权利的，票据债务人可以进行抗辩。

2. 特定票据债务人对抗特定票据债权人的抗辩

这种抗辩包括下列情形：

(1)直接当事人间，票据债务人基于票据原因关系而主张的抗辩。票据的“无因”只是“相对无因”。在票据的原因关系当事人与票据关系当事人重合时，票据关系受票据的原因关系影响，票据债务人基于票据原因关系欠缺、无效、被撤销、非法或有瑕疵，对直接原因关系的当事人即该特定持票人进行抗辩。

(2)基于当事人间特别约定而产生的抗辩。授受票据的直接当事人间可以特别约定某些事项，如约定融通资金的目的、分期付款、对空白票据的补记或约定付款宽限期等，该特定持票人违反特别约定事项，而要求该特定票据债务人付款时，该票据债务人可以进行抗辩。

(3)票据上发生变造，变造前签章的票据债务人对任何变造后的持票人主张的抗辩。票据上出票人签章之外的记载事项被变造的，在变造之前签章的人，对原记载事项负责；在变造之后签章的人，对变造之后的记载事项负责；不能辨别是在票据被变造之前或者之后签章的，视同在变造之前签章。也就是说，变造前签章的票据债务人对任何变造后的持票人可以进行抗辩。

(4)背书禁转、委托背书、质押背书中，原背书人对后手的被背书人主张的抗辩。背书人在票据上记载“不得转让”“委托收款”“质押”字样，其后手再背书转让、委托收款或者质押的，原背书人对后手的被背书人不承担票据义务，但不影响出票人、承兑人以及原背书人之前手的票据义务。背书人在票据上记载“不得转让”字样，其后手以此票据进行贴现、质押的，原背书人对后手的被背书人不承担票据义务。

三、对票据抗辩的限制与反限制

(一)对票据抗辩的限制

1. 对票据抗辩的限制的理论依据

为保障票据的流通性，票据抗辩中人的抗辩受到一定限制。票据抗辩的限制，又称为票据抗辩的切断。关于票据抗辩的限制的理论依据,有三种观点:所有权取得说、政策说、票据债权的无因性和文义性理论。所有权取得说认为:票据行为是对不特定多数人的单独行为,各持票人分别独立原始取得票据权利,所以持票人不必承受前手人的抗辩。政策说认为:票据上权利虽与原因债权各自独立发生,然而与指名债权一样由受让人承受权利上的瑕疵,即受让人应承受前手人的抗辩。也就是说,原则上票据债务人所能对抗让与人的事由,皆能对抗受让人,票据法之所以规定对票据抗辩的限制,只能是基于政策上的原因。票据债权的无因性和文义性理论认为:对票据抗辩的限制是基于票据的无因性和文义性理论,以保障票据的流通性。[1]

2. 对票据抗辩的立法例

对票据抗辩的立法例包括积极限制的立法例和消极限制的立法例。所谓积极限制,是指票据法规定可以抗辩的情形,除此之外都不能抗辩,如《英国票据法》和《美国票据法》。所谓消极限制,是指票据法规定不得抗辩的情形,除此之外都可以抗辩,如日内瓦统一票据法系国家。

3. 对票据抗辩限制的内容

我国《票据法》规定,票据债务人不得以自己与出票人或者与持票人的前手之间的抗辩事由,对抗持票人。即票据债务人不得以自己与出票人之间的抗辩事由对抗持票人,也不得以自己与持票人的前手之间的抗辩事由对抗持票人。

4. 对票据抗辩的限制与票据善意取得制度的不同

虽然对票据抗辩的限制与票据善意取得制度都是为了保护善意的持票人,但是对票据抗辩的限制与票据善意取得制度存在一定的区别:两者的主观构成要件不同,对票据抗辩的限制只要持票人不知存在抗辩事由即可,而票据善意取得须持票人不知其直接前手无转让票据的权利;两种制度下的利益受损人也不同,对票据抗辩的限制中的利益受损人是抗辩被限制的债务人,而善意取得制度中受到利益损失的人是原票据权利人。

(二)对票据抗辩的反限制(票据抗辩限制的切断)

对票据抗辩的限制侧重于保护持票人不受票据债务人票据抗辩权滥用的侵害,但票据法出于法益的平衡考虑,又规定了对票据抗辩限制的反限制,保护票据债务人。对票据抗辩的反限制包括下列情形。

1. 不法抗辩。以欺诈、偷盗或者胁迫等手段取得票据的,或者明知有前列情形,出于恶意取得票据的,不得享有票据权利。持票人因重大过失取得不符合《票据法》规定的票据的,也不得享有票据权利。对于以不法手段取得票据的或者因重大过失取得票据的,票据债务人可以抗辩。

2. 恶意抗辩。持票人明知存在抗辩事由而取得票据的,即持票人恶意,票据债

---

[1] 参见赵威:《票据权利研究》,法律出版社1997年版,第179页。

务人可以对其抗辩。

3. 对价抗辩。因税收、继承、赠与可以依法无偿取得票据的，不受给付对价的限制。但是，所享有的票据权利不得优于其前手的权利。

4. 原因关系抗辩。票据债务人可以对不履行约定义务的与自己有直接债权债务关系的持票人，进行抗辩。

5. 委托收款、回头背书或持票人与其中之一前手为同一主体，债务人对持票人的抗辩不被切断。如委托收款背书之中，债务人对委托收款背书中的背书人的抗辩，也得对委托收款背书中的被背书人行使。回头背书之中，A 出票给 B（收款人），B 背书给 C，C 背书给 D，D 又背书给 B，此时，A 对收款人 B 的抗辩，也对最后的持票人 B 行使。或者 A 出票给 X，X 背书给 B，B 背书给 Y，X 为 Y 的分公司，那么 A 对 X 的抗辩事由也可以对 Y 行使。

第七节　电子票据与票据创新

一、电子票据的发展与法律问题

（一）电子票据制度发展概况

2005 年 3 月 25 日，国内首张电子票据成功签发，涉及金额 703 万元，标志着我国电子票据业务进入实践阶段。2009 年 10 月，中国人民银行建成电子商业汇票系统（ECDS）并印发《电子商业汇票业务管理办法》，遵循《票据法》的基本规定和立法精神。电子商业汇票系统带来了革命性的电子票据产品，克服了纸质商业汇票操作风险大的缺点，改变了企业与金融机构的支付习惯和交易方式，普及率逐年提高。

为规范我国电子票据业务健康发展、推动我国电子票据广泛使用和流动，2016 年 8 月，中国人民银行印发《关于规范和促进电子商业汇票业务发展的通知》，要求一定金额以上的商业汇票只能通过电子商业汇票系统办理，同时允许除银行业金融机构和财务公司以外的、作为银行间债券市场交易主体的其他金融机构可以通过银行业金融机构代理进入电子商业汇票系统，开展电子票据转贴现、提示付款等规定业务。2016 年 12 月，为配合上海票据交易所的成立运行，中国人民银行颁布《票据交易管理办法》。2016 年 12 月 8 日，上海票据交易所正式挂牌成立，全国统一的票据交易平台就此问世。后上海票据交易所发布《票据交易主协议（2016 年版）》《上海票据交易所票据交易规则》等十几项配套业务规则，弥补我国票据市场制度体系不健全的问题，进一步加快了电子票据发展速度。作为票据市场基础设施，上海票据交易所对所有纸质票据和电子票据进行统一登记、托管、报价、交易、清算和托收。电子商业汇票签发、承兑、质押、保证、贴现等信息可以通过电子商业汇票系统同步传送至上海票据交易所系统,票据流转效率大幅提高。电子商业汇票系统为建立全国统一的票据交易平台奠定了基础,未来票交所票据交易系统将在原有电子商业汇票系统的基础上进一步完善功能,为电子票据业务提供更加安全高效的多功能、综合性业务处理平台。

(二)电子票据的法律性质

电子票据是网络信息技术的发展及人们对支付结算电子化需求的产物。电子票据具备高效、便捷、易流通的特点,规避了纸质票据易遗失、被窃、被变造的风险。就金融机构而言,电子票据规避了人工传送或人工作业所要求的烦琐程序,并提升了业务处理的正确性和效率。就企业而言,电子票据有利于提升资金管理效率,有利于收款人对账或处理票据业务,降低交易双方的信用风险,提升了票据使用的安全性。电子票据的普及与推广,能更好地促进流通,有助于票据市场良性发展,也满足了金融市场多层次的需求。然而,我国现行《票据法》并未提及基于电子票据所产生的票据行为及其相关制度。票据理论是否可以解释电子票据行为?《票据法》现有框架是否可以包容电子票据?

针对电子票据法律性质的研究,应探究电子票据与纸质票据之间的本质联系,而并非只是注重其电子化这一表层表现。网络技术的应用催生了电子产业出现,票据借此由纸质形式转变为电子形式。在运行方式、存在形式等方面,电子票据所彰显出的独特性只是其在电子领域中的应有形态,对于内在功能并没有实质改变。相较于其他电子支付手段而言,电子票据具备支付、流通、信用、融资等票据的内生价值功能,从这个意义上来说,电子票据并未超出票据范畴。电子票据概念可以分为广义的电子票据和狭义的电子票据两类。广义的电子票据包含信息和货币两个层面:一是纸质票据的电子化,即依托网络和计算机技术将传统纸质票据的各种要素信息转化为电子信息进行传递,以数据电文的形式实施票据行为,实现账户资金转移的信息存储和传输过程;二是纯粹的电子票据,指完全脱离传统纸质票据而存在于网络和计算机中的电子信息,其所有票据行为和业务流程都通过网络传输实现而承载的电子形式。而狭义的电子票据仅包含后者,即以电子签名为基础,用数字信息彻底取代纸质票据,而存在于电子介质中的一种新型票据形式。综上所述,电子票据可以定义为出票人依托电子商业汇票系统,以数据电文制作的,约定由自己或者委托他人在约定日期无条件支付确定金额给持票人或收款人的票据。

中国人民银行于2009年颁布的《电子商业汇票业务管理办法》是电子商业汇票的主要依据,第2条第1款规定:“电子商业汇票是指出票人依托电子商业汇票系统,以数据电文形式制作的,委托付款人在指定日期无条件支付确定金额给收款人或者持票人的票据。”《电子商业汇票业务管理办法》规定的电子票据行为,包括出票,承兑,转让背书,贴现、转贴现和再贴现,质押,保证,付款,追索。电子票据行为相关制度设计显然迎合了我国《票据法》立法的形式要求,有令其归入纸质票据法的内在考量。我国《票据法》中对票据种类的规定是“三票合一”,汇票的立法形式以票据流通流程为线索设计,《电子商业汇票业务管理办法》中只规定了电子商业汇票一种票据类型,按照电子票据流转的顺序设计,因此电子票据行为与纸质票据行为的立法形式具有同一性。[1]

(三)电子票据发展中存在的法律问题

电子票据与纸质票据形式要件的不同,主要有以下三个方面:第一,从表现形式看,纸质票据必须采用书面形式,并具有要式性,要求在票据规定位置载明各类事项,而电子票据以电子数据的形式出现,无书面形式,也无规定格式及位置的要求。第二,从流通形式看,传统票据流通时必须以原件形态传递,以证明票据的唯一性和真实性,而电子票据是电子数据,不存在原件。第三,从签名形式看,纸质票据当事人必须在票据上签章,也就是必须亲自作出签章行为,而电子票据的生成和流通,不可能要求当事人亲笔签章,取而代之的是电子签名,由此涉及的法律问题主要包括以下几点。

1. 法律依据问题。为保护票据的流通性,各国票据法普遍采用票据种类法定原则。尽管《电子商业汇票业务管理办法》将电子商业汇票定义为一种票据,但该办法毕竟只是部门规章,从法律层面讲,电子票据的属性仍然没有最终确定。同时,缺乏上位法依据还引发其他法律问题,如《票据法》对票据的书面形式有严格的限制,有固定格式和内容,只能使用统一印制的票据,对于电子形式的票据在票据法律层面并没有得到确认。

2. 签章问题。《票据法》规定票据上的签章为签名、盖章或签名加盖章。签章是票据当事人身份识别和认证的唯一标识,票据法对单位、个人的签章有具体的要求。而电子票据的签章是电子签名,电子签名具有身份识别性、资料完整性及不可否认性等特征,比传统手书签名更具优越性。2005 年 4 月生效的《电子签名法》确认电子签名与手书签名有同等法律效力,但与《票据法》在司法适用中存在冲突。

3. 票据融资功能问题。与纸质票据相比,电子票据的流通转让更加便捷,交易效率更高,交易成本更低,有力地促进了票据流通功能和融资功能。在当前形势下,电子票据更有助于服务实体经济,基于电子票据的理财产品受到了投资者的欢迎。而《票据法》规定,票据的转让必须具有真实的商品交易关系和债权债务关系,这对电子票据的流通性和融资性有严重影响。

4. 票据付款期限问题。纸质票据的付款期限主要受纸质材料的保存期限限制,而电子票据存储于电子设备,可以永续保存,因此电子票据的付款期限应当比纸质票据长。实践中,《电子商业汇票业务管理办法》规定,电子商业汇票付款期限最长为一年,与《票据法》规定的 6 个月存在冲突。[2]

---

[1] 参见王峙焯:《电子票据行为的正当性研究》,载《北方法学》2014 年第 3 期。

[2] 参见张鸿:《电子票据法律制度初探》,载《经济师》2018 年第 6 期。

二、票据功能的演进

票据功能随社会经济环境不断改变,在当前形势下,电子票据通过票据融资,更有助于服务实体经济。票据融资指持票人通过票据进行资金融通的行为。在我国目前的票据法律环境下,票据融资一般通过票据贴现完成。持票人将票据向商业银行转让,商业银行按照贴现利率扣除利息后向持票人放款并取得该票据所有权。商业银行根据需求或将该票据持有至到期以获取利差,或向其他商业银行转让该票据以完成转贴现,或向央行转让该票据以完成再贴现。随着经济的不断发展,票据市场利率朝着市场化方向发展,票据市场发挥了传导货币政策的功能,央行可以采取措施通过货币政策操作影响票据市场利率,充分体现了我国票据市场的传导货币政策的作用。实践表明,货币市场利率的变化影响票据融资规模的变化,票据融资规模的变化影响市场总产出的变化。因此,当央行以货币市场利率作为货币政策操作目标时,其调控货币政策的意图可以通过票据市场传导到实体经济中。与此同时,票据市场可以感知到货币政策的变化。票据融资和银行贷款作为中小企业的主要融资方式,相互之间具有替代作用。

票据融资的优势主要通过企业融资显现。目前,我国的社会信用体系并不健全,直接融资市场不够发达,企业主要以银行借贷等间接融资为主要的融资方式。票据融资和银行贷款业务相比较成本更低,2017 年银行的普通贷款年平均利率是 7.16%,同年票据融资年平均利率是 5.19%。除了低成本的优势,票据融资限制少、手续简单、获批快,成为缓解中小型企业“融资难”“融资贵”的主要方式。企业在经济活动中,生产、销售、供应分配和资金回流的时间节点并不统一,有的企业因为产品类型还具有季节性、周期性等特征,上下游企业的资金状况也直接影响企业的资金流动性需求。

票据融资对商业银行同样具有积极作用。随着经济的不断增长,商业银行存款和信贷规模快速发展。票据资产的流动性和盈利性优点,有助于调节商业银行的信贷规模。当信贷规模宽松时,商业银行往往增持票据以占据多余的信贷规模,再通过释放票据支持传统信贷业务的投放。此外,由于负债端存款增速的压力,商业银行具有很强的揽储动机,企业在签发票据的过程中缴纳的保证金就是银行存款的直接来源。根据商业银行和企业签订的票据协议,企业保证金存款的利率可以是活期、定期、挂牌利率,也可以是协议存款利率。商业银行在提供承兑汇票开票签发的业务过程中,既可以赚取一定的手续费,也可以获得廉价存款。因此,票据业务对商业银行具有较强吸引力。

我国市场经济中,大型企业具有广泛多样化的融资方式。一般而言,企业的资产结构遵循对应性原则,固定资产由企业股东增资、发行股票和长期债券等长期融资构成。长期性的流动资金由流动资本和银行贷款构成,而短期性流动资金则需要通过期限短、额度小、方式灵活的融资渠道获得。企业对短期流动性资金的需求具有普遍性、经常性、频繁性的特征，大部分中小企业难以选择发行股票上市或发行长期债券，股票和长期债券不利于企业控制风险，融资成本也偏高。在多种因素的作用下，商业银行对中小型企业普遍“惜贷”，股权资本市场发展不充分，中小型企业长期面临着“融资难”“融资贵”的问题。中小企业在银行信贷或者资本市场直接融资较为困难，从而给票据融资提供了发展空间。票据融资采取以银行信用补充企业信用的方式，票据的签发更为快速，具有更加灵活的流动性，票据融资逐渐成为中小型企业重要的融资方式。与普通贷款不同，银行承兑汇票的操作程序更加简便，通过存放特定数额的保证金，缴纳手续费后即可得到一笔定期的银行信用担保融资。股票和债券市场的发行标准较为严格，发行程序比较复杂，中小型企业往往无法及时通过股票市场或债券市场融资。而签发银行承兑汇票需要通过柜台，对企业规模没有限制，对信用等级无特别要求，符合中小企业融资“短、频、急”的要求。此外，票据的融资利率一般低于普通贷款利率，可以有效减少企业融资的成本。从金融市场的实际情况可以看出，中小企业签发的票据约占整个票据市场份额的一半以上，这有效加大了国家对实体经济的资金支持。

三、票据创新的展望

随着电子票据应用不断深入，票据业务创新和产品创新不断涌现。在 21 世纪初期，票据创新主要基于传统业务进行改进和组合。以承兑业务为基础推出了商业汇票保证、质押开票、票据拆零、以票易票等业务；以贴现业务为基础推出了商票保贴、票据包买、见票即贴额度授信、第三方担保贴现、回购式贴现等贴现承诺业务，在贴现利息支付方面推出了买方付息、协议付息、他方付息、共担利息等方式；以转贴现业务为基础推出了票据资管搭桥、银行代理回购搭桥、票据代持及配资代持等业务模式。同时，还推出了票据咨询、顾问、经纪、鉴证、代理托收、代理查询、代理保管、票据池等增值服务创新。2009—2011 年，票据理财产品迅速兴起发展，并随着监管加强，从传统银行理财演化为银信合作等模式，延伸出票据信托业务。自 2013 年以来，票据资产管理计划开始出现，并先后以证券公司和基金公司作为通道方。同年底，随着“金融脱媒”愈演愈烈，互联网票据理财模式开始兴起并迅速发展起来，一度成为票据市场热点。2016 年，随着监管治理不断强化，基于票据收益权发行的资产证券化产品开始初步尝试。总体而言，由于票据兼有支付、资金、信贷、资产等多重属性，加上持票机构的多样化和跨领域流通，以票据为载体的衍生产品成为连接货币市场和资本市场重要探索。一方面票据作为核心载体可以发挥货币市场风险低、期限短、流动性高等特点，另一方面金融工具的引入又可以在风险可控的前提下提高收益，使票据成为金融投资产品创新的重要载体。票据业务有利于加速利率市场化进展，由于票据交易的价格受资金供求关系影响较大，对市场的敏感性较强，已形成较为完备的市场价格指数和形成机制，加上票据贴现与短期流动资金贷款本身存在竞争性的替代关系，金融机构有条件通过客户细分来扩大贷款浮动范围、分级定价。

电子票据业务发展使得产品发展创新越来越广阔。部分商业银行利用自贸区金融创新平台把电子票据与国际贸易融资项下的信用证、保函等电子支付系统相链接,以便于开展国际信用证(保函)担保电子银行承兑汇票业务,拓宽票据参与跨境人民币支付的融资途径。借助电子票据实现与信用证(银行保理等)的组合国际结算业务和"1+N"商业承兑汇票贸易融资组合业务,提高票据的应用领域,并可以贴现电子票据集合资产为依托,设立特殊目的机构(SPV)发行资产支持票据(ABCP),扩大银行票据融通资金来源。另外,借助电子票据推动多元化票据衍生品发展和试点,包括远期票据贴现和转贴现、票据贴现期权和转贴现期权、票据转贴现利率互换和转贴现期限互换(掉期)等,还可通过银行业金融机构集约化管理已贴现票据,实现票据资产证券化等创新。

数字票据的应用创新分析。借助区块链可以对现行的电子商业汇票系统结构进行改变,在遵循现有票据属性、法律和市场运作规则的基础上,通过"去中心化"的方式构建数字票据,成为一种全新的票据展现形态。从技术角度分析,区块链技术自身的去信任、时间戳、可追溯、不可篡改等特点与票据应用场景十分相近,在一定范围使用时,可以建立起数字票据的联盟链,将票据市场各方角色在联盟链中进行定义。从监管部门分析,数字票据有望为监管操作带来更多便利,通过前后相连构成的不可篡改的时间戳,完全透明的数据管理体系所提供的可信任的追溯途径,也可以将监管方设置为具有一定角色的节点,通过在链条中发布智能合约,应用可编程性来建立市场统一的规则和秩序。从市场参与者分析,对于商业银行等市场参与者,可以将出票人、期限、金额、承兑行、保证增信行、贴现行等要素预先写入代码加载为智能合约,将数字票据定义为自带智能合约限制的数字货币。[1]

思考题

1. 简述票据法的概念与特征。
2. 怎样理解票据关系的无因性?
3. 票据行为代理的构成要件有哪些?票据行为的代理会产生什么样的法律后果?
4. 如何区别票据的伪造与变造?
5. 票据抗辩的限制与反限制有哪些?

---

〔1〕 参见肖小和:《中国票据市场四十周年回顾与展望》,载《金融与经济》2018年第11期。

第四章　证券法律制度

第一节　证券和证券法概述

一、证券概述

（一）证券的概念和种类

证券是筹资者为了筹集长期资金而发放的由投资者认购的资本凭证。

各国立法对于证券种类和范围的规定有很大不同，主要取决于各国不同的证券市场发展水平、证券法律规范的健全程度以及证券法律监管的完善程度。在证券市场发达的国家，证券种类往往比较广泛，一般包括股票、债券、股权认购证书、期权证券等，有的还包括票据（期限在9个月以上的）、表决权信托证书、证券信托证书、资产担保证券、存托凭证等。

我国现行《证券法》中的证券指股票、债券、存托凭证、证券投资基金以及国务院依法认定的其他证券种类。我国证券市场的发展，证券立法、司法和监管水平的逐步提高，证券市场中可交易的证券品种的增加，可以改善市场投资的多样性和交易的互补性，拓展市场发展的空间，提升市场活跃程度和市场投资者的积极性，从而更好地促进证券市场的繁荣和发展。现行《证券法》特别规定，资产支持证券、资产管理产品发行、交易的管理办法，由国务院依照本法的原则规定，即将资产支持证券、资产管理产品视作"准证券"，由国务院依照本法原则作出专门规定。这意味着在资产证券化和资产管理业务中发行的资产支持证券和各种资管产品，在性质上类似于证券，尽管目前在我国分业监管模式下仍然由各金融监管部门分头监管，但规则应当依照证券法原则制定，标准相对统一。

（二）股票

股票是股份有限公司签发的证明股东所持股份并享受股东权益的凭证。股票是现代股份制组织形式下衍生的一种特殊权益凭证，是投资者在被投资公司中享有权益的法律依据。根据不同的标准，股票可作如下分类。

1. 根据是否表明持票人的姓名，可以将股票分为记名股和不记名股。这种分类的意义在于两者的法定适用范围和转让方式不同。向社会公众发行的可以是记名股，也可以是不记名股；向发起人、国家授权投资的机构、法人发行的股票，应当是记名股。记名股的转让除交付外,还须经背书并办理过户登记手续。

2. 根据持股人享有的权利的内容以及先后顺序的不同,分为普通股、优先股。普通股的持股人在股份公司事务上具有平等的权利和地位,在公司收益分配和风险承担上也具有相同的权利义务。优先股持股人可以优先于普通持股人获得公司收益的分配权,当公司解散清算时有优先分配公司剩余资产的权利;但与此特权相对应,优先股的持股人在公司事务的表决权上往往受到限制。

3. 根据股份持有者身份不同,我国内地证券市场发展之初,存在国家股、法人股和社会公众股的区分。国家股、法人股是国家或国家授权的投资主体、法人以非公开发行的方式认购的股份,被限制流通,又称非流通股。社会公众股是发行人在取得国家有关主管部门核准后,向社会公众公开募集的股份,允许自由流通,又称流通股。

4. 根据投资资金来源地的不同,将我国的流通股股票分为内资股和外资股。内资股是我国内地(大陆)投资者以人民币购买的股份,又称 A 股;外资股是由外国和我国香港特别行政区、澳门特别行政区、台湾地区投资者以购买人民币特种股票形式向公司投资形成的股份。对于外资股,依照该股票上市地的不同,可分为境内上市外资股和境外上市外资股。前者是指以人民币标明面值并以外币认购买卖在境内证券交易所上市的股份,即 B 股;后者是指向境外投资人募集并在境外(通常是境外的证券交易所)上市的股份。目前,境外上市外资股主要有三类,又称 H 股、N 股、S 股,分别指在香港(Hong Kong)、纽约(New York)、新加坡(Singapore)上市的外资股。

此外,股票还可以根据股票票面是否记载具体金额,分为有额面股和无额面股;根据股票所反映的股份是否附带表决权,分为有表决权股和无表决权股。

(三)债券

债券是证明债券持有人有权按照债券约定要求还本付息的债权凭证。债券和股票同为有价证券,都是筹集资金的方式,但前者关注发行者的偿债能力,后者关注发行者的盈利能力。因此,在不具备股份发行条件或是要保持对公司经营管理的控制权时,公司就倾向于选择发行债券,以借入生产、建设、周转所需的资金,并在借款期届满后向债券投资人还本付息。根据不同的标准,债券可作如下分类。

1. 根据募集发行方式的不同,分为私募发行债券和公募发行债券。划分的意义在于二者的发行方式以及适用的发行规则不同。私募发行是针对特定对象、采取特定方式、接受特定规范的债券发行方式;公募发行是针对不特定的社会公众发行债券的方式。私募发行针对的是特定人,通常他们对发行人比较了解,因此私募发行的核心是注册豁免,发行手续比较简便;公募发行针对的是不了解公司情况的广大投资者,因此法律要求发行人进行严格的注册登记和详细的信息披露,手续比较复杂。

2. 根据发行主体的不同,分为政府债券、公司债券、金融债券、其他法人(其他企事业单位、社会团体)债券、国际债券。政府债券又分为国家债券(国库券)和地方政府债券,通常是出于弥补财政或支援国家基础建设需要,不以营利为目的。公司债券、金融债券及其他法人债券则是以营利为目的的募资行为。国际债券是一国政府、金融机构、工商企业或国际组织为筹措和融通资金,在国外金融市场上发行的,以外国货币标明面值的债券。目前有代表性的主要是美国的扬基债券[1]、欧洲债券[2]以及日本的武士债券。[3] 划分的意义在于不同债券适用不同的发行交易审核制度。一般而言,各国对于政府债券的发行上市交易采取豁免审核制度,因此政府债券又称豁免债券。但其他债券在获准发行和上市前,必须依照法定的条件和程序进行审查。

3. 根据到期收益方式的不同,还可以将公司债券分为普通公司债券和可转换公司债券。普通公司债券的持有人在债券到期后,只能向发行人请求还本付息。可转换公司债券是指发行公司依法发行、在一定期间内依据约定的条件可以转换成股份的公司债券,其持有人在债券到期后,可以选择收回本息或转换为股票继续投资。我国现行《证券法》第15条规定,上市公司发行可转换为股票的公司债券,不仅应当符合公开发行公司债券的条件,还应当符合公开发行股票的条件。其中,上市公司通过收购本公司股份的方式进行公司债券转换的除外。

债券与股票的区别主要表现在:(1)发行主体不同。债券的发行主体可以是公司、金融机构及其他类型企业,还可以是中央或地方政府;股票的发行主体只能是股份有限公司。(2)所代表的权利性质不同。债券是债权凭证,债权人一般仅能请求债券发行人到期偿还本金并支付一定的利息;股票是股东权凭证,股东权包括取得红利收益的权利和对公司经营业务的管理权,如投票表决、发表意见、进行监督等等。(3)投资期限不同。债券是有期限的投资证券,在发行之初就规定了一定的偿还期限,到期后公司将向债券持有人支付本息并收回债券;股票是无期限的投资证券,一般情况下投资者从公司认购股票后,可以将股票转让给其他投资者,但不能在中途要求退股,抽回投资。(4)收益及风险大小不同。债券到期的收益通常是预先约定的,收益相对稳定,投资风险较低;股票的收益则要根据公司的经营业绩而定,经营业绩好,其收益可能高于债券的收益;反之则可能低于债券的收益甚至亏本。因此,股票投资的风险往往要大于债券投资的风险。

---

[1] 扬基债券是在美国债券市场上发行的外国债券,即美国以外的政府、金融机构、工商企业和国际组织在美国国内市场发行的、以美元为计值货币的债券。“扬基”一词英文为“Yankee”,意为“美国佬”。由于在美国发行和交易的外国债券都是同“美国佬”打交道,故名“扬基债券”。

[2] 欧洲债券是一国政府、金融机构、工商企业或国际组织在国外债券市场上以第三国货币为面值发行的债券。例如,法国一家机构在英国债券市场上发行的以美元为面值的债券即是欧洲债券。欧洲债券的发行人、发行地以及面值货币分别属于三个不同的国家。

[3] 武士债券是在日本债券市场上发行的外国债券,是日本以外的政府、金融机构、工商企业和国际组织在日本国内市场发行的以日元为计值货币的债券。

(四)存托凭证

存托凭证(Depository Receipts,DR),又称存券收据或存股证,是指在一国证券市场流通的代表外国公司有价证券的可转让凭证,由存托人签发,以境外证券为基础在境内发行,代表境外基础证券权益的证券,属公司融资业务范畴的金融衍生工具。存托凭证一般代表公司股票,但有时也代表债券。

具体而言,某公司将其发行的一定数额的证券,委托一机构(保管银行)保管,由保管银行通知外国的存托银行在当地发行代表该股份的存托凭证,之后存托凭证在外国证券交易所或柜台市场交易。

按其发行或交易地点之不同,存托凭证被冠以不同的名称,如美国存托凭证(ADR)、欧洲存托凭证(EDR)、全球存托凭证(GDR)、中国存托凭证(CDR)等。

(五)基金证券

证券投资基金是指一种利益共享、风险共担的集合证券投资方式,即通过发行基金份额,集中投资者的资金,由基金托管人托管,由基金管理人管理和运用资金,从事股票、债券等金融工具投资。基金证券是由投资基金发起人向社会公开发行的、表示持有人按其所持份额享有资产所有权、收益分配权和剩余资产分配权的凭证,又称基金受益凭证。根据不同的标准,基金证券可作如下分类:

1. 根据基金的组织形态,可分为契约型基金和公司型基金。前者是根据信托契约,发行受益凭证从投资者处募集资金组成的投资基金;后者是指按照公司法组成的以营利为目的从事投资信托的股份有限公司。

2. 根据基金受益凭证能否赎回,可分为封闭式基金和开放式基金,封闭式在设立时即限定基金的发行总额并相对固定,发行完成后即行封闭,在存续期内投资人不可要求基金赎回,但可通过证券交易市场转让;开放式指在设立时不限定总额,在设立后处于不断变动状态,可随时追加发售受益凭证,投资者也可随时要求发行人赎回受益凭证。

3. 根据基金的主要投资对象不同,可分为货币基金、债券基金、股票基金、衍生市场基金、黄金基金。

4. 根据投资目标不同,可分为成长型、收入型及平衡型基金。

5. 根据基金的资金来源及运用地域不同,可分为海外基金、国家基金、国际基金、离岸基金等。

(六)资产支持证券

资产支持证券是由受托机构发行的、代表特定目的的信托的受益权份额。受托机构以信托财产为限向投资者承担支付资产支持证券收益的义务,其支付基本来源为支持证券的资产池产生的现金流。资金池项下的资产通常是金融资产,如贷款或信用应收款。资产支持证券支付本金的时间常依赖于资产本金回收的时间,这种本金回收的时间和相应的资产支持证券相关本金支付时间的固有的不可预见性,是资产支持证券区别于其他债券的一个主要特征,是固定收益证券当中的主要一种。可用作资产支持证券资产池的资产分为两类:现存的资产或应收款,将来发生的资产或应收款。前者称为“现有资产的证券化”,后者称为“将来现金流的证券化”。

(七)资产管理产品

资产管理产品是获得监管机构批准的金融机构向特定客户募集资金或者接受特定客户财产委托担任资产管理人,由托管机构担任资产托管人,为资产委托人的利益,运用委托财产进行投资的一种标准化金融产品。

二、证券法概述

(一)证券法的基本原则

证券法的基本原则是指证券法规定的在证券发行和证券交易活动中必须遵守的准则。我国证券法的基本原则是:

1.“三公”原则,即公开、公平、公正原则。公开原则是指在证券发行和交易活动中,依照法律、行政法规的规定,负有信息披露义务的证券发行人、证券持有人以及其他机构及其相关人员,应当按照有关规定确定的内容、程序和时间履行信息公开义务。公平原则是指在证券发行和交易活动中,证券市场主体的法律地位平等,平等地享受权利和承担义务。公正原则是指在证券市场中,应当制定公正的市场规则,司法人员和证券市场的管理者应按照规则的内容公正地执行法律,公正对待一切被监管者。

2. 证券业和银行业、信托业、保险业分业经营、分业管理的原则。原则上,证券业、银行业、信托业、保险业分别由证券公司、商业银行、信托公司、保险公司分开经营,禁止任何一类金融机构从事混业经营。但随着金融市场的发展,分业经营渐渐显露出了其束缚金融创新和金融进步的一面,因此各国都在谋求修正原有的分业经营立法——或者转变为混业经营体制,或者是在分业体制的框架下通过组建金融控股公司的模式实现集团公司下的混业经营。目前,我国的金融业也在探索金融经营体制的改革,我国现行《证券法》第 6 条规定:“证券业和银行业、信托业、保险业实行分业经营、分业管理,证券公司与银行、信托、保险业务机构分别设立。国家另有规定的除外。”

3. 证券市场实行证券集中统一监管和行业自律性管理相结合的原则。国务院证券监督管理机构对证券市场实行集中统一监管,证券交易所在法律法规的授权下也可以对上市证券、从事证券交易的机构和人员实施一定的监管行为。此外,依法设立证券业协会,对证券经营机构实行自律性管理。

(二)我国证券法的产生和发展

我国证券立法可以追溯到 20 世纪初,1914 年北洋政府颁布的《证券交易所法》是我国历史上第一部关于证券市场管理的法律。后来,在国民政府时期,证券市场管理法律规范又得到一定的发展。新中国成立初期,基于国民经济恢复和发展的需要,设立了证券交易所,并颁布了《管理证券交易暂行办法》等一系列证券市场管理法律规范。但上述的证券立法实践,在我国1956年开始实行社会主义计划经济制度后就中断了。我国目前的证券法律制度体系,主要是从党的十一届三中全会以后开始形成的。1981年出台的《国库券条例》,恢复了我国国债的发行,1993年《股票发行与交易管理暂行条例》《企业债券管理条例》,1997年《证券交易所管理办法》等行政法规陆续出台。及至1998年12月,第九届全国人大常委会第六次会议上最终通过了《证券法》(全国人大常委会分别于2004年8月、2013年6月、2014年8月三次对《证券法》作出修正,2005年10月及2019年12月两次对《证券法》作出修订),标志着我国监管证券市场的法律体系初步形成。

我国现行的证券法律制度,以《证券法》为核心,还包括《公司法》中相关的规定、国务院关于证券市场管理的行政法规、中国证监会关于证券监管的部门规章等。从内容和功能上划分,我国证券立法主要由证券市场监管制度、证券发行制度、证券交易制度、信息披露制度、证券机构管理制度等组成。《证券法》是我国证券法律制度的主要代表,它以法律的形式明确规定了我国证券法的调整范围、证券的发行和交易规则、证券交易所和证券公司等市场主体的设立条件和运作规则、证券监管机构的职权和职责等内容,使我国对证券市场的法制化规范有了更高层次的立法依据,并使"规范证券发行和交易行为,保护投资者的合法权益,维护社会经济秩序和社会公共利益,促进社会主义市场经济的发展"的立法目标有了更高层次的法律保障。

第二节　证券发行法律制度

一、证券发行的概念和分类

证券发行是指证券发行主体以筹集资金为目的向社会公众或机构投资者销售证券的法律行为。证券发行是证券市场的起点,其管理的好坏直接影响到进入交易市场的证券的质量。因此,对于证券发行市场的管理,通常同时运用法律手段、经济手段、行政手段。其中,法律手段居主要地位,经济和行政手段的实施也要依照法律的规定进行。

我国的证券发行,根据不同标准可以有多种分类:

1. 根据发行的证券种类的不同,分为股票发行和债券发行。证券法律对不同的证券种类规定了不同的条件和程序。其中股票的发行比较复杂,根据《证券发行与承销管理办法》(2023年修订)第45条规定,"首次公开发行证券,可以通过询价的方式确定证券发行价格,也可以通过发行人与主承销商自主协商直接定价等其他合法可行的方式确定发行价格。发行人和主承销商应当在招股意向书(或招股说明书,下同)和发行公告中披露本次发行证券的定价方式。首次公开发行证券通过询价方式确定发行价格的,可以初步询价后确定发行价格,也可以在初步询价确定发行价格区间后,通过累计投标询价确定发行价格。”第6条规定:“首次公开发行证券发行数量二千万股(份)以下且无老股转让计划的,发行人和主承销商可以通过直接定价的方式确定发行价格。发行人尚未盈利的,应当通过向网下投资者询价方式确定发行价格,不得直接定价……”股票采取溢价发行的,其发行价格由发行人与承销的证券公司协商确定。

2. 根据证券发行对象的不同,分为公募发行和私募发行。公募发行是面向不特定的公众投资者的发行,可以筹集到较巨额的资金,但因此要承担严格的信息披露义务;私募发行是面向少数特定投资者的发行,可以豁免信息披露义务,且与特定投资者直接私下磋商的方式可以达成比较有利的销售价格,但对私募发行人的资质、规模、信誉要求比较高。我国《证券法》第9条第3款规定:“非公开发行证券,不得采用广告、公开劝诱和变相公开方式。”

3. 根据发行是否借助证券承销机构,分为直接发行和间接发行。直接发行是发行人自行组织证券发行事务并承担发行风险的发行方式。间接发行是发行人借助证券承销机构作为中介人,利用中介机构的信息、人员、营业网络等优势帮助其销售的发行方式,因而也称承销发行。根据我国现行法律规定,证券的公开发行应当聘请证券公司参加,即只能选择承销发行方式发行证券。

4. 根据发行目的的不同,分为设立发行和新股发行。设立发行是指股份的发行在股份公司设立的过程中同时进行,股份发行成功后,依照法定程序成立股份有限公司。依照公司法,公司设立分为发起设立和募集设立。发起设立是指由发起人认购公司应发行的全部股份的设立方式;募集设立是指发起人认购公司应发行股份的一部分,其余部分向社会公开募集的设立方式。新股发行,是指已成立的股份有限公司因生产经营需要,追加资本而发行股份的行为。设立发行和新股发行,由于发行主体(未成立公司和已成立公司)、发行目的(公司设立和公司资本追加)的不同,法律规定的发行条件和程序也不相同。

5. 依发行地点的不同,分为国内发行和国外发行。国内发行是指发行人在本国境内发行有价证券的方式,如我国的国库券、人民币普通股票的发行(A股),公司债券的发行。国外发行是指一国政府、法人在本国境外发行有价证券的方式,如我国的人民币特种股票B股、H股、S股、N股的发行。

二、证券发行基本规则

(一)证券发行审核制度

证券发行审核是法定的证券监管机构对证券发行是否符合法律规定事先进行的审查或批准制度。国家通过证券发行审核,对证券的发行作出是否准许的安排,以达到对企业的证券发行行为进行监管和规范的目的。

从立法层面上看,我国现行的证券公开发行全面实行注册制,公开发行证券,必须符合法律、行政法规规定的条件,并依法报经国务院证券监督管理机构或者国务院授权的部门注册。未经依法注册,任何单位和个人不得公开发行证券。证券发行注册制的具体范围、实施步骤,由国务院规定。在1998年《证券法》之前,我国证券发行实行审批制,而且是严格的额度控制审批制,即国家事先确定一个年度的证券发行总额,然后将发行总额层层分配给省市地方政府和国务院各部委,再由地方政府和各部委根据分得的额度再分配给辖区内的企业。发行人要获准发行证券,就需要经过地方各级政府、国务院各部委、中央政府的层层审批。这种发行审核制度在加强国家对证券市场的宏观调控,实现不同企业、不同区域的资源配置方面发挥了重要作用。但审批制赋予了国务院各部委、各级地方政府以审批权,增加了审批环节,影响了审批效率,并容易导致权力腐败现象。同时,由于地方保护主义的存在,获得发行权的企业可能不是资质优秀的企业,这对证券市场的健康与安全产生负面作用。我国1998年《证券法》施行后,对股票发行实行核准制,对债券发行实行审批制。2005年《证券法》则确立了证券发行的核准制,即证券公开发行实行主管机构核准制,未经依法核准,任何单位和个人不得公开发行证券。而2019年《证券法》则确立了证券发行的注册制,按照国务院的规定,证券交易所等可以审核公开发行证券申请,判断发行人是否符合发行条件、信息披露要求,督促发行人完善信息披露内容,对注册制审核标准、注册制下的责任承担和处理等作出规定。

(二)证券发行信息公开制度

证券发行的信息公开,是证券市场信息披露制度的一个组成部分。根据我国《证券法》第20条的规定,发行人申请首次公开发行股票的,在提交申请文件后,应当按照国务院证券监督管理机构的规定预先披露有关申请文件。在证券公开发行前,发行人应当公告公开发行募集文件。募集文件是指证券发行人发行证券时依法向社会公开的有关书面性的材料,主要包括招股说明书、配股说明书、公司债券募集办法等。募集文件必须公告并置备于指定的场所供公众查阅。

证券发行信息必须依法公开,并遵循如下规则和要求:(1)公开的募集文件必须向国务院证券监督管理机构或者国务院授权的部门报送;(2)发行证券的信息依法公开前,任何知情人不得公开或者泄露该信息;(3)发行人不得在公告公开发行募集文件之前发行证券。发行人若违反这些规则,将承担相应的法律责任。

(三)证券承销制度

证券承销是指证券经营机构依照承销协议接受证券发行人的委托代为销售股票、债券或其他投资证券的行为。

承销协议是证券发行人与证券经营机构就证券承销的有关内容所达成的明确双方权利义务的书面合意,具有合同性质,有时也称作承销合同。证券发行人有权依法自主选择承销的证券经营机构。证券经营机构经发行人选定为承销机构后,必须与发行人签订代销或包销协议，载明以下内容：(1)当事人的名称、住所及法定代表人姓名；(2)代销、包销证券的种类、数量、金额及发行价格；(3)代销、包销的期限及起止日期；(4)代销、包销的付款方式及日期；(5)代销、包销的费用和结算办法；(6)违约责任；(7)国务院证券监督管理机构规定的其他事项。

证券承销的方式主要有两种：代销和包销。证券代销是指证券公司代发行人发售证券，在承销期结束时，将未售出的证券全部退还给发行人的承销方式。证券包销是指证券公司将发行人的证券按照协议全部购入或者在承销期结束时将售后剩余证券全部自行购入的承销方式。其中售前按照协议购入全部证券的方式称作全额包销，而售后购入剩余证券的方式称作余额包销。不同承销方式下承销者的风险不同，因此承销者所获得的承销报酬也不同。一般而言，风险越大，报酬越高。

另外，根据参加承销的证券经营机构的数量，还可以将承销方式分为承销团承销和单一证券经营机构的承销。承销团承销，也称作联合承销，是指两个以上的证券承销商共同接受发行人的委托而销售发行证券的承销方式。当承销发行的证券票面总值较大时，一般采取承销团承销的方式。承销团承销有利于确保巨额证券发行的成功率，大大分散证券发行的市场风险。承销团内的多个证券经营机构根据分工以及承担责任的不同，分为主承销商和分销商。主承销商是承销团的发起人，在承销过程中，主承销商起组织协调作用，承担着主要的风险。分销商参与承销，与主承销商的关系通过合同确定。

三、证券公开发行条件

发行证券，可以分为公开发行和非公开发行两种方式。公开发行主要是向社会公众发行，由于公开发行具有公众性、广泛性，涉及广大投资者的利益，国家对公开发行严格监管。非公开发行主要是向一定数量的特定对象发行证券，涉及的人数比较少，投资者对发行人的情况比较了解，因而对社会的影响比较小，国家对非公开发行的干预比较少。

我国《证券法》第9条规定的公开发行为有下列情形之一的发行：(1)向不特定对象发行证券；(2)向特定对象发行证券累计超过200人，但依法实施员工持股计划的员工人数不计算在内；(3)法律、行政法规规定的其他发行行为。非公开发行证券，不得采用广告、公开劝诱和变相公开方式，否则即属于公开发行。

我国对公开发行证券的监管，主要体现在以下三个方面。

1.公开发行证券，必须符合法律、行政法规规定的条件。这主要指《证券法》和《公司法》的相关规定以及有关行政法的规定。

(1)主板市场股票发行。公司首次公开发行新股应当具备的条件包括[1]：具

---

[1]《证券法》(2019年修订)第12条。

备健全且运行良好的组织机构;具有持续经营能力;最近三年财务会计报告被出具无保留意见审计报告;发行人及其控股股东、实际控制人最近三年不存在贪污、贿赂、侵占财产、挪用财产或者破坏社会主义市场经济秩序的刑事犯罪;经国务院批准的国务院证券监督管理机构规定的其他条件。上市公司发行新股,应当符合经国务院批准的国务院证券监督管理机构规定的条件,具体管理办法由国务院证券监督管理机构规定。公开发行存托凭证的,应当符合首次公开发行新股的条件以及国务院证券监督管理机构规定的其他条件。

(2)创业板市场股票发行。发行人申请首次公开发行股票应当符合下列条件[1]:①发行人是依法设立且持续经营三年以上的股份有限公司,具备健全且运行良好的组织机构,相关机构和人员能够依法履行职责。其中,有限责任公司按原账面净资产值折股整体变更为股份有限公司的,持续经营时间可以从有限责任公司成立之日起计算。②发行人会计基础工作规范,财务报表的编制和披露符合企业会计准则和相关信息披露规则的规定,在所有重大方面公允地反映了发行人的财务状况、经营成果和现金流量,最近三年财务会计报告由注册会计师出具无保留意见的审计报告。发行人内部控制制度健全且被有效执行,能够合理保证公司运行效率、合法合规和财务报告的可靠性,并由注册会计师出具无保留结论的内部控制鉴证报告。③发行人业务完整,具有直接面向市场独立持续经营的能力。④发行人生产经营符合法律、行政法规的规定,符合国家产业政策。最近三年内,发行人及其控股股东、实际控制人不存在贪污、贿赂、侵占财产、挪用财产或者破坏社会主义市场经济秩序的刑事犯罪,不存在欺诈发行、重大信息披露违法或者其他涉及国家安全、公共安全、生态安全、生产安全、公众健康安全等领域的重大违法行为。董事、监事和高级管理人员不存在最近三年内受到中国证监会行政处罚,或者因涉嫌犯罪正在被司法机关立案侦查或者涉嫌违法违规正在被中国证监会立案调查且尚未有明确结论意见等情形。

发行人业务完整,具有直接面向市场独立持续经营的能力是指[2]:①资产完整,业务及人员、财务、机构独立,与控股股东、实际控制人及其控制的其他企业间不存在对发行人构成重大不利影响的同业竞争,不存在严重影响独立性或者显失公平的关联交易。②主营业务、控制权和管理团队稳定,首次公开发行股票并在主板上市的,最近三年内主营业务和董事、高级管理人员均没有发生重大不利变化;首次公开发行股票并在科创板、创业板上市的,最近二年内主营业务和董事、高级管理人员均没有发生重大不利变化;首次公开发行股票并在科创板上市的,核心技术人员应当稳定且最近二年内没有发生重大变化;发行人的股份权属清晰,不存在导致控制可能变更的重大权属纠纷,首次公开发行股票并在主板上市的,最近三年实

---

〔1〕《首次公开发行股票注册管理办法》第10—13条。

〔2〕《首次公开发行股票注册管理办法》第12条。

际控制人没有发生变更；首次公开发行股票并在科创板、创业板上市的，最近二年实际控制人没有发生变更。③不存在涉及主要资产、核心技术、商标等的重大权属纠纷，重大偿债风险，重大担保、诉讼、仲裁等或有事项，经营环境已经或者将要发生重大变化等对持续经营有重大不利影响的事项。

(3)公开发行公司债券应当具备的条件包括[1]：①具备健全且运行良好的组织机构；②最近三年平均可分配利润足以支付公司债券一年的利息；③国务院规定的其他条件。有下列情形之一的，不得再次公开发行公司债券[2]：① 对已经公开发行的公司债券或者其他债务有违约或者延迟支付本息的事实，仍处于继续状态；②违反《证券法》规定，改变公开发行公司债券所募资金的用途。

2. 国务院证券监督管理机构或者国务院授权的部门依照法定条件负责证券发行申请的注册。证券公开发行注册的具体办法由国务院规定。注册制的审核机构可以是证监会，也可以是国务院授权部门。

3. 按照国务院的规定，证券交易所等可以审核公开发行证券申请，判断发行人是否符合发行条件、信息披露要求，督促发行人完善信息披露内容。这是规定了注册制审核的标准。

第三节　证券上市和交易法律制度

一、证券上市法律制度概述

(一)证券上市的概念和种类

证券上市是指发行人发行的有价证券，依法定条件和程序，在证券交易场所公开挂牌交易的法律行为。[3]

证券上市的分类主要有两种：(1)根据上市审核程序的不同，可以分为授权上市与认可上市。授权上市也称核准上市，是指证券交易所根据证券发行人的申请，依照规定的程序核准的证券上市。此类证券主要是公司证券，如股票和公司债券。认可上市，又称豁免证券，是指证券经证券交易所认可后，即可进入证券交易所上市交易的上市方式。“认可”只是对证券类型的确认，而不是审查证券发行人的适格条件，事实上证券交易所也无权拒绝此类证券的上市。认可证券主要是各种政府证券，如国库券、地方政府债券等。(2)根据证券种类，可以将授权上市分为股票上市与公司债券上市。法律对股票和公司债券的上市申请，规定了不同的条件和

---

[1] 《证券法》(2019年修订)第15条。

[2] 《证券法》(2019年修订)第17条。

[3] 参见杨志华：《证券法律制度研究》，中国政法大学出版社1995年版，第122页。

程序。

证券上市制度一般包括证券上市审核制度、证券上市条件、证券上市审核程序、证券上市的暂停和终止等。值得注意的是,我国现行《证券法》取消了暂停上市制度。

(二)证券上市审核制度

证券上市审核制度,是指证券监管机构或证券交易所对于已发行的证券能否进入证券交易场所公开挂牌交易而适用的审查或批准制度。与证券发行审核制度的传统相似,各国对于证券上市也有注册制与核准制的区分。实行注册制的,只要满足充分准确信息披露的要求,即可以获准上市交易。实行核准制的国家,在要求上市证券申请人履行信息公开义务的同时,还要求其符合法律事先作出的上市条件和上市程序的规定。我国采用证券上市核准制度。我国现行《证券法》第46条规定,申请证券上市交易,应当向证券交易所提出申请,即明确证券上市交易的核准权在证券交易所。这主要是充分考虑到了证券上市交易是一个市场行为,而证券交易所又是国务院决定设立的实行会员制管理的独立法人,由证券交易所审核决定证券上市交易,更加符合市场机制。证券交易所还可以通过制定新的上市规则,提出更新的要求。证券交易所依法审核同意证券上市交易申请的,应当由申请人和证券交易所双方签订上市协议。

(三)证券上市条件

证券上市条件是主管机构审核已发行证券是否符合挂牌交易资格的法定标准。各国由于经济发展水平、历史进程及社会经济环境的不同,证券上市条件的规定可能不同,但一般均包括:(1)申请上市公司及其发行证券的一般情况;(2)申请上市证券的市场反响、股权分散情况、公司地位及其展望;(3)上市公司承诺履行上市管理规则、上市契约准则,承担持续性法律责任。[1] 针对我国股票和公司债券的上市条件,我国现行《证券法》规定,申请证券上市交易,应当符合证券交易所上市规则规定的上市条件。证券交易所上市规则规定的上市条件,应当对发行人的经营年限、财务状况、最低公开发行比例和公司治理、诚信记录等提出要求。这是授权交易所规定上市条件,同时亦对交易所规定的上市条件作出了一些要求。

(四)证券上市审核程序

证券上市的审核是指证券上市审核机构在发行人提出证券上市申请后,依法对拟上市证券是否具备条件及提交的申请文件是否合法进行审查,并作出是否核准的决定。目前,我国申请股票,可转换为股票的公司债券,或法律、行政法规规定的其他证券的发行上市实行保荐制度。由保荐机构依法对公开发行募集文件进行核查,向证监会出具保荐意见。

---

〔1〕 参见杨志华:《证券法律制度研究》,中国政法大学出版社1995年版,第128-129页。

1. 证券上市审核机构

证券上市审核机构,主要有两类:一是证券交易所,目前大多数发达国家和地区由证券交易所履行上市核准职能;二是政府专门机构直接负责核准。在我国,证券上市交易由证券交易所依法审核;对政府债券,则由证券交易所根据国务院授权的部门的决定安排上市交易。

2. 证券上市申请及核准

无论是股票还是公司债券的上市申请,都要依法向法定核准机构(证券交易所)提出,并报送相关文件。

3. 上市协议

在证券交易所作出同意证券上市申请并签发上市通知后,证券正式上市交易前,上市申请人要与证券交易所签订一份契约,以明确双方在证券上市期间的权利义务,该契约称作上市协议。上市协议是证券交易所作为自律机构对上市公司和上市证券实施管理的表现。依照上市协议,上市公司要承诺接受证券交易所的管理,承担上市契约准则或交易所自律规章之义务,同时上市公司证券也成为证券交易所的规制对象。

上市协议的内容主要有:(1)上市费用的项目和数额;(2)双方的权利与义务;(3)要求公司指定专人负责证券事务;(4)上市公司定期报告、临时报告的报告程序及回复交易所质询的具体规定;(5)股票停牌事宜;(6)协议双方违反上市协议的处理;(7)仲裁条款;(8)证券交易所认为需要在上市协议中明确的其他内容。

4. 上市公告

在获得证券上市核准和同意后,依照公司法和证券法的规定,上市申请人还负有公告有关文件的义务,以达到向社会公众告知的目的,这就是上市公告程序。上市公告包括两种方式:一是以报刊刊登方式公告,但须是证监会指定的全国性公开报刊;二是置备于指定场所供公众查阅,这些指定场所一般指证券交易所、有关证券经营机构及其营业网点。对于应公开的文件,即证券上市申请应报送的文件,包括上市公告书及其文件等。上市公告书的内容与格式,由证监会规定。

(五)证券上市的暂停和终止

证券上市后,即获得在证券交易所挂牌交易的权利。正常情况下,上市证券的交易将伴随着交易所的营业时间而开始和结束。但当出现法定原因时,上市证券的挂牌交易将被暂停甚至终止。值得注意的是,我国现行《证券法》取消了暂停上市制度,上市交易的证券,不再符合上市条件的,或者有上市规则规定的其他情形的,由证券交易所按照业务规则终止其上市交易。证券交易所决定终止证券上市交易的,应当及时公告,并报国务院证券监督管理机构备案。

证券上市的暂停有三种形式:法定暂停、申请暂停、自动暂停。法定暂停是指法律明确规定证券应暂停交易的几种情形,当这些情形出现时,由证券交易所决定暂停该证券交易。申请暂停是由证券上市人向证券交易所请求暂停上市交易的情形,涉及上市公司计划重组、换发新票券、供股集资、计划派发股息、将上市证券拆细或合并等场合。自动暂停上市是指上市证券出现法定原因时,其上市交易自动暂停。如在证券交易价格实行涨停板制度下,当某一上市证券当日涨幅或跌幅超出某一规定比例时,该证券的当日挂牌交易自动暂停。自动暂停上市与法定暂停上市虽然都是因法定情形而引起,但前者免除了申请批准、公告及恢复上市等程序,当法定情形消失后,将自动恢复上市。在现代无纸化交易时代,主要就是将法定情形设置成计算机程序,由计算机自动控制,自动暂停交易并自动恢复上市。

上市终止包括法定终止和自动终止。法定终止是指当出现法定情形时,由证券交易所决定该证券终止挂牌交易。自动终止是指当法定情形出现时,无须证券交易所的决定程序,该证券自动在证券交易所终止交易。自动终止一般出现在债券本息兑付日前的一定期间。

二、证券交易法律制度概述

(一)证券交易的概念和特征

证券交易是指证券持有人依照一定的证券交易规则将证券转让给其他投资者的法律行为。证券交易不同于证券转让。证券转让是指证券持有人依转让意思及法定程序将证券所有权转移于他人的法律行为。证券转让可以分为有偿转让和无偿转让。有偿转让是指证券的受让行为需要支付一定的对价,如债券、股票的买卖;无偿转让是指不以偿付对价为条件的证券所有人的变更,如证券的赠与和继承。证券交易是证券的有偿转让,根据《证券法》规定,证券交易主要指证券买卖。

证券交易不同于一般商品交易,具有以下特征:(1)证券交易以证券为交易对象。商品交易的最终目的是要实现商品的使用价值,但证券本身并无使用价值,投资者进行证券交易的目的不在于证券的使用性,而是要取得证券所证明或表彰的民事权利或取得买卖证券的差价收益。(2)证券交易是为了保障证券的流通性。流通性是确保证券作为基本融资工具的基础。只有当证券被赋予了自由流通和自由变现能力时,投资者才可能最大限度地实现投资收益,证券才能为市场所接受并使证券的功能得以充分发挥。(3)证券交易须借助法定的证券交易场所进行。一般商品交易可以在法律不禁止的任意场合下进行,而证券交易只能在依法设立的场所进行,包括进行集中交易的有形的证券交易所市场和通过协议转让等方式进行交易的无形交易市场。(4)证券交易须遵守严格的交易规则。证券交易具有交易金额巨大、交易价格易受操纵的特点,假若放任交易,极易对证券流通的安全和效率、投资者的合法利益造成损害,因此一套严格的交易规则对证券市场非常必要。

（二）证券交易的种类

证券交易依不同的标准可作不同的分类。根据交易场所的不同，可分为集中交易市场和分散交易市场；根据交易价格形成的不同，可分为议价交易和竞价交易；根据交易方式的不同，可分为直接交易和间接交易（委托交易）；根据交割期限和投资方式，可分为现货交易、期货交易、期权交易、信用交易和回购交易。

证券现货交易，又称即期交易，是指买卖双方以持有足额的现金或证券为前提买卖证券，在成交后很短的时间内进行交割，卖方交付证券，买方交付现金的一种交易方式。证券期货交易，也称期货合约交易，是指交易双方成交后，交割和清算要按协议中规定的价格在未来某一时间进行。证券期权交易，又称选择权交易，是指证券交易当事人为保障或获得证券价格波动利益，由买方向卖方支付一定数额的权利金，而买方取得在一定的时间内以特定价格买进或卖出指定证券，或者放弃买进或卖出指定证券的权利。简言之，证券期权交易是交易双方约定在未来期间内从事证券买进或不买进，卖出或不卖出的选择权交易。证券信用交易，又称保证金交易、垫头交易，是指证券交易者在买进证券时只向经纪人交付预交易总量的一定比例的现金或证券（称为保证金），不足部分由经纪人或是通过银行贷款提供而进行的交易。信用交易主要有买空、卖空两种形式。证券回购交易是指在卖出或买入证券的同时，事先约定到一定时间后按规定的价格买回或卖出这笔证券，实际上就是附有购回或卖出条件的证券交易。

为了适应市场发展的需要，我国现行《证券法》删去了原《证券法》关于证券交易方式限制的规定。

（三）证券交易的规则

1. 持股5%应当报告

股份有限公司的股东持股达到一定的比例的，应当进行报告。《证券法》第63条规定：通过证券交易所的证券交易，投资者持有或者通过协议、其他安排与他人共同持有一个上市公司已发行的有表决权股份达到5%时，应当在该事实发生之日起3日内，向国务院证券监督管理机构、证券交易所作出书面报告，通知该上市公司，并予公告，在上述期限内不得再行买卖该上市公司的股票，但国务院证券监督管理机构规定的情形除外。投资者持有或者通过协议、其他安排与他人共同持有一个上市公司已发行的有表决权股份达到5%后，其所持该上市公司已发行的有表决权股份比例每增加或者减少5%，应当依照前款规定进行报告和公告，在该事实发生之日起至公告后3日内，不得再行买卖该上市公司的股票，但国务院证券监督管理机构规定的情形除外。投资者持有或者通过协议、其他安排与他人共同持有一个上市公司已发行的有表决权股份达到5%后，其所持该上市公司已发行的有表决权股份比例每增加或者减少1%，应当在该事实发生的次日通知该上市公司，并予公告。违反第1款、第2款规定买入上市公司有表决权的股份的，在买入后的36个月内，对该超过规定比例部分的股份不得行使表决权。

建立持股报告制度，一是为了便于国务院证券监管机构、证券交易所和上市公司及时了解该上市公司的股权变动情况，及时发现问题，并提出对策；二是为了确保证券市场的信息公开，防止操纵证券市场的情况发生，保护中小股东的利益。

2. 非依法发行的证券不得买卖

《证券法》第35条规定："证券交易当事人依法买卖的证券，必须是依法发行并交付的证券。非依法发行的证券，不得买卖。"这是现行法律中对交易证券合法性规则的规定。如果允许非依法发行的证券买卖，整个证券市场将无秩序可言。按照法律，合法证券必须满足以下两个要件：(1)证券依照法律法规规定的发行条件和程序而发行；(2)该证券必须已经依法交付给投资者，这里的交付是从法律意义上讲的，是指证券的所有权的转移和归属，并非仅指实物的转移。目前在证券交易无纸化的背景下，证券交付通常是簿记式的。

3. 转让期限有限制性规定的证券，在限定期内不得买卖

《证券法》第36条第1款规定："依法发行的证券，《中华人民共和国公司法》和其他法律对其转让期限有限制性规定的，在限定的期限内不得转让。"这主要是指股份转让限制，包括：(1)公司公开发行股份前已发行的股份，自公司股票在证券交易所上市交易之日起1年内不得转让。法律、行政法规或者国务院证券监督管理机构对上市公司的股东、实际控制人转让其所持有的本公司股份另有规定的，从其规定。(2)公司董事、监事、高级管理人员应当向公司申报所持有的本公司的股份及其变动情况，在就任时确定的任职期间每年转让的股份不得超过其所持有本公司股份总数的25%；所持本公司股份自公司股票上市交易之日起1年内不得转让。上述人员离职后半年内，不得转让其所持有的本公司股份。公司章程可以对公司董事、监事、高级管理人员转让其所持有的本公司股份作出其他限制性规定。(3)上市公司、股票在国务院批准的其他全国性证券交易场所交易的公司持有5%以上股份的股东、董事、监事、高级管理人员，不得将其持有的该公司的股票在买入后6个月内卖出，或者在卖出后6个月内又买入。否则所得收益归该公司所有，公司董事会应当收回其所得收益。

《证券法》第36条第2款规定："上市公司持有百分之五以上股份的股东、实际控制人、董事、监事、高级管理人员，以及其他持有发行人首次公开发行前发行的股份或者上市公司向特定对象发行的股份的股东，转让其持有的本公司股份的，不得违反法律、行政法规和国务院证券监督管理机构关于持有期限、卖出时间、卖出数量、卖出方式、信息披露等规定，并应当遵守证券交易所的业务规则。"

4. 限制证券从业人员买卖证券

《证券法》对证券从业人员买卖证券作出了限制性规定。证券从业人员是指证券交易场所、证券公司、证券登记结算机构从业人员，证券监督管理机构工作人员和法律、行政法规禁止参与证券交易的其他人员，为证券发行出具审计报告或者法律意见书等文件的证券服务机构和人员以及为上市公司出具审计报告、资产评

估报告或者法律意见书等文件的证券服务机构和人员，为发行人及其控股股东、实际控制人，或者收购人、重大资产交易方出具审计报告、资产评估报告或者法律意见书等文件的证券服务机构和人员。

应当注意的是，上述的证券从业机构和人员的证券买卖限制都是在法定期限内的，超过法定期限，上述机构和人员买卖股票将不再受限制。这是因为在一定期限内，上述机构和人员属于内幕信息知情人员，有必要在信息未公开的一定期限内，防止其利用内幕信息进行证券交易从而损害投资者利益。具体而言，为证券发行出具审计报告或者法律意见书等文件的证券服务机构和人员，在该证券承销期内和期满后 6 个月内，不得买卖该证券。为发行人及其控股股东、实际控制人，或者收购人、重大资产交易方出具审计报告或者法律意见书等文件的证券服务机构和人员，自接受委托之日起至上述文件公开后 5 日内，不得买卖该证券。实际开展上述有关工作之日早于接受委托之日的，自实际开展上述有关工作之日起至上述文件公开后 5 日内，不得买卖该证券。

5. 为客户账户保密

证券交易场所、证券公司、证券登记结算机构、证券服务机构及其工作人员应当依法为投资者的信息保密，不得非法买卖、提供或者公开投资者的信息。证券交易场所、证券公司、证券登记结算机构、证券服务机构及其工作人员不得泄露所知悉的商业秘密。客户为证券交易所开立的账户是投资者进行证券交易的记录，也是投资者权益的证明。保密的义务人包括证券交易所、证券公司和证券登记结算机构，上述机构都是投资者开立账户的相对人，要求其为客户保密是为了防止他人非法利用和损害客户利益。当然，如果投资者利用证券账户或资金账户从事违法行为，在相关机构依法行使职权时，上述机构不得以履行保密义务为借口推卸协助义务。

6. 证券交易应当合理收费

《证券法》第 43 条规定："证券交易的收费必须合理，并公开收费项目、收费标准和管理办法。"证券交易费用一般是指证券交易当事人应当缴纳的除税收之外的各项费用。目前，我国证券交易费用主要包括以下三项：(1) 发行公司需支付的上市费用；(2) 投资者需支付的佣金、开户费、委托手续费等；(3) 证券商需支付的入场费，即进入证券交易所从事自营或者代理买卖证券业务应向证券交易所支付的有关费用。证券交易的收费直接影响到证券交易人的投资成本，交易费用过高或者过低，都不利于促进证券市场的发展，因此证券交易所、证券公司不得在法律规定以外收取任何费用。

（四）证券交易的程序

证券交易，可以在证券交易所进行，主要针对上市证券；也可以在其他法定的证券交易场所进行，主要是非上市证券。我国现行《证券法》主要规定了上市证券的买卖。上市证券的买卖在证券交易所进行，实行公开的集中竞价交易方式，遵循价格优先原则和时间优先原则。各证券交易所对证券交易程序都制定了详细的规则,一般来说,集中竞价交易须经过开户、委托、成交、清算与交割、过户等步骤。

1. 开户

开户即证券交易账户的开立,是证券投资者在从事证券买卖之前,在规定的代理机构开设证券账户和资金账户的行为。开户手续是进行证券交易的前提步骤。根据我国现行的证券交易制度,证券投资者开立的账户分为证券账户和资金账户。在证券交易完成时,只在两个账户中划拨,即增减证券或者资金数额,而不必实际提取证券和现金。

2. 委托

进入证券交易所进行集中竞价交易的必须是具有证券交易所会员资格的证券公司,因此一般投资者买卖证券均需通过委托其开户的证券公司。所谓委托,是指委托人向其开户的证券公司发出的表明委托人以某种价格买进或卖出一定数量的某种证券的意思表示,又称委托指令。

3. 成交

成交是指证券公司(包括证券经纪商和证券自营商)相互间通过集中竞价,就买卖证券的价格、数量达成一致,成立证券买卖合同的过程。

投资者作出有效的委托指令后,证券公司必须即刻通知其场内的交易员,交易员以一定的喊价方式进行意思表示。喊价在法律性质上属要约,其中买方喊价为进价,卖方喊价为出价,进价和出价一致时即可成交,这就是竞价成交。目前,大多数国家的证券交易所都采取了无纸化交易模式,因此竞价成交的实现是由电脑系统将各方的买卖申报按规定的顺序和原则自动撮合而成。双方均接受的买卖价格为成交价,一个交易日中某种股票的最初的成交价为该股票的开盘价,最后的价格为收盘价。

4. 清算与交割

证券买卖成交后,买卖双方均需通过交易清算系统进行交易资金和证券的所有权的转移。这涉及两个阶段:一级清算,是指各证券公司通过证券交易所的清算机构对同一证券的买卖数量和金额进行结算和抵消,仅就其差额进行交收;二级交割,是指投资者与证券公司之间证券和现金交收。如果是实物证券买卖,一般是投资者在成交后、交割日期之前,将所售证券或购券现金提交证券公司,证券公司办理清算后,再由证券公司在交割日向投资者交付售券现金或所购证券。实行无纸化交易和采用簿记式证券并集中托管,使清算交割时间大大缩短。

5. 过户

过户是证券交易的最后一个环节,是指证券由证券转让人向证券受让人转移所有权的过程。我国证券交易实行结账保管和无纸化交易,证券过户采用记账方式。每个投资者都有证券账户,电脑交易和过户一体化,所有的证券过户手续全部由证券交易所的电脑过户系统一次完成。对买入的证券在交易完成之后，立即在其证券账户内增加该证券数量，同时在卖出方证券账户上减少相应的数量。同样，这对卖出证券的交易也成立，即在其证券账户上减去某个证券的数量，相应地在买入方证券账户内增加证券的数量。

"T+1"规则，指在证券买卖成交后的下一个营业日，证券登记公司为其办理完毕过户登记手续，并应提供交割单。如逢法定节假日，则过户应顺延至节假日后的第一个营业日。依此，"T+0"规则，则指在证券买卖成交的当日，证券登记公司即完成过户登记。

6. 证券自营商自营交易程序的特殊问题

前述五个步骤主要是介绍投资者买卖上市证券的交易程序，自营交易的程序略有不同。自营交易程序是指证券公司以自己的名义和账户在交易市场买卖证券所遵循的程序。既从事证券经纪业务，也作为独立的投资者从事证券自营业务的证券公司，具有投资者和经纪公司的双重身份，应当建立健全内部控制制度，采取有效隔离措施，防范公司与客户之间、不同客户之间的利益冲突。证券公司必须分开办理证券经纪业务和证券自营业务，不得混合操作。同时，证券公司的自营业务必须以自己的名义进行，不得假借他人名义或者以个人名义进行。证券公司的自营业务必须使用自有资金和依法筹集的资金，不得将其自营账户借给他人使用。

（五）持续信息公开

持续信息公开是信息披露制度在交易市场的反映，保证了交易市场的投资者在进行证券投资交易时有公开的信息作为判断依据。

持续信息公开的内容，包括上市公告书、中期报告、年度报告和临时报告：(1)上市公告书，是发行人将已在境内公开发行的证券申请在证券交易所挂牌交易，而依法在上市前须进行公告的法律文件。(2)中期报告，是依法编制的反映公司上半年生产经营状况及其他各方面基本情况的法律文件。中期报告书由上市公司和公司债券上市交易的公司、股票在国务院批准的其他全国性证券交易场所交易的公司负责编制，并应当在每一会计年度的上半年结束之日起2个月内向国务院证券监督管理机构和证券交易所提交，并予公告。(3)年度报告，是依法编制的反映公司整个会计年度生产经营状况及其他各方面基本情况的法律文件。上市公司和公司债券上市交易的公司、股票在国务院批准的其他全国性证券交易场所交易的公司应当在每一会计年度结束之日起4个月内编制年度报告书，向国务院证券监督管理机构和证券交易所提交，并予公告。(4)临时报告，是反映公司发生重大事件的公告文件。所谓重大事件，是指可能对上市公司、股票在国务院批准的其他全国性证券交易场所交易的公司的股票交易价格产生较大影响，而投资者尚未得知的重大事件。在发生重大事件时，公司应当立即将有关该重大事件的情况向国务院监督管理部门和证券交易所提交临时报告，并予公告。

(六)证券交易禁止行为

《证券法》规定的证券交易禁止行为主要包括四类:内幕交易行为、操纵证券市场行为、虚假信息编造传播行为以及欺诈客户行为。

1. 禁止内幕交易

内幕交易是指内幕信息的知情人和非法获取内幕信息的人利用内幕信息从事证券交易活动的行为。

内幕人员是指知悉证券交易内幕信息的知情人员,包括:(1)发行人及其董事、监事、高级管理人员;(2)持有公司5%以上股份的股东及其董事、监事、高级管理人员,公司的实际控制人及其董事、监事、高级管理人员;(3)发行人控股或者实际控制的公司及其董事、监事、高级管理人员;(4)由于所任公司职务或者因与公司业务往来可以获取公司有关内幕信息的人员;(5)上市公司收购人或者重大资产交易方及其控股股东、实际控制人、董事、监事和高级管理人员;(6)因职务、工作可以获取内幕信息的证券交易场所、证券公司、证券登记结算机构、证券服务机构的有关人员;(7)因职责、工作可以获取内幕信息的证券监督管理机构工作人员;(8)因法定职责对证券的发行、交易或者对上市公司及其收购、重大资产交易进行管理可以获取内幕信息的有关主管部门、监管机构的工作人员;(9)国务院证券监督管理机构规定的可以获取内幕信息的其他人员。

内幕信息是指证券交易活动中,涉及公司的经营、财务或者对该公司证券的市场价格有重大影响的尚未公开的,证券法规定必须作临时公告的重大事件信息。具体规定于《证券法》第80条和第81条的第2款,包括:(1)公司的经营方针和经营范围的重大变化。(2)公司分配股利或者增资的计划。(3)公司股权结构的重大变化。(4)公司债务担保的重大变更。(5)公司营业用主要资产的抵押、质押、出售或者报废一次超过该资产的30%。(6)公司的董事、监事、高级管理人员的行为可能依法承担重大损害赔偿责任。(7)上市公司收购的有关方案。(8)公司重大投资行为。(9)公司发生重大债务和未能清偿到期重大债务的违约情况。(10)公司发生重大亏损或者重大损失。(11)公司生产经营的外部条件发生的重大变化。(12)公司董事、监事、经理、持股5%以上的股东或者实际控制人发生较大变化。(13)涉及公司的重大诉讼、仲裁,股东大会、董事会决议被依法撤销或者宣告无效。(14)公司涉嫌犯罪被依法立案调查,公司的控股股东、实际控制人、董事、监事、高级管理人员涉嫌犯罪被依法采取强制措施。(15)公司债券信用评级发生变化。(16)国务院证券监督管理机构认定的对证券交易价格有显著影响的其他重要信息。

值得注意的是,现行《证券法》同时规定,禁止证券交易场所、证券公司、证券登记结算机构、证券服务机构和其他金融机构的从业人员、有关监管部门或者行业协会的工作人员,利用因职务便利获取的内幕信息以外的其他未公开的信息,违反规定,从事与该信息相关的证券交易活动,或者明示、暗示他人从事相关交易活动。

利用未公开信息进行交易给投资者造成损失的,应当依法承担赔偿责任。

2. 禁止操纵证券市场

操纵证券市场是指利用资金优势、信息优势或滥用职权影响或者意图影响证券交易价格或者证券交易量,诱使投资者买卖证券,获取不正当利益或者转嫁风险,扰乱证券市场秩序的行为。操纵证券市场包括通过下列手段影响或者意图影响证券交易价格或者证券交易量:(1)单独或者通过合谋,集中资金优势、持股优势或者利用信息优势联合或者连续买卖;(2)与他人串通,以事先约定的时间、价格和方式相互进行证券交易;(3)在自己实际控制的账户之间进行证券交易;(4)不以成交为目的,频繁或者大量申报并撤销申报;(5)利用虚假或者不确定的重大信息,诱导投资者进行证券交易;(6)对证券、发行人公开作出评价、预测或者投资建议,并进行反向证券交易;(7)利用在其他相关市场的活动操纵证券市场;(8)操纵证券市场的其他手段。

3. 禁止虚假信息编造传播

虚假信息编造传播,是指证券信息披露义务人违反信息披露义务,在提交或公布的信息披露文件中作出违背真相的陈述、记载或传播,或者其他证券市场参与人编造、传播不真实的证券市场信息。虚假信息编造传播与信息披露原则相悖,容易干扰或误导投资者的投资判断,因此必须予以禁止。

4. 禁止欺诈客户

欺诈客户是指证券公司及其从业人员在证券交易活动中,诱骗投资者买卖证券以及其他违背投资者真实意愿、损害其利益的行为。[1]

《证券法》第57条规定,禁止证券公司及其从业人员从事下列损害客户利益的行为:(1)违背客户的委托为其买卖证券;(2)不在规定时间内向客户提供交易的确认文件;(3)未经客户的委托,擅自为客户买卖证券,或者假借客户的名义买卖证券;(4)为牟取佣金收入,诱使客户进行不必要的证券买卖;(5)其他违背客户真实意思表示,损害客户利益的行为。

综合运用民事责任、行政责任、刑事责任三种方式对证券交易禁止行为予以惩治防范,是国际通行做法。经过不断完善,我国现行《证券法》对证券交易禁止行为的规制也与前述国际通行做法接轨。其中,建立健全证券市场的民事责任制度,既有利于制止证券交易禁止行为的发生,也有利于救济投资者遭受的利益损失。2003年1月9日,最高人民法院发布了《关于审理证券市场因虚假陈述引发的民事赔偿案件的若干规定》(已失效),允许投资者以信息披露义务人违反法律规定、进行虚假陈述并致使其遭受损失为由,向人民法院提起民事赔偿诉讼。现行《证券法》也规定,实施证券交易行为给投资者造成损失的,应当依法承担赔偿责任。

---

[1] 参见顾功耘主编:《商法教程》,上海人民出版社2001年版,第223页。

三、上市公司收购法律制度

(一)上市公司收购的概念

上市公司收购是指以取得上市公司控制权和管理权为目的,而购买上市公司股份的法律行为。因此,上市公司收购主要涉及两类主体:一是被收购上市公司,又称目标公司;二是收购人,可以是法人和自然人。

上市公司收购作为公司资产重组方式的一种,实践中容易与其他资产重组方式相混淆。公司资产重组方式,除了上市公司收购外,还有合并、资产转让等方式。合并包括新设合并和吸收合并,后者通常称作兼并。新设合并是指两家公司重组成一家新公司,原来的两家公司的法人主体都消灭的情形;兼并是指一家公司吞并另一家公司,仅被吞并公司法人主体消灭的情形。概言之,合并就是两家公司合为一家公司的行为。资产转让是以资产为对象的购买行为,因购买了对方公司的全部或大部分资产而实际取得对方公司经营管理权;而上市公司收购则是以股份为购买对象,是借有效持股之手段达到控制、管理目标公司的目的。

(二)上市公司收购方式

上市公司收购是针对目标公司的股份收购行为,收购上市公司的方式可以有多种。根据我国法律的规定,上市公司收购有协议收购、要约收购和证券交易所集中竞价收购(以下简称场内竞价收购)三种。协议收购是指收购方依照法律、行政法规的规定通过同被收购方的特定股东签订协议的方式实施的收购。要约收购是指收购方通过向被收购方的股东发出收购要约的方式所实施的收购。场内竞价收购是通过证券交易所的集中竞价交易方式购买足以达到管理或控制目标公司之股份的行为。

协议收购、要约收购、场内竞价收购都以取得目标公司的管理控制权为目的,但在具体操作上仍有较大区别,主要表现在以下4个方面。

1. 收购的客体不同。场内竞价收购的客体是能在场内挂牌交易的社会公众股(流通股),要约收购、协议收购原则上可以针对公司发行的全部股份。但实践中非流通股主要以协议收购方式进行转让。

2. 场所不同。场内竞价收购发生在证券交易所内;协议收购在证券交易所外进行,其股份转让价格的形成系出于双方的协商,不遵循场内集中竞价的交易规则;要约收购需要借助证券交易所的交易设备进行,因此一般认为要约收购的场所也在场内,但要约收购的条件和价格是在要约中明确的,而不是由集中竞价产生的,因此不是纯粹的场内交易。

3. 适用情形不同。根据证券法的规定,公司通过证券交易所集中竞价系统购买的股份,超过5%但未达到全部发行股份的30%的,适用证券法关于场内竞价收购的规定。公司以协议方式购买的股份,超过5%但未达到全部发行股份的30%的,适用协议收购的规定。而适用要约收购规定的有三种情形:一是持股30%后继续增持的,适用强制要约收购规则,但豁免要约[1]的除外(豁免要约后,协议收购、场内竞价收购的比例不再受到30%比例的限制)。二是持股低于30%而继续增持的,如果其预定收购完成后持股比例不超过30%,则收购人可以自愿选择要约收购,一旦选择则其预定增持的股份不得低于5%;如果其预定收购完成后持股比例超过30%,则适用强制要约收购规则,但豁免要约的除外。三是收购人拟向同一上市公司的股东连续公开求购其所持有的该上市公司股份,导致其在收购完成后持股比例达到或者超过5%的,构成要约收购行为,适用要约收购规则。

4. 价格的确定不同。场内竞价收购的价格形成与一般证券交易的价格形成一样,由集中竞价方式产生;协议收购方式的价格由双方共同协商确定;要约收购方式的价格主要由收购人在要约中事先约定,但报价不能低于法律规定的最低限制要求。

(三)上市公司收购规则

收购本身是个重要的证券市场信息,对上市公司股票的价格影响很大。因此,收购手段很可能为一些人所利用,从事股市操纵、内幕交易、欺诈等违法行为,从而对证券市场的秩序和安全造成破坏,并且将损害投资者的利益。为了加强对证券市场的收购行为的监管,证券法对上市公司收购行为规定了一系列的活动规则:

1. 强制信息披露规则。此规则主要包括两方面:一方面是强制持股披露规则,即持有目标公司的已发行股份达到5%的,应当向目标公司、证监会、证券交易所报告,并在之后每增持或减持5%股份的,都应当报告;另一方面是其他收购信息的披露规则,如《证券法》规定,收购人在收购上市公司的行为结束后,应当在15日内将收购情况报告国务院证券监督管理机构和证券交易所,并予以公告。

2. 慢走规则。此规则是指通过证券交易所的证券交易,投资者在前述的持股以及增减股份5%的报告期间以及报告后的3日内,不得再行买卖该上市公司的股票,目的在于适当控制收购人买卖股票的节奏,使市场有充分时间消化收购行为对目标公司股价引起的巨大波动,以免对股市造成巨大冲击,同时防止大股东(收购方)滥用特殊优势与地位操纵证券市场,从而保护公众投资者的利益。

3. 强制要约收购规则。此规则是指通过证券交易所的证券交易,投资者持有或者通过协议、其他安排与他人共同持有一个上市公司已发行的有表决权股份的30%时,继续进行收购的,应该依法向该上市公司的所有股东发出收购上市公司全部或者部分股份的要约。收购人应当向国务院证券监督管理机构报送上市公司收购报告书,并向证券交易所提交。收购要约的期限不得少于30日,不得超过60日,在此期限内,收购人不得撤回其收购要约。强制要约收购规则要求对所有股东发出收购要约,其目的在于平等保护所有股东的权益,防止广大中小股东因丧失出

---

[1] 豁免要约是指因存在法定事由,收购人申请免除其向被收购公司股东发出全面要约的义务的情形。

售股份的机会而遭受损失,从而保障证券市场的公平交易。

4. 被收购公司的股东待遇公平原则。该原则包括两个方面:一是全部要约原则,即收购方在收购要约中提出的各项收购条件,适用于被收购方的所有股东;二是按比例购买原则,即如果收购方要约收购股票的总数低于受要约的总数,收购方应当按照比例从所有受要约人手中购买股票。采取要约收购方式的,收购人在要约期限内不得采用要约规定以外的形式和超出要约的条件买卖被收购方的股票。

5. 限制流转原则。《证券法》规定,收购人对所持有的被收购的上市公司的股票,在收购行为完成后的18个月内不得转让。

6. 终止上市规则。该规则要求,收购要约期限届满,被收购公司股权分布不符合上市交易条件的,该上市公司的股票就应当由证券交易所依法终止上市交易。

7. 强制接受规则。在前述终止上市交易的情形下,其余仍持有被收购公司股票的股东,有权向收购人以收购要约的同等条件出售其股票,收购人应当无条件受让。

8. 合并分立报告制度。上市公司分立或者被其他公司合并,应当向国务院证券监督管理机构报告,并予公告。

(四)上市公司收购的法律后果

收购上市公司的行为结束后,收购人应当在15日内将收购情况报告国务院证券监督管理机构和证券交易所,并予以公告。收购期限届满,被收购公司股权分布不符合证券交易所规定的上市交易要求的,该上市公司的股票应当由证券交易所依法终止上市交易;其余仍持有被收购公司股票的股东,有权向收购人以收购要约的同等条件出售其股票,收购人应当收购。收购行为完成后,被收购公司不再具备股份有限公司条件的,应当依法变更企业形式。采取协议收购方式的,收购人可以依照法律、行政法规的规定同被收购公司的股东以协议的方式进行股份转让。

第四节 证券经营机构法律制度

一、证券公司的设立

证券经营机构的设立体制主要有注册制和特许审批制两种。注册制下,只要满足法律规定的登记公开义务就可以合法设立证券经营机构。采用注册制的主要有美国以及我国香港特别行政区。特许审批制是指证券主管机关根据法律规定的设立条件和程序,并考虑市场需要及其他因素,而决定是否批准设立证券经营机构的制度。实行特许审批制的有东亚(如日本)、东南亚及欧陆国家。

我国对于证券公司的设立也是采取特许审批制。[1] 对于证券公司的市场准入,必须符合我国证券法规定的设立条件,并依照法定程序申请并报送有关文件,中国证监会再综合考虑我国证券市场的发展情况、市场容量、有序竞争等因素,决定是否予以批准。证券公司变更证券业务范围,变更主要股东或者公司的实际控制人,合并、分立、停业、解散、破产,应当经国务院证券监督管理机构核准。

二、证券经营机构的管理制度

证券法对证券公司的经营业务采用特殊的管理制度,确立了严格的交易规则和资本维持规则,以维护证券资本市场的秩序和安全,保护广大投资者的利益。证券公司经营管理制度由内部控制制度、风险管理制度、交易风险准备金制度、证券公司从业人员任职资格管理制度及其他监督管理制度组成。

(一)内部控制制度

内部控制制度旨在通过健全公司的内部治理结构,以达到证券公司的内部激励和内部约束的目标。证券公司落实内部控制制度,除了按照公司法的规定健全公司"三会四权"——股东会、董事会、监事会、经理层分别行使最终控制权、经营决策权、监督权和经营指挥权的制衡机制外,还要符合:(1)独立董事的最低人数规定。当证券公司董事长、经营管理的主要负责人由同一人担任,或者内部董事占董事人数1/5以上时,独立董事人数不得少于董事人数的1/4。(2)证券公司应当建立防火墙制度,做到投资银行业务、经纪业务、自营业务、受托投资管理业务、证券研究和证券投资咨询业务等在人员、信息、账户上严格分开管理,以防止利益冲突。(3)建立合规审查制度,负责对公司经营的合法合规性进行检查监督。(4)建立内部稽核审查制度。由内部稽核部门对公司内部控制进行定期评审并聘请会计师事务所对公司内部控制进行年度评审。(5)建立限制投资制度,规定不得兴办实业,不得购置非自用不动产。

---

[1] 我国设立证券公司,应当具备下列条件:(1)有符合法律、行政法规规定的公司章程。(2)主要股东及公司的实际控制人具有良好的财务状况和诚信记录,最近3年无重大违法违规记录。(3)有合法的注册资本。证券公司经营证券经纪,证券投资咨询,与证券交易、证券投资活动有关的财务顾问这三项业务中的一项或者多项的,注册资本不低于人民币5000万元。经营证券承销与保荐、证券自营、证券融资融券、证券做市交易、其他证券业务之一的,注册资本不得低于人民币1亿元;经营其中两项以上的,注册资本不得低于人民币5亿元。不论是经营何种证券业务的证券公司,其注册资本都应当是实缴资本。(4)董事、监事、高级管理人员具备任职资格,从业人员具有证券从业资格。(5)有完善的风险管理与内部控制制度。(6)有合格的经营场所和业务设施。(7)法律、行政法规规定的和经国务院批准的国务院证券监督管理机构规定的其他条件。

(二)风险管理制度

风险管理制度,也称偿债能力保障制度,主要是指财务风险的管理,旨在通过立法对证券公司的资产流动性、负债比例等财务指标作出规定,确保证券公司处于稳定经营的状态,以维持证券公司的债务偿还能力。根据《证券法》第123条的规定,国务院证券监督管理机构应当对证券公司净资本和其他风险控制指标作出规定。证券公司除依照规定为其客户提供融资融券外,不得为其股东或者股东的关联人提供融资或者担保。证券公司的治理结构、合规管理、风险控制指标不符合规定的,国务院证券监督管理机构应当责令其限期改正;逾期未改正,或者其行为严重危及该证券公司的稳健运行、损害客户合法权益的,国务院证券监督管理机构可以区别情形,对其采取下列措施:(1)限制业务活动,责令暂停部分业务,停止批准新业务;(2)限制分配红利,限制向董事、监事、高级管理人员支付报酬、提供福利;(3)限制转让财产或者在财产上设定其他权利;(4)责令更换董事、监事、高级管理人员或者限制其权利;(5)撤销有关业务许可;(6)认定负有责任的董事、监事、高级管理人员为不适当人选;(7)责令负有责任的股东转让股权,限制负有责任的股东行使股东权利。证券公司整改后,应当向国务院证券监督管理机构提交报告。国务院证券监督管理机构经验收,治理结构、合规管理、风险控制指标符合规定的,应当自验收完毕之日起3日内解除对其采取的前述规定的有关限制措施。如果证券公司的股东有虚假出资、抽逃出资行为的,国务院证券监督管理机构应当责令其限期改正,并可责令其转让所持证券公司的股权。在该股东按照要求改正违法行为、转让所持证券公司的股权前,国务院证券监督管理机构可以限制其股东权利。

(三)交易风险准备金制度

从广义上说,财务风险管理制度也包括交易风险准备金制度,但准备金的提取直接以应对交易风险损失为目标,保障证券公司的风险偿债能力。我国《证券法》规定的交易风险准备金制度,要求证券公司从每年的业务收入中提取交易风险准备金,用于弥补证券交易的损失。

(四)证券公司从业人员任职资格管理制度

证券公司从业人员是证券公司经营管理的真正参与者,证券公司从业人员的素质、操守及其管理对证券公司经营管理的高效、安全具有举足轻重的影响。证券公司从业人员包括证券公司高级管理人员和一般从业人员。根据我国《证券法》第124条规定,证券公司的董事、监事、高级管理人员,应当正直诚实,品行良好,熟悉证券法律、行政法规,具有履行职责所需的经营管理能力,证券公司任免董事、监事、高级管理人员的,应当报国务院证券监督管理机构备案。同时规定了不得担任证券公司的董事、监事、高级管理人员的若干情形。[1]

（五）其他监督管理制度

我国《证券法》加强了对证券公司的监管力度，更好地体现了规范证券市场，切实保护投资者合法权益的立法理念。

1. 禁止全权委托，即在办理经纪业务中，证券公司不得接受客户的全权委托而决定证券买卖、选择证券种类、决定买卖数量或者买卖价格；禁止收益承诺，即证券公司不得对客户证券买卖的收益或者赔偿证券买卖的损失作出承诺；禁止私下接受委托，即证券公司及其从业人员不得私下接受客户委托买卖证券。

2. 国家设立证券投资者保护基金。证券投资者保护基金由证券公司缴纳的资金及其他依法筹集的资金组成，其规模以及筹集、管理和使用的具体办法由国务院规定。

3. 证券公司应当建立客户信息查询制度，确保客户能够查询其账户信息、委托记录、交易记录以及其他与接受服务或者购买产品有关的重要信息。证券公司应当妥善保存客户开户资料、委托记录、交易记录和与内部管理、业务经营有关的各项信息，任何人不得隐匿、伪造、篡改或者毁损。上述信息的保存期限不得少于20年。

4. 证券公司应当按照规定向国务院证券监督管理机构报送业务、财务等经营管理信息和资料。国务院证券监督管理机构有权要求证券公司及其主要股东、实际控制人在指定的期限内提供有关信息、资料。证券公司及其主要股东、实际控制人向国务院证券监督管理机构报送或者提供的信息、资料，必须真实、准确、完整。

5. 国务院证券监督管理机构认为有必要时，可以委托会计师事务所、资产评估机构对证券公司的财务状况、内部控制状况、资产价值进行审计或者评估。

6. 证券公司违法经营或者出现重大风险，严重危害证券市场秩序、损害投资者

[1] 具体包括：(1)无民事行为能力或者限制民事行为能力；(2)因贪污、贿赂、侵占财产、挪用财产或者破坏社会主义市场经济秩序，被判处刑罚，或者因犯罪被剥夺政治权利，执行期满未逾5年，被宣告缓刑的，自缓刑考验期满之日起未逾二年；(3)担任破产清算的公司、企业的董事或者厂长、经理，对该公司、企业的破产负有个人责任的，自该公司、企业破产清算完结之日起未逾3年；(4)担任因违法被吊销营业执照、责令关闭的公司、企业的法定代表人，并负有个人责任的，自该公司、企业被吊销营业执照、责令关闭之日起未逾3年；(5)个人因所负数额较大债务到期未清偿被人民法院列为失信被执行人；(6)因违法行为或者违纪行为被解除职务的证券交易场所、证券登记结算机构的负责人或者证券公司的董事、监事、高级管理人员，自被解除职务之日起未逾5年；(7)因违法行为或者违纪行为被吊销执业证书或者被取消资格的律师、注册会计师或者其他证券服务机构的专业人员，自被吊销执业证书或者被取消资格之日起未逾5年。此外，因违法行为或者违纪行为被开除的证券交易场所、证券登记结算机构、证券服务机构、证券公司的从业人员和被开除的国家机关工作人员，不得招聘为证券公司的从业人员。如果证券公司的董事、监事、高级管理人员未能勤勉尽责，致使证券公司存在重大违法违规行为或者重大风险的，国务院证券监督管理机构可以责令证券公司予以更换。

利益的,国务院证券监督管理机构可以对该证券公司采取责令停业整顿、指定其他机构托管、接管或者撤销等监管措施。在证券公司被责令停业整顿、被依法指定托管、接管或者清算期间,或者出现重大风险时,经国务院证券监督管理机构批准,可以对该证券公司直接负责的董事、监事、高级管理人员和其他直接责任人员,采取通知出境入境管理机关依法阻止其出境,或者申请司法机关禁止其转移、转让或者以其他方式处分财产,或者在财产上设定其他权利等措施。

思考题

1. 试比较美国、英国、德国与我国的证券市场监管法律制度的异同。
2. 简述我国证券市场的信息披露制度。
3. 试述我国《证券法》规定的证券交易规则。
4. 简述证券公司可以经营的业务,并比较其区别。
5. 简述上市公司收购规则。

第五章　金融衍生品法律制度

第一节　金融衍生品及其法律制度概述

一、金融衍生品概述

（一）金融衍生品的概念

金融衍生品（financial derivative product），也称为"金融衍生工具"（financial derivative instrument 或 derivative financial instrument）、"衍生证券"（derivative securities）、"衍生物"（derivatives）等。

衍生产品是一种金融合约，其价值取决于一种或多种基础资产或指数，合约的基本种类包括远期、期货、期权和互换。衍生产品还包括具有远期、期货、期权和互换中一种或多种特征的结构化金融工具。巴塞尔委员会在 1994 年发表的《衍生产品风险管理准则》中指出："广义而言，衍生产品是一种金融协议，其价值取决于一种或多种基础资产或指数的价值。"

金融衍生品有狭义和广义之分。狭义的金融衍生品是指利率、汇率、权益、信用等传统基础性金融工具的衍生品，与商品衍生品相对；广义的金融衍生品则涵盖商品衍生工具在内，因为尽管其基础资产是实物商品，但该交易本身已经具备一个完整金融协议的所有要素，符合巴塞尔委员会关于衍生工具的定义。[1] 本章所指的金融衍生品采广义说。

（二）金融衍生品的分类

1. 根据金融衍生品交易形态的不同，金融衍生品可以大致分为远期、期货、期权和互换四大类。

远期，是指交易双方根据协议，约定在未来某一特定时间，以特定价格买卖某一特定数量和质量的金融资产或实物资产的交易。

期货，是指交易双方在交易所通过公开竞价达成标准化合约，承诺在未来某一特定时间内、按照约定的价格买卖某种特定数量的金融资产或实物资产的交易。

期权，是指交易双方订立合约并约定，由买方向卖方支付一定数额的权利金，

---

〔1〕 参见宁敏：《国际金融衍生交易法律问题研究》，中国政法大学出版社 2002 年版，第 25 页。

而买方取得在一定的时期内以双方事先约定的价格购买或者出售某种特定金融资产之权利的交易。

互换,又称"掉期"或"套购",是交易各方依据预先约定的规则,在未来一段时间内,互相交换一系列现货流通物或价格的交易,即以互换参与者在特定的金融市场上拥有的优势,进行以套汇、套利为目的的债权或债务的互相交换。

2. 每一种金融衍生品都有其具体的基础性工具,即金融衍生品原生资产。根据基础工具性质、类型的不同,金融衍生品可以被分为利率衍生品、汇率衍生品、权益衍生品、商品衍生品等,如表 1 所示。

表 1 金融衍生品分类

对象	原生资产	金融衍生品
利率	短期存款 长期存款	利率期货、利率期权等 债券期货等
货币	各类现汇	外汇期货、外汇期权等
股票	股份企业股票 股票指数	股票期货、股票期权等 股票价格指数期货、股票价格指数期权等
商品	各类实物商品	商品远期、商品期货、商品期权、商品互换等

利率衍生品是指以利率或利率的载体为基础工具的金融衍生品;汇率衍生品是指以各种货币为基础工具的金融衍生品;权益衍生品是指以股票或者股票指数为基础工具的衍生品;商品衍生品是指以各种实物商品为基础工具的衍生品。

3. 按金融衍生品进行交易场所的不同,可以将其分为场内交易(正式场所交易)金融衍生品和场外交易(柜台交易)金融衍生品(over the counter derivatives, OTC derivatives)。

场内交易金融衍生品,是指供求双方在有组织的交易所内以公开竞价的方式进行集中交易的金融衍生品,所以又被称为"交易所交易金融衍生品",由交易所负责标准化合约的设计,交易者会员资格的审批,保证金的收取,并同时承担清算和担保履约责任,主要包括利率期货、外汇期货、股票价格指数期货、股票与债券期货、利率期权、外汇期权、股票期权、股票价格指数期权等品种。

场外交易金融衍生品,是指在正式的交易场所以外进行的,在众多交易的金融机构、中间商和广大客户之间,通过个别磋商而达成的交易,所以又被称为"柜台交易"。其主要的交易对象是未在交易所上市的股票、债券以及不在期货期权交易所规定的数量、日期、品种范围之内的金融资产。这类金融衍生品完全是按照客户的需求,度身定制。金融机构通过选择不同的时间、金额、杠杆比例、风险等级等参数,组合不同的基金金融衍生品,向客户提供具有独特避险功能或投机价值的衍生产品。场外交易的清算由交易双方互相负责进行,因此交易的参与者仅限于信用较高的客户。

(三)金融衍生品的演化历史和发展原因

1. 金融衍生品的演化历史

金融衍生品最早产生于商品市场。早在公元前的希腊和罗马就已经出现了具备期货贸易性质的交易活动。13 世纪的比利时商人已广泛运用类似交易方式,并于 14、15 世纪发展为有组织的市场。1848 年由 82 位商人发起并组建了美国第一家中心交易所——美国芝加哥期货交易所,并于 1865 年推出了标准化合约,包括商品品质、数量、交货时间、交货地点和支付条件等标准化条款。同年,芝加哥期货交易所又实行了保证金制度。1891 年,美国明尼亚波里谷物交易所首先成立了结算所。标准化合约、保证金制度以及现代结算所的成立,标志着现代金融衍生品交易的产生。

(1)远期的发展

远期合约很早就产生了,人们一般把 1848 年美国芝加哥期货交易所的成立作为现代远期市场的开端。20 世纪 70 年代初,布雷顿森林体系崩溃。为了转移因汇率或利率变动所带来的风险,20 世纪 80 年代初,兴起了一批远期合约新品种,主要分为货币远期合约和利率远期合约两类。远期合约市场属于无形市场,主要在场外成交。目前远期合约最大的交易市场在伦敦,其交易量约占全球交易量的 40%;其次在纽约,交易量约占全球的 1/4。[1]

(2)金融期货的发展

1972 年 5 月,在美国芝加哥商品交易所内设立了从事金融期货业务的部门,即国际货币市场(IMM),并率先推出了英镑、加拿大元、德国马克、日元、瑞士法郎、意大利里拉、墨西哥比索 7 种外汇期货。后来又增加了欧洲美元和欧洲货币单位的期货交易。自 IMM 成立以来,外汇期货业务在世界范围内迅速发展。

1975 年,芝加哥期货交易所又率先推出了第一个利率期货品种,即政府国民抵押款协会债券期货交易。1976 年 1 月,美国芝加哥商品交易所在 IMM 推出国债期货,即 90 天美国短期国库券期货。1977 年 8 月,芝加哥谷物交易所也开始推出美国长期公债期货。美国利率期货开办成功以后,其他各国纷纷效仿,陆续开办了利率期货交易,如伦敦国际金融期货交易所的欧洲美元、英镑利率期货,东京股票交易所的政府公债期货等。到 1992 年约有 90 种利率期货在世界 15 个国家和地区的期货交易所交易。当前利率期货交易量在整个衍生品市场中也占有重要份额。2003 年世界上成交量增长最快的 10 种衍生品中,有 6 种是基于利率,只有 3 种是基于期权,1 种是基于农产品。[2]

---

〔1〕 参见陈小平:《国际金融衍生市场》,中国金融出版社 1997 年版,第 320 页。

〔2〕 参见李磊:《国际期货市场风生水起,欧美巨头逐鹿金融衍生品》,载《投资与证券》2004 年第 6 期。

1982年2月,美国堪萨斯市交易所首次推出股价指数期货,即价值或平均股票指数期货交易。1982年4月,芝加哥商品交易所推出了标准普尔500股票指数期货,5月,纽约证券交易所推出了纽约证券交易所综合指数期货。随后,伦敦国际金融期货交易所、香港期货交易所、新加坡国际货币交易所也开始推出股指期货品种。自产生以后,股指期货的交易量一直超过其他类型期货的增长,已成为目前世界金融市场上重要的金融工具之一。

(3)期权的发展

现代期权制度的产生始于1973年4月成立的芝加哥期权交易所。在其首先推出标准化的期权合约之后,期权交易迅速在世界范围内蔓延。伦敦国际金融期货交易所和伦敦证券交易所、澳大利亚悉尼期货交易所、加拿大多伦多期货交易所、荷兰阿姆斯特丹欧洲期权交易所也推出了各自的期权交易品种。20世纪80年代后期,期权的场外交易又得到迅速发展,目前已经形成了一个门类齐全、结构完善的市场体系。

(4)互换的发展

第一个现代意义上的互换交易,是1981年8月世界银行和国际商用机器公司之间的货币互换协议。从此互换成为资产负债管理的一种基本手段。互换在20世纪80年代中期得到了迅速的发展,1982年全球掉期市场交易额仅有30亿美元,到1985年则猛增到2000亿美元。[1] 根据国际互换交易商协会的统计,20世纪90年代初已成交的货币互换交易总金额已超过了5000亿美元。其中,交易量最大的是美元,占总金额的37%,其次是日元、瑞士法郎、澳元、德国马克和加拿大元。[2]

2. 金融衍生品的发展原因分析

早期金融衍生品产生于商品市场是因为商品价格受供求关系等多种因素的影响波动较大,市场主体迫切需要一种能回避风险的机制。20世纪70年代以来金融衍生品的迅猛发展则是多种因素综合作用的产物。

(1)国际经济环境和金融要素市场的波动性是金融衍生品出现和发展的根本原因。"二战"后直到20世纪60年代中期,美国利率在联邦政府的控制下一直呈现稳定状态。到70年代,随着美元的逐步贬值,布雷顿森林体系崩溃,国际货币制度由固定汇率制走向由《牙买加协议》所确立的浮动汇率制。在市场供求关系的影响下,币值一直处于频繁变动状态之下。另外,20世纪70年代以后西方主要资本主义国家陷入"滞胀"状态。为了调整经济,抑制衰退和通胀,各国中央银行放松对利率的严格管制,开始利用利率杠杆控制货币供应量,实行或宽松或紧缩的货币政策,导致金融市场利率的波动也逐渐加剧,风险不断加大。为了应对汇率、利率

---

[1] 参见宁敏:《国际金融衍生交易法律问题研究》,中国政法大学出版社2002年版,第39页。

[2] 参见王文灵、于瑾编著:《衍生工具定价理论》,经济科学出版社1998年版,第5页。

剧烈波动所带来的市场风险,确保资产价值不受利率、汇率变动的影响,市场迫切需要新的可以规避市场风险、能起套期保值作用的金融工具。

(2)世界金融自由化浪潮为金融衍生品的发展提供了良好的外部环境。自20世纪70年代以来,西方主要国家纷纷通过法律等措施放松金融管制。这些自由化措施放宽甚至取消了对利率的管制,放松了对金融机构及其业务的限制,放宽了对资本流动的限制,模糊了各金融机构之间的界限,加剧了银行和非银行金融机构间的竞争,进一步营造了宽松的金融竞争环境,促进了金融创新,推动了金融衍生品市场的形成和发展。[1]

(3)科学技术的进步和信息革命为衍生品交易的顺利发展奠定了物质基础。计算机和信息处理技术在金融界的广泛运用大大提高了金融信息的传播速度,增强了市场主体信息处理能力,拓展了金融市场范围,降低了金融交易的成本,提高了交易的效率。同时也只有借助于高端技术,交易程度极端复杂的“金融工程”才能得以开展交易,从而使得新产品、新市场、新主体、新方法不断涌现。金融科学技术的迅猛发展为金融衍生品的孕育和成熟提供了坚实的技术保障。

此外,由于金融衍生品交易属于表外业务,开展此类交易不仅不会影响资产负债表状况,还能获取手续费等收入,扩大利润来源,所以各银行和国际金融性公司为了逃避金融管制,增强自身的市场竞争力,也积极投入到金融衍生品交易市场当中,成为金融衍生品发展过程中一股不可或缺的动力。正是在多种因素的综合作用下,金融衍生品从诞生的第一天起,就显示出蓬勃的生命力。

(四)金融衍生品的特点与功能

1. 金融衍生品的特点

(1)具有杠杆效应。杠杆效应在金融领域是指通过较小的资金成本获得较多的投资,从而提高投资收益与资金效率。该效应来源于金融衍生品交易中的保证金制度,投资者以原生资产的价格为基础,缴纳一定比例的保证金或押金,便可获得相应合约所对应的资产的管理权,可以用较少的成本获取现货市场上需要较多资金才能完成的结果,取得以小搏大的效果。

(2)具有虚拟性。金融衍生品独立于现实资本运动之外,却能给持有者带来收益,是一种收益获取权的凭证,但其本身却没有价值。

(3)具有一定的未来性。金融衍生品是在现时对基础工具的未来可能产生的结果进行交易,交易的结果要到未来才能确定,而且按照权责发生制的会计制度,在交易结果发生之前,交易双方的资产负债表并不反映该类交易的结果,潜在的盈亏也无法在财务报表中得到体现。

(4)具有高风险性。金融衍生品交易建立在对未来基础资产价值的预测之上,损益结果具有很大的不确定性,传统的会计报表无法加以披露,此外保证金等制度

---

[1] 参见宁敏:《国际金融衍生交易法律问题研究》,中国政法大学出版社2002年版,第32页。

的实施导致的杠杆作用也起到了损益“放大镜”的作用,所以具有极高的风险性。

2. 金融衍生品的功能

(1)转移、回避风险功能。金融衍生品出现的一个重要原因就是经济活动不确定性加剧导致市场主体规避风险的内在需求也随之提高。衍生品市场可以将市场中的风险集中,并进行冲抵或重新分配,从而满足现货市场的需求。通过金融衍生品避险主要是通过套期保值手段实现的。套期保值是指为回避在基础资产市场上所面临的风险,交易者利用金融衍生品合约,进行一个与现有交易或资产相对立的冲抵性交易,其数量、到期日大致相同,买卖方向相反,如果基础交易出现损失,就通过衍生交易所获得的相应收益弥补,实现对冲保值的目的。[1] 这是金融衍生品的首要功能,也是金融衍生品市场得以存在和发展的基础。

(2)价格发现功能,指在一个公开、公平、公正、高效、竞争的金融衍生品市场中,通过市场交易能形成具有真实性、预期性、连续性和权威性的价格,较真实地反映未来基础资产价格变动的趋势,有利于提高整个市场的效率,对生产经营者有较强的指导作用。首先,交易受到法律法规和相关交易制度的严格限制,须遵循“三公”原则,使金融衍生品市场具有较高的透明度。其次,金融衍生品市场集中了各方面的参加者,他们参与竞争不仅增强了合约的市场流动性,还带来了成千上万关于金融衍生品基础资产的供求信息和市场预测。这样通过公开竞价形成的价格,实际上反映了大多数人的预测,具有较高的权威性和真实性,能够比较真实地反映供求关系变动的趋势。最后,金融衍生品合约的买卖转手相当频繁,连续形成的合约价格可以连续不断地持续反映市场供求及变动状况。

(3)投机获利功能。在衍生品市场中除了套期保值者外还有大量的投机者,其交易目的不是冲抵在商业交易中已经存在的市场风险,规避由于市场波动造成的损失,而是在于追求利润的最大化。由于具有巨大的杠杆效应,金融衍生品的投机能量远大于其原生工具的投机能量,即在相等的投资金额下,通过金融衍生品所控制的基础资产量要远远多于直接运用没有衍生品的基础资产。市场投机者甘于通过主动承担高风险以获得高利润。投机者在衍生品交易市场中同样扮演了重要角色。如果在市场上大量存在的是套期保值者,而缺乏足够的投机者,那么套期保值

---

[1] 以期货为例,某食品加工商需在6月买入1000吨小麦作为原料。为了防止6月小麦价格上涨所带来的损失,该食品加工商在期货市场上买入1000吨6月小麦合约,价格为60美元/吨,建立一个多头。如果期货合约在6月到期时,小麦价格上涨到了65美元/吨,则该加工商在现货市场上买到这批小麦的费用是6.5万美元,而其在期货市场上卖出期货合约赚到了5000美元,两项抵销,其购买小麦的实际成本为6万美元;如果当期货合约到期时,小麦价格下跌到56美元/吨,则该加工商在现货市场上购买小麦的费用是5.6万美元,在期货市场上出售期货合约的亏损是4000美元,两项抵销,他的实际成本也是6万美元。所以不论小麦价格如何变化,该加工商已经在最初买入期货合约时,锁定了生产成本,即60美元/吨,从而消除了其所面临的原材料价格风险。

者所转移的价格风险就缺乏了承担者,从而导致衍生品市场不能顺利运作。可见套期保值功能的实现必然会引申出投机获利功能,而衍生品市场中的投机获利功能对发展市场经济也是有利的。

二、金融衍生品法律制度概述

金融衍生品法是调整金融衍生品交易关系和监管关系的法律规范的总称,主要包括金融衍生品交易法和金融衍生品交易监管法等。

(一)金融衍生品的法律特征

1. 金融衍生品交易的契约性。金融衍生品交易是以交易双方当事人之间签订合同的方式进行的。该份约定双方权利和义务的契约所反映的法律关系是建立在社会信用高度发展基础上的经济合同关系,是在现时对金融基础资产未来可能发生的结果进行交易,在双方当事人意思表示达成一致时契约即告成立,但合约结果却要到未来某一时刻才能确定,而且根据契约双方互享权利、互付义务,所以是诺成性的双务合同。

2. 金融衍生品交易体现了当事人意思自治。无论是场内交易还是场外交易都在不同程度上体现了当事人的意思自治。在场内交易中,虽然当事人买卖的是由交易组织者制定的高度标准化的合约,主要条款内容已由交易所事先制定,但是其中的价格条款仍然由交易双方通过公开竞价方式协商,在一定程度上体现了当事人的意思自治;而场外交易则更充分地体现了意思自治,它的交易标的、数量、价格等重要条款完全是由交易双方自行协商确定。

3. 合约的交易对象具有虚拟性。金融衍生品合约的交易对象并不是基础资产或者金融工具,也不是具体的物,而是对这些基础资产在未来各种条件下处置的权利和义务。这些权利和义务以契约的方式存在,构成了所谓的“产品”或“工具”。

4. 金融衍生品交易目的的双重性。衍生品交易市场上的交易者大致可以被分为套期保值者和投机者。他们进行交易的主要目的并不在于转移合约所涉及的基础性资产的所有权,而在于套期保值或投机获利,即转移与该基础性资产有关的价格变化风险或以主动承担高风险为代价获得利润。

5. 金融衍生品具有一定的融资和信用性质。利用金融衍生品进行交易只需要缴纳一定比例的保证金(如场内交易的各品种)或者以信用为担保(如场外交易品种),就可以实现原来需要大量现金才能达到的目的,是一种现金运作的替代品,具有一定的融资和信用功能。[1]

6. 金融衍生品交易具有射幸性,即金融衍生品交易契约具备射幸合同属性。射幸合同是指合同的法律效果于订立合同时尚未确定的合同。[2] 大陆法系射幸

〔1〕参见徐冬根主编:《国际金融法律与实务研究》,上海财经大学出版社2000年版,第392-393页。
〔2〕参见孔祥俊:《合同法教程》,中国人民公安大学出版社1999年版,第48页。

合同理论仅关注合约法律效果的不确定性,而不关注合约经济后果的不确定性。

总体而言,由于金融衍生品的价值是由汇率、利率、股票价格指数等无法预知的因素决定的,当事人进行交易活动完全建立在对各种因素加以综合分析和预先判断的基础上。同时在交易后,汇率、利率和股票市场的走势变化完全不受当事人的控制和影响,使得衍生品契约的法律后果或经济后果具有空前的不确定性。如果将金融衍生品交易视为一个整体,并考虑其交易品种的复杂程度和相互渗透转变的特点,可以将金融衍生品合约的这个特征描述为射幸性。

但是具体到各类不同的交易中,又存在两种情况:一是合同中至少有一方当事人的权利或义务取决于契约订立以后不确定事件的发生与否,如期权交易等。这种合同符合我们对射幸合同的认识。二是交易双方的权利义务在合约签订时已经确定,即合约对当事人的法律后果是肯定的。但是这种权利义务带给当事人的经济价值却是不确定的,即当事人在经济利益上的损益及程度需要依靠不确定事件的发生与否,如期货交易。这与射幸合同性质不符。所以合同是否具备射幸性质要视具体衍生交易是在法律后果还是经济后果上具有不确定性才能作出判断。[1]

(二)类似合约的比较

1. 金融衍生品合约与赌博合约的比较

赌博游戏也带有射幸性,即游戏参与者以赌注财物的得失为唯一利益,其得失依赖于或然性事件的发生与否。有观点将金融衍生品交易视为“零和游戏”,或等同于赌博。其依据是两者都是建立在对未来不确定事件的预测的基础之上,都具有高度的杠杆效应,交易双方的总收益为零。但是两者间是存在本质区别的:

(1)产生原因不同。市场对金融资产的风险暴露进行套期保值的需求是金融衍生品产生的最主要原因;而赌博游戏的起因在于人为地制造风险,为那些追求暴利而甘冒风险的赌徒提供了一个投机场所。

(2)风险性质不同。金融衍生品交易中所产生的风险是由经济活动中的不确定因素造成的,是固有的,不可避免的;而赌博游戏中的风险则是人为的,即赌博组织者人为地将并无内在联系的风险和收益联系起来,赌徒承受该种风险并无任何客观基础。

(3)市场机制运行过程不同。作为市场经济的组成部分之一,金融衍生品市场也遵循价值规律,即金融资产的价格以其价值为基础并受市场供求关系变化的影响而上下波动;但赌博只是一种娱乐性的游戏活动,其运行过程按照事先人为设立的规则进行,与社会经济活动没有关系,更不能体现社会经济发展的阶段性水平。

(4)效果上不同。金融衍生品市场具有多种经济功能。通过公开竞争形成的价格体现了衍生品市场的价格发现机制,同时其所具备的风险规避功能虽然不能从根本上消除风险,但有利于市场的稳定,可以起到促进经济发展的作用。而赌博

---

〔1〕 参见宁敏:《国际金融衍生交易法律问题研究》,中国政法大学出版社2002年版,第111－115页。

游戏对社会则没有任何的贡献，人们沉湎其中不会创造出任何社会财富。相反地，赌博是人为制造的高风险游戏，极有可能给人们带来巨额损失，从而对社会的进步和稳定产生不良后果。[1]

正是由于金融衍生品交易和赌博游戏在本质上存在诸多不同，各国立法对此两者持截然不同的态度：由于赌博游戏违背公序良俗，带有消极作用，各国多对赌博合同加以禁止或不赋予法律上的效力，对赌博利益申请强制执行的请求不予支持，当事人自愿支付的也不得据此请求返还。相反地，各国对于金融衍生品交易合约，则持肯定态度，并通过构建相关法律制度框架予以规制，以保护投资者的合法权益顺利实现。

2. 金融衍生品合约与保险合约的比较

保险是指投保人根据合同约定，向保险人支付保险费，保险人对于合同约定的可能发生的事故因其发生所造成的财产损失承担赔偿保险金责任，或者当被保险人死亡、伤残、疾病或者达到合同约定的年龄、期限时承担给付保险金责任的商业保险行为。保险合同是双方当事人约定保险权利义务的协议。[2] 保险合约与金融衍生品合约具有许多相似的地方。

首先，两者都具有射幸性。保险合约（除人寿保险合同外）所约定的，保险人据以支付保险金的保险事故发生与否具有偶然性，即被保险财产是否灭失或者被保险人人身、健康是否受到损害，在当事人签订保险合同时是不确定的。而基于经济活动中的不确定因素，金融衍生品合约也带有很大的或然性。

其次，两者都具有避险功能。保险是一种风险管理制度，该制度并不能从根本上杜绝事故的发生，但是其所具有的经济补偿功能可以起到分散风险，把由危险事故造成的经济损失降到最低限度的作用，实质上是“亡羊补牢”之举。同样，对于套期保值者而言，金融衍生品交易也是一种有效的风险管理手段。

但两类合约的区别也很明显。作为保险法的一项基本原则，损害赔偿原则是由保险的经济补偿功能决定的。保险人赔付保险金的依据是被保险财产的实际损失或被保险人的实际损害。按照赔付和损失等量原则，被保险人不能获得多于损失的赔偿，其获得赔付的最高限额是保险金额。[3] 换句话说，就是没有人可以通过保险合同获得比其遭受损失前更多的经济利益。与保险合约仅限于弥补当事人损失不同，金融衍生品交易在为套期保值者规避市场风险的同时还可以使投机者获利。这是由该种交易活动具有规避市场风险和投机获利的双重效用特点决定的。前面我们在论述金融衍生品功能时已经谈到，在金融衍生品交易过程中避险保值功能的实现必然要求有投机功能与它相呼应。市场投机者在没有一个相反的

---

〔1〕 参见钱小安：《金融期货的理论与实践》，商务印书馆 1997 年版，第 38－41 页。
〔2〕 参见顾功耘主编：《商法教程》，上海人民出版社 2001 年版，第 443 页。
〔3〕 参见顾功耘主编：《商法教程》，上海人民出版社 2001 年版，第 440－441 页。

风险需要冲抵的情况下,其在市场上承受的风险是单向的:若市场波动与其预测相一致,则该笔投机交易可以为其带来丰厚的收益;相反,如果市场波动与其预测相反,那么他将要承担巨额损失。

(三)主要金融衍生品合约的法律特征

1.远期合约

远期合约是指交易双方签订的在未来某一特定时间,以特定价格买卖某一特定数量和质量的金融资产或实物资产的协议。其中买方处于多方地位,卖方处于空方地位。

与现货交易相比,远期交易在某些方面更加适合于现代经济活动的需要。其最大的特点就是同时锁定了当事人的收益和风险。通过签订远期合约,双方确定了未来交易的实际价格。买方以放弃未来现货市场价格下跌其所能获得的利益为代价,锁定了其购买资产的成本;卖方以放弃未来现货市场价格上涨其所能获得的额外利润为代价,提前锁定了收益。远期合约可以包括远期利率协议、远期外汇协议、远期股票合约等。

远期合约的主要法律特征表现为以下几点:

(1)与期货在指定的交易场所集中进行,采用高度标准化的合约不同,远期合约交易属于场外交易。远期合约的金额、数量、交割日期和方式等合同要件没有统一的标准和规格,均由当事人自行协商确定,无需监管机构批准或认可。

(2)由于属于场外交易,双方当事人是确定相知的,以便于双方直接磋商达成协议。

(3)缺少了交易所和结算机构提供担保,所面临的信用风险陡增;为保证交易的安全,要求双方对彼此的信用、财务状况比较了解;在实务中通常采用信用交易方式,至于是否采用担保方式以及采用何种担保方式,如抵押、保证金等,完全由当事人自己决定。

(4)远期合约交易结算可以通过结算机构进行,也可以由当事人自行进行结算。

(5)当事人一般对远期合约的标的物,无论是农产品等货物,还是有价证券等金融资产,有真实的需要,交易以得到标的物的所有权为目的。当事人通常采取实际交割的方式履行合同,到期进行交货或付款。

2.期货合约

期货合约是指由交易双方在交易所内以公开竞价的方式达成的,在未来某一特定时间内按照约定的价格买卖某种特定数量的金融资产或实物资产的书面协议,是远期合约的进化物或标准形态。期货合约的主要法律特征表现为以下几点。

(1)期货合约是高度标准化的合约。期货合同中关于商品品质,交易单位,最小、最大变动单位,每日价格最大波动限额,交割时间、地点、方式等内容的条款都已由交易所事先确定,除了价格条款外交易双方不必再进行协商。

(2)与一般的标准化合约是由参加交易的一方当事人设计不同,期货上市品种的选择,合约内容的规定不仅会影响当事人的经济利益,还会影响一国的国民经济,所以期货合约由期货交易所设计,经期货主管部门批准后方可交易。

(3)期货合约是场内交易。为保证期货交易基本经济功能的发挥和保护期货投资者合法权益,期货合约必须在期货主管部门许可的地点,以许可的方式签订。

(4)特殊的保证金制度和结算制度的建立。由于期货交易市场是一个高度流动性的市场,且交易双方并不了解对方,为了增强期货市场的稳定性、确保期货合约的可靠性和兑现性,从而提高市场效率,各国期货交易法都建立起一整套完整的保证金制度和结算制度。按照规定,期货合约交易者必须缴纳一定比例的保证金,所有期货交易必须由期货结算所和清算所进行结算。

(5)期货合约具有双向性,可以很方便地对冲,即对以前买入或卖出的合约,进行交割月份和数量相同、买卖方向相反的交易行为,从而免除合约当事人的实际履约义务。

(6)期货合约的目的一般不在于实物或者金融证券的交割,而在于通过期货市场上特有的对冲操作避免现货市场上的价格风险或赚取风险利润。

3. 期权合约

期权合约是指交易双方所订立的,由买方向卖方支付一定数额的权利金,而买方取得在一定的时期内以双方事先约定的价格购买或出售某种特定金融资产之权利的协议。

(1)期权的分类

根据期权内容的不同,期权可以分为买入期权、卖出期权。买入期权,又称看涨期权,是指期权购买者可在约定的未来某日期以事先约定的价格向期权出售者买进一定数量的某种金融商品的权利。卖出期权,又称看跌期权,是指期权购买者可在约定的未来某日期以协定的价格向期权出售者卖出一定数量的某种金融商品的权利。[1] 根据履约时间的不同,期权可以分为欧式期权和美式期权。欧式期权

---

〔1〕 例一,看涨期权:1月1日,铜期货的期权执行价格为1850美元/吨。A预测合约到期后铜期货价格将会上涨,遂以5美元的价格向B买入期权,约定合约到期后A以1850美元/吨的价格向B买入铜期货。设合约到期后,铜期货价格上涨到1905美元/吨。则A有权按照1850美元/吨的价格从B手中买入铜期货;B则必须满足A行使该权利的要求,即使他手中没有铜期货,也只能以1905美元/吨的价格从期货市场上买入,而以1850美元/吨的价格卖给A。在该笔交易中A获利50(1905 - 1850 - 5)美元,B则损失50(1850 - 1905 + 5)美元。若铜期货市场价格低于履约价格1850美元/吨,A也可以放弃该权利,则A损失5美元的期权费,B获利5美元。

例二,看跌期权:1月1日,铜期货的期权执行价格为1750美元/吨。A预测合约到期后铜期货价格将会下跌,遂以5美元的价格向B买入期权,约定合约到期后A以1750美元/吨的价格向B卖出铜期货。设合约到期后,铜期货价格下跌到1695美元/吨。则A有权以1750美元/吨的价格向B卖出铜期货;B则必须接受。在该笔交易中A获利50(1750 - 1695 - 5)美元,B则损失50(1695 - 1750 + 5)美元。若铜期货市场价格上涨,A也可以放弃该权利,则A损失5美元的期权费,B获利5美元。

是指期权购买者只能在期权到期日这一天行使其选择的权利,不能提前也不能推迟。美式期权是指期权购买者既可以在期权到期日这一天行使其权利,也可以在到期日前的任何一个营业日行使其权利。

(2)期权合约的主要内容

期权购买者,即在支付一笔较小的费用后,获得在合约所规定的某一特定时间,或者这一特定时间之前的时间内,以事先确定的价格向期权出售者买进或者卖出一定数量的金融商品的权利的一方当事人。

期权出售者,即在收取期权购买者所支付的期权费后,必须承担在规定时间内应期权购买者的要求履行该期权合约所规定的义务的一方当事人。

标的,即期权购买者购买的,在合约有效期内,要求出售者履约的权利。

权利金,即期权购买者为了获得该种权利而向期权出售者支付的一笔费用。

履约价格,指看涨期权购买者得以依据期权合约的规定买入一定数量的金融商品,或者看跌期权的购买者得以依据期权合约的规定卖出一定数量的金融商品的价格。

到期日,指一份期权合约的最终有效日期,超过该日期,期权合约就自行终止,购买者的期权也同时作废。

(3)期权合约的法律特征

第一,合约交易标的物的非实物性。期权合约交易的客体是对合约指定的某种金融工具的买入或者卖出选择的权利。购买期权后并没有获得基础资产的实物所有权,只是购得了一种权利,而且该项权利属于不必承担对合约指定的金融工具必买或必卖义务的绝对权利。

第二,双方权利义务的不对等性。在合约有效期内,期权购买者可以选择买(卖)某种金融工具,也可以放弃该项权利。而期权出售者应期权购买者的要求则必须履行合约义务,同时他还不享有要求期权购买方必须买(卖)某种金融工具的权利。当然这只是表面上的不平等。从实质上而言,期权购买者享有该权利是以向期权出售者支付期权费为代价的,而期权出售者承担该种义务也是以收取期权费为补偿的。

第三,当事人间风险收益的不对称性。当期权交易标的价格向不利于期权购买者的方向变动时,他可能受损,但其损失以支付的期权费为最高限额,但若标的价格向有利于期权购买者的方向变动时,他的获利是无限的。当期权交易标的价格向不利于期权出售者的方向变动时,他可能受损,而且损失是无限的,但当标的价格向有利于期权出售者的方向变动时,他可能收益,但获利以期权费为最高限额。

第四,担保的单边性。当事人之间风险收益存在不对等性,在期权交易中期权购买方承担了更多的信用风险。为了保证期权出售方能够按照合约如实履行义务,通常合约中会要求期权出售方提供相应的履约担保。而期权购买者则不需要提供担保。

4. 互换合约

互换合约是指一种由多个远期合同所组成的协议,是两个或两个以上交易主体之间,依据预先约定的规则,在未来一段时间内,互相交换一系列现货流通物或价格的协议,是远期合约的一种延伸。作为目前市场上最为成功的场外交易衍生工具,互换是从平行贷款[1]和背对背贷款[2]基础上发展起来的。按照基础资产的不同,互换合约可以分为利率互换、货币互换、商品互换和股权互换。[3]

(1)互换合约主要内容

互换交易属于场外交易,合约内容由当事人协商确定,一般包括以下内容:①交易参与者;②互换合约的金额;③互换交易的对象,货币互换的交易对象是货币(可自由兑换),利率互换的交易对象有固定利率、伦敦银行同业拆借利率、国库券利率等;④互换合约的到期日;⑤互换价格,利率互换的价格通常由固定利率和浮动利率等因素决定,货币互换的价格通常受两国货币利率水平等因素影响;⑥各方当事人的权利义务,包括各方在合约到期时与对方互相交换并收取货币和利息的权利义务;⑦差价和其他费用。

(2)互换合约的法律特征

互换合约的法律特征包括:①互换交易属于场外交易,因此合约内容由各方当

---

〔1〕所谓"平行贷款"(parallel loan)即指两笔很相似的同时存在的贷款形式,最早产生于英国。20 世纪 70 年代英国中央银行为了控制资本外流,采取了向对外投资进行扣税的方法,以减少外汇流失。为了避税,许多对外投资需要外汇的英国公司与有类似需要的投资东道国的公司合作,各自在国内向对方在本国境内的子公司提供等值的本币资本。例如,美国 A 公司向在美国境内的 C 公司(英国 B 公司的子公司)提供美元贷款;英国 B 公司向在英国境内的 D 公司(美国 A 公司的子公司)提供等值的英镑贷款。

〔2〕"背对背贷款"(back - to - back loan)是两个国家的公司相互直接贷款,贷款的币种不同但是币值相等,贷款到期日相同,双方按期支付利息,到期各偿还原借款金额。例如,美国公司直接将美元贷款贷给英国公司,英国公司向美国公司定期支付美元利息并到期偿还美元本金;英国公司直接将英镑贷款贷给美国公司,美国公司向英国公司定期支付英镑利息并到期偿还英镑本金。

〔3〕互换运作过程(利率互换为例):A 公司在固定利率资金市场上借款需支付的年利率为 10.00%,在浮动利率资金市场上需支付的年利率为 6 个月 LIBOR + 0.30%(伦敦同业银行拆借利率),B 公司在固定利率资金市场上借款需支付的年利率为 11.40%,在浮动利率资金市场上需支付的年利率为 6 个月 LIBOR + 1.10%。

假设他们都希望得到一笔 5 年期的 100 万美元的贷款,A 公司需要的是浮动利率贷款,B 公司需要的是固定利率贷款,为此签订了一份利率互换协议。即 A、B 公司分别进行固定利率贷款和浮动利率贷款,然后交换一下各自的利息负担。为此 A 公司有三笔利息货币流量,年利率分别为:(1)支付给外界贷款人 10.00%;(2)从 B 公司收入 10.00%;(3)支付给 B 公司 LIBOR。其利息净成本为 LIBOR,比他自己从浮动利率资金市场上贷款要低 0.30%。B 公司也有三笔利息货币流量,年利率分别为:(1)支付给外界贷款人 LIBOR + 1.10%;(2)从 A 公司收入 LIBOR;(3)支付给 A 公司 10.00%,其利息净成本为年利率 11.10%。其得到了需要的固定利率贷款,同时比自己直接从固定利率市场上借款节省了 0.30% 的利息负担。所以该利率互换协议使 A、B 公司都在利率上得到了 0.30% 的好处。

事人协商确定,是非标准化的合约,较场内交易品种更具风险性和灵活性。②互换合约属于诺成性合同,双方互付权利义务,并且于将来取得或履行。③互换合约的实质是一种债务转让,是与货币、利率相关的债务的交换。如利率互换合约中交换的债务是双方将来要偿还给他人的,按各自利率支付的借款利息。④互换合约的目的在于利用双方的比较优势套汇或套利,降低长期资本的筹集成本,以及在资产负债管理中防范利率或汇率风险。⑤互换交易属于表外业务,不会引起资产负债表内业务的变化,却可以为商业银行带来业务收入或减少风险。

第二节 金融衍生品风险监管法律制度

一、金融衍生品的风险

1994年,国际证券事务委员会及巴塞尔委员会将金融衍生品涉及的风险分为六类,即信用风险、市场风险、流动性风险、操作风险、结算风险和法律风险。本书根据风险的性质及其相互间的联系,着重介绍以下风险类型:信用风险、市场风险、流动性风险、操作风险和法律风险。

(一)信用风险

信用风险又被称为"交易对手风险",是指金融衍生品交易的一方不履行合约而给另一方造成损失的风险。

信用风险可以被分为结算前风险和结算风险。结算前风险是指交易对手在交易有效期内未能履行合约而引起的亏损风险,等于头寸的重置成本加上因市场变化对产品未来风险的估计值;结算风险是指在结算日交易对手未能根据合约履行责任而引起亏损的风险。

各类金融衍生品交易都存在信用风险。场内交易衍生品由于有交易所提供担保,再加上一系列信用风险控制制度的实施,信用风险一般较小。场外交易品种是一对一的交易,既没有保证金的强制要求,也没有集中的清算制度,所以履约与否完全取决于交易对手的履约能力和意愿,信用风险较大。

(二)市场风险

市场风险是指由于基础资产市场价格的不利变化或急剧波动而导致金融衍生品价格或价值变动的风险。

金融衍生品交易是建立在对各类基础资产价格变化的预测基础上的,如果基础资产价格的实际变化方向或波动幅度与交易者的预期相背离,就会给交易者带来损失,所以市场风险在各类风险中最为普遍和经常。[1]

(三)流动性风险

流动性风险是指由于缺乏合约对手或者交易者因流动资本不足而无法履行合约所造成的风险。流动性风险的大小取决于合约的标准化程度、市场交易规模和市场环境的变化。

流动性风险又可分为市场流动性风险和资金流动性风险。市场流动性风险是指由于缺乏合约对手而无法变现或平仓的风险;资金流动性风险是指交易方因为流动资金不足,合约到期日无法履行支付义务,被迫申请破产,或者无法按合约要求追加保证金,从而被迫平仓,遭受巨额损失的风险。

(四)操作风险

操作风险是指在进行金融衍生品交易过程中,由于公司或企业内部管理不善、人为错误等原因而带来的损失。

操作风险可分为两类:第一类风险是日常经营过程中的各种自然灾害和意外事故,如火灾、抢劫、盗窃、通讯线路故障、计算机系统故障、高级管理人员人身意外事故、职员的日常工作差错等,属于一种纯粹的风险,可以通过保险等方式进行转嫁;第二类风险是经营管理上的漏洞,如交易员交易决策出现故意或过失的错误,属于一种投机风险,不能通过保险方式转嫁,往往给交易者带来巨大的损失。

(五)法律风险

法律风险是指由于法规不明确或交易不受法律保障,合约无法履行而为交易商带来损失的风险。由于金融衍生品属于新型的金融工具,各方面的法律、法规都还不健全,无法可依或者无先例可循的情况常常发生。

法律风险一般有两种情形:一是有关商品合法性的风险。各国立法机关或监管机构对衍生品作出了不同的法律规定,从而导致某些衍生品交易在某国成为违法行为的风险。二是有关交易对手合法性的风险。交易对手在其本国是否具有从事金融衍生品交易的资格将直接影响合约的有效性,且各国对此规定各不相同,导致衍生品交易商面临合约无效的风险。[2]

以上各种风险的侧重点有所不同:信用风险主要考察风险暴露以及交易对手违约的可能性和概率;市场风险主要关注合约价值由于基础资产市场价格波动所导致的变动;流动性风险主要关注由于流动资金以及市场深度不足所导致的风险;

---

〔1〕“巴林银行事件”就是市场风险的典型代表。巴林银行是英国一家历史悠久的银行,在1995年年初按照投资额可以排在英国商业银行第三位。1995年1月底,该银行新加坡分行的经纪人尼克·里森做日经股指期货多头。到2月26日,日经指数由1.9万日元降至1.75万日元,买进的每张股指期货合约损失1.2万英镑;买进的数万张合约使巴林银行亏损达到3.7亿—4.5亿英镑。巴林银行只有2亿英镑的资产,于是不得不于27日宣布破产。

〔2〕参见杨迈军主编:《金融衍生品市场的监管》,中国物价出版社2001年版,第4、5页。

操作风险侧重于当事人在交易过程中由于操作等主观因素导致的风险;法律风险关注合约是否具有法律上的效力。金融衍生品所带来的风险是以上多种因素共同作用的结果。其中,市场风险在整个风险体系中具有基础性地位,可以引发其他多种风险的发生。同时,其他风险的加剧又会使市场风险进一步恶化。

二、金融衍生品风险监管概述

监管,是监管主体为了实现监管目标,利用各种监管手段对监管对象所采取的一种有意识的、主动的干预和控制活动。

对金融衍生品的监管可按照两种标准分类:一种是机构监管,即对涉足金融市场和中介市场的各类市场主体进行监管;另一种是功能性监管,即按照原生产品的经济功能对金融工具和市场进行监管。较之于传统的金融监管,功能性监管能够有效解决混业经营条件下金融创新产品的监管归属问题,避免监管"真空"和多重监管现象的出现,有利于实施跨产品、跨机构、跨市场的协调,并更具连续性和一致性,能更好地适应金融业在今后发展中可能出现的各种情况。[1]

(一)监管的目标和原则

金融衍生品市场的监管目标是市场管理者的追求结果,也是指导管理者管理行为的基本准则。其监管目标大致包括三个方面:(1)保护投资者,确保市场公平;(2)确保市场高效、透明;(3)降低市场的系统风险,确保市场安全。

为了有效实现监管目标,各国立法机关和监管机构都根据自身特点提出了监管原则。具有代表性的是国际证监会组织根据监管理论和各国监管实践提出的证券市场和衍生品市场监管的30条原则,其中适用于金融衍生品市场的监管原则有23条。

1. 涉及监管当局的原则

主要包括:(1)监管机构的责任必须明确具体;(2)在行使其功能和权力时,监管机构必须具有独立性并承担责任;(3)监管机构必须具有充分的权力、资源以及能力实施其功能和权力;(4)监管机构必须采用明确连贯的监管程序;(5)监管人员必须遵守最高的职业道德,包括遵守机要守密规则。

2. 涉及自律组织的原则

主要包括:(1)监管体系必须合理利用自律组织行使某些直接监管职能;(2)自律组织在行使其权力时必须接受监管当局的监督,并应承担相应的职责。

3. 监管实施原则

主要包括:(1)监管当局应当拥有全面的监察、调查和监督能力;(2)监管当局应当拥有综合的实施监管的能力;(3)监管体系应当确保监察、调查、监督和实施等权力的有效运用。

---

[1] 参见杨迈军主编:《金融衍生品市场的监管》,中国物价出版社2001年版,第6页。

4. 监管合作的原则

主要包括:(1)监管当局应当有权与国际其他监管机构分享公共和非公共信息;(2)所有监管者应当建立一套信息共享机制,明确何时及如何与国内外其他监管者分享公共和非公共信息;(3)监管体系应当有一套协助制度,接受外国监管当局在行使其功能和职权时所必需的质询。

5. 市场中介机构应遵循的原则

主要包括:(1)应当向市场中介机构提出最低准入标准;(2)应当根据其业务所承担的风险而具有相应规模的初始和营运资本金以及其他审慎措施;(3)应当遵守内部管理和运作行为准则,旨在保护客户利益,确保恰当的风险管理;(4)监管体系中应当有一套处理市场中介机构破产的程序,以尽可能地减少由此对投资者造成的损失和所包含的系统风险。

6. 交易市场监管原则

主要包括:(1)交易系统的建立(包括交易所的建立)应当由监管当局授权并受到监督;(2)对交易所和交易系统的监督应旨在维护交易的公正性和平等性,在不同的市场参与者的众多利益中寻求合理平衡;(3)对市场的监管应当促进和提高交易的透明度;(4)监管当局还应当及时发现和阻止操纵市场的行为以及其他不公正的交易行为;(5)监管当局应当确保金融机构对大型风险暴露、违约风险以及市场干扰等风险因素实施恰当管理;(6)衍生产品交易的清算结算系统也应受到监督,确保其公正、高效和安全运行,减少系统风险。[1]

(二)监管主体

一般说来,监管者可以分为两类:一类是政府职能部门,其权力由国家赋予,负责制定监管的各种规章制度以及这种规章制度的实施。另一类是实施自治管理的民间非官方机构或者私人机构,其权力来源于成员对自身权利的让渡以及对其决策效力的认可;由于对成员的影响力并非依靠政府的授权,该类组织实施的是不带行政管理色彩的自我约束和制裁。

三、不同国家和地区监管模式的比较

有效的监管是衍生品市场有序运行、健康发展的保证。由于各国和地区的政治、经济、文化、历史传统各有特点,金融衍生品市场的发展历程和发育程度也不尽相同,所以形成了不同的金融衍生品监管模式,基本可以分为三种类型:一是集中型监管模式,即政府通过制定专门的法规,设立全国性的监管机构统一管理全国的金融衍生品市场,其中政府监管机构占主导地位,各类自律性组织起协助作用,美国是集中型监管模式的典型代表;二是自律型监管模式,即政府除了一些必要的国

〔1〕 参见郑振龙、张雯:《各国衍生金融市场监管比较研究》,中国金融出版社2003年版,第51-55页。

家立法之外,很少干预市场,对市场的监管主要由交易所、行业协会等自律性组织完成,英国曾是自律型监管模式的代表;三是中间型监管模式,即集中型监管模式和自律型监管模式互相结合渗透的产物,在强调集中立法管理的基础上也强调自律管理的重要作用。

(一)美国的监管模式

长期的衍生品交易历史,使美国在市场监管体制和交易法规方面都积累了许多成功经验,并逐渐形成了对场内衍生品交易的"三级监管体制",即由政府监管、行业组织的自律管理和交易所的自我管理有机组成的管理体制。

1. 政府监管

美国政府对场内交易的衍生品实行专职分离型的多头职能监管模式,即设立专门的商品期货交易委员会和证券交易委员会,分别管理期货市场和证券市场,同时分工管理期权市场。

商品期货交易委员会是美国期货交易的监管机构,不受总统和各行政部门的监督,完全独立于一般政府部门之外,享有独立的行政权、准立法权和准司法权。

商品期货交易委员会的前身是根据1936年的《商品交易法案》成立的商品交易管理局,隶属于农业部管辖。到20世纪70年代,随着非农产品期货交易的兴起,原有的监管模式已不能适应发展需求。美国国会于1974年通过了《商品期货交易管理法》,成立了商品期货交易委员会,取代原来的商品交易管理局,并脱离农业部成为一个独立的监管机构。在经历了1929年的"股灾"之后,美国证券交易委员会于1934年成立,其目的是执行证券交易法,保持市场稳定,恢复证券投资者的市场信心,并保护其合法权益。

专职分离型的多头职能监管模式的缺陷之一就是各管理机构间分工不明,容易导致重复管理或管理真空。在没有指数衍生品和证券衍生品之前,证监会和期监会的职权并没有什么冲突。但是随着衍生品交易的发展、品种的增加,它们在一些衍生品的监管领域产生了冲突。为了争夺管理权限,美国商品期货交易委员会和证券交易委员会之间曾经出现过旷日持久的夺权斗争。《2000年商品期货现代化法》对这两个部门在金融衍生品方面的监管职责进行了划分。证券交易委员会监管所有在全国性证券交易所交易的证券,同时一些交易所交易的衍生工具也被划归为"证券"而受证券交易委员会的监管,包括货币期权、股票期权、股票指数期权。除了证券交易委员会监管以外的其他期货、期权交易均由商品期货交易委员会监管。

这两个委员会除了在监管的衍生品品种方面有所区别外,基本职能和手段大致相同。其基本职能是:(1)负责管理、监督和指导各经营金融衍生业务的交易所及行业组织的活动;(2)制定与场内金融衍生品交易有关的各项法规;(3)管理场内金融衍生品市场的各种商业组织、金融机构和个人投资者的交易活动;(4)审批各种交易机构提出的申请;(5)协助发展衍生品交易的教育,使衍生品的交易知识和信息普及于生产者、市场交易者和一般大众;(6)对违反交易法规和国家有关法律的机构和个人进行行政处罚或追究民事、刑事责任。

商品期货交易委员会和证券交易委员会的基本职能主要通过以下措施实现:(1)审批可以进入金融衍生品市场的交易品种,决定交易所可以经营的衍生品交易合约的种类;(2)批准交易所的开办以及会员、经纪人资格,批准和确认各交易所的章程和业务行为规范标准细则,并对交易所和经纪人进行严格的监督;(3)分析、检查市场交易秩序,防止垄断、操纵行为,以避免价格的暴涨暴跌致使市场交易秩序混乱的现象产生。为此委员会有权随时查阅有关交易的账目、文件及资料,被检查者必须配合,并接受委员会的相关处罚决定。

2. 行业组织的自律管理

美国行业协调组织主要以"联合体"或者"协会"的形式出现,并以"行业自治,协调和自我管理"为宗旨,具有自治性、广泛性和行业性特点。作为期货行业的自律组织,全国期货业协会于1974年在《商品期货交易委员会法》的授权下成立,1981年9月经商品期货交易委员会正式批准后注册登记,并于1982年10月开始独立行使自律管理职能。相应地,全国证券商协会则是美国证券市场上的民间自律组织。其主要职能包括:(1)宣传、传达政府监管机构的有关政策法规,为政府监管机构提供各交易所的运行和市场交易情况;(2)强化会员标准,统一职业道德和行为规范,实施客户保护条例;(3)定期审查专业人员的执业资格;(4)审查会员资格;(5)对会员进行财务监察,审计监督其资金账户、财务状况和执行交易法规的情况;(6)对衍生品交易过程中出现的客户与会员、会员与会员之间的问题和纠纷进行调解和仲裁,对不按照仲裁决定行事的会员或会员的雇员给予纪律处罚;(7)向客户和会员普及有关衍生品交易的知识、宣传该协会的职能和作用、进行遵纪守法教育。

3. 交易所的自我管理

在金融衍生品交易活动中,交易所一方面是被监管者,另一方面也是自律监管组织,是监管者。其监管对象主要是在交易所从事交易的机构和个人。交易所的自我管理主要是通过制定各种规章制度实现的。交易所的自我管理是整个衍生品市场监管的核心内容,对维护市场公开、公平、公正,保持交易的高效性和流动性有极为重要的作用。

交易所的监管职能主要包括:(1)审核批准进行金融衍生品交易的会员资格,包括对会员资格的审核、对会员名额的确定、对会员资格转让的管理等方面,监督会员的经营活动是否依法进行,是否存在超范围经营或违法经营现象;(2)监督管理各类金融衍生品合约;(3)制定交易所的章程和业务惯例及实施细则;(4)监督交易法律法规的遵守和执行情况;(5)公开披露金融衍生品市场的价格信息,维护衍生品交易的公开性和公平竞争;(6)对会员与客户之间、会员与会员之间的纠纷进行调解和仲裁,对违反法律法规、条例和交易所交易规则的行为进行处罚。

以美国为代表的集中型监管模式具有专门的监管法规和监管者,有利于统一管理尺度,确保交易活动有法可依,加强了管理的权威性,更好地维护了市场的公开、公平和公正,使投资者的利益得到了有效保护。但是,该种模式容易导致行政权力过多干预市场交易活动,政府监管机构和自律组织之间配合协调困难。

(二)英国的监管模式

英国是较早建立期货市场的国家之一。其对金融衍生品交易监管的特点是以自律管理为主,主要依赖于行业自律组织、交易所、清算所以及衍生品交易参与者的自我监管。这种自我监管的核心过去是证券与投资委员会、证券期货管理局等非政府机构,目前则集中到了金融管理局。同时,各交易所也建立了一套比较完整的自我约束机制。近年来,英国加强了政府监管的力度,倾向于建立更加集中有效的监管体系。

金融管理局(全称是金融服务局有限公司)是非政府有限公司。其主席和董事会成员由财政大臣任命,其雇员不是政府公务员。它的前身是于1986年成立的证券与投资委员会。作为英国证券和期货业的统一监管机构,证券与投资委员会并不是政府的职能部门,不属于政府机构序列,是自负盈亏的有限公司,其董事会成员都来自期货行业本身,具有较高的专业知识。财政部根据《金融服务法》的授权将该委员会指定为法律代理,并将内务大臣的权力移交给该委员会。在1986年《金融服务法》的授权下,证券与投资委员会具有准法律地位,它通过对结算公司、交易所、行业自律组织的资格审查以及对从事衍生品交易活动的企业和个人的资格审查实现对衍生品市场的监管。

1997年10月,英国政府将证券与投资委员会改组为金融管理局。金融管理局成立后,根据《金融服务法》吸收了许多原来的行业自律组织和其他监管组织及其监管职能,包括住房协会、互助协会、投资管理监管机构、个人投资局、互助协会注册局、证券期货局。此外它还接收了英格兰银行的银行监管职能、保险监管职能、证券交易所的上市审查职能等。金融管理局身兼对银行、证券期货和保险的监管职能,是英国唯一的金融监管部门。金融管理局的职能和模式在2000年《金融服务和市场法》通过后进一步得到了加强。

除了金融管理局的监管以外,交易所和清算所的自我监管也占有重要地位。2000年《金融服务和市场法》保留了1986年《金融服务法》中对认可投资交易所和清算所的架构设计。交易所和清算所的规则成为影响场内交易的重要规定。以1982年成立的伦敦金融期货交易所(LME)为例,1988年以前该交易所受英格兰银行管辖,自1988年起由证券与投资委员会管理。交易所通过每日的市场监视、交易监视和财务监视进行管理。市场监视是指根据交易所会员每天早上提供的他们前一日交易及目前选择头寸的报告,对实际交付与结算进行监督和检查;交易监视是指监视部门审查会员交易时是否遵守交易所的各项规章制度,并调查客户申诉案例及赔偿;财务监视是指市场监视部门要求会员按照季度提交财务报告,并对会员进行现场检查,确保其财务状况的真实性和合规性。

英国曾经是典型的自律型监管模式。在该种监管模式下,行业协会拥有更大的自主权,可以根据实际情况制定相应的规章制度,从而使该规章制度具备较大的灵活性和针对性,促使监管活动更加切合实际。但是该种模式的缺点也是显而易见的,主要表现在:(1)自律组织往往将监管重点放在市场的有效运作和保护会员利益之上,对投资者的保护往往不够充分;(2)作为监管者,自律组织并非处于超脱的地位,各种利益关系使得其监管的公正性受到怀疑;(3)由于缺少强制力作为保障,监管的效力有时可能会受到影响;(4)若缺少全局性的自律组织加以协调,各区域市场之间很可能产生冲突。

(三)我国香港特别行政区的监管模式

我国香港特别行政区是中间型监管模式的典型代表。在市场监管方面,香港特别行政区主要采用政府宏观管理与证券期货市场的自律管理相结合的做法。其中,政府监管机构通过颁布法律法规从总体上对市场发展方向加以控制,交易所则通过制定内部规章条例,加强对各自会员的监督管理。香港证监会与联交所、期货交易所虽然存在名义上的隶属关系,但是具体实施管理的依旧是作为自律组织的联交所、期交所。

香港特别行政区专设的监管机构是香港证监会和金融管理局。其中,香港证监会负责对交易所、结算所、交易所会员、结算所会员和投资者进行监管,金融管理局负责对结算银行进行监管。香港证监会是在1987年10月"股市大风暴"之后,根据证券业检讨委员会报告书关于对证券及期货市场监管架构进行改革的建议而组建的新型监管组织,它于1989年正式成立并开始运转。香港证监会是非营利性的独立法人团体,不隶属于政府部门,是负责整个证券及期货市场监管的最高机关。它执行《证券及期货事务监察委员会条例》赋予的权力,其职能主要是监察和规制香港特别行政区的证券和期货市场,保障投资者的合法权益,打击金融犯罪活动及市场失当行为,与其他证券及期货监管机构合作,加强香港特别行政区作为世界金融中心的竞争力,以及在紧急状态下向政府提供专业支援。香港证监会共包括四个部门:市场监察部、企业融资部、中介团体及投资产品部和法规执行部。

香港金融管理局于1993年4月依据《外汇基金(修订)条例》,在外汇基金管理局和银行业监理处合并的基础上组建而成。根据该条例,财政司任命一位金融管理专员,担任该局总裁职务,协助财政司执行《外汇基金(修订)条例》所规定的职能。金融管理局是政府的一个组成部门,所有员工均属于政府雇员。但金融管理局同时拥有较大的自主管理权。金融管理局下辖6个职能部门,分别是储备管理部、外事经研部、银行监理部、银行政策部、货币政策及市场部和市场发展处。根据《金融管理条例》的规定,金融管理局基本职能和目标是:(1)在联系汇率制度的架构下,通过健全的外汇基金管理、金融政策的运作以及采取其他适当的措施,维持货币的稳定;(2)通过监管银行业务和接受存款业务,以及对认可机构的监管,确保银行体系的安全和稳定;(3)促进金融体系的效率、健全性和发展,尤其是支付和结算的安排。换句话说,就是在联系汇率制度下,维持货币的稳定,保持银行体系的安全和稳定,促进支付体系的效率、安全性和稳定性。[1] 美国是国际金融衍生品交易的先行者,最早建立了一套科学的金融衍生品交易管理体系和健全的法规体系。英国、日本、新加坡以及我国香港特别行政区等衍生品交易的监管活动中,或多或少地借鉴了美国的成功经验,并结合了本国、本地区的实际情况建立了各自的监管体系。所以,这些国家和地区的金融衍生品监管制度既有共性,也各具特点。

四、场外金融衍生品交易的监管

(一)场外金融衍生品的风险特点

1. 风险集中。由于场外金融衍生品交易需要复杂的信息和风险管理系统,交易者不愿与高度关联的主要机构之外的其他对手进行交易。交易的高度集中带来了风险的高度集中。

2. 透明度差。场外衍生品交易属于金融机构的表外业务项目,不能通过资产负债表得到衍生品交易活动的信息,从而降低了参与场外交易的金融机构财务状况和风险暴露的透明度。

3. 流动性差。场外交易的衍生品具有个性化特征,参与者较少,市场深度不够,若遇到行情的剧烈波动,往往找不到交易的对手,蕴含较大的风险。

(二)场外金融衍生品交易的监管

国际上对场外衍生品的监管弱于场内交易,还未形成一套有效的监管体系。这也为场外交易的迅速发展提供了一个相对宽松的环境。

在美国,场外交易的监管权归属取决于两方面的因素,即金融衍生品的类型和交易机构的性质。如果是证券公司或期货交易商或进行的是与期货、证券相关的场外金融衍生品交易,则由证券交易委员会或商品期货交易委员会进行监管;如果是从事外汇和利率方面的场外衍生品交易的商业银行,则由财政部货币管理署或者联邦储备委员会或州银行监管机构监管。由于银行的特殊性,其在各类场外交易商中受到的监管最为严格,必须遵守资本要求、“杠杆工具”使用限制以及各种信息披露和反欺诈要求。联邦储备委员会有一套单独的监管规则,州“蓝天法”也可以对其加以监管。对于从事金融衍生品交易的保险公司及其分支机构,美国联邦一级没有相关的监管法规,交由各州的保险委员会监管。各州的保险法规对此类机构在使用投资工具的范围和投资策略上有严格的控制,但是对保险公司从事金融衍生品交易的分支机构既不作监察也没有资本要求。[2]

---

〔1〕 参见杨迈军主编:《金融衍生品市场的监管》,中国物价出版社 2001 年版,第 112 页。

〔2〕 参见徐冬根主编:《国际金融法律与实务研究》,上海财经大学出版社 2000 年版,第 418 页。

英国没有对于场外衍生品交易的单独的监管制度。其监管是根据投资产品的类型进行分类的。按照1986年《金融服务法》规定,所有从事投资业务的人必须获得金融管理局的授权,而金融衍生品是投资的一种。英国将投资的范围限定了10类,其中第9类是"差额合约",包括大部分的场外交易衍生品,如远期利率协议、互换等。英国对投资的分类是按照交易工具而不是交易地点进行的,所以期权交易以及其他的项目也都包含场外交易。所有的投资工具均在金融管理局的监管范围内,因此场外金融衍生品也属于金融管理局监管。1999年,金融管理局在1986年《金融服务法》第43条的基础上制定并发布了《现货市场与场外衍生市场规则》,适用于以货币、利率、金银、债券为基础的衍生品。如果一个公司要开发一个新的金融衍生产品,该公司必须事先与金融管理局沟通,并且能够提出足够的证据表明公司有足够的能力和系统管理该产品的风险,包括一个模型。一般情况下,只要该公司能够在财务上满足金融管理局的要求,其产品的头寸并不受其他限制。这种财务上的要求,体现在资本充足率方面的持续性监管,即要求从事投资业务的机构的财务资源在任何时候都不能低于法定的财务资源要求。为此,金融管理局要求该类机构定期报送财务状况报告,以便主管当局确定机构是否符合资本充足率的要求。

鉴于场外衍生品交易对国际金融市场的巨大影响,一些国际组织也对加强该类交易活动的监管作出了有益的探索。其中国际互换与衍生工具协会(ISDA)及其发布的一系列文件较具代表性。

国际互换与衍生工具协会于1993年成立。迄今为止,其发布的一系列关于衍生品交易的文件和标准协议,内容涵盖了包括互换在内的绝大部分的衍生交易品种。在对场外交易缺乏相关法律直接监管的情况下,这些标准协议得到了相当普遍的使用,构成了衍生品交易制度的重要组成部分。国际互换与衍生工具协会及其主协议所体现的观点和意见极大地影响了国际金融衍生品交易的发展,并在一定程度上影响了各国衍生品交易立法和监管实践。

国际互换与衍生工具协会从成立至今已经制定了一系列文件,按照内容的不同可以分为三类:(1)交易主协议。包括其于1987年3月发布的《利率和货币交换协议》和《利率互换协议》(统称为"1987年ISDA主协议"),1992年6月发布的《ISDA多货币跨境主协议》和《ISDA当地货币单一管辖地主协议》(统称为"1992年ISDA主协议")。现在使用较多的是"1992年ISDA主协议"。在这一"伞形"主协议下,可以包括诸多不同衍生工具及其交易,对每一笔交易只需要在主协议的基础上进一步简要地规定一些特定条款。按照该协议,交易各方可以进行净冲平仓结算。(2)交易定义文件。定义文件主要以交易种类为基本标准,对不同种类的交易及其相应的交易证实书的格式进行规定。其中较为重要的是《1991年定义》,规定了支付的计算,20种货币的浮动利率,以及对利率上限、下限、上下限,互换期权,远期利率协议的定义。(3)信用支持文件。它类似于一般意义上的担保文件。

1994年,ISDA发布了衍生品交易双边担保协议的标准样式,即"信用支持附录",作为主协议的补充。ISDA共发布了4份不同的担保文件,以供当事人按照各国不同的法律制度选择使用。

五、监管的国际化趋势

一方面,经济全球化和金融全球化客观上要求实现金融立法的全球化;另一方面,由于金融衍生品具有超政府性和超国界性,对国际金融体系的稳定构成了很大的威胁,几乎每次国际性金融风波和危机中都能发现它的影子。为此,国际社会不断加强对衍生品交易的监管合作交流,包括国际清算银行、巴塞尔委员会[1]、国际证监会组织等在内的众多国际组织发布的有关衍生品监管的文件在此方面进行了有益的探索。虽然这些文件不具备法律效力,但是这些文件制定的监管标准和指导原则,提供的最佳监管方法对促进各国金融衍生品交易监管的完善还是具有积极意义的。

(一)国际清算银行

其成立的研究小组对金融衍生品交易的各方面都进行了深入细致的研究,发表了一系列研究报告。如1986年4月的《国际银行业近来之创新》,1992年10月的《国际银行间关系的近期发展》,1994年9月的《关于金融中介机构对市场和信用风险之公开披露的讨论文件》,1994年12月的《因金融衍生市场之发展而产生的宏观经济和货币政策问题》,1995年11月的《银行和证券公司交易及衍生产品业务的公开信息披露的报告》,1996年11月的《关于银行和证券公司交易及衍生产品业务信息披露情况的调查报告》。这代表了国际社会对于金融衍生品所能够达到的认识高度,为各国加强对金融衍生品的监管,以及国际社会就此问题的监管协调奠定了坚实的基础。

(二)巴塞尔委员会

1. 1988年《巴塞尔报告》

巴塞尔委员会于1988年发布的《巴塞尔报告》中将部分衍生品的风险加以加权衡量。在巴塞尔委员会看来,资本充足性是银行稳健经营的基础,资本充足性要求成为控制金融机构免于丧失偿付能力风险、保证金融体系健康运转的重要监管工具。金融衍生品交易虽然不在资产负债表内反映,是表外项目交易,但是可能导

---

〔1〕 1975年2月,根据英格兰银行总裁理查森的建议,在国际清算银行的主持下,比利时、加拿大、法国、德国、意大利、日本、卢森堡、荷兰、瑞典、英国、美国和瑞士12个国家的银行监管机构的高级官员在巴塞尔正式成立了"银行规章与监管实践委员会"(Committee on Banking Regulation and Supervisory Practices),后更名为"巴塞尔银行监督和管理委员会",简称"巴塞尔委员会"。巴塞尔委员会秘书处设在国际清算银行内,每年召开3—4次例会,在国际清算银行的主持下工作。其设立的宗旨是促进国际合作,为银行业的监管提供一个正式的活动场所,努力改善对国际银行的监管工作。

致银行承受额外的风险，所以要求银行提供额外资本去防止其中可能使银行遭受损失的因素。1988 年的《巴塞尔报告》以资本/风险资产作为指标衡量资本充足性问题。在风险资产的计算中，已将部分金融衍生品考虑进去。所列的衍生工具项目主要有两类：一类是利率合约，包括单一货币的利率互换、远期利率协议、利率期货期权；另一类是汇率合约。

但是《巴塞尔报告》也有不足之处：首先，没有包括除利率、汇率类外的其他金融衍生品；其次，仅强调信用风险，范围过于狭小；最后，在轧差〔1〕问题上过于严格，只有替换轧差才被考虑进资本充足性要求之内。

2. 1993 年《巴塞尔建议书》

为了弥补《巴塞尔报告》的不足，巴塞尔委员会于 1993 年 4 月公布了一套三份咨询文件，其中包括对 1988 年《巴塞尔报告》条文进行修正的建议书。这些文件涉及与信用风险所需资本量要求相关的轧差认定、市场风险和外汇风险的报告和资本量要求、利率风险的度量和报告。对于债券的一般市场风险，股权证券的特殊风险和一般市场风险，外汇风险以及轧差等方面，《巴塞尔建议书》也作出了相应的修正。

3. 1994 年《衍生品风险管理指南》

1994 年 7 月 27 日，巴塞尔委员会会同国际证监会组织颁发了《衍生品风险管理指南》，对 1988 年《巴塞尔报告》和 1993 年《巴塞尔建议书》中有关衍生品监管条文的不足作出修正。鉴于银行 8% 的资本充足性比率已经无法适应当时金融衍生品的运用，为了提高银行机构抵抗风险的能力，巴塞尔委员会认为有必要提高资本充足性比率。该指南旨在强化被监管机构（包括银行和证券商）的内部控制机制，要求成立由实际操作部门、高层管理部门和董事会组成的自律组织。该指南建议各国金融管理部门都应该视本国国情劝告、监督当地金融机构，在内部建立起一套完善的衍生品风险管理制度，该制度应包括以下五方面内容：（1）对金融衍生品所包含风险的识别和衡量；（2）对董事会和高层管理人员适当的监察；（3）具体从事衍生业务的基础管理人员经常检查和控制有关风险；（4）统一、可靠的管理信息系统；（5）全面的内部稽核和审计系统。

4. 1996 年《巴塞尔资本协议修正案》

巴塞尔委员会于 1996 年 1 月颁发了《巴塞尔资本协议修正案》，同时提出了相关的时间表，即各国最迟于 1997 年年底加以实施，1998 年年底进行模型检测。

该修正案坚持了资本充足性比率的要求，为银行提供了衡量市场风险模型，分别给出衡量利率、证券、外汇、商品期货和期权风险的标次模型，加总得出资本金要求。同时，还针对一些国际性大银行已建立内部市场风险模型的现实情况，设计出

〔1〕 轧差（netting），指交易当事人之间定期计算并相互抵销交易所产生的债权债务仅支付其差额的约定。

了检测这些内部模型是否可靠的“返回测试”。

(三)国际证监会组织

成立于1983年的国际证监会组织是各国证券及期货管理机构组成的国际合作组织。

1994年2月,国际证监会组织发布了《场外衍生产品交易运行风险及金融风险控制机制》,要求全球从事金融衍生品活动的交易所和各国的监管机构须对信用风险、市场风险、流动性风险、操作风险、结算风险和法律风险建立有效的内部控制机制。1994年7月,国际证监会组织发表了《参与衍生品场外交易的受监管证券公司的运作和财务风险管理机制》一文,目的在于向各国监管机构提出关于衍生品风险防范问题的建议,促使各监管机构推动和鼓励注册证券商在衍生品场外交易过程中运用这些机制。鉴于各国在管理模式和权限方面的差异,不同的国家应该根据自己的特点,找到一条适合自己国情的风险防范机制,同时促使监管的各家银行、金融机构、公司制定出符合该文件要求的经营目标、风险防范策略和程序。

(四)《温德索宣言》(Windsor Declaration)

1995年5月16日至17日,负责世界主要期货和期权市场监管的16个国家的监管机构代表在英国的温德索召开会议,研究对金融衍生品交易实施监管的国际合作问题,并于6月2日发表了《温德索宣言》,标志着金融衍生品的国际监察与合作又取得了重大进展。

《温德索宣言》建议相关国际组织进一步作出以下努力:

1. 加强市场监管机构之间的合作。建立各国监管组织和市场在双边或多边基础上信息共享的机制,对国际化运作的金融集团及其重大交易活动进行有效监管。

2. 加强保护客户的投资持有、资金和资产。目前不同国家和地区对客户资金、资产采取不同类型和不同层次的保护措施。因此,应该寻找最佳途径协助各国和地区采取更有效、更一致的措施,特别是要有效地提供持续性保护措施。

3. 加大清算违约的惩罚力度。在金融机构面临破产危机时,监管机构应当能够采取最佳的操作方式,迅速将问题锁定在一定范围内而不波及市场。

4. 加强突发性事件下的国际监管合作,提高对突发性事件的防范应变能力。要求各国监管机构积极寻求在金融中介、会员机构和市场出现重大混乱时的最佳控制和管理方式。

第三节 中国金融衍生品市场及其立法现状与发展趋势

一、我国金融衍生品市场及其立法现状

(一)商品期货市场

1. 期货试点阶段(1990 年至 1993 年)

1990 年 10 月 12 日,我国第一家引入期货交易机制的全国性批发市场——郑州粮食批发市场开业,迈出了我国期货市场建设的第一步。1991 年 6 月 10 日,深圳有色金属交易所成立。1992 年 5 月,上海金属交易所成立,并首先启用计算机自动撮合系统,实行公开竞价买卖。1992 年 8 月,我国首家期货经纪公司广东万通期货经纪公司宣告成立。1993 年 5 月,郑州粮食批发市场更名为郑州商品交易所,完成由远期合同和现货批发交易向电子化集中式交易的过渡,并推出了 5 个农产品的标准合约。

2. 治理整顿阶段(1993 年年底至 2000 年)

1993 年至 1994 年间,由于对期货市场的经济功能和风险还缺乏认识,期货市场缺乏统一的监管部门和系统的法律法规,各地、各部门受利益的驱使争相发展期货交易,出现了一系列问题:期货交易所数量过多,当时全世界商品交易所共有 40 多家,而我国期货市场刚刚起步,在不到两年的时间里,就相继成立了 40 多家交易所;交易品种严重重复,仅铜、铝等有色金属品种就在 9 家交易所上市交易,一些不符合期货特点的商品也被列入期货交易范畴;部分交易所和经纪公司运作不规范,管理混乱;盲目发展境外期货交易;地下交易盛行,欺诈等违法犯罪活动较为猖獗。[1] 这些问题引起了政府的高度重视,从而开始了对期货市场的长期清理整顿。

1993 年 11 月 4 日,国务院下发了《关于坚决制止期货市场盲目发展的通知》,明确在期货市场试点工作中,必须坚持“规范起步,加强立法,一切经过试验和严格控制”的原则,加强宏观管理,实行统一指导和监管,不得各行其是。1994 年 5 月,国务院办公厅下发了《转发国务院证券委员会关于坚决制止期货市场盲目发展若干意见请示的通知》,从对已经成立的期货交易所进行审核,严格限定期货交易的范围,严格审批各类期货经纪公司,从严控制国有企业、事业单位参与期货交易,坚决查处非法期货经纪活动,加强期货市场的监管工作六个方面对整顿期货市场提

---

〔1〕 1994 年 6 月 28 日,中国证券监督管理委员会《关于印发刘鸿儒主席、童赠银副主席在期货市场监管工作座谈会上的讲话的通知》(证监发字〔1994〕88 号)。

出了意见。

1995年至1996年在“先试点,后推广,宁肯慢,务求好”的监管方针下,期货市场进一步向规范化道路发展。

在规范期货交易主体方面,1995年9月,中国证监会颁布《关于期货交易所进行会员制改造的意见》(已失效),要求各交易所不以营利为目的,实行会员制,进行自律管理。1995年10月,中国证监会和国家工商行政管理总局联合发布《关于审核期货经纪公司设立期货营业部的通知》(已失效)和《关于审核非期货经纪公司会员从事期货经纪业务的通知》(已失效),再次对期货经纪公司及其业务管理进行了较为全面的整顿和规范。

在控制市场风险、稳定市场秩序方面,中国证监会先后发布了《关于对大户持仓及风险管理情况进行一次全面检查的通知》、《关于严格控制风险,从严查处违规行为的紧急通知》(已失效)、《关于进一步控制期货市场风险、严厉打击操纵市场行为的通知》,要求建立持仓限额制度,取消“T+0”结算,禁止用仓单抵押作投机交易,禁止未经中国证监会批准的机构从事二级代理业务。

中国证监会还发布了《关于对操纵期货市场行为认定和处罚的规定的通知》(已失效),规定了对操纵市场行为的认定和处罚标准。

1998年8月,国务院下达了《关于进一步整顿和规范期货市场的通知》,确定了“继续试点,加强监管,依法规范,防范风险”的方针,对中国期货市场实施第二次大的制度结构调整,其主要内容是:对14家期货交易所进行整顿和撤并,只在上海、郑州和大连保留三家期货交易所;将期货交易的品种由35个压缩到12个,各交易所品种不再重复设置。除铜、铝、大豆三个品种最低交易保证金比例仍维持5%不变外,其余9个商品品种的最低交易保证金比例提高到10%。另外,对期货经纪机构进行清理整顿,注册资本金标准提高到3000万元,促进期货公司合并重组,严格控制境外期货交易,加快法规建设,进一步加强对期货市场的监管。

1999年6月2日,国务院第267号令发布了《期货交易管理暂行条例》(已失效),并于1999年9月1日起施行。[1] 此后不久,《期货交易所管理办法》《期货经纪公司管理办法》《期货经纪公司高级管理人员任职资格管理办法》《期货从业人员资格管理办法》也于1999年9月1日正式实施。[2] 《期货交易管理暂行条例》和四个管理办法的实施,确立了我国期货市场试点的基本法规体系,标志着我国期

---

[1] 2007年3月国务院发布了《期货交易管理条例》,1999年6月2日发布的《期货交易管理暂行条例》同时废止。

[2] 2002年,中国证监会修订了《期货交易所管理办法》《期货经纪公司管理办法》《期货经纪公司高级管理人员任职资格管理办法》《期货从业人员资格管理办法(修订)》,1999年颁布的4个办法同时废止。2007年,中国证监会修订了《期货交易所管理办法》《期货公司管理办法》《期货公司董事、监事和高级管理人员任职资格管理办法》《期货从业人员管理办法》,2002年修订的4个办法同时废止。

货市场试点进入了法制的阶段,标志着期货市场的工作重心从过去的制止期货市场盲目发展转变为如何规范市场,标志着为市场监督管理和交易所依法自律提供了相应的要求和依据。[1]

2000 年 12 月 29 日,中国期货业协会成立,作为"政府—协会—交易所"三级管理体系的重要组成部分,标志着我国期货市场的自律管理取得重要进展。

3. 规范发展阶段(2001 年至 2012 年)

经过 6 年多的整顿,我国期货市场逐渐走向成熟。2001 年期货市场开始复苏,2002 年保持稳步增长的势头,2003 年出现加速发展的态势,至 2010 年进入全面快速发展阶段。2003 年 1 月至 10 月,全国期货交易总量达到了 8.12 万亿元,同比增长 200% 以上;2010 年,全国期货交易总量达到了 308.6 万亿元,同比增长 136.51%。

市场规范化发展也表现在期货市场法律法规制度的不断完善上。2007 年 3 月 6 日,国务院第 489 号令发布了《期货交易管理条例》,并于 2007 年 4 月 15 日起施行。《期货交易管理条例》是对原《期货交易管理暂行条例》的全面修订,在适用范围、风险控制、监管体制、国有企业参与期货交易规定、变相期货交易的认定等问题上有了新的变化。期货公司[2]监管方面,中国证监会于 2001 年 9 月 5 日发布了《关于期货经纪公司营业部监管工作有关问题的通知》,此后又在 2002 年修订了《期货经纪公司管理办法》《期货经纪公司高级管理人员任职资格管理办法》。2003 年 1 月颁布了《关于期货经纪公司接受出资有关问题的通知》,允许非银行金融机构和外商投资企业参股期货经纪公司,有利于期货经纪公司建立健全法人治理结构,扩大公司规模,壮大实力。[3] 2004 年 3 月颁布了《期货经纪公司治理准则(试行)》,从设立、治理结构、经纪业务规则、日常监管等多方面对期货经纪公司提出了更高的要求。2007 年 4 月 9 日颁布了《期货公司管理办法》(已失效),对原《期货经纪公司管理办法》作了全面修改,对金融期货经纪业务资格的申请条件、申请材料及其程序都作出了明确规定。2007 年 4 月,中国证监会颁布了《期货公司金融期货结算业务试行办法》(已被修改)、《期货公司风险监管指标管理试行办法》,6 月发布了《关于印发〈期货公司财务监管报备表〉的通知》,要求期货经纪公司应按照新的会计准则进行账务处理。此后,又于 7 月颁布了《期货公司董事、监事和高级管理人员任职资格管理办法》。2009 年 8 月 17 日,中国证监会正式发布《期货公司分类监管规定(试行)》(已失效),2009 年 9 月 1 日起施行。该规定以期

---

[1] 参见吴庆宝、江向阳主编:《期货交易民事责任——期货司法解释评述与展开》,中国法制出版社 2003 年版,第 125 - 138 页。

[2] 对比 1999 年 6 月 2 日《期货交易管理暂行条例》的相关规定,可以看出 2007 年《期货交易管理条例》将"期货经纪公司"改称为"期货公司"。

[3] 2005 年 4 月,中国证监会发布《关于废止部分证券期货规章的通知(第五批)》,明令废止《关于期货经纪公司接受出资有关问题的通知》。

货公司风险管理能力为基础,结合公司市场影响力和持续合规状况,将期货公司分为AAA、AA、A、BBB、BB、B、CCC、CC、C、D、E等5类11个级别,进行分类监管。

在从业人员监管方面,中国证监会于2002年修订了《期货从业人员管理办法》,中国期货业协会也于2003年5月23日发布了《期货从业人员执业行为准则》(已失效),对期货从业人员的职业品德、执业纪律、专业胜任能力及职业责任等方面提出了基本要求。2007年7月4日,中国证监会颁布了《期货从业人员管理办法》并自公布之日起施行,此后中国期货业协会于2008年4月30日发布了《期货从业人员执业行为准则》,对部分制度作了创新性设计。

在交易活动监管方面,为了提高交易效率、保证交易安全,中国证监会于2000年12月发布了《期货交易所、期货经营机构信息技术管理规范(试行)》,对期货交易所、期货经营机构的信息技术管理体系、硬件设施、软件环境、数据管理和技术事故的防范与处理等方面提出了明确要求。为了规范国有企业境外期货套期保值业务,有效防范和化解风险,中国证监会等5部门在2001年5月发布了《国有企业境外期货套期保值业务管理办法》,允许国有企业在符合特定条件的情况下经批准利用境外期货市场为其生产经营活动进行套期保值。中国证监会将根据企业的进出口商品种类和实际贸易量,确定其交易品种和最大期货交易量,由中国证监会核准其境外期货经纪机构和境外期货交易所。同年10月,中国证监会又发布了《国有企业境外期货套期保值业务管理制度指导意见》以具体实施该管理办法。2007年3月,国务院发布《期货交易管理条例》,规定国有企业及国有资产控股的企业进行境内外期货交易,仍然应当遵循套期保值的原则,但具体应当按照国务院国有资产监督管理机构关于企业国有资产进入期货市场的有关规定执行。

在交易纠纷处理方面,最高人民法院已先后于1995年和1997年发布了《印发〈关于审理期货纠纷案件座谈会纪要〉的通知》和《关于冻结、划拨证券或期货交易所、证券登记结算机构、证券经营或期货经纪机构清算账户资金等问题的通知》。但是随着市场的深入发展,原有的规定已不能适应形势发展的需要。2003年6月18日,最高人民法院发布了《关于审理期货纠纷案件若干问题的规定》,从管辖、承担责任的主体、无效合同责任、交易行为责任、透支交易责任、强行平仓责任、实物交割责任、保证合约履行责任、侵权行为责任、举证责任、保全和执行等多个方面对期货市场的参与主体的民事责任作出了较为具体、明确的规定,具有较强的可操作性。2010年12月31日,最高人民法院发布了《关于审理期货纠纷案件若干问题的规定(二)》,增加对期货交易所因履行职责引起的相关案件进行指定管辖的规定,对结算担保金等新兴交易结算财产的诉讼保全和执行,强化期货交易所、期货公司等期货市场主体司法义务等方面作了新的规定,进一步完善了与期货市场相适应的司法配套环境。为适应期货市场的发展,国务院于2012年对《期货交易管理条例》进行了修订,首次明确了"期货交易"的定义;扩大了期货交易的主体并进一步明确了期货交易所的职责等。《期货交易管理条例》的推出与修订,对期货市场的发展起到了非常重要的促进作用,为金融期货品种的推出及期货市场的进一步发展提供了法律上的保障,为我国期货业迎来转变市场格局、拓展期货市场广度和深度创造了巨大的发挥机遇和空间。

4. 创新发展阶段(2012 年至今)

2012 年特别是党的十八大以来,期货市场发展步入历史新阶段。2014 年 5 月,国务院出台了《关于进一步促进资本市场健康发展的若干意见》(简称新“国九条”),要求“以提升产业服务能力和配合资源性产品价格形成机制改革为重点,继续推出大宗资源性产品期货品种,发展商品期权、商品指数、碳排放权等交易工具,充分发挥期货市场价格发现和风险管理功能,增强期货市场服务实体经济的能力”,“配合利率市场化和人民币汇率形成机制改革,适应资本市场风险管理需要,平稳有序发展金融衍生产品”。新“国九条”是一个纲领性的文件,对中国期货市场发展产生了深远影响,标志着期货市场完全进入了一个创新发展时期。

在创新发展阶段,中国期货市场新上市期货期权种类和品种数量都显著增加,期货市场对外开放加速。一是金融期货发展加快。2013 年 9 月 6 日,5 年期、10 年期国债期货在中金所上市交易,时隔 18 年国债期货又重回资本市场,加上 2018 年 8 月 7 日上市的 2 年期国债期货,国债期货品种已覆盖短、中、长期。继沪深 300 股票指数期货后,2015 年 4 月 16 日推出上证 50、中证 500 股指期货合约,股指期货品种进一步完善。截至 2018 年年底,中国金融期货市场已初步形成以权益类、利率类为核心的金融期货产品体系,为助力多层次资本市场健康发展发挥了积极作用。二是场内期权实现“零”的突破。2015 年,首个金融期权——上证 50ETF(交易型开放式指数基金)期权上市;2017 年,商品期权——豆粕、白糖期货期权先后上市。三是一些战略性大宗商品期货品种如铁矿石期货、原油期货等相继上市,并引进国际投资者参与交易。2013 年 11 月 6 日,由上海期货交易所发起设立的、面向期货市场参与者的国际交易场所——上海国际能源交易中心股份有限公司成立。2018 年 3 月 26 日,“中国版”原油期货挂牌上市,并首次引入境外交易者。2018 年 5 月 4 日、11 月 30 日,铁矿石期货、PTA 期货引入境外交易者,继原油期货后,陆续成为迈出国际化步伐的期货品种,开启了期货市场对外开放的新时代。

(二)金融期货市场

1. 外汇期货

1992 年,上海外汇调剂中心建立了我国第一个合法的外汇期货市场,进行人民币兑美元、日元、德国马克的汇率期货交易。但是交易一直不十分活跃,从开业到 1992 年年底,共交易标准合约 10,813 张,交易金额 21,626 万美元。由于过度投机等违反外汇管理办法的现象屡禁不止,严重扰乱了我国外汇市场的正常秩序,上海外汇调剂中心于 1993 年停止了人民币汇率期货交易。由于各种原因的制约,我国外汇期货试点一年多就受到了比较严格的管制,基本上禁止了外汇投机交易。国家外汇管理局于 1993 年 4 月 21 日发布了《关于加强外汇(期货)交易管理的通知》(已失效),规定:(1)各地外汇管理分局要继续严肃查处辖内的非法交易机构和非法交易行为,没收非法交易机构的非法经营收入,没收其从事非法交易活动的交易设备。(2)外汇(期货)交易机构只能由中国人民银行设立,经营外汇(期货)业务必须经国家外汇管理局批准,并据批件到市场监督管理部门注册登记,其他任何部门均无权批准设立。非金融机构和未经国家外汇管理局批准经营外汇业务的金融机构不得擅自代客办理外汇(期货)交易、充当外汇(期货)交易的中介人(经纪人或经纪公司)。目前条件下,外汇(期货)交易只能由经中国人民银行批准设立,并经国家外汇管理局批准办理代客外汇买卖业务的金融机构办理。(3)以前各地设立的外汇(期货)交易机构要立即停止办理外汇(期货)交易并限期进行登记和资格审查。对符合本通知要求,可以进行外汇(期货)交易的机构,要通过分局审查后报国家外汇管理局审批。对不符合本通知要求的外汇(期货)交易机构要限期进行清理。目前情况下,对私办理外汇(期货)交易仅限于在广州市、深圳市金融机构进行试点,其他地区的任何机构一律不得办理。(4)金融机构办理外汇(期货)交易必须按照《金融机构代客户办理即期和远期外汇买卖管理规定》(已失效)和《关于适当放开金融机构代客户办理外汇买卖业务的通知》(已失效)及其他有关规定办理,并在业务发展和经营中强化服务意识,要以企业的进出口贸易支付和外汇保值为目的,不得引导企业和个人进行外汇投机交易,企业和个人的外汇(期货)交易必须是现汇交易,严禁以人民币资金为抵押办理外汇(期货)交易,严禁买空卖空的投机行为。1993 年 6 月 9 日,中国人民银行发布了《外汇期货业务管理试行办法》(已失效),对外汇期货经营机构的经营资格、管理、交易等方面作了详细的规定。1993 年 11 月,国务院发布的《关于坚决制止期货市场盲目发展的通知》规定:“未经中国人民银行和国家外汇管理部门批准,一律不得从事金融期货业务和进行外汇期货交易。”1994 年 5 月,国务院办公厅《转发国务院证券委员会关于坚决制止期货市场盲目发展若干意见请示的通知》中也指出:各交易所要以商品期货交易为主。对开办金融期货业务要严格控制;一律不得开展国内股票指数和其他各类指数的期货业务;从事人民币对外币的汇率期货业务的管理办法,由国家外汇管理局商证监会另行规定,规定下发前,任何机构不得开办该项业务。外汇指定银行和国家外汇管理局批准经营外汇业务的非银行金融机构,经国家外汇管理局和证监会审核批准,可利用境外外汇期货业务进行套期保值,但要接受国家外汇管理局和中国证监会的监督管理。

1994 年 10 月,中国证监会等 4 部门联合发布了《关于严厉查处非法外汇期货和外汇按金交易活动的通知》,规定:“凡未经中国证监会和国家外汇管理局批准,且未在国家工商行政管理局登记注册的金融机构、期货经纪公司及其他机构擅自开展外汇期货和外汇按金交易,属于违法行为;客户(单位和个人)委托未经批准登记的机构进行外汇期货和外汇按金交易,无论以外币或人民币作保证金也属违法行为……未经批准,擅自从事外汇期货和外汇按金交易的双方不受法律保护”,

“未经批准,任何单位一律不得经营外汇期货和外汇按金交易”。1995 年 6 月,中国人民银行针对上海中信、中国石化联合公司等国有企业参与国际外汇期货交易遭受损失的教训,发出通知明令禁止国内金融机构随意开展境外衍生工具交易活动,并规定今后国内金融机构只有在符合外汇管理部门的规定并经国家外汇管理局批准的前提下,才能根据实际需要,适当开展境外避险性衍生工具交易。1996 年 3 月 27 日,中国人民银行和国家外汇管理局联合宣布《外汇期货业务管理试行办法》废止。

2005 年,中国对人民币汇率形成机制进行了改革,从长期近乎固定汇率向有管理的浮动汇率转变。2005 年 7 月 21 日,中国人民银行发布了《关于完善人民币汇率形成机制改革的公告》,正式启动人民币汇率形成机制改革。2009 年 7 月 1 日,由中国人民银行等 6 个部门共同制定的《跨境贸易人民币结算试点管理办法》颁布实施,标志着人民币国际化扬帆起航。随着人民币汇改的推进以及人民币国际化步伐的加快,各经济主体对有关人民币外汇期货交易的需求逐渐增大,境外一些金融市场积极布局以人民币汇率为基础资产的衍生产品,尤其是人民币外汇期货合约。当前我国外汇市场已初步形成了包括即期、远期、外汇掉期、货币掉期和期权在内等国际成熟市场的基础产品体系,未来将在外汇衍生品领域进行探索。

2. 国债期货

国债期货于 1992 年 12 月 28 日在上海证券交易所首次推出,包括 12 个品种的期货合约。[1] 由于受到国债现货市场及整个资本市场发展的限制,初期交易十分清淡。经过试点阶段后,1993 年 10 月 25 日上海证券交易所重新设计了国债期货合约品种、交易机制,此后市场得到逐步发展,同年年底日成交额高达 800 亿元。随着参与期货交易的机构和个人投资者逐渐增加,交易规模逐步扩大,相继有北京、沈阳、武汉、广州、天津、大连、深圳等地 13 个证券交易场所先后开办了国债期货交易,并形成了上海、深圳和武汉等地证券交易场所三足鼎立的格局。[2] 当时国债期货以现货品种为基础,因而国债期货的发展提高了国债的流动性,普及了国债知识,活跃了整个金融市场,有力地推动了国债的发行。但是,由于期货交易法律法规还不健全,监管体制还没有理顺,国债期货的超前发展引发了过度投机、大户操纵、恶性炒作等严重的问题。

---

〔1〕 1991 年 3 年期、1992 年 3 年期、1992 年 5 年期三个国债品种按照 3 月、6 月、9 月、12 月设置的 12 个合约。

〔2〕 参见杨玉川主编:《金融期货期权市场研究与策划》,经济管理出版社 2000 年版,第 238 – 239 页。

1995年2月23日,国债期货出现了“3·27”事件[1],对市场造成了巨大的冲击。中国证监会和财政部于当天颁布了《国债期货交易管理暂行办法》(已失效)。至此,中国证监会才正式作为期货市场的监管机构开始对国债期货市场实施监管。此后,中国证监会又接连发布《关于加强国债期货交易风险控制的紧急通知》(已失效)、《关于落实国债期货交易保证金规定的紧急通知》(已失效)、《关于要求各国债期货交易场所进一步加强风险管理的通知》(已失效)。但是这些措施并未起到有效防范风险的作用,不久之后,国债期货市场又遭遇了“3·19”事件。[2] 1995年5月17日,中国证监会发布了《关于暂停国债期货交易试点的紧急通知》(已失效),决定在全国范围内暂停国债期货交易的试点,曾经火爆一时的国债期货市场暂时画上了一个句号。

从金融市场发展来看,国债期货上市能够为市场提供重要的风险管理工具,形成由债券发行、交易、风险管理三级构成的完整的债券市场体系,为债券市场提供有效的定价基准,形成健全完善的基准利率体系;有利于活跃国债现券交易,提高债券市场流动性,推动债券市场的统一互联;有助于促进债券发行,扩大直接融资比例,推动债券市场的长远发展,更好地发挥服务实体经济的作用。在此背景下,国债期货在时隔18年后,终于迎来了重启的时刻。2013年9月6日,中国金融期货交易所推出5年期国债期货,成为我国第一个标准化的利率期货品种;2015年3月20日,中国金融期货交易所推出10年期国债期货;2018年8月17日,中国金融期货交易所推出2年期国债期货上市。国债期货价格连续公开,提升了国债市场的价格透明度和影响力,已成为我国债券市场重要的定价参考和反映我国金融市场风向的重要指标。2年期国债期货的上市,将促进5年期、10年期的协调发展,进一步提升国债期货服务债券市场的能力。

3. 股票指数期货

1993年3月,海南证券交易中心推出了深圳股票指数期货。开市之后,由于投资者不了解这一新型的衍生工具,成交较少。到当年9月,深圳平安保险公司福田证券部在开通了两天海南深圳股票指数期货后,出现了大户联手交易,打压股价指

---

〔1〕 “3·27”事件:由于受新债发行消息和国债保值贴息传闻的影响,1995年2月23日上海证券交易所国债期货市场价格直线上升。万国证券公司作为上海国债期货市场空方主力,其持有的国债3·27合约(1992年3年期国债1995年6月交割)在148.5元的价位上封盘失控,行情大幅攀升,损失惨重。该公司主要负责人为了扭转巨额亏损,蓄意违规,大量抛出空单以打压价格,造成市场的极度混乱。从23日16时22分开始,万国公司在3·27合约上违规抛出上千万口的巨额空盘,将价格打压到147.5元收盘。7分钟内3·27合约暴跌3.8元,致使多头全线爆仓,给市场带来巨大震荡。收市后,上交所认定尾市存在蓄意违规操作,宣布取消16时22分后3·27合约的成交部分。

〔2〕 “3·19”事件:1995年3月21日,在国库券保值贴补率上升的情况下,3·19合约(1992年5年期国债1995年12月交割)出现连续三天的涨停板,少数单位仍然违规卖空。1995年5月11日,辽宁国发集团违规联合9家空方打压3·19合约的价格,严重扰乱了市场秩序。

数的行为,宣布暂停交易。证监会认为海南证券交易中心未经有关监管部门批准,擅自开展指数期货交易,违反了有关规定,且当时市场发展程度并不适合开展股指期货交易,遂于当年 9 月底全部平仓停止交易。

我国加入世界贸易组织后,金融市场逐步开放。为有效规避股市的系统性风险,缓解国内券商的经营压力,提高竞争力,为保险资金、社保基金和企业年金等机构投资者提供有效的避险手段,我国有必要重新审视股票指数期货的积极作用,并在适当时机重启股票指数期货市场。我国股票市场经过 20 多年的发展,目前已经初具规模,市场化程度不断加深,为我国重新推出规范化的股票指数期货交易奠定了基础。

上海期货交易所和上海证券交易所都对股票指数期货的开发方案进行了研究。2005 年 4 月 8 日,沪深 300 指数正式发布。2006 年 9 月 8 日,经国务院同意、中国证监会批准中国金融期货交易所在上海成立,此为我国成立的首家金融衍生品交易所。筹备沪深 300 指数期货的合约设计、规则制定以及股指期货挂牌交易的各项技术系统建设。2007 年 4 月 15 日,《期货交易管理条例》正式施行,金融期货终获"准生证"。至此,股指期货上市的法律障碍彻底清除。2007 年 8 月 13 日,股票期现跨市场监管协作制度建立。当日,在中国证监会统一部署和协调下,上海证券交易所、深圳证券交易所、中国金融期货交易所、中国证券登记结算公司和中国期货保证金监控中心公司在上海签署了股票市场和股指期货市场跨市场监管协作系列协议,标志着证券、期货监管系统内关于股票和股指期货市场跨市场监管协作制度的正式建立。为了促进我国资本市场的稳定健康发展,丰富证券交易方式,国务院于 2010 年年初同意推出股指期货品种,以实现股指期货市场功能,发挥股指期货风险管理和价格发现的作用,而在中国证监会于 2010 年 1 月 12 日正式批复同意中国金融期货交易所开展股指期货交易后,中国证监会便统筹股指期货上市前的各项准备工作,包括发布股指期货投资者适当性制度、明确金融机构的准入政策、审批股指期货合约以及培训证券公司中间介绍业务和中国金融期货交易所接受投资者开户等工作,以确保股指期货平稳推出。[1] 在经历大量前期调研评估与模拟阶段后,2010 年 4 月 16 日,中国金融期货交易所推出了我国第一个股指期货——沪深 300 股指期货,标志着期货行业进入一个全新的发展阶段。在沪深 300 期货上市五周年后,在 2015 年 4 月 16 日,中国金融期货交易所推出了上证 50 和中证 500 股指期货。这两大合约不仅拓展了指数覆盖范围,也为市场提供了多样化、差异性的对冲手段,股指期货也因此成为广大市场参与者配置资产和防范风险的重要工具。

---

〔1〕 参见强力、王志诚:《中国金融法》,中国政法大学出版社 2010 年版,第 408 页。

（三）期权市场

1. 商品期权

商品期权作为期货市场的一个重要组成部分，是当前资本市场最具活力的风险管理工具之一。自 2017 年起，商品期权已形成多点开花、百花齐放的格局。2017 年 3 月 31 日，豆粕期权合约在大连商品交易所挂牌交易。2017 年 4 月 19 日，白糖期权合约在郑州商品交易所挂牌交易。目前商品期权已经涵盖原油、纸浆、螺纹钢、铁矿石、棕榈油、豆油、PTA、菜粕、甲醇等品种。商品期权市场品种将进一步丰富，一方面将进一步推动相关产业风险管理及贸易模式的再升级，另一方面，也为其相关的场外期权提供了可参考的定价基准及风险对冲路径。

2. 金融期权

2015 年是我国股票期权的元年。2015 年 1 月 9 日，中国证监会正式发布《股票期权交易试点管理办法》及《证券期货经营机构参与股票期权交易试点指引》配套规则。随后，2015 年 2 月 9 日，上海证券交易所上市交易上证 50ETF 期权。时隔四年后，2019 年 11 月 8 日，中国证监会宣布启动扩大股指期权试点工作，将按程序批准上海证券交易所、深圳证券交易所上市沪深 300ETF 期权，中国金融期货交易所上市沪深 300 股指期权，标志着场内交易衍生市场发展进入一个新阶段。金融期权扩容后，沪深 300 指数将形成包括股票、ETF 基金、股指期货、ETF 期权、股指期权在内的完整投资和风险管理工具体系，生成丰富的对冲组合和交易策略，将极大丰富机构及投资者的交易策略及提高交易的有效性。

（四）场外金融衍生品交易

1988 年 3 月，国家外汇管理局发布了《金融机构代客户办理即期和远期外汇买卖管理规定》（已失效），指出："经国家外汇管理局或者其分局批准，客户可以委托中国银行或者经国家外汇管理局批准的其他金融机构代理买卖即期和远期外汇。"[1] 1993 年 2 月 1 日，国家外汇管理局又颁布了《关于适当放开金融机构代客户办理外汇买卖业务的通知》，规定经国家外汇管理局及其分局批准，企事业单位自有的外汇现汇，可委托有权经营外汇买卖业务的金融机构，办理即期或远期外汇买卖，以达到外汇保值的目的。1993 年 4 月 15 日，国家外汇管理局发布《关于金融机构办理自营外汇买卖业务的管理规定》，允许获准经营外汇业务的银行和其他金融机构均可以进行自营远期外汇买卖。1995 年 3 月 29 日，中国人民银行发布《关于禁止金融机构随意开展境外衍生工具交易业务的通知》，规定国内金融机构一律

---

〔1〕 下列两种情况除外：（1）获准经营外汇业务的专业银行和金融机构以及外商投资企业，对其自有和自筹的外汇资金，可以自行在国际金融市场上买卖即期或者远期外汇，也可以委托指定的金融机构代理买卖。（2）前项规定以外的其他客户向中国境内外筹借的现汇和获准接受的捐赠外汇，经批准在中国境内金融机构开户存储现汇的，可凭其对外签订的贸易合同或者其他经济协议径行委托指定的金融机构代理买卖即期或者远期外汇。

不得开展投机性境外衍生工具交易业务，国内金融机构在符合外汇管理部门有关规定并经国家外汇管理局核准的前提下，可根据实际需要适当进行避险性境外衍生工具交易。[1]

此外，我国还开展了人民币远期结售汇业务。所谓“远期结售汇业务”，是指外汇指定银行与境内机构协商签订远期结售汇合同，约定将来办理结汇或售汇的外汇币种、金额、汇率和期权；到期外汇收入或支出发生时，即按照该远期结售汇合同订明的币种、金额、汇率办理结汇或售汇，是一类外汇远期合约。远期结售汇业务不仅可以为企业提供保值手段，有效降低风险，还丰富了外汇交易品种，为中央银行调控汇率又提供了一个途径。根据中国人民银行发布的《结汇、售汇及付汇管理规定》、《外资银行结汇、售汇及付汇业务实施细则》（已失效）、《外汇指定银行办理结汇、售汇业务管理暂行办法》（已失效）的规定，远期支付合同或者偿债协议的法人用汇单位为避免汇率风险，可以委托经批准的外汇指定银行办理人民币与外汇的远期买卖及其他保值业务。1997 年，中国人民银行首先授权中国银行开办该业务。2003 年 4 月中国建设银行、中国工商银行和中国农业银行经过充分准备之后开始经营远期结售汇业务。2003 年 12 月修改的《商业银行法》中规定经中国人民银行批准，商业银行可以经营结售汇业务。2005 年 8 月 2 日，中国人民银行下达了《关于扩大外汇指定银行对客户远期结售汇业务和开办人民币与外币掉期业务有关问题的通知》（已失效），以更好地促进并规范远期结售汇业务和掉期业务。

在正式成为世界贸易组织成员以后，我国金融开放和金融深化的程度不断提高。随着外资银行的进入，中、外资银行在开拓市场、争夺客户方面的竞争日趋激烈，以银行为主的金融机构越来越多地通过衍生品交易规避风险和增加收入。目前，我国境内的外资银行大都开办了衍生产品业务，部分中资商业银行也已经涉足衍生产品交易业务。金融机构开办衍生产品交易业务所受的约束大多散见于中国人民银行、国家外汇管理局发布的各类外汇管理规定中，不利于金融机构对衍生产品交易业务实行有效的风险管理，也不利于监管部门实施审慎监管。为此，原中国银监会于 2004 年 2 月 4 日发布了《金融机构衍生产品交易业务管理暂行办法》（已被修改），以切实有效控制金融机构从事衍生产品交易的风险。该办法从衍生产品定义和金融机构衍生产品交易业务分类、市场准入管理、风险管理和监管、对违规行为的处罚等几个方面对金融机构从事衍生产品交易作出了规定。由于我国金融业还处于分业经营、分业监管的格局之下，尚未实现资本项目可兑换、本外币之间的衍生交易仅限于国有商业银行试办的远期结售汇业务，该办法规定：“中国银行业监督管理委员会是金融机构从事衍生产品交易业务的监管机构”，“非金融机构不得向客户提供衍生产品交易服务”，“金融机构从事与外汇、股票和商品有关的

---

[1] 参见宁敏：《国际金融衍生交易法律问题研究》，中国政法大学出版社 2002 年版，第 394－397 页。

衍生产品交易以及场内衍生产品交易,应遵守国家外汇管理及其他相关规定”。[1]为控制交易风险,确保金融安全,该办法规定了以下两点监管要求:一是严格限定金融机构衍生产品交易业务的市场准入资格和报批程序;二是要求金融机构建立完善的内控机制,提高风险管理能力。该办法是我国第一部针对衍生产品交易的系统监管法规,对银行业金融机构规范开展衍生品交易、控制风险有重要意义。中国银监会于2007年7月3日发布了《关于修改〈金融机构衍生产品交易业务管理暂行办法〉的决定》,对原办法进行了修订。此后,又于2011年1月5日颁布了《银行业金融机构衍生产品交易业务管理暂行办法》,以推动银行业金融机构衍生产品业务的创新与发展,提高银行业金融机构衍生产品业务的风险管理水平。

2013年2月1日,中国期货业协会实施了《期货公司设立子公司开展以风险管理服务为主的业务试点工作指引》(已被修改)。同年3月,中国证券业协会相继发布了《证券公司金融衍生品柜台交易业务规范》(已失效)、《证券公司金融衍生品和柜台交易风险管理指引》和《中国证券市场金融衍生品交易主协议及其补充协议(2013年版)》等规范性文件。随后,获得试点资格的期货公司风险管理子公司和证券公司陆续开展了收益互换、场外期权等创新业务,标志着我国场外衍生品市场在参与主体和产品种类上已初步完善。2014年,中国证券业协会、中国期货业协会、中国证券投资基金业协会联合发布了《中国证券期货市场场外衍生品交易主协议》及补充协议。2016年10月和2018年5月,为了加强对证券和基金经营机构从事衍生品业务包括参与场外衍生品业务的监管,中国证监会又分别发布了《关于进一步规范证券基金经营机构参与场外衍生品交易的通知》和《关于进一步加强证券公司场外期权业务监管的通知》。监管机构一系列法规的颁布为国内期货及衍生品市场的健康发展初步提供了合规经营的制度保证。

二、我国金融衍生品市场的发展趋势

20世纪90年代以来,金融衍生品市场在世界范围内得到大力发展。全球经济、金融一体化的发展趋势也必然会将我国融入这一潮流之中。20世纪90年代初,我国开展了商品期货交易以及外汇期货、国债期货、股指期货等金融衍生品交易的试点。虽然商品期货发展历经坎坷,金融期货试点最终宣告失败,但是这一经历留给了我们宝贵的经验和教训。在我国正式加入世界贸易组织以后,一方面加速了我国经济融入国际社会,另一方面一系列风险挑战也接踵而至。此外,随着市场经济体制的确立和逐渐完善,金融改革的进一步深化,银行商业化、资金商品化、利率市场化、资产证券化将不可逆转,市场风险、利率风险、汇率风险等风险因素将不可避免地摆在我国市场经济参与者和管理者面前。为了积极推进我国金融期货

〔1〕 参见《规范业务管理　控制交易风险——解读〈金融机构衍生产品交易业务管理暂行办法〉》,载《中国金融》2004年第5期。

及其衍生品的开发和交易,我国计划设立金融期货交易所。至2006年7月,金融期货交易所筹备小组的工作已经基本完成,有关金融机构参与股指期货的交易规则、风险管理、结算和清算制度、合约设计方案等都已基本成型,金融期货交易所的正式挂牌指日可待。目前的国际经济大环境以及我国自身的发展需求等各种因素都要求我国加快发展和完善金融衍生品市场,努力把我国的金融衍生产品市场建成一个国际市场,成为一个新的定价中心,争取掌握定价发言权。2006年1月以来,中国人民银行推出了一系列的金融衍生品交易试点及规定,包括开展人民币、美元货币掉期业务和人民币利率互换交易试点。到2017年,银行间利率及外汇衍生品(包括远期、互换、场外期权等类型)的场外衍生品市场成交额突破100亿元人民币,占到同期期货市场成交额的58%,成为我国衍生品的重要组成部分。由于场外衍生品市场的交易主体是商业银行、证券公司和期货风险管理公司,常见的交易品种包括银行的汇率类衍生品(包括人民币的外汇掉期、人民币外汇远期、人民币外汇期权)和利率类衍生品(包括利率互换、债权远期),证券公司的收益互换和场外期权,以及期货风险管理公司的远期互换和场外期权等。整体而言,我国金融衍生品市场的发展趋势为:

首先,法规和政策环境在之后一段时期内随着我国经济体制改革的深化得到进一步改善。2003年10月,党的十六届三中全会通过了《中共中央关于完善社会主义市场经济体制若干问题的决定》,明确指出要"大力发展资本和其他要素市场","稳步发展期货市场",将期货市场的发展纳入到"建设统一开放竞争有序的现代市场体系"之中。[1] 这表明我国对期货等金融衍生品市场的重要意义有了更深层次的认识。以党中央的指导意见为基础,我国期货和金融衍生品市场的法律法规建设取得了重大突破。2003年以来,最高人民法院出台了《关于审理期货纠纷案件若干问题的规定》、《关于审理期货纠纷案件若干问题的规定(二)》。中国证监会出台、修订了《关于期货经纪公司接受出资有关问题的通知》(已失效)、《期货经纪公司治理准则(试行)》(已失效)、《期货交易管理条例》、《期货公司管理办法》(已失效)等规章制度。中国银监会先后出台了《金融机构衍生产品交易业务管理暂行办法》《银行业金融机构衍生产品交易业务管理办法》等有关金融衍生品交易的规章制度,对相关问题作出了规定,在一定程度上完善了我国金融衍生品交易法制体系,适应了我国金融衍生品市场的发展。随着金融改革的有序推进,我国金融衍生品法律法规逐步完善。

其次,产品创新不断加速。随着我国经济的发展、市场化程度的提高以及金融行业对外开放规模的扩大,我国市场经济主体对风险管理的需求大大增加,但是由于我国金融市场规模较小,结构比较单一,企业选择和运用金融衍生品的余地很小,这与我国经济的国际化趋势是不相吻合的。目前,我国经济市场化改革已经取

[1] 参见陈晗:《中国期货市场2003年发展特点与2004年展望》,载《上海投资》2004年3月。

得阶段性成果,金融深化程度不断提高,宏观经济调控和金融监管体系日趋健全和完善,已经初步具备了发展金融衍生品的宏观经济基础。目前,经中国证监会批准可以在期货市场上交易的种类除了部分农产品和生产数据外,还有以各类指数为标的的股指期货以及股指期权产品。[1] 随着金融市场发展的逐渐平衡,容量的不断扩大,利率、汇率市场化的实现,以及市场规范化水平的提高,我国金融衍生品将得到逐步开发,逐渐形成一个完整的衍生产品体系。

最后,国际合作,尤其在监管方面将得到加强。在世界经济一体化的潮流下,借助先进的科学技术,金融衍生品交易早已突破了一国的界限,实现全球范围内的运作。我国期货行业、银行业等将进一步加强与外国同行的交流,引进先进理念,探索合作途径,促进市场开放,提高市场的国际化程度,以吸引外国投资者。对于金融监管机构而言,为了克服一国规制的种种弊端和缺陷,将会进一步开展国际合作,如与外国相关机构签署信息资源共享协议,与外国政府开展合作监管,积极参与相关国际组织,并参照其标准制定我国的金融衍生品交易业务的相关规则,从而提高监管效率,实现监管目标。

第四节　中国期货法律制度

一、期货交易与期货法律制度概述

(一)期货交易的概念

期货交易是一种集中交易标准化远期合约的交易形式,即参加期货买卖的交易各方依法缴纳保证金后,委托经纪人,在期货交易所内买卖期货合约[2],并根据合约规定的条款,约定在未来某一特定的时间和地点,以某一特定价格买卖某一特定数量和质量的商品的交易行为。

(二)期货交易的特征

1. 交易的集中化。期货交易各方买卖期货合约的地点是有限制的,一般不允许直接交易或场外交易,必须在期货交易所内以集中公开竞价的方式,按照时间优先、价格优先的原则进行。

2. 合约标准化。期货交易是通过买卖期货合约进行的。为了便于转手,期货

---

[1] 参见强力、王志诚:《中国金融法》,中国政法大学出版社 2010 年版,第 414 页。

[2] 我国《期货交易管理条例》第 2 条第 3 项将期货合约定义为:期货所统一制定的、规定在将来某一特定的时间和地点交割一定数量标的物的标准化合约。根据合约标的物的不同,期货合约分为商品期货合约和金融期货合约。商品期货合约的标的物包括农产品、工业品、能源和其他商品及其相关指数产品;金融期货合约的标的物包括有价证券、利率、汇率等金融产品及其相关指数产品。

合约中除了价格条款以外的其他条款都是标准化合约条款，即商品的数量、规格、交割时间、地点和方式、最小价格变动幅度等都已经事先在合约中规定，买卖双方只需要对价格进行商议，无需对其他条款另行商定。期货合同条款标准化，可以大大节省交易成本，提高交易效率。这是期货合同之所以能够多次转手的重要条件之一，也是期货合同与远期合约相区别的重要标准。

3. 双向交易和对冲机制。与现货交易只能先买后卖不同，期货买卖实行双向交易，即期货交易可以“买空卖空”[1]。对冲机制也是期货市场的一种重要交易方式，对冲又称为“平仓”[2]，是指通过买入或者卖出期货合约取得一个与交易者最初建仓时所持有的交易头寸数量相同、方向相反的交易部位，从而达到免除交易者在合约到期时进行实物交割的履约责任。通俗地说，就是建仓时买入合约的，就通过卖出合约来平仓；建仓时卖出合约的，就通过买入合约平仓。例如，期货交易者在6月买入两张约定在12月交割的棉花期货合约，10月他又在同一市场上卖出两张内容相同的棉花期货合约，则他在该期货市场上的净仓位为0。期货市场中绝大多数期货合约都是以这种方式平仓了结的，只有不到10%的期货合约最终是通过合约到期时进行实物交割来履约的。

4. 期货商品具有特殊性。期货合约是标准化合同，其中对商品的规格进行了明确的划分，加之从合约的成交起到实物交割完成要经过相当长一段时期，所以进入期货市场交易的商品具有特殊性。首先必须是交易量大、价格容易波动的商品；其次必须是标准化的种类物，易于分级；最后必须是可以耐久储存，不易变质的商品。

5. 杠杆作用较强。期货交易实行保证金制度，交易者只需要缴纳少量保证金，通常是成交合约价值的5%—10%，即可进场交易。交易者用较小的资金成本便可进行较多的投资。杠杆作用使期货交易具有以小搏大的特点，从而使得期货交易高收益与高风险并存。

6. 实物交割率低。交易者从事期货交易的最终目的并不是希望获得商品所有权，而是希望借助于期货市场来套期保值或者投机获利，加上期货交易的对冲机制，所以期货交易中待合约到期后以实物交割方式履约只占很小比例。

二、期货市场组织结构

（一）期货交易所

期货交易所是为期货交易提供场所、设施和其他相关服务的非营利性法人。

---

[1] “买空”又称作“多头交易”，是指期货交易者可以买入期货合约开始期货交易，业内也叫作“买入建仓”。“卖空”也称作“空头交易”，是指期货交易者可以卖出期货合约开始进行期货交易，业内称为“卖出建仓”。

[2] 我国《期货交易管理条例》第81条第6项将平仓定义为“期货交易者买入或者卖出与其所持合约的品种、数量和交割月份相同但交易方向相反的合约，了结期货交易的行为”。

根据《期货交易所管理办法》的规定,期货交易所是指依照《期货和衍生品法》、《期货交易管理条例》和本办法规定设立,履行《期货和衍生品法》、《期货交易管理条例》和本办法规定的职责,按照章程和业务规则,实行自律管理的法人。

根据《期货交易管理条例》的规定:“期货交易所不以营利为目的,按照其章程的规定实行自律管理。期货交易所以其全部财产承担民事责任。期货交易所的负责人由国务院期货监督管理机构任免。”

期货交易所在组织形式上有公司制和会员制两种模式。公司制期货交易所采用股份有限公司的组织形式,股东大会是期货交易所的权力机构,由全体股东组成。会员制期货交易所的注册资本或者开办资金划分为均等份额,由会员出资认缴。会员制期货交易所设会员大会。会员大会是期货交易所的权力机构,由全体会员组成。目前世界上绝大多数交易所采用会员制。

我国现有的上海、郑州和大连三家期货交易所都实行会员制,而中国金融期货交易所实行的是公司制,这是中国期货交易所组织结构的创新。为此,《期货交易管理条例》相应作出调整,规定期货交易所不以营利为目的,承认中国金融期货交易所公司制下会员结构的合法性。[1]

根据《期货交易管理条例》的规定,期货交易所会员应当是在中华人民共和国境内登记注册的企业法人或者其他经济组织。期货交易所可以实行会员分级结算制度。实行会员分级结算制度的期货交易所会员由结算会员和非结算会员组成。

1. 期货交易所的职责

根据《期货交易管理条例》的规定,期货交易所履行下列职责:(1)提供交易的场所、设施和服务;(2)设计合约、安排合约上市;(3)组织并监督交易、结算和交割;(4)为期货交易提供集中履约担保;(5)按照章程和交易规则对会员进行监督管理;(6)国务院期货监督管理机构规定的其他职责。同时,期货交易所不得直接或间接参与期货交易。未经国务院期货监督管理机构审核并报国务院批准,期货交易所不得从事信托投资、股票投资、非自用不动产投资等与其职责无关的业务。《期货交易所管理办法》规定,期货交易所应当履行下列职责,包括:(1)提供交易的场所、设施和服务;(2)组织期货交易的结算、交割;(3)制定并实施期货交易所的业务规则;(4)设计期货合约、标准化期权合约品种,安排期货合约、标准化期权合约品种上市;(5)对期货交易进行实时监控和风险监测;(6)发布市场信息;(7)办理与期货交易结算、交割有关的信息查询业务;(8)依照章程和业务规则对会员、交易者、期货服务机构等进行自律管理;(9)开展交易者教育和市场培育工作;(10)保障信息技术系统的安全、稳定;(11)查处违规行为;(12)中国证监会规定的其他职责。除此之外,在期货交易过程中,出现不可抗力、意外事件、重大技术故障、重大人为差错导致交易、结算、交割、行权与履约无法正常进行;或者会员出

〔1〕 参见强力、王志诚:《中国金融法》,中国政法大学出版社2010年版,第418页。

现结算、交割危机，对市场正在产生或者即将产生重大影响；或者出现期货价格同方向连续涨跌停板时，期货交易所采用调整涨跌停板幅度、提高交易保证金标准及按一定原则减仓等措施后仍未化解风险；或者期货交易所业务规则规定的其他情形，期货交易所可以采取紧急措施化解风险，并应当及时向中国证监会报告。

2. 期货交易所的设立、变更和解散

（1）期货交易所的设立

期货交易所的设立须经过国务院期货监督管理机构的审查批准。根据《期货交易管理条例》规定，设立期货交易所，由国务院期货监督管理机构审批。未经国务院批准或者国务院期货监督管理机构批准，任何单位或者个人不得设立期货交易场所或者以任何形式组织期货交易及其相关活动。

设立期货交易所应遵循相应的程序。

发起人代表或理事会应当向国务院期货监督管理机构提出申请。根据《期货交易所管理办法》，申请设立期货交易所，应当向中国证监会提交下列文件和材料：申请书；章程和交易规则、结算规则草案；期货交易所的经营计划；拟加入会员或者股东名单；理事会成员候选人或者董事会成员名单及简历；拟任用高级管理人员的名单及简历；场地、设备、资金证明文件及情况说明；中国证监会规定的其他文件、材料。其中，期货交易所章程应当载明下列事项：设立目的和职责；名称、住所和营业场所；注册资本或者开办资金及其构成；营业期限；组织机构的组成、职责、任期和议事规则；管理人员的产生、任免及其职责；基本业务制度；风险准备金管理制度；财务会计、内部控制制度；变更、终止的条件、程序及清算办法；章程修改程序；需要在章程中规定的其他事项。会员制期货交易所章程还应当载明下列事项：会员资格及其管理办法；会员的权利和义务；对会员的纪律处分。期货交易所交易规则、结算规则应当载明下列事项：期货交易、结算和交割制度；风险管理制度和交易异常情况的处理程序；保证金的管理和使用制度；期货交易信息的发布办法；违规、违约行为及其处理办法；交易纠纷的处理方式；需要在交易规则、结算规则中载明的其他事项。公司制期货交易所还应当在交易规则、结算规则中载明会员资格及其管理办法、会员的权利和义务、对会员的纪律处分。

（2）期货交易所的变更和解散

期货交易所成立以后就一些重大事项的变更，应事先经过国务院期货监督管理机构的批准。根据《期货交易管理条例》和《期货交易所管理办法》，期货交易所办理下列事项，应当经国务院期货监督管理机构批准：制定或者修改章程、交易规则、结算规则；上市、中止、取消或者恢复交易品种；上市、修改或者终止合约；变更名称、注册资本，或者开办资本、组织形式、股权结构。

期货交易所的合并可采取两种形式：一是吸收合并，即两个以上的交易所合并时，其中一个交易所继续存在，其余交易所消灭的合并；二是新设合并，指两个以上的交易所合并时，设立一个新的期货交易所，原各期货交易所均宣告终止。期货交易所可以采取吸收合并和新设合并两种方式,合并前各方的债权、债务,由合并后存续或者新设的期货交易所承继。期货交易所分立的,其债权、债务由分立后的期货交易所承继。期货交易所与债权人、债务人另有约定的除外。

期货交易所的解散是使期货交易所丧失法人资格的法定原因已经产生,而应逐渐终止交易所的权利和义务的行为。《期货交易所管理办法》规定,期货交易所因下列情形之一解散:①章程规定的营业期限届满;②会员大会或股东大会决定解散;③中国证监会决定关闭。期货交易所解散的,应当由中国证监会批准。期货交易所合并、分立的,应当事前向中国证监会报告。期货交易所终止的,应当成立清算组进行清算。清算组制定的清算方案,应当事前向中国证监会报告。

3. 会员制期货交易所的组织机构

(1)会员大会

会员大会是期货交易所的权力机构,由全体会员组成。根据《期货交易所管理办法》,会员大会行使下列职权:①审定期货交易所章程、交易规则、结算规则及其修改草案;②选举、更换会员理事;③审议批准理事会和总经理的工作报告;④审议批准期货交易所的财务预算方案、决算报告;⑤审议期货交易所风险准备金使用情况;⑥决定增加或者减少期货交易所注册资本或者开办资金;⑦决定期货交易所的合并、分立、变更组织形式、解散和清算事项;⑧决定期货交易所理事会提交的其他重大事项;⑨期货交易所章程规定的其他职权。

会员大会由理事会召集,理事长主持,每年召开一次。有下列情形之一的,应当召开临时会员大会:①会员理事不足期货交易所章程规定人数的2/3;②1/3以上会员联名提议;③理事会认为必要;④期货交易所章程规定的其他情形。会员大会可以采取现场会议、视频会议或其他通讯方式召开。理事长因故临时不能履行职权时,由理事长指定的副理事长或者理事代其履行职权。召开会员大会,应当将会议审议的事项,会议召开的方式、时间和地点于会议召开10日前通知会员。临时会员大会不得对通知中未列明的事项作出决议。会员大会有2/3以上会员参加方为有效。会员大会应当对表决事项制作会议纪要,由出席会议的理事签名。会员大会结束之日起10日内,期货交易所应当将大会全部文件报中国证监会。

(2)理事会

理事会是会员大会的常设管理执行机构,对会员大会负责。根据《期货交易所管理办法》的规定,理事会行使下列职权:召集会员大会,并向会员大会报告工作;拟订期货交易所章程、交易规则、结算规则及其修改草案,提交会员大会审定;审议总经理提出的财务预算方案、决算报告,提交会员大会通过;审议期货交易所合并、分立、变更组织形式、解散和清算的方案,提交会员大会通过;决定专门委员会的设置;决定会员的接纳和退出;决定对违规行为的纪律处分;决定期货交易所变更名称、住所或者营业场所;审议批准根据章程和交易规则、结算规则制定的细则和办法;审议结算担保金的使用情况;审议批准风险准备金的使用方案;审议批准总经理提出的期货交易所发展规划和年度工作计划；审议批准期货交易所收费项目、收费管理办法；审议批准期货交易所对外投资计划；监督总经理组织实施会员大会和理事会决议的情况；监督期货交易所高级管理人员和其他工作人员遵守国家有关法律、行政法规、规章、政策和期货交易所章程、业务规则的情况；组织期货交易所年度财务会计报告的审计工作，决定会计师事务所的聘用和变更事项；期货交易所章程规定和会员大会授予的其他职权。

理事会由会员理事和非会员理事组成。其中，会员理事由会员大会选举产生，非会员理事由中国证监会委派。理事会设理事长 1 人、可以设副理事长 1—2 人。理事长、副理事长的任免，由中国证监会提名，理事会通过。理事长不得兼任总经理。理事长行使下列职权：主持会员大会、理事会会议和理事会日常工作；组织协调专门委员会的工作；检查理事会决议的实施情况并向理事会报告；期货交易所章程规定或理事会授予的其他职权。副理事长协助理事长工作。理事长因故临时不能履行职权时，由理事长指定的副理事长或者理事代其履行职权。理事会应当设立风险管理委员会、品种上市审核委员会，可以根据需要设立监查、交易、结算、交割、会员资格审查、纪律处分、调解、财务和技术等专门委员会。各专门委员会对理事会负责，其职责、任期和人员组成等事项由理事会规定。

理事会会议至少每半年召开 1 次。每次会议应当于会议召开 10 日前将会议召开的方式、时间、地点通知全体理事。有下列情形之一的，应当召开理事会临时会议：中国证监会提议；1/3 以上理事联名提议；期货交易所章程规定的情形。理事会召开临时会议，可以另定召集理事会临时会议的通知方式和通知时限。理事会可以采取现场会议、视频会议或其他通讯方式召开会议。理事会会议须有 2/3 以上理事出席方为有效，其决议须经全体理事 1/2 以上表决通过。理事会会议结束之日起 10 日内，理事会应当将会议决议及其他会议文件报告中国证监会。理事会会议应当由理事本人出席。理事因故不能出席的，应当以书面形式委托其他理事代为出席；委托书中应当载明授权范围。每位理事只能接受一位理事的委托。理事会应当对会议表决事项作成会议记录，由出席会议的理事和记录员在会议记录上签名。

(3)总经理

期货交易所设总经理 1 人，副总经理若干人。总经理由中国证监会任免。副总经理按照中国证监会相关规定任免或者聘任。总经理每届任期 3 年。总经理是当然理事。总经理行使下列职权：组织实施会员大会、理事会通过的制度和决议；主持期货交易所的日常工作；根据章程和交易规则、结算规则拟定有关细则和办法；决定结算担保金的使用；拟订风险准备金的使用方案；拟定并实施经批准的期货交易所发展规划、年度工作计划；拟订并实施经批准的期货交易所对外投资计划；拟订期货交易所财务预算方案、决算报告；拟订期货交易所合并、分立、变更组织形式、解散和清算的方案；拟订期货交易所变更名称、住所或者营业场所的方案；

拟订期货交易所机构设置方案;拟订期货交易所员工聘任方案,提出解聘建议;拟订期货交易所员工的工资和奖惩方案;决定重大交易者教育和保护工作事项;决定调整收费标准;期货交易所章程规定的或者理事会授予的其他职权。总经理因故临时不能履行职责时,由总经理指定的副总经理代其履行职责。

为保证期货交易所的理事、总经理和其他高级管理人员、财务会计人员能够遵纪守法,忠诚履行其职责,有关法规对上述人员的任职资格作出了规定。根据《期货交易管理条例》第 9 条的规定,有《公司法》第 146 条规定的情形或者下列情形之一的,不得担任期货交易所的负责人、财务会计人员:(1)因违法行为或者违纪行为被解除职务的期货交易所、证券交易所、证券登记结算机构的负责人,或者期货公司、证券公司的董事、监事、高级管理人员,以及国务院期货监督管理机构规定的其他人员,自被解除职务之日起未逾 5 年;(2)因违法行为或者违纪行为被撤销资格的律师、注册会计师或者投资咨询机构、财务顾问机构、资信评级机构、资产评估机构、验证机构的专业人员,自被撤销资格之日起未逾 5 年。[1]

4. 公司制期货交易所的组织机构

(1)股东大会[2]

股东大会是公司制期货交易所的权力机构,由全体股东组成。根据《期货交易所管理办法》的规定,股东大会行使下列职权:①审定期货交易所章程、交易规则、结算规则及其修改草案;②审议批准期货交易所的财务预算方案、决算报告;③审议期货交易所风险准备金使用情况;④决定增加或者减少期货交易所注册资本或者开办资金;⑤决定期货交易所的合并、分立、变更组织形式、解散和清算事项;⑥选举和更换非由职工代表担任的董事;⑦审议批准董事会和总经理的工作报告;⑧决定期货交易所董事会提交的其他重大事项;⑨决定股权结构变更方案;⑩期货交易所章程规定的其他职权。股东大会会议的召开及议事规则应当符合期货交易所章程的规定。会议结束之日起 10 日内,期货交易所应当将会议全部文件报告中国证监会。

---

[1] 2018 年《公司法》第 146 条,对应 2023 年《公司法》第 178 条规定:"有下列情形之一的,不得担任公司的董事、监事、高级管理人员:(一)无民事行为能力或者限制民事行为能力;(二)因贪污、贿赂、侵占财产、挪用财产或者破坏社会主义市场经济秩序,被判处刑罚,或者因犯罪被剥夺政治权利,执行期满未逾五年,被宣告缓刑的,自缓刑考验期满之日起未逾二年;(三)担任破产清算的公司、企业的董事或者厂长、经理,对该公司、企业的破产负有个人责任的,自该公司、企业破产清算完结之日起未逾三年;(四)担任因违法被吊销营业执照、责令关闭的公司、企业的法定代表人,并负有个人责任的,自该公司、企业被吊销营业执照、责令关闭之日起未逾三年;(五)个人因所负数额较大债务到期未清偿被人民法院列为失信被执行人。违反前款规定选举、委派董事、监事或者聘任高级管理人员的,该选举、委派或者聘任无效。董事、监事、高级管理人员在任职期间出现本条第一款所列情形的,公司应当解除其职务。"

[2] 股东大会是《期货交易所管理办法》中的表述,2023 年《公司法》修改,不再采取股东大会的表述,而统一为股东会,故此说明。

(2)董事会

期货交易所设董事会,每届任期3年。董事会对股东大会负责,行使下列职权:召集股东大会会议,并向股东大会报告工作;拟订期货交易所章程、交易规则、结算规则及其修改草案,提交股东大会审定;审议总经理提出的财务预算方案、决算报告,提交股东大会通过;审议期货交易所合并、分立、变更组织形式、变更股权结构、解散和清算的方案,提交股东大会通过;监督总经理组织实施股东大会和董事会决议的情况;决定专门委员会的设置;决定会员的接纳和退出;决定对违规行为的纪律处分;决定期货交易所变更名称、住所或者营业场所;审议批准根据章程和交易规则、结算规则制定的细则和办法;审议结算担保金的使用情况;审议批准风险准备金的使用方案;审议批准总经理提出的期货交易所发展规划和年度工作计划;审议批准期货交易所收费项目、收费管理办法;审议批准期货交易所对外投资计划;监督期货交易所高级管理人员和其他工作人员遵守国家有关法律、行政法规、规章、政策和期货交易所章程、业务规则的情况;组织期货交易所年度财务会计报告的审计工作,决定会计师事务所的聘用和变更事项;期货交易所章程规定和股东大会授予的其他职权。

期货交易所设董事长1人,可以设副董事长1—2人。董事长、副董事长的任免,由中国证监会提名,董事会通过。董事长不得兼任总经理。董事长行使下列职权:主持股东大会、董事会会议和董事会日常工作;组织协调专门委员会的工作;检查董事会决议的实施情况并向董事会报告;期货交易所章程规定或董事会授予的其他职权。副董事长协助董事长工作。董事长因故临时不能履行职权的,由董事长指定的副董事长或者董事代其履行职权。

董事会会议的召开和议事规则应当符合期货交易所章程的规定。董事会会议结束之日起10日内,董事会应当将会议决议及其他会议文件报告中国证监会。期货交易所可以设独立董事。独立董事由中国证监会提名,股东大会通过。期货交易所可以设董事会秘书。董事会秘书由中国证监会提名,董事会通过。董事会秘书负责期货交易所股东大会和董事会会议的筹备、文件保管以及期货交易所股东资料的管理等事宜。

(3)总经理

期货交易所设总经理1人,副总经理若干人。总经理由中国证监会任免。副总经理按照中国证监会相关规定任免或者聘任。总经理每届任期3年。总经理应当由董事担任。总经理行使下列职权:组织实施股东大会、董事会通过的制度和决议;主持期货交易所的日常工作;根据章程和交易规则、结算规则拟订有关细则和办法;决定结算担保金的使用;拟订风险准备金的使用方案;拟订并实施经批准的期货交易所发展规划、年度工作计划;拟订并实施经批准的期货交易所对外投资计划;拟订期货交易所财务预算方案、决算报告;拟订期货交易所合并、分立、变更组织形式、解散和清算的方案;拟订期货交易所变更名称、住所或者营业场所的方案;

拟订期货交易所机构设置方案;拟订期货交易所员工聘任方案,提出解聘建议;拟订期货交易所员工的工资和奖惩方案;决定重大交易者教育和保护工作事项;决定调整收费标准;期货交易所章程规定或者董事会授予的其他职权。总经理因故临时不能履行职权的,由总经理指定的副总经理代其履行职权。

(二)期货结算机构

期货交易的结算是指根据期货交易所公布的结算价格对交易双方的交易结果进行的资金清算和划转。[1] 根据《期货和衍生品法》第91条的规定,期货结算机构是指依法设立,为期货交易提供结算、交割服务,实行自律管理的法人。期货结算机构包括内部设有结算部门的期货交易场所、独立的期货结算机构和经国务院期货监督管理机构批准从事与证券业务相关的期货交易结算、交割业务的证券结算机构。

目前期货市场上的结算机构有两种类型:独立型的结算机构,即独立于期货交易所之外而成立的专门的结算公司;非独立型结算机构,即由期货交易所在内部设立的一个职能部门,如以结算部、结算中心等形式存在。我国目前期货交易采用的都是后一种类型。

结算机构也采用会员制,即期货结算机构是由结算会员组成。结算会员又是在期货交易所的会员中产生,所以结算机构的会员一定是期货交易所的会员。结算会员可以分为两类:一类是全权结算会员,其既可以为自己所从事的期货交易进行结算,也可以代理其他无结算会员资格的交易所会员进行结算;另一类是普通结算会员,只能为自己所从事的期货交易进行结算,不能代理其他会员进行结算。根据《期货交易所管理办法》的规定:“结算会员由交易结算会员、全面结算会员和特别结算会员组成。全面结算会员、特别结算会员可以为与其签订结算协议的非结算会员办理结算业务。交易结算会员不得为非结算会员办理结算业务。”无论是全权结算会员还是普通结算会员,由于期货交易都是通过他们进行结算的,所以其在期货市场的组织体系中处于十分重要的地位。一般而言,结算会员应该具备下列条件:是资金实力雄厚、信誉良好的期货交易所会员;有能力缴纳巨额结算保证金;会员在结算机构附近设有办事处。

根据《期货交易管理条例》和《期货交易所管理办法》的规定,期货交易所实行全员结算制度或者会员分级结算制度,应当事前向中国证监会报告。实行全员结算制度的期货交易所会员均具有与期货交易所进行结算的资格。实行全员结算制度的期货交易所会员由期货公司会员和非期货公司会员组成。期货公司会员按照中国证监会批准的业务范围开展相关业务。实行全员结算制度的期货交易所对会员结算,会员对其受托的客户结算。实行会员分级结算制度的期货交易所会员由结算会员和非结算会员组成。结算会员具有与期货交易所进行结算的资格,非结

[1] 《期货交易管理条例》第81条第4项。

算会员不具有与期货交易所进行结算的资格。期货交易所对结算会员结算,结算会员对非结算会员结算,非结算会员对其受托的客户结算。实行会员分级结算制度的期货交易所可以根据结算会员资信和业务开展情况,限制结算会员的结算业务范围,但应当于 3 日内报告中国证监会。

期货市场实行分级结算制度。首先是结算机构对其结算会员进行结算,然后是结算会员对非结算会员及其客户进行结算。根据《期货交易管理条例》第 37 条的规定,实行会员分级结算制度的期货交易所,应当向结算会员收取结算担保金。期货交易所只对结算会员结算,收取和追收保证金,以结算担保金、风险准备金、自有资金代为承担违约责任,以及采取其他相关措施;对非结算会员的结算、收取和追收保证金、代为承担违约责任,以及采取其他相关措施,由结算会员执行。

1. 结算机构的地位和作用

结算机构的首要职能是计算期货交易盈亏。期货交易所内的交易由结算机构的会员处理,结算机构经对各结算会员提交的数据资料核对无误后,结算交易,从而根据交易的盈亏调整结算会员的账户。结算机构是期货交易买卖的第三方,在期货合约的结算过程中充当买卖各方的对方。所以期货交易的买卖双方并不直接发生关系,无须知道与自己交易的真正相对方是谁,他们只需要在期货结算机构进行结算就可以了,因为无论如何交易结算机构都要为每一笔交易承担责任。通过这种制度设计,任何交易者都可以随时通过其经纪商冲销合约以解除其到期的履约责任,而不必征求其真正的交易对方同意与否,从而简化了结算手续,提高了交易效率。

结算机构在期货交易中以买卖的第三方地位存在,对期货合约的履行负有担保的法律责任。结算机构通过对会员保证金的管理和控制,使期货市场的风险限定在一定的范围之内。一旦合约的一方陷于破产或由于其他原因而无法履约,结算机构就负有履行合约的责任,以保障期货合约持有者的合法利益,从而维护期货交易的正常秩序,保证期货交易的顺利进行。

结算机构的存在还大大简化了期货交易的实物交割。期货合约在到期后未平仓的就必须进行实物交割。合约在到期前,可能已经经过了多次转手,但所有转让过程中的双方都已经通过结算机构抵消了其履约义务,所以最后只剩下最初的卖方和最终的买方来履行合约所规定的义务。此时,最初的卖方和最终的买方只需通过结算机构将货物和货款交给对方,并在结算机构的监督下完成最终的实物交割即可。

2. 期货结算机构制度

(1)登记结算制度

在期货交易所内成交的每一份期货合约都必须在期货结算机构内进行结算,严格禁止结算会员将其所代理结算客户的合约进行私下对冲。《期货交易管理条例》规定期货交易的结算,由期货交易所统一组织进行。

(2)结算保证金制度

期货结算机构规定每一结算会员都必须在结算机构内存入一笔结算保证金,用以作为结算会员为自己或其他非结算会员代为结算提供担保。每种期货合约的保证金数额由结算机构决定,一般情况下,结算保证金是根据结算会员手中的买入持仓和卖出持仓冲抵后的净持仓来计算的。根据《期货交易管理条例》的规定,实行会员分级结算制度的期货交易所,还应当建立健全结算担保金制度。实行会员分级结算制度的期货交易所,应当向结算会员收取结算担保金。期货交易所只对结算会员结算,收取和追收保证金,以结算担保金、风险准备金、自有资金代为承担违约责任,以及采取其他相关措施;对非结算会员的结算、收取和追收保证金、代为承担违约责任,以及采取其他相关措施,由结算会员执行。

(3)逐日盯市、当日无负债结算制度

期货结算机构在每日交易结束后根据当日结算价格计算出每位结算会员当日的持仓盈亏,并调整各结算会员的保证金账户。如果结算会员保证金账户上的保证金金额仍高于最低保证金水平则仍可以进行交易。如果结算会员存在持仓亏损,则该持仓亏损额必须在第二天交易开市前予以补足,否则第二天开市后结算机构有权对该结算会员的在手合约实施强制平仓。同样地,结算会员对非结算会员、期货公司对客户都实行逐日盯市、当日无负债结算制度,从而保证了客户对期货公司、非结算会员对结算会员、结算会员对期货结算机构在每天交易结束后都不存在负债,使得期货结算机构能够作为买卖双方的第三方,对一切经过其结算后的期货合约的买卖提供担保。《期货交易管理条例》规定:期货交易所应当按照国家有关规定建立健全当日无负债结算制度;期货交易所实行当日无负债结算制度;期货交易所应当在当日及时将结算结果通知会员。

(4)交易结算报告的通知和确认制度

根据《期货交易管理条例》的规定,期货公司根据期货交易所的结算结果对客户进行结算,并应当将结算结果按照与客户约定的方式及时通知客户。客户应当及时查询并妥善处理自己的交易持仓。

(5)持仓限额和大户持仓报告制度

持仓限额,根据《期货交易管理条例》的规定,是指期货交易所对期货交易者的持仓量规定的最高数额。持仓限额制度是指期货交易所为防范操纵市场价格的行为,防止期货市场风险过度集中于少数投资者,对会员及客户的持仓数量进行限制的制度。超过限额者,交易所可按规定强行平仓或提高保证金比例。

大户持仓报告制度是指当投资者的持仓量达到交易所规定的持仓限额时,应通过结算会员或交易会员向交易所或国务院期货监督管理机构报告其资金和持仓情况。

《期货交易所管理办法》规定,期货交易所应当实行持仓限额制度和套期保值管理制度,实行套期保值头寸审批制度和投机头寸限仓制度。期货交易所对会员和投资者在非交割月份和交割月份持有的投机头寸,分别制定最大持仓限制标准。期货交易实行大户持仓报告制度。会员或者客户持仓达到期货交易所规定的持仓报告标准的,会员或者客户应当向期货交易所报告。客户未报告的,会员应当向期货交易所报告。期货交易所可以根据市场风险状况制定并调整持仓报告标准。

(6)风险处理制度

风险处理制度是指期货交易所制定的,当结算会员破产或无法履约时,结算机构可以采取一些保护性措施,以防止事态的进一步恶化。这些措施通常包括:立即将该结算会员的所有持仓予以平仓或者转让。如果采取上述处理措施后,结算会员仍出现亏损,则动用该结算会员的结算保证金进行抵补;如果动用了该结算会员的结算保证金仍不足以弥补亏损,则动用该结算会员存放在结算机构的担保基金进行抵补;如果仍出现亏损,则动用期货结算机构的自有资金。在必要情况下,期货结算机构可以要求全体结算会员增交结算保证金,以增强整体风险抵抗能力。

(三)期货公司

期货公司是指接受期货投资者的委托,以自己名义为期货投资者的利益进行期货交易的经济组织。依照经营业务的专门化程度不同,期货公司可以分为专业期货公司和兼营期货公司;依照是否为期货交易所会员,期货公司可分为会员期货公司和非会员期货公司;依照期货公司能否在期货交易所独立进行结算,会员期货公司可分为结算会员和非结算会员。

期货公司在期货市场上处于承上启下的地位,起到了重要的作用。首先,扩大了市场参与者的范围和市场规模,提高了交易效率,节约了交易成本,促进了期货交易的发展;其次,加速了期货市场信息的传播,有助于提高投资者的交易决策效率;最后通过其实行的客户风险控制制度,有效分散了整个市场的交易风险,保证了期货交易的正常、有序进行。

根据《期货交易管理条例》的规定,期货公司是依照《公司法》和本条例规定设立的经营期货业务的金融机构。设立期货公司,应当在公司登记机关登记注册,并经国务院期货监督管理机构批准。未经国务院期货监督管理机构批准,任何单位或者个人不得设立或者变相设立期货公司,经营期货业务。期货公司从事经纪业务,接受客户委托,以自己的名义为客户进行期货交易,交易结果由客户承担。《期货交易管理条例》开放了期货公司关于境外经纪、期货投资咨询等各项业务,并对期货公司业务实行许可制度,使得期货公司大大扩展了盈利渠道,增强了期货行业的竞争力。

1. 期货公司的设立、变更和终止

(1)期货公司的设立

期货公司业务实行许可制度,由国务院期货监督管理机构按照其商品期货、金融期货业务种类颁发许可证。期货公司除申请经营境内期货经纪业务外,还可以申请经营境外期货经纪、期货投资咨询以及国务院期货监督管理机构规定的其他期货业务。期货公司不得从事与期货业务无关的活动,法律、行政法规或者国务院期货监督管理机构另有规定的除外。期货公司不得从事或者变相从事期货自营业务。期货公司不得为其股东、实际控制人或者其他关联人提供融资,不得对外担保。

设立期货公司必须符合法定条件。《期货交易管理条例》规定,设立期货公司,应当符合公司法的规定,并具备下列条件:①注册资本最低限额为人民币3000万元;②董事、监事、高级管理人员具备任职条件,从业人员具有期货从业资格;③有符合法律、行政法规规定的公司章程;④主要股东以及实际控制人具有持续盈利能力,信誉良好,最近三年无重大违法违规记录;⑤有合格的经营场所和业务设施;⑥有健全的风险管理和内部控制制度;⑦国务院期货监督管理机构规定的其他条件。另外,国务院期货监督管理机构根据审慎监管原则和各项业务的风险程度,可以提高注册资本最低限额。注册资本应当是实缴资本。股东应当以货币或者期货公司经营必需的非货币财产出资,货币出资比例不得低于85%。国务院期货监督管理机构应当在受理期货公司设立申请之日起6个月内,根据审慎监管原则进行审查,作出批准或者不批准的决定。未经国务院监督管理机构批准,任何单位和个人不得委托或者接受他人委托持有或者管理期货公司的股权。《期货公司监督管理办法》规定,申请设立期货公司,除应当符合《期货交易管理条例》规定的条件外,还应当符合以下要求:①注册资本不低于人民币1亿元;②具有期货从业人员资格的人员不少于15人;③具备任职资格的高级管理人员不少于3人。

申请期货公司董事、监事、高级管理人员的任职资格,应当正直诚实、品行良好,熟悉期货法律、行政法规,具有履行职责所需的经营管理能力。申请董事长和监事会主席的任职资格,应当具备下列条件:①具有从事期货业务3年以上经验,或者其他金融业务4年以上经验,或者法律、会计业务5年以上经验,或者经济管理工作10年以上经验;②具有大学本科以上学历或者取得学士以上学位;③熟悉期货法律、行政法规和中国证监会的规定,具备期货专业能力。申请除董事长、监事会主席、独立董事以外的董事、监事的任职资格,应当具备下列条件:①具有从事期货、证券等金融业务或者法律、会计业务3年以上经验,或者经济管理工作5年以上经验;②具有大学专科以上学历。

申请独立董事的任职资格,应当具备下列条件:①具有从事期货、证券等金融业务或者法律、会计业务5年以上经验,或者具有相关学科教学、研究的高级职称;②具有大学本科以上学历,并且取得学士以上学位;③熟悉期货法律、行政法规和中国证监会的规定,具备期货专业能力;④有履行职责所必需的时间和精力。下列人员不得担任期货公司独立董事:①在期货公司或者其关联方任职的人员及其近亲属和主要社会关系人员;②在下列机构任职的人员及其近亲属和主要社会关系人员:持有或者控制期货公司5%以上股权的单位、期货公司前5名股东单位、与期货公司存在业务联系或者利益关系的机构;③直接或间接持有上市期货公司已发行股份1%以上或者是上市期货公司前十名股东中的自然人股东及其近亲属;④为期货公司及其关联方提供财务、法律、咨询等服务的人员及其近亲属;⑤最近1年内曾经具有前四项所列举情形之一的人员;⑥在其他期货公司担任除独立董事以外职务的人员;⑦中国证监会认定的其他人员。

申请经理层人员的任职资格,应当具备下列条件:①具有期货从业人员资格;②具有大学本科以上学历或者取得学士以上学位;③熟悉期货法律、行政法规和中国证监会的规定,具备期货专业能力。申请总经理、副总经理的任职资格,除具备经理层人员必需的条件,还应当具备下列条件:①具有从事期货业务3年以上经验,或者其他金融业务4年以上经验,或者法律、会计业务5年以上经验,或者经济管理工作10年以上经验;②担任期货公司、证券公司等金融机构部门负责人以上职务不少于2年,或者具有相当职位管理工作经历。

有下列情形之一的,不得申请期货公司董事、监事和高级管理人员的任职资格:①《公司法》第146条规定的情形[1];②因违法行为或者违纪行为被解除职务的期货交易所、证券交易所、证券登记结算机构的负责人,或者期货公司、证券公司的董事、监事、高级管理人员,自被解除职务之日起未逾5年;③因违法行为或者违纪行为被撤销资格的律师、注册会计师或者投资咨询机构、财务顾问机构、资信评级机构、资产评估机构、验证机构的专业人员,自被撤销资格之日起未逾5年;④因违法行为或者违纪行为被开除的期货交易所、证券交易所、证券登记结算机构、证券服务机构、期货公司、证券公司的从业人员和被开除的国家机关工作人员,自被开除之日起未逾5年;⑤国家机关工作人员和法律、行政法规规定的禁止在公司中兼职的其他人员;⑥因违法违规行为受到金融监管部门的行政处罚,执行期满未逾3年;⑦自被中国证监会或者其派出机构认定为不适当人选之日起未逾2年;⑧因违法违规行为或者出现重大风险被监管部门责令停业整顿、托管、接管或者撤销的金融机构及分支机构,其负有责任的主管人员和其他直接责任人员,自该金融机构及分支机构被停业整顿、托管、接管或者撤销之日起未逾3年;⑨中国证监会认定的其他情形。

根据《期货公司监督管理办法》的规定,申请设立期货公司,应当向中国证监会提交下列申请材料:设立期货公司申请书;发起协议;非自然人股东按照其自身决策程序同意出资设立期货公司的决定文件;公司章程草案;经营计划;发起人名单及其最近3年经会计师事务所审计的财务报告或者个人金融资产证明以及不存在对所投资企业经营失败或重大违法违规行为负有直接责任未逾3年的说明;拟任用高级管理人员和从业人员名单、简历、相关任职条件证明和相关资格证书;拟

[1] 现为2023年《公司法》第178条规定的情形。

订的期货业务制度、内部控制制度和风险管理制度文本;场地、设备、资金来源证明文件;股权结构及股东间关联关系、一致行动人关系的说明;资本补充方案及风险处置预案;律师事务所出具的法律意见书;中国证监会规定的其他申请材料。期货公司可以从事商品期货经纪业务。期货公司申请金融期货经纪业务资格,应当具备下列条件:申请日前2个月的风险监管指标持续符合规定的标准;具有健全的公司治理、风险管理制度和内部控制制度,并有效执行;符合中国证监会期货保证金安全存管监控的规定;业务设施和技术系统符合相关技术规范且运行状况良好;高级管理人员近2年内未受过刑事处罚,未因违法违规经营受过行政处罚,无不良信用记录,且不存在因涉嫌违法违规经营正在被有权机关调查的情形;不存在被中国证监会及其派出机构采取《期货交易管理条例》第55条第2款、第56条规定的监管措施的情形;不存在因涉嫌违法违规经营正在被有权机关立案调查的情形;近2年内未因违法违规经营受过刑事处罚或者行政处罚,但期货公司控股股东或者实际控制人变更,高级管理人员变更比例超过50%,对出现上述情形负有责任的高级管理人员和业务负责人已不在公司任职,且已整改完成并经期货公司住所地的中国证监会派出机构验收合格的,可不受此限制;中国证监会根据审慎监管原则规定的其他条件。

期货公司申请金融期货经纪业务资格,应当向中国证监会提交下列申请材料:金融期货经纪业务资格申请书;加盖公司公章的营业执照和业务许可证复印件;股东会或者董事会决议文件;申请日前2个月风险监管报表;公司治理、风险管理制度和内部控制制度执行情况报告;业务设施和技术系统运行情况报告,以及信息系统内部审计报告等网络安全相关材料;律师事务所出具的法律意见书;若存在本办法第16条第8项规定的情形的,还应提供期货公司住所地的中国证监会派出机构出具的整改验收合格意见书;中国证监会规定的其他申请材料。

期货公司设立营业部、分公司等境内分支机构,应当自完成相关工商设立登记之日起5个工作日内向公司住所地中国证监会派出机构报备。期货公司设立境内分支机构,应当具备下列条件:公司治理健全,内部控制制度符合有关规定并有效执行;申请日前3个月符合风险监管指标标准;符合有关客户资产保护和期货保证金安全存管监控的规定;未因涉嫌违法违规经营正在被有权机关调查,近1年内未因违法违规经营受到行政处罚或者刑事处罚;具有符合业务发展需要的分支机构设立方案和稳定的经营计划;中国证监会根据审慎监管原则规定的其他条件。

按照本办法设立的期货公司,可以依法从事商品期货经纪业务;从事金融期货经纪、境外期货经纪、期货投资咨询的,应当取得相应业务资格。从事资产管理业务的,应当依法登记备案。期货公司经批准或者备案可以从事中国证监会规定的其他业务。

(2)期货公司的变更和终止

期货公司的变更是指期货公司在存续期间内所发生的法律人格、组织、活动范围等方面的重大变化以及其他登记事项的变化。根据《期货交易管理条例》规定，期货公司办理下列事项，应当经国务院期货监督管理机构批准：①合并、分立、停业、解散或者破产；②变更业务范围；③变更注册资本且调整股权结构；④新增持有5%以上股权的股东或者控股股东发生变化；⑤国务院期货监督管理机构规定的其他事项。

根据《期货公司监督管理办法》第19条的规定，期货公司变更股权有下列情形之一的，应当经中国证监会批准：①变更控股股东、第一大股东；②单个股东的持股比例或者有关联关系的股东合计持股比例增加到5%以上，且涉及境外股东的。除前款规定情形外，期货公司单个股东的持股比例或者有关联关系的股东合计持股比例增加到5%以上，应当经期货公司住所地中国证监会派出机构批准。

期货公司的终止是指期货公司丧失民事主体资格，不再具有民事权利能力和行为能力的状态。依据《期货交易管理条例》规定，期货公司或者其分支机构有《行政许可法》规定的情形或者下列情形之一的，国务院期货监督管理机构应当依法办理期货业务许可证注销手续：营业执照被公司登记机关依法注销；成立后无正当理由超过3个月未开始营业，或者开业后无正当理由停业连续3个月以上；主动提出注销申请；国务院期货监督管理机构规定的其他情形。期货公司在注销期货业务许可证前，应当结清相关期货业务，并依法返还客户的保证金和其他资产。期货公司分支机构在注销经营许可证前，应当终止经营活动，妥善处理客户资产。

2. 期货公司的权利义务

期货公司享有的权利主要包括：(1)选择投资者的权利。期货交易具有高风险特点，期货公司在接受投资者委托时，可以对投资者情况进行审查评估，之后决定接受或是拒绝委托。其实，这也是对投资者的保护。(2)报酬请求权。期货公司在为投资者提供服务后，有权要求对方支付佣金。期货公司有权根据期货交易所规定和市场状况，确定收取佣金的标准，并对不同投资者采用不同的佣金标准。另外，投资者账户保证金的利息一般不返还给投资者，将其视为期货公司获得报酬的一部分。(3)管理投资者账户的权利及冲抵权、强行平仓权和合同解除权。期货公司有向投资者收取保证金、调整保证金收取比例的权利，当保证金不足且未及时追加时，期货公司有权对投资者强行平仓、停止接受委托、解除合同等。(4)请求投资者接受期货交易后果的权利。投资者与期货公司之间是合同法上的行纪关系，投资者应当承担期货交易的后果。

期货经纪公司承担的义务主要包括：(1)公开的义务。期货公司应当如实向投资者告知期货交易的性质及风险，向投资者普及期货知识，必要时对投资者进行培训，向投资者公开自身的资信和业务状况，如实回答投资者咨询。另外，还要向投资者提供市场及行情信息，反馈投资者委托事项进展情况，向投资者提供交易结算报告等账目。(2)遵从投资者指令的义务。(3)遵守期货交易规则的义务。该项义务内容广泛，总的来说，是要求期货公司不得为自己利益而牺牲投资者利益，或未尽善良管理人的注意义务给投资者造成损失。(4)交付与转移义务。期货公司代为买卖所取得的盈利或实物应当转移给投资者。期货公司不得与投资者约定分享盈利。

此外,根据有关法规的规定,期货公司还应该承担其他一些义务。如应当建立健全投资者投诉处理制度,并将投资者的投诉及处理结果存档;应当建立交易、结算、财务数据的备份制度;有关开户、变更、销户的客户资料档案应当自期货经纪合同终止之日起至少保存20年;交易指令记录、交易结算记录、错单记录、客户投诉档案以及其他业务记录应当至少保存20年。期货公司以电子数据方式保存或者备份相关资料的,应当确保电子数据的真实、可靠,采取有效措施防止电子数据被篡改、损毁,保存的电子数据资料应当能随时转化为纸质形式。

三、期货市场的监管与自律

(一)我国期货主管机构法律制度

目前,我国已经基本形成了政府期货主管部门、期货行业协会和各交易所相结合的三级管理模式。关于交易所的自我管理在前文已有介绍,所以这里主要介绍政府期货主管部门和期货行业协会。

《期货交易管理条例》的规定,国务院期货监督管理机构对期货市场实施监督管理,依法履行下列职责:(1)制定有关期货市场监督管理的规章、规则,并依法行使审批权;(2)对品种的上市、交易、结算、交割等期货交易及其相关活动,进行监督管理;(3)对期货交易所、期货公司及其他期货经营机构、非期货公司结算会员、期货保证金安全存管监控机构、期货保证金存管银行、交割仓库等市场相关参与者的期货业务活动,进行监督管理;(4)制定期货从业人员的资格标准和管理办法,并监督实施;(5)监督检查期货交易的信息公开情况;(6)对期货业协会的活动进行指导和监督;(7)对违反期货市场监督管理法律、行政法规的行为进行查处;(8)开展与期货市场监督管理有关的国际交流、合作活动;(9)法律、行政法规规定的其他职责。

根据《期货交易管理条例》的规定,国务院期货监督管理机构依法履行职责,可以采取下列措施:(1)对期货交易所、期货公司及其他期货经营机构、非期货公司结算会员、期货保证金安全存管监控机构和交割仓库进行现场检查。(2)进入涉嫌违法行为发生场所调查取证。(3)询问当事人和与被调查事件有关的单位和个人,要求其对与被调查事件有关的事项作出说明。(4)查阅、复制与被调查事件有关的财产权登记等资料。(5)查阅、复制当事人和与被调查事件有关的单位和个人的期货交易记录、财务会计资料以及其他相关文件和资料;对可能被转移、隐匿或者毁损的文件和资料,可以予以封存。(6)查询与被调查事件有关的单位的保证金账户和银行账户。(7)在调查操纵期货交易价格、内幕交易等重大期货违法行为时,经国务院期货监督管理机构主要负责人批准,可以限制被调查事件当事人的期货交易,但限制的时间不得超过 15 个交易日;案情复杂的,可以延长至 30 个交易日。(8)法律、行政法规规定的其他措施。

1. 期货主管机构的功能

(1)市场创造功能。在期货市场发育不完全、期货投资者不成熟的国家,政府有义务创造和维护有利的投资环境,促进期货市场的健康发展。

(2)利益协调功能。在期货市场中,政府是公共利益、投资者权益的代表,负有协调国家、企业以及各地方、各部门之间利益关系的责任。政府在缓和期货市场中不同利益主体之间冲突的过程中,应当兼顾各方利益,尤其应该以保护投资者利益为基本出发点。

(3)裁决纠纷功能。在市场经济中,政府处于超然地位,不直接参与经济活动。一旦期货市场出现重大事件,政府主管部门应当以裁判者的身份从公平、公正的角度出发解决矛盾,处理纠纷,提高市场的运作效率。

(4)维护投资者利益和稳定市场的功能。期货市场的稳定与否和投资者的利益保护有密切联系,直接关系到市场信心的建立。为此,政府主管部门应当依据有关法律规定,加强市场监督,维护期货市场的公平、公正,防止欺诈、价格操纵或者滥用信息等不正当行为的出现,促进期货市场健康发展。

2. 期货主管机构的职权

我国期货主管部门的职能主要包括:拟订期货市场及期货经营机构开展的衍生品业务相关监管制度,依法办理相关审批、核准、注册、备案申请。监管期货市场及期货经营机构开展的衍生品业务相关活动和期货服务机构。监测监控并防范处置期货市场风险。[1]

(二)期货行业协会法律制度

中国期货行业协会(也称中国期货业协会)是根据《社会团体登记管理条例》设立的全国期货行业自律性组织,是非营利性的社会团体法人。协会接受中国证监会和国家社会团体登记管理机关的业务指导和管理。

1995 年,中国证监会向国家民政部申请注册了中国期货业协会,并得到了主管部门批准,顺利完成了注册登记、征集会员等筹备工作。2000 年 12 月 29 日中国期货业协会正式挂牌。

根据《中国期货业协会章程》,协会的宗旨是:坚持以马克思列宁主义、毛泽东思想、邓小平理论、“三个代表”重要思想、科学发展观、习近平新时代中国特色社会主义思想为指导,在国家对期货市场实行集中统一监督管理的前提下,实行期货行业自律管理;在中国证券监督管理委员会(以下简称中国证监会)的指导和监督下,对期货相关衍生品交易业务实行行业自律管理;发挥政府与行业间的桥梁和纽

---

〔1〕 参见 http://www.csrc.gov.cn/csrc/c101795/c1444880/content.shtml,最后访问日期:2024 年 7 月 1 日。

带作用,为会员服务,维护会员的合法权益;坚持市场的公开、公平、公正,维护行业的正当竞争秩序,保护交易者的合法权益,推动市场的规范发展。

1. 中国期货业协会的职能

我国期货业协会的职能主要包括:(1)制定和实施行业自律规则,监督、检查会员的业务活动及从业人员的执业行为,对违反法律、行政法规、国家有关规定、协会章程和自律规则的,按照规定给予纪律处分或者实施其他自律管理措施。(2)对会员之间、会员与交易者之间发生的纠纷进行调解。(3)依法维护会员的合法权益,向中国证监会等部门反映会员的建议和要求。(4)教育会员和期货从业人员遵守期货法律法规和政策,组织开展行业诚信建设和行业文化建设,建立行业诚信激励约束机制,推动行业履行社会责任。(5)开展交易者教育和保护工作,督促会员落实交易者适当性管理制度,开展期货及其相关衍生品市场宣传。(6)对会员的信息安全工作实行自律管理,督促会员执行国家和行业信息安全相关规定和技术标准。(7)组织会员就期货及其相关衍生品行业的发展、运作及有关内容进行研究,收集整理、发布期货及其相关衍生品市场信息,提供会员服务,组织开展行业交流和会员间的业务交流。(8)制定并实施期货及其相关衍生品行业人才发展战略,加强人才队伍建设;制定期货从业人员道德品行标准;按照有关法律法规,制定专业能力水平标准,开展从业人员执业登记,实施从业人员分类分层自律管理;按照有关法律法规,制定期货从业人员和董事、监事、高级管理人员专业能力水平评价测试规则并具体组织实施;组织期货从业人员的业务培训。(9)设立专项基金,为期货及其相关衍生品行业人才培养、交易者教育或其他特定事业提供资金支持。(10)制定期货及其相关衍生品行业行为准则、业务规范、团体标准,参与拟订期货及其相关衍生品市场的行业标准。(11)引导行业创新发展,推动发展风险管理业务,提升行业机构服务实体经济能力。(12)依据自律规则对期货相关衍生品市场重要交易者的衍生品交易及相关业务活动实行行业自律管理。(13)开展期货及其相关衍生品行业的国际交流与合作,加入国际组织,推动相关资质互认。(14)依据自律规则对境内特定品种期货交易及相关业务活动和其他跨境业务实行行业自律管理。(15)法律法规规定、中国证监会委托以及会员大会决定的其他职责。

2. 期货行业协会的组织机构

会员大会是协会的最高权力机构,会员大会由理事会组织召开,每4年举行一次。理事会认为必要,或1/3以上会员联名提议,应召开临时会员大会。会员大会因特殊情况需提前或延期换届的,须由理事会表决通过,报中国证监会审查并经民政部批准同意。延期换届的期限不得超过1年。理事会是会员大会的执行机构,在会员大会闭会期间领导协会开展日常工作,对会员大会负责。理事会由会员理事和非会员理事组成。理事每届任期四年,可连选连任。协会设会长1名,专职副会长若干名,兼职副会长若干名,秘书长1名,副秘书长若干名。会长、专职副会长由中国证监会提名,理事会选举产生;兼职副会长由会长提名,理事会选举产生。

秘书长、副秘书长由中国证监会推荐,会长提名,理事会聘任。协会经费来源由会费、社会捐赠、政府资助、在核准的业务范围内开展活动或服务的收入、其他合法收入构成。

3. 期货行业协会的会员制度

依据《中国期货业协会章程》,协会会员由法定会员、普通会员、特别会员、联系会员组成:法定会员是指《期货和衍生品法》第59条规定的期货经营机构;普通会员是指其他依法设立的从事期货及衍生品相关业务的机构;特别会员是指经中国证监会批准组织开展期货交易、结算、期货保证金安全存管监控、指数发布等期货市场运行、管理的机构以及其他组织开展衍生品交易和结算的机构;联系会员是指经各地方民政部门批准设立的省、自治区、直辖市、计划单列市的期货及衍生品行业社会团体法人,期货服务机构以及协会认可的其他参与期货及衍生品市场的相关机构。法定会员应当加入协会;普通会员、特别会员、联系会员经协会批准可以加入协会。会员的权利包括:(1)协会的选举权、被选举权和表决权;(2)要求协会维护其合法权益不受侵犯的权利;(3)通过协会向有关部门反映意见和建议的权利;(4)参加协会举办的活动和获得协会服务的权利;(5)对协会工作的批评建议和监督的权利;(6)对协会给予的纪律惩戒有听证、申诉的权利;(7)会员大会决议增补的其他权利。

会员的义务包括:(1)遵守协会章程及其他自律性规则;(2)执行协会的决议;(3)按规定缴纳会费;(4)支持协会工作,维护行业利益;(5)参加协会组织的各项活动;(6)向协会反映情况,按协会规定提供期货及其相关衍生品业务的数据信息及其他资料;(7)接受协会的监督与检查;(8)根据协会的规定履行公告义务;(9)会员大会决议增补的其他义务。

当发生下列情形时,会员的资格终止:(1)两个或两个以上会员单位合并,会员资格由存续单位或新设单位继承,原有会员资格自动终止;(2)会员被依法注销;(3)受到协会取消会员资格处分的;(4)会员退会的;(5)其他导致会员资格终止的情形。[1]

四、期货市场交易制度

(一)期货交易会员制度

期货交易所实行交易会员制度,只有交易所会员可以在交易所内进行期货交易,非会员单位或个人必须通过交易所会员代理才能进行期货交易。所谓会员是指根据期货交易的有关法规和交易所章程规定,经期货交易所审查批准,在期货交易所进行期货交易活动的企业法人。会员依其业务范围可以分为期货公司会员和

---

〔1〕 参见 http://www.cfachina.org/aboutassociation/associationintroduction/associationconstitution/,最后访问日期:2024年7月12日。

非期货公司会员。期货公司会员是指专门从事期货经纪业务的会员,期货公司会员不得从事自营业务;非期货公司会员是指专门从事自营业务的会员,非期货公司会员不得从事经纪业务。根据《期货交易管理条例》的规定,在期货交易所进行期货交易的,应当是期货交易所会员。期货公司会员只能接受客户委托从事期货经纪业务,非期货公司会员只能从事期货自营业务。

(二)保证金制度

保证金制度是指根据期货交易所的规定,期货投资者在交易时必须存入一定数额的保证金,以作为双方履约的担保。保证金制度是期货市场风险管理的有力措施,也是期货投资者参与期货交易的法定条件之一。

由于期货交易所实行会员制,期货交易保证金的收取是分层次进行的。期货交易所向期货交易会员收取会员保证金,期货交易会员再向投资者收取客户保证金。保证金可以分为基础保证金和交易保证金。交易保证金又可分为初始保证金和追加保证金。基础保证金是会员开展交易的信用保证,一般按规定的数额一次性存入交易所专用账户。当会员违规、违约造成债务,用交易保证金、结算准备金仍不足以弥补时,从基础保证金中支付。交易保证金是期货交易者在买卖成交后,为确保其持仓合约履约的财力担保。交易保证金由交易所确定,一般是成交合约总额的5%—10%。为确保风险控制,交易保证金按照持仓合约总数支付,并且在合约平仓后,或实物交割后,由交易所退还原缴纳方。初始保证金是期货交易者在成交的当日按当日交易保证金的比例缴纳的第一笔交易保证金。追加保证金是交易所为确保成交合约履约,根据市场价格的变动情况要求交易者追加的保证金。

期货交易应当严格执行保证金制度。期货交易所向会员、期货公司向客户收取的保证金,不得低于国务院期货监督管理机构、期货交易所规定的标准,并应当与自有资金分开,专户存放。期货交易所向会员收取的保证金,属于会员所有,除用于会员的交易结算外,严禁挪作他用。期货公司向客户收取的保证金,属于客户所有,除下列可划转的情形外,严禁挪作他用:(1)依据客户的要求支付可用资金;(2)为客户交存保证金,支付手续费、税款;(3)国务院期货监督管理机构规定的其他情形。

(三)涨跌停板制度

根据《期货交易管理条例》的规定,期货交易所应当按照国家有关规定建立、健全涨跌停板制度。涨跌停板是指合约在1个交易日中的交易价格不得高于或者低于规定的涨跌幅度,超出该涨跌幅度的报价将被视为无效,不能成交。涨跌停板制度主要是用来限制期货合约每日价格波动的最大幅度。涨跌停板是以某一合约上一交易日的结算价为基准的,合约上一交易日的结算价加上允许的最大涨幅即构成当日价格上涨的上限,称为涨停板;合约上一交易日的结算价减去允许的最大跌幅即构成当日价格下跌的下限,称为跌停板。交易所可根据市场风险状况调整涨跌幅度。涨跌停板制度可以有效缓解或抑制由于突发事件或过度投机引发的暴涨暴跌。

（四）交割制度

交割制度是指期货合约到期时，交易双方将合约所载的商品所有权或权利进行转移，以了结未平仓合约的制度。[1] 期货交易的交割，由期货交易所统一组织进行。期货交易所不得限制实物交割总量。交割仓库由期货交易所指定。期货交易所应当与交割仓库签订协议，明确双方的权利和义务。交割仓库不得有下列行为：出具虚假仓单；违反期货交易所业务规则，限制交割商品的入库、出库；泄露与期货交易有关的商业秘密；违反国家有关规定参与期货交易；国务院期货监督管理机构规定的其他行为。

（五）强行平仓制度

强行平仓是指期货交易过程中，在期货交易者期货持仓所需的保证金不足，其又未按期货交易所或期货公司的通知及时追加不足保证金时，期货交易所或期货公司有权对期货交易者的期货持仓进行反向交易，将所得资金补足期货交易者所需保证金的法律行为。当交易所会员或投资者的结算准备金余额小于0，并未能在规定时间内补足，交易所或会员有权对其持仓进行强制平仓。此外，如果会员或客户的持仓量超过限仓规定，或根据交易所的紧急措施应当强行平仓，交易所或者会员有权强行平仓。

根据《期货交易管理条例》的规定，期货交易所会员的保证金不足时，应当及时追加保证金或自行平仓。会员未在期货交易所规定的时间内追加保证金或者自行平仓的，期货交易所应当将该会员的合约强行平仓，强行平仓的有关费用和发生的损失由该会员承担。客户保证金不足时，应当及时追加保证金或者自行平仓。客户未在期货公司规定的时间内及时追加保证金或者自行平仓的，期货公司应当将该客户的合约强行平仓，强行平仓的有关费用和发生的损失由该客户承担。

（六）风险准备金制度

交易所应当从已收取的会员交易手续费中提取一定比例的资金，作为确保交易所担保履约的备付金。风险准备金为期货交易提供担保，用于弥补交易所因不可预见的损失造成的亏损，对于维护期货市场的正常运转具有重要作用。根据《期货交易管理条例》的规定，期货交易所应当按照国家有关规定建立、健全风险准备金制度。期货交易所、期货公司、非期货公司结算会员应当按照国务院期货监督管理机构、财政部门的规定提取、管理和使用风险准备金，不得挪用。会员在期货交易中违约的，先以该会员的保证金承担违约责任；保证金不足的，期货交易所应当以风险准备金和自有资金代为承担违约责任，并由此取得对该会员的相应追偿权。

---

[1] 我国《期货交易管理条例》（2017年修订）第81条第5项将交割定义为："合约到期时，按照期货交易所的规则和程序，交易双方通过该合约所载标的物所有权的转移，或者按照规定结算价格进行现金差价结算，了结到期未平仓合约的过程。"

客户在期货交易中违约的,期货公司先以该客户的保证金承担违约责任;保证金不足的,期货公司应当以风险准备金和自有资金代为承担违约责任,并由此取得对该客户的相应追偿权。

(七)境外期货交易制度

境外期货项下购汇、结汇以及外汇收支,应当符合国家外汇管理有关规定。境内单位或者个人从事境外期货交易的办法,由国务院期货监督管理机构会同国务院商务主管部门、国有资产监督管理机构、银行业监督管理机构、外汇管理部门等有关部门制定,报国务院批准后施行。

思考题

1. 简述金融衍生品的概念及种类。
2. 试论述金融衍生品合约的法律特征。
3. 简述金融衍生品交易的风险。
4. 试比较金融衍生品市场的不同监管模式。
5. 简述期货市场的主要交易制度。
6. 论述公司制期货交易所的组织机构。

第六章　信托法律制度

第一节　信托基本法律制度

一、信托法概述

（一）信托法

信托法是调整信托关系的法律规范的总称。信托法有狭义和广义之分。狭义的信托法是指调整信托基本关系的法律，其内容主要包括：信托当事人，信托财产以及信托的设立、变更、终止等。广义的信托法除包括狭义的信托法外，还包括信托业法。信托业法是规范信托机构的法律，其内容主要包括信托机构的设立、变更、终止，信托机构的业务范围、经营规则及监督管理等。

各国信托立法进展状况不尽相同。英国是世界上最早进行信托立法的国家，其立法侧重于信托基本法，如《受托人条例》（1893 年）、《司法受托人法》（1896 年）、《公共受托人法》（1906 年）、《受托人法》（1925 年）、《慈善信托确认法》（1954 年）、《公共受托人报酬法》（1957 年）、《信托变更法》（1958 年）、《信托承认法》（1987 年）、《受托人法》（2000 年）等。美国信托法的主要渊源是各种判例，美国法律协会汇编整理的《信托法重述》就是各州判例法的汇总。美国还颁布了一些单行法，如《信托公司准备法》（1906 年）、《信托契约法》（1939 年）、《1940 年投资公司法》。[1] 日本在 1922 年制定了《信托法》和《信托业法》，并在 1943 年通过了《普通银行兼营信托业务法》，又于 2006 年修改了《信托法》与《信托业法》。[2]

（二）中国信托法

1979 年成立新中国第一家信托公司——中国国际信托投资公司以来，我国信托业得到了重新发展，但我国的信托法制建设十分滞后。在 2001 年《信托法》通过之前，我国调整信托基本关系的法律一直处于空白状态，对信托业的调整也只有一些分散的、不成体系的行政法规，如 1986 年 1 月 7 日国务院发布的《银行管理暂行条例》中第四章“其他金融机构”，1986 年 4 月 26 日中国人民银行颁布的《金融信

---

〔1〕 参见强力：《金融法》，法律出版社 1999 年版，第 588 页。

〔2〕 参见［日］新井诚：《信托法》（第 4 版），刘华译，中国政法大学出版社 2017 年版，第 30 页。

托投资机构管理暂行规定》(已失效)。而且这些不同主体制定的行政法规、规章之间还存在一定的矛盾和冲突。落后的信托法制建设远远无法满足调整信托行为和规范信托业的需要。

2001 年 4 月 28 日第九届全国人大常委会第二十一次会议通过了《信托法》,并自2001 年10 月1 日起开始施行。这是我国第一部调整信托基本关系的法律;它使我国信托关系的确立和信托行为的进行第一次有了明确的法律标准,这有利于建立规范的信托制度,有利于保护信托当事人的权益,有利于促进信托业的健康发展;它也为制定其他相关的法律法规提供了法律依据。

我国《信托法》既借鉴了外国信托立法的经验,又结合本国的国情,作出了一些值得肯定的独特性规定,主要有:(1)突出了信托财产的独立性。信托财产的独立性是信托最具有特色的法律设计,也是多数学者的共识。我国《信托法》用 4 个条文(第 15 条、第 16 条、第 17 条和第 18 条)突出了信托财产的独立性。目前,就世界各国而言,用 4 个条文集中规定信托财产独立性特征的《信托法》还较为鲜见。[1] (2)将信托合同规定为诺成合同。信托的成立以信托财产交付完成为要件(除遗嘱信托外),在外国信托法上已成惯例,例如,美国《信托法重述》第 31 条规定:"财产所有权人在生存期间,为了自己的利益而表示将财产转移于另一人占有,但他没有将财产转移于该人,信托不成立。"信托合同作为设立信托的一种最为常用的方式,在日本通常被视为要物合同而我国《信托法》将信托合同规定为诺成合同。这一规定意味着信托合同自签订时起便具有强制执行力,从而无论是委托人还是受托人在信托财产交付完成前对该合同均已不能因反悔而不予履行,故它的施行将为信托业领域内的合同秩序的稳定起到极大的促进作用,并因此而极大地促进信托业的健康发展,这符合中国的国情和需要。[2] (3)增加了委托人的权利。"委托人地位迥异"是英美法系信托法与大陆法系信托法的根本区别之一。英美法系下,委托人除非在信托文件中对某些权利作了保留,否则信托设立后其不再介入信托的运作,即并不认为委托人是信托的利害关系人之一。然而大陆法系的日本、韩国信托法则赋予委托人信托关系人的法律地位,并在此基础上确认其享有若干权利。如日本《信托法》规定了四项委托人请求法院干预信托的权利:请求法院变更信托财产管理方法、请求法院将受托人解任、请求法院选任新受托人和请求法院检查信托事务处理情况。我国《信托法》授予委托人要求受托人变更信托财产管理方法、将受托人解任和选任新受托人的权利,而且这三项权利是委托人以自己的行为干预信托的权利,不需通过法院,从而在程序上简便易行,委托人也能够及时进行监控。我国《信托法》还规定委托人因受益人的重大侵权行为有权变更受

---

〔1〕 参见黄来纪:《试论我国〈信托法〉的特点》,载《政治与法律》2002 年第 3 期。

〔2〕 参见张淳:《〈中华人民共和国信托法〉中的创造性规定及其评析》,载《法律科学(西北政法学院学报)》2002 年第2 期。

益人或者解除信托。授予委托人一定权利使委托人能够对信托的运作进行监控，这有利于信托目的的实现。(4)为受托人增设对信托的保密义务。由于我国关于商业秘密和隐私权的立法还需进一步健全，在这种情形下，我国《信托法》规定受托人负有保密义务成为必要。

我国《信托法》虽然有其值得肯定的独特性规定，但不可否认，也还存在一些不足，对一些定义和制度规范还有进一步推敲和完善的必要。其存在的问题主要有以下5点。

1. 信托财产权属问题。在英美法系中存在双重所有权的观念，即受托人享有信托财产的名义所有权，受益人享有实质的所有权。大陆法系由于主张绝对所有权而排斥双重所有。日本、韩国在信托立法中对信托财产所有权的归属均未作明确的规定，但规定了委托人要向受托人转移财产，而且从具体规定来看，财产所有人的权利主要是由受益人行使的。英美法系和大陆法系的共同点是认为信托中的财产权是随着委托而转移的，即随着财产的转移，委托人不再拥有所有权。而我国《信托法》顾虑法律传统和习惯的表述方法，采取了既非英美法系又非大陆法系的信托定义，简单回避财产权属问题及财产转移问题，仅仅是委托人"将其财产权委托给受托人"，这实际上是委托人保留信托财产所有权。[1] 这一规定存在一些问题：第一，这一规定没有并且也不可能为遗嘱信托情形下信托财产所有权归属提供法律依据。第二，这一规定没有并且也不可能为受托人处理信托财产提供处分权依据。[2] 这一规定可能使信托与其他近似概念相混淆。

2. 信托财产登记的效力问题。英美信托法与大陆法系的日本、韩国信托法有一个重要差异，即前者并未规定信托公示制度，后者则要求有关财产的信托必须予以公示。但日本信托法并未将信托公示规定为信托的生效要件，信托公示仅产生对抗第三人的效力。我国《信托法》将有关信托财产的登记确定为信托的生效要件。一方面，这是与我国民法中的不动产登记制度相一致的，有利于促进当事人办理登记、避免不必要的纠纷。但另一方面这使信托的成立要件更严格，不利于促进信托的成立。2017年，中国银监会依据《信托法》发布的《信托登记管理办法》，明确信托机构的信托产品及其受益权信息登记、信托受益权账户的设立和管理等应在中国信托登记有限公司集中办理。从实践来看，不登记不得对抗第三人更合理。

3. 信托监察人适用范围问题。信托监察人是指根据委托人或者有关国家机关的指定承担起维护受益人利益之职责的人。其职责是站在受益人的立场上对信托的运作进行监控。受益人的利益，应当由其自行维护，这是信托法的一般规则。所

---

[1] 参见吴弘、贾希凌、程胜：《信托法论——中国信托市场发育发展的法律调整》，立信会计出版社2003年版，第8页。

[2] 参见张淳：《〈中华人民共和国信托法〉中的创造性规定及其评析》，载《法律科学（西北政法学院学报）》2002年第2期。

以,在英美信托法下,除公益信托外,并无信托监察人的特殊设计。对公益信托,英美信托法也只例外地允许由第三人代受益人为诉讼上或诉讼外的行为。该第三人在英国是检察总长,在美国为各州检察长。大陆法系信托法则就任何类型的信托建立了统一的信托监察人制度。[1] 如日本和韩国的信托法都规定:当受益人不特定、尚不存在或其他为保护受益人之利益认为有必要时,如信托属于公益信托,主管机关可以因利害关系人的请求或者依职权而选任信托监察人;如属于其他类型的信托,法院可根据利害关系人的请求或依其职权选任信托监察人,但信托行为另有指定的信托监察人时,不在此限。我国《信托法》规定的信托监察人制度只适用于公益信托,这存在不足。因为,在英美信托法中,受益人享有衡平法上的所有权,受益人能按物权的方式予以救济,受益人可以运用许多救济措施来保障自身的权益。而我国《信托法》中受益人的权利比英美法上受益人的权利要小得多。因此建立统一的信托监察人制度以全面保护受益人的利益,有其必要性。

4. 法律责任问题。一般部门法都规定有"法律责任"或"罚则"篇,这是对当事人权利进行救济的一种有效法律措施。我国《信托法》只是笼统地规定了遭受侵害的当事人的一些权利,对于违约当事人所应承担的具体法律责任以及为预防当事人违约而采取的事前救济措施并未规定。[2]

5. 配套性法规的完善问题。除信托基本法、信托业法外,信托活动的顺利开展还需要一套完善的配套性法规。它们包括:第一,建立完善的信托税收制度。信托关系涉及多方当事人,关系复杂,种类繁多,国外立法多为之设立一套独特的税收规则。但我国在信托税收方面还没有专门的规则,信托业的税种、税率、纳税义务人、纳税办法等均没有统一的规定。信托公司在开展新信托业务前,对于税收问题往往缺少明确的指引,这已经引起了税收征管部门的重视,他们不时出台税收规范性文件。为支持新冠疫情防控工作,财政部和国家税务总局于 2020 年 2 月,出台了《关于支持新型冠状病毒感染的肺炎疫情防控有关捐赠税收政策的公告》,明确企业和个人通过公益性社会组织或者县级以上人民政府及其部门等国家机关,捐赠用于应对新型冠状病毒疫情的现金和物品,允许在计算应纳税所得额时全额扣除,这便为慈善信托的开展扫除了后顾之忧。第二,建立信托财务会计制度。当下我国信托业务的相关会计问题一直遵守《企业会计准则》(已失效)的有关规定,但《企业会计准则》未能兼顾信托业务核算的特殊需求,监管部门不得不出台各种打补丁的文件,实务部门应用起来也不完全适应。因此,信托业监管部门最好根据相关法规的要求,统合制定适合信托公司自身的会计制度,设置和使用适合信托公司业务需要的会计科目,进行自己的会计核算。第三,完善信托监管制度。我国《信托法》未提到信托监管问题,根据有关规定,现由国家金融监督管理总局对信托公

[1] 参见余能斌、文杰:《我国〈信托法〉内容缺陷管窥与补正思考》,载《法学》2002 年第 9 期。
[2] 参见郭德香:《金融信托法律制度研究》,郑州大学出版社 2003 年版,第 191 页。

司进行监管。2018 年 4 月,我国央行、银保监会、中国证监会、外汇局联合印发了《关于规范金融机构资产管理业务的指导意见》,明确提出对资产管理业务实施监管遵循机构监管与功能监管相结合的原则,按照产品类型而不是机构类型实施功能监管,同一类型的资产管理产品适用同一监管标准,这无疑是对包括信托公司在内的金融机构资产管理业开展统合监管的标志。

二、信托当事人

(一)委托人

1. 委托人的资格

委托人是指将财产转移给他人进行管理和处分,并创设信托法律关系的人。委托人应当是具有完全民事行为能力的自然人、法人或者依法成立的其他组织。而且委托人应对移转作为信托财产的财产享有完全的、合法的所有权。

2. 委托人的权利

由于法律传统的不同,两大法系的信托法制在委托人的权利这一问题上呈现出较大的差异。英美信托法中,委托人除非在信托文件中对某些权利作了保留,否则于信托设立后不得再介入信托的运作,即对受托人执行信托事务不再有干预权利。而大陆法系的日本、韩国信托法则不仅视委托人为信托的设立人,于信托成立后还赋予其以信托关系人的法律地位,从而委托人就信托事务的执行仍然享有许多监控权。[1]

(1)知情权。委托人有权了解信托财产的管理、运用、处分及收支情况,并有权要求受托人作出说明。委托人有权查阅、抄录或者复制与信托财产有关的信托账目以及处理信托事务的其他文件。了解信托财产的运作情况是委托人掌握信托事务经营状况、监督受托人妥善处理信托事务的大前提,是委托人最基本的权利。

(2)调整信托财产管理方法权。因设立信托时未能预见的特别事由,致使信托财产的管理方法不利于实现信托目的或者不符合受益人的利益时,委托人有权要求受托人调整该信托财产的管理方法。在英美法系,除非在信托文件中就该权利作了保留,否则委托人不得干预受托人对信托财产的管理。在大陆法系国家,信托法授予委托人请求法院变更信托财产管理方法的权利。而我国信托法允许委托人自己直接要求受托人进行变更,无须经过司法程序,使得委托人的该项权利更简便易行。

(3)对受托人违反信托的救济权。受托人违反信托目的处分信托财产或者因违背管理职责、处理信托事务不当致使信托财产受到损失的,委托人有权申请人民法院撤销该处分行为,并有权要求受托人恢复信托财产的原状或者予以赔偿;该信托财产的受让人明知是违反信托目的而接受该财产的,应当予以返还或者予以

---

〔1〕 参见周小明:《信托制度比较法研究》,法律出版社 1996 年版,第 148 页。

赔偿。

(4)解任权。受托人违反信托目的处分信托财产或者管理运用、处分信托财产有重大过失的,委托人有权依照信托文件的规定解任受托人,或者申请人民法院解任受托人。解任权是委托人维护自己权益的最后一道屏障。

(5)新受托人的选任权。受托人职责终止时,首先按照信托文件的规定选任新受托人。在信托文件未作规定时,一般都规定由利害关系人指定或申请法院任命。我国《信托法》规定,信托文件未规定的,由委托人选任;委托人不指定或者无能力指定的,由受益人选任。

(6)变更受益人或处分信托受益权以及解除信托的权利。该项权利在其他国家的信托法中并不多见,是我国信托法独特而又大胆的规定。信托有效成立后,受益人所享有的受益权是法律上的一种权利,虽然这种权利是由委托人将自己的财产设立信托而创立的,但是信托一经有效成立,委托人便不能随意解除信托。根据我国《信托法》,在以下几种情形下委托人可以变更受益人或者处分受益人的信托受益权:①受益人对委托人有重大侵权行为;②受益人对其他共同受益人有重大侵权行为;③经受益人同意;④信托文件规定的其他情形。我国《信托法》还规定:在自益信托中,如果委托人是唯一受益人的,委托人或者其继承人可以解除信托。在他益信托中,如果有上述①③④所列情形之一的,委托人可以解除信托。

(7)就信托财产的强制执行向法院主张异议的权利。信托财产具有独立性,当法院违法强制执行或拍卖财产时,委托人、受托人或受益人都有权向人民法院提出异议。[1]

3. 委托人的义务

(1)将信托财产转移给受托人的义务。信托关系一旦有效成立,委托人便应完全、及时地履行转移信托财产的义务。这是委托人最基本、最主要的义务。

(2)向受托人支付报酬的义务。委托人应按照法律、信托文件的规定履行向受托人支付报酬的义务。

很显然,在信托法律关系中委托人的权利多于义务。这种“权大于责”的规定从静态上说是为了保护委托人的利益,保障其设立信托时的预期可以顺利地实现。从动态上说,是为了鼓励人们创设信托,繁荣整个社会的信托市场。[2]

(二)受托人

1. 受托人的资格

受托人是按照委托人的意愿,以自己的名义,为受益人的利益或特定的目的,

---

[1] 参见[日]田中和明、[日]田村直史:《信托法理论与实务入门》,丁相顺、赖宇慧等译,中国人民大学出版社 2018 年版,第 117 – 119 页。

[2] 参见吴弘、贾希凌、程胜:《信托法论——中国信托市场发育发展的法律调整》,立信会计出版社 2003 年版,第 81 页。

对信托财产进行管理或者处分的人。因此和委托人一样,受托人必须具有权利能力和行为能力。受托人可以是一人,也可以是数人;可以是自然人,也可以是法人。受托人作为自然人,必须具有完全民事行为能力;作为营业信托的受托人,各国信托法对其资格均有特殊要求。一般由信托主管部门对其组织形式和组织机构、注册资本、经营管理能力等进行严格审查,合格后发给许可证书,方能取得从事营业信托业务的资格。法人以外的其他组织作为受托人的现象较少。我国立法考虑到其他组织作为民事主体在法律上很难有明确的界定,实践中会产生许多问题,规定受托人只能是具有完全民事行为能力的自然人、法人。

在信托法律关系中,受托人的出任方式主要有以下几种:(1)因信托合同而出任;(2)因遗嘱而出任;(3)因选任而出任;(4)因法院的指定而出任。在下列几种情况下,受托人可以退出信托法律关系:(1)被解任而退出;(2)因辞任而退出;(3)自然人受托人死亡或被依法宣告死亡、被依法宣告为无民事行为能力人或者限制民事行为能力人;(4)法人受托人被依法撤销或者被宣告破产、依法解散或者法定资格丧失;(5)法律、行政法规规定的其他情形。

2. 受托人的权利

(1)获取报酬权。受托人处理信托事务,有权依照信托文件的约定取得报酬。信托文件未作事先约定的,经信托当事人协商同意,可以作出补充约定;未作事先约定和补充约定的,不得收取报酬。约定的报酬经信托当事人协商同意,可以增减其数额。为了保护委托人和受益人的利益,实现信托目的,各国信托法对受托人取得报酬权均给予了限制,即受托人违反信托目的处分信托财产或者因违背管理职责、处理信托事务不当致使信托财产受到损失的,在未恢复信托财产的原状或者未予赔偿前,不得请求给付报酬。

(2)费用和损失补偿权。受托人对因信托事务处理而先行以自己的固有财产正当支出的所有费用享有补偿权。所有费用既包括一般性的管理费用,比如信托财产的保险费、维修费、租税等,也包括因处理信托事务而对第三人负债所造成的损失。所谓"正当支出",是指确实因处理信托事务而发生,并且受托人无过错。保障受托人费用和损失补偿权的实现主要有以下三种方法:一是允许受托人直接从信托财产中支取;二是允许受托人出售信托财产并优先受偿;三是向受益人提出补偿申请或令其提供担保。

(3)辞任权。信托设立后,受托人接受或者承诺信托并因此受到信托文件的约束,从有利于信托目的顺利实现的角度出发,受托人不能随意辞任。但若发生以下情形,应该准许受托人辞任:受托人认为自己不再具备管理该信托财产的能力,并提出辞任要求的;出现一些特殊事由,使受托人无力或者不能再履行职责的,如受托人重病或者出国等。出现这两种情形,经委托人和受益人同意,受托人可以辞任,但在新受托人选出前仍应履行管理信托事务的职责。对公益信托的受托人的辞任则更加严格,必须经公益事业管理机构批准。

(4)财产管理方法变更请求权。信托财产的管理方法一经确定,一般不能变更。但在信托关系存续期间,有时为了有利于受益人或者有利于信托目的实现,的确需要对这一管理方法进行变更。因此,各国家和地区信托法均规定可以由法院来进行这一变更,大部分大陆法系国家和地区与英美法系国家和地区的信托法均授予受托人请求法院变更信托财产管理方法的权利,而目前我国信托法仅承认委托人、受益人有信托财产管理办法的变更权,尚未规定受托人具有该权利。

3. 受托人的义务

从国际通行的规则看,法律主要通过加重受托人的法定义务来实现保护委托人、受益人的合法权益的目的。

(1)忠实义务。受托人应忠实于受托目的,为受益人的最大利益处理信托事务,不得为了自己利益或第三人利益而损害受益人的利益。具体有以下三个要求:第一,不得为自己谋取利益,即受托人除依照规定取得报酬外,不得利用信托财产为自己谋取利益。若受托人利用信托财产为自己谋取利益,委托人、受益人、其他受托人可请求将其所得的利益归于信托财产,并且在受托人存在恶意时,还应附加利息一起归入。第二,不得将信托财产转为自己财产,即受托人不得将信托财产转为其固有财产,受托人将信托财产转为其固有财产的,必须恢复该信托财产的原状,造成信托财产损失的,应当承担赔偿责任。第三,不得进行自己信托和双方信托,即受托人不得将其固有财产与信托财产进行交易或者将不同委托人的信托财产进行相互交易,除非是信托文件另有规定或者经委托人或者受益人同意,并以公平的市场价格进行的交易。

(2)善良管理人义务。委托人将财产交付信托,是基于对受托人的双重信赖,即不仅信赖其人格,而且信赖其能力。正是基于此双重信赖,大陆法系的日本、韩国信托法对受托人科以善良管理人的注意义务。[1] 我国《信托法》也规定:"受托人管理信托财产,必须恪尽职守,履行诚实、信用、谨慎、有效管理的义务。"善良管理人的注意比"处理自己事务应有的注意"还要高,即必须达到受托人所从事的职业或阶层应该普遍要求达到的注意程度。英美法系只要求受托人尽到一个普通的谨慎的人在处理自己相同或类似事务时应有的谨慎的义务,其对受托人注意义务的要求低于大陆法系。

(3)信托财产分别管理的义务。由于信托财产具有独立性,因此受托人应将其固有财产与信托财产分别管理、分别记账。同时,受托人管理数个信托财产时,各个信托财产也是相互独立的,也应当分别管理、分别记账。这样,受托人管理信托财产的行为更加透明化,有利于防止受托人欺诈委托人和受益人的事件发生,也有利于信托法律关系终止时对信托财产进行资产评估。如信托财产为资金的,仅要求通过分别记账进行管理。

---

〔1〕 参见周玉华主编:《信托法学》,中国政法大学出版社 2001 年版,第 179 页。

(4)亲自处理信托事务的义务。受托人应当亲自处理信托事务,因为信托法律关系的设立基础是委托人和受托人之间的信任,因此受托人亲自实施信托事务,才合于委托人的愿望。但这一义务并不是绝对的,若信托文件另有规定或者有不得已事由的,可以委托他人代为处理。其他国家和地区的信托法一般只要求受托人就第三人的选任与监督其职务的执行负责任,而我国信托法对受托人的责任规定的更为严格:委托人依法将信托事务委托他人代理的,应当对他人处理信托事务的行为承担责任。

(5)记录保存及报告义务。委托人、受益人对信托事务有知情权,因此委托人应当将信托事务的处理情况完整记录并妥善保存,以备委托人和受益人随时调阅、检查。同时,应每年定期将信托财产及其收支情况报告受益人。

(6)保密义务。根据我国《信托法》的规定,受托人对委托人、受益人以及处理信托事务的情况和资料负有依法保密的义务。信托事务很可能涉及委托人或受益人的个人隐私或者商业秘密。当这些信息存在时,受托人有义务为委托人或受益人的利益承担保密义务。

(7)向受益人交付信托利益的义务。委托人向受益人支付信托利益,是受托人的基本义务之一。受托人管理、运用和处分信托财产获取的收益,按规定应当由受益人享有。受托人履行支付信托利益的义务,是以信托财产为限承担有限责任的。信托财产消耗完毕的,受托人没有义务以固有财产支付信托利益,除非受托人违反信托或者管理信托事务不当。

(8)赔偿损失、恢复信托财产原状的义务。受托人违反信托目的处分信托财产,或者因违背管理职责、处理信托事务不当,致使信托财产受到损失的,必须以固有资产恢复信托财产的原状或者予以赔偿。

(9)制作清算报告的义务。受托人职责终止或信托终止的,受托人应当作出处理信托事务的清算报告。

(10)共同受托人的义务。同一信托的受托人有两个以上的,为共同受托人。共同受托人应当共同处理信托事务,但信托文件规定对某些具体事务由受托人分别处理的,应当按照信托文件的规定。共同受托人共同处理信托事务,意见不一致时,按信托文件规定处理;信托文件未规定的,由委托人、受益人或者其利害关系人决定。共同受托人因处理信托事务对第三人所负债务,应当承担连带赔偿责任。第三人对共同受托人之一所作的意思表示,对其他受托人同样有效。共同受托人之一违反信托目的处分信托财产或者因违背管理职责、处理信托事务不当致使信托财产受到损失的,其他受托人应当承担连带赔偿责任。共同受托人之一职责终止的,信托财产由其他受托人管理和处分。

(三)受益人

1. 受益人的资格

受益人是依据信托文件享受信托利益的人。在信托设计下,由于受益人是纯享利益之人,不负任何管理之责,因此,只要具有权利能力的人都可以作为受益人。受益人可以是一人,也可以是数人;可以是自然人,也可以是法人,还可以是依法成立的其他组织。委托人可以是受益人,且可以是同一信托的唯一受益人。受托人可以是受益人,但不得是同一信托的唯一受益人。这样规定是为了防止受托人滥用受托权利,妨碍信托目的的实现。

受益人必须能够予以确定,至于设立信托时受益人是否实际存在,则无关紧要。比如可以为胎儿的利益设立信托,也可以为某一类现在尚不存在的人(如将来结婚后所生的子女)设立信托。但是,信托法也例外地承认两类不需要确定的受益人的信托。一类是公益信托,公益信托的目的是公益事业,受益人实质上是不特定的社会大众。为了推进公益事业,信托法视公益目的本身为受益人,并赋予公益信托主管机关以强制执行信托请求权。另一类是“目的信托”或称“不完全义务信托”。这类信托没有受益人,信托财产被指定用于一些非公益的特殊目的。

2. 受益人的权利

信托受益权是受益人享有的最重要的一项权利,正是因为有了信托受益权,受益人在信托法律关系中才有存在的价值和必要。狭义的信托受益权是指信托利益享有权,而广义的信托受益权还包括附随狭义的受益权以保护受益人利益的各项权利。

(1)信托利益享有权。这是受益权中最主要的权利,受益权的其他层面都是为配合这一权利的实现而展开的。受益人可以依法或依信托文件向受托人主张并取得信托收益。根据我国《信托法》,信托受益权的起算日期分为两种情况:一种是在信托文件没有规定的情况下,受益人自信托生效之日起享有信托受益权;另一种情况是信托文件规定的具体日期为受益权的起算日期。如果一项信托有多个受益人,若信托文件对信托利益的分配比例或者分配方法有约定的,则按照约定进行分配;信托文件对此没有约定的,根据《信托法》的规定,各受益人按照均等的比例享受信托利益。

(2)信托受益权的处分权。受益权是受益人享有的一种民事权利,受益人可以自由处分,包括放弃、转让、继承。受益人可以放弃信托受益权,若全部受益人都放弃的,信托终止。部分受益人放弃信托受益权的,被放弃的信托受益权按下列顺序确定归属:信托文件规定的人;其他受益人;委托人或者其继承人。如果信托文件没有限制性规定,受益人的信托受益权还可以依法转让和继承。如果法律、行政法规以及信托文件没有限制性规定,若受益人不能清偿到期债务的,其信托受益权可以用于清偿债务。

(3)受益人的监控权。信托一经成立,原则上委托人和受益人都无权介入信托事务的执行,这被认为是受托人应有的权利。但信托事务的处理与受益人的利益密切相关,因此两大法系信托法都赋予受益人一定程度的监控权。我国《信托法》也将委托人享有的一些权利赋予了受益人,以此加强对受托人的监督,如受益人享有知情权、调整信托财产管理方法权、对受托人违反信托的解任权。受益人行使上述权利与委托人意见不一致时，可以申请法院作出裁定。

(4)违反信托的救济权。对受托人违反信托后受益人的救济权，大陆法系按债权模式即赋予受益人以撤销权来塑造受益人的救济权；而英美法系按物权的模式赋予受益人以追索权，即可直接自受让人处追回信托财产(善意购买人除外)。根据我国《信托法》的规定，受托人违反信托目的处分信托财产或者因违背管理职责、处理信托事务不当致使信托财产受到损失的，受益人同委托人一样有权申请法院撤销该处分行为，并有权要求受托人恢复信托财产的原状或者予以赔偿。受益人行使该权利时，如与委托人意见不一致，可以申请法院作出裁定。

3. 受益人的义务

信托关系中，受益人的受益权因委托人的指定或法律的规定而产生，并不需要受益人为此而履行特定义务。法律为受益人考虑的更多的是围绕着"受益权"而形成的权利体系。当然，如果在信托文件中规定了受益人应当履行一定义务的，而受益人没有提出异议的，受益人应当履行。

三、信托财产

(一)信托财产的概念、范围

信托财产是指由委托人转移给受托人并由受托人加以管理和处分的财产。信托财产既包括信托成立时由委托人转移给受托人的财产，也包括信托存续期间受托人因信托财产的管理、运用、处分或者其他情形而取得的财产。

信托作为一种财产转移和管理制度，信托财产无疑处于信托关系的核心地位，没有独立的可辨识的信托财产，便无信托。信托财产是信托设立的前提条件，是信托赖以存在的物质基础，是信托得以正常运行的重要依托和保证。

信托财产的范围非常广泛。一般来说，凡是具有金钱价值的东西，都可以作为信托财产，包括动产、不动产、物权、债权、股票和债券等有价证券，专利权、商标权、著作权等知识产权以及其他财产权都可以作为信托财产。但是通常所说的人身权如名誉权、姓名权、身份权等，因不具有财产价值，故不得作为信托财产。需要注意的是：一些法律有所限制的财产不得作为信托财产，如法律、行政法规禁止流通的财产，未经主管部门批准的限制流通的财产，被依法采取强制措施的财产等。

(二)信托财产的特点

1. 信托财产所有权的分割性

普通财产的所有权是完整和单一的，即所有人不仅自己控制和管理财产，而且自己享受财产的利益。与此不同，英美法系下信托财产所有权则一分为二：受托人取得普通法上的所有权，受益人则享有衡平法上的所有权。这种"二元所有权"观念，是在英美普通法与衡平法相对峙、信托法孕育于衡平法的特殊历史环境下产生的，它极大地冲击了大陆法系的财产所有权观念。大陆法系奉行古代罗马法学家提出的财产所有权观念,认为财产所有权包括占有权、使用权、收益权和处分权四项权能,财产所有权人为自己的利益而享有权利。大陆法系国家(或地区)继受信托制度时,没有沿袭"普通法所有权"和"衡平法所有权"的提法,而将信托财产所有权赋予受托人,受益人享受信托财产利益的权利则称为"受益权"。但是由于信托法的特别规定,受托人所有权与民法上的所有权不同(前者管理与利益相分离,后者管理与利益相统一),受益权也不能简单地等同于受益人对受托人的债权请求权。[1] 事实上,受托人仅对信托财产享有名义上的所有权,受益人才是信托财产的受益权人。在信托财产上,权利主体与受益主体发生了分离。

2. 信托财产的独立性

信托财产的独立性是指信托财产区别于委托人、受托人和受益人的自有财产,仅服从于信托目的而独立运作。[2] 信托财产的独立性是信托财产最具有特色的法律设计。信托财产的独立性包括下列五个原则。

(1)与委托人的其他财产相区别。委托人一旦将其财产交付信托,即丧失其对该财产的权利,从而此项财产作为信托财产不再属于委托人的自有财产。根据我国《信托法》的规定,信托财产与委托人未设立信托的其他财产相区别。设立信托后,委托人死亡或者依法解散、被依法撤销、被宣告破产时,委托人是唯一受益人的,信托终止,信托财产作为其遗产或者清算财产;委托人不是唯一受益人的,信托存续,信托财产不作为其遗产或者清算财产;但作为共同受益人的委托人死亡或者依法解散、被依法撤销、被宣告破产时,其信托受益权作为其遗产或者清算财产。

(2)与受托人的固有财产相区别。受托人虽因信托而取得信托财产的权利,但只是信托财产名义上的权利人,不能享有受益权,因此信托财产实际上也不属于受托人的固有财产。受托人死亡或者被依法解散、被依法撤销、被宣告破产而终止的,信托财产不属于其遗产或清算财产的范围。

(3)抵销的禁止。在信托关系存续期间,受托人管理、运用、处分信托财产所产生的债权,不得与和信托无关的受托人的个人债务相抵销。而且受托人管理、运用、处分不同委托人的信托财产所产生的债权债务也不得相互抵销。

(4)强制执行的禁止及其例外。由于信托财产是独立于信托当事人的自有财产,因此信托当事人的一般债权人原则上不得申请法院强制执行信托财产。只有在某些特殊情况下可以例外,如我国《信托法》规定的以下情况:设立信托前债权人已对该信托财产享有优先受偿的权利,并依法行使该权利的;受托人因处理信托事务而产生的债务,债权人要求清偿该债务的;信托财产本身应担负的税款。

(5)混同的排除。依大陆法系民法观念,当某人在人财产上享有他物权,然后

---

[1] 参见周玉华主编:《信托法学》,中国政法大学出版社 2001 年版,第 137 页。

[2] 参见胡旭鹏:《信托财产独立性与交易安全平衡论——以信托外部法律关系为视角》,法律出版社 2015 年版,第 50 页。

又取得了该物的所有权则原先的权利因混同而消灭。为保持信托财产的独立性，日本、韩国信托法特别排除民法混同规则的适用，规定信托财产为所有权以外的权利时，即使受托人取得了作为该权利标的物的财产时，该权利也不因混同而消灭。

3. 信托财产的同一性

信托财产的同一性是指信托财产的范围不仅限于委托人当初交付信托的财产，凡信托管理中所取得的一切财产都构成信托财产，须继续保持其独立性。因信托管理所取得的财产一般包括两部分：一是原信托财产（委托人最初交付信托的财产）的收益，如出租信托财产所收取的租金等；二是原信托财产的代位物，如处分（出卖）信托财产取得的价金或其他财产，因信托财产灭失毁损而取得的赔偿金或保险金等。可见，同一性使信托财产基于信托目的而在内部结合为一个整体，不因其形态变化而丧失信托财产的性质，由此受托人就信托财产的收益和变化了的形态，应继续保持其独立性，并为受益人利益继续进行管理处分。[1]

（三）信托财产的公示

由于信托财产具有独立性，一旦成立即区别于委托人、受托人、受益人的自有财产，仅服从于信托目的。因此，某项财产上是否已成立了信托，对第三人利益影响极大，若不以一定方法公开信托事实，第三人则无由知悉某项财产已成为信托财产的真相，从而可能遭受无端之损害。[2] 由此，大陆法系的日本、韩国信托法特别建立了信托公示制度，即要求一些特定财产的信托必须予以公示，否则不发生对抗第三人的效力，可见日本、韩国信托法倾向于对第三人的保护。英美法系没有公示制度，认为信托对抗第三人的效力并不需要公示，倾向于对受益人利益的保护。

我国《信托法》规定了信托财产登记制度，规定对依据有关法律、行政法规规定应当办理登记手续的财产进行信托时，应当办理信托登记，否则该信托不产生效力。为建立全国统一的信托登记制度，进一步促进信托业持续健康发展，2017 年 8 月，中国银监会发布了《信托登记管理办法》，主要规定了信托登记的定义及流程、信托受益权账户管理及信托登记信息管理、监管要求等，特别明确了信托登记是指中国信托登记有限责任公司对信托机构的信托产品及其受益权信息、国务院银行业监督管理机构规定的其他信息及其变动情况予以记录的行为。

四、信托的设立、变更和终止

（一）信托的设立

1. 信托设立的方式

信托的设立是指通过一定的方式在当事人之间建立信托关系。信托设立的方

---

[1] 参见周小明：《信托制度比较法研究》，法律出版社 1996 年版，第 148 页。

[2] 参见周小明：《信托制度比较法研究》，法律出版社 1996 年版，第 150 页。

式有多种:依据法律的规定直接设立的法定信托,根据法院的推定而设立的推定信托,依据委托人的默示行为推定其具有信托意图而设立的默示信托。但绝大多数信托是通过委托人的意思表示行为而设立的明示信托。明示信托又主要表现为契约、遗嘱和宣言三种方式。

信托契约是由委托人和受托人订立的,以设立信托关系为目的的一种协议。信托契约是否有效,除符合合同法的一般规则外,还需符合信托法对契约的记载事项、契约的形式等事项的特殊规定。

信托遗嘱是委托人以立遗嘱方式就自己的遗产设立信托的行为,是委托人将遗产作为信托财产转移给委托人管理或处理,并要求受托人将信托利益交付指定的受益人的单方法律行为。

信托宣言是委托人为了他人利益,向社会公开宣布自己为受托人,从而设立信托的声明,即委托人将其拥有的一定财产列为信托财产,自任受托人,并为受益人利益进行管理或处分的特殊宣言。信托宣言是英美法系下的一项制度,大陆法系国家和地区并不承认其效力。

2. 信托设立的有效要件

(1)当事人合格。信托是一种涉及委托人、受托人和受益人三方当事人的复杂财产关系,因此各国家和地区法律对信托当事人的资格都有所要求,主体资格不合法,不能设立有效的信托。

(2)信托目的合法。信托目的是指委托人通过设立信托所要达到的目的。信托的设立原则上采用意思自治原则,委托人可以为各种目的设立信托。但是各国信托法对此都增加一项一般性的限制,即信托目的不得违法或违背社会公共政策。

(3)信托财产的确定、合法。委托人用于设立信托的财产必须是确定的并且是委托人合法所有的,如果财产属于委托人非法所有,则该信托当然无效。

(4)设立方式合法。一般而言,信托具备上述三个要件即可成立,但我国信托法还强调信托设立的要式性。首先,规定信托设立应当采取书面形式,排除了口头形式。而其他国家的信托法一般规定,除非法律另有规定,当事人设立信托既可采用书面形式,也可采用口头形式。其次,对信托文件记载事项作出了规定,列出了五项强制性条款。最后,规定了信托财产的登记制度。以一些特定的财产设立信托必须进行登记,否则该信托不产生效力。

3. 信托的无效

信托的设立必须符合法定的条件,否则会因违法而无效。能够引起信托无效的原因主要有:(1)信托目的违反法律、行政法规或者损害社会公共利益。(2)信托财产不能确定或不合法。(3)受益人或者受益人范围不能确定,公益信托和目的信托除外。(4)专以诉讼或者讨债为目的设立的信托。因为代理他人诉讼或者处理其他非诉讼法律事务,主要属于律师的职业。为防止滥行诉讼并确保诉讼由律师代理的原则,各国信托法对于以诉讼为主要目的的信托都予以禁止。

4. 信托的撤销

信托成立后,信托财产由委托人转移给受托人并独立存在,除非委托人是信托的唯一受益人,否则委托人不能收回信托财产。一些债务人往往利用信托欺诈债权人,将可供清偿债务的财产设立信托,结果损害了债权人的利益。为防止委托人利用信托转移财产、逃避债务,保护债权人的合法权益,各国信托法一般都赋予债权人以撤销权,即委托人设立信托损害其债权人利益的,债权人有权申请法院撤销该信托。但对善意受益人已经取得的信托利益,则不受该信托撤销的影响。

(二)信托的变更

信托关系一经设定,即对信托当事人发生法律约束力,一般不得随意变更。但为保护委托人和受益人的利益,在特定情况下可以对受托人、受益人或信托内容进行变更。

1. 受托人的变更

信托成立后,受托人在处理信托事务的过程中,不履行职责或者有影响其履行职责的其他重大事由,不利于实现信托目的或者给委托人或受益人造成损害的,委托人或受益人可以变更受托人。

根据我国《信托法》的规定,受托人出现以下情形的,受托人职责终止:(1)死亡或者被依法宣告死亡;(2)被依法宣告为无民事行为能力人或者限制民事行为能力人;(3)被依法撤销或者被宣告破产;(4)依法解散或者法定资格丧失;(5)辞任或者被解任;(6)法律、行政法规规定的其他情形。此时,可以依照信托文件规定选任新受托人;信托文件未规定的,由委托人选任;委托人不指定或者无能力指定的,由受益人选任;受益人为无民事行为能力人或者限制民事行为能力人的,依法由其监护人代行选任。

2. 受益人的变更

受益人所享有的受益权是法律设定的权利,信托有效成立后,委托人便不能随意变更受益人或处分受益人的信托受益权。但在受益人对委托人或其他共同受益人有重大侵权行为时,或经受益人同意时,或信托文件中另有规定时,委托人可以变更受益人或者处分受益人的信托受益权。

3. 信托内容的变更

信托内容包括信托期限、信托财产管理方法等诸多事项,信托生效后,信托当事人在特定情形下可以对有关事项作出修改或补充,其中运用最多的是对信托财产管理方法的变更。信托财产管理方法一般在信托关系设立时就已经确定,一般来说不能进行变更。但由于社会生活的复杂性,发生设立信托时未能预见的特别事由,致使信托财产的管理方法不利于实现信托目的或者不符合受益人的利益时,可对其进行变更。

(三)信托的终止

1. 信托终止的原因

信托终止是指信托关系的消灭。除法律规定或信托文件特别约定外,信托不因委托人或受托人的死亡、丧失民事行为能力、解散、破产或被撤销而终止,也不因受托人的辞任而终止。信托终止的原因主要有以下六种。

(1)信托文件中所规定的终止事由发生。信托法基于意思自治原则,允许当事人在信托文件中规定终止信托的事由。一旦规定的事由出现,信托关系即归于终止。

(2)信托期限届满。信托当事人往往在信托文件中明确规定了信托的存续期限。一旦该期限届满,信托就自动终止。

(3)信托目的已经实现或者不能实现或信托的存续违反信托目的。信托是围绕信托目的而进行的。如果信托目的已经实现,该信托自无继续存在的必要。与此相反,如果信托目的由于种种因素在客观上已经不可能实现,则该信托也无法继续存在。而且如果发生一定的事由,使信托的继续存在足以破坏或者在实质上损害信托目的的,信托也应当终止。

(4)信托被撤销。信托在一定条件下可以被撤销,如委托人设立信托损害其债权人利益的,债权人有权申请法院撤销该信托。

(5)信托被解除。信托关系一经依法成立,原则上不能解除。但在以下三种情形下,委托人有权解除信托:一是委托人在信托文件中规定了其解除信托的权利,则委托人可以根据信托文件的规定解除信托;二是在自益信托中,委托人是唯一受益人的,且信托文件没有相反规定,则委托人或者其继承人可以解除信托;三是在他益信托中,受益人对委托人有重大侵权行为或经受益人同意,委托人可以解除信托。

(6)信托当事人协商同意。信托的终止也贯彻意思自治原则,充分尊重当事人的意愿。委托人、受托人和受益人经协商达成一致的,可以解除信托。

2. 信托终止的法律后果

信托终止使信托关系由存在变为消灭。信托终止只对将来产生法律效力,不具有溯及既往的效力,而信托无效则是自始无效。

信托终止所带来的最大的法律后果是对信托财产的处置。各国信托法对信托终止时信托财产归属的权利人的规定并不一致。根据我国《信托法》的规定,信托终止时,信托财产归属于信托文件规定的人;信托文件未规定的,信托财产的归属第一顺序为受益人或者其继承人,第二顺序为委托人或者其继承人。信托财产的归属确定后,在该信托财产转移给权利归属人之前,信托视为继续存在,权利归属人视为受益人,受托人仍继续处理有关信托事务。

信托终止后,受托人应当对信托财产的管理、运用、处分及收支等情况制作清算报告。受益人或者信托财产的权利归属人在审核清算报告后,如果对清算报告没有异议的,受托人就清算报告所列事项就解除了责任。但是,如果受托人在清算报告中采用了弄虚作假、故意隐瞒等不正当手段的,受托人仍需承担责任。

第二节　信托业法律制度

一、信托业概述

(一)信托业的概念和特点

在实践中对信托业有三种理解:(1)认为信托业是指信托业务,即信托公司以收取报酬为目的,以受托人身份接受信托和处理信托事务的经营行为;(2)认为信托业是指信托行业,在我国,信托业是金融业的子部门,与证券业、银行业和保险业并称为金融业的“四驾马车”;(3)认为信托业是指以营利为目的而常业经营信托业务的组织机构,如英国和美国的银行信托部、日本的信托银行、我国的信托公司等,在这种理解中信托业不是一种理财手段或金融业务,而是一个使用该种理财手段或金融业务的组织体。实际上在大多数情况下,我们是在第三种意义上使用“信托业”这个词语的。

信托业具有以下特点:(1)从事信托的机构属一种营利组织,其经营活动以营利为目的,故称为营业信托。这区别于具有私益性质、由商业受托人以外的主体担任受托人的非营业信托(民事信托)。(2)从事信托的机构以收受、管理和处分信托财产为主要的营业活动。这使信托业区别于以自身财产为基础开展营业活动的其他营业组织。(3)信托业中的受托人必须是经过特别许可的特定信托营业机构,即以一定的组织机构充当受托人。这与以自然人为受托人的信托不同,后者是以个人充当受托人的。从信托的历史发展进程看,最早出现的是以个人为受托人的非营业信托,营业信托的兴起则要晚得多。但是,恰恰是信托业的兴起和发展,更新和拓展了信托的传统机能,如现代信托所具有的金融机能,应完全归功于信托业的发展。正是信托业,使信托从传统步入现代,从民族的精华发展为世界性的财富。[1]

(二)境外信托业的历史沿革

英国是现代信托制度的发源地。英国的信托是以宗教为目的而诞生的,其后信托的目的扩大到为家族转移传继财产以及教育、慈善等。由于受传统观念影响,英国的信托主要是以个人充当受托人并以无偿为原则的非营业的民事信托。以营利为目的的信托公司即营业信托早期一直未被承认,虽然后来也有所发展,但英国营业信托的发展比不上后来居上的美国。目前,英国信托业仍偏重于传统业

---

〔1〕 参见周小明:《信托制度比较法研究》,法律出版社1996年版,第210页。

务——民事信托和公益信托。

美国的信托源于英国但又不囿于英国的观念。美国一方面继受了英国的非营业民事信托,另一方面又创造性的将信托作为一种营业来发展,以高效率的公司组织形式推广信托事业。在美国,不仅营业信托与民事信托并举,而且营业信托随着时间的推移取得了长足的发展,美国的营业信托主要是有价证券信托。

作为大陆法系国家,日本并无信托的固有观念。日本的信托制度是20世纪初从美国引进的,而且一开始就把信托作为一种营业来发展。日本引进信托的动因是希望利用信托解决重工业发展所需的庞大资金问题,是将信托作为筹资的方法发展起来的。与美国不同的是,在日本几乎只存在营业信托与公益信托,以个人为受托人的无偿的民事信托极为罕见。而且在营业信托中又以金钱信托为主,有价证券信托在其中所占比例极小。

进入21世纪后,发达国家的信托业也发生了很大的变化,出现了一些新的动向,主要表现为:(1)强化信托职能、拓展信托品种。在强化信托财产管理职能的同时又强调了信托的融资职能、投资职能、金融职能等。信托的品种不断创新,如投资基金、年金信托、养老金信托等。(2)金融机构兼营信托业务成为趋势。(3)信托投资业务的国际化。(4)高科技手段的应用。(5)信托财产日益集中,并购重组频繁。(6)营业信托成为主流,公益信托日益受到重视。[1]

(三)中国信托业的发展

中国古代不存在信托制度。虽然在汉代有过专门以自己的名义替他人销售物品并收取佣金的“牙行”或“牙栈”,但实际上其从事的是行纪业务。一般认为,现代信托是20世纪初才从西方传到我国的。1919年聚兴诚银行上海分行设立信托部从事信托业务,这是中国历史上的第一个信托部,可以说是中国现代信托业的发端。此后,一些私营银行纷纷开设信托部。1921年8月21日,上海通易信托公司成立,从此信托公司开始登上历史舞台,并得到很快发展。到20世纪30年代,一些官办银行也开始设立信托部门,1935年国民政府还设立了中央信托局。[2] 1949年新中国成立后,人民政府对旧信托业进行整顿,对官营信托业予以没收和接管,对私营信托业进行社会主义改造与赎买,使之经公私合营而逐步实现国有化并最终并入国家银行。1949年11月,新中国成立了自己的信托机构——中国人民银行上海分行信托部,其业务包括房地产、运输、仓库、保管及其他代理业务,但1957年9月以后便陆续停办各项业务。此后直至改革开放前,中国信托业几乎是一片空白。

党的十一届三中全会后,随着改革开放的全面展开,沉寂多时的信托业也得以重新恢复和发展。中国信托业起步的标志是1979年10月在北京成立的中国国际

---

[1] 参见霍玉芬:《信托法要论》,中国政法大学出版社2003年版,第151-154页。

[2] 参见何旭艳:《上海信托业研究(1921-1949年)》,上海世纪出版集团2007年版,第107页。

信托投资公司,这是新时期出现在我国的第一家信托公司。为了充分利用各种渠道的闲置资金,以弥补银行信贷之不足,1980 年 7 月,国务院批示:银行要试办各种信托业务。据此,信托公司在极短的时间内,如雨后春笋般在各地出现。改革开放至今,信托业经历了五次连续不断、力度不同的整顿,可以说,在中国的金融行业中,信托业遭受的整顿最多,经历也最为坎坷。

1982 年,信托机构迅速膨胀,由于其业务范围缺乏科学界定,与银行抢资金、争业务,在一定程度上造成了资金分散与金融业务混乱的局面。1982 年 4 月 10 日,国务院发出《关于整顿国内信托投资业务和加强更新改造资金管理的通知》,对信托业进行了第一次整顿。这次整顿的重点是机构整顿,旨在清理非金融机构设立的信托公司,以改变信托机构过多、过乱的局面。

1984 年,我国出现了经济过热、固定资产投资膨胀和消费基金增长过猛的现象,导致货币投放过大和信贷失控。于是 1985 年 8 月,国务院和中国人民银行相继发出紧急通知,要求银行停止办理信托贷款和信托业务,已办理的业务应加以清理,对信托业进行了第二次整顿,重点是业务整顿。并于 1986 年由中国人民银行颁布了《金融信托投资机构管理暂行规定》。

1988 年 10 月,各地再次经济过热,信托业也随之发展迅速,恶性膨胀。中国人民银行根据《中共中央　国务院关于进一步清理整顿公司的决定》(中发〔1989〕8 号)文件精神,开始对信托公司进行第三次整顿,重点是业务清理和行业整顿。

1993 年,国家在紧缩银根、整顿金融秩序的过程中,对信托业进行了第四次整顿,重点是信托业和银行业分业经营。1995 年 5 月,国务院批准了中国人民银行《关于中国工商银行等四家银行与所属信托投资公司脱钩的意见》,并随着 1995 年我国《商业银行法》和 1999 年《证券法》的施行,明确规定了信托、银行、证券的分业经营。

2001 年 10 月 1 日,中国第一部《信托法》开始施行。2002 年 6 月 5 日,中国人民银行颁布了修订的《信托投资公司管理办法》(已失效)。2002 年 7 月 18 日,《信托公司资金信托管理暂行办法》开始施行。同日,爱建信托推出了国内第一个集合资金信托产品——上海外环隧道项目资金信托计划。10 天后,国内第一个房地产信托产品——新上海国际大厦项目资金信托计划出炉。信托业进入了一个新的发展时期。2007 年 1 月 23 日,中国银监会正式颁布修订后的两个重要法规《信托公司管理办法》和《信托公司集合资金信托计划管理办法》,并规定“新办法”从 2007 年 3 月 1 日起正式实施。至此,由《信托法》、《信托公司管理办法》和《信托公司集合资金信托计划管理办法》等法律规范构建起来的信托公司规范开展业务的政策平台趋于完善。但与一些发达国家相比,我国信托立法仍显滞后,需进一步完善。

我国信托业经过整顿后,信托法治环境开始趋于成熟、信托机构整合较为合理、信托投资领域愈加宽阔、市场对信托需求不断增长,呈现出良好的发展态势。但同时也应看到,信托业仍有许多需进一步完善的地方。随着金融业的进一步改革,我国金融机构开展资产管理业务的方式越来越多,产品越来越复杂,风险日渐集聚。对此,2018 年 4 月,中国人民银行、中国银保监会和中国证监会等联合发布了《关于规范金融机构资产管理业务的指导意见》,统一同类资产管理产品监管标准,以有效防范和控制防控金融风险,引导社会资金流向实体经济,更好地支持经济结构调整和转型升级。该文件落地之后,信托行业持续向回归信托本源、服务实体经济、强化主动管理能力的方向转变,监管部门依旧加强对通道业务的监管。在新的监管环境下,信托公司或将从财富管理业务、资产证券化业务以及股权投资业务等新兴业务方面着手,促使信托行业的持续性发展。

二、信托业的法律调整

(一)信托业法概述

信托机构是指从事信托活动的组织。我国信托法使用了"信托机构"这一概念,而未使用"信托公司"等概念,主要是基于以下考虑:信托法调整民事信托、营业信托、公益信托等各类信托,虽然目前我国信托机构主要是指信托公司,但从长远来看信托机构不限于信托公司,还应包括公益信托的受托人、证券投资基金公司、一些特殊目的机构等。

信托公司是指依照《公司法》和《信托公司管理办法》设立的主要经营信托业务的金融机构。目前,信托公司主要依照《信托法》、《信托公司管理办法》和《信托公司集合资金信托计划管理办法》开展业务活动。

(二)信托公司的设立、变更与终止

1. 信托公司的设立

我国对信托公司的设立实行严格的核准制,设立信托公司必须经监管机关批准并领取金融许可证。未经监管机关批准,任何单位和个人不得经营信托业务,任何经营单位不得在其名称中使用"信托公司"字样。

信托公司的设立应当具备以下条件:(1)有符合规定的公司章程;(2)有符合规定的入股资格的股东;(3)有符合最低限额的注册资本,监管机关根据信托公司行业发展的需要可以调整信托公司注册资本最低限额;(4)有具备任职资格的高级管理人员和与其业务相适应的信托从业人员;(5)有健全的组织机构、信托业务操作规则和风险控制制度;(6)有符合要求的营业场所、安全防范措施和与业务有关的其他设施;(7)监管机关规定的其他条件。

信托公司的设立包括筹建和开业两个阶段。筹建信托公司,发起人应向信托监督管理部门提出申请,申请文件应包括筹建申请书、筹建方案及可行性研究报告、筹建人员名单及其简历等。信托监管部门应在接到筹建申请后一定时期内作出是否批准的决定。经筹建符合开业条件的,发起人可以向信托监管部门申请开业。申请文件包括开业申请书、公司章程、股东名册及股份或出资人及其出资额,发起人的资信证明和有关材料,验资证明,拟任职的高级管理人员名单、简历,公司

经营方针、计划和业务管理制度、营业场所、设施资料等。信托监管部门自收到开业申请一定时期内应作出批准与否的决定。决定批准的应颁布经营信托业务许可证,决定不批准的应书面说明理由。

发起人领取经营信托业务许可证后,即可向企业登记主管部门办理注册登记,领取营业执照并刊登公告。6个月内未办理公司注册登记的,其许可证自动失效。领取营业执照后,信托公司即告成立,可以开始营业活动。

2. 信托公司的变更

信托公司设立后变更以下事项的,应当经监管机关批准:(1)变更名称;(2)变更注册资本金;(3)变更公司住所;(4)改变组织形式;(5)调整业务范围;(6)更换董事或高级管理人员;(7)变更股东或者调整股权结构,但持有上市股份公司流通股份未达到公司总股份5%的除外;(8)修改公司章程;(9)合并或者分立;(10)监管机关规定的其他情形。

3. 信托公司的终止

信托公司可因解散、被撤销和破产而终止。信托公司因分立、合并或者公司章程规定的解散的事由出现,申请解散的,经监管机关批准后解散,并依法组织清算组进行清算。信托公司因违法经营、经营管理不善等情形,不予撤销将严重危害金融秩序、损害公众利益的,由监管机关根据《金融机构撤销条例》予以撤销。信托公司不能清偿到期债务,经监管机关同意,可向人民法院提出破产申请。

应注意的是,信托财产不属于清算财产或破产财产,信托财产仍应归属于受益人、委托人或其继承人,这是由信托财产的独立性决定的。非法侵占信托财产的,将承担侵权责任。

(三)信托公司的业务经营规则

1. 信托公司的业务范围

(1)主营业务——信托业务

信托业务是指信托公司以营业和收取报酬为目的,以受托人身份承诺信托和处理信托事务的经营业务。信托业务是信托公司的基础业务和主营业务,是信托公司生存和发展的根本所在。信托公司的信托业务主要有以下四种:①资金信托业务,即委托人将自己合法拥有的资金,交付给信托公司,由其按照约定的条件和目的进行管理、运用和处分。由于信托财产多以货币资金形式存在,信托公司最主要的业务是资金信托业务。②动产、不动产及其他财产、财产权的信托业务,即以动产、不动产以及知识产权等财产、财产权为信托财产的信托业务。动产信托是以机器设备、交通运输工具等财产为信托财产的信托业务;不动产信托是以房屋、土地使用权等财产为信托财产的信托业务;其他财产信托是指以有价证券、知识产权等为信托财产的信托业务。信托还可以是所有权以外的其他财产权利的信托,包括抵押权、承租权、受益权等。由此派生出表决权信托、股权信托、资产经营权信托、带抵押公司债信托等一系列信托品种。③公益信托业务。信托公司可以依照信托法的有关规定,接受为救济贫困、救助灾民、扶助残疾人、发展医疗卫生事业等公益目的而设立的公益信托。④投资基金业务。投资基金是一种利益共享、风险共担的集合投资方式,是指基金管理公司通过发售基金份额,募集资金,形成独立的基金财产,由基金管理人管理、托管人托管,以资产组合方式进行证券或其他投资项目的投资,基金份额持有人按其所持份额享受收益和承担风险的一种投资方式。投资基金的运作基础是现代信托制度,投资基金关系的法律性质为信托关系。基金业务是一种典型的信托业务,其实质是一种集合运作的资金信托。信托公司可以受托经营法律、行政法规允许从事的投资基金业务,作为投资基金或基金管理公司的发起人从事投资基金业务。

(2)兼营业务

为了充分发挥信托公司的专业特长和扩大信托公司的经济职能和社会职能,各国信托法一般都允许信托公司兼营一些与信托作用相类似的其他业务。兼营业务主要有以下几种:①投资银行业务。信托公司可以经营企业资产的重组、并购及项目融资,公司理财,财务顾问等业务,也可以受托经营有关部门批准的国债、政策性银行债券、企业债券等债券的承销业务。②中间业务。信托公司可以代理财产的管理、运用和处分,经营代保管业务和进行信用见证、资信调查及经济咨询业务。③自有资金的投资、贷款、担保等业务。信托公司可以用固有资产为他人提供担保,并且可依照规定将可以运用的资金在法律允许的范围内用于同业拆借、贷款、融资租赁和投资。

2. 信托公司的经营规则

为了保障委托人和受益人的利益,信托公司开展业务时应遵守一定的经营规则。信托公司作为营业受托人,首先必须履行作为受托人的基本义务,即信托公司负有忠实义务、善良管理人义务、信托财产分别管理义务、亲自处理信托事务的义务、记录保存及报告义务、保密义务和向受益人交付信托利益的义务等。同时,我国《信托公司管理办法》又对信托公司的经营作了一些特殊的规定。主要有:

(1)信托公司违反信托目的处分信托财产,或者因违背管理职责处理信托事务不当致使信托财产受到损失时,应对委托人或受益人负赔偿责任。为了防止信托公司届时无法赔偿,日本、韩国的信托法都建立了赔偿准备金制度,我国《信托公司管理办法》第49条规定:信托公司每年应当从税后利润中提取5%,作为信托赔偿准备金,但该赔偿准备金累计总额达到公司注册资本的20%时,可不再提取。信托公司的赔偿准备金应存放于经营稳健、具有一定实力的境内商业银行或者购买国债等低风险高流动性证券品种。信托赔偿准备金在性质上属于保证金的范畴,委托人或受益人对之有优先于信托公司的其他债权人受偿的权利。

(2)信托公司不得以卖出回购方式管理、运用信托财产,不得以固有财产进行实业投资,但监管机关另有规定的除外。

(3)信托公司经营信托业务,不得利用受托人地位谋取不当利益,不得将信托财产挪用于非信托目的的用途,不得承诺信托财产不受损失或者保证最低收益,不得以信托财产提供担保。

(4)信托公司开展固有业务,不得有下列行为:向关联方融出资金或转移财产;为关联方提供担保;以股东持有的本公司股权作为质押进行融资。

(5)信托公司不得开展除同业拆入业务以外的其他负债业务,且同业拆入余额不得超过其净资产的20%。有关部门另有规定的除外。

(6)信托公司可以开展对外担保业务,但对外担保余额不得超过其净资产的50%。

(四)信托公司的监督管理和自律管理

信托公司既是财产管理机构又是金融机构,如果对其缺乏必要的监管,不仅会影响委托人、受益人的利益,而且会产生金融风险,危及金融安全。因此加强信托监管已成为当今各国家或地区信托立法的一个重要内容。只有实现外部的监管与内部的自律,才能真正防范并控制信托业的潜在风险。

1. 政府监管

政府监管是由专门的政府部门对信托公司实施的监管。如日本《信托业法》授权大藏省、韩国《信托业法》授权财务部对信托业进行监管。我国《信托公司管理办法》规定由监管机关依照法律、行政法规对信托公司及其业务实施监督和管理。

根据我国《信托公司管理办法》和《银行业监督管理法》的规定,监管机关对信托公司主要在以下几个方面进行监管。

(1)机构的准入与退出监管。设立信托公司必须经监管机关批准,并领取金融许可证;信托公司的变更、解散也必须经监管机关的批准;而且若信托公司违反审慎经营规则的,监管机关责令限期改正;逾期未改正的,或者其行为严重危及信托公司的稳健运行、损害受益人合法权益的,监管机关可以区别情形,依法采取暂停业务、限制股东权利等监管措施。信托公司已经或者可能发生信用危机,严重影响受益人合法权益的,监管机关可以依法对该信托公司实行接管或者督促机构重组。信托公司有违法经营、经营管理不善等情形,不予撤销将严重危害金融秩序、损害公众利益的,由监管机关依法予以撤销。

(2)业务运作监管。监管机关可以定期或者不定期对信托公司的经营活动进行检查。监管机关认为必要时,可以要求信托公司提供由具有良好资质的中介机构出具的相关审计报告。信托公司应当按照监管机关的要求提供有关业务、财务等报表和资料,并如实介绍有关业务情况。

(3)对人员的监管。监管机关对信托公司的董事、高级管理人员实行任职资格审查制度。未经监管机关任职资格审查或考核不合格的,不得任职。信托公司对拟离任的董事、高级管理人员,应当进行离任审计,并将审计结果报监管机关备案。信托公司的法定代表人变更时,在新的法定代表人经监管机关核准任职资格前,原法定代表人不得离任。监管机关对信托公司的信托从业人员实行信托业务资格管理制度。符合条件的,颁发信托从业人员资格证书;未取得信托从业人员资格证书的,不得经办信托业务。信托公司的董事、高级管理人员和信托从业人员违反法律、行政法规或有关规定的,监管机关有权取消其任职资格或者从业资格。[1]

2. 自律管理

信托公司的自律包括两个方面:一是自我约束,又称个体自律;二是行业自律。信托业是技术性、专业性很强的行业,实际中有很多的问题,仅靠国家主管机关的管理是不够的,还需要通过各个信托机构建立健全内部运作机制和整个信托业形成自我协调、自我平衡的制约机制,作为政府监管的必要补充。[2]

(1)个体自律,即信托公司通过建立内部控制制度,完善业务操作规程,进行自我约束、自我控制、自我管理。我国《信托公司管理办法》规定:①信托公司应当建立以股东(大)会、董事会、监事会、高级管理层等为主体的组织架构,明确各自的职责划分,保证相互之间独立运行、有效制衡,形成科学高效的决策、激励与约束机制。②信托公司应当按照职责分离的原则设立相应的工作岗位,保证公司对风险能够进行事前防范、事中控制、事后监督和纠正,形成健全的内部约束机制和监督机制。③信托公司应当按规定制订本公司的信托业务及其他业务规则,建立、健全本公司的各项业务管理制度和内部控制制度,并报监管机关备案。④信托公司应当按照国家有关规定建立、健全本公司的财务会计制度,真实记录并全面反映其业务活动和财务状况。公司年度财务会计报表应当经具有良好资质的中介机构审计。信托公司应当按照监管机关的要求提供有关业务、财务等报表和资料,并如实介绍有关业务情况。

(2)行业自律,即由信托公司组成行业自律组织,进行自我约束和管理。行业自律组织具有自律管理、沟通协调成员间利益、培育专业市场、团体互助、促进对外交流、集体抵御不法经营等职能。对于一个完善的监管制度而言,行业自律不可或缺,它可以通过合理分担监管责任,提高整个信托业的监管力度,促进行业整体的规范发展。《信托公司管理办法》规定信托公司可以加入中国信托业协会,实行行业自律。中国信托业协会开展活动,应当接受监管机关的指导和监督。

2003年3月经中国人民银行出面组织,确定了5家信托公司(中煤信托投资有限责任公司、北京国际信托有限公司、上海国际信托有限公司、深圳国际信托投资有限责任公司、金新信托投资股份有限公司)作为中国信托业协会筹备工作小组成员。经过紧张的筹备,2004年11月22日中国信托业协会首届会员大会暨中国信托业协会创立大会正式召开。大会通过了《中国信托业协会章程》、《经营性信托业行业公约》、《中国信托业协会会费管理办法》和《中国信托协会理事会选举产生

---

[1] 参见李勇:《信托业监管法律问题研究》,中国财政经济出版社2008年版,第25页。

[2] 参见徐孟洲主编:《信托法学》,中国金融出版社2004年版,第238页。

办法》,大会同时选举产生了首届理事会成员。在当天召开的首届理事会上,选举出了中国信托业协会会长、副会长及秘书长。从此,中国信托业协会开始崭露头角,担当重任。

思考题

1. 简述信托财产的特性。
2. 简述信托与代理、行纪和第三人契约的异同。
3. 简述金融信托的种类。
4. 简述信托受托人的义务。
5. 简述我国《信托法》的不足。
6. 简述金融机构资产管理业的信托法基础。

第七章　投资基金法律制度

第一节　投资基金概述

一、投资基金的概念

投资基金是舶来品。“基金”一词在英文中来源于“fund”，意为“为特定用途设立的资金或流动资产”。[1] 投资基金是一种间接投资，有别于一般的直接投资工具，如股票、外汇或期货等。每一种投资基金预先设定好投资方向，然后吸收市场资金，基金经理将筹集的资金按既定的投资方向进行投资，如投入直接投资工具。

投资基金经过一百多年的发展，已成为当今国际上十分流行的大众投资工具，但它在各国及各地区间并无统一的称谓。美国称之为“共同基金”或“互惠基金”(Mutual Fund)，英国称之为“单位信托基金”(Unit Trust)，日本和韩国称之为“证券投资信托基金”；[2] 在我国，内地(大陆)称之为“投资基金”，香港特别行政区称之为“单位信托基金”，台湾地区称之为“证券投资信托基金”。各国对投资基金的法律定义差异较大，学理定义亦众说纷纭。目前，比较常用的定义是，投资基金是指一种利益共享、风险共担的集合投资方式，是基金管理人通过发售基金份额，募集资金，形成独立的基金财产，由基金管理人管理、托管人托管，以资产组合方式进行证券或其他投资项目的投资，基金份额持有人按其所持份额享受收益和承担风险的一种投资方式。[3]

二、投资基金的历史沿革

(一)投资基金的产生和发展

投资基金作为一种资金运作方式，最早可追溯至19世纪初的荷兰。但现代意义的投资基金始于英国，兴盛于美国，第二次世界大战后传入日本、德国及东南亚国家和地区。从19世纪60年代至今，基金取得了长足的发展，在世界金融市场上

---

〔1〕 See *Black's Law Dictionary*(7th ed.), West Group, 1999, p. 682.

〔2〕 参见顾功耘主编：《商法教程》(第2版)，上海人民出版社、北京大学出版社2006年版，第267页。

〔3〕 参见吴晓灵主编：《投资基金法的理论与实践——兼论投资基金法的修订与完善》，上海三联书店2011年版，第13－14页。

具有了举足轻重的地位。特别是近 20 年,基金获得了快速发展,成为当代国际金融市场变化最突出的特征之一。基金已经成为广大投资者特别是中小投资者优先的投资选择。投资基金可分为以下 3 个发展阶段。

1. 欧洲时期(1822—1921 年)

荷兰国王威廉一世于 1822 年创立了第一家私人基金,委托专人投资市场上的有价证券,并从事欧洲和美洲之间的商品和货币投资,但其尝试并未在荷兰得到推广。19 世纪中后叶的英国,人们因国债投资等回报太低而急于寻找更有利的投资机会,恰逢美国正处于开拓时期,需要大量资金,且回报较高,于是就有人募集了投资基金向美国铁路债券等证券投资。1868 年英国政府特许设立了以进行海外投资为目的,名为"国外和殖民地政府信托"(Foreign and Colonial Government Trust)的世界上最早的投资基金。由此,在开拓殖民地疆域和开发殖民地资源的过程中,投资基金在英国得到较大发展。由于当时有限责任被投机行为利用,人们对公司形式存在误解,这一阶段的证券投资基金基本上都运用信托的原理而不采公司形式。[1] 直至 1879 年英国颁布《股份有限公司法》,将公司型基金纳入了法律调整的范畴,至 1890 年,英国的投资机构已达一百多家。

2. 美国时期(1921—1950 年)

20 世纪 20 年代初,投资基金扩展到了美国。由于第一次世界大战后美国经济的空前繁荣,投资基金获得迅速发展,不仅封闭型基金活跃,而且以 1924 年 1 月创立的"马萨诸塞投资信托基金"为标志的开放式基金也开始出现。当时存在基金利用信贷资金营利的情况,受 1929 年经济危机的影响,投资基金与整个金融市场一起在 20 世纪 30 年代跌入低谷,投资者损失惨重。在 1933 年美国《证券法》、1934 年美国《证券交易法》、1939 年美国《信托契约法》的基础上,美国颁布《1940 年投资公司法》(Investment Company Act of 1940)和 1940 年《投资顾问法》(Investment Advisers Act of 1940),开创了投资基金专门立法的时代。随着第二次世界大战后美国经济的飞跃,投资基金再次快速成长,开放式基金逐步取代了封闭式基金的地位,投资公司也进一步作了类型划分。美国到 2022 年共同基金资产达到 8763 万亿美元,是金融市场中资产规模仅次于商业银行的机构。

3. 全球时期(1950 年至今)

20 世纪 50 年代后,西方经济进入稳定发展的黄金时代,20 世纪 70 年代起,发展中国家也步入了经济快速发展阶段。国际投资迅猛增长,贸易自由化浪潮席卷全球,促使投资基金在全球扩散。1951 年,日本在总结以前的经验、借鉴英国单位信托制度的基础上,颁布了《证券投资信托法》。1959 年,新加坡第一家"单位信托基金"创立。20 世纪 70 年代末 80 年代初,韩国、印度尼西亚、马来西亚、菲律宾,以及智利、巴西等国家,纷纷创设投资基金,形成了世界规模的金融力量。

---

[1] 参见张蕾:《证券投资基金法律制度》,学苑出版社 2004 年版,第 142 页。

(二)我国投资基金的历史及现状

我国基金市场是依附于证券市场的发展而发展起来的,最早可以追溯到1987年在我国香港成立的怡富中国公司。此后,中国银行和中国国际信托公司均开始涉足中国投资基金业务。中国投资基金之所以依附于证券市场的发展,是因为它被看作是稳定证券市场价格,减少股市波动的市场力量。[1] 受境外中国基金设立的影响,1989年5月,香港新鸿基信托基金管理有限公司推出了第一个中国概念基金——新鸿基中华基金。[2] 1991年8月,中国新技术创业投资公司与汇丰银行、渣打银行在中国香港联合设立中国置业基金,集资数亿美元投资于珠江三角洲地区企业,基金证券在联交所上市。真正意义上中国内地市场上出现的基金是1991年10月宣告成立的"武汉证券投资基金"和"深圳南山风险投资基金",这标志着我国内地市场基金业的正式起步。但此后几年时间里,基金发展历经坎坷。1992年前后,随着邓小平南方谈话,各地经济发展的积极性得到极大的调动,各地经济建设对资金的需求缺口也加大,与此同时,沪深两地证券交易所的发展和股票交易持续活跃,对内地第一批投资基金的产生起到了"催生"的作用。1992年和1993年不少投资机构,为了参与证券市场投资获利,同时为当地经济建设筹集资金,发起、设立了一批基金。这一时期基金发展过快过猛,难免良莠不齐,出现一些问题,如利用基金形式乱集资、乱发基金受益券、越权审批基金管理公司等。[3] 为此,1993年5月19日,当时的基金主管机关中国人民银行发出《关于立即制止不规范发行投资基金和信托受益债券做法的紧急通知》(已失效),要求省级分行立即制止不规范发行投资基金和信托受益债券的做法。之后相当长的时间里,国内基金的发行处于停滞状态。

1997年国务院证券委员会发布《证券投资基金管理暂行办法》(已失效),基金管理的主管机关由中国人民银行转变为中国证监会(此后发行的基金被俗称为新基金)。自此以后,我国基金业进入了一个新的发展时期,主要表现为以下4点:(1)基金管理公司的发展。1998年2月24日第一家证券投资基金托管银行——中国工商银行的基金托管部成立;1998年3月3日《证券投资基金管理暂行办法》公布后的第一批基金管理公司国泰基金公司、南方基金公司分别在上海、深圳成立;1999年8月27日中国证监会转发人民银行《基金管理公司进入银行间同业市场管理规定》(已失效)后,10家基金管理公司被允许参加银行间同业市场。(2)基金品种的增加。1998年3月23日第一批证券投资基金——基金金泰、基金开元分别在沪、深证券交易所上网发行、挂牌交易。2000年9月11日华安发行国内首只开放

〔1〕 参见贺绍奇:《证券投资基金的法律透视:理论研究与案例分析》,人民法院出版社2000年版,第11页。

〔2〕 参见周玉华:《投资信托基金法律应用》,人民法院出版社2000年版,第1页。

〔3〕 参见朱少平主编:《〈证券投资基金法〉解读》,中国金融出版社2004年版,第8页。

式基金。(3)"老基金"的清理。1998 年 12 月 2 日"海南银通"和"广证受益"撤牌、清算,对"老基金"的清理工作从此正式拉开了序幕。至 2000 年 4 月 17 日,沈阳兴沈、沈阳久盛和富岛基金摘牌退市,这标志着原有投资基金全面退出历史舞台。(4)法律环境的逐步完善。1999 年 12 月 30 日《证券投资基金行业公约》公布,2000 年 8 月 28 日中国证券业协会基金公会成立,2002 年 6 月 1 日中国证监会发布《外资参股基金管理公司设立规则》(2002 年 7 月 1 日施行,2004 年 10 月 1 日失效)。2002 年 8 月 23 日起草工作历时 3 年之久的《证券投资基金法(草案)》首次提交全国人大常委会审议,2003 年 10 月 28 日《证券投资基金法》由十届全国人大常委会第五次会议通过,于 2004 年 6 月 1 日起正式实施,后又于 2012 年和 2015 年,再次由当时的全国人民代表大会常务委员会修改通过。

我国基金业成长很快,经过三十余年发展,基金已经成为证券市场重要的机构投资力量和广大投资者的重要投资工具。从基金的产品结构来看,我国的基金从最初的清一色混合型基金,到如今的指数基金、债券基金、伞形基金、多样化的平衡型基金,我国基金已经完成了现有政策法律框架下的产品线的构筑。

虽然我国的证券投资基金正处于高速发展阶段,但还存在一些问题,如基金总体规模不如欧美等发达国家,其机构投资者的作用发挥不够;基金管理公司的治理结构、内控机制尚待完善;投资运作水平难以满足公众投资者的需求,也不完全适应日趋激烈的市场竞争需要,我国证券投资基金仍需进一步发展。

三、投资基金的特征

投资基金的特征包括如下五方面:

1. 集体投资,规模经营,费用低廉,收益较高。基金是由众多投资者出资形成的。对中小投资者而言,它解决了投资者入市难、入市成本高、承担风险能力弱的问题。基金单位有大有小,投资者可以根据自己的财力购买,中小投资者以小额资金购买基金份额成为基金持有人。此外,基金的管理费、认购费用较低。基金相对直接的证券投资,收益也较高。

2. 专家经营,专业管理。基金的运作是通过专业的投资管理机构进行的。一般而言,每个基金都有发起人、托管人和管理人,自然人不得进行基金经营。基金的运用都由专业人士来操作,他们具有丰富的专业知识和经验。基金的保管由指定的专门金融机构来负责,这些金融机构必须是信誉卓著的大银行或非银行的金融机构,且基金管理机构和保管机构是相互独立的。基金财产在保管机构中单独开设账户,与基金管理机构和保管机构的自有资本是分开的,独立核算。基金投资者将资金委托给专业机构,由专业人士管理运作,克服了普通投资者知识和经验不足、投资成本高、风险大的缺陷,能够使投资者取得较好的收益。[1]

---

〔1〕 参见郭锋、陈夏等:《证券投资基金法导论》,法律出版社 2008 年版,第 9 页。

3. 组合投资,分散风险。投资基金的基本原则是组合投资、分散风险,即把一定数额的资金按不同比例分别投资于不同期限、不同种类的有价证券或行业,把风险降低到最低限度。一般说来,要在投资中保证分散风险,至少要购买超过10种行业的20种以上的股票。投资者购买基金就相当于用很少的资金购买了一揽子股票,以更小的风险谋取资产的增值。[1]

4. 流动性强,变现性高。基金单位或股份一般都可上市进行交易,可以自由流通转让。其流动性高,变现性强,可以满足投资者变现、转投资、规避风险的要求。投资者可在二级市场上及时转让所持有的封闭式基金份额,也可以要求基金公司购回所持有的开放式基金份额。

5. 运作透明度高,外部监管力度强。法律要求投资基金实行严格的信息披露制度,定期、充分披露与基金运作有关的情况,以充分发挥各方面的监督作用。

四、投资基金的种类

投资基金经过多年的演进,已出现诸多的种类与形态。根据基金投资的对象或性质不同,投资基金可分为股权式基金和有价证券基金两大类。

(一)股权式基金

股权式基金是为获得投资收益而以参股或合资的方式,向某一产业或某类企业尚未公开发行或尚未上市的股份或股票进行投资,一般参与企业经营,但不以控制支配企业为目的的一种基金。股权式基金包括产业投资基金和风险投资基金两类。

1. 产业投资基金

产业投资基金是以个别产业为投资对象,以追求长期收益为目的的成长及收益型基金。它不同于国外的创业基金、风险投资基金、国家基金,而是借鉴市场经济发达国家"创业投资基金"的运作经验、结合我国具体的投融资制度而形成的一种中国特色化的基金,其覆盖范围比上述基金广,包括但不限于上述基金。不过,产业投资基金的产生往往出于对某个行业的扶持,因此我国的产业投资基金在某种程度上可以理解为"行业投资基金",即投向特定行业,主要是相对成熟的基础产业和基础设施领域以及需要进行存量资产重组创业的支柱产业,比如节能环保产业投资基金、交通运输产业投资基金。

2. 风险投资基金

风险投资基金是主要投资于处于创建期或风险期的、具有发展潜力的中小型企业或高新技术产业的基金。其投资的不确定性大、风险高。实质上,产业投资基金的范畴已经包含风险投资基金,后者是前者的一种特殊形式,二者的差别主要在于所投资项目的成熟程度,但在市场的实际运作中,一般很难作出严格的划分。

---

[1] 参见张路、罗旭、郭晓婧编译:《中美英基金法比较与实务》,法律出版社2007年版,第16页。

创业投资基金是股权投资基金的一个特别种类,由于其主要投资小微企业,属于市场失灵的领域。世界各国均通过特别立法,一方面明确财税扶持政策,另一方面对其投资领域进行监管引导,以确保政策目标实现。例如,2010年美国在将私募基金纳入统一立法监管后,2011年又发布规则,对创业投资基金实行差异化监管。2011年欧盟发布《另类投资基金管理人指令》,2013年4月又专门发布《创业投资基金管理规则》。借鉴国际经验,我国《私募投资基金监督管理暂行办法》为创业投资基金专章作了特别规定:一是参照国际通行定义和2005年十部委联合发布的《创业投资企业管理暂行办法》,把创业投资基金界定为"主要投资于未上市创业企业普通股或者依法可转换为普通股的优先股、可转换债券等权益的股权投资基金";二是规定鼓励和引导创业投资基金投资创业早期的小微企业,并从衔接已经建立的创业投资政策扶持机制考虑,规定享受国家财政税收扶持政策的创业投资基金,其投资范围应符合国家相关规定;三是明确基金业协会对创业投资基金实行差异化行业自律和会员服务;四是明确中国证监会对创业投资基金在投资方向检查等环节采取区别于其他私募基金的差异化监督管理,而且规定在账户开立、发行交易和投资退出等方面,为创业投资基金提供便利服务。

(二)有价证券基金

有价证券基金是以投资于公开发行和上市的股票和债券为主,即主要参与二级市场中的证券买卖的基金,也就是我们通常所说的证券投资基金。

(三)股权式基金和有价证券基金的联系与区别

股权式基金和有价证券基金都具备集合投资、专家理财、分散风险的特点,采取了投资人、管理人和托管人分离的形式,各负其责、相互监督,具有一脉相承的共性。但是二者还存在以下区别:

1. 股权式基金直接投入实业,着眼于企业股权或股票的未来公开转让和上市;有价证券基金则着眼于二级市场证券买卖差价和红利收益,通过购买上市证券间接投资企业。

2. 股权式基金侧重于投资分红和资本增值,投机成分少;有价证券基金不仅重视投资分红,更注重证券交易的资本利得收益,有一定的投机成分。

3. 股权式基金对二级市场的依赖性较小,但对股份制企业的数量、质量和组织形式要求较高;有价证券基金以发达的二级市场为前提。

4. 股权式基金由于投资周期长、转让性能差,流动性和变现能力弱,多采封闭型,以求稳定运作;有价证券基金因流动性较好,清偿、结算也方便,故其类型可以是开放式、追加型、短期限或无期限。

5. 股权式基金一般只能通过关系型投资解决信息不对称问题,[1]其投资期限

---

[1] 参见王信:《创业基金的关系型投资及其在公司治理机构中的作用》,载《经济社会体制比较》1999年第2期。

多在3年至8年;有价证券基金可以通过上市公司严格的信息披露及时掌握公司发展动态,注重股权的流动性和组合多样性,持股期限较短。

6. 股权式基金因其所投资企业的股东人数较少,不涉及公众利益,没有明显的利益冲突问题,法律对其监管的力度主要侧重于"保护、鼓励和扶持"。国家法律一般不鼓励设置禁止有价证券基金增加持有其投资的上市公司的股份比例,相反,会鼓励其分散投资,且规定持股的最高比例限制,以防止内幕交易、操纵市场、关联交易等损害其他中小股东权益行为的发生,在公司治理结构中发挥积极作用。

第二节 投资基金法概述

投资基金法是调整投资基金发行、交易与监管关系的法律规范的总称。主要内容包括投资基金的设立、募集、交易、运作以及监管等方面的规定。

一、不同国家和地区投资基金立法例比较

世界各国家和地区的基金立法体例主要有以下三种模式。

(一)投资基金法与基金管理公司法相分离的美国模式

美国虽不是世界投资基金的鼻祖,然而随着美国国力在第一次世界大战后的腾飞,自20世纪20年代开始,投资公司成长极为迅速,尤其是第二次世界大战以后,至20世纪90年代美国已经具有全球最大的投资基金产业。单就开放式基金而言,美国投资公司所经理的资产约是法国所经理资产的5倍,比英国高出15倍。[1]

美国颁布了《1940年投资公司法》和《1940年投资顾问法》,分别规范投资基金和基金管理公司。《1940年投资公司法》不仅对投资公司的创设、结构及经营等加以规范,还列明了组成董事会的基准,并对制定投资公司的管理契约、主承销契约等也作了相关规定。1970年该法修正案又为管理费用、销售佣金等制定了新的标准。美国的基金属于公司型,投资顾问是一个独立的提供投资建议的外部营利性服务组织,投资公司的经营和管理主要依赖投资顾问来完成(此时相当于基金管理公司)或提供咨询建议。美国基金投资标的相当广泛,除有价证券之外,还包括其他金融工具。

(二)基金和管理公司法统一于基金法的英日韩模式

该模式的特点是将对管理公司的规范融合于对投资基金的规范之中,以投资基金的发起设立、运作管理、清盘为主线,将与投资基金活动有关的各方当事人的权责一一予以界定。不过,该模式又可细分为两种子类型:一是英国为代表的以自

〔1〕 参见周玉华:《投资信托基金法律应用》,人民法院出版社2000年版,第119页。

律为主的模式;二是日本、韩国以法律、行政监管为主的模式。

1. 英国以自律为主的模式

该模式的特点是强调自我管理、自我约束、自我规范。虽有成文法,如英国1986年的《金融服务法》,但基金的大部分监管活动仍由自律组织来完成,自律组织在法律原则指导下制定了各种特定的投资业务规则。由于自律组织作为监管者,其成员是从被监管投资公司或者基金中选举产生,使监管人员独立性差,其监管也因此使公众不信任,一旦基金或基金管理公司出现违法行为,监管人员能否客观公正地执行职责令人怀疑。依据英国《金融服务法》,对投资领域的监管由证券投资委员会主持,但它是一家民间机构,资金来源于它所监管的投资公司和基金管理人;委员会的董事由基金管理公司的高层人士及某些代表投资人利益的人士组成。英国的投资基金监管者实质上是一个半官方的民间机构,充当着沟通基金市场和政府(财政大臣)的桥梁,其监管工作离不开自律组织的协助。因此,英国模式是自我管理和专家管理的典范,虽有基金法律,但其主要通过自律行规得以贯彻执行。实践证明这种监管模式是行之有效的。英国和美国的基金在投资标的上相似,都对其不作严格的限制。

2. 日本、韩国以法律、行政监管为主的模式

该模式的突出特点是以基金法律、行政监管为主,以自律管理为辅。比如日本的《金融商品交易法》第2条将"投资信托及外国投资信托的受益证券""投资信托及投资法人相关法律所规定投资证券、投资法人债券及外国投资证券""贷款信托的受益证券"等归入"有价证券"的范畴,并明确"金融商品交易业协会"承担促进金融商品交易业健康发展及保护投资者的法人地位。根据日本《投资信托法》规定,一种投资工具要成为投资基金需要与"投资信托"相对应,否则会受到日本金融服务厅的规制。另外,日本投资信托协会在基金业自我服务、自我监管领域也发挥着独特的作用。

(三)基金法统一于基金管理公司法的德国模式

该模式的特点是将对投资基金的规制融合于对基金管理公司的规制之中,因为基金结构的主体是基金管理公司,管理公司的发展带动了投资基金的发展,对基金的监管主要体现在对管理公司的业务活动的监管。该模式的优点在于监管,只要实现了对基金管理公司的有效监管,就等于控制了整个基金业的发展进程。不足之处是管理人和托管人之间缺乏强有力的相互监督机制,要保证基金业的稳定、规范运作,必须借助于较为系统的监督制度和强有力的监管部门。德国的投资公司相关法律规定了两种基金品种:证券投资信托和不动产投资信托,其基金投资标的既包括有价证券也包括不动产。[1]

---

〔1〕 参见周玉华:《投资信托基金法律应用》,人民法院出版社2000年版,第559页。

二、我国的证券投资基金法

国内基金业的发展历程是一个法治化不断加强的过程,1991 年 10 月,中国人民银行深圳经济特区分行颁布《深圳市投资信托基金管理暂行规定》,这是我国第一个有关基金监管的地方性规章;以 1997 年 11 月《证券投资基金管理暂行办法》为新的起点,中国证监会发布了一系列规范证券投资基金的部门规章。

《证券投资基金法》的起草始于 1999 年 4 月,经三次审议,于 2003 年 10 月 28 日十届全国人大常委会第五次会议表决通过,2004 年 6 月 1 日起正式实施。我国的《证券投资基金法》借鉴的是日韩模式。

《证券投资基金法》实际上是证券投资基金业的一部“圣经”,在对证券投资基金活动进行规范的同时,体现了保护投资人及相关当事人的合法权益,促进证券投资基金和证券市场健康发展的立法宗旨。[1] 尤其值得关注的是,《证券投资基金法》为基金业今后的发展预留了空间,具有一定的前瞻性。《证券投资基金法》以法律形式确认了基金业在资本市场以及市场经济中的地位和作用,构建了基金业发展的制度框架,为基金业的发展创造了广阔的空间,对资本市场的健康发展和市场经济的完善产生深远的影响。作为继《证券法》之后规范我国证券市场的又一部重要法律,《证券投资基金法》的颁布、实施具有重要的意义。近几年来,我国证券投资基金业取得了快速发展,在推动证券市场和金融体系的发展和完善方面发挥了积极作用。

在数年的运行后,《证券投资基金法》的弊端和局限性日益显露。2012 年 12 月,《证券投资基金法》被十一届全国人大常委会第三十次会议修改通过,又于 2015 年 4 月,由十二届全国人大常委会第十四次会议修改通过。2012 年修订的《证券投资基金法》首次将非公开募集证券投资基金纳入调整范围,根据法律授权,中国证监会于 2014 年 8 月 21 日就非公开募集证券投资基金发布了《私募投资基金监督管理暂行办法》。2023 年国务院发布了《私募投资基金监督管理条例》,这是我国私募投资基金行业首部行政法规。《私募投资基金监督管理条例》的出台,有利于完善私募基金监管制度,将私募投资基金业务活动纳入法治化、规范化轨道进行监管,对私募基金行业规范健康发展、防范化解风险具有重要积极意义。

---

[1] 参见刘俊海:《现代证券法》,法律出版社 2011 年版,第 423 页。

第三节　证券投资基金法概述

一、证券投资基金的概念和特征

（一）证券投资基金的概念

证券投资基金是一种集合证券投资方式。它通过发行基金单位，汇集投资者的资金，由基金管理人管理和运用这笔资金，从事股票、债券等投资，投资者与基金利益共享、风险共担。

（二）证券投资基金的特征

1. 集合分散资金用于投资。其集资的方式主要是向投资者发行“基金券”，也称股票或受益凭证，从而将分散的小额资金汇集为一个较大的基金加以投资运用。

2. 利用信托原理组织证券投资。信托是指将本人的财产转移给可以信赖的第三者，让其按照本人的要求加以管理和运用的行为。将分散的投资汇集起来委托专业机构操作，是基于对专业机构的完全信任。专业机构通常是指依法设立的保管机构和基金管理公司。

3. 证券投资基金只能投资于股票或债券等有价证券。投资基金有多种，可以投资于房地产、黄金等产业而证券投资基金是专为投资证券而设立的，不能投资于证券以外的项目。

4. 投资收益须依法分配给投资人。专业的投资机构采取组合投资，投资收益通常会高于普通投资，其所得收益也必须按出资者的出资份额进行分配。

（三）证券投资基金与股票、债券的关系

证券投资基金的证券形式通常是基金券或基金单位，它和股票、债券一样都是金融投资工具，但又区别于股票与债券。其区别在于：（1）所反映的关系不同。股票反映的是股权关系，债券反映的是债权关系，而基金反映的则是信托关系。（2）资金投向不同。股票和债券是融资工具，其集资主要是投向实业或不动产；而基金券是信托工具，主要投资于股票或债券等有价证券。（3）收益不同。股票的收益取决于公司的经营效益，投资股票有较大的风险。债券的收益一般是事前确定的，其投资风险较小。基金券主要投资于有价证券，投资选择可以灵活多样，从而使得基金券的收益有可能高于债券，其投资风险又可能小于股票。

二、证券投资基金的分类

证券投资基金是一种间接的证券投资方式。按照不同的标准，可以将证券投资基金分为不同的种类。

（一）开放式证券投资基金与封闭式证券投资基金

根据基金规模是否固定（基金受益凭证是否可增加或赎回），可分为开放式证

券投资基金和封闭式证券投资基金。受益凭证是为募集投资基金而发行、表明基金单位的证券。受益凭证记载投资人所认购的基金单位份额,由投资人持有,它不是投资人对信托资产所有权的证明,也不是保障收益的凭证,而只是表明投资人依持有的基金单位份额按比例分享基金权益并分担基金风险的资格。开放式证券投资基金和封闭式证券投资基金共同构成了基金的两种基本运作方式。

开放式证券投资基金发行的基金单位的总数是不固定的,在设立后处于变动状态,可根据基金发展需要追加发行,投资者也可根据自己的实际情况增加持有或要求基金回购而减少持有,而受益凭证的后续发售与赎回的价格均以基金的净资产值计算。为了应付投资者中途的变现,开放式基金应当保持足够的现金或者政府债券,以备支付基金份额持有人的赎回款项。基金财产中应当保持的现金或者政府债券的具体比例,由国务院证券监督管理机构规定。开放式基金不上市交易,一般通过银行申购和赎回。

封闭式证券投资基金发行的基金单位的总数是固定的。完成发行计划后,不再追加发行,投资者也不得要求回购。封闭式基金有固定的存续期,期间基金规模固定,一般在证券交易场所上市交易,投资者通过二级市场买卖基金单位。

开放式证券投资基金与封闭式证券投资基金存在以下区别:(1)开放式证券投资基金的发行规模是变化的,便于业务扩展,适应发达的金融市场。在美国大约超过95%的投资基金是开放式的。封闭式的证券投资基金的发行规模是固定的,多为不发达市场所采用,我国早期的证券投资基金就只有封闭式的。(2)开放式证券投资基金的定价是依据基金的净资产值,而封闭式的证券投资基金的价格取决于市场供求。(3)开放式证券投资基金的投资者可将其投资赎回;封闭式证券投资基金则不可要求回购。(4)由于开放式基金随时要准备投资者要求赎回的可能,其运作成本较高,封闭式证券投资基金则相对较低。

(二)公司型证券投资基金与契约型证券投资基金

根据组织形态的不同,可分为公司型证券投资基金和契约型证券投资基金。

公司型证券投资基金是通过发行基金股份成立投资基金公司的形式设立,基金的投资者是股东,基金是法人。公司通过发行股票或受益凭证筹集资金,并运用于证券投资,公司以向股东支付股利的方式分配公司的投资收益,基金资产本身即公司资本。在公司型证券投资基金的关系中,投资信托公司(狭义的投资公司)本身就是基金资产的经理人,托管人受托保管资产,而管理公司只是投资顾问并只提供咨询和代理服务,基金受益人也是公司的股东,另外聘请承销公司担任基金证券的销售、赎回及红利发放等工作。公司型证券投资基金也有封闭式投资公司(限额投资公司)和开放式投资公司(互惠基金)之分。公司型证券投资基金在英美较为盛行,公司设立董事会,董事会对基金资产负有安全增值的责任。

契约型证券投资基金是基于一定的信托契约,发行受益凭证,从投资人处募集资金组成的由信托机构代理证券投资的基金。一般由基金管理人、基金托管人和投资人三方通过基金契约设立,通常称为契约型基金。契约型证券投资基金又可分为单位型和追加型两种,单位型是由管理人预先购得一定证券,交给受托人形成一定单位,然后受托人将代表这些证券的受益权再分割为若干小单位发售给投资人,并设定一定期限,期限终止时解除信托契约;追加型则在设立基金后,还可随时从投资者处筹集资金追加到基金资产中去。目前,我国的《证券投资基金法》允许设立契约型证券投资基金和公司型证券投资基金。

公司型证券投资基金与契约型证券投资基金的区别主要在于:(1)前者是法人,后者不是法人;(2)前者的投资者可以参加股东大会,对公司运作发表意见,后者的投资者是契约关系的当事人,对资金的运作没有发言权;(3)前者可以通过多种渠道融资,除发行普通股外,还可发行优先股、公司债,也可向银行贷款,但后者只能发行受益凭证(又称基金单位);(4)前者活动的依据是公司章程,后者是信托契约。

(三)股票基金、债券基金、货币基金、衍生市场基金

根据投资对象的不同,证券投资基金可分为股票基金、债券基金、货币基金、衍生市场基金等。

股票基金主要投资于股票,其中优先股基金以股利为主要收益分配形式。普通股基金的投资者则可能获得较大的资本利得,当然所承担的风险也较大。有些普通股基金还以特定行业股票为投资对象。债券基金主要投资于政府、市政及大公司的债券,包括长、中、短期债券,国内、国外债券,一般可定期分红派息,收益虽较低但风险也低。货币基金主要投资于短期货币工具如短期国库券、银行大额可转让存单、商业票据、企业短期融资债券等。其特点是投资本金不受损失,资本安全性高、流动性强、收益稳定(无销售佣金、有些收入可免税),在美国较为流行。衍生市场基金主要以期货、期权、认股权证等金融衍生证券作为投资对象,其中有些具有较大的投机性,风险与收益均较高,也有些风险低、收益稳定。

此外,根据投资风险与收益的不同,可将证券投资基金分为成长型基金、收入型基金和平衡型基金;根据证券投资基金的资金来源及运用地域不同,可将证券投资基金分为海外基金、国家基金、国际基金、离岸基金;根据投资目标不同,可将证券投资基金分为固定型基金、半固定型基金和融通型基金等。

三、证券投资基金当事人

契约基金当事人的范围有争议,学界主要有三种观点:第一种观点认为基金有四个当事人,即投资人(又称持有人)、管理人、托管人和发起人,这是我国的传统观点;第二种观点认为基金当事人只有三方,即投资人、管理人和托管人,而不应包括基金发起人;第三种观点认为基金当事人是基金发起人、管理人和托管人三方,投资人不应包括在内,此种观点在我国曾一度被采纳,如 1997 年 11 月施行的《证券投资基金管理暂行办法》中采用此观点。鉴于我国基金发起人最终全部成为成立

后的基金管理人,《证券投资基金法》中只规定了基金管理人、基金托管人和基金份额持有人(或称基金持有人)三方当事人。

(一)基金管理人

1. 基金管理人的设立

我国基金管理人须由依法设立的基金管理公司或者合伙企业担任。公募基金的基金管理人,由基金管理公司或者经国务院证券监督管理机构按照规定核准的其他机构担任。设立管理公募基金的基金管理公司,应当具备下列条件,并经国务院证券监督管理机构批准:(1)有符合《证券投资基金法》和《公司法》规定的章程;(2)注册资本不低于1亿元人民币,且必须为实缴货币资本;(3)主要股东应当具有经营金融业务或者管理金融机构的良好业绩、良好财务状况和社会信誉,资产规模达到国务院规定的标准,最近3年没有违法记录;(4)取得基金从业资格的人员达到法定人数;(5)董事、监事、高级管理人员具备相应的任职条件;(6)有符合要求的营业场所、安全防范设施和与基金管理业务有关的其他设施;(7)有良好的内部治理结构、完善的内部稽核监控制度、风险控制制度;(8)法律、行政法规规定的和经国务院批准的国务院证券监督管理机构规定的其他条件。

2. 基金管理人的职责

根据《证券投资基金法》,公募基金的基金管理人应当履行的职责主要有:(1)依法募集基金,办理基金份额的发售和登记事宜;(2)办理基金备案手续;(3)对所管理的不同基金财产分别管理、分别记账,进行证券投资;(4)按照基金合同的约定确定基金收益分配方案,及时向基金份额持有人分配收益;(5)进行基金会计核算并编制基金财务会计报告;(6)编制中期和年度基金报告;(7)计算并公告基金资产净值,确定基金份额申购、赎回价格;(8)办理与基金财产管理业务活动有关的信息披露事项;(9)按照规定召集基金份额持有人大会;(10)保存基金财产管理业务活动的记录、账册、报表和其他相关资料;(11)以基金管理人名义,代表基金份额持有人利益行使诉讼权利或者实施其他法律行为;(12)国务院证券监督管理机构规定的其他职责。

公开募集基金的基金管理人不得有下列行为:(1)将其固有财产或者他人财产混同于基金财产从事证券投资;(2)不公平地对待其管理的不同基金财产;(3)利用基金财产或者职务之便为基金份额持有人以外的人牟取利益;(4)向基金份额持有人违规承诺收益或者承担损失;(5)侵占、挪用基金财产;(6)泄露因职务便利获取的未公开信息、利用该信息从事或者明示、暗示他人从事相关的交易活动;(7)玩忽职守,不按照规定履行职责;(8)法律、行政法规和国务院证券监督管理机构规定禁止的其他行为。

3. 基金管理人的职责终止

公募基金基金管理人有下列情形之一的,职责终止:(1)被依法取消基金管理资格;(2)被基金份额持有人大会解任;(3)依法解散、被依法撤销或者被依法宣告破产;(4)基金合同约定的其他情形。

公募基金的基金管理人职责终止的,基金份额持有人大会应当在6个月内选任新基金管理人;新基金管理人产生前,由国务院证券监督管理机构指定临时基金管理人。公开募集基金的基金管理人职责终止的,应当妥善保管基金管理业务资料,及时办理基金管理业务的移交手续,新基金管理人或者临时基金管理人应当及时接收。公开募集基金的基金管理人职责终止的,应当按照规定聘请会计师事务所对基金财产进行审计,并将审计结果予以公告,同时报国务院证券监督管理机构备案。

(二)基金托管人

1. 基金托管人的资格

基金托管人由依法设立的商业银行或者其他金融机构担任。商业银行担任基金托管人的,由国务院证券监督管理机构会同国务院银行业监督管理机构核准;其他金融机构担任基金托管人的,由国务院证券监督管理机构核准。

担任基金托管人,应当具备下列条件:(1)净资产和风险控制指标符合有关规定;(2)设有专门的基金托管部门;(3)取得基金从业资格的专职人员达到法定人数;(4)有安全保管基金财产的条件;(5)有安全高效的清算、交割系统;(6)有符合要求的营业场所、安全防范设施和与基金托管业务有关的其他设施;(7)有完善的内部稽核监控制度和风险控制制度;(8)法律、行政法规规定的和经国务院批准的国务院证券监督管理机构、国务院银行业监督管理机构规定的其他条件。

2. 基金托管人的职责

基金托管人与基金管理人不得为同一机构,不得相互出资或者持有股份。基金托管人应当履行下列职责:(1)安全保管基金财产;(2)按照规定开设基金财产的资金账户和证券账户;(3)对所托管的不同基金财产分别设置账户,确保基金财产的完整与独立;(4)保存基金托管业务活动的记录、账册、报表和其他相关资料;(5)按照基金合同的约定,根据基金管理人的投资指令,及时办理清算、交割事宜;(6)办理与基金托管业务活动有关的信息披露事项;(7)对基金财务会计报告、中期和年度基金报告出具意见;(8)复核、审查基金管理人计算的基金资产净值和基金份额申购、赎回价格;(9)按照规定召集基金份额持有人大会;(10)按照规定监督基金管理人的投资运作;(11)国务院证券监督管理机构规定的其他职责。

基金托管人发现基金管理人的投资指令违反法律、行政法规和其他有关规定,或者违反基金合同约定的,应当拒绝执行,立即通知基金管理人,并及时向国务院证券监督管理机构报告。基金托管人发现基金管理人依据交易程序已经生效的投资指令违反法律、行政法规和其他有关规定,或者违反基金合同约定的,应当立即通知基金管理人,并及时向国务院证券监督管理机构报告。

3. 基金托管人的职责终止

基金托管人有下列情形之一的,职责终止:(1)被依法取消基金托管资格;(2)被基金份额持有人大会解任;(3)依法解散、被依法撤销或者被依法宣告破产;

(4)基金合同约定的其他情形。

基金托管人职责终止的,基金份额持有人大会应当在6个月内选任新基金托管人;新基金托管人产生前,由国务院证券监督管理机构指定临时基金托管人。基金托管人职责终止的,应当妥善保管基金财产和基金托管业务资料,及时办理基金财产和基金托管业务的移交手续,新基金托管人或者临时基金托管人应当及时接收。基金托管人职责终止的,应当按照规定聘请会计师事务所对基金财产进行审计,并将审计结果予以公告,同时报国务院证券监督管理机构备案。

(三)基金份额持有人及基金份额持有人大会

1. 基金份额持有人的权利

基金份额持有人享有以下权利:(1)分享基金财产收益;(2)参与分配清算后的剩余基金财产;(3)依法转让或者申请赎回其持有的基金份额;(4)按照规定要求召开基金份额持有人大会或者召集基金份额持有人大会;(5)对基金份额持有人大会审议事项行使表决权;(6)对基金管理人、基金托管人、基金服务机构损害其合法权益的行为依法提起诉讼;(7)基金合同约定的其他权利。

公开募集基金的基金份额持有人有权查阅或者复制公开披露的基金信息资料;非公开募集基金的基金份额持有人对涉及自身利益的情况,有权查阅基金的财务会计账簿等财务资料。

2. 基金份额持有人的义务

基金份额持有人应履行的义务包括:(1)遵守基金契约;(2)交纳基金认购款项及规定的费用;(3)承担基金亏损或终止的有限责任;(4)不从事任何有损基金及其他基金持有人利益的活动。

3. 基金份额持有人大会

基金份额持有人大会是全体基金份额持有人行使权利的组织形式,是基金的最高权力机构。下列事项应当通过召开基金份额持有人大会审议决定:(1)决定基金扩募或者延长基金合同期限;(2)决定修改基金合同的重要内容或者提前终止基金合同;(3)决定更换基金管理人、基金托管人;(4)决定调整基金管理人、基金托管人的报酬标准;(5)基金合同约定的其他职权。

公开募集基金的基金份额持有人大会由基金管理人召集。基金份额持有人大会设立日常机构的,由该日常机构召集;该日常机构未召集的,由基金管理人召集。基金管理人未按规定召集或者不能召集的,由基金托管人召集。代表基金份额10%以上的基金份额持有人就同一事项要求召开基金份额持有人大会,而基金份额持有人大会的日常机构、基金管理人、基金托管人都不召集的,代表基金份额10%以上的基金份额持有人有权自行召集,并报国务院证券监督管理机构备案。

公开募集基金的基金份额持有人大会可以采取现场方式召开,也可以采取通讯等方式召开。每一基金份额具有一票表决权,基金份额持有人可以委托代理人出席基金份额持有人大会并行使表决权。基金份额持有人大会应当有代表1/2以上基金份额的持有人参加，方可召开。参加基金份额持有人大会的持有人的基金份额低于规定比例的，召集人可以在原公告的基金份额持有人大会召开时间的3个月以后、6个月以内，就原定审议事项重新召集基金份额持有人大会。重新召集的基金份额持有人大会应当有代表1/3以上基金份额的持有人参加，方可召开。基金份额持有人大会就审议事项作出决定，应当经参加大会的基金份额持有人所持表决权的1/2以上通过；但是，转换基金的运作方式、更换基金管理人或者基金托管人、提前终止基金合同、与其他基金合并，应当经参加大会的基金份额持有人所持表决权的2/3以上通过。基金份额持有人大会决定的事项，应当依法报国务院证券监督管理机构备案，并予以公告。

四、证券投资基金法律结构

投资基金的原理应只有一个，但投资基金的制度却有无数种，立法者可以设立两个关系人，也可以有三四个，在关系人中可以用公司章程、委任、信托或无名契约加以联结，从而使投资基金的法律结构呈多元化态势。[1] 但综观世界各国投资基金的法律结构，包括公司型投资基金（代表者美国）和契约型投资基金（代表者日本和韩国），其中契约型投资基金中又有德国的二元论（分离论）与日韩一元论（非分离论）之别。

（一）公司型投资基金的法律结构

美国是公司型投资基金的代表。其公司型投资基金在结构上由投资公司、投资顾问、保管人组成。对于美国一般投资公司而言，基金管理人即投资顾问，基金受托人即投资公司董事，基金持有人即投资公司股东。典型的投资公司一般由投资顾问创立并管理，因此投资顾问在公司型基金组织机构中的地位与契约型基金的基金管理人相同。但有两点例外：其一，虽然投资公司一般都有投资顾问，但理论上不排除投资公司不聘请投资顾问而自行管理的情况；其二，有的投资公司可能有不止一个投资顾问，其中有的投资顾问可能并不享有契约型基金的基金管理人的自由裁量权。但是美国《1940年投资公司法》的实践表明，这两种情况极为少见，不具代表性。从传统公司法角度来看，投资公司采取一种外部管理结构，投资顾问似应为基金的外部人而非内部当事人。然而从美国《1940年投资公司法》实质来看，无论是基金的发起设立还是基金的经营管理，投资顾问始终是基金的内部当事人。在基金内部关系中，投资公司董事职能类似于基金受托人。美国投资公司据以设立的文件为公司章程，但据以运营的文件主要是投资顾问合同，实际上真正确定公司型基金法律关系，即投资顾问、董事、股东之间权利义务的是投资顾问合同。[2]

---

〔1〕 参见陈春山：《证券投资信托契约论》，台北，五南图书出版股份有限公司1996年版，第77－78页。

〔2〕 参见王苏生：《证券投资基金管理人的责任》，北京大学出版社2001年版，第8页。

1. 投资公司股东大会与董事会之间的法律关系

股东大会与董事会同为投资公司的机关,其中,股东大会是比董事会高一级的公司机构,董事会成员即董事由股东大会以多数票选举产生(美国《1940年投资公司法》第16条),董事会是股东大会的执行机关,但在实务中,董事会更是公司的决策机关。对于已在章程中规定业务(投资)组合比例的公司型投资基金而言,在章程被制定后,除非通过修改章程方式,股东大会绝不参与投资基金的业务决策。所以,在公司型投资基金中,除了董事会成员由股东大会选举产生或选举更换之外,董事会不直接对股东大会承担义务,而是对公司承担美国法律上所谓的"信义义务"(Fiduciary Duty)。公司型投资基金董事会的权利、责任由章程规定。

可见,除了董事会成员由股东大会选举或者更换之外,公司型投资基金的董事会与股东大会之间并无直接的法律关系。董事会是直接对"公司"负责,由此与作为"公司"的表意机关的股东大会产生关系。公司型投资基金的董事会是根据公司章程和法律行使权利、承担义务,而非通过这种义务的承担和权利的行使对公司型投资基金负责,或是对全体股东负责。

2. 投资公司股东大会与保管人之间的法律关系

尽管美国证券交易委员会在其对《1940年投资公司法》制定的"规则和管理细则"中规定,经注册的投资公司如欲将其资产交由美国《证券交易法》定义的全国性证券交易所的会员公司保管,须签订一个书面契约,并且,该书面契约需经该投资公司的董事会多数表决通过。但在投资公司成立之前的设立过程中,公司董事会尚未产生,其书面的保管契约因此不可能由董事会以多数表决通过,而只能由股东大会的前身——全体投资者以投资行为进行认可。即使是在公司成立之后,公司董事会多数表决通过,书面保管契约中的保管人,也是公司的意思表示行为,公司的成员即股东大会的成员由此获得对保管人的请求权。此外,公司型投资基金与符合美国《1940年投资公司法》规定条件的银行成立保管关系,也须签订保管协议。可见,公司型投资基金股东大会与保管人之间的法律关系,是基于保管契约或者保管协议而产生的权利义务关系。

3. 董事会与保管人之间的法律关系

虽然公司型投资基金董事会有权聘用该投资基金的资产保管人,但其聘用行为是代理公司型投资基金所为,是公司行为,因此董事会与保管人之间并不存在法律关系。保管契约的主体为公司型投资基金和保管人,而非公司型基金的董事会和保管人。由于董事会行使公司型投资基金投资业务的决策权,而保管人则行使公司型投资基金资产的监督性保管权,他们之间是基于同一主体和同一目的联结而产生的事实关系。

4. 投资顾问与董事会之间的法律关系

虽然美国《1940年投资公司法》并未规定公司型投资基金必须聘请投资顾问,但在实践中,几乎每一家公司型投资基金都聘用投资顾问。虽然依照美国各州的公司法,公司型投资基金的董事会一般拥有对投资业务的决策权,但在实务中,董事会的这一决策权往往被投资顾问所取代。

根据美国《1940 年投资公司法》第 15 条第 1 款规定,公司型投资基金的董事会有权续延投资顾问契约的效力,也有权依照一定程序更换投资顾问。但董事会极少运用这一权力,因为董事们并不会仅仅因为投资顾问在投资基金中居于统治地位而终止投资顾问契约。

投资顾问是给公司型投资基金董事会提供投资建议的,但就实际作用而言,选择投资并操作业务的是投资顾问。不仅如此,投资顾问还给公司型投资基金提供专业技术、专业人员,甚至办公场所。因此,对于很多公司型投资基金而言,操作人实际上是投资顾问,董事们主要是为股东利益对投资顾问进行监督。当然,公司型投资基金的董事们也并不总是能有效地监督投资顾问,因为投资顾问往往是公司型投资基金的设立人,不仅提供公司型投资基金的原始资本,而且还任命公司型投资基金的首批董事。这就使得这些董事与投资顾问之间的关系成为非独立主体之间的关系,此种情况在极少数聘请一个以上投资顾问的投资基金中更加突出。但是,无论投资顾问与董事会的关系如何,对于公司型投资基金而言,投资顾问的权利或权限仅限于"投资决策"。

5. 投资顾问与股东大会之间的法律关系

公司型投资基金与投资顾问之间签订的投资顾问契约,是由该公司型投资基金的股东大会以多数表决通过认可的,并且,其中的"多数"是具有表决权股份的多数。简言之,公司型投资基金的投资顾问是由持有表决权股份的股东组成的股东大会聘任的。由于股东大会为公司的表意机关,其行为即公司行为,所以,股东大会与投资顾问之间无直接法律关系。

6. 投资顾问与保管人之间的法律关系

投资顾问与公司型投资基金保管人的法律关系,适用公司型投资基金与保管人之间的法律关系的解释。

(二)投资基金的法律结构

契约型投资基金的当事人之间的关系是以一个契约予以统一规定,还是根据当事人之间的关系以不同契约分别规定,各国做法不一,但具有代表性的是德国的分离模式(二元结构)和日本的非分离模式(一元结构)。

1. 德国的分离模式

德国的投资信托基金法令由德国《银行法》和德国《投资公司法》两部分组成,其中主要集中在德国《投资公司法》中的"保管银行"一章。根据德国《投资公司法》的规定,投资公司将从投资者那里募集而来的资金,遵从投资风险分散的原则加以经营。基金用从投资者处募集来的资金购得的财产是信托财产。基金的管理必须遵从投资公司的固定资产、负债与信托财产相互独立的原则。投资信托基金必须由与投资公司独立的托管银行保管。托管银行必须是资本金在 1000 万马克以上的银行。

德国证券投资基金的法律关系由两个契约关系组成。一是基金持有人和投资公司订立的信托契约。投资者购买受益凭证时,取得信托契约的委托人兼受益人的地位;投资公司为基金管理人,处于受托人的地位,是基金财产的名义持有人,负责基金财产的管理、投资。投资公司有权根据该契约请求合理的管理费用。二是投资公司与保管银行订立的保管契约。保管银行对投资公司所享有的权利除保管契约所设定的权利之外,还对投资公司享有监督权和其他权利,如作为基金持有人的代表对投资公司特定违法行为提起诉讼,以保障基金和基金持有人的权益,甚至有权停止投资公司权利的行使。保管银行和基金持有人之间并无直接的法律关系。基金持有人对保管银行只能以保管契约受益人的身份向其主张权利。其法律结构如图 2 所示。

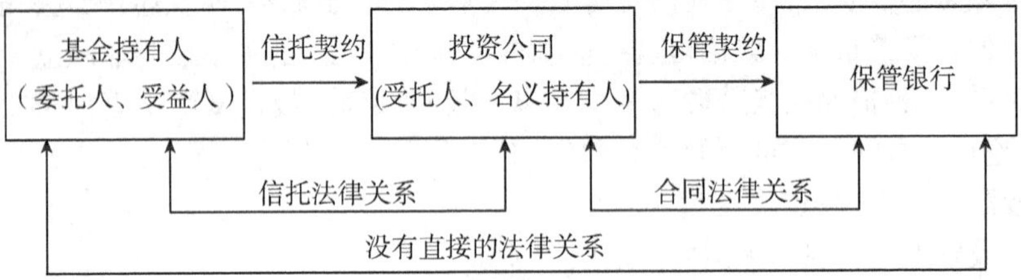

图 2　德国证券投资资金法律结构

2. 日本的非分离模式

日本证券投资基金的法律结构是较有代表性的。根据日本《证券投资信托法》及其相关法规,投资基金运作程序大致如下:证券投资信托发起人将“基金受益凭证”出售给投资者,然后先将筹集的资金存放到投资信托公司(在日本称其为“委托公司”),再转移到信托银行,至此,基金方告成立。根据日本《证券投资信托法》,委托公司必须忠实地为证券投资信托的受益人作出有关运用信托财产的指示。而信托银行则担当起了托管人的职责,根据委托公司的指令来运营信托财产。投资人即证券投资信托的受益人,享有证券投资信托带来的收益,并于其希望变现时可要求委托公司赎回。

日本证券投资基金法律结构,整体上是以证券投资契约为中心,以此契约联结受益人(投资人)、委托人(基金管理人)及受托人(信托会社),从而形成三位一体的关系。[1] 从形式上看,证券投资委托公司(基金管理人)为委托人,信托公司(基金托管人)为受托人,投资人(基金持有人)为受益人。投资人因信赖委托人的证券投资能力而为资金交付,委托人依此信赖原则而为信托财产运用指示,因此,证券投资信托公司实质上居于信托契约的受托人的地位。基于此,证券投资委托公

〔1〕　参见高岚:《日本投资信托及投资法人法律制度研究》,云南大学出版社 2007 年版,第 67 页。

司与信托公司便居于协同一体的地位,共同实现实质信托契约受托人的机能,而信托契约的受益人,也兼为实质信托契约的委托人。具体而言,由基金经理人于发行受益凭证募集证券投资信托基金之后,以委托人的身份与作为受托人的基金保管人(信托公司)订立以投资者为受益人的证券投资信托契约。其中,受托人取得基金资产的名义所有权,以自己的名义负责保管和监督,并依委托人的指示运用信托财产;委托人则保留了基金资产投资和运用的指示权;受益人由委托人的转让而取得依受益凭证记载所分享的投资利益。这种"三位一体"的基金法律结构就是著名的"非分离论"。目前,该理论影响较大,为韩国及其他国家或地区所效仿,我国《证券投资基金法》法理也是如此,该模式如图3所示。

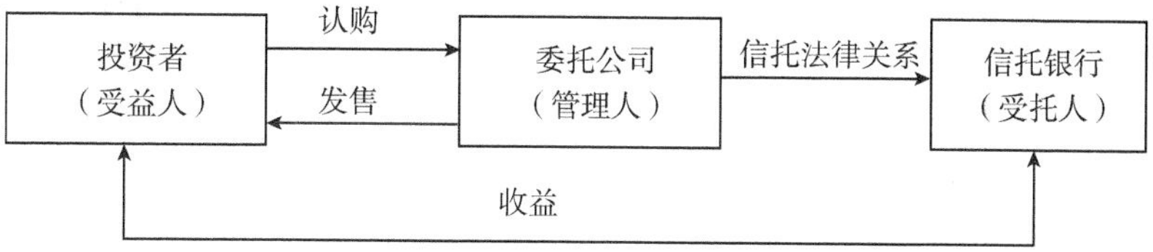

图3　日本证券投资基金法律结构

通过图7-2,我们可以看出,日本证券投资信托有如下特点:第一,日本证券投资信托为他益信托。自益信托的委托人身兼受益人,因此享有的权利一般大于他益信托的受益人。从上分析来看,日本的证券投资信托属于他益信托。第二,结合信托法理,日本证券投资信托中,委托公司是基金"实质上的所有人",而信托银行是基金"形式上的所有人"。因此在日本应当是由信托银行对外代表基金行使权利,如委托公司购买某一公司的股票,记录在股东名册上的持股人应当是信托银行的名称。虽然信托银行应当按照委托公司的指令行事,但代表基金参加公司股东大会并行使投票的应是具有"名义所有权"人资格的信托银行,而非委托公司。

3.基金信托契约与为第三人利益而订立的契约的关系

目前,国内许多学者认为契约型投资基金的信托契约是为第三人利益而代理的契约,但事实并非如此。为第三人利益而订立的契约是一方当事人不为自己而为第三人设定权利,并约定使他方当事人向第三人履行义务的契约。基金信托契约与为第三人利益订立的契约具有相似性,但二者存在显著的区别:(1)信托受益人的权利兼具有债权和物权特性,对受托人有债权请求权,对信托财产有物权请求权;而为第三人利益订立的契约的第三人仅对债务人有债权请求权。(2)信托的受托人与受益人之间有信任关系存在,而为第三人利益订立的契约的第三人与契约的任何一方当事人皆不存在信任关系。(3)信托受益人如果不接受信托利益,只是放弃其权利,并不视为自始未取得权利,而且,信托受益人即使没有表示要接受利益,信托人和受托人也不得因此而撤销信托;而为第三人利益订立的契约的第三人,如对契约当事人一方表示不接受契约利益,则视为自始未取得权利,且在第三人没有表示接受之前,契约当事人可以变更或撤销契约。(4)信托受益人是契约当事人,既享有契约的权利,又必须履行契约义务,而为第三人利益订立的契约中的第三人,不是契约的当事人,一般仅享有权利而不负担义务。

(三)公司型投资基金与契约型投资基金法律结构的比较

公司型投资基金与契约型投资基金都是建立在经营与保管分开的基础上的,两者各有优势和不足。[1] 如从投资信托大众化或经营、募集、销售证券的角度来说,契约型投资基金较好;若从保持国民经济稳定和运用信托资产的难易程度来看,公司型投资基金较佳;就保护投资者而言,公司型基金投资者的股东权要比契约型投资基金受益人的利益请求权完整得多,更有保障。因此,各国的证券投资基金一般都是两种形式并存,立法并不加以限制,而由基金发起人根据实际情况而定,以发挥各自的积极作用。究竟要采取何种基金形态,要视各国法律体系、市场运作机制、各国政府对投资基金的监管方式、国家经济的发展阶段、社会资本的供求对比关系、当时的金融政策而定。从发展趋势来看,公司型投资基金除多了一个基金公司组织外,两者在其他各个方面出现了趋同化倾向。

第四节 证券投资基金的募集与交易

一、证券投资基金的组织形式

根据我国《证券投资基金法》,基金合同应当约定基金的运作方式。基金的运作方式可以采用封闭式、开放式或者其他方式。可见,我国证券投资基金的组织形式主要是契约型证券投资基金,既可以是开放式基金,也可以是封闭式基金,甚至是其他运作方式的基金。公开募集基金,应当经国务院证券监督管理机构注册。未经注册,不得公开或者变相公开募集基金。可见,未经批准擅自设立的,属于非法设立,须依规定予以取缔和处罚。对非公开募集基金,只要求"担任非公开募集基金的基金管理人,应当按照规定向基金行业协会履行登记手续,报送基本情况",未经登记,任何单位或者个人不得使用"基金"或者"基金管理"字样或者近似名称进行证券投资活动;但是,法律、行政法规另有规定的除外。对此,《私募投资基金监督管理暂行办法》进一步明确规定,设立私募基金管理机构和发行私募基金不设行政审批,允许各类发行主体在依法合规的基础上,向累计不超过法律规定数量的投资者发行私募基金。

---

[1] 参见顾肖荣主编:《证券法教程》(第3版),法律出版社2009年版,第246页。

二、证券投资基金的募集

（一）证券投资基金的募集方式

1. 私募基金

私募基金是指以非公开方式向特定机构或个人投资者募集资金而设立的投资基金。[1] 根据我国《证券投资基金法》第 87 条规定，非公开募集基金应当向合格投资者募集，合格投资者累计不得超过 200 人。前款所称合格投资者，是指达到规定资产规模或者收入水平，并且具备相应的风险识别能力和风险承担能力、其基金份额认购金额不低于规定限额的单位和个人。

我国早在 1993 年就已经产生私募基金，1996 年我国的私募基金初具规模，达到 950 亿元至 1110 亿元，1997 年至 2001 年私募基金每年净增加 1000 多亿元，2001 年达到顶峰 7600 亿元至 8800 亿元。[2] 据中国证券投资基金业协会统计，截至 2022 年末，存续私募证券投资基金 92,754 只，规模 5.56 万亿元。私募基金短期内迅速发展，是有原因的：一是社会资产快速增加并寻求增值，已不满足于低利率存款，需要市场提供更灵活的低成本、高回报的投资方式，而私募基金向投资者承诺不菲的"保底收益"，吸引了这部分游资；二是目前的资本市场不成熟，存在规模资金的投资放大效应，资金通过私募基金进入证券市场的频繁活动，确有获取高利的可能，私募基金成为证券市场上的主流"机构投资者"。

2. 公募基金

公募基金是指以公开方式向社会公众募集资金而设立的投资基金。根据《证券投资基金法》第 50 条规定，公开募集基金，应当经国务院证券监督管理机构注册。未经注册，不得公开或者变相公开募集基金。所谓公开募集基金，包括向不特定对象募集资金、向特定对象募集资金累计超过 200 人，以及法律、行政法规规定的其他情形。公开募集基金应当由基金管理人管理，基金托管人托管。

从发达国家的情况看，证券投资基金一般是公募的，而产业投资基金、创业投资基金则绝大多数是私募的。[3] 我国的立法者早在 2000 年就曾设想将证券投资基金与产业投资基金及风险投资基金共同立一部投资基金法，从而使我国三大基金合法化。2013 年 6 月 1 日实施的《证券投资基金法》明确赋予公募或私募的证券投资基金以合法地位，并由《私募投资基金监督管理暂行办法》对创业投资基金作了特别规定。

（二）证券投资基金的公开募集程序

注册公开募集基金，由拟任基金管理人向国务院证券监督管理机构提交下列

---

〔1〕 参见李惠主编：《走近私募基金》，经济科学出版社 2001 年版，第 8 页。

〔2〕 参见中央财经大学课题组：《私募基金合法化是市场发展的大趋势——中国证券市场私募基金规模及影响的调查与测估》，载《证券时报》2004 年 7 月 29 日，第 19 版。

〔3〕 参见厉以宁：《〈走进私募基金〉序》，载《人民日报》2001 年 8 月 25 日，第 6 版。

文件:(1)申请报告;(2)基金合同草案;(3)基金托管协议草案;(4)招募说明书草案;(5)律师事务所出具的法律意见书;(6)国务院证券监督管理机构规定提交的其他文件。

基金合同,是基金管理人按照法律法规的要求与基金托管人就基金的设立与运作问题订立的并要求基金份额持有人也要遵守的书面协议。公开募集基金的基金合同应当包括下列内容:(1)募集基金的目的和基金名称;(2)基金管理人、基金托管人的名称和住所;(3)基金的运作方式;(4)封闭式基金的基金份额总额和基金合同期限,或者开放式基金的最低募集份额总额;(5)确定基金份额发售日期、价格和费用的原则;(6)基金份额持有人、基金管理人和基金托管人的权利、义务;(7)基金份额持有人大会召集、议事及表决的程序和规则;(8)基金份额发售、交易、申购、赎回的程序、时间、地点、费用计算方式,以及给付赎回款项的时间和方式;(9)基金收益分配原则、执行方式;(10)基金管理人、基金托管人报酬的提取、支付方式与比例;(11)与基金财产管理、运用有关的其他费用的提取、支付方式;(12)基金财产的投资方向和投资限制;(13)基金资产净值的计算方法和公告方式;(14)基金募集未达到法定要求的处理方式;(15)基金合同解除和终止的事由、程序以及基金财产清算方式;(16)争议解决方式;(17)当事人约定的其他事项。

基金招募说明书是募集证券投资基金的基金管理人,依据法律法规的要求就有关基金及其募集事项而编制的详细说明。公开募集基金的基金招募说明书应当包括下列内容:(1)基金募集申请的准予注册文件名称和注册日期;(2)基金管理人、基金托管人的基本情况;(3)基金合同和基金托管协议的内容摘要;(4)基金份额的发售日期、价格、费用和期限;(5)基金份额的发售方式、发售机构及登记机构名称;(6)出具法律意见书的律师事务所和审计基金财产的会计师事务所的名称和住所;(7)基金管理人、基金托管人报酬及其他有关费用的提取、支付方式与比例;(8)风险警示内容;(9)国务院证券监督管理机构规定的其他内容。

国务院证券监督管理机构应当自受理公开募集基金的募集注册申请之日起6个月内依照法律、行政法规及国务院证券监督管理机构的规定进行审查,作出注册或者不予注册的决定,并通知申请人;不予注册的,应当说明理由。

基金募集申请经注册后,方可发售基金份额。基金份额的发售,由基金管理人或者其委托的基金销售机构办理。基金管理人应当在基金份额发售的3日前公布招募说明书、基金合同及其他有关文件。前述规定的文件应当真实、准确、完整。对基金募集所进行的宣传推介活动,应当符合有关法律、行政法规的规定,不得有虚假陈述等违法行为。

基金管理人应当自收到准予注册文件之日起6个月内进行基金募集。超过6个月开始募集,原注册的事项未发生实质性变化的,应当报国务院证券监督管理机构备案;发生实质性变化的,应当向国务院证券监督管理机构重新提交注册申请。基金募集不得超过国务院证券监督管理机构准予注册的基金募集期限。基金募集期限自基金份额发售之日起计算。

基金募集期限届满,封闭式基金募集的基金份额总额达到准予注册规模的80%以上,开放式基金募集的基金份额总额超过准予注册的最低募集份额总额,并且基金份额持有人人数符合国务院证券监督管理机构规定的,基金管理人应当自募集期限届满之日起10日内聘请法定验资机构验资,自收到验资报告之日起10日内,向国务院证券监督管理机构提交验资报告,办理基金备案手续,并予以公告。基金募集期间募集的资金应当存入专门账户,在基金募集行为结束前,任何人不得动用。投资人交纳认购的基金份额的款项时,基金合同成立;基金管理人依法向国务院证券监督管理机构办理基金备案手续,基金合同生效。

基金募集期限届满,未达到规定的募集份额标准的,基金管理人应当承担下列责任:(1)以其固有财产承担因募集行为而产生的债务和费用;(2)在基金募集期限届满后30日内返还投资人已缴纳的款项,并加计银行同期存款利息。

三、公募基金的基金份额的交易、申购与赎回

(一)公募基金的基金份额的交易

申请基金份额上市交易,基金管理人应当向证券交易所提出申请,证券交易所依法审核同意的,双方应当签订上市协议。基金份额上市交易规则由证券交易所制定,报国务院证券监督管理机构批准。

基金份额上市交易,应当符合下列条件:(1)基金的募集符合证券投资基金法规定;(2)基金合同期限为5年以上;(3)基金募集金额不低于2亿元人民币;(4)基金份额持有人不少于1000人;(5)基金份额上市交易规则规定的其他条件。基金份额上市交易后,有下列情形之一的,由证券交易所终止其上市交易,并报国务院证券监督管理机构备案:(1)不再具备证券投资基金法规定的上市交易条件;(2)基金合同期限届满;(3)基金份额持有人大会决定提前终止上市交易;(4)基金合同约定的或者基金份额上市交易规则规定的终止上市交易的其他情形。

(二)公募基金的基金份额的申购与赎回

开放式基金应当保持足够的现金或者政府债券,以备支付基金份额持有人的赎回款项。基金财产中应当保持的现金或者政府债券的具体比例,由国务院证券监督管理机构规定。开放式基金的基金份额的申购、赎回和登记,由基金管理人或者其委托的基金服务机构负责办理。

基金管理人应当在每个工作日办理基金份额的申购、赎回业务;基金合同另有约定的,按照其约定。投资人交付申购款项,申购成立;基金份额登记机构确认基金份额时,申购生效。基金份额持有人递交赎回申请,赎回成立;基金份额登记机构确认赎回时,赎回生效。基金份额的申购、赎回价格,依据申购、赎回日基金份额净值加、减有关费用计算。基金份额净值计价出现错误时,基金管理人应当立即纠正,并采取合理的措施防止损失进一步扩大。计价错误达到基金份额净值0.5%

时,基金管理人应当公告,并报国务院证券监督管理机构备案。因基金份额净值计价错误造成基金份额持有人损失的,基金份额持有人有权要求基金管理人、基金托管人予以赔偿。

基金管理人应当按时支付赎回款项,但是下列情形除外:(1)因不可抗力导致基金管理人不能支付赎回款项;(2)证券交易场所依法决定临时停市,导致基金管理人无法计算当日基金资产净值;(3)基金合同约定的其他特殊情形。发生上述情形之一的,基金管理人应当在当日报国务院证券监督管理机构备案。第1种规定的情形消失后,基金管理人应当及时支付赎回款项。

第五节　证券投资基金的运作与监管

一、证券投资基金的投资组合运作

基金投资能否给基金的投资者带来较为丰厚的回报,关键在于基金管理人是否能系统地对国内外的经济形势以及各行业、各公司的资信进行分析研究,讲究投资策略,并进行安全、富有弹性的投资组合选择。所谓投资组合是指投资者根据本身的偏好及对风险的态度,将资金分散投向多种证券或资产,使之形成合理的组合,其目的是要将投资风险降至最低限度,使收益最大化。各国投资基金普遍实行投资组合,从而使投资多样化。投资的多样化主要包括投资品种的多样化、证券品种的多样化、所投行业的多样化、企业的多样化以及投资期限多样化。

为了保护投资者的利益,基金市场的管理当局均有对基金投资组合的明文规定。我国《证券投资基金法》规定,公募基金的基金管理人运用基金财产进行证券投资,除国务院证券监督管理机构另有规定外,应当采用资产组合的方式。资产组合的具体方式和投资比例,依照该法和国务院证券监督管理机构的规定在基金合同中约定。

公募基金的基金财产应当用于下列投资:(1)上市交易的股票、债券;(2)国务院证券监督管理机构规定的其他证券及其衍生品种。

公募基金的基金财产不得用于下列投资或者活动:(1)承销证券;(2)违反规定向他人贷款或者提供担保;(3)从事承担无限责任的投资;(4)买卖其他基金份额,但是国务院证券监督管理机构另有规定的除外;(5)向基金管理人、基金托管人出资;(6)从事内幕交易、操纵证券交易价格及其他不正当的证券交易活动;(7)法律、行政法规和国务院证券监督管理机构规定禁止的其他活动。运用基金财产买卖基金管理人、基金托管人及其控股股东、实际控制人或者与其有其他重大利害关系的公司发行的证券或承销期内承销的证券,或者从事其他重大关联交易的,应当遵循基金份额持有人利益优先的原则,防范利益冲突,符合国务院证券监督管理机构的规定,并履行信息披露义务。

对于私募基金而言,《证券投资基金法》规定,非公开募集基金,应当制定并签订基金合同,而基金合同应当包括“基金的投资范围、投资策略和投资限制”等内容。非公开募集基金财产的证券投资,包括买卖公开发行的股份有限公司股票、债券、基金份额,以及国务院证券监督管理机构规定的其他证券及其衍生品种。对此,《私募投资基金监督管理暂行办法》第2条第2款规定,私募基金财产的投资包括买卖股票、股权、债券、期货、期权、基金份额及投资合同约定的其他投资标的。

二、证券投资基金的监管

(一)基金从业人员的准入资格

基金通过价值投资将理性投资理念演绎得淋漓尽致,初步展现专业化投资的巨大威力,代表了先进理财文化。基金以其专业理财优势、理性投资行为和规模经济效应,在我国资本市场全面发展承担着重要的历史使命。而基金作用的发挥及其使命的实现均需由基金从业人员来承担。这就要求基金从业人员特别是高级管理人员,自觉树立诚信观念,推动整个基金行业形成诚信文化,促进诚信为本这一核心职业操守在行业内的全面普及,因此必须对基金从业人员加强管理。基金从业人员只有恪尽职守,履行诚实、信用、谨慎、勤勉和尽职的义务,为投资人带来好的回报,才能得到投资人的信任。对此,我国《证券投资基金法》在其“总则”部分明确要求“基金从业人员应当具备基金从业资格,遵守法律、行政法规,恪守职业道德和行为规范”。

基金从业人员主要包括基金管理人、基金托管人和基金服务机构的从业人员。特别值得一提的是,《证券投资基金法》就规定了公募基金管理人或托管人的董事、监事和高级管理人员的积极资格条件:应当熟悉证券投资方面的法律、行政法规,具有3年以上与其所任职务相关的工作经历;高级管理人员还应当具备基金从业资格。《证券投资基金法》还另设专条规定了公募基金管理人或托管人的董事、监事、高级管理人员和其他从业人员的消极资格条件,只要具备下列情形之一的,就不得从业:(1)因犯有贪污贿赂、渎职、侵犯财产罪或者破坏社会主义市场经济秩序罪,被判处刑罚的;(2)对所任职的公司、企业因经营不善破产清算或者因违法被吊销营业执照负有个人责任的董事、监事、厂长、高级管理人员,自该公司、企业破产清算终结或者被吊销营业执照之日起未逾5年的;(3)个人所负债务数额较大,到期未清偿的;(4)因违法行为被开除的基金管理人、基金托管人、证券交易所、证券公司、证券登记结算机构、期货交易所、期货公司及其他机构的从业人员和国家机关工作人员;(5)因违法行为被吊销执业证书或者被取消资格的律师、注册会计师和资产评估机构、验证机构的从业人员、投资咨询从业人员;(6)法律、行政法规规定不得从事基金业务的其他人员。

(二)基金管理人和托管人的忠实义务

基金管理人和托管人均应忠于基金持有人(受益人)的利益,在运用和保管基金财产时,一切应以受益人利益为出发点,不得为自己或第三人利益损害受益人利益。这种忠实义务反映在立法中,并要求基金管理人、托管人及其高级管理人员、从业人员遵守。如1970年美国《投资公司法修订案》要求投资公司的职员和董事以及顾问负信用责任,即以忠诚和慎重态度来保证股东利益。日本的《金融商品交易法》要求投资管理业者忠实地开展投资业务。[1]

对此,我国《证券投资基金法》要求公开募集基金的基金管理人(或托管人)及其董事、监事、高级管理人员和其他从业人员不得有下列行为:(1)将其固有财产或者他人财产混同于基金财产从事证券投资;(2)不公平地对待其管理的不同基金财产;(3)利用基金财产或者职务之便为基金份额持有人以外的人牟取利益;(4)向基金份额持有人违规承诺收益或者承担损失;(5)侵占、挪用基金财产;(6)泄露因职务便利获取的未公开信息、利用该信息从事或者明示、暗示他人从事相关的交易活动;(7)玩忽职守,不按照规定履行职责;(8)法律、行政法规和国务院证券监督管理机构规定禁止的其他行为。与此同时,为防范利益冲突,《证券投资基金法》还规定,基金托管人与基金管理人不得为同一机构,不得相互出资或者持有股份。

私募基金管理人(或托管人)及其从业人员的忠实义务在我国《私募投资基金监督管理暂行办法》中的具体规则与上述要求基本相同。

基金管理人、托管人违背忠实义务所从事的行为是法律法规所禁止的行为,不仅严重损害了投资人利益,还严重侵害了经济秩序。我国《证券投资基金法》规定了对违背忠实义务的有关行为人应承担相应的民事责任和行政责任,构成犯罪的还要追究刑事责任。

(三)基金财产的管理

基金财产应保持其独立性和完整性,我国《证券投资基金法》就此作了如下规定:(1)基金财产独立于基金管理人、基金托管人的固有财产。(2)基金管理人、基金托管人不得将基金财产归入其固有财产。(3)基金管理人、基金托管人因基金财产的管理、运用或者其他情形而取得的财产和收益,归入基金财产。(4)基金管理人、基金托管人因依法解散、被依法撤销或者被依法宣告破产等原因进行清算的,基金财产不属于其清算财产。(5)基金财产的债权,不得与基金管理人、基金托管人固有财产的债务相抵销;不同基金财产的债权债务,不得相互抵销。(6)非因基金财产本身承担的债务,不得对基金财产强制执行。

基金管理人、基金托管人管理、运用基金财产,应当恪尽职守,履行诚实信用、谨慎勤勉的义务。基金管理人运用基金财产进行证券投资,应当遵守审慎经营规则,制定科学合理的投资策略和风险管理制度,有效防范和控制风险。

---

〔1〕 参见《日本金融商品交易法》,朱大明译,法律出版社2015年版,第157页。

公募基金财产应当投资于上市交易的股票、债券、国务院证券监督管理机构规定的其他证券品种及其衍生品种，而不得用于下列投资或者活动：(1)承销证券；(2)违反规定向他人贷款或者提供担保；(3)从事承担无限责任的投资；(4)买卖其他基金份额，但是国务院证券监督管理机构另有规定的除外；(5)向基金管理人、基金托管人出资；(6)从事内幕交易、操纵证券交易价格及其他不正当的证券交易活动；(7)法律、行政法规和国务院证券监督管理机构规定禁止的其他活动。

(四)严格的基金信息披露制度

公募基金的基金管理人、托管人和其他基金信息披露义务人有披露其自身及基金的经营、财务状况的义务，在向主管部门提交报告的同时，应向社会公众公布，接受监督。基金信息披露有利于合理的流通价格的形成，还有利于管理人改善自身经营管理。根据《证券投资基金法》，投资基金在其设立、募集、运作和交易过程中，依法应披露的信息有：(1)基金招募说明书、基金合同、基金托管协议；(2)基金募集情况；(3)基金份额上市交易公告书；(4)基金资产净值、基金份额净值；(5)基金份额申购、赎回价格；(6)基金财产的资产组合季度报告、财务会计报告及中期和年度基金报告；(7)临时报告；(8)基金份额持有人大会决议；(9)基金管理人、基金托管人的专门基金托管部门的重大人事变动；(10)涉及基金财产、基金管理业务、基金托管业务的诉讼或者仲裁；(11)国务院证券监督管理机构规定应予披露的其他信息。

公募基金信息披露义务人在公开披露基金信息时，不得有下列行为：(1)虚假记载、误导性陈述或者重大遗漏；(2)对证券投资业绩进行预测；(3)违规承诺收益或者承担损失；(4)诋毁其他基金管理人、基金托管人或者基金销售机构；(5)法律、行政法规和国务院证券监督管理机构规定禁止的其他行为。

信息披露的基本要求是：真实性、准确性、完整性。主管部门依据其职权，可以随时对投资基金的募集、交易、投资运作以及相关的业务活动和财务会计资料进行检查、稽核。基金管理人、托管人以及有关机构和人员应当及时提供情况和资料，不得拒绝和拖延。

根据《证券投资基金法》的有关规定，国务院证券监督管理机构依法履行职责时，被调查、检查的单位和个人应当配合，如实提供有关文件和资料，不得拒绝、阻碍和隐瞒。基金信息披露义务人不依法披露基金信息或者披露的信息有虚假记载、误导性陈述或者重大遗漏的，责令改正，没收违法所得，并处10万元以上100万元以下罚款；对直接负责的主管人员和其他直接责任人员给予警告，暂停或者取消基金从业资格，并处3万元以上30万元以下罚款；构成犯罪的，依法追究刑事责任，给基金财产、基金份额持有人或者投资人造成损害的，依法承担赔偿责任。

为投资基金及基金管理人、托管人提供资产评估、验资、验证、会计、审计、法律服务的资产评估机构、会计师事务所、审计事务所、律师事务所等中介组织，亦应依法承担相应职责，对信息的真实性、准确性、完整性负连带责任。《证券投资基金法》规定,律师事务所、会计师事务所接受基金管理人、基金托管人的委托,为有关基金业务活动出具法律意见书、审计报告、内部控制评价报告等文件,应当勤勉尽责,对所依据的文件资料内容的真实性、准确性、完整性进行核查和验证。其制作、出具的文件有虚假记载、误导性陈述或者重大遗漏,给他人财产造成损失的,应当与委托人承担连带赔偿责任。会计师事务所、律师事务所未勤勉尽责,所出具的文件有虚假记载、误导性陈述或者重大遗漏的,责令改正,没收业务收入,暂停或者撤销相关业务许可,并处业务收入 1 倍以上 5 倍以下罚款。对直接负责的主管人员和其他直接责任人员给予警告,并处 3 万元以上 10 万元以下罚款。构成犯罪的,依法追究刑事责任。

(五)明确的他律机构与自律组织

从各国实践经验看,投资基金业一般由证券监督管理机构集中统一管理。[1]目前为维护基金市场秩序,防范系统性风险,维护投资者合法权益,促进基金市场健康发展,中国证监会依法对证券投资基金活动实施监督管理,由其派出机构依照授权履行职责。在中华人民共和国境内募集投资境外证券的基金,以及合格境外投资者在境内进行证券投资,应当经中国证监会批准。

基金行业协会是证券投资基金行业的自律性组织,是社会团体法人。我国多家基金管理人、基金托管人和基金服务机构,已于 2012 年依法成立中国证券投资基金业协会,由该协会进行行业自律,协调行业关系,提供行业服务,促进行业发展。

证券交易所是为证券集中交易提供场所和设施,组织和监督证券交易,实行自律管理的法人。证券交易所享有交易所业务规则制定权,这是其自律管理职能的主要内容。我国上海证券交易所、深圳证券交易所都制定有证券投资基金上市规则以及其他类型基金的业务指引,基金份额在证券交易所上市交易,应当遵守证券交易所业务规则,接受证券交易所的自律性监管。[2]

思考题

1. 我国《证券投资基金法》借鉴的是哪国立法模式?为什么?
2. 如何保护公募基金份额持有人的合法权利?
3. 如何理解证券投资基金的信托法理基础?
4. 如何完善私募基金的监管制度?

---

〔1〕 参见朱崇实主编:《金融法教程》(第 3 版),法律出版社 2011 年版,第 483 页。

〔2〕 参见中国证券投资基金业协会组编:《证券投资基金》(上册),高等教育出版社 2015 年版,第 82 页。

第八章　保险法律制度

第一节　保险与保险法概述

一、保险概述

(一)保险的起源与发展

保险的发展与商品经济特别是海上贸易的发展,有着极为紧密的关系。商品经济中的各种风险促使了保险业的产生和完善,而保险业的发展又提高并增强了商品经营者的信心和胆略,极大地促进了商品经济和海上贸易的发展。从历史发展看,保险市场的中心是随着商品经济中心的转移而转移的。

保险起源于古巴比伦时代就已经存在的海上借贷制度。海上借贷制度是由船东从出借人处借得资金,如果遭遇海难,按损失程度,出借人可以免除主债务的一部分或全部;如果船舶安全抵达目的地,借款人则应偿还本金和利息。这种借贷的利息高于普通贷款,其高出部分相当于今天的保险费。到中世纪,海上借贷在意大利发展变化成了"冒险借贷",这种借贷规定船东如果在航海时遭受损失,其所借的本金可以不还,但利息必须支付。这样,冒险借贷的利息更类似于当今的保险费,而冒险借贷本身也更倾向于具有转嫁危险的功能。随着历史的发展,意大利成了近代海上保险的发祥地。1347 年 10 月 23 日,意大利第一张船舶保险单的出现,标志着现代保险制度的诞生。随着英国对外贸易的迅速发展,国际贸易中心从地中海逐渐转移到了伦敦,现代保险市场的中心也随之北移。至今,在海上保险中,伦敦保险市场依然保持着显赫的地位,起着举足轻重的作用。

(二)保险的概念

保险有广义和狭义之分。广义的保险,是指多数单位和个人根据合理的计算,共同建立基金,对因危险所造成的经济损失给予补偿或对人身约定事件的出现实行给付的一种经济保障制度。狭义的保险,又称为商业保险。《保险法》第 2 条规定:"本法所称保险,是指投保人根据合同约定,向保险人支付保险费,保险人对于合同约定的可能发生的事故因其发生所造成的财产损失承担赔偿保险金责任,或者当被保险人死亡、伤残、疾病或者达到合同约定的年龄、期限等条件时承担给付保险金责任的商业保险行为。"

保险是人们管理危险的重要对策,它既是一种经济制度,也是一种法律关系。保险首先是一种经济制度,保险是为了确保经济生活的稳定,对危险发生后所导致的损失实行补偿或给付。由于保险制度关系到人们生活的安定和经济的稳定发展,所以世界各国均将调整保险经济关系的准则上升为法律规范,从而使保险这一经济补偿制度法律化。从法律角度分析,保险是根据法律规定或当事人双方签订的合同,一方承担支付保险费的义务,换取另一方对其因危险的出现所产生的损失负责经济补偿或给付的权利。这种法律关系有别于一般损害赔偿的民事法律关系。

(三)保险的构成要件

保险的构成,包括下列三项要件。

1. 须以特定的危险为对象。所谓危险是指自然灾害和意外事故等特定事故所造成损失的不确定性。保险的对象是危险,建立保险制度的目的是对付特定危险事故的发生。如果不存在危险也就没有保险的必要,所谓“无危险则无保险”。但并非所有的危险均是保险的对象,保险法上的危险应具备以下条件:

(1)危险的发生必须具有不确定性。只有特定事故发生与否不肯定,保险才能成立。在人身保险中,虽然人的死亡是肯定的,但何时发生,仍具有不确定性。

(2)危险发生后必然引起异常的损失,并且该损失能从经济上计算价值。保险的功能是以货币补偿由意外事故所造成的异常经济损失。没有损失也就无所谓补偿;有损失但无法从经济上计算的,如精神痛苦,也不能用保险来补偿。在人身保险中,作为保险标的的人身,其价值也是无法计算的。但是人的劳动创造价值,而人的死亡、伤残或疾病不是带来经济上的损失,就是增加经济上的负担,通过保险的货币给付方式,可以从经济上弥补一定的损失或减轻一定的负担。

(3)危险具有普遍性。危险必须是多数人可能遭遇的同一种类,正因为可能遭遇的危险相同,利害关系一致,才由多数人或单位组成保险团体,共同建立保险基金,解决所发生的经济补偿问题。

2. 要有为数众多的人参加。保险是按互助合作原则将个体损失分摊给众多成员负担,参加保险者越多,分摊额越少;积累的保险金越雄厚,损失补偿的能力就越强。

3. 须在合理计算的基础上建立保险基金,以对危险造成的损失进行补偿为目的。危险的种类不同,危险造成的损失程度也不尽相同,如果要求支付相同的保险费,就会导致危险程度较小的主体退出保险,而剩下危险程度较大的主体,保险成员减少,分摊额增大,保险难以维持。所以,保险必须是在合理计算各投保人所要支付的保险费的基础上来建立保险基金。保险业通例是以概率论为计算损失率的依据,而以损失率确定保险费。

(四)保险的特征

通过保险与其他类似概念的比较,才能更好地理解保险的特征。

1. 救济与保险

当人们遭遇意外灾难时，国家政府机关、群众团体或公民个人会采用救济的方法进行不同程度的援助。救济与保险不同，体现在：(1)救济是一种单方法律行为。救济方没有义务一定要对受灾者实施救济，即使实施救济，数量和形式也是随意的，救济受益方没有给付的请求权。保险则是双方约定的法律行为，事故发生后，保险方的经济补偿或给付行为是受法律约束的。(2)救济所用的资金来自外援，是依靠救济方的支付，不需要受益者的分摊。保险则是依靠参加保险的成员本身，通过支付保险费，建立保险基金来补偿损失。(3)救济的对象不受限制。国内外任何受灾单位或个人都可以接受救济。保险则只向参加保险的人提供，保险保障的对象是特定的。

2. 储蓄与保险

储蓄也可以用来补救因意外事故所带来的经济负担，它与保险不同，体现在：(1)储蓄是单独、个别进行，是一种自助行为。保险则是依靠多数单位或个人的互助共济才能实现，是一种互助合作行为。(2)储蓄可以由存款人任意处分，随时存取。保险则必须在保险合同条款规定的事故发生或期限届满时，保险人才按保险合同的规定支付保险金。(3)存款人可以获得的储蓄的本金和利息是确定的。被保险人是否可以得到保险金以及得到的保险金的具体数额都是不确定的。

3. 保证与保险

对被保险人和债权人来讲，保险和保证都是对偶然事件的保障，但保险不同于保证，体现在：(1)保险为独立的合同关系。保证则是借款合同、买卖合同等主合同的从合同。(2)保险人承担赔偿责任，以投保人支付保险费为必要条件。[1] 保证则不一定具有对价。(3)在保证关系中，保证人代替债务人履行债务后，享有债的代位求偿权，可以向债务人追偿。保险人赔偿损失则是履行自己的义务，除非保险事故的发生是由于第三人的行为导致的，否则保险人无追偿权。

4. 赌博与保险

赌博的输赢与保险金的给付都取决于某种不确定的事件是否发生，因而在没有确定保险利益原则和损失补偿原则以前，保险与赌博难以区分，但现代保险已经与赌博有本质区别，体现在：(1)保险只是对损失的补偿，被保险人不得因此而获取额外利益。赌博则是利用人的贪图额外利益的心理，以小博大。(2)保险的社会目

---

〔1〕 需要注意的是，如果保险合同约定投保人支付保险费后保险合同才生效，但对该生效条件是否为全额支付保险费约定不明，此时就有可能出现，在投保人支付了部分保险费而非全部的情况下，发生保险事故，保险人因投保人未支付全部保险费，认为保险合同未生效，从而拒绝承担保险责任。《全国法院民商事审判工作会议纪要》第 97 条从合同双方主体的地位、合同权利义务的平衡等方面综合考虑，规定如下："当事人在财产保险合同中约定以投保人支付保险费作为合同生效条件，但对该生效条件是否为全额支付保险费约定不明，已经支付了部分保险费的投保人主张保险合同已经生效的，人民法院依法予以支持。"

的是变不确定因素为确定因素,使被保险人在遭受不幸事件或一定期限届满得到保险补偿,以安定社会。赌博则企图以小的赌注博取大的利益,容易助长人的侥幸心理,因而其投机性潜伏破坏社会安定的不利因素。

可见,保险具有以下特征:(1)保险是双方约定的法律行为;(2)保险依靠参加保险的成员支付保险费,建立保险基金来补偿损失,是一种互助合作行为;(3)保险的保障程度、保障期限和保障的危险事故都是约定的;(4)保险的基本形式是缴纳保险费和赔付损失。

(五)保险的分类

随着社会经济的发展,现代保险业也得到了迅速的发展,保险的业务范围日益扩大。对于保险的分类标准,目前尚无固定的原则和严格的标准。一般按以下方法进行分类。

1. 强制保险和自愿保险

根据保险实施的形式不同,保险可分为强制保险和自愿保险。

强制保险,又称为法定保险,是国家对一定对象用法律规范规定其必须投保的险种。这种保险关系依据法律效力产生,特征如下:保险范围的全面性,即凡在法律规定的范围内都必须投保;保险责任的自动性,即保险责任根据法律规定自动产生、中止和终止;保险条款的统一性,即保险的内容由法律统一规定,保险当事人不能自行变更。

自愿保险是投保人与保险人双方平等协商,自愿签订保险合同的一种保险。投保人有投保的自由,保险人则可决定是否承保。目前,大多数保险业务都采取自愿保险的方式。[1]

2. 社会保险和商业保险

根据保险是否基于国家的社会政策而设立,保险可分为社会保险和商业保险。

社会保险是国家基于社会政策而举办的一种福利制度。它以靠工资收入的劳动者为保险对象,当劳动者失业、疾病、伤害、老年或死亡时给予一定的经济补偿。社会保险为法定保险,其费用主要来源于国家财政资金或企事业单位资金和经费,个人根据规定也需要交纳一部分保险费。

商业保险是社会保险以外的普通保险。[2]

3. 财产保险和人身保险

根据保险标的的不同,保险可分为财产保险和人身保险。

财产保险是以财产及其有关利益为保险标的的保险,包括普通财产保险、农业保险、责任保险、保证保险和信用保险等。普通财产保险是指对放在固定地点或处

---

〔1〕 我国《保险法》第11条第2款规定,除法律、行政法规规定必须保险的外,保险合同自愿订立。由此可见,在我国,保险合同的订立以自愿为原则,以强制为例外。

〔2〕 我国《保险法》第2条的规定,我国《保险法》规定的保险为商业保险。

于静止状态的有形财产的保险。农业保险是指承保因自然灾害或意外事故造成农作物歉收、损毁或牲畜死亡等损失的保险。责任保险是指以被保险人对第三人的民事赔偿责任为标的的保险。保证保险是指由于被保证人的作为或不作为而使权利人受到损失时,由保险人赔偿权利人的损失的保险。信用保险是指由保险人向被保险人担保债务人的信用,如果债务人到时不能清偿,由保险人负责补偿,以保证权利人即被保险人的权益不受损失。

人身保险是以被保险人的身体作为保险标的的保险,分为人身意外伤害保险、健康保险和人寿保险等。人身意外伤害保险是以被保险人遭受意外伤害及其致残、致死为保险事故的保险。健康保险又称疾病保险,是指被保险人因疾病而花费的医疗费用、减少的收益等所受的损失由保险人补偿的保险。人寿保险是以人的生存或死亡为保险事故的保险,当被保险人死亡或生存到一定年龄(如满70岁)时,由保险人支付保险金。以死亡为保险事故的为死亡保险;以生存到一定年龄为保险事故的为生存保险;被保险人在保险期内死亡,或生存到保险期满时,均给付保险金的为生死两全保险。

4. 原保险和再保险

根据保险人是否转移保险责任,保险可分为原保险和再保险。

原保险,是保险人在保险责任范围内直接由自己对被保险人负赔偿责任的保险。

再保险,又称分保,是原保险人(再保险分出人)为减轻或避免所负风险,将其承担的保险业务以分保形式,部分转移给其他保险人(再保险接受人)的保险。由于一家保险企业不可能也不能集中所有的危险,因此,需要保险企业之间的合作。一家保险企业将自己承担的危险再向其他保险企业投保,既可以扩大自身的承保能力,又可以稳定经营。再保险的国际化是保险发展的一个重要趋势。再保险关系一般由保险公司自行确定,也有通过法律形式确定的。如根据我国《保险法》第103条的规定,保险公司对每一危险单位,即对一次保险事故可能造成的最大损失范围所承担的责任,不得超过其实有资本金加公积金总和的10%;超过的部分应当办理再保险。保险公司对危险单位的划分应当符合国务院保险监督管理机构的规定。

再保险是与原保险相对而言的,两者既相互独立又相互依存,没有原保险就没有再保险;没有再保险,设立原保险的名称也毫无意义。原保险是再保险的前提,再保险合同中的保险期间、保险责任等与原保险合同一致,应再保险接受人的要求,再保险分出人应当将其自负责任及原保险的有关情况告知再保险接受人。但是,原保险与再保险又是两个独立的法律关系:第一,再保险合同中的保险人只能向原保险合同中的保险人请求支付保险费,原保险合同中的投保人没有向再保险接受人支付保险费的义务;第二,保险事故发生后,原保险合同中的被保险人或受益人,只对原保险合同的保险人享有请求权,不得向再保险接受人提出赔偿或者给付保险金的请求;第三,原保险的保险人不得以再保险接受人未履行再保险责任为由,拒绝履行或者迟延履行其对被保险人或受益人给付保险金的义务。

二、保险法概述

(一)保险法的概念和调整对象

保险法是以保险关系为调整对象的法律规范的总称。境外保险法,有保险公法与保险私法之分。保险公法是有关保险的公法性质的法律,即调整社会公共保险关系的行为规范,主要指保险业法和社会保险法。保险私法是有关保险的私法性质的法律,即调整自然人、法人或其他经济组织之间保险关系的行为规范,主要指保险合同法和保险特别法。[1]

保险法的调整对象是保险关系,即当事人之间依据保险合同所发生的权利义务关系和国家对保险业进行监督管理过程中所发生的各种关系。具体表现为:(1)当事人通过保险合同的订立而建立的保险合同关系;(2)国家对保险业的计划、组织、管理、监督而发生的保险监督管理关系;(3)国家通过立法实施强制保险而发生的国家与保险组织之间的保险关系;(4)保险人组织(包括保险公司、互助保险合作社等)之间的保险关系;(5)与保险有关的其他关系,包括因保险评估、保险代理、保险经纪活动等而产生的当事人之间的关系。

我国调整保险关系的法律规范包括:《民法典》《保险法》《海商法》《再保险公司设立规定》等一系列规范。

(二)保险法的体系

根据保险法所调整的内容来划分,保险法可分为保险合同法、保险业法和保险特别法。

1. 保险合同法,是调整保险合同当事人及关系人的权利义务关系的法律规范。保险人和投保人、被保险人、受益人的权利义务是通过保险合同确定的。严格保护保险合同双方当事人的利益,是保险制度得以存在和发展的条件,保险合同法的目的即是明确保险合同双方各自的权利和义务。为了确保这一目的的实现,保险法规定投保人有如实告知义务。关于告知的范围,最高人民法院《关于适用〈中华人民共和国保险法〉若干问题的解释(二)》(以下简称《保险法司法解释(二)》)第6条规定:“投保人的告知义务限于保险人询问的范围和内容。当事人对询问范围及内容有争议的,保险人负举证责任。保险人以投保人违反了对投保单询问表中所列概括性条款的如实告知义务为由请求解除合同的,人民法院不予支持。但该概括性条款有具体内容的除外。”根据这一司法解释,如果保险人主张其对投保人询问的范围及内容超过了投保书中列明的范围和内容,即保险人对于书面询问事项

---

[1] 参见李玉泉:《保险法》(第3版),法律出版社2019年版,第14页。

以外的其他问题也进行了询问,而投保人不予认可的,应由保险人承担举证责任。凡有关保险合同的签订、变更、终止以及当事人、关系人的权利义务的法律规范,均是广义的保险合同法的组成部分。

2. 保险业法,是对保险业进行监督管理的法律规范。各国从事保险业的机构为数众多,组织形式各异,而且保险业的经营状况涉及参加保险的众多的组织和个人的利益,所以国家通过保险立法对保险业进行管理和监督。凡规范保险公司和保险中介的设立、经营、业务管理和解散等的有关法律均属于保险业法。

3. 保险特别法,是专门规范特定的保险种类的保险关系的法律规范。对某些有特别要求或对国计民生具有特别意义的保险,国家一般都制定专门的法律予以规范,如英国的《海上保险法》、日本的《人身保险法》、我国的《海商法》。在这种保险特别法中,往往既调整该险种的保险合同关系,也调整国家对该险种的管理监督关系。

第二节　保险合同法律制度

一、保险合同法概述

(一)保险合同的概念和特征

保险合同是投保人与保险人约定保险权利义务关系的协议。投保人是指与保险人订立保险合同,并按照保险合同负有支付保险费义务的人。保险人是指与投保人订立保险合同,并承担赔偿或者给付保险金责任的保险公司。投保人和保险人订立保险合同,应当遵循公平互利、协商一致、自愿订立的原则,不得损害社会公共利益。除法律、行政法规规定必须保险的外,保险合同自愿订立。

与一般民事合同相比较,保险合同的主要特征如下:

1. 保险合同是要式合同。我国保险合同应采用书面形式。《保险法》规定,投保人提出保险要求,经保险人同意承保,保险合同成立。保险人应当及时向投保人签发保险单或者其他保险凭证,并在保险单或者其他保险凭证中载明当事人双方约定的合同内容。经投保人和保险人协商同意,也可以采取前款规定以外的其他书面协议形式订立保险合同。

2. 保险合同是附和合同。随着保险事业的发展和各国保险业务的交流和协作,保险合同逐渐出现了技术化、定型化、标准化的趋势。保险合同的内容即主要条款由保险人根据相关规定决定。保险人根据本身承保能力,确定承保的基本条件,规定双方权利义务。投保人一般只有依据保险公司设立的不同险种的条款进行投保与否的选择,没有草拟合同文本或选择、变更、增减合同条款的自由,所以保险合同是附和合同。

3. 保险合同是射幸合同。在保险有效期间,如果发生保险事故,被保险人从保险人那里得到的保险金可能远远超过其所支出的保险费;反之,如果没有发生保险事故,则被保险人付出保费而无任何保险金可得。保险人的情况则与此相反,当保险事故发生时,其所赔付的金额可能大于其所收取的保费;如果没有发生保险事故,则其虽然收取了保费却并不需要赔付。这种或赔或不赔以及赔款与保险费的不等额就是所谓的射幸性。保险合同的射幸性是由危险发生的偶然性造成的。当然,这种射幸性只是就各个保险合同而言的,如就全部承保的保险合同总体来看,由于保险费与赔偿金额的关系是依据概率计算出来的,所以保险人收取的保费总额原则上与所赔付金额相等,并不存在偶然性。

4. 保险合同是有对价的双务合同。由于保险合同是射幸合同,赔款与否具有偶然性,投保人(被保险人)参加保险并非肯定能换取保险赔款,但获得了对保险标的的利益保障。如果保险事故未发生,保险标的的利益并没有受到损失;如果保险事故发生,投保人(被保险人)可以从保险人那里得到补偿。因此,投保人(被保险人)参加保险后不管危险是否发生,都无须担心其保险利益的损失。保险人将损失的偶然性转化为经济保障的确定性,这就是保险人收取保险费后所提供的对价。因此保险合同是有对价的双务合同,不能片面地认为:只有发生保险事故时保险人才承担义务,否则就只有投保人一方承担支付保险费义务。

5. 保险合同是补偿性合同。保险是针对危险的对策,但保险并不保证危险的不发生,也不可能恢复已损失的保险标的,只是通过货币给付补偿投保人(被保险人)的经济利益。因此,如果经济利益没有受损失,则无所谓补偿;如果经济利益受损失,则也以实际损失为最高补偿的限额,保险立法禁止谋取超过实际损失的额外经济利益。人身保险也是一种货币救济,但因为人身无价,所以人身保险中没有最高限额。

(二)保险合同的种类

保险合同可以从不同的标准进行分类,以保险的种类作为分类标准是最为常用的方法之一,由此可将保险合同分为财产保险合同、人身保险合同。除此之外,主要有以下分类。

1. 定值保险合同与不定值保险合同

根据保险价值在保险合同中是否先予确定,可以把保险合同划分为定值保险合同与不定值保险合同。当事人事先确定保险标的价值并将其记载在保险合同中的称为定值保险合同。如将保险标的的约定价值作为保险金额,发生损失时按约定价值作为计算标准。当事人不在保险合同中载明保险标的的价值的,称为不定值保险合同。针对不定值保险合同,在发生保险事故时,按保险标的的当时实际价值为计算赔偿的标准。不论定值保险合同或不定值保险合同,赔偿额均不得超过保险金额。

2. 定额保险合同与补偿保险合同

根据保险人是否按保险金额承担责任,可以把保险合同划分为定额保险合同与补偿保险合同。定额保险合同是在人身保险中采用的。定额保险合同即在保险事故或约定事件出现时,按合同中约定的保险金额支付,不得增减,也不用再行计算。补偿保险合同,是指保险人的责任以补偿被保险人的实际损失为限,并不得超过保险金额。各种财产保险均属于补偿保险合同。

3. 足额保险合同、不足额保险合同与超额保险合同

根据保险金额与财产价值的关系来划分,可以把保险合同划分为足额保险合同、不足额保险合同与超额保险合同。足额保险合同,又称全额保险合同,是指保险金额等于财产价值的保险合同。不足额保险合同,又称低额保险合同,是指保险金额小于财产价值的保险合同。超额保险合同是指保险金额大于财产价值的保险合同。出现这种超额保险合同的情况有两种:一是出于善意,如被保险人过高估计了财产的价值或不了解市场行情;二是出于恶意,如被保险人希望在保险事故发生后获得多于实际损失的补偿。

4. 特定危险保险合同与一切危险保险合同

根据保险人所承担的危险状况的不同,可以把保险合同划分为特定危险保险合同与一切危险保险合同。特定危险保险合同,是指保险人承担保险标的的一种或几种危险的保险合同。大多数保险合同是承担保险标的的几种危险;但承保火灾保险、盗窃保险、地震保险等,保险人仅承担保险标的的一种危险。一切危险保险,通常简称为"一切险"。所谓"一切险",并不是指保险人对任何危险都予承保,而是除去列明的不保危险外,承保其他任何不列明的危险。由于"一切险"合同给被保险人提供了较为广泛的保险保障,而且在理赔时易于判明责任,可以减少被保险人与保险人之间的争议,所以,"一切险"合同在当前发展迅速。

(三)保险合同法的原则

1. 最大诚信原则

任何合同的订立,双方当事人都应本着善意和诚信的原则,但由于保险合同具有射幸性,因此要求保险关系双方以最大善意和诚信来订立合同,否则保险与赌博无异。根据最大诚信原则,保险法对保险双方当事人规定了告知或说明义务以及不履行该义务的法律后果。

(1)投保人的如实告知义务

根据我国《保险法》第16条第1款的规定,"订立保险合同,保险人就保险标的或者被保险人的有关情况提出询问的,投保人应当如实告知"。可见,我国如实告知的范围采用"询问回答主义",即投保人只要如实回答保险人的询问事项即可,

不需要投保人无限提供保险标的的所有情况。[1] 此外,投保人故意或者因重大过失未履行前款规定的如实告知义务,足以影响保险人决定是否同意承保或者提高保险费率的,保险人有权解除合同。保险人享有的合同解除权,自保险人知道有解除事由之日起,超过30日不行使而消灭。自合同成立之日起超过2年的,保险人不得解除合同;发生保险事故的,保险人应当承担赔偿或者给付保险金的责任。另外,投保人故意不履行如实告知义务的,保险人对于合同解除前发生的保险事故,不承担赔偿或者给付保险金的责任,并不退还保险费。投保人因重大过失未履行如实告知义务,对保险事故的发生有严重影响的,保险人对于合同解除前发生的保险事故,不承担赔偿或者给付保险金的责任,但应当退还保险费。但是应当指出的是,保险人在合同订立时已经知道投保人未如实告知的情况的,保险人不得解除合同;发生保险事故的,保险人应当承担赔偿或者给付保险金的责任。

(2)保险人的说明义务

《民法典》第496条第2款规定:"采用格式条款订立合同的,提供格式条款的一方应当遵循公平原则确定当事人之间的权利和义务,并采取合理的方式提示对方注意免除或者减轻其责任等与对方有重大利害关系的条款,按照对方的要求,对该条款予以说明。提供格式条款的一方未履行提示或者说明义务,致使对方没有注意或者理解与其有重大利害关系的条款的,对方可以主张该条款不成为合同的内容。"根据我国《保险法》第17条的规定,订立保险合同,采用保险人提供的格式条款的,保险人向投保人提供的投保单应当附格式条款,保险人应当向投保人说明合同的内容。对保险合同中免除保险人责任的条款,保险人在订立合同时应当在投保单、保险单或者其他保险凭证上作出足以引起投保人注意的提示,并对该条款的内容以书面或者口头形式向投保人作出明确说明;未作提示或者明确说明的,该条款不产生效力。由此可见,保险人对于保险合同的一般条款,应当履行说明义务。对于责任免除条款,保险人应当履行明确说明义务,但保险人已向投保人履行了保险法规定的提示和明确说明义务,保险标的受让人以保险标的转让后保险人未向其提示或者明确说明为由,主张免除保险人责任的条款不生效的,人民法院不予支持。[2]

---

〔1〕《保险法司法解释(二)》第5条规定:保险合同订立时,投保人明知的与保险标的或者被保险人有关的情况,属于保险法第16条第1款规定的投保人"应当如实告知"的内容。第6条规定:投保人的告知义务限于保险人询问的范围和内容。当事人对询问范围及内容有争议的,保险人负举证责任。保险人以投保人违反了对投保单询问表中所列概括性条款的如实告知义务为由请求解除合同的,人民法院不予支持。但该概括性条款有具体内容的除外。最高人民法院《关于适用〈中华人民共和国保险法〉若干问题的解释(三)》第5条规定:保险合同订立时,被保险人根据保险人的要求在指定医疗服务机构进行体检,当事人主张投保人如实告知义务免除的,人民法院不予支持。保险人知道被保险人的体检结果,仍以投保人未就相关情况履行如实告知义务为由要求解除合同的,人民法院不予支持。

〔2〕参见最高人民法院《关于适用〈中华人民共和国保险法〉若干问题的解释(四)》第2条。

此外,保险人将法律、行政法规中的禁止性规定情形作为保险合同免责条款的免责事由,保险人对该条款作出提示后,投保人、被保险人或者受益人以保险人未履行明确说明义务为由主张该条款不生效的,人民法院不予支持。[1] 通过网络、电话等方式订立的保险合同,保险人以网页、音频、视频等形式对免除保险人责任条款予以提示和明确说明的,人民法院可以认定其履行了提示和明确说明义务。[2] 保险人对其履行了明确说明义务负举证责任。投保人对保险人履行了符合《保险法司法解释(二)》第11条第2款要求的明确说明义务在相关文书上签名、盖章或者以其他形式予以确认的,应当认定保险人履行了该项义务。但另有证据证明保险人未履行明确说明义务的除外。[3]

(3)投保人(被保险人)的保证义务

投保人(被保险人)的保证义务,是指投保人(被保险人)对保险人的特定担保事项作出承诺,保证在保险期间遵守对某种事项的作为或不作为或保证某种事项的真实性。

保险法上的保证,通常分为明示保证和默示保证两种。

明示保证以保险合同条款的形式出现,是保险合同的内容之一,故为明示。如财产保险中被保险人应当遵守国家有关消防、安全、生产操作、劳动保护等方面的规定,维护保险标的的安全;机动车辆保险中有遵守交通规则、安全驾驶、做好车辆维修和保养工作等条款;仓储保险中有不堆放危险品的条款;人身保险中有被保险人在一定期限内不出国的条款等。保险合同一旦生效,即构成投保人对保险人的保证,对投保人具有作为或不作为的约束力。[4]

默示保证是指投保人或被保险人对于某一特定事项虽未在保险合同条款中明确作出担保,但该事项的存在是保险人决定承保的依据,也构成保险合同的内容之一。默示保证通常以社会上普遍存在或认可的某些行为规范为准则。默示保证的原则,来源于海上保险,通常包括以下三项:保证有适航能力、保证不改变航道、保证船货的合法性。

投保人或被保险人如果违反保证义务,保险人可以解除保险合同或拒绝赔付。

(4)保险人的弃权与禁止抗辩

保险人如果放弃法律或保险合同规定的某项权利,如放弃拒绝承保、解除合同、要求投保人增加保费的权利等,就不得再向投保人或被保险人主张抗辩。根据我国《保险法》第32条的规定,投保人申报的被保险人年龄不真实,并且其真实年龄不符合合同约定的年龄限制的,保险人可以解除合同,并按照合同约定退还保险

---

[1] 参见《保险法司法解释(二)》第10条。
[2] 参见《保险法司法解释(二)》第12条。
[3] 参见《保险法司法解释(二)》第13条。
[4] 参见方乐华:《保险与保险法》,北京大学出版社2009年版,第271页。

单的现金价值。但保险人行使合同解除权时,应适用《保险法》第16条第3款、第6款的规定,即自保险人知道有解除事由之日起,超过30日不行使而消灭,自合同成立之日起超过2年的,保险人不得解除合同;在发生保险事故时,保险人应当承担给付保险金的责任。此外,如果保险人在合同订立时已经知道投保人未如实告知的情况的,保险人不得解除合同;发生保险事故的,保险人应当承担给付保险金的责任。

2. 保险利益原则

保险利益是指投保人或被保险人对保险标的具有的法律上承认的利益。确立保险利益原则的目的在于禁止投保人借保险的形式而达到赌博的目的,限制保险责任的数额,抑制道德危险的发生,使投保人不能利用保险活动取得额外利益。根据保险利益原则,人身保险的投保人在保险合同订立时,对被保险人应当具有保险利益,财产保险的被保险人在保险事故发生时,对保险标的应当具有保险利益。在人身保险中,合同订立时,投保人对被保险人不具有保险利益的,合同无效。在财产保险中,保险事故发生时,被保险人对保险标的不具有保险利益的,不得向保险人请求赔偿保险金。

人民法院审理人身保险合同纠纷案件时,应主动审查投保人订立保险合同时是否具有保险利益,以及以死亡为给付保险金条件的合同是否经过被保险人同意并认可保险金额。[1] 保险合同订立后,因投保人丧失对被保险人的保险利益,当事人主张保险合同无效的,人民法院不予支持。[2]

3. 损失补偿原则

损失补偿原则是财产保险合同中所特有的。财产保险合同是补偿性合同,参加保险不是为了盈利,而是为了保障经济利益。损失补偿原则体现在以下方面:

(1)补偿实际损失。当保险财产遭受保险事故时,实际损失多少,保险人就赔付多少,没有损失的不赔付。

(2)限制最高赔偿限额。保险人的赔付以投保时约定的保险金额为限,且保险金额不得超过保险标的的实际价值,超过保险金额的损失保险人不予赔付。

(3)超额保险或重复保险中的超额部分无效。超出保险标的的实际价值投保的称为超额保险。超额保险中超过保险价值的部分无效。重复保险是指投保人对同一保险标的、同一保险利益、同一保险事故分别向两个以上保险人订立保险合同的保险。重复保险的保险金额总和超过保险价值的,各保险人的赔偿金额的总和不得超过保险价值。除合同另有约定外,各保险人按照其保险金额与保险金额总和的比例承担赔偿责任。

(4)代位求偿制度。代位求偿制度是指财产保险中,保险标的的损失是由第三

---

[1] 参见最高人民法院《关于适用〈中华人民共和国保险法〉若干问题的解释(三)》第3条。

[2] 参见最高人民法院《关于适用〈中华人民共和国保险法〉若干问题的解释(三)》第4条。

人的行为造成的,被保险人从保险人处取得赔付后,应将向肇事者追偿的权利转让给保险人,保险人有权向肇事的第三者追偿损失。代位求偿制度设立的主要目的在于防止被保险人因同一保险事故获得重复赔偿并从而获得大于保险标的实际价值的额外利益,进而防范因重复获偿可能引发的道德风险。根据我国《保险法》第60条的规定,因第三者对保险标的的损害而造成保险事故的,保险人自向被保险人赔偿保险金之日起,在赔偿金额范围内代位行使被保险人对第三者请求赔偿的权利。保险人应以自己的名义行使保险代位求偿权。根据《保险法》第60条第1款的规定,保险人代位求偿权的诉讼时效期间应自其取得代位求偿权之日起算。[1] 根据我国《保险法》的规定,前述保险事故发生后,被保险人已经从第三者取得损害赔偿的,保险人赔偿保险金时,可以相应扣减被保险人从第三者已取得的赔偿金额。保险人依照上述规定行使代位请求赔偿的权利,不影响被保险人就未取得赔偿的部分向第三者请求赔偿的权利。保险事故发生后,保险人未赔偿保险金之前,被保险人放弃对第三者请求赔偿的权利的,保险人不承担赔偿保险金的责任。保险人向被保险人赔偿保险金后,被保险人未经保险人同意放弃对第三者请求赔偿的权利的,该行为无效。被保险人的故意或者因重大过失致使保险人不能行使代位请求赔偿的权利的,保险人可以扣减或者要求返还相应的保险金。根据我国《保险法》第62条的规定,除被保险人的家庭成员或者其组成人员故意造成保险事故外,保险人不得对被保险人的家庭成员或者其组成人员行使代位请求赔偿的权利。

(四)保险合同的主体

保险合同的当事人是保险人和投保人。一般民事合同多为当事人自己的利益而订立,保险合同既可为自己的利益也可为他人的利益而订立,为了他人利益而订立的保险合同称为涉他合同。因此,保险合同主体还有被保险人,人身保险合同中还有受益人。被保险人和受益人作为保险合同的关系人,也称为第三方当事人。

1. 保险合同的当事人

(1)保险人。又称承保人,即为收取保险费而在保险事故发生时对被保险人承担补偿或给付保险金义务的人。保险人经营保险业务除必须取得国家有关管理部门授予的资格外,还必须在规定的业务范围内开展经营活动。

(2)投保人。又称要保人、保单持有人,即为对保险标的具有保险利益,向保险人申请订立保险合同,并负有交付保险费义务的人。投保人应具备以下三个要件:第一,投保人具有民事权利能力和完全民事行为能力。保险合同也要求投保人具有民事权利能力和完全民事行为能力,无行为能力人和限制民事行为能力人不能成为保险合同的投保人。第二,人身保险中,在订立合同时,投保人对被保险人不具有保险利益的,合同无效。此外,根据《保险法》第34条第1款的规定,以死亡为

---

[1] 参见《保险法司法解释(二)》第16条。

给付保险条件的合同,未经被保险人同意并认可保险金额的,合同无效。“被保险人同意并认可保险金额”可以采取书面形式、口头形式或者其他形式;可以在合同订立时作出,也可以在合同订立后追认。有下列情形之一的,应认定为被保险人同意投保人为其订立保险合同并认可保险金额:①被保险人明知他人代其签名同意而未表示异议的;②被保险人同意投保人指定的受益人的;③有证据足以认定被保险人同意投保人为其投保的其他情形。[1] 第三,投保人负有交付保险费的义务。不论保险合同是为自己的利益而订立还是为他人的利益而订立,投保人均需承担交付保险费的义务。在为他人利益而订立保险合同的情况下,如投保人未按时履行交付保险费的义务,保险合同关系人可以代投保人交付,但这只是代付性质,并非保险合同关系人负有交付保险费的义务。保险人对关系人的代付保费不得以须由投保人交付而拒收,从而影响保险合同的效力。

2. 保险合同的关系人

(1)被保险人。被保险人是指其财产或者人身受保险合同保障,享有保险金请求权的人,投保人可以为被保险人。被保险人应具备以下两个要件:第一,被保险人是保险事故发生时受到损失的人。一旦发生保险事故,被保险人将遭受损害。但在财产保险与人身保险中,被保险人遭受损害的形式是不同的。在财产保险中,因保险事故直接遭受损害的是保险标的,被保险人则因保险标的的损害而遭受经济上的损失。在人身保险中,因保险事故直接遭受损害的是被保险人本人的身体、生命或健康。第二,被保险人是享有赔偿请求权的人。被保险人对保险金的请求权在财产保险和人身保险中亦有所不同。一般在财产保险中,发生保险事故时,被保险人本人并没有受到伤害,因此,多为被保险人本人享有保险金请求权,如果被保险人在保险事故中死亡,其保险金请求权可以继承。但是,在人身保险中,如果保险事故发生后被保险人生存,被保险人可以亲自享有保险金请求权;如果被保险人死亡,被保险人的请求权消灭,保险金请求权多为受益人根据保险合同的约定取得。

(2)受益人。又称保险金领受人,是指人身保险合同中由被保险人或者投保人指定的享有保险金请求权的人,投保人、被保险人可以为受益人。受益人应具备以下三个要件:第一,受益人是独立的享有保险金请求权的人。受益人在保险合同中,不负交付保险费的义务,也不必具有保险利益,保险人不得向受益人追索保险费。第二,受益人的保险金请求权只有在被保险人死亡时才发生。在被保险人生存期间,受益人的请求权只是一种期待权。第三,受益人是在人身保险合同中,由被保险人或投保人所指定的人。投保人指定受益人时须经被保险人同意。投保人为与其有劳动关系的劳动者投保人身保险,不得指定被保险人及其近亲属以外的人为受益人。被保险人为无民事行为能力人或者限制民事行为能力人的,可以由

---

[1] 参见最高人民法院《关于适用〈中华人民共和国保险法〉若干问题的解释(三)》第1条。

其监护人指定受益人。[1] 被保险人或者投保人可以指定一人或者数人为受益人。受益人为数人的，被保险人或者投保人可以确定受益顺序和受益份额；未确定受益份额的，受益人按照相等份额享有受益权。[2]

受益人的受益权是直接根据保险合同所享有的，并非由被保险人转移而来，因此，受益人根据保险合同受益权所取得的保险金不得作为被保险人的遗产。但是，根据我国《保险法》第42条的规定，被保险人死亡后，遇有下列情形之一的，保险金作为被保险人的遗产，由保险人向被保险人的继承人履行给付保险金的义务：没有指定受益人，或者受益人指定不明无法确定的；受益人先于被保险人死亡，没有其他受益人的；受益人依法丧失受益权或者放弃受益权，没有其他受益人的。受益人与被保险人在同一事件中死亡，且不能确定死亡先后顺序的，推定受益人死亡在先。

被保险人或者投保人可以变更受益人并书面通知保险人，投保人变更受益人时须经被保险人同意。[3] 保险人收到变更受益人的书面通知后，应当在保险单或者其他保险凭证上批注或者附贴批单。[4] 受益人变更的形式包括：由于原受益人的受益权消灭或其他情况，投保人有权重新指定受益人或增加、减少受益人或改变受益人的优先顺序；投保人以遗嘱的形式变更受益人；经投保人同意，受益人将其受益权转让他人，原保险合同中规定受益权不得转让的除外。

受益人的受益权可以因下列原因消灭：受益人先于被保险人死亡或破产、解散；受益人放弃受益权；受益人故意造成被保险人死亡或者伤残的，或者故意杀害被保险人未遂的，丧失受益权。

（五）保险合同的客体——保险利益

保险利益，又称可保利益，是指投保人或者被保险人对保险标的具有的法律上承认的利益。保险标的与保险利益不同。保险标的是指作为保险对象的财产及其有关利益或者人的寿命和身体，是保险事故可能危及的对象。

订立保险合同时，首先要明确保险人要对哪些对象上所发生的保险事故承担责任，这些对象称为保险标的，就是保险事故发生的承受体。在保险合同中确定保险标的，对投保人来说，就是确定其所要转嫁危险的范围；对保险人来说，则是确定其所要承担保险责任的范围。但是，保险合同订立的目的，并非保险标的本身，因为将保险标的投保后并不能保证保险标的不发生危险或不遭受损失，而在于保障在保险标的遭受损失后及时得到经济上的补偿。在保险法律关系中，投保人投保的是对保险标的的合法利益，保险合同保障的也是投保人对保险标的具有的利益，

[1] 参见《保险法》第39条。
[2] 参见《保险法》第40条。
[3] 参见《保险法》第41条。
[4] 参见《保险法》第20条。

保险责任也只是对特定的保险标的因特定的保险事故而使特定的人在经济上遭到特定的损失时进行补偿或给付。因而,保险利益才是投保人和保险人权利义务的共同指向,是保险合同的客体。英国1883年的一个判例的结论言简意赅:“火灾保单承保的究竟是什么？不是用以建造房屋的砖石和材料,而是被保险人在保险标的物中所具有的利益。”

财产保险合同中的保险利益的构成应符合以下要件:(1)必须是适法的利益,也就是法律所认可的利益。只有法律认可的利益受到损害才能构成保险利益。盗窃所得、非法占有、不当得利等所获得的不法利益,不能构成保险利益。(2)必须是经济上的利益,也就是可以用货币计算估价的金钱上的利益。保险是对被保险人遭受的经济上的损失给予经济上的补偿,其既不能保证被保险人免遭损失,也不能弥补被保险人所遭受的非经济上的损失。(3)必须是确定的利益。首先,这种利益是能够用货币形式估价或衡量的;其次,这种利益是一种事实上的或者客观上的利益,而不是当事人脱离实际的主观臆断。

由于人身价值难以用金钱估价确定,所以人身保险合同中的保险利益与财产保险合同中的保险利益不同。构成人身保险合同中的保险利益的必要条件包括:(1)必须具有利益关系。当投保人以自身为被保险人时,自然具有保险利益,因为本人身体健康或生命安危与本人有着密切的利害关系。当投保人以他人为被保险人时,则在投保人与被保险人之间必须存在某种利益关系。我国《保险法》第31条规定:“投保人对下列人员具有保险利益:(一)本人;(二)配偶、子女、父母;(三)前项以外与投保人有抚养、赡养或者扶养关系的家庭其他成员、近亲属;(四)与投保人有劳动关系的劳动者。除前款规定外,被保险人同意投保人为其订立合同的,视为投保人对被保险人具有保险利益。”人身保险合同中的保险利益关系还可以是经济上的利害关系,如债权人与债务人的债权债务关系,保证人与被保证人之间的担保关系等。同时,由于人身保险中保险利益的特殊性,《保险法》作出了一些限制性规定,如《保险法》第33条规定:“投保人不得为无民事行为能力人投保以死亡为给付保险金条件的人身保险,保险人也不得承保。父母为其未成年子女投保的人身保险,不受前款规定限制。但是,因被保险人死亡给付的保险金总和不得超过国务院保险监督管理机构规定的限额。”《保险法》第34条规定:“以死亡为给付保险金条件的合同,未经被保险人同意并认可保险金额的,合同无效。按照以死亡为给付保险金条件的合同所签发的保险单,未经被保险人书面同意,不得转让或者质押。父母为其未成年子女投保的人身保险,不受本条第1款规定限制。”(2)必须是适法的利益。投保人对被保险人的利害关系必须是法律所认可的;不为法律保护的关系,如同居关系,不构成人身保险合同的保险利益。

(六)保险合同的内容

保险合同的内容,即保险合同当事人、关系人的权利和义务。保险条款是规定保险人与被保险人之间权利义务关系的条文,是保险人就其所承担的保险标的的履行保险责任的依据。按其性质,可分为:(1)基本条款和附加条款。基本条款是在保险合同中必须载明的事项,它主要确定保险人与被保险人的权利义务以及其他法律规定必须记载的事项。附加条款是为满足被保险人的特殊需要而增加的扩大承保范围的条款。(2)法定条款和选择条款。法定条款是法律规定必须订立的条款。如财产保险中代位追偿条款和人身保险合同中的不可抗辩条款。选择条款是保险人根据需要选入保险单的条款,如行业条款是保险同业之间在长期的业务实践中所形成的共同约定的条款,是一种选择条款。又如保证条款,是保险人要求被保险人作为或不作为的事项,或保证某种事态存在或不存在,也是选择性条款之一。

保险合同的基本条款包括:

1. 保险合同主体的姓名(名称)和住所。包括保险人姓名(名称)和住所,投保人、被保险人姓名(名称)和住所以及人身保险的受益人的姓名(名称)和住所。这是关于保险合同当事人和关系人的基本情况的条款。保险合同的当事人和关系人的姓名(名称)和住所须详加记载,以便于保险合同成立以后,行使权利和履行义务。

2. 保险标的。保险标的是指保险事故发生的载体,亦即被保险人投保行为所指向的对象。任何保险都离不开要保障的对象。在保险合同中载明保险标的,可以判断投保人对保险标的是否存在保险利益,同时可以确定保险人的保险责任范围。

3. 保险责任和责任免除。保险责任是指保险人对特定的保险事故造成的损失所承担的赔付责任。保险责任范围可分为以下三种:一是一切险责任。除了除外责任,任何造成保险标的经济损失的,保险人均予以补偿。二是综合险责任。根据双方当事人约定的事故——在保险责任范围中列明,其中任何一项事故的出现对保险标的造成损害,保险人都必须承担赔付责任。三是单一险责任。保险人仅对保险标的可能遭受的某一种危险承担赔偿责任。

责任免除是指保险人不负补偿或给付责任的范围。责任免除条款也应在保险合同中明确规定,以更好地确定双方的权利义务关系。免责条款一般包括:战争或军事行为所造成的损失;保险标的的正常性的自然损耗、货物固有的瑕疵以及自然特性所致的损失;被保险人的故意行为所致的损失(道德危险);其他不属于保险责任范围的损失。

4. 保险期间和保险责任开始时间。保险期间是保险人所负保险责任的起讫日期或保险责任的存续期间。保险合同载明保险期间十分重要,因为投保人的保险保障是在保险期间内才能享有,保险事故只有在保险期间内发生时,保险人才予以承担赔偿或给付责任。保险期间可以用时间来计算,也可以根据一定的事实来确定。如"载货船舶保险"的期限,是自起运港装货时开始至目的港卸货完毕时终止。

5. 保险金额。简称保额,是保险合同当事人约定的,如果保险事故发生,保险人应支付的金额。在财产保险中,保险金额的确定以保险标的的价值为依据,最高限额不得超过保险标的的价值;在人身保险中,保险金额并非人身的价值,只是双方约定的保险事故发生后保险人应支付的金额,除了简易人身保险之外并没有最高限额。

6. 保险费以及支付办法。保险费,简称保费,是投保人向保险人支付的费用,以作为对保险人承担保障责任的对价。保险费是建立保险基金的源泉,缴纳保费是投保人的基本义务。保险费的多少,由保险金额、保险费率和保险期限等方面决定。

保险费的计算形式有三种:定额保险费;保险金额乘以保险费率的积,其中保险费率的推算以保险标的的危险率为依据;以上两项相加。

保险费的支付方法应在保险合同中明确约定,以使投保人适当的履行其义务。保险费可以用现金支付,也可以转账付款。投保人于合同成立后,可以向保险人一次支付全部保险费,也可以按照合同约定分期支付保险费。合同约定分期支付保险费的,投保人应当于合同成立时支付首期保险费,并应当按期支付其余各期的保险费。根据我国《保险法》第 36 条的规定,合同约定分期支付保险费,投保人支付首期保险费后,除合同另有约定外,投保人自保险人催告之日起超过 30 日未支付当期保险费,或者超过约定的期限 60 日未支付当期保险费的,合同效力中止,或者由保险人按照合同约定的条件减少保险金额。被保险人在前款规定期限内发生保险事故的,保险人应当按照合同约定给付保险金,但可以扣减欠交的保险费。

7. 保险金赔偿或者给付办法。保险金赔偿或者给付办法亦即保险人承担保险责任的方法。保险金赔偿以金钱给付为原则;但是保险合同中也可以约定对特定的损失,可以以恢复原状等代替金钱给付。保险金赔偿或给付办法的明确载明,有利于保险人更好地履行保险责任。

8. 违约责任和争议处理。违约责任,是指合同当事人因其过错致使合同不能履行或不能完全履行时,应承担的法律后果。违约责任是民事责任的一种,保险合同作为最大诚信合同,确定违约责任更为重要。

争议处理,是指合同当事人对合同事项及保险责任的不同意见的处理。争议处理条款一般包括诉讼条款或仲裁条款等。

9. 订立合同的年、月、日。注明签约日期,是签订合同的一般规则。保险合同订约时间的明确记载,对于确定投保人的保险利益的有无、保险费的缴纳期限、保险合同生效期间、保险危险的发生是否在合同有效期内等都有重要作用。

保险合同中记载的内容不一致的,按照下列规则认定:(1)投保单与保险单或者其他保险凭证不一致的,以投保单为准。但不一致的情形系经保险人说明并经投保人同意的,以投保人签收的保险单或者其他保险凭证载明的内容为准;(2)非格式条款与格式条款不一致的,以非格式条款为准;(3)保险凭证记载的时间不同的,以形成时间在后的为准;(4)保险凭证存在手写和打印两种方式的,以双方签名、盖章的手写部分的内容为准。[1]

(七)保险合同的订立、生效和解释

1. 保险合同的订立

保险合同的订立与普通合同一样,也分为要约和承诺两个阶段。在保险合同中,投保人提出投保要求并提交投保单为要约,保险人的同意即承诺。承诺包括以下三种形式:(1)保险人签章;(2)保险人出具保险费收据;(3)保险人出具暂保单、保险单等保险凭证。通常情况下,投保人为要约人。

保险合同的订立程序如下:(1)投保人提出申请;(2)投保人与保险人商定支付保险费的方法;(3)投保人提出要约,填写投保单;(4)保险人审核并作出承诺;(5)保险人根据已成立的保险合同,向投保人出具保险单或保险凭证确认。

以上只是保险合同订立的一般程序,并非所有的保险合同都经过上列程序,如短期的人身保险等就采取比较灵活的方式订立。

保险合同成立后,投保人按照约定交付保险费;保险人按照约定的时间开始承担保险责任。

2. 保险合同的生效

依法成立的保险合同,自成立时生效。投保人和保险人可以对合同的效力约定附条件或者附期限。当事人在财产保险合同中约定以投保人支付保险费作为合同生效条件,但对该生效条件是否为全额支付保险费约定不明,已经支付了部分保险费的投保人主张保险合同已经生效的,人民法院依法予以支持。[2]

3. 保险合同的解释

保险合同是格式合同(附和合同),按照格式合同的一般原理,我国《保险法》第30条规定:采用保险人提供的格式条款订立的保险合同,保险人与投保人、被保险人或者受益人对合同条款有争议的,应当按照通常理解予以解释。对合同条款有两种以上解释的,人民法院或者仲裁机构应当作出有利于被保险人和受益人的解释。保险人在其提供的保险合同格式条款中对非保险术语所作的解释符合专业意义,或者虽不符合专业意义,但有利于投保人、被保险人或者受益人的,人民法院应予认可。[3]

(八)保险合同的形式

保险合同是要式合同,必须具备法定的形式。投保人提出保险要求,经保险人同意承保,并就合同的条款达成协议,保险合同成立。保险人应当及时向投保人签发保险单或者其他保险凭证,并在保险单或者其他保险凭证中载明当事人双方约定的合同内容。经投保人和保险人协商同意,也可以采取前款规定以外的其他书

---

〔1〕 参见《保险法司法解释(二)》第14条。

〔2〕 参见《全国法院民商事审判工作会议纪要》第97条。

〔3〕 参见《保险法司法解释(二)》第17条。

面协议形式订立保险合同。保险合同订立的程序中的书面形式有以下四种。

1. 投保单

投保单又称要保书,即投保人向保险人申请订立保险合同的书面要约。投保单通常是保险人按照统一格式制作的书据,一般不包括保险条款。投保单是保险合同订立过程中的要约。

投保单一般包括以下内容:(1)投保人姓名(或名称)、地址;(2)投保人的职业或经营性质;(3)保险标的及其位置;(4)保险标的的实际价值或保险价值的确定方法;(5)保险金额或保险责任限额;(6)保险期间;(7)投保人签章;(8)投保日期。

投保单本身不是保险合同,也非保险合同的正式组成部分,但投保单一旦被保险人接受(承诺),就成为保险合同的组成部分之一,它的内容会直接影响保险合同的效力,所以应该如实填写。

2. 暂保单

暂保单又称临时保险单,是保险人签发正式保险单之前的临时合同凭证。暂保单并不是订立保险合同的必经程序,使用暂保单,主要有以下四种情况:(1)保险代理人虽就有关保险事宜与投保人达成一致,但在尚未办妥保险单之前,临时向投保人开具暂保单;(2)保险公司的分支机构,在对投保单审核阶段,向投保人开具的证明;(3)在不能确定保险条件是否符合承保标准前,出具暂保单,待正式保险单签发后再行解除;(4)在没有标准条款的险种中,出具正式的保险单需要较长的时间,保险人为了维护投保人的利益,通常也采用出具暂保单的形式。

暂保单没有统一的格式,而是由保险人根据不同的内容制定的。在没有标准条款的险种中,暂保单必须列明所有保险的事项,明确投保人和保险人双方的权利和义务。在已有标准条款的险种中,暂保单的内容比较简单,只要载明被保险人的姓名、保险标的、保险险种、保险金额、保险责任范围以及起讫时间等事项。

暂保单是在正式出具保险单之前,表示保险合同成立的证明,因此与保险单具有同等的法律效力,一旦有效期届满或正式保险单出具,即自行失效。在正式保险单签发以前,保险人亦可终止暂保单,但须提前通知投保人。暂保单通常仅适用于财产保险;人身保险通常不使用暂保单。

3. 保险单

保险单又称保单,是投保人与保险人就保险事宜达成一致协议后,由保险人向投保人签发的保险合同的正式书面形式。保险合同成立后,保险人应当及时向投保人签发保险单,并在保险单或其他保险凭证中载明当事人双方约定的内容。

保险单的主要内容包括:(1)声明事项。投保人向保险人所作的告知事项,如被保险人的姓名(名称)、保险标的、保险费、保险金额、保险期间以及有关危险性质的说明和承诺。(2)保险事项。保险人所应承担的保险责任。(3)除外事项。对保险人的保险责任的限制。(4)条件事项。保险合同双方的其他权利义务,如危险通知义务、索赔时限、代位求偿权等。

4. 其他保险凭证

(1)小保单。是一种简化的保险单,与保险单具有同等的法律效力。但是小保单上并不印制保险条款,通用于国内货物运输保险中。

(2)联合凭证。是一种保险人使用的发票与保险单相结合的凭证。

(九)保险合同的履行

1. 投保人(被保险人、受益人)的义务

(1)投保人交付保险费的义务。交付保险费是投保人的主要义务,也是保险合同的生效条件。根据我国《保险法》的规定,保险合同成立后,投保人按照约定交付保险费;保险人按照约定的时间开始承担保险责任。投保人应按照其与保险人约定的时间、地点、方式交付保险费。不同的保险条款对保险费的交付方法有不同的规定。但是根据我国《保险法》第38条的规定,保险人对人寿保险的保险费,不得用诉讼方式要求投保人支付。按照权利义务对等的原则,保险人提前终止保险合同时,投保人有权要求返还保险费。

(2)保险事故发生的通知义务。在保险期间内,投保人、被保险人或者受益人知道保险事故发生后,应当及时通知保险人。我国法律规定的"及时通知"是指投保人、被保险人或受益人在客观条件许可的前提下,迅速通知保险人。其目的在于:使保险人得以迅速展开对损失的调查,及时了解事实真相,不致因调查的迟延而丧失证据,影响责任的确定;便于保险人及时协助被保险人抢救被保险财产,不致扩大损失;可使保险人有准备赔偿或给付保险金的时间。

(3)赔付的举证义务。保险事故发生后,依照保险合同请求保险人赔偿或者给付保险金时,投保人、被保险人或受益人应当向保险人提供其所能提供的与确认保险事故的性质、原因、损失程度等有关的证明和资料。保险人按照合同的约定,认为有关的证明和资料不完整的,应当及时一次性通知投保人、被保险人或者受益人补充提供。这样,才能便于保险人确认保险事故的性质、原因、损失程度以及其他足以影响保险责任之有无或大小的事实。

此外,在财产保险合同中,投保人、被保险人的特殊义务包括:

第一,防灾减损的义务。为了避免投保方因参加保险而产生麻痹思想,限制保险的消极因素,我国法律加重投保方在防灾减损、维护保险财产安全方面的责任。我国《保险法》第51条规定:"被保险人应当遵守国家有关消防、安全、生产操作、劳动保护等方面的规定,维护保险标的的安全。保险人可以按照合同约定对保险标的的安全状况进行检查,及时向投保人、被保险人提出消除不安全因素和隐患的书面建议。投保人、被保险人未按照约定履行其对保险标的安全应尽的责任的,保险人有权要求增加保险费或者解除合同。保险人为维护保险标的的安全,经被保险人同意,可以采取安全预防措施。"可见,投保方应积极配合保险人的安全检查工作,对其建议应认真采取措施落实,保险人有权对投保方的安全情况进行检查,有权提出合理化建议,这既是保险人的权利,也是保险人的职责。

第二,危险增加的通知义务。危险增加是指订约时未曾预料或未予估计的危险可能性的增加。根据我国《保险法》第52条的规定,在合同有效期内,保险标的的危险程度显著增加[1]的,被保险人应当按照合同约定及时通知保险人,保险人可以按照合同约定增加保险费或者解除合同。保险人解除合同的,应当将已收取的保险费,按照合同约定扣除自保险责任开始之日起至合同解除之日止应收的部分后,退还投保人。被保险人未履行前款规定的通知义务的,因保险标的的危险程度显著增加而发生的保险事故,保险人不承担赔偿保险金的责任。

第三,施救义务。我国《保险法》第57条规定,保险事故发生时,被保险人有责任尽力采取必要的措施,防止或者减少损失。保险事故发生后,被保险人为防止或者减少保险标的的损失所支付的必要的、合理的费用,由保险人承担;保险人所承担的费用数额在保险标的损失赔偿金额以外另行计算,最高不超过保险金额的数额。保险事故发生后,被保险人依照《保险法》第57条的规定,请求保险人承担为防止或者减少保险标的的损失所支付的必要、合理费用,保险人以被保险人采取的措施未产生实际效果为由抗辩的,人民法院不予支持。[2]

第四,损余标的的转让义务。保险事故发生后,保险人已支付了全部保险金额,并且保险金额相等于保险价值的,受损保险标的的全部权利归于保险人;保险金额低于保险价值的,保险人按照保险金额与保险价值的比例取得受损保险标的的部分权利。

2. 保险人的义务

保险人除履行防灾减损的职责以外,其主要义务是负责赔付。另外,保险人或者再保险接受人对在办理保险业务中知道的投保人、被保险人、受益人或者再保险分出人的业务和财产情况及个人隐私,负有保密的义务。

在保险事故发生后,保险人承担的损失赔偿包括:(1)损失补偿。财产损失保险中的保险金额应视实际损失而定,但不得超过保险标的的保险金额;责任保险中,以约定的最高赔偿额为限。人身保险中也以约定的最高限额为准。(2)施救费用。保险事故发生后,被保险人为防止或者减少保险标的的损失所支付的必要的、合理的费用,由保险人承担;保险人所承担的数额在保险标的损失赔偿金额以外另行计算,最高不超过保险金额的数额。(3)保险人、被保险人为查明和确定保险事

---

[1] 最高人民法院《关于适用〈中华人民共和国保险法〉若干问题的解释(四)》第4条规定:人民法院认定保险标的是否构成《保险法》第49条、第52条规定的"危险程度显著增加"时,应当综合考虑以下因素:(1)保险标的用途的改变;(2)保险标的使用范围的改变;(3)保险标的所处环境的变化;(4)保险标的因改装等原因引起的变化;(5)保险标的使用人或者管理人的改变;(6)危险程度增加持续的时间;(7)其他可能导致危险程度显著增加的因素。保险标的危险程度虽然增加,但增加的危险属于保险合同订立时保险人预见或者应当预见的保险合同承保范围的,不构成危险程度显著增加。

[2] 参见最高人民法院《关于适用〈中华人民共和国保险法〉若干问题的解释(四)》第6条。

故的性质、原因和保险标的的损失程度所支付的必要的、合理的费用,由保险人承担。保险人承担的上述第2、3项支出的费用,必须符合必要的和合理的两项要件,不合乎此两项要件的,保险人不予承担。必要和合理的衡量标准,应以一般善良管理人的注意义务来认定,如果费用过高,那么过高部分由被保险人自己承担。例如保险船舶因碰撞受损,对船舶受损部位进行检验和修理所支出的费用是必要的也是合理的;但如果是由此对全船设备进行检查和修理,显然是不合理的,保险方对该部分费用不负补偿责任。

根据我国《保险法》第23条的规定,保险人收到被保险人或者受益人的赔偿或者给付保险金的请求后,应当及时作出核定;情形复杂的,应当在30日内作出核定,[1]但合同另有约定的除外。保险人应当将核定结果通知被保险人或者受益人;对属于保险责任的,在与被保险人或者受益人达成赔偿或者给付保险金的协议后10日内,履行赔偿或者给付保险金义务。保险合同对保险金额及赔偿或者给付期限有约定的,保险人应当依照保险合同的约定,履行赔偿或者给付保险金义务。保险人未及时履行前款规定义务的,除支付保险金外,应当赔偿被保险人或者受益人因此受到的损失。任何单位或者个人都不得非法干预保险人履行赔偿或者给付保险金的义务,也不得限制被保险人或者受益人取得保险金的权利。保险人依前述规定作出核定后,对不属于保险责任的,应当自作出核定之日起3日内向被保险人或者受益人发出拒绝赔偿或者拒绝给付保险金通知书,并说明理由。保险人自收到赔偿或者给付保险金的请求和有关证明、资料之日起60日内,对其赔偿或者给付保险金的数额不能确定的,应当根据已有证明和资料可以确定的数额先予支付;保险人最终确定赔偿或者给付保险金的数额后,应当支付相应的差额。[2]

3. 索赔和理赔

索赔是被保险人在保险事故发生后,按照保险合同的有关规定,在法定期限内向保险人提出赔偿损失的请求。人寿保险以外的其他保险的被保险人或者受益人,对保险人请求赔偿或者给付保险金的权利,自其知道保险事故发生之日起2年不行使而消灭。人寿保险的被保险人或者受益人对保险人请求给付保险金的权利,自其知道保险事故发生之日起5年不行使而消灭。[3] 理赔是保险人接受被保险人的索赔要求后所进行的检验损失、调查原因、搜查证据、确定责任范围直至赔偿的一系列工作过程。

---

[1] 《保险法司法解释(二)》第15条规定:《保险法》第23条规定的30日核定期间,应自保险人初次收到索赔请求及投保人、被保险人或者受益人提供的有关证明和资料之日起算。保险人主张扣除投保人、被保险人或者受益人补充提供有关证明和资料期间的,人民法院应予支持。扣除期间自保险人根据《保险法》第22条规定作出的通知到达投保人、被保险人或者受益人之日起,至投保人、被保险人或者受益人按照通知要求补充提供的有关证明和资料到达保险人之日止。

[2] 参见《保险法》第25条。

[3] 参见《保险法》第26条。

索赔和理赔的程序如下:(1)损失通知。保险事故发生后,被保险人应该用口头或函电的方式通知保险人。在财产保险中,通知损失时应提供下列材料:证明事故属于保险责任范围的材料、保险单、保险费的支付凭证、财产损失清单以及施救费用清单等。在人身保险中,则应提供被保险人死亡、疾病或丧失劳动能力的证明。(2)损失检验。保险人在接到通知后,应立即派员到现场检验受损标的。(3)审核索赔单证。被保险人应提供保险单、勘查报告、损失证明、所有权证明、单据、账目等,以便保险人进行查核是否属于保险事故并确定保险金额。(4)核定损失原因、损失程度,计算赔偿数额。(5)保险人给付赔偿,被保险人领取赔偿金。

4. 代位求偿权

代位求偿权是指保险人在向被保险人赔偿损失后,取得原应由被保险人享有的向应负赔偿责任的第三人请求赔偿的权利。代位求偿权只适用于财产保险,人身保险中不存在代位权。保险人对被保险人履行了全部赔偿义务,是保险人取得代位求偿权的前提。

5. 合同解除权

合同解除权包括投保人的解除权和保险人的解除权。该部分内容在"保险合同的解除"中详述。

(十)保险合同的变更、解除与终止

1. 保险合同的变更

保险合同依法成立,即具有法律约束力。当事人双方都必须全面履行保险合同规定的义务,不得擅自变更合同。但是,在某些情况下,保险法允许变更保险合同。

(1)主体变更

主体变更即保险合同的转让,是指在不改变保险人、保险标的和保险内容的情况下,变更投保人或被保险人的行为。保险合同的转让是基于保险标的的所有权变动而产生的。我国《保险法》第49条规定:保险标的转让的,保险标的的受让人承继被保险人的权利和义务。保险标的转让的,被保险人或者受让人应当及时通知保险人,但货物运输保险合同和另有约定的合同除外。因保险标的转让导致危险程度显著增加的,保险人自收到前款规定的通知之日起30日内,可以按照合同约定增加保险费或者解除合同。保险人解除合同的,应当将已收取的保险费,按照合同约定扣除自保险责任开始之日起至合同解除之日止应收的部分后,退还投保人。被保险人、受让人未履行上文规定的通知义务的,因转让导致保险标的危险程度显著增加而发生的保险事故,保险人不承担赔偿保险金的责任。

(2)内容变更

保险合同是一种期限较长的合同,因此保险法允许对其内容进行变更,以维护当事人的利益。保险合同的内容变更一般应征得保险人的同意,根据我国《保险法》第20条的规定,投保人和保险人可以协商变更保险合同,变更保险合同的,应当由保险人在保险单或者其他保险凭证上批注或者附贴批单,或者由投保人和保险人订立变更的书面协议。但是,在人身保险合同中,被保险人或者投保人变更受益人,就只需书面通知保险人,不必征得保险人的同意。

(3)效力变更

保险合同效力的变更主要是指保险合同效力中止后而复效。保险合同的效力中止,是指在保险合同生效后,由于某种原因的出现而使保险合同暂时失去效力。如在人身保险合同中,合同约定分期支付保险费,投保人支付首期保险费后,除合同另有约定外,投保人自保险人催告之日起超过30日未支付当期保险费,或者超过约定的期限60日未支付当期保险费的,合同效力中止,或者由保险人按照合同约定的条件减少保险金额。被保险人在上述规定期限内发生保险事故的,保险人应当按照合同约定给付保险金,但可以扣减欠交的保险费。[1]

保险合同的复效是针对保险合同的效力中止而言的。保险合同的效力中止并不等于保险合同效力的终止和无效。在合同效力中止后,投保人可以在一定的条件下,提出恢复保险合同原有效力的请求,经保险人承诺,中止的合同效力即可恢复。如根据《保险法》第37条的规定,因保险费缴纳问题致使合同效力中止的,经保险人与投保人协商并达成协议,在投保人补交保险费后,合同效力恢复。投保人提出恢复效力申请并同意补交保险费的,除被保险人的危险程度在中止期间显著增加外,保险人拒绝恢复效力的,人民法院不予支持。保险人在收到恢复效力申请后,30日内未明确拒绝的,应认定为同意恢复效力。保险合同自投保人补交保险费之日恢复效力。保险人要求投保人补交相应利息的,人民法院应予支持。[2]

2. 保险合同的解除

保险合同的解除,是指在保险合同法律关系有效期限内,当事人依照法律规定或合同约定,提前消灭保险合同的权利和义务。

(1)投保人的解除权

保险合同为分担投保人可能的损失而设,各国立法都赋予投保人以解除权。我国《保险法》规定,除《保险法》另有规定或者保险合同另有约定外,保险合同成立后,投保人可以解除保险合同。除外规定一方面是基于某些险种的特殊性考虑,如货物运输保险合同和运输工具航程保险合同,保险责任开始后,合同当事人不得解除合同。除外规定的另一方面是基于合同自由理念,保险人可以在保险合同中对投保人的解除权作出限制。

保险责任开始前,投保人要求解除合同的,应当向保险人支付手续费,保险人应当退还保险费。保险责任开始后,投保人要求解除合同的,保险人可以收取自保险责任开始之日起至合同解除之日止期间的保险费,剩余部分退还投保人。人身

---

〔1〕 参见《保险法》第36条。

〔2〕 参见最高人民法院《关于适用〈中华人民共和国保险法〉若干问题的解释(三)》第8条。

保险合同中,投保人解除保险合同后,法律区分其是否交足2年保险费而规定不同的法律效果:投保人已交足2年以上保险费的,保险人应当按照合同约定退还保险单的现金价值;投保人未交足2年保险费的,保险人应当在扣除手续费后,退还保险费。

(2)保险人的解除权

保险人是保险合同这一格式合同的制定者,各国立法都规定保险人不得随意解除保险合同,除非投保方有违约或违法行为。我国《保险法》规定,除《保险法》另有规定或者保险合同另有约定外,保险合同成立后,保险人不得解除保险合同。[1]

《保险法》规定的保险人有解除权的情形包括:

①投保人故意或者因重大过失未履行如实告知义务,足以影响保险人决定是否同意承保或者提高保险费率的,保险人有权解除合同。投保人故意不履行如实告知义务的,保险人对于合同解除前发生的保险事故,不承担赔偿或者给付保险金的责任,并不退还保险费。投保人因重大过失未履行如实告知义务,对保险事故的发生有严重影响的,保险人对于合同解除前发生的保险事故,不承担赔偿或者给付保险金的责任,但应当退还保险费。

②被保险人或者受益人在未发生保险事故的情况下,谎称发生了保险事故,向保险人提出赔偿或者给付保险金的请求的,保险人有权解除保险合同,并不退还保险费。

③投保人、被保险人或者受益人故意制造保险事故的,保险人有权解除保险合同,不承担赔偿或者给付保险金的责任,也不退还保险费。但是,投保人、受益人故意造成被保险人死亡、伤残或者疾病的,保险人不承担给付保险金的责任;投保人已交足2年以上保险费的,保险人应当按照合同约定向其他享有权利的受益人退还保险单的现金价值。

④投保人、被保险人未按照约定履行其对保险标的安全应尽的责任的,保险人有权要求增加保险费或者解除合同。

⑤在合同有效期内,保险标的危险程度增加的,被保险人按照合同约定应当及时通知保险人,保险人有权要求增加保险费或者解除合同。被保险人未履行该通知义务的,因保险标的危险程度增加而发生的保险事故,保险人不承担赔偿责任。

⑥投保人申报的被保险人年龄不真实,并且其真实年龄不符合合同约定的年龄限制的,保险人可以解除合同,并按照合同约定退还保险单的现金价值,但是自合同成立之日起逾2年的除外。

---

〔1〕 最高人民法院《关于适用〈中华人民共和国保险法〉若干问题的解释(三)》第17条规定:"投保人解除保险合同,当事人以其解除合同未经被保险人或者受益人同意为由主张解除行为无效的,人民法院不予支持,但被保险人或者受益人已向投保人支付相当于保险单现金价值的款项并通知保险人的除外。"

⑦人身保险合同中，自合同效力中止之日起2年内双方未达成协议的，保险人有权解除合同。保险人据此解除合同，投保人已交足2年以上保险费的，保险人应当按照合同约定退还保险单的现金价值；投保人未交足2年保险费的，保险人应当在扣除手续费后，退还保险费。

3. 保险合同的终止

保险合同的终止是指当事人之间根据保险合同确定的权利义务关系因一定事由的出现而归于消灭。引起保险合同终止的原因包括：

(1)自然终止。保险合同有效期内，保险事故未发生，保险合同因有效期届满而终止。

(2)因全部履行而终止。保险事故在保险有效期内发生，保险人已履行全部保险金额的给付义务，保险合同终止。

(3)因部分履行而终止。保险标的发生部分损失的，在保险人赔偿后30日内，投保人可以终止合同；除合同约定不得终止合同的以外，保险人也可以终止合同。保险人终止合同的，应当提前15日通知投保人，并将保险标的未受损失部分的保险费，扣除自保险责任开始之日起至终止合同之日止期间的应收部分后，退还投保人。

(4)保险标的非因保险事故而灭失或死亡，保险合同终止。在财产保险合同中，保险标的因非保险事故而全部灭失或损毁，保险合同终止；在人身保险合同中，被保险人因非保险事故或事件死亡的，保险合同终止，如意外伤害保险中的被保险人因疾病死亡。[1]

(5)因解除而终止。

二、财产保险合同

(一)财产保险合同概述

财产保险，又称产物保险、损害保险，是以补偿财产的损失为目的的保险。财产保险合同是以财产及其相关利益为保险标的的保险合同。

在我国，财产保险合同有广义与狭义之分。广义的财产保险合同包括有形财产保险和无形财产保险两类。有形财产保险是指将有形的物质财产作为保险标的的保险，又称为财产损失保险。无形财产保险是指以无形利益为保险标的的保险，如责任保险、信用保险、保证保险等。我国即采广义的概念，根据我国《保险法》的规定，财产保险业务，包括财产损失保险、责任保险、信用保险等保险业务。狭义的财产保险合同仅指有形财产保险。

(二)财产损失保险合同

我国财产损失保险合同包括：企业财产保险合同、家庭财产保险合同、运输工具保险合同、运输货物保险合同、工程保险合同、农业保险合同、海上保险合同等。

---

〔1〕 参见覃有土主编：《保险法概论》(第2版)，北京大学出版社2001年版，第215页。

1. 财产损失保险合同的法律特征

(1)财产损失保险合同主体具有特殊性。投保人必须是对投保财产具有所有权或其他权益的人,即对投保财产有可保利益的人。在企业财产保险中,投保人是法人组织;在家庭财产保险中,投保人是自然人。

(2)财产损失保险合同的标的是财产及其相关利益。

(3)财产损失保险合同的保险责任是指保险标的因遭受自然损害或意外事故所造成的经济损失的补偿。

(4)财产损失保险合同是一种补偿性合同。

2. 财产损失保险合同的主要条款

(1)保险标的

我国企业财产保险的标的可分为以下三类:①可保财产。保险人可以承保的财产,包括属于被保险人所有或与他人共有而由被保险人负责的财产;由被保险人经营管理或替他人保管的财产;具有其他法律上承认的与被保险人有经济利害关系的财产。②特保财产。根据当事人双方的需要而约定的保险财产。特保财产分为不增加保险费率的和增加保险费率的两种,前者是指金银、古玩、字画、邮票、艺术品等珍贵财物或牲畜等饲养动物,以及堤堰、水闸、桥梁等公益建筑,这类保险在双方责任明确的前提下,可不另增保险费率;后者是指为适应一些特种行业或具有特殊危险的财产而设定的特保财产,如矿井等。《企业财产保险条款》(中国人民保险公司 1988 年 11 月 1 日发布并施行)第 2 条规定,下列财产非经被保险人与中国人民保险公司特别约定,并且在保险单上载明,不在保险财产范围以内:金银、珠宝、玉器、首饰、古玩、古书、古画、邮票、艺术品、稀有金属和其他珍贵财物;牲畜、禽类和其他饲养动物;堤堰、水闸、铁路、道路、涵洞、桥梁、码头;矿井、矿坑内的设备和物资。③不保财产。对于某些没有客观标准、损失可能性大或违反法律、道德的财产作为除外,不予保险。下列财产不在保险财产范围以内:土地、矿藏、矿井、矿坑、森林、水产资源以及未经收割或收割后尚未入库的农作物;货币、票证、有价证券、文件、账册、图表、技术资料以及无法鉴定价值的财产;违章建筑、危险建筑、非法占用的财产;在运输过程中的物资。

我国的家庭财产保险标的分为以下三种:①可保财产。凡是属于被保险人自有的下列家庭财产,都可以向保险人投保:房屋及其附属设备;衣服、卧具、家具、用具、器具、家用电器、文化娱乐用品、交通工具等生活资料;农村家庭的农具、工具、已收获的农产品、副业产品、家禽;个体劳动者的营业用器具、工具、原材料、商品。②特保财产。经被保险人与保险人特别约定,并且在保险单上载明属于被保险人代他人保管,或者与他人所共有的可保财产。③不保财产。下列财产不在保险财产范围以内:金银、首饰、珠宝、货币、有价证券、票证、邮票、古玩、古书、字画、文件、账册、技术资料、图表、家畜、花、树、鱼、鸟、盆景以及其他无法鉴定价值的财产;正处于紧急危险状态的财产。

(2)保险利益

财产损失保险合同中的保险利益包括:对保险财产所享有的法律上的权利;因特定法律关系产生可期待的利益;因保险财产所遭受的损失而产生的法律责任。保险利益按照不同的标准,有不同的分类方法:①以利益存在的性质为标准,可分为现有利益和期待利益。现有利益是指投保人对保险财产目前已拥有的利益,可以及时用金钱来衡量、兑换。期待利益是在投保时投保人尚未拥有,但未来可能产生依法属于投保人所有的利益,如产品的利润等。②以投保人与财产的权属为标准,可分为所有权利益、使用权利益、收益权利益、责任利益、费用利益等。

(3)保险金额

保险金额是投保人对保险标的的实际投保金额,也是保险人计算保险费的依据和承担赔偿责任的最高限额。投保时,应按保险标的的实际价值来投保。保险金额的计算方式有账面计算法和临时估价法两种。前者适用于账务健全的法人单位,后者则适用于不具备账面计算条件的法人和公民。

(4)保险费和保险费率

保险费是投保人按保险金额的一定比例,向保险人缴纳的价金。保险费的数额是以保险金额与保险费率的乘积来计算的。保险费率是保险人按单位保险金额向投保人收取保险费的比率。《财产保险公司保险条款和保险费率管理办法》第4条规定,保险公司应当依据法律、行政法规和保险监督管理部门的有关规定制订保险条款和保险费率,并对保险条款和保险费率承担相应的责任。保险公司应当依据该办法的规定,由其总公司向保险监督管理部门申报保险条款和保险费率审批或者备案。

(5)保险期限

财产保险的期限是指从保险合同生效至终止的起讫时间,一般从保险合同约定起保当天0时起到保险期届满日的24时止,如需续保,可在期满后另办手续。在保险期限内,保险双方当事人享有权利、承担义务。

(6)保险责任和除外责任

保险责任是指保险人赔偿损失的责任范围,即保险人对保险标的遭受的损失所应承担的赔偿责任。保险责任由保险标的的类型决定,不同的财产保险合同,有不同的保险责任。保险责任通常由保险人制定,由投保人选择。

确定保险责任的主要依据是保险危险,亦即造成保险人承担赔偿责任的灾害事故。目前,我国的财产保险责任分为以下三类:①因自然灾害或意外事故所造成的损失。一般来说,无论是投保人、被保险人或其代理人的过失,还是被保险人的动物或其他物所引起事故而造成的财产损失,都应由保险人承担赔偿责任。但如果是投保人或被保险人的故意或者重大过失造成的损失,保险人不负赔偿责任。我国有关不可抗力的自然灾害及不能预见的意外事故所致的危险包括雷击、暴风、龙卷风、暴雨、洪水、破坏性地震、地面突然塌陷、崖崩、突发性滑坡、雪灾、雹灾、冰凌、泥石流及火灾、爆炸、空中运行物体的坠落等。②停电、停水、停气所造成的损失。但必须是非公用事业的"三停",即供电、供水及供气设备必须是被保险人自有专用或与其他单位共用的设备,而且是因自然灾害或意外事故遭受损害,引起停电、停水、停气以致直接造成保险财产的损失。③施救费用。发生保险事故时,为了减少保险财产损失,被保险人对保险财产采取施救、保护、整理措施而支出的合理费用,以及为了抢救财产或防止灾害蔓延,采取合理的、必要的措施而造成保险财产的损失,由保险人负责赔偿。

除外责任是指由于以下因素造成的财产损失,保险人不承担赔偿责任,包括:战争、军事行动或暴乱;核子辐射或污染;被保险人的故意行为使保险财产遭受保险事故而引起停工、停业的损失以及各种间接损失;保险财产本身缺陷、保管不善导致的损坏;保险财产的变质、霉烂、受潮、虫咬、自然磨损以及损耗;堆放在露天或罩棚下的保险财产由于暴风、暴雨造成的损失;其他不属于保险责任范围内的损失和费用。

3. 财产损失保险的赔偿处理

保险事故发生时,被保险人有责任尽力采取必要的措施,防止或者减少损失。保险人对发生保险事故所造成的保险标的的损失,应当按照合同约定履行赔偿责任。

(1)投保人在赔偿处理过程中的责任包括:①及时通知保险人并提出损失清单;②处理损余物资;③提供必要的委托书和权益转让书。若为推定全损,应由被保险人签署委付书,将损余物资委付给保险人。若损失应由第三人赔偿的,在投保人取得保险人的赔偿金后,应出具权益转让书,将向第三人追偿的权利转让给保险人。

(2)保险人的责任包括:①按照保险合同的约定,核定财产损失是否属于保险责任的范围,是否应予赔付,并及时通知投保人;②如属保险责任范围内的损失,应按保险合同约定的方式,核算赔付金额,并与被保险人达成有关赔偿的协议;③保险事故发生后,被保险人为防止或者减少保险标的的损失所支付的必要的、合理的费用,由保险人承担;④保险人所承担的数额在保险标的损失赔偿金额以外另行计算,最高不超过保险金额的数额;⑤保险人、被保险人为查明和确定保险事故的性质、原因和保险标的的损失程度所支付的必要的、合理的费用,由保险人承担。

(三)责任保险合同

1. 责任保险合同的概念和法律特征

责任保险合同是指以被保险人对第三者依法应负的赔偿责任为保险标的的保险合同。

责任保险合同的法律特征如下:(1)责任保险是财产保险的一种。财产保险包括对特定物的灭失损毁、对将来可取得利益的丧失、对事故发生所须支出的费用三种情况,责任保险属第三种。对被保险人来讲,如果发生民事赔偿责任,就需在其财产中作出一部分支出。这就是被保险人对责任保险的保险利益。(2)责任保险合同的标的是被保险人依法应对第三人所负的民事赔偿责任。(3)责任保险中,保险人的赔偿责任开始于被保险人接到赔偿请求时。

2. 责任保险合同的种类

责任保险合同通常分为:公众责任保险合同、产品责任保险合同、雇主责任保险合同和职业责任保险合同。

(1)公众责任保险合同。其保险标的为被保险人在公众活动场所因意外事故造成第三人人身伤亡或财产损失而依法应承担的赔偿责任。

(2)产品责任保险合同。其保险标的为被保险人因其产品的质量缺陷而使产品使用者、消费者或其他人遭受人身伤亡或财产损失而依法应承担的赔偿责任。

(3)雇主责任保险合同。其保险标的为被保险人(雇主)对雇员在雇用期间因人身伤亡而依法应承担的赔偿责任。

(4)职业责任保险合同。其保险标的为被保险人因职业工作过程中的过失造成他人人身伤亡或财产损失而依法应承担的赔偿责任。依据被保险人的具体职业不同,职业责任保险合同又分为:律师职业责任保险合同、注册会计师职业责任保险合同、注册资产评估师职业责任保险合同、保险代理人职业责任保险合同、保险经纪人职业责任保险合同。

3. 责任保险合同的保险责任和除外责任

责任保险合同中,被保险人所承担的责任范围一般限于以下三个方面:

(1)保险人对责任保险的被保险人给第三者造成的损害,可以依照法律的规定或者合同的约定,直接向该第三者赔偿保险金。保险人对第三者应负下列责任:过失责任,指民事赔偿责任是由被保险人的过失造成的;无过失责任,指根据法律的规定,无论事故发生时有无过失,均应承担赔偿责任;合同责任,指由于合同当事人未履行或不适当履行合同而造成的损失应承担的赔偿责任。

值得注意的是,在《民法典》公布以前,我国法律并没有明确规定保险公司对受害第三者的直接赔偿义务,例如《保险法》第 65 条第 1 款规定,保险人对责任保险的被保险人给第三者造成的损害,可以依照法律的规定或者合同的约定,直接向该第三者赔偿保险金。但该条款中的"可以"属于授权性规范,而并非强制要求。按照《民法典》第 1213 条的规定,机动车发生交通事故造成损害,属于该机动车一方责任的,先由承保机动车强制保险的保险人在强制保险责任限额范围内予以赔偿;不足部分,由承保机动车商业保险的保险人按照保险合同的约定予以赔偿;仍然不足或者没有投保机动车商业保险的,由侵权人赔偿。该条规定意味着,机动车交通事故造成的损害赔偿义务人,首先是保险公司,即保险人有义务首先对受害人进行赔偿。

(2)保险事故发生后,被保险人为防止或者减少保险标的的损失所支付的必要的、合理的费用,由保险人承担;保险人所承担的数额在保险标的损失赔偿金额以外另行计算,最高不超过保险单中约定的每次保险事故的赔偿限额。

(3)责任保险的被保险人因给第三者造成损害的保险事故而被提起仲裁或者诉讼的,除合同另有约定外,由被保险人支付的仲裁或者诉讼费用以及其他必要的、合理的费用,由保险人承担。[1]

除合同另有约定外,保险人对由下列原因造成的损失不负保险责任:战争、地震、罢工;核风险(核责任险除外);被保险人的故意行为和违法行为;被保险人本身(包括本人、家庭或雇员)的人身或财产的损害。

4. 责任保险的赔偿限额

责任保险和财产损失保险的区别之一是以对第三者应承担的民事责任来决定赔偿金额。正因为责任保险承保的是被保险人的赔偿责任,其没有固定的价值,所以,责任保险在保险单中无所谓保险金额而只有赔偿限额的条款。一般在保险单中有两项赔偿限额:一是每次保险事故的赔偿限额,二是保险期限内累计的赔偿限额。

(四)信用保险合同

1. 信用保险合同的概念和法律特征

信用保险是财产保险的一种,是由保险人为被保险人可能遭受的信用风险提供担保的一种形式,如果由于债务人不履行或不能履行债务,致使被保险人遭受经济损失,保险人向被保险人承担赔偿责任。信用保险合同主要包括:出口信用保险合同、投资信用保险合同、国内商业信用保险合同。

信用保险合同的法律特征如下:(1)信用保险合同的当事人是债权人(被保险人)和保险人,债务人一般不是信用保险合同的当事人,可以作为合同的第三人。(2)信用保险合同的保险标的是被保险人可能遭受的信用风险,即债务人不履行或不能履行债务时被保险人遭受的经济损失。(3)保险人向被保险人(债权人)赔偿保险金后,取得对债务人的代位追偿权。信用保险的保险事故通常是债务人违约所致,保险人自向债权人支付赔偿金额之日起,取得在赔偿金额范围内代位行使债权人对债务人请求赔偿的权利。

---

[1] 《全国法院民商事审判工作会议纪要》第99条规定,商业责任保险的被保险人给第三者造成损害,被保险人对第三者应当承担的赔偿责任确定后,保险人应当根据被保险人的请求,直接向第三者赔偿保险金。被保险人怠于提出请求的,第三者有权依据《保险法》第65条第2款的规定,就其应获赔偿部分直接向保险人请求赔偿保险金。保险人拒绝赔偿的,第三者请求保险人直接赔偿保险金的诉讼时效期间的起算时间如何认定,实务中存在争议。根据诉讼时效制度的基本原理,第三者请求保险人直接赔偿保险金的诉讼时效期间,自其知道或者应当知道向保险人的保险金赔偿请求权行使条件成就之日起计算。

2. 信用保险合同的保险责任和除外责任

信用保险合同的保险责任包括政治危险责任和商业信用危险责任。政治危险责任一般仅适用于涉外信用保险合同。商业信用危险责任包括买方拖欠、买方拒收、买方破产、贸易纠纷等应承担的责任。

信用保险合同的除外责任包括被保险人（债权人）违法或违约以及由财产损失保险承保的损失。

3. 信用保险合同的赔偿限额

信用保险合同中，保险人根据债务人的信用情况确定具体的信用额度，并据此设定保险责任限额。如短期出口信用保险合同中，责任限额有买方信用限额、保单限额和自行掌握限额。

4. 信用保险合同的赔偿处理

赔偿处理方式如下：（1）被保险人在发现债务人不履行义务时应及时通知保险人，并在索赔时效内及时提赔，并提供各种证明损失原因和金额的材料和被保险人已完全履行义务的证明。（2）保险人对索赔材料进行调查核实；及时作出赔偿与否以及赔款金额的决定。（3）保险人赔偿后，被保险人应出具权益转让书、追讨委托书，并有义务协助保险人追偿。

（五）保证保险合同

1. 保证保险合同的概念和法律特征

保证保险是财产保险的一种，是由作为保证人的保险人为作为被保证人的被保险人向权利人提供担保的一种形式，如果由于被保险人的不忠诚或不履行合同义务，致使权利人遭受经济损失，由保险人予以赔偿。

保证保险合同包括确实保证保险合同和诚实保证保险合同。前者是指被保证人不履行法定或约定义务致使权利人遭受经济损失时，由保险人承担赔偿责任的财产保险合同。后者又称雇员忠诚保证保险合同，是指被保证人（雇员）违反诚实义务给权利人造成经济损失时，由保险人承担赔偿责任的财产保险合同。

保证保险合同的法律特征如下：（1）保证保险合同的主体包括投保人（权利人）、保险人（保证人）、被保险人（义务人、被保证人），权利人通常又是保证保险合同的第三人（受益人）。（2）保证保险合同的保险标的是被保险人的不忠诚或不履行合同义务致使权利人遭受的经济损失，其保险利益是无形的经济利益。在保险事故发生后，只有在权利人遭受损失而被保证人不能补偿时，才由保险人代为补偿。（3）保险人为被保险人（被保证人）支付给权利人的有关赔偿，有权向被保证人追偿。

2. 保证保险合同与保证合同、信用保险合同的区别

（1）保证保险合同与保证合同的主要区别如下：第一，保证合同是保证人为担保债务人履行债务而与债权人订立的协议，其主体有两方：主合同的债权人（被保证人）和保证人；保证保险合同的主体有三方：投保人（权利人）、保险人（保证人）、

被保险人(被保证人、义务人),权利人通常又是保证保险合同的第三人(受益人)。第二,保证合同通常是单务无偿合同;而保证保险合同则是双务有偿合同,投保人对保险人支付保险费,保险人于保险事故发生时承担保险责任。

(2)保证保险合同与信用保险合同的主要区别如下:第一,主体地位不同。保证保险合同中的被保险人是债务人,信用保险合同中的被保险人是债权人。第二,投保目的的侧重点不同。保证保险合同侧重于保证债务人履行债务;信用保险合同则是为了实现债权人的债权。

3. 保证保险的承保方式

承保方式包括:(1)指名个人保证。以特定的个人作为被保证人。(2)指名团体保证。以指明的多数人为被保证人。(3)流动保证。虽以多数人为被保证人,但与团体保证不同的是,团体保证是每个成员都必须订明保证金额,而流动保证是集体共同确定一个总的保证金额。(4)总括保证。是以集体内全体成员作为被保证人,保证金额不是以具体个人来衡量,而是以职业分类来确定。(5)职位保证。是以职位作为确定被保证人保险金额的标准,凡担任该职位的人,保险人均按约定的保证金额承保。

4. 保证保险的赔偿处理

赔偿处理方式如下:(1)权利人在发现被保证人不忠诚或不履行义务时,应及时通知保险人,提供必要的证明和资料,并就保险责任范围内的损失提出赔偿请求。(2)权利人应主动采取措施,深入追查。(3)保险人在进行赔偿后,有权进行追偿,权利人应予以协助。(4)权利人和被保证人达成的有关和解协议,应征得保险人的同意。

三、人身保险合同

(一)人身保险合同的概念

人身保险合同是以人的寿命和身体为保险标的的保险合同。投保人向保险人缴纳约定的保险费后,被保险人在保险有效期内因疾病或意外事故而残废、死亡或丧失工作能力,或年老退休,或因保险期满时生存,保险人负责向被保险人或受益人给付保险金。

(二)人身保险合同的法律特征

与财产保险合同相比,人身保险合同有以下法律特征:

1. 保险金额的约定性。人身保险合同为定额保险合同,其保险金额主要由保险人和投保人协商确定。人身价值无法用金钱衡量,保险事故发生后,保险人按合同约定的保险金额予以给付。

2. 给付性。根据人身保险合同的约定,只要是保险事故发生使被保险人死亡、生病或伤残的,或者合同约定的期限届满时,保险人按照约定的金额向被保险人或受益人给付保险金,而不以被保险人的实际损失为前提,也不论被保险人或者受益人是否已从其他途径得到补偿。[1] 保险人支付的保险金只是一种经济帮助和抚慰。

3. 保险人承保的危险具有稳定性和规律的变动性。

4. 人身保险合同的订立,要求投保人对被保险人有可保利益,但在保险金额上并无限制,所以没有重复保险或超额保险的情况,也不存在代位求偿权。人身保险的被保险人因第三者的行为而发生死亡、伤残或者疾病等保险事故的,保险人向被保险人或者受益人给付保险金后,没有向第三者追偿的权利。但被保险人或者受益人仍有权向第三者请求赔偿。

人身保险合同中对保险利益采取亲属关系与同意相结合的原则。投保人对本人、配偶、子女、父母以及其他与投保人有抚养、赡养或者扶养关系的家庭其他成员、近亲属具有保险利益。此外,被保险人同意投保人为其订立合同的,视为投保人对被保险人具有保险利益。

5. 人身保险合同的长期性。保险有效期往往可以持续几年或几十年,尤其体现在长期性的人寿保险中。

6. 人身保险具有储蓄性。人寿保险中,死亡危险随着年龄的增长而提高,所以保险费率应逐年上升,但在人寿保险中采取均衡费率,使每年的保险费率相同。因此,投保人早年交纳的保险费要高于根据死亡危险率计算的保险费,其中包含了大量的积余,这种积余实质上就是储蓄额。生存保险的保险费是积存起来的,在生存期满时,作为给付的保险金。所以,人寿保险中投保人可以享受储蓄权利。如投保人可以向保险公司借款;参加终身保险和生死两全保险的被保险人和受益人,在一定期限后是必然可以领到保险金的。但在财产保险中,如果不发生保险事故,保险人不支付保险金。

(三)人身保险合同的种类

人身保险合同一般可分为:人寿保险合同、健康保险合同、意外伤害保险合同。

1. 人寿保险合同

人寿保险合同又称为寿险合同,是以被保险人的生命为保险标的、以生死为保险事故的人身保险合同。这里的"生"是指生存,"死"包括自然死亡和宣告死亡。一旦被保险人的生命发生保险事故时,由保险人给付保险金。

人寿保险合同分为以下几种:(1)死亡保险。有定期保险和终身保险之分。(2)生存保险。被保险人生存到一定期限,可以领取保险金。如在保险期限内死亡,则不退回保险费。(3)养老保险(生死两全保险)。被保险人若在保险期限内死亡或生存到保险期满,均给付保险金。(4)简易人身保险。是一种小额的适用于普通职工投保的险种,具有保险金额小、交费次数频繁、合同条款简单等特点。

---

[1] 参见覃有土主编:《保险法概论》(第2版),北京大学出版社2001年版,第330页。

2. 健康保险合同

健康保险合同又称为医疗保险合同或疾病保险合同,是指在保险期限内,被保险人因疾病、分娩或因疾病、分娩所致伤害或死亡时保险人给付约定保险金的保险合同。

健康保险的承保范围包括:(1)疾病。疾病与伤害不同,必须符合一定的条件,即必须是由外来的、非先天性、非衰老性的原因所造成的。(2)分娩。(3)残废。这里的残废仅限于因疾病或分娩所致的残废。(4)死亡。这里的死亡仅限于因疾病或分娩所致的死亡。

但是,战争、故意自杀或企图自杀造成的疾病、残废或死亡,堕胎所致的疾病、残废、流产、死亡等均为健康保险的除外危险。

3. 意外伤害保险合同

意外伤害保险合同是将被保险人遭受意外伤害以及因意外伤害所致的残废、死亡作为保险事故的保险合同。所谓意外伤害是指非所预见、非所意图、非所期待的事故所造成的伤害。凡不是属于外来、剧烈、偶然的意外事故,就不属意外伤害保险的承保范围。具体地说,意外伤害保险的除外危险包括故意自杀、疾病、不必要的冒险行为以及犯罪行为。

(四)人身保险合同的特殊条款

1. 申报年龄不实条款

根据我国《保险法》第 32 条规定,投保人申报的被保险人年龄不真实,并且其真实年龄不符合合同约定的年龄限制的,保险人可以解除合同,并按照合同约定退还保险单的现金价值。但是保险人行使合同解除权时,应受《保险法》第 16 条第 3 款和第 6 款的限制,即一方面,解除权自保险人知道有解除事由之日起,超过 30 日不行使而消灭。并且,自合同成立之日起超过 2 年的,保险人不得解除合同;发生保险事故的,保险人应当承担保险责任。另一方面,如果保险人在合同订立时已经知道投保人未如实告知的情况的,保险人不得解除合同,发生保险事故的,保险人应当承担保险责任。此外,如果投保人申报的被保险人年龄不真实,致使投保人支付的保险费少于应付保险费的,保险人有权更正并要求投保人补交保险费,或者在给付保险金时按照实付保险费与应付保险费的比例支付。如果投保人申报的被保险人年龄不真实,致使投保人支付的保险费多于应付保险费的,保险人应当将多收的保险费退还投保人。

2. 保险费支付条款

投保人于合同成立后,可以向保险人一次支付全部保险费,也可以按照合同约定分期支付保险费。合同约定分期支付保险费的,投保人应当于合同成立时支付首期保险费,并应当按期支付其余各期的保险费。保险人对人寿保险的保险费,不得用诉讼方式要求投保人支付。

3. 合同效力中止和复效条款

合同约定分期支付保险费,投保人支付首期保险费后,除合同另有约定外,投保人自保险人催告之日起超过30日未支付当期保险费,或者超过约定的期限60日未支付当期保险费的,合同效力中止,或者由保险人按照合同约定的条件减少保险金额。合同效力中止的,经保险人与投保人协商并达成协议,在投保人补交保险费后,合同效力恢复。

4. 保险单转让质押条款

人身保险合同具有储蓄性,可以转让或质押,但人身保险合同不能变更被保险人。保险单的转让,应当通知保险人;未通知保险人的,保险人可以只对受益人履行给付保险金的义务。依照以死亡为给付保险金条件的合同所签发的保险单,未经被保险人书面同意,不得转让或者质押。[1]

5. 受益人条款

人身保险的受益人由被保险人或者投保人指定。投保人指定受益人时须经被保险人同意。被保险人为无民事行为能力人或者限制民事行为能力人的,可以由其监护人指定受益人。[2] 被保险人或者投保人可以指定一人或者数人为受益人。受益人为数人的,被保险人或者投保人可以确定受益顺序和受益份额;未确定受益份额的,受益人按照相等份额享有受益权。[3] 投保人指定受益人未经被保险人同意的,人民法院应认定指定行为无效。

当事人对保险合同约定的受益人存在争议,除投保人、被保险人在保险合同之外另有约定外,按照以下情形分别处理:(1)受益人约定为"法定"或者"法定继承人"的,以继承法规定的法定继承人为受益人。(2)受益人仅约定为身份关系,投保人与被保险人为同一主体的,根据保险事故发生时与被保险人的身份关系确定受益人;投保人与被保险人为不同主体的,根据保险合同成立时与被保险人的身份关系确定受益人。(3)受益人的约定包括姓名和身份关系,保险事故发生时身份关系发生变化的,认定为未指定受益人。[4]

被保险人或者投保人可以变更受益人并书面通知保险人。保险人收到变更受益人的书面通知后,应当在保险单或者其他保险凭证上批注或者附贴批单。投保人变更受益人时须经被保险人同意。[5]

被保险人死亡后,遇有下列情形之一的,保险金作为被保险人的遗产,由保险人向被保险人的继承人履行给付保险金的义务:(1)没有指定受益人,或者受益人指定不明无法确定的;(2)受益人先于被保险人死亡,没有其他受益人的;(3)受益

---

〔1〕 参见《保险法》第34条。

〔2〕 参见《保险法》第39条。

〔3〕 参见《保险法》第40条。

〔4〕 参见最高人民法院《关于适用〈中华人民共和国保险法〉若干问题的解释(三)》第9条。

〔5〕 最高人民法院《关于适用〈中华人民共和国保险法〉若干问题的解释(三)》第11条规定:"投保人或者被保险人在保险事故发生后变更受益人,变更后的受益人请求保险人给付保险金的,人民法院不予支持。"

人依法丧失受益权或者放弃受益权,没有其他受益人的。此外,受益人与被保险人在同一事件中死亡,且不能确定死亡先后顺序的,推定受益人死亡在先。[1]

投保人故意造成被保险人死亡、伤残或者疾病的,保险人不承担给付保险金的责任。投保人已交足2年以上保险费的,保险人应当按照合同约定向其他享有权利的受益人退还保险单的现金价值。受益人故意造成被保险人死亡、伤残、疾病的,或者故意杀害被保险人未遂的,该受益人丧失受益权。

6. 不丧失价值条款

投保人申报的被保险人年龄不真实,并且其真实年龄不符合合同约定的年龄限制的,保险人可以解除合同,并按照合同约定退还保险单的现金价值。

自合同效力中止之日起2年内双方未达成协议的,保险人有权解除合同。投保人已交足2年以上保险费的,保险人应当按照合同约定退还保险单的现金价值;投保人未交足2年保险费的,保险人应当在扣除手续费后,退还保险费。

因被保险人故意犯罪或者抗拒依法采取的刑事强制措施导致其伤残或者死亡的,保险人不承担给付保险金的责任。投保人已交足2年以上保险费的,保险人应当按照合同约定退还保险单的现金价值。[2]

投保人解除合同的,保险人应当自收到解除合同通知之日起30日内,按照合同约定退还保险单的现金价值。

7. 自杀条款

根据我国《保险法》第44条的规定,以被保险人死亡为给付保险金条件的合同,自合同成立或者合同效力恢复之日起2年内,被保险人自杀的,保险人不承担给付保险金的责任,但被保险人自杀时为无民事行为能力人的除外。保险人依照前述规定不承担给付保险金责任的,应当按照合同约定退还保险单的现金价值。[3]

人身保险合同一般都约定,投保人、被保险人、受益人故意制造的事故为除外责任。把自杀作为除外责任,主要是为了避免蓄意自杀者企图通过保险为家属图谋保险金,从而滋长道德风险,损害保险人的合法权益。人身保险合同中规定的自杀条款,一般是指被保险人的自杀。被保险人的自杀,是否当然属于除外责任是一

[1] 参见《保险法》第42条。

[2] 最高人民法院《关于适用〈中华人民共和国保险法〉若干问题的解释(三)》第16条规定:"保险合同解除时,投保人与被保险人、受益人为不同主体,被保险人或者受益人要求退还保险单的现金价值的,人民法院不予支持,但保险合同另有约定的除外。投保人故意造成被保险人死亡、伤残或者疾病,保险人依照保险法第四十三条规定退还保险单的现金价值的,其他权利人按照被保险人、被保险人继承人的顺序确定。"

[3] 最高人民法院《关于适用〈中华人民共和国保险法〉若干问题的解释(三)》第21条规定:"保险人以被保险人自杀为由拒绝给付保险金的,由保险人承担举证责任。受益人或者被保险人的继承人以被保险人自杀时无民事行为能力为由抗辩的,由其承担举证责任。"

个有争议的问题。一种观点认为对自杀不应承担保险责任,否则就会鼓励有意图自杀的人在自杀前投保巨额人身保险,从而诱发道德危险;再则自杀属于故意制造保险事故,不符合承保风险的偶然性特征。另一种观点认为对自杀应承担保险责任,因为被保险人本人不可能领取保险金,保险人给付的保险金在于为受益人即其遗属提供经济保障,否则保险就失去了意义。[1] 据此自杀条款的宗旨,一方面要防止发生道德危险,保护保险人的利益;另一方面又要保护被保险人家属或者受益人的利益。由此,把自杀的除外责任在时间上限制在保险契约签订后的 2 年内,在这一免赔期限内的自杀,保险人不负给付责任,当然,被保险人自杀时为无民事行为能力人的除外;超过这一期限后的自杀,保险人仍要负给付责任。在签订契约或契约复效 2 年之内自杀的,保险人虽不负给付保险金的责任,但对投保人已支付的保险费,保险人应当按照合同约定退还保险单的现金价值。[2]

第三节 保险业法律制度

一、保险业法概述

(一)保险业法的概念和调整对象

保险业法,又称保险组织法、保险业监督法,是对保险业进行监督管理的法律规范。保险业法属于保险公法。国务院保险监督管理机构依照《保险法》负责对保险业实施监督管理。

保险业法的调整对象包括:国家对保险业的监督管理关系;国家对保险中介的监督管理关系;保险业之间的竞争关系;保险业内部的经营管理关系。

(二)保险业法的作用

保险的主要目的是分散危险,我国《保险法》的立法宗旨是“规范保险活动,保护保险活动当事人的合法权益,加强对保险业的监督管理,维护社会经济秩序和社会公共利益,促进保险事业的健康发展”,因此保险业法的作用是维护保险当事人的合法利益;维护保险业的公平竞争;促进保险事业的健康发展。

二、保险监督管理机构

(一)国家金融监督管理总局的性质和任务

根据党的十九届三中全会审议通过的中共中央《关于深化党和国家机构改革的决定》、《深化党和国家机构改革方案》和十三届全国人大一次会议批准的《国务

[1] 参见李玉泉:《保险法》(第 3 版),法律出版社 2019 年版,第 240 页。

[2] 参见覃有土主编:《保险法概论》(第 2 版),北京大学出版社 2001 年版,第 384 页。

院机构改革方案》,将中国银监会和中国保监会拟订银行业、保险业重要法律法规草案和审慎监管基本制度的职责划入中国人民银行。不再保留中国银监会、中国保监会。将中国银监会和中国保监会的职责整合,组建中国银保监会,作为国务院直属事业单位。

2023年3月,中共中央、国务院印发了《党和国家机构改革方案》。根据该方案,组建国家金融监督管理总局。由其统一负责除证券业之外的金融业监管,强化机构监管、行为监管、功能监管、穿透式监管、持续监管,统筹负责金融消费者权益保护,加强风险管理和防范处置,依法查处违法违规行为,作为国务院直属机构。

国家金融监督管理总局在中国银保监会基础上组建,将中国人民银行对金融控股公司等金融集团的日常监管职责、有关金融消费者保护职责,中国证监会的投资者保护职责划入国家金融监督管理总局。根据该方案,不再保留中国银保监会。

(二)保险监督管理方式

在不同历史时期,有关国家对保险业的监督管理曾经采取过截然不同的方式,归纳起来,主要有以下三种。[1]

1. 公告管理方式

公告管理方式,又称公告主义,是指国家对保险业的经营不作任何直接的监督和干预,仅规定保险人必须按照政府规定的格式及内容,定期将营业结果呈报监管机关给予公告。通过公告的形式把各保险人的经营置于社会监督之下,监管机关并不对保险人的经营作任何评价。保险人的经营优劣完全依靠社会公众自身加以分析和判断。

2. 原则管理方式

原则管理方式,又称准则主义,是指由国家制定指导保险业经营管理的一些基本准则,要求所有保险人共同遵守。如对最低资本金的要求、资产负债表的审核、资金的运用、违反法律行为的处罚等均作出明确规定。原则管理方式仅从形式上出发,其对保险业的监督管理只是形式上的审查,没有触及保险业经营管理的实体。

3. 实体监管方式

实体监管方式,又称许可主义、批准主义,由瑞士于1885年首创,是指国家制定有完善的保险监督管理规则,由国家监督管理机关对保险企业的设立、经营、财务、人事乃至倒闭清算均实行有效的监督和管理。这是对保险业监督管理方式中最为严格的一种。包括我国在内的世界大多数国家和地区都实行实体监管模式,最典型的是美国和日本。

---

〔1〕 参见李玉泉:《保险法》(第3版),法律出版社2019年版,第256-257页。

三、保险公司的监督管理

(一)我国保险公司的组织形式

2015 年修正的《保险法》第 94 条规定:保险公司,除本法另有规定外,适用《公司法》的规定。由此可见,保险公司的组织形式不仅包括股份有限公司与国有独资公司,还应当包括有限责任公司。

(二)保险公司的设立条件和程序

1. 设立保险公司的原则和条件

设立保险公司,应当遵循下列原则:(1)遵守法律、行政法规;(2)符合国家宏观经济政策和保险业发展战略;(3)有利于保险业的公平竞争和健康发展。

设立保险公司,必须经保险监督管理机构批准。并且应当具备下列条件:(1)主要股东具有持续盈利能力,信誉良好,最近 3 年内无重大违法违规记录,净资产不低于人民币 2 亿元;(2)有符合《保险法》和《公司法》规定的章程;(3)有符合《保险法》规定的注册资本;(4)有具备任职专业知识和业务工作经验的董事、监事和高级管理人员;(5)有健全的组织机构和管理制度;(6)有符合要求的营业场所和与经营业务有关的其他设施。[1]

设立保险公司,其注册资本的最低限额为人民币 2 亿元,注册资本应当为实缴货币资本。保险监督管理机构根据保险公司业务范围、经营规模,可以调整其注册资本的最低限额。但是,不得低于人民币 2 亿元。

2. 保险公司的设立程序

申请设立保险公司,应当提交下列文件、资料:(1)设立申请书,申请书应当载明拟设立的保险公司的名称、注册资本、业务范围等;(2)可行性研究报告;(3)筹建方案;(4)投资人的营业执照或者其他背景资料,经会计师事务所审计的上一年度财务会计报告;(5)投资人认可的筹备组负责人和拟任董事长、经理名单及本人认可证明;(6)国务院保险监督管理机构规定的其他材料。[2]

国务院保险监督管理机构应当对设立保险公司的申请进行审查,自受理之日起 6 个月内作出批准或者不批准筹建的决定,并书面通知申请人。决定不批准的,应当书面说明理由。申请人应当自收到批准筹建通知之日起 1 年内完成筹建工作;筹建期间不得从事保险经营活动。筹建工作完成后,申请人具备《保险法》第 68 条规定的设立条件的,可以向国务院保险监督管理机构提出开业申请。国务院保险监督管理机构应当自受理开业申请之日起 60 日内,作出批准或者不批准开业的决定。决定批准的,颁发经营保险业务许可证;决定不批准的,应当书面通知申

---

〔1〕 参见《保险法》第 68 条。
〔2〕 参见《保险法》第 70 条。

请人并说明理由。[1]

经批准设立的保险公司及其分支机构,由批准部门颁发经营保险业务许可证,并凭经营保险业务许可证向工商行政管理机关办理登记,领取营业执照。保险公司自取得经营保险业务许可证之日起6个月内,无正当理由未办理公司设立登记的,其经营保险业务许可证自动失效。

保险公司成立后应当按照其注册资本总额的20%提取保证金,存入保险监督管理机构指定的银行,除保险公司清算时用于清偿债务外,不得动用。[2]

保险公司在中华人民共和国境内外设立分支机构,须经保险监督管理机构批准,取得分支机构经营保险业务许可证。保险公司分支机构不具有法人资格,其民事责任由保险公司承担。保险公司在中华人民共和国境内外设立代表机构,须经保险监督管理机构批准。

(三)保险公司的变更

保险公司有下列变更事项之一的,须经保险监督管理机构批准:(1)变更名称;(2)变更注册资本;(3)变更公司或者分支机构的营业场所;(4)撤销分支机构;(5)公司分立或者合并;(6)修改公司章程;(7)变更出资额占有限责任公司资本总额5%以上的股东,或者变更持有股份有限公司股份5%以上的股东;(8)国务院保险监督管理机构规定的其他情形。[3]

(四)保险公司的终止和清算

1. 保险公司因分立、合并需要解散,或者股东会、股东大会决议解散,或者公司章程规定的解散事由出现,经国务院保险监督管理机构批准后解散。保险公司解散,应当依法成立清算组进行清算。经营有人寿保险业务的保险公司,除因分立、合并或者被依法撤销外,不得解散。[4]

2. 保险公司违反法律、行政法规被保险监督管理机构吊销经营保险业务许可证的,依法撤销,由保险监督管理机构依法及时组织清算组,进行清算。

3. 保险公司有《企业破产法》第2条规定情形的,经国务院保险监督管理机构同意,保险公司或者其债权人可以依法向人民法院申请重整、和解或者破产清算;国务院保险监督管理机构也可以依法向人民法院申请对该保险公司进行重整或者破产清算。保险公司被宣告破产的,由法院组织保险监督管理机构等有关部门和有关人员成立清算组,进行清算。经营有人寿保险业务的保险公司被依法撤销的或者被依法宣告破产的,其持有的人寿保险合同及责任准备金,必须转移给其他经营有人寿保险业务的保险公司;不能同其他保险公司达成转让协议的,由保险监督

---

[1] 参见《保险法》第71条至第73条。

[2] 参见《保险法》第97条。

[3] 参见《保险法》第84条。

[4] 参见《保险法》第89条。

管理机构指定经营有人寿保险业务的保险公司接受。转让或者由保险监督管理机构指定接受前款规定的人寿保险合同及责任准备金的,应当维护被保险人、受益人的合法权益。保险公司依法破产的,破产财产在优先清偿破产费用和共益债务后,按照下列顺序清偿:所欠职工工资和医疗、伤残补助、抚恤费用,所欠应当划入职工个人账户的基本养老保险、基本医疗保险费用,以及法律、行政法规规定应当支付给职工的补偿金;赔偿或者给付保险金;保险公司欠缴的除相关规定以外的社会保险费用和所欠税款;普通破产债权。破产财产不足以清偿同一顺序的清偿要求的,按照比例分配。破产保险公司的董事、监事和高级管理人员的工资,按照该公司职工的平均工资计算。[1]

保险公司依法终止其业务活动,应当注销其经营保险业务许可证。

四、保险经营的监督管理

(一)保险公司的业务范围

保险公司的业务范围包括:(1)财产保险业务,包括财产损失保险、责任保险、信用保险、保证保险等保险业务;(2)人身保险业务,包括人寿保险、健康保险、意外伤害保险等保险业务。同一保险人不得同时兼营财产保险业务和人身保险业务。但是,经营财产保险业务的保险公司经保险监督管理机构批准,可以经营短期健康保险业务和意外伤害保险业务。保险公司的业务范围由保险监督管理机构依法批准。保险公司只能在被批准的业务范围内从事保险经营活动。保险公司不得兼营保险法及其他法律、行政法规规定以外的业务。

(二)保险公司业务经营的其他管理规定

1. 保险准备金的提存

保险公司应当根据保障被保险人利益、保证偿付能力的原则,提取各项责任准备金。保险公司提取和结转责任准备金的具体办法由保险监督管理机构制定。

保险公司应当按照已经提出的保险赔偿或者给付金额以及已经发生保险事故但尚未提出的保险赔偿或者给付金额,提取未决赔款准备金。保险公司还应当依照有关法律、行政法规及国家财务会计制度的规定提取公积金。

为了保障被保险人的利益,支持保险公司稳健经营,保险公司应当按照保险监督管理机构的规定提存保险保障基金。保险保障基金应当集中管理,统筹使用。保险保障基金管理使用的具体办法由保险监督管理机构制定。

2. 最低偿付能力

保险公司应当具有与其业务规模和风险程度相适应的最低偿付能力。保险公司应当根据保护被保险人利益、保障偿付能力的原则,稳健经营,确保实际偿付能力额度任何时点不低于最低偿付能力额度。保险公司的认可资产减去认可负债的

---

〔1〕 参见《保险法》第91条。

差额不得低于国务院保险监督管理机构规定的数额;低于规定数额的,应当按照国务院保险监督管理机构的要求采取相应措施达到规定的数额。

3. 强制再保险

保险公司对每一危险单位,即对一次保险事故可能造成的最大损失范围所承担的责任,不得超过其实有资本金加公积金总和的10%;超过的部分,应当办理再保险。保险公司对危险单位的计算办法和巨灾风险安排方案,应当报经保险监督管理机构备案。保险公司应当按照保险监督管理机构的有关规定办理再保险。

4. 保险公司的资金运用

根据《保险法》和《保险资金运用管理办法》(2018年1月10日中国保险监督管理委员会第5次主席办公会审议通过,自2018年4月1日起实施),保险资金运用必须以服务保险业为主要目标,坚持稳健审慎和安全性原则,符合偿付能力监管要求,根据保险资金性质实行资产负债管理和全面风险管理,实现集约化、专业化、规范化和市场化。保险资金运用方式限于:银行存款;买卖债券、股票、证券投资基金份额等有价证券;投资不动产;投资股权;国务院规定的其他资金运用形式。保险资金从事境外投资的,应当符合中国保监会、中国人民银行和国家外汇管理局的相关规定。

保险资金办理银行存款的,应当选择符合下列条件的商业银行作为存款银行:(1)资本充足率、净资产和拨备覆盖率等符合监管要求;(2)治理结构规范、内控体系健全、经营业绩良好;(3)最近3年未发现重大违法违规行为;(4)连续3年信用评级在投资级别以上;(5)信用等级达到有关部门规定的标准。

保险资金投资的债券应当达到国务院保险监督管理机构认可的信用评级机构评定的、且符合规定要求的信用级别,主要包括政府债券、金融债券、企业(公司)债券、非金融企业债务融资工具以及符合规定的其他债券。保险资金投资的股票,主要包括公开发行并上市交易的股票和上市公司向特定对象非公开发行的股票。保险资金开展股票投资,分为一般股票投资、重大股票投资和上市公司收购等,国务院保险监督管理机构根据不同情形实施差别监管。保险资金投资全国中小企业股份转让系统挂牌的公司股票,以及以外币认购及交易的股票,由国务院保险监督管理机构另行规定。保险资金投资证券投资基金的,其基金管理人应当符合下列条件:(1)公司治理良好、风险控制机制健全。(2)依法履行合同,维护投资者合法权益。(3)设立时间1年(含)以上。(4)最近3年没有重大违法违规行为;设立未满3年的,自其成立之日起没有重大违法违规行为。(5)建立有效的证券投资基金和特定客户资产管理业务之间的防火墙机制。(6)投资团队稳定,历史投资业绩良好,管理资产规模或者基金份额相对稳定。保险资金投资的不动产,是指土地、建筑物以及其他附着于土地上的定着物,具体办法由国务院保险监督管理机构制定。保险资金投资的股权,应当为境内依法设立和注册登记,且未在证券交易所公开上市的股份有限公司和有限责任公司的股权。保险集团(控股)公司、保险公司购置自用不动产、开展上市公司收购或者从事对其他企业实现控股的股权投资，应当使用自有资金。保险集团(控股)公司、保险公司对其他企业实现控股的股权投资，应当满足有关偿付能力监管规定。保险集团(控股)公司的保险子公司不符合国务院保险监督管理机构偿付能力监管要求的，该保险集团(控股)公司不得向非保险类金融企业投资。实现控股的股权投资应当限于下列企业：(1)保险类企业，包括保险公司、保险资产管理机构以及保险专业代理机构、保险经纪机构、保险公估机构；(2)非保险类金融企业；(3)与保险业务相关的企业。此处所称保险资产管理机构，是指经国务院保险监督管理机构同意，依法登记注册，受托管理保险资金等资金的金融机构，包括保险资产管理公司及其子公司、其他专业保险资产管理机构。

保险资金可以投资资产证券化产品。前款所称资产证券化产品，是指金融机构以可特定化的基础资产所产生的现金流为偿付支持，通过结构化等方式进行信用增级，在此基础上发行的金融产品。保险资金可以投资创业投资基金等私募基金。前款所称创业投资基金是指依法设立并由符合条件的基金管理机构管理，主要投资创业企业普通股或者依法可转换为普通股的优先股、可转换债券等权益的股权投资基金。保险资金可以投资设立不动产、基础设施、养老等专业保险资产管理机构，专业保险资产管理机构可以设立符合条件的保险私募基金，具体办法由国务院保险监督管理机构制定。

此外，除国务院保险监督管理机构另有规定以外，保险集团(控股)公司、保险公司从事保险资金运用，不得有下列行为：(1)存款于非银行金融机构；(2)买入被交易所实行“特别处理”“警示存在终止上市风险的特别处理”的股票；(3)投资不符合国家产业政策的企业股权和不动产；(4)直接从事房地产开发建设；(5)将保险资金运用形成的投资资产用于向他人提供担保或者发放贷款，个人保单质押贷款除外；(6)国务院保险监督管理机构禁止的其他投资行为。保险集团(控股)公司、保险公司从事保险资金运用应当符合国务院保险监督管理机构比例监管要求，具体规定由国务院保险监督管理机构另行制定。国务院保险监督管理机构根据保险资金运用实际情况，可以对保险资产的分类、品种以及相关比例等进行调整。

5. 对保险公司及其工作人员在保险业务中的行为规定

保险公司及其工作人员在保险业务活动中不得有下列行为：(1)欺骗投保人、被保险人或者受益人；(2)对投保人隐瞒与保险合同有关的重要情况；(3)阻碍投保人履行法律规定的如实告知义务，或者诱导其不履行法律规定的如实告知义务；(4)给予或者承诺给予投保人、被保险人、受益人保险合同约定以外的保险费回扣或者其他利益；(5)拒不依法履行保险合同约定的赔偿或者给付保险金义务；(6)故意编造未曾发生的保险事故、虚构保险合同或者故意夸大已经发生的保险事故的损失程度进行虚假理赔，骗取保险金或者牟取其他不正当利益；(7)挪用、截留、侵占保险费；(8)委托未取得合法资格的机构或者个人从事保险销售活动；

(9)利用开展保险业务为其他机构或者个人牟取不正当利益;(10)利用保险代理人、保险经纪人或者保险评估机构,从事以虚构保险中介业务或者编造退保等方式套取费用等违法活动;(11)以捏造、散布虚假事实等方式损害竞争对手的商业信誉,或者以其他不正当竞争行为扰乱保险市场秩序;(12)泄露在业务活动中知悉的投保人、被保险人的商业秘密;(13)违反法律、行政法规和国务院保险监督管理机构规定的其他行为。

根据《保险法司法解释(二)》,投保人或者投保人的代理人订立保险合同时没有亲自签名或者盖章,而由保险人或者保险人的代理人代为签名或者盖章的,对投保人不生效。但投保人已经交纳保险费的,视为其对代签字或者盖章行为的追认。保险人或者保险人的代理人代为填写保险单证后经投保人签名或者盖章确认的,代为填写的内容视为投保人的真实意思表示。但有证据证明保险人或者保险人的代理人存在《保险法》第116条、第131条相关规定情形的除外。

五、保险业的监督管理

(一)保险条款和保险费率

关系社会公众利益的保险险种、依法实行强制保险的险种和新开发的人寿保险险种等的保险条款和保险费率,应当报国务院保险监督管理机构批准。国务院保险监督管理机构审批时,应当遵循保护社会公众利益和防止不正当竞争的原则。其他保险险种的保险条款和保险费率,应当报保险监督管理机构备案。保险条款和保险费率审批、备案的具体办法,由国务院保险监督管理机构依照上述规定制定。

(二)保险监督管理机构的其他权力

1. 国务院保险监督管理机构应当建立健全保险公司偿付能力监管体系,对保险公司的偿付能力实施监控。

2. 保险公司使用的保险条款和保险费率违反法律、行政法规或者国务院保险监督管理机构的有关规定的,由保险监督管理机构责令停止使用,限期修改;情节严重的,可以在一定期限内禁止申报新的保险条款和保险费率。

3. 保险公司未依照法律规定提取或者结转各项责任准备金,或者未依照法律规定办理再保险,或者严重违反法律关于资金运用的规定的,由保险监督管理机构责令限期改正,并可以责令调整负责人及有关管理人员。

4. 对保险公司进行整顿。保险监督管理机构依照《保险法》第139条的规定作出限期改正的决定后,保险公司逾期未改正的,国务院保险监督管理机构可以决定选派保险专业人员和指定该保险公司的有关人员组成整顿组,对公司进行整顿。整顿决定应当载明被整顿公司的名称、整顿理由、整顿组成员和整顿期限,并予以公告。整顿组有权监督被整顿保险公司的日常业务。被整顿公司的负责人及有关管理人员应当在整顿组的监督下行使职权。整顿过程中,被整顿保险公司的原有业务继续进行。但是,国务院保险监督管理机构可以责令被整顿公司停止部分原有业务、停止接受新业务,调整资金运用。被整顿保险公司经整顿已纠正其违反法律规定的行为,恢复正常经营状况的,由整顿组提出报告,经国务院保险监督管理机构批准,结束整顿,并由国务院保险监督管理机构予以公告。

5. 对保险公司实行接管。保险公司有下列情形之一的,国务院保险监督管理机构可以对其实行接管:(1)公司的偿付能力严重不足的;(2)违反《保险法》规定,损害社会公共利益,可能严重危及或者已经严重危及公司的偿付能力的。被接管的保险公司的债权债务关系不因接管而变化。接管组的组成和接管的实施办法,由国务院保险监督管理机构决定,并予以公告。接管期限届满,国务院保险监督管理机构可以决定延长接管期限,但接管期限最长不得超过 2 年。接管期限届满,被接管的保险公司已恢复正常经营能力的,由国务院保险监督管理机构决定终止接管,并予以公告。被接管的保险公司有《企业破产法》第 2 条规定情形的,国务院保险监督管理机构可以依法向人民法院申请对该保险公司进行重整或者破产清算。

6. 撤销保险公司。保险公司因违法经营被依法吊销经营保险业务许可证的,或者偿付能力低于国务院保险监督管理机构规定标准,不予撤销将严重危害保险市场秩序、损害公共利益的,由国务院保险监督管理机构予以撤销并公告,依法及时组织清算组进行清算。

7. 国务院保险监督管理机构有权要求保险公司股东、实际控制人在指定的期限内提供有关信息和资料。保险公司的股东利用关联交易严重损害公司利益,危及公司偿付能力的,由国务院保险监督管理机构责令改正。在按照要求改正前,国务院保险监督管理机构可以限制其股东权利;拒不改正的,可以责令其转让所持的保险公司股权。保险监督管理机构根据履行监督管理职责的需要,可以与保险公司董事、监事和高级管理人员进行监督管理谈话,要求其就公司的业务活动和风险管理的重大事项作出说明。保险公司在整顿、接管、撤销清算期间,或者出现重大风险时,国务院保险监督管理机构可以对该公司直接负责的董事、监事、高级管理人员和其他直接责任人员采取以下措施:通知出境管理机关依法阻止其出境;申请司法机关禁止其转移、转让或者以其他方式处分财产,或者在财产上设定其他权利。

8. 保险监督管理机构依法履行职责,可以采取下列措施:(1)对保险公司、保险代理人、保险经纪人、保险资产管理公司、外国保险机构的代表机构进行现场检查。(2)进入涉嫌违法行为发生场所调查取证。(3)询问当事人及与被调查事件有关的单位和个人,要求其对与被调查事件有关的事项作出说明。(4)查阅、复制与被调查事件有关的财产权登记等资料。(5)查阅、复制保险公司、保险代理人、保险经纪人、保险资产管理公司、外国保险机构的代表机构以及与被调查事件有关的单位和个人的财务会计资料及其他相关文件和资料;对可能被转移、隐匿或者毁损的文件和资料予以封存。(6)查询涉嫌违法经营的保险公司、保险代理人、保险经纪人、保险资产管理公司、外国保险机构的代表机构以及与涉嫌违法事项有关的单位和个人的银行账户。(7)对有证据证明已经或者可能转移、隐匿违法资金等涉案财产或者隐匿、伪造、毁损重要证据的,经保险监督管理机构主要负责人批准,申请人民法院予以冻结或者查封。保险监督管理机构采取前款第1、2、5项措施的,应当经保险监督管理机构负责人批准;采取第6项措施的,应当经国务院保险监督管理机构负责人批准。保险监督管理机构依法进行监督检查或者调查,其监督检查、调查的人员不得少于2人,并应当出示合法证件和监督检查、调查通知书;监督检查、调查的人员少于2人或者未出示合法证件和监督检查、调查通知书的,被检查、调查的单位和个人有权拒绝。

六、对保险代理人和保险经纪人的监督管理

(一)对保险代理人的监督管理

1. 保险代理人的概念

保险代理人是根据保险人的委托,向保险人收取佣金,并在保险人授权的范围内代为办理保险业务的机构或者个人。保险代理机构包括专门从事保险代理业务的保险专业代理机构和兼营保险代理业务的保险兼业代理机构。

2. 对保险代理人的管理规定

保险人委托保险代理人代为办理保险业务的,应当与保险代理人签订委托代理协议,依法约定双方的权利和义务。个人保险代理人在代为办理人寿保险业务时,不得同时接受两个以上保险人的委托。

保险代理人根据保险人的授权代为办理保险业务的行为,由保险人承担责任。保险代理人没有代理权、超越代理权或者代理权终止后以保险人名义订立合同,使投保人有理由相信其有代理权的,该代理行为有效。保险人可以依法追究越权的保险代理人的责任。

(二)对保险经纪人的监督管理

保险经纪人是基于投保人的利益,为投保人与保险人订立保险合同提供中介服务,并依法收取佣金的机构。

保险经纪人因过错给投保人、被保险人造成损失的,依法承担赔偿责任。

(三)对保险代理人、保险经纪人的共通管理规定

保险代理机构、保险经纪人应当具备国务院保险监督管理机构规定的条件,取得保险监督管理机构颁发的经营保险代理业务许可证、保险经纪业务许可证。保险代理机构、保险经纪人应当按照国务院保险监督管理机构的规定缴存保证金或者投保职业责任保险。保险佣金只限于向保险代理人、保险经纪人支付,不得向其他人支付。

以公司形式设立保险专业代理机构、保险经纪人,其注册资本最低限额适用《公司法》的规定。国务院保险监督管理机构根据保险专业代理机构、保险经纪人

的业务范围和经营规模,可以调整其注册资本的最低限额,但不得低于《公司法》规定的限额。保险专业代理机构、保险经纪人的注册资本或者出资额必须为实缴货币资本。保险专业代理机构、保险经纪人应当有自己的经营场所,设立专门账簿记载保险代理业务、经纪业务的收支情况。

保险专业代理机构、保险经纪人的高级管理人员,应当品行良好,熟悉保险法律、行政法规,具有履行职责所需的经营管理能力,并在任职前取得保险监督管理机构核准的任职资格。个人保险代理人、保险代理机构的代理从业人员、保险经纪人的经纪从业人员,应当品行良好,具有从事保险代理业务或者保险经纪业务所需的专业能力。

保险代理人、保险经纪人及其从业人员在办理保险业务活动中不得有下列行为:欺骗保险人、投保人、被保险人或者受益人;隐瞒与保险合同有关的重要情况;阻碍投保人履行法律规定的如实告知义务,或者诱导其不履行法律规定的如实告知义务;给予或者承诺给予投保人、被保险人或者受益人保险合同约定以外的利益;利用行政权力、职务或者职业便利以及其他不正当手段强迫、引诱或者限制投保人订立保险合同;伪造、擅自变更保险合同,或者为保险合同当事人提供虚假证明材料;挪用、截留、侵占保险费或者保险金;利用业务便利为其他机构或者个人牟取不正当利益;串通投保人、被保险人或者受益人,骗取保险金;泄露在业务活动中知悉的保险人、投保人、被保险人的商业秘密。

保险专业代理机构、保险经纪人分立、合并、变更组织形式、设立分支机构或者解散的,应当经保险监督管理机构批准。

思考题

1. 简述保险的构成要件。
2. 简述保险合同的特征。
3. 简述《保险法》中有关保险人赔付保险金的时限规定。
4. 简述投保人的告知义务及投保人违反告知义务时的法律后果。
5. 试述人身保险合同中的特殊条款。

参考书目

1. 柏亮主编:《数字金融:科技赋能与创新监管》,中译出版社 2021 年版。
2. 常健、管斌、饶常林:《金融法学专论》,对外经济贸易大学出版社 2010 年版。
3. 陈春山:《证券投资信托契约论》,台北,五南图书出版股份有限公司 1996 年版。
4. 陈乐田主编:《银行法》,法律出版社 1999 年版。
5. 陈欣:《保险法》(第 3 版),北京大学出版社 2010 年版。
6. 丁邦开、周仲飞主编:《金融监管学原理》,北京大学出版社 2004 年版。
7. 董安生主编、应苏萍副主编:《票据法》,中国人民大学出版社 2000 年版。
8. 董翠香编著:《票据法》,上海人民出版社 2001 年版。
9. 段建新主编:《证券投资基金》,法律出版社 2000 年版。
10. 范从来、王宇伟、周耿编著:《货币银行学》,南京大学出版社 2021 年版。
11. 范建、王建文:《证券法》(第 2 版),法律出版社 2010 年版。
12. 方嘉麟:《信托法之理论与实务》,台北,月旦出版社股份有限公司 1994 年版。
13. 方乐华:《保险法》,立信会计出版社 2002 年版。
14. 方乐华:《保险与保险法》,北京大学出版社 2009 年版。
15. 符启林主编、邵挺杰副主编:《中国证券交易法律制度研究》,法律出版社 2000 年版。
16. 甘功仁、黄欣主编:《金融法》,中国金融出版社 2003 年版。
17. 高凌云:《被误读的信托:信托法原论》,复旦大学出版社 2010 年版。
18. 顾功耘主编:《商法教程》,上海人民出版社 2001 年版。
19. 郭德香:《金融信托法律制度研究》,郑州大学出版社 2003 年版。
20. 郭锋、陈夏等:《证券投资基金法导论》,法律出版社 2008 年版。
21. 郭锋等:《中华人民共和国证券法制度精义与条文评注》,中国法制出版社 2020 年版。
22. 郭锋主编:《证券法律评论》(2020 年卷),中国法制出版社 2020 年版。
23. 郭红玉、徐佳、姜婷凤编著:《现代货币银行学》,对外经济贸易大学出版社 2021 年版。
24. 郭雳:《思在录:金融法律问题研究》,经济科学出版社 2001 年版。
25. 郭英、张文辉主编:《金融法》,清华大学出版社 2018 年版。
26. 郭瑜:《个人数据保护法研究》,北京大学出版社 2012 年版。
27. 韩长印、韩永强编著:《保险法新论》,中国政法大学出版社 2010 年版。
28. 何宝玉:《英国信托法原理与判例》,法律出版社 2001 年版。
29. 何渊主编:《数据法学》,北京大学出版社 2020 年版。
30. 贺绍奇:《证券投资基金的法律透视:理论研究与案例分析》,人民法院出版社 2000 年版。

31. 胡怀邦:《金融发展中的衍生市场研究》,中国经济出版社 2000 年版。
32. 黄达编著:《金融学》(精编版)(第 2 版),中国人民大学出版社 2009 年版。
33. 黄达、张杰编著:《金融学》(第 5 版),中国人民大学出版社 2020 年版。
34. 黄卓、王海明等:《金融科技的中国时代:数字金融 12 讲》,中国人民大学出版社 2017 年版。
35. 霍玉芬:《信托法要论》,中国政法大学出版社 2003 年版。
36. 江朝国:《保险法基础理论》,中国政法大学出版社 2002 年版。
37. 李爱君:《互联网金融法律与实务》,机械工业出版社 2017 年版。
38. 李朝晖:《证券市场法律监管比较研究》,人民出版社 2000 年版。
39. 李东方:《证券监管法律制度研究》,北京大学出版社 2002 年版。
40. 李惠主编:《走近私募基金》,经济科学出版社 2001 年版。
41. 李明良:《期货法》,人民法院出版社 1999 年版。
42. 李明贤主编:《货币银行学》,国防科技大学出版社 2001 年版。
43. 李勇:《信托业监管法律问题研究》,中国财政经济出版社 2008 年版。
44. 李玉泉:《保险法》(第 3 版),法律出版社 2019 年版。
45. 李玉泉:《保险法学:理论与实务》(第 2 版),高等教育出版社 2010 年版。
46. 梁宇贤:《保险法新论》(修订新版),中国人民大学出版社 2004 年版。
47. 林国全:《证券交易法研究》,中国政法大学出版社 2002 年版。
48. 刘定华、董岚:《银行法》,湖南人民出版社 2002 年版。
49. 刘定华:《金融法专题研究》,北京大学出版社 2002 年版。
50. 刘隆亨:《金融法学》,当代世界出版社 2000 年版。
51. 刘隆亨:《银行金融法学》(第 6 版),北京大学出版社 2010 年版。
52. 刘明康主编:《2000—2001 国际金融报告》,经济科学出版社 2001 年版。
53. 刘少军:《金融法学》,中国政法大学出版社 2008 年版。
54. 刘晓红、袁发强主编:《国际商事仲裁法案例教程》,北京大学出版社 2018 年版。
55. 刘心稳:《票据法》(修订版),中国政法大学出版社 1999 年版。
56. 刘远志:《跨境证券交易法律监管研究》,法律出版社 2019 年版。
57. 刘振亚主编:《美国共同基金》,经济科学出版社 2001 年版。
58. 刘正峰:《美国商业信托法研究》,中国政法大学出版社 2009 年版。
59. 刘宗荣:《新保险法:保险契约法的理论与实务》,中国人民大学出版社 2009 年版。
60. 倪振峰、俞敏等:《银行法学》,复旦大学出版社 2010 年版。
61. 宁敏:《国际金融衍生交易法律问题研究》,中国政法大学出版社 2002 年版。
62. 钮华明、陈翔云编著:《证券公司业务发展与法律规范》,法律出版社 2000 年版。
63. 潘英丽:《全球视角的金融变革》,江西人民出版社 2000 年版。
64. 彭插三:《信托受托人法律地位比较研究:商业信托的发展及其在大陆法系的应用》,北京大学出版社 2008 年版。
65. 齐斌:《证券市场信息披露法律监管》,法律出版社 2000 年版。
66. 钱小安:《金融期货的理论与实践》,商务印书馆 1997 年版。

67. 清华经管学院数字金融资产研究中心主编:《数字金融未来已来》,人民日报出版社 2020 年版。
68. 全国人大《信托法》起草工作组:《〈中华人民共和国信托法〉释义》,中国金融出版社 2001 年版。
69. 强力主编:《金融法通论》,高等教育出版社 2010 年版。
70. 上海期货交易所"境外期货法制研究"课题组编著:《美国期货市场法律规范研究》,中国金融出版社 2007 年版。
71. 邵挺杰主编:《证券法》,法律出版社 1999 年版。
72. 施天涛、余文然:《信托法》,人民法院出版社 1999 年版。
73. 石广生主编:《中国加入世界贸易组织知识读本》,人民出版社 2002 年版。
74. 宋连斌主编:《仲裁法》,武汉大学出版社 2015 年版。
75. 覃有土主编:《保险法概论》(第 2 版),北京大学出版社 2001 年版。
76. 唐波:《中国期货市场法律制度研究——新加坡期货市场相关法律制度借鉴》,北京大学出版社 2010 年版。
77. 唐波主编:《期货法论》,世界图书出版公司 1998 年版。
78. 陶广峰主编:《金融法》,中国人民大学出版社 2009 年版。
79. 汪世虎:《票据法律制度比较研究》,法律出版社 2003 年版。
80. 汪鑫主编:《金融法学》(第 4 版),中国政法大学出版社 2011 年版。
81. 王保树主编、张舫:《公司收购法律制度研究》,法律出版社 1998 年版。
82. 王保树主编、赵威:《票据权利研究》,法律出版社 1997 年版。
83. 王伯庭主编:《现代金融问题法律分析》,吉林人民出版社 2003 年版。
84. 王苏生:《证券投资基金管理人的责任》,北京大学出版社 2001 年版。
85. 王文灵、于瑾编著:《衍生工具定价理论》,经济科学出版社 1998 年版。
86. 王文宇:《新金融法》,中国政法大学出版社 2003 年版。
87. 王小能编著:《票据法教程》(第 2 版),北京大学出版社 2001 年版。
88. 王志诚:《信托法论》,台北,五南图书出版股份有限公司 2018 年版。
89. 魏加宁等:《存款保险制度与金融安全网研究》,中国经济出版社 2014 年版。
90. 吴光明:《证券交易法论》,台北,三民书局 1996 年版。
91. 吴弘、贾希凌、程胜:《信托法论——中国信托市场发育发展的法律调整》,立信会计出版社 2003 年版。
92. 吴弘主编:《金融法律评论》(第 1 卷),中国法制出版社 2010 年版。
93. 吴弘主编:《中国证券市场发展的法律调控》,法律出版社 2001 年版。
94. 吴庆宝、江向阳主编:《期货交易民事责任——期货司法解释评述与展开》,中国法制出版社 2003 年版。
95. 吴晓求主编:《证券发行与承销》,中国人民大学出版社 2001 年版。
96. 吴志攀、白建军主编:《海外金融法》,法律出版社 2004 年版。
97. 吴志攀、白建军主编:《证券市场与法律》,中国政法大学出版社 2000 年版。
98. 吴志攀、刘燕编著:《金融法》,北京大学出版社 2008 年版。

99. 吴志攀:《商业银行法务》,中国金融出版社2005年版。
100. 吴志攀:《中央银行法制》,中国金融出版社2005年版。
101. 吴志攀主编:《金融法概论》(第5版),北京大学出版社2011年版。
102. 吴志攀主编:《金融法》,中国人民大学出版社2001年版。
103. 谢怀栻:《票据法概论》,法律出版社1990年版。
104. 徐冬根、陈慧谷、潘杰编著:《美国证券法律与实务》,上海社会科学出版社1997年版。
105. 徐冬根主编:《国际金融法律与实务研究》,上海财经大学出版社2000年版。
106. 徐家力、李京生、吴运浩:《期货交易法律理论与实务》,中国政法大学出版社2000年版。
107. 徐孟洲等:《金融监管法研究》,中国法制出版社2008年版。
108. 徐孟洲主编:《信托法》,法律出版社2006年版。
109. 徐孟洲主编:《信托法学》,中国金融出版社2004年版。
110. 徐卫:《信托受益人利益保障机制研究》,上海交通大学出版社2011年版。
111. 徐新林主编:《金融法概论》,复旦大学出版社2002年版。
112. 徐学鹿主编、顾功耘:《证券法》,人民法院出版社1999年版。
113. 许崇苗、李利:《中国保险法原理与适用》,法律出版社2006年版。
114. 严嘉、于静:《香港金融法》,河南人民出版社1997年版。
115. 杨迈军主编:《金融衍生品市场的监管》,中国物价出版社2001年版。
116. 杨涛、杜晓宇主编:《绿色金融:助力碳达峰、碳中和》,人民日报出版社2021年版。
117. 杨永清:《期货交易法律制度研究》,法律出版社1998年版。
118. 杨玉川主编:《金融期货期权市场研究与策划》,经济管理出版社2000年版。
119. 杨志华:《证券法律制度研究》,中国政法大学出版社1995年版。
120. 叶林:《证券法》,中国人民大学出版社2000年版。
121. 叶林主编,段威、王世华等副主编:《证券法教程》,法律出版社2010年版。
122. 叶林主编:《期权期货市场法律制度研究》,法律出版社2017年版。
123. 叶林主编:《中华人民共和国期货和衍生品法理解与适用》,中国法制出版社2022年版。
124. 于建国、余有红等编著:《投资基金的运作与发展》,上海人民出版社1998年版。
125. 余辉:《英国信托法:起源、发展及其影响》,清华大学出版社2007年版。
126. 余卫明:《信托受托人研究》,法律出版社2007年版。
127. 岳彩申、盛学军主编:《金融法学》,中国人民大学出版社2010年版。
128. 张淳:《信托法原论》,南京大学出版社1994年版。
129. 张军健:《信托法基础理论研究》,中国财政经济出版社2009年版。
130. 张学森编著:《金融法学》(第2版),复旦大学出版社2020年版。
131. 张玉智:《中国金融衍生品市场监管体系重构》,中国金融出版社2009年版。
132. 张忠军:《金融监管法论——以银行法为中心的研究》,法律出版社1998年版。
133. 赵磊:《公益信托法律制度研究》,法律出版社2008年版。
134. 赵新华:《票据法》(修订版),吉林人民出版社1996年版。

135. 郑振龙、张雯:《各国衍生金融市场监管比较研究》,中国金融出版社 2003 年版。
136. 周大中:《现代金融学》,北京大学出版社 1994 年版。
137. 周小明:《财产权的革新——信托法论》,贵州人民出版社 1995 年版。
138. 周小明:《信托制度比较法研究》,法律出版社 1996 年版。
139. 周英主编:《金融监管论》,中国金融出版社 2002 年版。
140. 周友苏主编:《证券法新论》,法律出版社 2020 年版。
141. 周玉华:《投资信托基金法律应用》,人民法院出版社 2000 年版。
142. 周玉华主编:《信托法学》,中国政法大学出版社 2001 年版。
143. 周振华主编:《金融改造》,上海人民出版社 2000 年版。
144. 周仲飞等:《入世过渡期后的中国外资银行法》,上海财经大学出版社 2008 年版。
145. 周仲飞:《银行法研究》,上海财经大学出版社 2010 年版。
146. 周仲飞、郑晖编著:《银行法原理》,中信出版社 2004 年版。
147. 朱崇实、刘志云主编:《金融法》(第 5 版),法律出版社 2022 年版。
148. 朱崇实、刘志云主编:《金融法教程》(第 4 版),法律出版社 2017 年版。
149. 朱大旗:《金融法》,中国人民大学出版社 2000 年版。
150. 朱锦清:《证券法学》(第 2 版),北京大学出版社 2007 年版。
151. 朱小川:《营业信托法律制度比较研究:以受托人信用为中心》,法律出版社 2007 年版。
152. [美]奥利弗·E. 威廉森:《治理机制》,王健、方世建等译,中国社会科学出版社 2001 年版。
153. [美]大卫·史文森:《机构投资与基金管理的创新》,张磊等主译校,中国人民大学出版社 2002 年版。
154. [美]道格拉斯·C. 诺斯:《制度、制度变迁与经济绩效》,刘守英译,上海三联书店 1994 年版。
155. [美]弗雷德里克·S. 米什金、[美]斯坦利·G. 埃金斯:《金融市场与金融机构》,丁宁等译,机械工业出版社 2021 年版。
156. [美]托马斯·梅耶、[美]詹姆斯·S. 杜森贝里、[美]罗伯特·Z. 阿利伯:《货币、银行与经济》,洪文金、林志军等译,上海三联书店、上海人民出版社 1994 年版。
157. [日]中野正俊:《信托法判例研究》,张军建译,中国方正出版社 2006 年版。